KB018754

Global Warming

지구 온난화의 이해

지구 온난화의 이해

초판 1쇄 인쇄일 2018년 12월 7일 **초판 1쇄 발행일** 2018년 12월 12일

지은이 존 호턴 | **옮긴이** 정지영 · 최성호
펴낸이 박재환 | **편집** 유은재 김예지 | **관리** 조영란
펴낸곳 에코리브르 | **주소** 서울시 마포구 동교로 15길 34 3층(04003) | **전화** 702-2530 | **팩스** 702-2532
이메일 ecolivres@hanmail.net | **블로그** http://blog.naver.com/ecolivres
출판등록 2001년 5월 7일 제10-2147호
종이 세종페이퍼 | **인쇄 · 제본** 상지사 P&B

ISBN 978-89-6263-190-6 93330

책값은 뒤표지에 있습니다. 잘못된 책은 구입한 곳에서 바꿔드립니다.

지구 온난화의 이해

존 호턴 지음 | 정지영·최성호 옮김

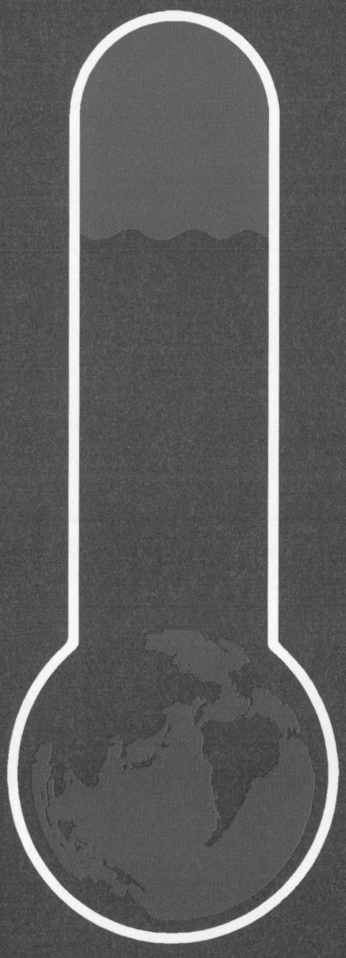

에코리브르

나의 손주들,

대니얼, 해나, 에스터, 맥스,

조너선, 제미마, 샘

그리고 그 세대에게

차례

05 기후 모델링

06 21세기와 그 이후의 기후 변화

07 기후 변화의 영향

11 미래의 에너지와 운송

12 지구촌

머리말

지구 온난화는 오늘날 전 세계의 이목을 끄는 주제다. 그렇다면 지구 온난화는 정말 진행되고 있나? 인간의 활동으로 인한 비중은 얼마나 될까? 우리는 기후 변화에 어느 정도 적응할 수 있을까? 기후 변화에 대응하려면 어떤 조치를 취해야 하나? 얼마나 많은 비용이 들까? 아니면 대책을 세우기에 너무 늦어버린 것일까? 이 책은 가장 정확한 최신 정보를 담았으며 이 모든 질문에 답한다.

나는 기후변화에 관한 정부 간 협의체(Intergovernmental Panel on Climate Change, IPCC)가 설립된 1988년부터 2002년까지 과학적 평가를 하기 위해 공동 의장을 맡는 특권을 얻었다. 이 기간 동안 IPCC는 세 차례의 종합 보고서를 발간했다(1990·1995·2001). 이 보고서는 기후 변화 연구에 종사하는 사람들과 기후 변화의 영향에 대해 염려하는 모든 이에게 지대한 영향을 끼쳤다. 2007년 네 번째 평가 보고서가 발간되었고, 이어서 2014년에 5차 보고서가 출간되었다. 이는 이전 내용을 상당 부분 수정한 최신 종합 보고서다(IPCC는 2018년 현재, 6차 보고서를 작성 중이다—옮긴이).

전 세계 과학계에서 다룬 주제 가운데서 IPCC 보고서는 가장 권위 있고 종합적인 평가로 알려져 있다. 1990년, 1차 보고서가 나오자마자 나는 마거릿 대처 영국 수상에게 이에 관해 발표하라는 요청을 받았다. 이때 영국 수상 관저에서는 최초로 OHP 기기도 활용했다. 2005년 중국, 인도, 브라질과 주요 8개국 정상회담에 정상들이 모여 기후 변화의 대응을 촉구하는 공동 성명에 IPCC의 보고 내용이 직접 인용되기도 했다. 세계의 어느 석학도 IPCC의 보고만큼 크게 인정받은 적은 없었다. 마침내 2007년, IPCC는 노벨평화상을 받았고 더욱 폭넓은 지지를 받게 되었다.

지금까지 지구 온난화에 관한 수많은 서적이 발간되었지만 이 책은 전문가, 학생, 일반인을 대상으로 최근에 강의한 내용을 하나로 엮은 것이다.

이 책의 강점을 소개하면 다음과 같다.

- **가장 정확하고, 이해하기 쉽고, 신뢰할 수 있는 최신 정보:** 지구 온난화에 관심 있는 학생, 전문가, 일반인에게 관련된 모든 정보를 제공한다.
- **과학자뿐 아니라 일반인도 읽을 수 있는 책:** 본문에 상당 부분 수치를 담았다. 이 책에서 수량화 작업은 아주 중요하다. 물론 수학 공식은 없다. 비교적 중요한 기술 관련 내용은 상자에 따로 담았다.
- **종합적인 내용:** 지구 온난화 관련 기초과학, 인류 및 생태계에 끼치는 영향, 경제적·기술적·윤리적 시사점, 영국뿐 아니라 국제 정책 방안까지 총체적으로 소개한다.
- **고등학생 및 대학생을 위한 교과서로 적합한 책:** 학생들이 생각해볼 문제와 이해도를 가늠할 수 있는 시험문제까지 실었다.
- **방대한 데이터를 가장 간단하면서도 효과적으로 제시한 책:** 독자들은 데이터를 통해 결과를 확인할 수 있고 그래프나 그림은 모두 온라인(www.

cambridge.org/houghton)에서도 찾아볼 수 있다.

IPCC 설립 이후 지난 30여 년간 기후 변화에 대한 인식은 점차 높아졌고, 우리는 인간의 활동으로 인한 이상기후(climate anomalies)를 경험해왔다. 이러한 변화에 대한 대응 방향을 결정하는 오늘날의 연구는 앞으로 그 대처 강도가 세질 것임을 여실히 보여준다. 인류와 생태계에 미칠 기후 변화의 영향에 대한 우려의 목소리가 점점 높아지고 있다. 미래 기후 변화의 영향을 완화할 수 있을까? 이 책의 후반부에는 비용 면에서도 실현할 수 있는 기술 개발을 소개한다. 이와 더불어 적절한 조치를 취했을 때 사회 각 영역이 누릴 여러 가지 혜택을 설명한다. 그러나 지금 무엇보다 부족한 점은 상황이 긴급함을 인식하고 행동하려는 결정적인 의지다.

이번 개정판을 마무리하면서 먼저 지난 판본을 출판할 때 도움과 영감을 주었던 지인들에게 감사의 마음을 전하고 싶다. 이들 중 많은 사람들이 IPCC나 해들리 센터(Hadley Centre)에서 함께 일했다. 또한 개정판 자료를 정리하고 초안 수정을 도와준 애버릴 맥도널드(Averil Macdonald), 마일스 앨런(Myles Allen), 캐시 매스컬(Kathy Maskell), 스티븐 벨처(Stephen Belcher), 제이슨 로(Jason Lowe), 데이비드 파커(David Parker), 피터 스톳(Peter Stott), 레이철 매카시(Rachel McCarthy), 프레이저 롯(Fraser Lott), 마이클 샌더슨(Michael Sanderson), 니컬라 골딩(Nicola Golding), 피오나 오코너(Fiona O'Connor), 피오나 캐럴(Fiona Carroll), 리처드 베츠(Richard Betts), 필립 벳(Philip Bett), 믹 카터(Mick Carter), 벤 부스(Ben Booth), 수 화이트하우스(Sue Whitehouse)에게 감사의 말을 전한다. 이 책이 나오기까지 호의를 베풀며 수고해준 케임브리지 대학 출판부의 캐서린 플랙(Catherine Flack), 맷 로이드(Matt Lloyd), 애나-마리 로벳(Anna-Marie Lovett), 조 엔델-쿠퍼(Jo Endell-Cooper)에게도 고마움을 표한다.

마지막으로 이 책을 출간하는 긴 세월 동안 나를 든든히 지지하고 격려해준 아내 실라(Sheila)에게 특별히 감사의 마음을 전달하고 싶다.

지구 온난화와 기후 변화 01

2012년 11월, 뉴욕과 뉴저지를 강타한 허리케인 샌디(Sandy)의 영향으로 초토화된 뉴저지 유니언비치의 집.

'지구 온난화'는 이 시대의 가장 중대한 쟁점으로 대두되면서 많은 사람들에게 익숙한 용어가 되었다. 이 문제를 둘러싸고 파멸을 예고하는 이들부터 시작해서 아예 무시해버리는 부류까지 수많은 의견이 엇갈린다. 좀 길지만 더 정확한 표현은 '인간이 초래한 기후 변화'다. 이 책의 목표는 지구 온난화에 대한 현 과학계의 입장을 정확하게 진술하는 것이고, 이로써 우리 모두가 상황을 제대로 알고 신중한 결정을 하도록 돕는 것이다.

지금 기후는 변화하고 있나

2060년이면 내 손주들은 70대에 접어들 것이다. 그들의 미래는 어떨까? 앞으로 70년 동안 어떤 일이 일어날까? 지난 70년을 돌아보면 1940년대에는 예상하지 못했던 무수한 새로운 일이 발생했다. 변화의 속도를 감안하면 70년 뒤에는 더욱 기이한 일이 벌어질지 모른다. 이 세상은 좀더 혼잡해지고 긴밀히 연결될 것임에 틀림없다. 점점 더 규모가 커지는 인간의 활동이 과연 환경에 어떤 영향을 줄지 큰 의문이다. 세계는 얼마나 더 더워질까? 기후는 앞으로 어떻게 변할까?

미래 기후 변화를 예측하기에 앞서, 과거에 기후가 어떻게 변해왔는지 설명할 수 있을까? 아주 오래전으로 거슬러 올라가면 상당한 변화가 있었다. 지난 수백만 년 동안 중간에 온난해진 시기와 더불어 연속적인 빙하기가 있었다. 2만 년 전에 빙하기는 끝났고 우리는 간빙기에 살고 있는 셈이다. 이러한 과거의 기후 변화는 4장에서 자세히 다룰 것이다. 그렇다면 우리의 기억에 지난 수십 년 동안 일어난 중대한 기후 변화는 없었던가?

날씨는 매일 변한다. 이는 일상의 일부다. 한 지역의 기후는 몇 개월 또는 몇 해의 평균 날씨를 의미한다. 기후 변화는 우리에게 익숙한 개념이다. 우리는 습도가 높거나 건조한 시기를 여름으로, 춥거나 폭풍우가 몰아치는 시기를 겨울로 묘사한다. 영국제도를 보면, 어떤 계절도 지난 시기의 계절과 동일하지 않으며 다음 해에도 같지 않을 것이다. 우리는 이러한 기후의 변화를 인정한다. 특히 주의를 기울이는 날씨 유형은 극단적인 상황이나 기후 재난의 경우일 것이다(그림1.1). 전 세계에서 발생한 최악의 재난 가운데 대부분은 날씨나 기후와 연관이 있다. 우리는 뉴스를 통해 전 세계에서 발생하는 열대저기압(허리케인이나 태풍), 폭풍, 홍수, 회오리바람, 폭염, 가뭄을 접하며 그 영향이 다소 느릴지라도 가장 치명적인 재난임을 목도한다.

지난 40년

100년 전부터 정확한 측정이 가능했다는 사실을 염두에 두고 살펴보면 지난 40년 동안은 가장 따뜻한 기후를 보였다(94쪽 그림 4.1). 이 시기는 빈도와 강도의 측면에서 극단적인 날씨와 기후를 보여준 괄목할 만한 때였다. 중위도 지역부터 한번 살펴보자. 2003년 여름, 유럽 중부에서는 2만여 명의 목숨을 앗아간 이상 폭염이 있었다(7장 참조). 2010년, 러시아 중부에서는 계속적인 폭염과 더불어 대형 산불이 나 5만 5000명의 인명 피해가 발생했다. 서유럽에서 강한 바람이 몰아치기도 했다. 1987년 10월 16일 이른 아침, 영국 남동부와 런던 일대에서 1500만 그루의 나무가 바람에 뽑혀 날아가는 사태가 일어났다. 또한 맹렬한 폭풍우가 프랑스 북부, 벨기에, 네덜란드를 모두 강타했는데, 이는 1703년 이래로 최악의 상황이었다고 전해진다. 2013년, 미국에서는 초대형 폭풍우 샌디가 뉴저지 일부와 뉴욕시를 덮쳐서 500억 달러에 이르는 피해를 입혔다.

그러나 이 시기에 열대지방에서 발생한 폭풍우와 비교하면 위의 사태는 온화한 편이었다. 매년 80여 차례의 허리케인과 태풍이 열대 해양에서 발생한다. 1988년 허리케인 길버트(Gilbert)는 자메이카섬과 멕시코 해안을 초토화시켰다. 1991년 태풍 미레이유(Mireille)는 일본열

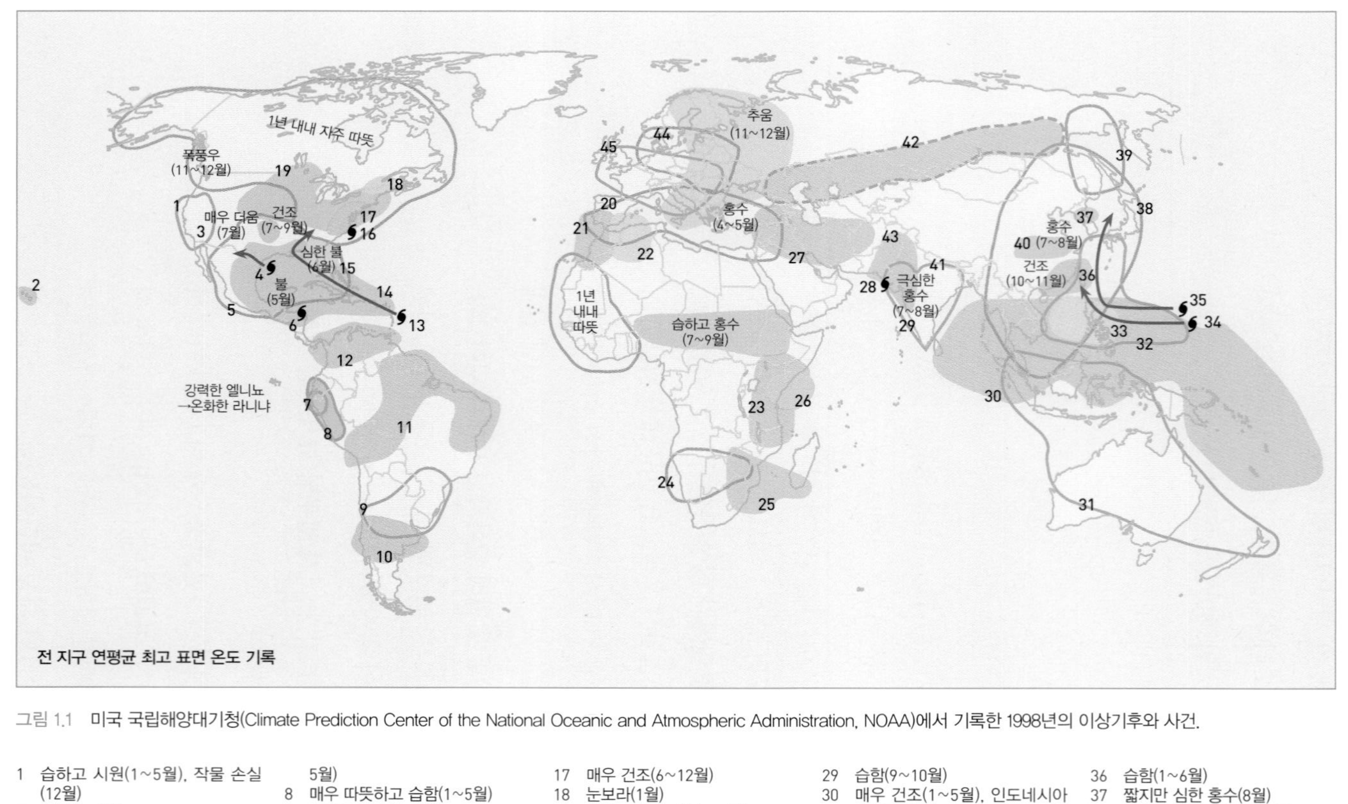

그림 1.1 미국 국립해양대기청(Climate Prediction Center of the National Oceanic and Atmospheric Administration, NOAA)에서 기록한 1998년의 이상기후와 사건.

1 습하고 시원(1~5월), 작물 손실(12월)
2 가뭄(1~6월)
3 캘리포니아 데스밸리 약 54℃, 36년 만에 북아메리카 최고 더위(7월)
4 허리케인 찰리(450mm, 8월)로 가뭄이 물러감
5 뜨겁고 건조(3~7월), 미국 남부 80억 달러 가뭄 피해
6 허리케인 미치(685mm, 10월 후반)로 폭우 및 홍수, 바람 피해
7 폭우 11~49회(1997년 9월~1998년 5월)
8 매우 따뜻하고 습함(1~5월)
9 습하고 홍수(1~5월)
10 건조(9~12월)
11 따뜻하고 건조, 산불(1~4월)
12 습함(11~12월)
13 허리케인 조지(9월 후반) 북부 캐리비언 심각한 피해, 미국 중부 멕시코만 집중호우
14 심한 열대성 강우(7~11월)
15 아주 습함(1~3월)
16 허리케인 보니(250mm, 8월)
17 매우 건조(6~12월)
18 눈보라(1월)
19 습하고 이상기후(4~6월)
20 폭염(6~8월)
21 건조(10~12월)
22 비 50%(1~3월)
23 건조(10~12월)
24 건조(2~5월)
25 폭풍우(10~12월)
26 습함(1~4월)
27 따뜻하고 건조(10~12월)
28 사이클론 03B(6월)
29 습함(9~10월)
30 매우 건조(1~5월), 인도네시아 대규모 화재(1997년 9월~1998년 5월), 강우량 부족(필리핀: 2472mm, 인도네시아: 1613mm, 말레이시아 1430mm)
31 습함(6~12월)
32 습하고 여러 차례 열대성 기후 체계(9~12월)
33 건조(6~7월)
34 태풍 뱁스(10월)
35 태풍 젭(10월)
36 습함(1~6월)
37 짧지만 심한 홍수(8월)
38 1년 내내 주기적으로 따뜻
39 따뜻하고 건조, 산불(7~10월)
40 홍수(2168mm, 5~8월): 772mm 초과
41 비(2870mm, 7~10월): 915mm 초과
42 덥고 건조(6~8월)
43 폭염(~48℃, 5~6월)
44 온화(1~3월)
45 습하고 홍수(9~11월)

대서양 분지에서 측정된 최대 풍속 시속 290킬로미터의 강력한 허리케인 미치(Mitch). 1998년 대서양 허리케인 철에 13번의 열대성 폭풍, 9번의 허리케인, 3번의 대형 허리케인이 발생했다.

도를 강타했다. 1992년 허리케인 앤드루(Andrew)는 플로리다와 미국 남부 지역 일대에 막대한 손해를 남겼다. 2005년 허리케인 카트리나(Katrina)는 미국 멕시코만 연안에 전례 없는 피해를 야기했다. 2013년 초대형 태풍 하이옌(Haiyan)은 필리핀을 완전히 초토화시켜 200만 명의 집을 앗아갔다.

특히 방글라데시 같은 저지대는 열대저기압이 동반하는 폭풍해일에 속수무책이다. 낮은 기압으로 인한 강한 바람과 만조가 육지를 삼킬만 한 해일을 야기한다. 1970년, 20세기에 발생한 최악의 기후 재난 때문에 25만 명이 익사했다. 1999년, 인도 오리사(Orissa)주에 비슷한 강도의 폭풍우가 이 나라에 몰아쳤고 현재 작은 규모지만 해일이 규

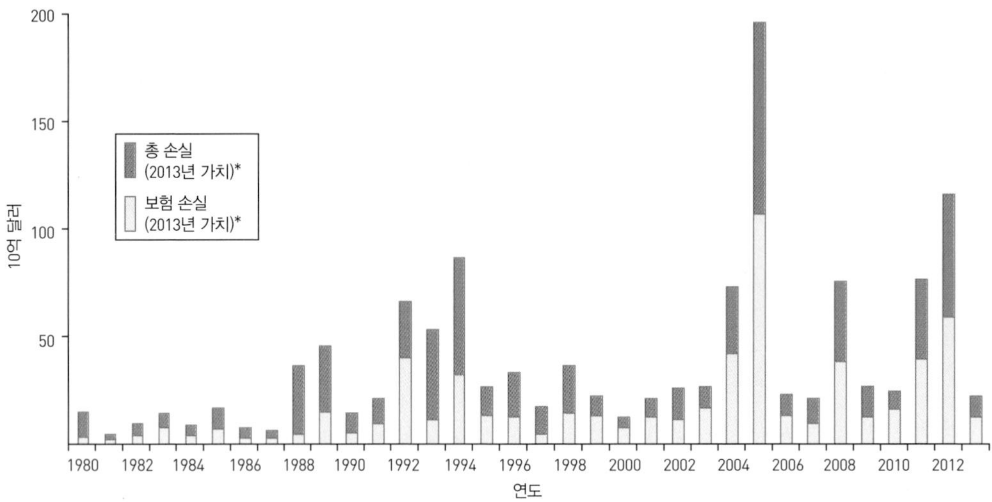

그림 1.2 1980~2013년에 일어난 심각한 기상재해에 따른 전체 경제 및 보험 손실. 2005년의 약 2000억 달러의 경제 손실과 800억 달러 이상의 보험 손해는 허리케인 카트리나가 가져온 충격을 보여준다. 최근 경제적 손실, 보험 손해 비용이 최근 급격히 올라간 것을 볼 수 있다.

칙적으로 발생하고 있다.

기후 재난으로 타격을 심하게 입은 보험 시장은 폭풍의 강도가 최근 몇십 년 사이에 무척 세졌다는 사실을 알아냈다. 1980년대 중반까지 폭풍우나 허리케인으로 인한 보험 손실은 최대 10억 달러에 이르렀다. 그러나 1987년 10월, 서유럽을 강타한 강풍은 100억 달러의 보험 손실을 초래한 폭풍우를 여러 차례 동반했다. 예를 들어 허리케인 앤드루는 210억 달러에 달하는 보험 관련 손실을 주었는데, 이는 약 370억 달러의 경제적 손실을 가져왔다. 그림 1.2는 보험 산업에서 지난 30년간 날씨와 관련된 재난[1]의 경제적 비용을 측정한 결과다. 1980년대부터 현재까지 일어난 재난 때문에 경제적 손실이 엄청나게 증가했다. 이는 특히 재난의 피해를 입은 지역의 인구 증가에서 비롯될 수 있고 사회적 및 경제적 요인 때문이기도 하다. 세계는 분명 더 많은 재난에 따른 피해를 보고 있다. 한편 1980년대와 비교하면 상당수가 최근 들어 증가한 폭풍우로 인한 것이다.

미주리주에 있는 침수된 맥도널드 (1993년). 약 2.5킬로미터 떨어진 곳의 9미터 상공에서 촬영한 사진이다.

재난을 초래하는 기상이변은 폭풍우나 허리케인뿐이 아니다. 비가 계속 오지 않거나 극심한 가뭄 때문에 일어나는 홍수는 인간의 생명과 자산에 큰 일격을 가할 수 있다. 이러한 현상은 특히 열대 및 아열대지방에서 더 자주 발생한다. 이미 지난 20여 년간 주목할 만한 사례가 이

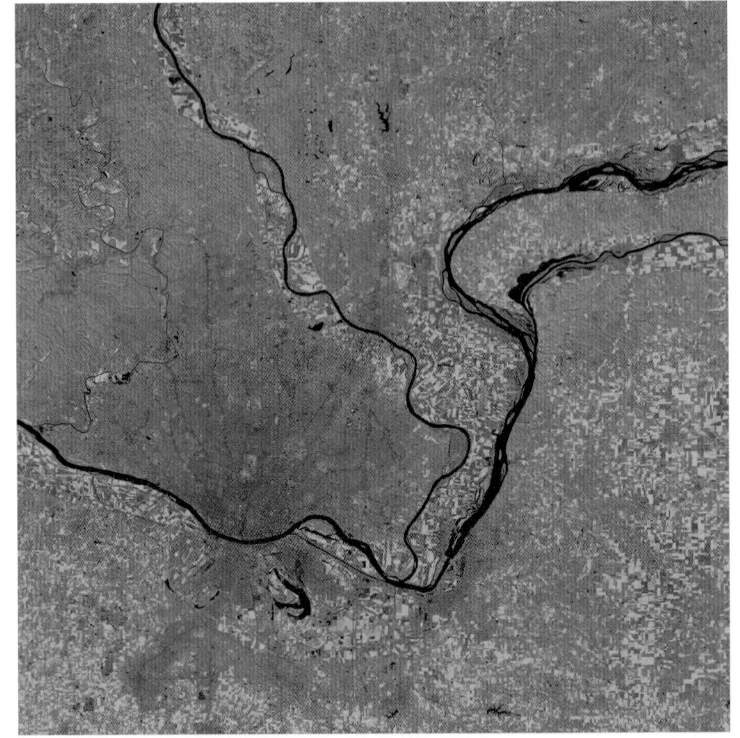

1993년 4월부터 10월까지 미국 중서부에서 미시시피강과 미주리강을 따라 일어난 대홍수. 이는 미국에서 발생한 홍수 가운데 주변 지역을 가장 많이 파괴했고 복구 비용이 가장 많이 들었다. 8만 제곱킬로미터가 침수되었으며 150억 달러의 비용이 들었다. 이 이미지와 23쪽의 이미지(Landsat-5 Thematic Mapper)는 홍수 전후의 미시시피강을 보여준다.

어졌다. 몇 차례의 예를 언급하면 1988년 방글라데시에서 최고 수위의 홍수가 발생해 나라 전체의 80퍼센트가 초토화되었다. 1991년, 1994~1995년, 1998년에는 수백만 명의 생명을 앗아간 홍수 재해가 중국에서 일어났다. 1993년 미국 미시시피강과 미주리강 지역에서는 전례 없는 기록적인 수위의 홍수가 터져 오대호 한 부분의 규모에 버금가는 영역이 물에 잠겼다. 1999년 베네수엘라에서 발생한 대홍수는 큰 산사태를 일으켜 3만여 명의 생명을 앗아갔다. 모잠비크의 경우 2000년부터 2001년, 한 해 동안 발생한 홍수로 50만 명이 집을 잃었다. 2010년 파키스탄에서는 극심한 장마로 나라 전역의 5분의 1이 물에 잠기고 2000만 명이 피해를 입는 사태가 터졌는데, 이는 역사 속 최악의 홍수

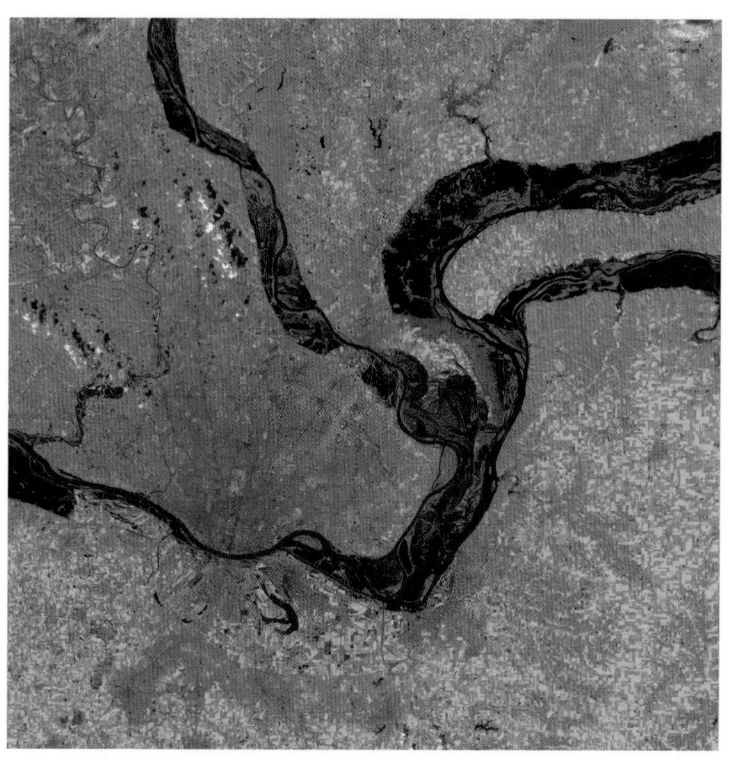

로 기억된다. 이 시기에 발생한 가뭄은 기이하리만큼 극심했고 아프리카 북부와 남부 양쪽 지역에 잇달아 발생했다. 전 세계에서 이러한 재난 피해에 가장 쉽게 노출된 대륙은 아프리카이며, 복구 능력이 매우 부족한 지역이기도 하다. 그림 1.3은 1980년대에 발생한 다른 어떤 재난보다 가뭄 때문에 가장 많은 인명 피해가 있었음을 보여준다.

우리는 지난 수십 년 동안 현저한 온난화 현상과 증폭되는 기후 변화를 목도해왔다. 장기적으로 볼 때 얼마나 더 이례적인 일이 발생할지 우리는 인지하고 있는 것일까? 또한 기후 변화가 지난 200여 년의 인간 활동 및 산업의 발달과 관련 있다는 증거를 갖고 있나? 기후 변화의 관측과 과학적 지식 사이의 면밀한 비교가 반드시 필요하다. 인

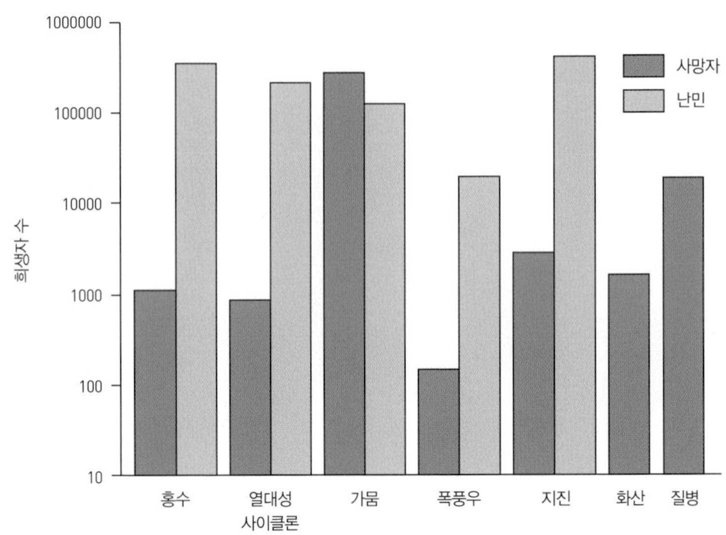

그림 1.3 아프리카연합기구(Organization for African Unity, OAU)가 추정한 1980~1990년 아프리카의 재난들.

간의 활동이 기후에 큰 영향을 줄 수 있다는 가능성이 실제로 인식된 때는 1980년대였다. 기후과학자들이 기후 변화가 무엇을 의미하는지 연구하기 위해 과학적 도구를 활용하기 시작했던 것도 이 시기였다. 앞으로 이 책에서는 지구 온난화의 과학과 과거 기후 변화 및 미래에 대한 예측을 상세히 다룰 것이다. 우선 기후 변화에 관한 현 과학계의 인식을 간략히 살펴보도록 하자.

지구 온난화란 무엇인가

우리는 인간의 활동, 특히 화석연료, 석탄, 오일, 가스의 사용과 광범위한 산림 벌채 때문에 대기에 방출되는 이산화탄소의 양이 지난 200여 년 동안(특히 과거 50여 년) 점차 증가했다는 사실을 잘 알고 있다. 대기에 이미 존재하는 적어도 80억 톤의 이산화탄소에 매년 그 양이 더해지는 셈이다. 이 가운데 대부분은 100년 또는 그 이상 동안 사라지지 않을 것이다. 이산화탄소는 지구 표면에서 나오는 복사에너지를 흡수하기 때문에 증가한 이산화탄소는 담요 역할을 하며 지구를 따뜻하게 한다(자세한 설명은 2장, 4장 참조). 지구의 온도가 올라가면 수증기의 양도 함께 늘어나 온실효과를 증가시켜 더 따뜻해진다. 광산이나 농업 같은 다양한 인간 활동으로 메탄가스의 배출 또한 늘고 있다.

지구가 따뜻해진다는 사실은 서늘한 기후에 사는 사람들에게는 좋게 들릴 수도 있다. 그러나 지구 온도의 상승은 기후 변화를 초래할 것이다. 변화의 정도가 미미하고 속도가 느리게 진행된다면 우리는 충분히 적응할 수 있을지도 모른다. 그러나 세계 산업의 급속한 팽창을 감안하면 변화의 정도가 미미하거나 속도가 느리지 않을 것이다. 다시 언급하겠지만 이산화탄소 방출량을 줄이기 위한 대대적인 노력이 없다면 지구의 온도는 10년에 섭씨 0.3도씩 또는 그 이상, 한 세기에 섭씨 3도나 그보다 상승할 것이다.

평소에 온도가 밤낮으로 달라진다는 사실을 고려한다면 지구 온도 상승이 그리 놀라운 일이 아닐지 모른다. 그러나 우리가 지구 온난화를 설명할 때 의미하는 온도는 지구촌 어느 한 곳의 변화가 아니라 전 세계에 걸쳐서 나타나는 평균 온도를 뜻한다. 물론 모든 곳에서 동일하게 온난화가 일어난다는 말은 아니다. 지구 표면에서 지역별로 상당한 온도 차가 발생할 것이다.

한 세기에 섭씨 3도라는 변화는 지난 1만 년에 걸쳐 달라진 비율보다 속도가 훨씬 빠르다. 빙하기에 가장 추웠던 지역과 가장 따뜻했던 곳 사이의 평균 기온 차가 섭씨 5~6도임을(110쪽 그림 4.9) 감안하면 지구 평균 기온의 섭씨 몇 도 차이는 기후의 엄청난 변화를 내포한다는 사실을 알 수 있다. 생태계와 인간 집단(특히 개발도상국)은 이러한 변화와 변화의 빠른 속도에 적응하기 분명히 어려울 것이다.

과학자들은 인간의 활동으로 말미암은 지구 온난화와 기후 변화가 현실임을 확신하며 주장한다. 각 지역별 변화의 세부적인 추이에 대해서는 아직 불확실하지만 해수면 상승(물이 따뜻해짐에 따라 부피가 팽창한다), 잦은 폭염, 대기 순환 과정에서 발생한 에너지 증가로 인한 이상 강우, 앞서 언급했던 여러 가지 기상이변은 가장 눈에 띄는 확실한 증거임이 분명하다. 나중에 살펴보겠지만 세밀한 과학적 예측을 위해서는 더욱 진지한 연구가 필요하다.

적응과 완화 조치

인류가 초래한 기후 변화에 관한 통합적 관점은 그림 1.4를 통해서 파악할 수 있는데, 총체적인 원인과 결과의 관계를 잘 보여준다. 맨 아래 있는 모형부터 살펴보자. 이는 선진국 또는 개발도상국에서 일어나는 크고 작은 규모의 경제활동을 나타낸다. 이러한 활동은 온실가스(특히 이산화탄소)나 에어로졸을 방출한다. 시계 방향으로 이동하면, 이러한 방출 때문에 대기를 구성하는 중요 성분의 농도가 달라짐을 알 수 있다. 이는 기후 체계의 에너지 유입과 생성을 변화시키며, 결국 기후 변화까지 초래하는 것이다. 이러한 기후 변화는 인간과 자연 생태계에 영향을 주며 자원의 효용성, 인간의 생존까지 위협한다. 즉 다각도로 인류의 발전에 영향을 미친다. 시계 반대 방향 화살표는 미래에 다가올 위험을 줄이고자 실행 가능한 발전 방안과 온실가스 감

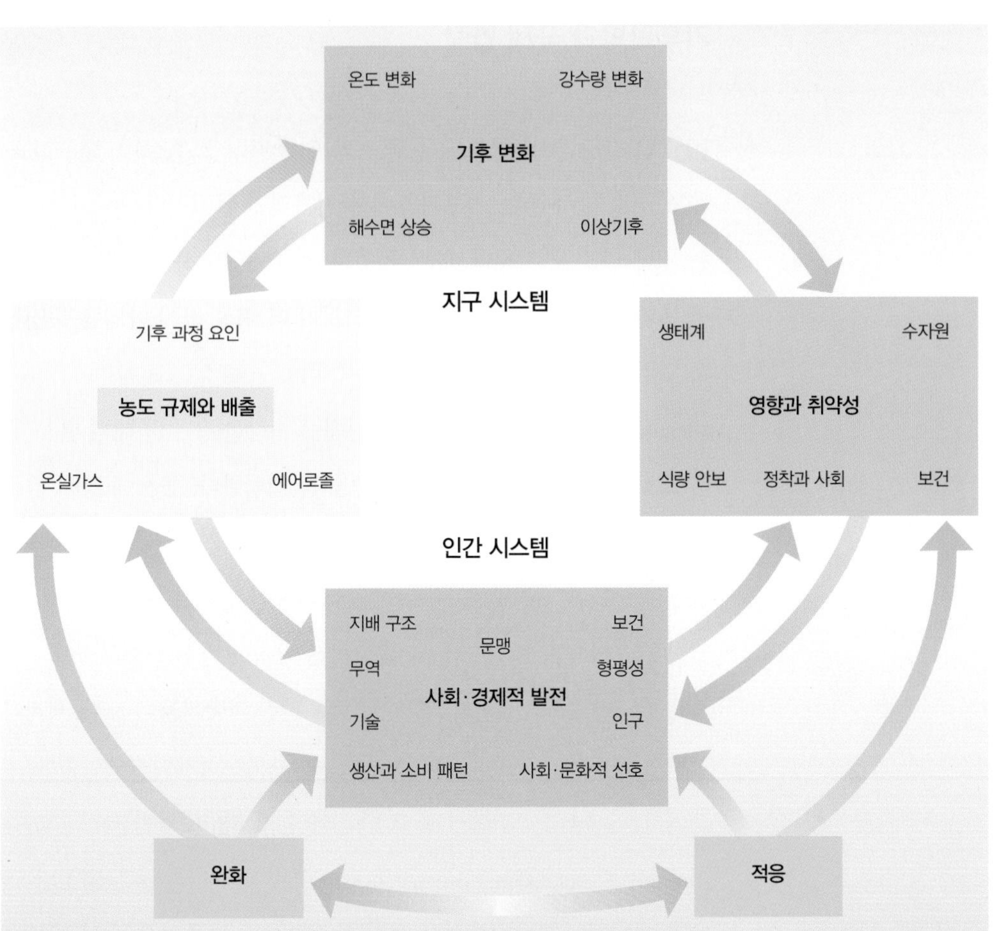

그림 1.4 기후 변화 통합 구조.

축 대책을 나타낸다.

그림 1.4는 **적응**과 **완화** 조치를 통해 기후 변화의 원인과 결과의 과정이 바뀔 수 있음을 시사한다. 일반적으로 적응은 부정적 결과의 최소화를 목표로 하며 완화는 기후 변화의 원인, 특히 온실가스 감축이 목적이다.

기후과학과 국제 협력

1957년 10월 4일 구소련은 최초의 인공위성 스푸트니크(Sputnik)를 우주로 발사했다. 기후과학에서 역사적인 날이었다. 이 인공위성은 지구 궤도를 하루에 15번 돌았다. 이를 통해 하루에 두 차례 지구 표면이 관측되었고 우주를 보는 것이 더 이상 꿈이 아님을 증명할 수 있었다. 나는 마침 미국 항공우주국(National Aeronautics and Space Administration, NASA)과 함께 1960년대에 시작한 우주의 대기 온도 측정 프로그램에 참여했던 터라 그날을 잘 기억한다. 동시에 당시 컴퓨터 기술은 지구 대기 순환의 천문학적인 수치 모델을 개발해 예측할 만큼 향상되기 시작했다. 우주 관측과 더불어 컴퓨터 데이터 분석, 모델링 기술의 진보로 대기 및 기후과학은 급속한 발전을 이루었다.

1960년대 초반, 세계의 대기 및 기후 관련 과학자들이 모여 세계기상기구(World Meteorological Organization, WMO), 국제학술연합회(International Council of Scientific Unions, ICSU)와 함께 지구대기연구계획(Global Atmospheric Research Programme, GARP)을 구축했다. 이들은 엄청난 규모의 데이터 수집 및 분석을 위해 우주과학과 컴퓨터 기술의 진보를 마음껏 활용할 수 있었다.

1980년 무렵 세계 기후를 둘러싼 국제적 차원의 활동이 시작되면서 세계기후연구계획(World Climate Research Programme, WCRP)이 출범했다. 나는 WCRP의 부의장을 맡아 피에르 모렐(Pierre Morel) 의장을 도와 위원회를 이끌었다. 우리는 세계해양대순환(World Ocean Circulation, WOCE)과 열대성 해양과 대기 순환(Tropical Oceans Global Atmosphere, TOGA) 실험에 착수했다.

1960년대와 그 이후부터 세계의 에너지 산업에서 대기에 방출하는 이산화탄소의 양이 눈에 띄게 증가했다. 국제 차원의 프로그램들이 출범하면서 이산화탄소 방출 증가가 대기 온도에 어떻게 영향을 미치는지 측정할 수 있게 되었다. 1985년, 버트 볼린(Bert Bolin) 교수가 조직한 ICSU[2] 산하 환경문제과학위원회(Scientific Committee on Problems of the Environment, SCOPE)에서 내린 결론은 다음과 같다. 아직 확정적인 진술을 하기는 어렵지만 기후 변화를 초래하는 온실가스 배출은 장기적으로 가장 심각한 환경문제다.

1957년 구소련에서 발사한 야구공 크기의 스푸트니크(러시아어로 '여행 동료'라는 뜻이다). 지구를 선회하는 첫 번째 인공위성으로, 우주에서 지구 대기를 관측할 수 있다는 가능성을 증명했다.

1987~1988년, WMO와 유엔환경계획(United Nations Environment Programme, UNEP)은 IPCC를 조직해 1988년 11월, 첫 모임을 가졌다. 나는 과학 실무 그룹을 이끄는 의장을 맡아 1990년 첫 보고서를 냈다. 그 뒤의 보고서는 1995년, 2001년, 2007년, 2014년에 발행되었다. 이 시기에 기후 변화를 일으키는 인간 활동의 영향력이 점차 인식되기 시작했다.

IPCC의 강점은 세계 정부 간 협의체라는 것이다. 100여 곳 정부의 대표자(엄밀히 말해 정치가 아닌 과학적 모임이다)가 모여 보고서 내용을 한 문장, 한 문장 꼼꼼히 점검하고 승인한다. 몇 해에 걸쳐 작성된 IPCC 보고서는 앞으로 인류가 용납할 수 없는 폐해를 막으려면 모든 국가가 이산화탄소 방출량을 신속히 감축해야 함을 강조한다. IPCC에 관한 상세한 내용은 9장에 나와 있다.

1990년 IPCC의 첫 보고서에 이어 1992년, 리우데자네이루에서 열린 유엔환경개발회의(United Nations Conference on Environment and Development, UNCED)에서 유엔기후변화협약(UN Framework Convention on Climate Change, UNFCCC)이 채택되었다. 협약의 목적은 다음과 같다.

> 대기 중 온실가스 농도를 안정화해 인류가 초래한 기후 체계의 위험한 변화를 막기 위함이다. (…) 또한 특정 시간 안에 생태계로 하여금 적응하게 하며 (…) 식량 생산이 위협받지 않고 지속적인 경제 발전을 가능하게 하는 데 목적이 있다.

이 협약은 1994년부터 시행되었고 그 이후 매년 당사국 총회(Conferences of the Parties, COP)가 열린다. 더 자세한 내용은 9장에서 언급할

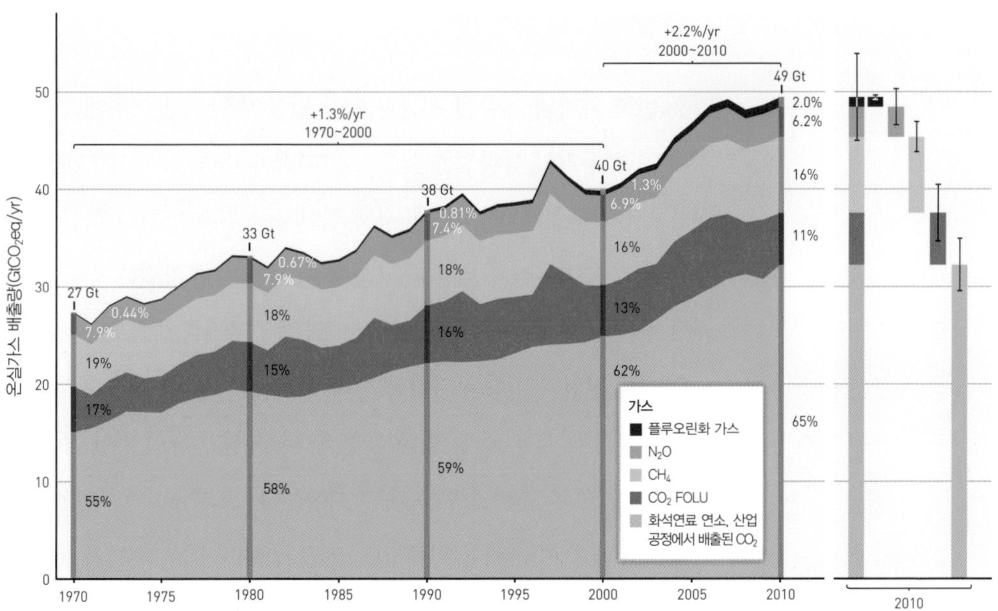

그림 1.5 1970~2010년 연간 가스별 전체 온실가스 배출량. 화석연료 연소와 산업 공정에서 배출된 CO_2(노란색), 산림 및 기타 토지 이용(Forestry and Other Land Use, FOLU)에서 나온 CO_2(주황색), CH_4(하늘색), N_2O(파란색), 플루오린화 가스(남색). 모든 배출량은 100년의 시간 간격 동안 기가톤(Gt) 기준으로 동등하게 구분되었다(3장 참조). FOLU의 발생량 자료는 산림과 이탄 화재 그리고 FOLU 구역의 순 이산화탄소 유출과 비슷한 부패로부터 육지의 이산화탄소 배출량을 의미한다(7장 참조).

것이다. UNFCCC는 2009년 코펜하겐에서 가장 중대한 결론을 내린다. 지구 온도 상승을 산업화 이전 대비 섭씨 2도 이하로 제한해야 한다는 목표를 설정했다. 그러나 이를 달성하기 위한 구체적인 장치나 체제가 없었다. 더군다나 많은 사람들이 목표치를 섭씨 1.5도 정도로 더 낮춰야 한다고 생각했다. 원칙대로 이론상 목표를 잡는 것과 현실적인 목표를 세우는 것은 너무나 다른 일이다! 목표인 섭씨 2도를 달성하기 위해서는 온실가스 배출량을 더 이상 늘려서는 안 되며, 2020년까지 하루빨리 감축해야 한다. 그림 1.5는 이 목표를 달성하는 것이 얼마나 어려운지 여실히 보여준다(특히 1970년과 2010년 사이의 배출량 증가를 눈여겨보라). 또한 이 그림은 각 나라가 함께 신속하게 조치를 취해야 한다는 긴급함을 보여준다.

불확실한 미래와 대응

기후 변화 과학의 제한된 지식과 인간 활동이 앞으로 어떻게 펼쳐질지에 대한 우리의 불완전한 앎으로 말미암아 미래 기후 예측은 불확실함으로 가득하다. 정치인과 정책 입안자는 기후 변화의 위협에 대응할 조치의 적합성과 비용을 고려해 여러 가지 불확실한 면을 파악해야 하는 문제에 봉착했다. 상대적으로 적은 비용으로(순 비용 절약만으로도) 기후 변화의 영향을 완화하는 대처를 할 수 있다. 에너지 보존과 절약 프로그램 개발, 산림 벌채 감축 및 나무 심기 장려 방안 등이 예다. 이러한 조치 역시 속도를 내기 시작했다. 그러나 더욱 강도 높고 단호한 대책이 요구된다. 뒤에서도 언급하겠지만 기후 변화를 초래하는 이미 배출된 이산화탄소는 합리적인 시간의 범위 안에 돌이킬 수 없다. 그뿐만 아니라 우리가 내일부터 이산화탄소 배출을 중단하더라도 그동안 배출되었던 탄소 때문에 세계의 기후는 몇십 년에 걸쳐 점점 더워질 것이다. 10장과 11장은 선진국과 개발도상국을 포함해 전 세계의 국가가 지켜야 할 긴급 의무 사항을 다룬다. 특히 세계 최대 탄소 배출국들이 위기의식을 갖고 무탄소 배출 에너지자원을 개발할 수 있는 조치에 관해서도 거론할 것이다.

다음 장들에서 나는 지구 온난화의 과학, 즉 과학적 증거와 최신 기상 예측을 설명할 것이다. 이어서 해수면 상승, 기상이변, 물과 식량 공급 영역에서 기후 변화의 영향을 제시하고자 한다. 우리가 왜 환경을 염려해야 하는지, 과학적 불확실성 앞에서 어떤 조치를 해야 할지에 대한 의문들은 이산화탄소 배출 감축을 위한 기술적 가능성을 재고하도록 이끈다. 더불어 이러한 가능성이 교통수단을 포함한 에너지

자원 활용에 어떻게 영향을 줄지도 생각해보도록 이끈다.

마지막으로 나는 '지구촌' 문제를 언급할 것이다. 환경문제를 고려할 때 세계의 국경은 불투명해지고 있다. 한 나라의 오염은 전 세계에 영향을 미친다. 사람들은 환경문제가 인구 성장, 빈곤, 자원 남용, 세계 안보 같은 지구촌 문제와도 연결된다는 사실을 점차 인식하고 있다. 이 모든 문제는 국제적 차원의 해결 방안을 강구해야 한다.

생각해볼 문제

1. 기후 변화, 지구 온난화 또는 온실효과에 관한 신문 및 잡지 기사를 살펴보고 그 진술이 정확한지 생각해보자.
2. 얼마나 많은 사람들이 기후 변화, 지구 온난화 및 온실효과에 대해 인식하고 있는지 알아보는 간단한 설문지를 작성해보자. 응답자의 배경을 고려해 설문 답안을 분석하고 사람들에게 이 문제를 더 잘 알릴 방법을 모색해보자.

주

1. 폭풍우, 허리케인, 태풍, 홍수, 토네이도, 우박을 동반한 폭풍, 눈보라 포함, 가뭄 제외. 가뭄은 영향이 즉각적이지 않고 장기간에 걸쳐 나타남.
2. Bolin B. et al. 1986. *The Greenhouse Effect, Climatic Change and Ecosystems*. Scientific Committee on Problems of the Environment (SCOPE 29). New York: John Wiley & Sons.

참고문헌

Houghton, J. 2013. *Autobiography: In the Eye of the Storm*. Oxford: Lion Publishing.

Intergovernmental Panel on Climate Change (IPCC), Fifth Assessment Report, published in 2013/2014 in three volumes: *Climate Change*

2013: The Physical Science Basis, from Working Group I; *Climate Change 2014: Impacts, Adaptation and Vulnerability*, from Working Group II; *Climate Change 2014: Mitigation of Climate Change*, from Working Group III. All volumes are very substantial in size. All begin with a relatively short 'Summary for policymakers'.

Lynas, M. 2007. *Six Degrees: Our Future on a Hotter Planet*. London: Fourth Estate. A very readable book that won the Royal Society Prize for Science Book of the Year in 2008.

Walker, Cabrielle and King, Sir David 2008. *The Hot Topic*. London: Bloomsbury. A masterful paperback on climate change for the general reader covering the science.

온실효과 02

지구와 달.

지구 온난화의 기본 원리는 지구 표면을 데우는 태양 복사에너지와 지구에서 방출되는 열복사에너지, 대기와의 관계를 통해 이해할 수 있다. 이 양측 에너지가 평균적으로 균형을 이뤄야 한다. 균형이 깨지면(예를 들어 대기 중 이산화탄소 증가) 지구 표면 온도 상승으로 균형이 회복된다.

지구는 어떻게 데워지는가

아주 단순화한 지구를 예로 들어 지구와 대기를 데우는 과정을 설명해보겠다. 대기에서 모든 구름, 수증기, 이산화탄소, 소량의 기체들, 먼지를 제거하고 질소와 산소만 남긴다고 가정하자. 다른 모든 부분은 지구와 동일하다. 이러한 상태에서 대기 중 온도는 어떻게 달라질까?

상대적으로 간단한 복사평형에 적용하면 대답하기 그리 어렵지 않다. 태양 복사에너지는 태양을 직접 바라보는 대기 밖 1제곱미터의 면적에 약 1370와트의 비율로 닿는다. 이는 적당한 크기의 가정용 전기난로에서 복사된 양 정도일 것이다. 그러나 태양을 직접 바라보는 지구의 면적은 적고, 야간에는 직접 바라보지 않는다. 이 때문에 편평한 지구 표면 1제곱미터에 닿는 평균 에너지는 약 4분의 1,[1] 즉 342와트인 셈이다. 이 복사열은 대기를 통과하며 약 6퍼센트는 대기 분자에 의해 우주로 흩어지고, 약 10퍼센트는 육지 및 바다 표면에서 우주로 반사하며, 나머지 84퍼센트 즉 1제곱미터당 288와트는 실제로 지구 표면을 데운다. 이는 백열전구 3개가 사용하는 전력량이다.

유입되는 이 에너지와 균형을 맞추기 위해 지구는 우주로 동일한 양의 열복사에너지를 방출한다(그림 2.1). 모든 물체는 이러한 복사열을 낸다. 물체가 아주 뜨겁다면 복사열을 눈으로 관찰할 수 있을 정도다. 약 섭씨 6000도의 온도를 지닌 태양은 하얗게, 섭씨 800도인 전기난로는 빨갛게 보인다. 좀더 차가운 물체들은 눈으로 관찰할 수 없는 복사열을 방출하는데 이는 스펙트럼의 빨간색 부분을 넘는 파장, 즉 적외선에 속하기 때문이다. 별이 환하게 빛나는 겨울밤, 우리는 지구 표면에서 우주로 방출되는 복사열의 냉각 효과를 더욱 민감하게 느낀다. 이 효과는 종종 서리를 만들어낸다.

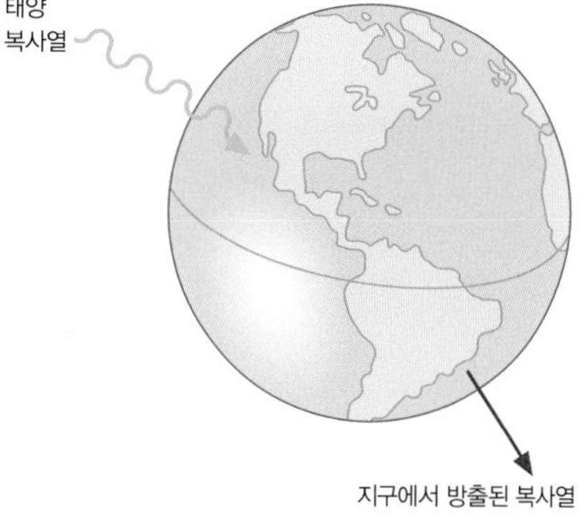

그림 2.1 지구의 복사평형. 유입되는 태양 복사열과 지구에서 방출되는 복사열은 평균적으로 균형을 이룬다.

지구 표면에서 방출된 열복사량은 온도에 따라 다르다. 열복사가 뜨거울수록 복사량은 많아진다. 복사량은 표면이 얼마나 열을 흡수하느냐에 따라 또한 다르다. 흡수량이 많을수록 복사량도 많다. 빙하와 눈을 포함한 지구 표면은 적외선 파장에서 '검은색'으로 보인다. 이는 지표면이 열복사를 반사하지 않고 대부분 흡수한다는 의미다. 계산해보면[2] 지구 표면에 들어온 태양 복사 288Wm^{-2}(단위면적당 와트)는 영하 6도의 지표면에서 방출되는 열복사와 균형을 이룬다.[3] 실제보다 섭씨 20도가량 낮은 온도다. 사실 1년간 지구 전체 표면에서 측정된 온도의 평균은 약 섭씨 15도다. 이러한 차이를 설명하려면 아직 더 고려해야 할 사안이 몇 가지 더 있다.

온실효과

대기 전체를 구성하는 질소와 산소는 지구 열복사를 흡수하지도 방출하지도 않는다. 열복사를 흡수하는 것은 대기 중 수증기, 이산화탄소, 그 밖에 소량의 기체다(표 2.1 참조). 이들은 복사열의 담요 효과를 내며, 지구 표면의 평균 온도인 섭씨 15도와 온실가스가 없을 때의 온도 차 즉 섭씨 20~30도의 차이를 만들어낸다.[4] 이러한 담요 효과를 **자연적인 온실효과**라고 하며, 이렇게 작용하는 기체를 온실가스라고 부른다(그림 2.2). 사실 대기 중 기체들(프레온가스 제외)은 인류가 나타나기 전부터 존재했기에 '자연적인'이라고 설명하는 것이다. 뒤에서 나는 산

표 2.1 2007년 대기의 구성과 주요 성분(질소와 산소) 및 온실가스.

가스	소수*와 ppm으로 표시된 혼합비 또는 몰분율(mole fraction)[a]
질소(N_2)	0.78*
산소(O_2)	0.21*
수증기(H_2O)	변동 가능(0~0.02*)
이산화탄소(CO_2)	400
메탄(CH_4)	1.8
아산화질소(N_2O)	0.3
염화불화탄소(CFCs)	0.001
오존(O_3)	변동 가능(0~1000)

[a]의 정의는 용어 설명 참조.

림 벌채나 화석연료 연소 같은 인간 활동에서 비롯된 대기 중 기체의 **강화된 온실효과**에 대해 언급할 것이다.

온실효과의 기초과학은 지구 대기와 온실(그림 2.3)의 유리가 지닌 복사하는 비슷한 특징, 즉 '온실효과'가 발견된 19세기 초(41쪽 상자 참조)부터 알려졌다. 태양에서 온실로 유리를 통해 막힘없이 들어온 눈에 보이는 복사열은 식물과 토양에 흡수된다. 한편 식물과 토양에서 방출된 열복사는 유리에 의해 흡수되며 일부는 온실로 다시 배출된다. 그러므로 유리는 온실을 데우는 '복사 담요(radiation blanket)'의 역할을 하는 셈이다.

그러나 복사는 온실에 열이 전달되는 방법 가운데 하나다. 열이 이동하는 또 다른 중요한 방식은 대류다. 대류는 따뜻한 공기가 위로 올라가고 차가운 공기는 아래로 내려감을 말한다. 이를 응용한 것이 대류를 이용한 가정용 전기난로다. 복사만이 열이 이동하는 유일한 방

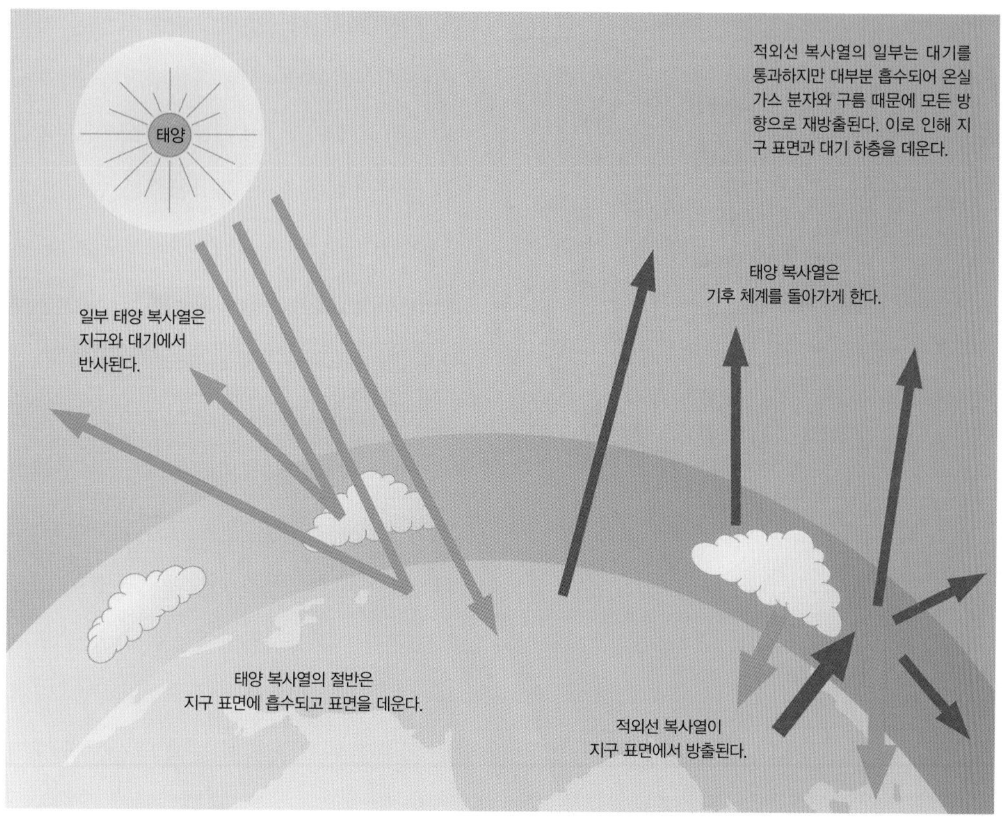

그림 2.2 자연적인 온실효과.

법이라면 온실의 상황은 더욱 복잡해질 것이다.

혼합과 대류 현상은 대기에서 나타난다. 온실효과를 제대로 이해하려면 대기에서의 대류열전달은 복사와 더불어 반드시 고려해야 하는 과정이다.

대기에서(대기 아래 4분의 3 지점에서 약 10킬로미터 높이까지를 대류권이라 부른다) 대류는 열이 이동하는 주된 수단이다. 이 현상은 다음과 같이 일어난다. 지구 표면은 햇빛에 의해 데워진다. 지표면에 가까운 공기는 데워지고 밀도가 낮아져 위로 올라간다. 마치 타이어 밸브에서 공기가 나오며 차가워지듯이 말이다. 일부 공기 덩어리는 올라가고 다른

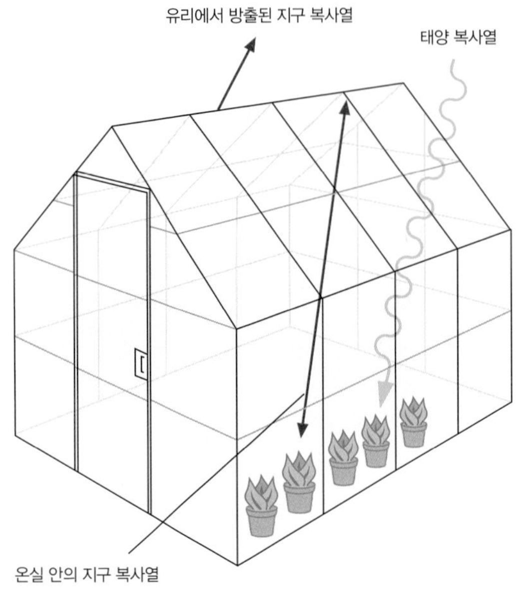

그림 2.3 온실은 유입되는 태양 복사열과 나가는 열복사에 대한 대기의 작용과 비슷한 효과를 낸다.

일부는 내려간다. 공기는 계속 균형을 이루면서 순환하는데 이를 대류평형(convective equilibrium)이라고 한다. 대류권의 온도는 대류 현상에 따라 높이 올라갈수록 떨어진다. 고도에 따른 온도 하락은 평균적으로 1킬로미터당 섭씨 6도가량이다(이를 고도에 따른 기온체감률이라고 한다. 그림 2.4 참조).

대기 중 복사를 통한 열의 이동은 지구에서 방출한 열복사와 지구를 도는 인공위성에서 관측된 대기를 통해 관찰할 수 있다(그림 2.5). 적외선의 일부 파장에서 구름이 없을 때 대기는 스펙트럼의 보이는 부분, 즉 가시광선처럼 아주 투명하다. 우리 눈이 이 파장에서 매우 민감하다면 대기를 넘어 태양, 별, 달까지 직접 볼 수 있을 것이다. 지구 표면의 복사열은 이 파장에서 대기를 떠난다.

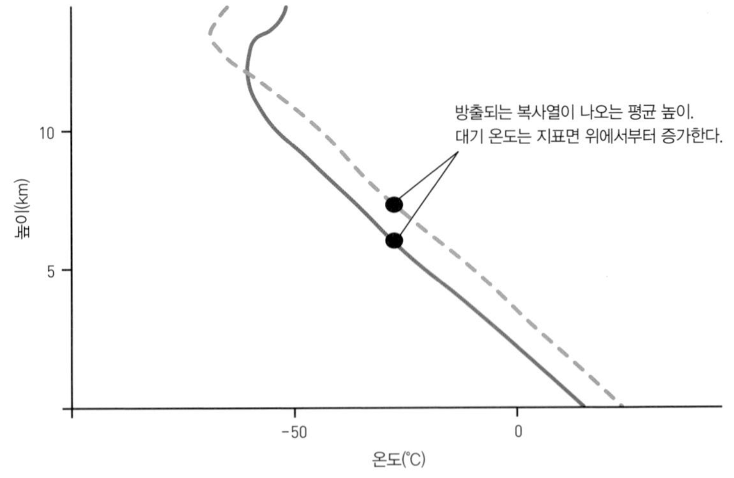

그림 2.4 대류성 대기에서 온도의 분포(빨간 선). 초록 선은 대기 중 이산화탄소량이 증가할 때 온도가 얼마나 증가하는지 보여준다(선 사이의 차이는 과장되었다. 예를 들어 다른 효과가 없으면서 이산화탄소가 두 배 증가할 때 온도는 약 섭씨 1.2도 증가한다). 또한 두 선이 나타나는 상황은 대기를 떠나는 열복사가 발생하는 위치의 평균에 해당한다(동요가 없는 대기의 약 6킬로미터 지점).

온실효과 과학의 선구자[5]

스반테 아레니우스

대기 중 온실가스에 따른 온난화 영향은 1827년, 수학 분야에 기여한 공로로 잘 알려진 프랑스 과학자 장바티스트 푸리에(Jean-Baptiste Fourier)에 의해 최초로 발견되었다. 그는 대기와 온실에서 일어나는 현상의 유사한 점을 지적했는데, 이는 후에 온실효과로 알려졌다. 1860년 무렵, 이산화탄소와 수증기의 적외선 복사 흡수를 측정한 영국 과학자 존 틴들(John Tyndall)이 이 연구를 이어갔다. 그는 빙하기의 원인을 이산화탄소의 온실효과 감소로 설명했다. 1896년, 온실가스 농도 증가의 영향을 밝혀낸 이는 스웨덴 화학자 스반테 아우구스트 아레니우스(Svante August Arrhenius, 1859~1927)였다. 그는 이산화탄소 농도의 두 배 증가는 지구 평균 온도를 섭씨 5~6도 높인다고 추정했다. 이 수치는 현재의 추정치와 그리 다르지 않다.[6] 50여 년이 지나 1940년경, 영국에서 연구했던 G. S. 캘런더(Guy Stewart Callendar)가 최초로 화석연료 연소에서 배출된 이산화탄소로 인한 온난화를 측정했다.

온실가스 증가에 의한 기후 변화에 대한 우려는 1957년에 처음 가시화되었다. 캘리포니아 스크립스 해양학연구소(Scripps Institute of Oceanography)의 로저 르벨(Roger Revelle)과 한스 쥐스(Hans Suess)가 인간은 대기 중 이산화탄소 증가로 대규모 지구 물리학적 실험을 하고 있다는 논문을 발표했다. 같은 해 하와이 마우나케아(Mauna Kea) 관측소에서 이산화탄소 측정이 시작되었다. 그 이래로 화석연료 사용의 급속한 확대는 환경에 대한 관심 고조와 더불어 1980년대 지구 온난화 문제를 정치적 의제로 이끌었다. 마침내 1992년 기후변화협약을 체결하게 된다.

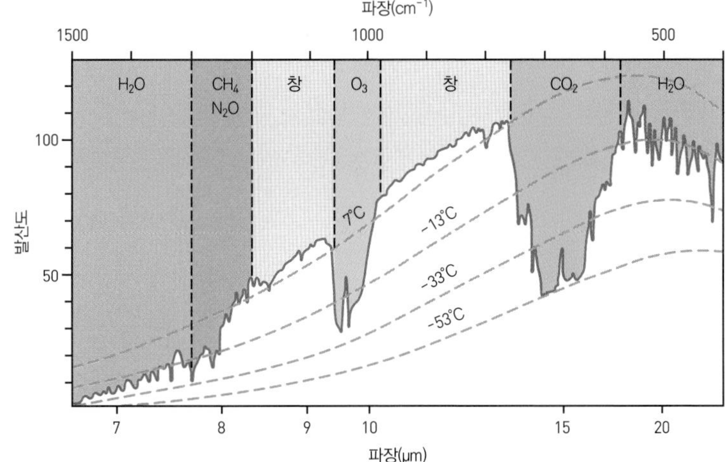

그림 2.5 지표면과 대기에서 방출된 적외선 파장대의 열복사(가시광선 파장대는 0.4~0.7μm)를 지중해 상공에 있는 위성에서 관측한 자료. 각각의 기체가 복사에 기여하는 스펙트럼의 파장대를 보여준다. 8~14μm에 오존 밴드를 제외하고 구름이 없는 대기는 투과성이 상당히 크다. 이 영역을 '창(window)' 지역이라고 부른다. 7도, 영하 13도, 영하 33도, 영하 53도에서 흑체로부터 복사 곡선이 겹쳐져 있다. 복사 단위는 'milliwatt/m²/steradian/wavenumber'다.

얼음, 해양, 지표면, 구름은 지구로 들어온 태양 복사열이 얼마나 많이 우주로 다시 반사되는지 결정하는 역할을 한다.

다른 파장에서 지구 표면의 복사열은 대기 중 일부 기체에 강력히 흡수된다. 특히 수증기와 이산화탄소를 통해서 말이다.

복사열을 잘 흡수하는 물질은 잘 방출하는 물질이기도 하다. 검은 표면은 흡수를 잘하면서 방출도 잘한다. 반사를 잘하는 표면은 흡수도가 적고, 방출도 적다(따라서 반사를 잘하는 은박지로 보온병을 싸거나 집 천장의 단열 부분 위를 덮는다).

대기에서 흡수를 잘하는 기체들은 지구 표면에서 방출한 복사열의 일부를 흡수하며 우주로 다시 그 복사열을 내보낸다. 이들이 방출하는 열복사량은 흡수한 기체의 온도에 따라 달라진다.

이 기체들로 인해 복사열은 대기 윗부분 5~10킬로미터 고도에서 우주로 다시 내보내진다(그림 2.4 참조). 앞서 설명한 대류 현상 때문에 온도는 영하 30~50도로 지표면보다 훨씬 춥다. 이 기체들은 차갑기 때문에 흡수한 양보다 열을 덜 방출한다. 다시 말해서 이 기체들은 지구 표면에서 방출한 복사열을 흡수한 뒤, 그 양보다 적게 우주로 배출하는 것이다. 그래서 이 기체들은 지구 표면 위에서 복사 담요 효과를 생성하며 평소보다 더 지표면을 데운다(담요의 바깥쪽이 안쪽보다 차갑다는 점을 기억하자. 그림 2.6 참조).

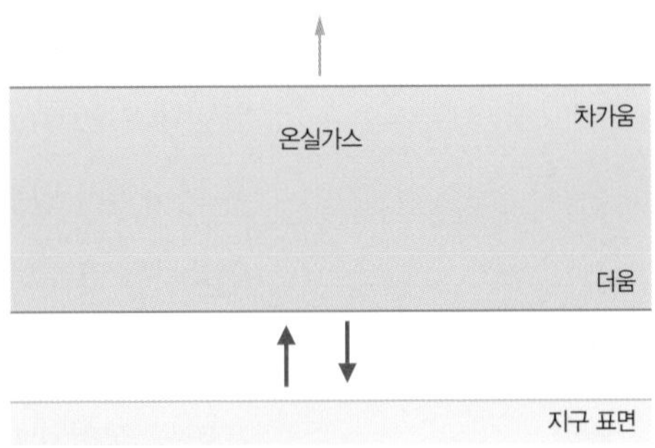

그림 2.6 온실가스의 담요 효과.

2장 초반에 설명했듯 복사열의 유입량과 대기 상층을 떠나는 방출량 사이에 반드시 균형이 필요하다. 그림 2.7은 실제로 대기 상층에 유입되거나 방출되는 복사열의 다양한 구성을 보여준다. 평균적으로 태양 복사열 1제곱미터당

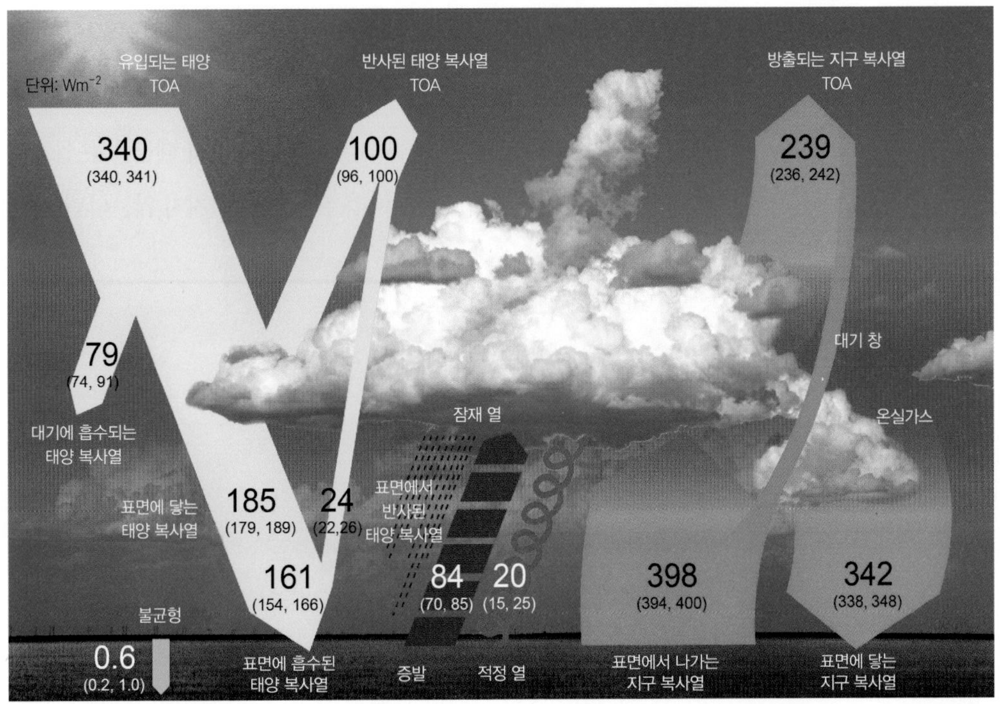

그림 2.7 지구 대기를 출입하고 에너지 수지(energy budget)를 맞추는 복사량의 구성. 들어오는 태양 복사열의 절반은 지표면으로 흡수된다는 점을 기억하라. 이 에너지는 지표면과 접촉하거나 증발 또는 구름이나 온실가스로 흡수되는 열복사에 의해 대기로 전달된다. 다시 대기는 열복사를 지구와 우주로 방출한다. 그림의 수치는 에너지 수지에 맞춰 불확실성을 조정한 각각의 에너지 흐름을 나타낸다(TOA(Top of Atmoshpere): 대기 상층).

235와트는 대기와 지표면에 흡수된다. 앞서 언급한 288와트보다 적은 양인데 이는 구름의 영향을 고려했기 때문이다. 구름은 태양에서 들어온 복사열의 일부를 우주로 반사한다. 또한 구름은 지구에서 방출하는 열복사를 흡수하고 다시 배출하며 온실가스와 비슷하게 담요 효과를 낸다. 이 두 현상은 반대로 작동하는데 하나(태양 복사열의 반사)는 지구 표면을 식히고 다른 하나(열복사의 흡수)는 지구 표면을 데운다. 이 두 현상을 유심히 관찰한다면 전체 복사량에 대한 구름의 영향은 평균적으로 지구의 표면을 약간 차갑게 한다는 사실을 알 수 있다.[7]

그림 2.7의 수치를 살피면 균형을 엿볼 수 있다. 평균적으로 1제곱미터당 유입되는 열은 239와트이고 방출되는 양 역시 239와트다. 지구 표면과 대기의 온도는 이러한 균형을 유지하기 위해 달라진다. 흥미로운 사실은 고도가 높아질수록 온도가 내려가기 때문에 온실효과가 생긴다는 점이다. 즉 고도에 따라 온도가 달라지지 않는다면 지구에 온실효과도 없을 것이다.

화성과 금성

온실효과는 지구와 가까운 행성, 화성과 금성에서도 발생한다. 화성은 지구보다 작고 지구와 비교하면 대기층이 아주 얇다. 화성 표면에 설치한 기압계는 지구보다 1퍼센트쯤 약한 대기 압력을 보일 것이다. 대부분 이산화탄소로 구성된 화성의 대기는 적지만 확실하게 온실효과에 기여한다.

아침과 저녁 하늘에서 태양과 아주 가까워 보이는 금성은 화성과

화성, 지구, 금성 같은 행성은 대기가 있다. 위 그림은 지구형 행성의 상대 크기를 보여준다.

는 상당히 다른 구성의 대기를 지녔다. 금성은 지구와 비슷한 크기다. 금성에 설치한 기압계는 아주 거친 환경에서 버텨야 하며 지구보다 100배 큰 대기 압력을 보여줄 것이다. 상당한 양의 이산화탄소로 구성된 이 행성의 대기에는 순 황산 방울로 이뤄진 두꺼운 구름이 있고 금성을 감싸 표면에 도달하는 햇빛을 차단한다. 금성에 보낸 러시아 우주 탐사선은 그곳이 지구의 해 질 녘과 비슷하다고 기록했다. 구름 위 1~2퍼센트의 햇빛만이 금성에 스며든다. 어떤 이는 표면을 데울 태양 에너지 유입량이 적기 때문에 금성이 상당히 추울 것이라고 생각할지 모른다. 하지만 동일한 러시아 우주 탐사선의 측정에 따르면 금성은 약 섭씨 525도의 암적열을 나타냈다.

이러한 고온의 이유는 바로 온실효과다. 이산화탄소로 구성된 두꺼운 대기층 때문에 금성 표면에서 방출하는 열복사량은 미미하다. 금성의 대기도 온실효과를 지니며, 표면을 데우는 태양 에너지가 그리 많지 않더라도 온실효과 때문에 온도가 섭씨 500도에 이른다.

'탈주'온실효과

금성에서 일어나는 일은 '탈주온실효과(runaway greenhouse effect)'라고 부르는 현상이다. 행성 내부의 기체 방출로 형성된 금성 대기의 초기 역사를 돌아보면 이를 설명할 수 있다. 금성 대기는 다량의 수증기, 강력한 온실가스를 포함했다(그림 2.8). 수증기의 온실효과로 표면 온도가 올라갔다. 온도 상승은 잦은 증발을 일으켰고, 대기 중에 수증기가 더 많아지면서 온실효과가 심화되고 다시 표면 온도의 상승으로 이어졌다. 이 과정은 대기가 수증기로 포화 상태가 되거나 모든 물이 증발할 때까지 지속되었을 것이다.

이러한 탈주 효과가 금성에서 발생한 듯하다. 그렇다면 왜 금성과 비슷한 크기에 초기 화학 구성이 비슷한 지구에는 같은 현상이 생기지 않았을까 의문을 갖게 된다. 금성은 지구보다 태양에 더 가깝기 때문에 이 행성에 유입되는 1제곱미터당 태양 에너지양은 지구의 두 배

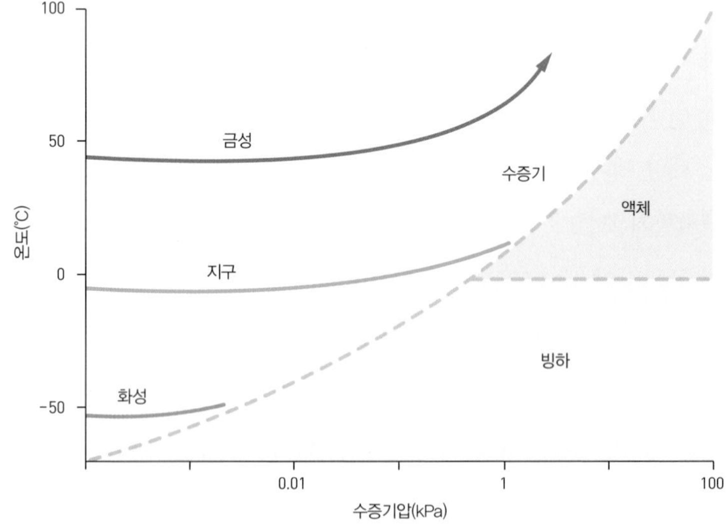

그림 2.8 지구, 화성, 금성 대기의 진화. 이 표를 보면 세 행성의 표면 온도와 대기 안 수증기압이 교차되어 있다. 점선은 수증기, 액체 상태의 물, 빙하가 균형을 이루는 지점을 의미한다. 화성과 지구의 온실효과는 수증기가 액체나 빙하와 평형을 이룰 때 사라진다. 금성에는 이러한 현상이 없다. 이 표는 탈주 온실효과를 나타낸다.

다. 대기가 없을 때 금성의 표면 온도는 섭씨 50도 이하에서 시작했을 것이다(그림 2.8 참조). 위에 설명한 과정처럼 금성 표면의 물은 계속 끓고 있었을 것이다. 고온 때문에 대기는 수증기로 포화되지 않았다. 그러나 지구는 더 낮은 온도에서 시작했고 표면과 수증기로 포화된 대기 사이에 평형을 이루었을 것이다. 그러므로 지구에서 탈주온실효과가 발생할 가능성은 없다.

강화된 온실효과

이제 지구 이야기로 다시 돌아오자. 자연적 온실효과는 수증기와 대기 중 다량의 이산화탄소 때문에 발생한다. 대기 중 수증기의 양은 주로 해양 표면 온도에 따라 달라진다. 대부분의 수증기는 해수면에서의 증발로 생기며 인간 활동의 영향을 직접 받지 않는다. 그런데 이산화탄소는 다르다. 산업혁명 이래로 산업과 산림 파괴 때문에 그 양은 40퍼센트가량 변했다(3장 참조). 미래 예측에 따르면 통제 조치가 없으면 대기 중 이산화탄소 증가율은 더욱 가속화되어 앞으로 100년 안에 농도가 산업화 이전 대비 두 배로 늘어날 것이다(그림 6.2).

이산화탄소 증가는 온실효과를 강화하며 지구 표면의 온난화를 초래한다. 다른 수치는 그대로이고 대기 중 이산화탄소가 갑자기 두 배로 증가했다고 가정해보자(그림 2.9). 그림 2.7에 나타난 열복사 수지(radiation budget)의 수치에 어떤 변화가 생길까? 먼저 태양 복사는 영향 받지 않는다. 대기 중 이산화탄소 증가는 방출된 열복사가 더 높은 고도와 더 낮은 온도에서 생긴다는 것을 의미한다(그림 2.4). 이로써 열

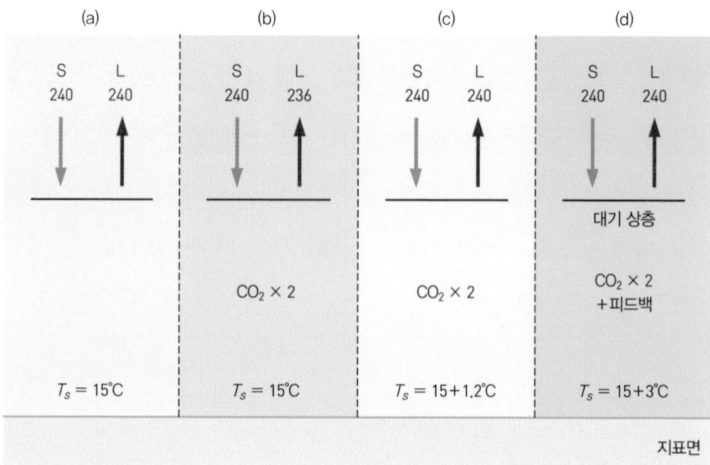

그림 2.9 강화된 온실효과. 자연 상태에서 순 태양 복사량($S=240W/m^2$)은 대기 상층을 떠나는 열복사량(L)과 균형을 이룬다. 평균 지표면 온도(T_s)는 섭씨 15도다. 이산화탄소 농도가 갑자기 두 배로 증가하면(b) L은 1제곱미터당 4와트씩 감소한다. 지표면과 대기 하층의 온도 외에 아무것도 바뀌지 않는다면(c) 평형이 이뤄지며, 이 경우에 섭씨 1.2도 상승한다. 피드백들을 감안한다면(d) 지표면 평균 온도는 약 섭씨 3도 상승한다.

복사 수지는 감소하고 감소량은 1제곱미터당 약 4와트에 이른다(더 정확한 값은 3.7와트).

이는 전체 열복사 수지의 불균형을 초래한다. 즉 방출되는 양보다 유입되는 에너지가 더 많다. 균형을 맞추는 과정에서 표면과 대기 하층은 따뜻해질 것이다. 온도 외에 구름, 수증기, 빙하, 적설이 변함이 없다면 온도 변화는 약 섭씨 1.2도에 이를 것이다.

물론 실제로 온난화를 부추기는 요소(양의 피드백)와 감소시키는 요소(음의 피드백)에 변화가 생길 것이다. 그러므로 상황은 단순한 계산보다 훨씬 복잡하다. 이에 대해서는 5장에서 더 자세하게 다룰 것이다. 이산화탄소가 두 배 증가할 때 지구 표면 온도를 현재로서 가장 정확히 추정한다면 단순 계산치의 두 배, 즉 섭씨 3도일 것이다. 이는 지구 표면 온도로 보면 어마어마한 변화이기 때문에 강화된 온실효과에서 지구 온난화가 예측되는 것이다. 그래서 강화된 온실효과는 오늘날 우려의 대상이 되고 있다.

이산화탄소 증가 현상을 다루며 대기에서 이산화탄소를 모두 제거하면 무슨 일이 일어날지 의문을 가져보아도 흥미로울 것이다. 1제곱미터당 4와트 정도로 방출되는 복사열이 다른 형태로 변한다고 가정하자. 그렇게 되면 지구는 온도가 섭씨 1~2도 떨어질 것이다. 이산화탄소량이 반으로 준다면 이러한 일이 발생할 것이다. 이산화탄소가 아예 없다면, 방출되는 복사량은 1제곱미터당 약 25와트로 여섯 배가량 큰 값이 된다. 더불어 온도 변화 값도 비슷한 정도로 커질 것이다. 현재 대기 중에 존재하는 이산화탄소량과 더불어 스펙트럼 대부분의 영역에 걸쳐 이산화탄소 흡수 최대치가 있기 때문이다(그림2.5). 그래서 농도가 크게 달라지더라도 흡수하는 복사량은 상대적으로 변화가 적다.[8] 이는 물이 있는 웅덩이의 여건과 비슷하다. 웅덩이가 깨끗할 때 적은 양의 진흙이 더해지면 물은 진흙탕으로 보인다. 그렇지만 물이 이미 진흙탕이라면, 진흙을 더하더라도 큰 차이가 없어 보인다.

여기에서 질문은 명확하다. 최근 기후 기록에서 강화된 온실효과의 증거가 있는가? 4장에서는 지구가 평균 섭씨 0.25도 정도 데워졌던 지난 세기의 지구 온도 기록을 살펴볼 것이다. 그리고 강화된 온실효과가 지구 온난화를 일으키는 이유를 4장과 5장에서 알아볼 것이다. 물론 자연적 기후 변동성도 존재해서 여전히 불확실성이 남지만 말이다.

내용 정리

- 지구를 섭씨 20도 이상으로 유지해 우리를 따뜻하게 하는 자연적 온실효과에 대해 아무도 의심하지 않는다. 이 현상은 이미 잘 알려져 있는데 강화된 온실효과에 적용되는 것과 비슷한 과학이다.
- 지구와 가까운 행성, 화성과 금성에서도 상당한 규모로 온실효과가 일어

난다. 이 행성들의 여건을 고려해보면 온실효과의 정도를 측정할 수 있다. 이러한 측정에 대해서도 합의가 이루어졌다.

- 과거 기후 자료 연구는 온실효과에 대한 실마리를 제공한다.

그러나 무엇보다 온실가스 자체를 살펴보아야 한다. 이산화탄소는 어떻게 대기로 유입되며 다른 기체들은 지구 온난화에 어떤 영향을 미치는가?

생각해볼 문제

1. 유입되는 태양 복사량의 30퍼센트를 반사하는 구름으로 덮인 지구에서 균형을 이루는 평균 온도를 구하라. 주 2와 4의 계산을 활용하자. 구름이 지구의 절반을 덮고 반사도가 1퍼센트씩 증가한다면 균형을 이루는 평균 온도 형성에 어떤 변화가 생길까?
2. 적외선 흡수대가 거의 포화 상태라서 이산화탄소의 온실효과는 무시해도 좋고 표면에서 방출되는 열복사의 재흡수가 거의 없다고 주장하는 견해도 있다. 이 논리의 오류는 무엇인가?
3. 그림 2.5를 사용해서 이산화탄소를 완전히 제거했을 때의 지표면 온도를 추정해보자. 이때 지구와 대기에서 복사된 총 에너지양은 동일해야 한다. 예를 들어 그림 2.5에 나온 곡선 아래의 영역이 변하지 않아야 한다. 이를 토대로 이산화탄소 파장대가 없는 새로운 곡선을 만들어보자.[9]
4. 기후학 및 기상학 관련 책이나 논문을 읽어보고 대기 중 수증기가 대기 순환을 결정하는 데 왜 중요한지 설명해보자.
5. 온실가스 증가에 따른 지역 온난화는 해양보다 육지에서 더 크다. 이유는 무엇일까?
6. (물리학 배경이 있는 독자에 한하는 문제) 국지열역학평형(Local Thermodynamic Equilibrium, LTE)[10]은 무엇을 의미하나? 대기 하층의 복사 전달을 측정하는 기본 가정으로서 LTE의 의미는? 어떤 조건 아래 LTE를 적용할 수 있는가?

주

1. 지구 표면 영역은 태양을 향하는 지구 원형 면적의 4배이므로 약 1/4.
2. 흑체복사는 캘빈 절대온도(K)를 네제곱한 슈테판 볼츠만 상수(5.67×

$10^{-8} Jm^{-2}K^{-4}S^{-1}$). 절대온도는 섭씨온도+273(1K=1℃).

3. 수증기와 이산화탄소의 영향을 나타내기 위해 질소와 산소를 포함하는 대기 단순 모델 활용. 물론 현실에 존재하는 모델은 아님. 대기 중에서 모든 수증기를 제거할 수는 없음. -6℃ 평균 표면 온도에서 얼음 표면이 생길 것이다.
4. 이 추정은 현재 표면 대비 얼음의 다른 반사도와 구름의 존재를 간과함.
5. 상세한 설명은 다음을 참조. Mudge, F. B. 1997. The development of greenhouse theory of global climate change from Victorian times. *Weather*, 52, 13-16.
6. 1.5~4.5℃ 범위가 6장에서 인용됨.
7. 구름의 복사 효과에 대한 상세한 설명은 5장 그림 5.16과 5.17 참조.
8. 흡수의 농도 의존은 대략 대수(logarithmic)에 해당함.
9. 온실가스의 적외선 스펙트럼 관련 유용한 자료는 다음을 참조. Harries, J. E. 1996. The greenhouse Earth: a view from space. *Quarterly Journal of the Royal Meteorological Society*, 122, 799-818.
10. LTE 관련 자료는 다음을 참조. Houghton, J. 2002. *The Physics of Atmosphere*, third edition. Cambridge: Cambridge University Press.

참고문헌

Historical overview of climate change science, Chapter 1, in IPCC WGI 2013. *Climate Change 2013: The Physical Science Basis. Contribution of Working Group I to the Fifth Assessment Report of the Intergovernmental Panel on Climate Change* [Stocker, T. F., Qin, D., Plattner, G. -K., Tignor, M., Allen, S. K., Boschung, J., Nauels, A., Xia, Y., Bex, V. and Midgley, P. M. (eds.)]. Cambridge: Cambridge University Press.

Houghton, J. 2002. *The Physics of Atmospheres*, third edition. Cambridge: Cambridge University Press, Chapters 1 and 14.

온실가스 03

2012년 5월, 중국 베이징 중심상업지구(Central Business District, CBD)의 교통 체증과 스모그 현상.

온실가스란 지구 표면에서 방출된 복사열을 흡수함으로써 온실효과를 내는 대기 중의 가스를 가리킨다. 온실가스 중 가장 중요한 것은 수증기다. 인간의 활동으로 인해 대기 하층의 수증기 양은 변하지 않는다. 인간 활동의 영향을 직접 받는 온실가스는 이산화탄소, 메탄, 아산화질소, 프레온가스(CFCs), 오존이 있다. 이 장에서는 이 가스들이 어디에서 비롯되었는지, 이들의 대기 중 농도가 어떻게 변하고 통제되는지 살펴볼 것이다. 또한 인간의 활동으로 생성된 대기 중 입자에 관해서도 논의할 것이다. 어떤 입자들은 표면을 식히는 역할도 한다.

비중이 가장 높은 온실가스는?

그림 2.5는 온실가스가 흡수하는 적외선 스펙트럼의 영역을 보여준다. 온실가스의 비중은 각각의 대기 중 농도와 적외선 복사를 흡수하는 세기에 달려 있고 그 양은 가스마다 큰 차이가 있다.

이산화탄소는 인간의 활동으로 대기 중 농도가 증가하는 온실가스 가운데 가장 중대한 가스다. 여기에서는 프레온가스나 오존, 에어로졸(aerosol)의 영향은 잠시 보류해두자. 왜냐하면 이들은 지구 전체에 퍼진 농도 차이가 너무 크고, 양으로 환산하기 매우 어렵기 때문이다. 이산화탄소의 증가는 현재까지 온실효과의 증대에 74퍼센트가량 기여했다. 이와 달리 메탄(CH_4)은 19퍼센트, 아산화질소(N_2O)는 7퍼센트 정도다(그래프 3.13 참조).

복사 강제력

다양한 대기 구성 요소의 온실가스 효과를 상대적으로 비교하기 위해 3장에서는 '복사 강제력(radiative forcing)'이라는 개념을 사용할 것이다. 그렇다면 우선 복사 강제력이 무슨 의미인지 정의할 필요가 있다.

2장에서 살펴보았듯이 모든 것이 동일하고 대기 중 이산화탄소만 갑자기 두 배가 되면 대기 상층에서 $3.7Wm^{-2}$의 복사 불균형이 발생한다. 복사 불균형은 복사 강제력의 한 예이며, 이는 대류권(대기 하층, 용어 설명 참조)[1] 위에서 평균 순 복사량에 변화가 생긴다는 뜻이다. 전반적인 기후 체계나 온실가스 농도가 달라져서 이러한 일이 발생한다. 예를 들어 지구에 유입되는 태양 복사량의 변화는 복사 강제력을 수반한다. 2장에서 언급한 것처럼 시간이 지나면서 오고 가는 복사량 사이에 복사 균형을 회복하기 위해 기후는 반응을 한다. 양(positive)의 값을 띠는 복사 강제력은 일반적으로 지표면을 데우며 음(negative)의 복사 강제력은 지표면을 식힌다.

이산화탄소와 탄소순환

탄소를 함유하는 자연 저장고 사이에서 탄소를 이동시키는 주요 매개체는 바로 이산화탄소다. 이를 탄소순환이라고 부른다. 인간인 우리도 매일 숨을 쉬며 탄소순환을 거친다. 대기 중 산소를 들이마시고 음식 안의 탄소는 몸에서 태워지며 이산화탄소를 내뱉는다. 인간은 생명을 유지하기 위한 에너지를 이러한 방식으로 공급받는다. 동물도 마찬가지로 대기에 이산화탄소를 배출한다. 땅속의 유기물질이 분해되거나 나무가 썩는 것, 불도 마찬가지다. 탄소를 이산화탄소로 바꾸는 호흡 과정을 상쇄하는 체계로는 이와 정반대로 작용하는 식물의 광합성을 예로 들 수 있다. 빛 아래에서 식물은 이산화탄소를 흡수하고 성장하기 위해 탄소를 사용하며 대기 중에 산소를 방출한다. 이러한 호흡과 광합성 작용은 바다에서도 일어난다.

그림 3.1은 다양한 탄소 저장고 사이의 순환을 보여준다[대기, 해양(바다 생물군), 흙, 육지 생물군(식물, 동물을 포함한 모든 생명체) 포함]. 이 그림은 이산화탄소의 형태로 대기 안팎으로 움직이는 탄소량이 엄청나다는 사실을 알려준다. 대기 중 탄소 약 5분의 1이 매년 순환한다. 일부

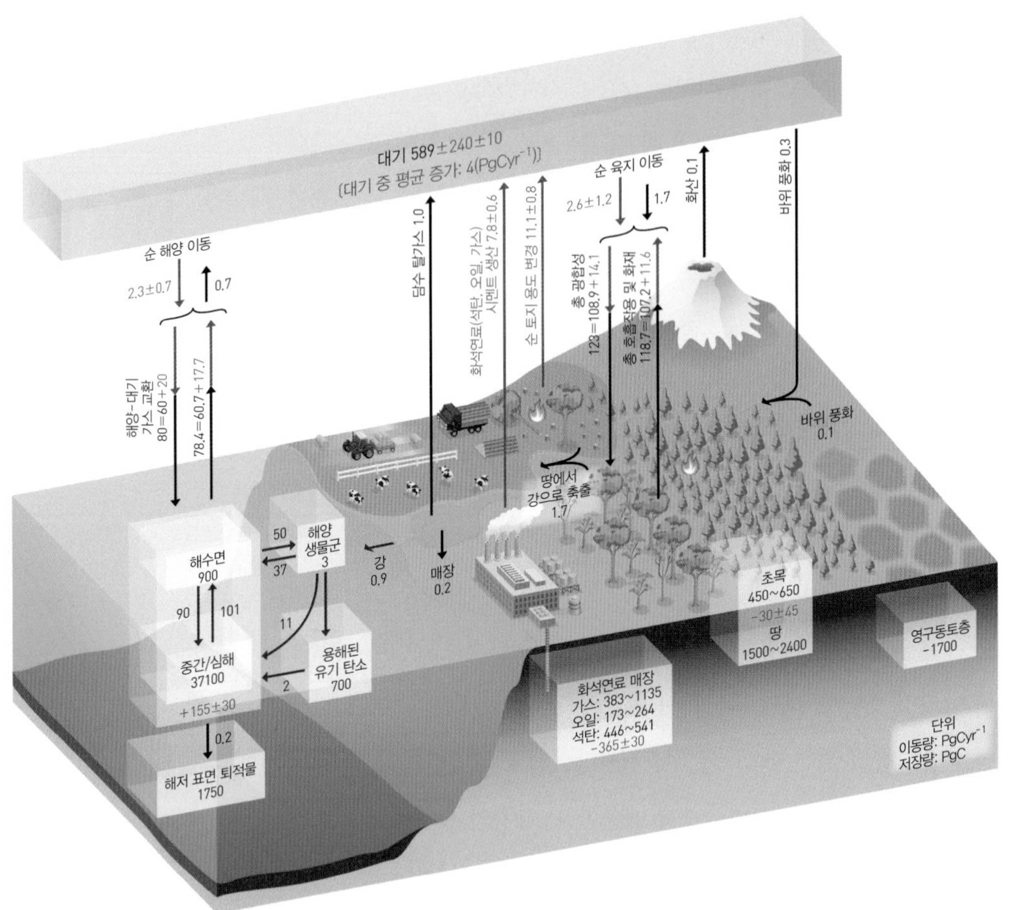

그림 3.1 지구의 탄소순환 기본 모형(단위는 Pg, Gt, 불확실성 존재, 90퍼센트 신뢰 구간). 검은색 숫자와 화살표는 산업화 이전, 1750년부터 추정된 저장고 규모와 흐름을 표시한 것이다. 빨간색 화살표와 숫자는 2000~2009년에 인류가 영향을 준 연평균 흐름이다. 이는 1750년 이래 탄소순환의 교란에 해당한다. 이러한 흐름(빨간색 화살표)은 **화석연료 및 시멘트의 CO_2 배출, 순 토지 용도 변경, 대기 중 CO_2 평균 증가율**을 보여준다. 지구 생태계와 해양에 의한 CO_2 흡수(carbon sinks: 탄소 흡수원)는 **순 육지 이동**(net land flux)과 **순 해양 이동**(net ocean flux)의 빨간색 화살표 부분이다. 저장고에서 빨간색 숫자는 산업화 시대 1750~2011년에 인류가 초래한 누적 탄소량 변화를 나타낸다. 대개 누적된 양의 값은 1750년대 이래로 저장고에 탄소가 증가했다는 의미다. 육지 저장고에서 탄소 값의 변화는 토지 용도 변경으로 손실된 탄소 값과 1750년 이래로 다른 생태계에 축적된 탄소 값의 합계다. **해수면, 중간·심해**의 탄소 저장량은 매년 축적된 인위적인 탄소량도 포함한다.

는 육지 생물군을 거쳐, 또 다른 일부는 해양 표면을 넘어 물리적, 화학적 작용을 통해서 순환한다. 육지와 해양 저장고는 대기 중 저장고보다 훨씬 크다. 이 거대한 탄소 저장고에 약간의 변화가 생기면, 대기 중 농도에 엄청난 파급 효과를 가져온다. 또한 바다에 저장된 탄소의 2퍼센트만 방출되어도 대기 중 이산화탄소의 양을 두 배로 증가시킬 것이다.

인간의 활동이 야기한 탄소가 대기 중으로 방출된 경우, 이산화탄소는 파괴되지 않고 다른 탄소 저장고로 재분배된다는 사실을 깨닫는 것은 중요하다. 이처럼 이산화탄소는 대기 중 화학작용으로 파괴되는 다른 온실가스와 차이가 있다. 탄소 저장고는 다양한 순환 주기에 따라 서로 탄소를 주고받는다. 이 주기는 1년 이내에서 수십 년(바다 표면과 육지 생물군의 탄소순환), 수천 년(해저에서 흙 웅덩이로의 탄소순환)에 이른다. 이 기간은 보통 이산화탄소 분자가 대기 중에 머무는 4년보다 훨씬 길다. 순환 주기의 격차가 크다는 것은 대기 중 이산화탄소의 농도 변화가 다시 균형을 찾는 과정을 일정한 시간대로 설명할 수 없음을 의미한다. 예를 들어 대기 중 이산화탄소가 50퍼센트 증가하면 다시 사라지는 데 30년이 소요되며, 80퍼센트 증가는 몇 세기, 나머지 20퍼센트까지 증가한다면 수천 년 동안 대기 중에 계속 존재한다는 말이다.[2] 대기 중 이산화탄소가 머무는 순환 기간을 종종 100여 년으로 말하는 경우가 있는데 이렇게 단일한 시간으로 설명하는 것은 오해의 여지가 크다.

인간의 활동이 본격적으로 해를 끼치기 전에, 지질연대보다 짧은 기간에 걸쳐 탄소 저장고 사이에 오고 가는 탄소량은 상당히 일정했다. 1750년, 산업화가 시작되기 전 수천 년 동안 균형을 유지했다는 말이다. 빙하 코어(ice core)에서 측정된 이산화탄소의 몰분율은 약 280ppm의 평균값에 20ppm가량의 변동 범위를 지속해왔다(그림 3.2).

산업혁명이 이러한 균형을 깨뜨렸고 그 이후 화석연료 연소로

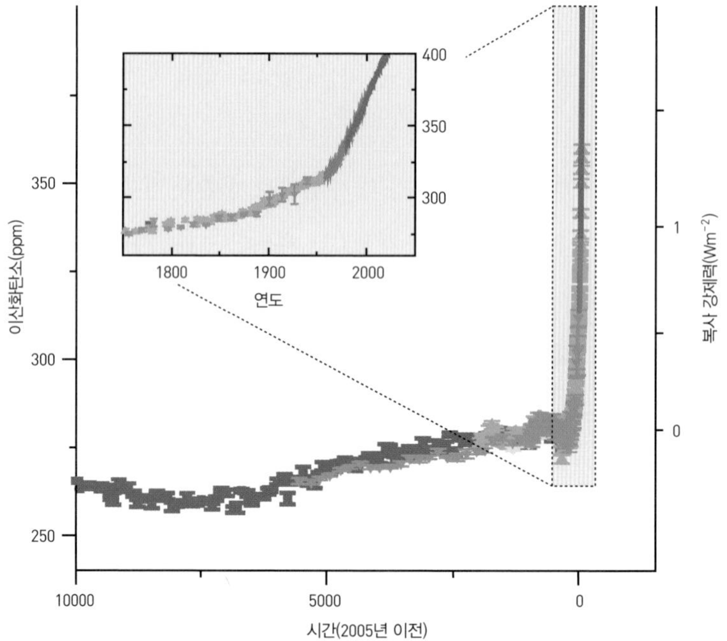

그림 3.2 지난 1만 년 동안의 대기 중 이산화탄소 농도(1750년 이후). 다양한 빙하 코어(연구별로 여러 색으로 표시)와 대기 중 샘플(붉은 선) 사용. 우측은 복사 강제력 수치를 사용했다.

600Gt 이상의 이산화탄소가 대기 중에 방출되었다. 결과적으로 대기 중 이산화탄소 농도가 280ppm(1700년)에서 현재 400ppm 이상으로 43퍼센트가량 증가했다(그림3.2). 이는 적어도 지난 65만 년 가운데 사상 최대의 농도 수치다. 하와이 마우나로아산 정상 관측소에서 1959년 이후 측정한 결과에 따르면 이산화탄소는 1995년에서 2010년까지 매년 약 2ppm씩 증가했다(비록 해마다 큰 차이가 있지만 1990년대 평균 수치 1.5ppm보다 증가). 이렇게 대기 중으로 방출된 이산화탄소는 탄소 저장고에 매년 약 4Gt을 더하는 셈이다.

전 세계적으로 석탄, 석유, 가스가 매년 얼마나 연소되는지 가늠하는 것은 어렵지 않다. 대부분 난방, 가정용 기기, 산업 및 운송과 같이 인간의 필요에 따라 에너지를 공급한다. 산업혁명 이후 화석연료 사용은 급속히 증가했다(그림 3.3). 2000년부터 2010년까지 연간 탄소 방

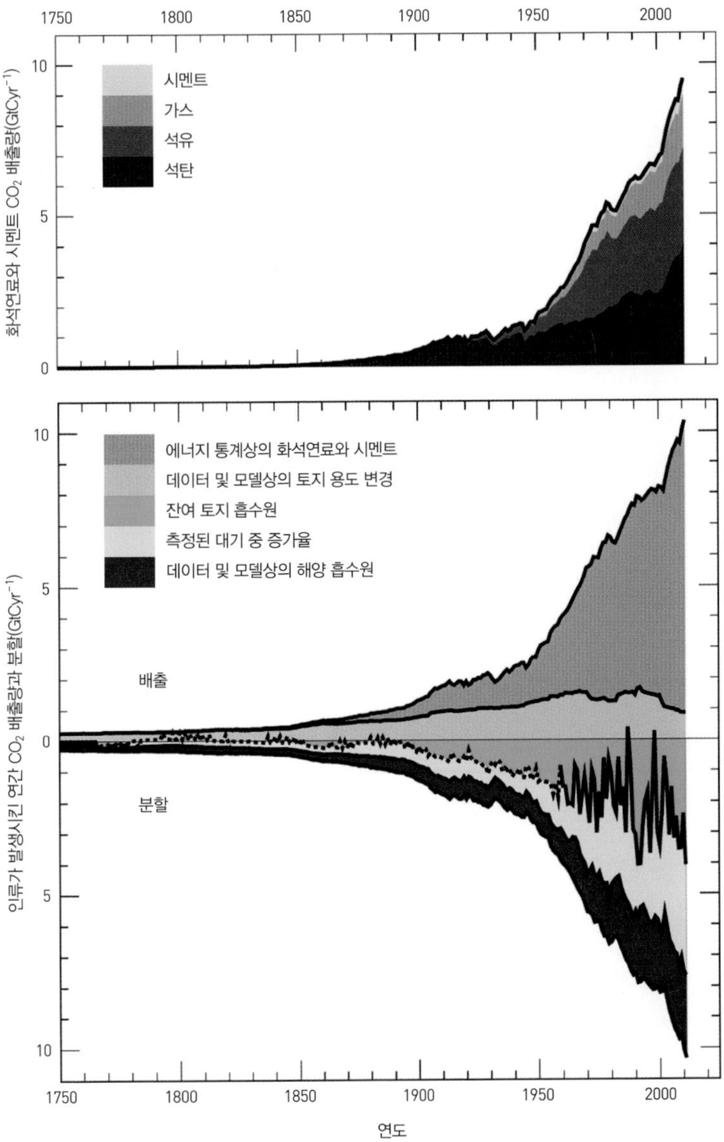

그림 3.3 1750~2011년 인류에 의한 연간 CO_2 배출량과 대기, 육지, 해양별 구분. 화석연료와 시멘트의 범주별 CO_2 배출(위). 화석연료와 시멘트 배출량(아래)의 1959년 이전 '측정된 대기 중 증가율'은 빙하 코어 관측과 대기 관측 결과에 근거한다. 큰 변동성 때문에 점섬으로 표시했다. 잔여 토지 흡수원은 다른 부분에서 도출한 결과이며 육지 생태계에 흡수된 인위적 CO_2를 표시했다.

출은 약 2.5퍼센트씩 증가했고 거의 대부분 대기 중에 이산화탄소로 배출되었다. 이산화탄소 방출에 기여하는 또 다른 인간 활동으로 토지 용도 변경을 꼽을 수 있는데 특히 열대 산림 벌채가 주범이다. 이

표 3.1 1980~1989년, 1990~1999년, 2000~2009년, 2002~2011년의 지구 연평균 탄소 수지의 구성 요소(단위: Gt). 관례적으로 해양 및 육지에서 대기 중 유량은 '마이너스'로 표시하며, 해양과 육지로 추가된 탄소량에 해당한다. 불확실성의 범위는 90퍼센트의 신뢰 구간을 나타낸다(2013 IPCC WGI의 6장, 표 6.1에서 참고 자료를 얻을 수 있다).

	1980~1989년	1990~1999년	2000~2009년	2002~2011년
방출(화석연료, 시멘트)	5.5±0.4	6.4±0.5	7.8±0.6	8.3±0.7
대기 증가	3.4±0.2	3.1±0.2	4.0±0.2	4.3±0.2
해양-대기 유량	-2.0±0.7	-2.2±0.7	-2.3±0.7	-2.4±0.7
육지-대기 유량*	-0.1±0.8	-1.1±0.9	-1.5±0.9	-1.6±1.0
*다음과 같이 나누어짐				
토지 용도 변경	1.4±0.8	1.5±0.8	1.1±0.8	0.9±0.8
잔여 토지 흡수원	-1.5±1.1	-2.6±1.2	-2.6±1.2	-2.5±1.3

는 숲 조성 등의 작업으로 다시 균형을 맞출 수 있다. 양적으로 측정하기는 쉽지 않은데 표 3.1에서 수치를 부분적으로 확인할 수 있다. 2011년까지 지난 10년 동안(표 3.1 참조) 화석연료 연소에 따른 이산화탄소 방출, 시멘트 제조(전체 3퍼센트), 토지 용도 변경으로 인한 이산화탄소량은 9Gt에 이른다. 물론 4분의 3 이상이 화석연료 연소 때문이다. 연간 대기 중 순 증가량이 4Gt이므로, 9Gt의 약 40퍼센트는 대기 중에 남아 농도를 증가시킨다. 나머지 60퍼센트는 해양과 육지 생물군으로 흡수된다. 그림 3.6을 통해 탄소 방출량과 지구 평균 온도가 올라감에 따라 육지와 바다가 흡수하는 이산화탄소량도 변하며, 탄소 배출량이 많을수록 흡수량이 현저하게 감소한다는 사실을 알 수 있다.

화석연료 연소의 약 95퍼센트는 북반구에서 발생하기 때문에 남반구보다 북반구에 이산화탄소가 더 많다. 남반구와 북반구의 대기 중 이산화탄소 농도 차이는 현재 약 2ppm이며(그림 3.4), 화석연료 연소

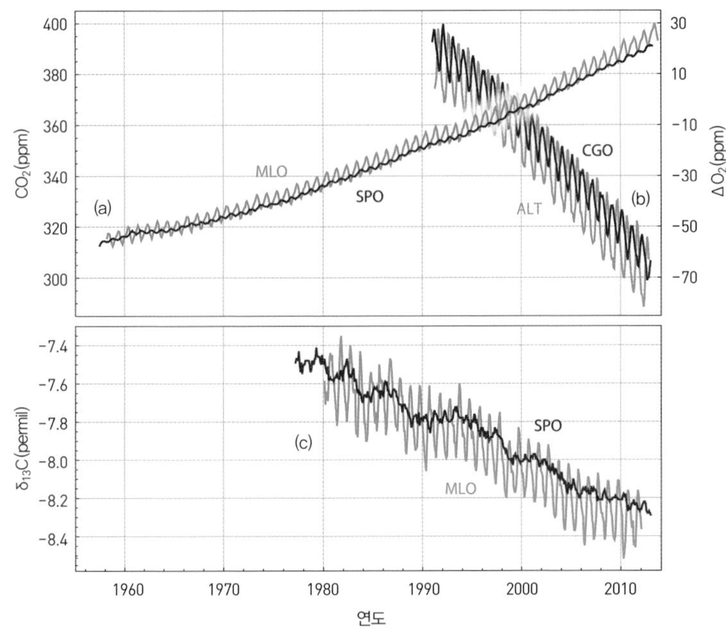

그림 3.4 주요 측정소에서 측정한 대기 중 농도. 마우나로아(MLO), 북반구, 남반구(SPO)에서 측정한 CO_2 값(a). 캐나다 얼러트(ALT), 호주 케이프그림(CGO)에서 측정한 산소 값(b). MLO와 SPO에서 측정한 ^{13}C과 ^{12}C 값(c).

와 더불어 해마다 차이가 계속 벌어져왔다. 즉 대기 중 이산화탄소 농도의 증가는 화석연료 연소에 따른 결과임을 더욱 확실히 알 수 있다.

이제 바다에서 무슨 일이 일어나는지 살펴보겠다. 이산화탄소는 물에 용해된다. 이를 이용한 것이 바로 탄산음료다. 이산화탄소는 특히 파도가 칠 때 해수면과 바다 위 공기에서 끊임없이 오고 간다(매년 약 80Gt이 교환된다. 그림 3.1). 바다 표면에 용해된 이산화탄소의 농도와 대기 중의 농도 사이에 균형을 이룬다. 이 균형을 유지하는 화학 법칙에 따르면 대기 중 농도가 10퍼센트 바뀌면, 물에 용해되는 농도 역시 10분의 1, 즉 1퍼센트 정도 달라진다.

이러한 변화는 바다 상층 100미터 지점에서 급속히 진행될 것이다. 인간의 활동이 야기한 대기 중 이산화탄소가 바다에 급속도로 용해된다. 보통 바다 아랫부분까지 흡수되려면 오랜 시간이 걸린다. 바다 표면의 물과 아래쪽 물이 섞이기까지는 몇백 년이 걸리며 심해까지 섞이려면 몇천 년이 소요된다. 이산화탄소가 대기 중에서 바다 밑까지 이동하는 과정을 **용해도 펌프**(solubility pump)라고 부른다.

거대한 탄소 저장고인 바다는 탄소순환량 규모에서 추정할 수 있는 것과 달리 대기 중에 증가하는 이산화탄소를 즉각 수용하지는 않는다. 주로 단기간을 기준으로 바다 표면에서 일어나는 변화가 탄소순환에 커다란 영향을 미친다. 게다가 따뜻한 온도는 대체로 바다에서의 순환 약화 및 이산화탄소 흡수량의 감소와 연관이 있을 것으로 보인다.

바다 생태계에서 생물학적 다양성은 중대한 역할을 한다. 얼핏 보면 잘 모르겠지만 바다는 생명체로 가득하다. 육지와 비교했을 때 바다에 사는 생명체 전체의 수는 그리 많지 않지만, 높은 순환율을 보인다. 바다 생명체는 육지의 30~40퍼센트 비율로 만들어진다. 이 가운데 대부분은 급속한 생명 주기를 거치는 동식물 플랑크톤이다. 이들은 죽어 부패하면서 탄소를 바다 밑으로 흘려보낸다. 이로써 탄소량은 점점 더해진다. 일부 탄소는 바다 깊은 곳까지 스며들어 수백 년, 수천 년이 지나도 순환되지 않은 채 남을 것이다. 탄소순환에 기여하는 이러한 과정을 **생물학적 펌프**(biological pump)라고 부른다. 이는 빙하기 동안 대기와 해양의 이산화탄소 농도 변화를 결정하는 중요한 요인이었다(4장 참조).

대기와 바다 사이의 탄소 교환을 묘사하기 위해 수학적 등식을 해결하는 컴퓨터 모델이 구축되었다(5장 참조). 검증을 위해 이 컴퓨터 모델은 탄소 동위원소의 해양 확산에 적용되었다. 탄소 동위원소 ^{14}C는 1950년대 핵실험 이후 바다에 유입되었다. 그 결과에 따르면 매년 대

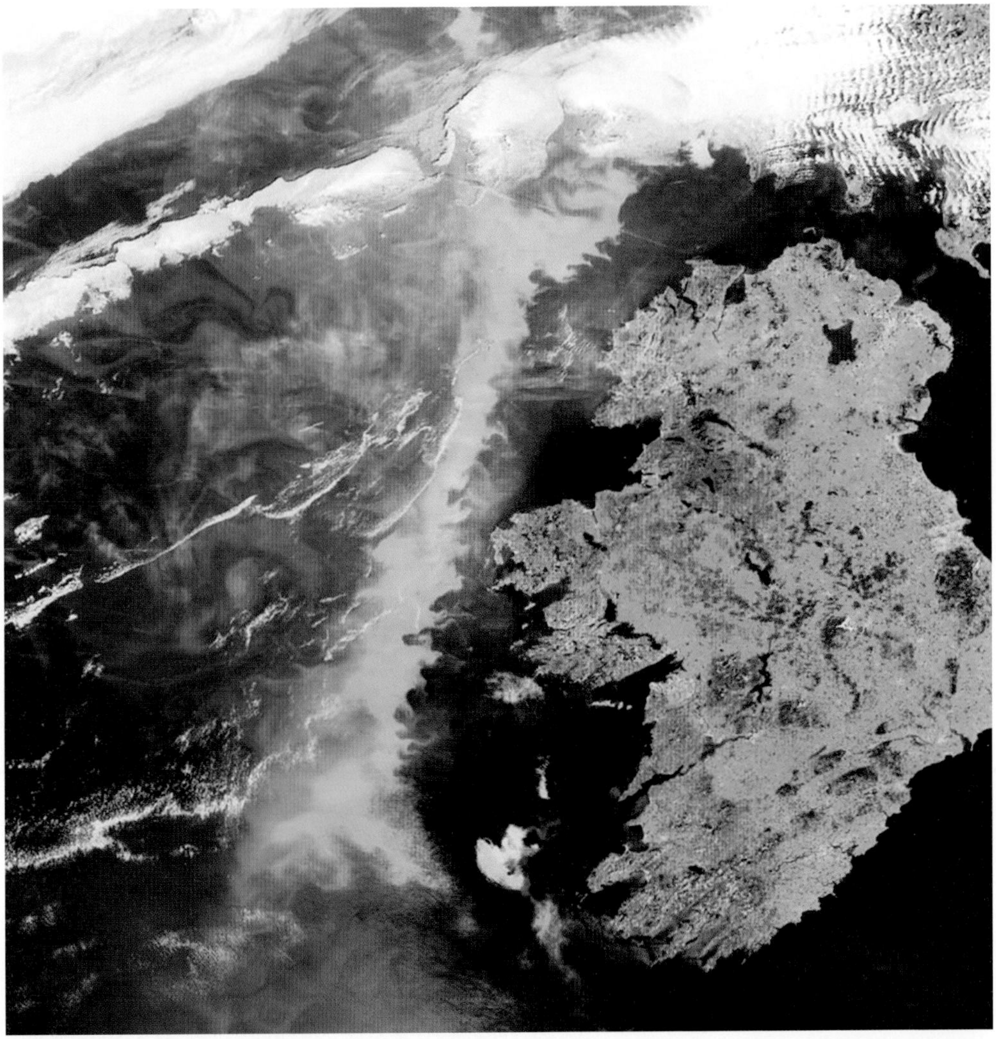

기에 방출된 이산화탄소 중 2Gt(±0.7Gt)이 바다에 남는다(표 3.1 참조). 대기나 바다에 다른 탄소 동위원소가 확산되었다는 사실은 이러한 측정 결과를 입증해준다.

대기, 해양, 육지 생물군 안에 흩어진 이산화탄소의 대략적인 구분은 대기 중 이산화탄소 농도 현황과 대기 중 산소와 질소 비율 측정

청록색으로 넓게 표시한 플랑크톤의 번식 구역. 플랑크톤은 북대서양 아일랜드 방향으로 퍼져 있다. 2006년 6월 6일, 식물성 플랑크톤의 농도를 감지할 수 있는 해양 센서 MERIS가 실린 엔비샛(ENVISAT) 인공위성으로 촬영했다.

해양의 생물학적 펌프[3]

매년 봄 고위도 온화한 기후의 해양에서는 생물학적 작용이 절정을 이룬다. 영양이 풍부한 물은 겨울 동안 심해에서 표층으로 이동한다. 봄에 햇빛의 양이 증가하면서 플랑크톤도 폭발적으로 증가한다. 이를 춘계 번식(spring bloom)이라고 부른다. 인공위성에서 찍은 바다 색의 변화는 이러한 현상을 단적으로 보여준다.

플랑크톤은 식물성과 동물성이 있다. 이들은 해양의 표층에서 번식한다. 크기는 0.001밀리미터에서 육상 곤충 정도까지 다양하다. 초식 동물성 플랑크톤은 식물성 플랑크톤을 먹고 자라며 육식 동물성 플랑크톤은 초식 동물성 플랑크톤을 먹는다. 이 유기체의 잔해는 해양 밑으로 가라앉는다. 이들은 가라앉으면서 분해되기도 하고, 영양분이 되어 물로 돌아가기도 한다. 일부(약 1퍼센트)는 심해나 해저로 가라앉기도 하며 수백 년, 수천 년, 수백만 년에 걸친 탄소순환으로 사라진다. '생물학적 펌프'의 순 영향은 표층의 탄소를 바다 밑으로 이동시키는 것이다. 표층수에서 탄소량이 감소하면 해수면의 평형을 유지하기 위해 대기 중에서 이산화탄소를 끌어온다. 이산화탄소 증가의 영향을 별로 받지 않은 지난 세기 동안 '생물학적 펌프'는 거의 변함이 없었던 것으로 알려졌다.

'생물학적 펌프'의 중요성은 빙하 코어의 고대 기후 자료에서 확실히 알 수 있다. 얼음 기포 안에 포함된 대기 구성 요소의 하나는 메틸술폰산으로 부패한 해양 플랑크톤에서 생긴 것이다. 따라서 그 농도는 플랑크톤 활동의 척도다. 2만 년 전, 마지막 빙하기가 끝나며 지구 온도가 상승하자, 대기 중 이산화탄소도 증가하기 시작했고(표 4.9 참조) 메틸술폰산 농도는 감소했다. 대기 중 이산화탄소와 해양 생물학적 작용 사이에 흥미로운 연관성이 있다. 추운 빙하기의 해양에서 생물학적 작용의 증가는 대기 중 이산화탄소 농도를 낮게 유지시키던 원인일 수도 있었다. 즉 '생물학적 펌프'가 영향을 미쳤던 것이다.

지표면에서 바다로 날아온 철을 함유한 먼지 때문에 해양 생물학적 작용이 활성화되었다는 고대 기후 자료가 있다. 이에 따라 일부 해양 지대에 인위적으로 철을 유입시켜 '생물학적 펌프'를 활성화하자는 제안도 최근 등장했다. 흥미롭지만 대규모로 실행하더라도 그다지 효과는 없을 것으로 보인다.

그렇다면 왜 해양 생물학적 작용이 더운 시기보다 빙하기에 활발했는지 의문이 남는다. 한 가지 실마리로 영양이 풍부한 물이 표층으로 이동해 춘계 번식을 유도하는 겨울철을 주목할 수 있다. 대기 중 이산화탄소가 적을 때 해양 표면의 복사에 따른 냉각이 증가한다. 해양 표층의 대류 현상은 해수면의 냉각에 의해 유도되기 때문에 냉각이 증대되면 모든 생물학적 작용이 발생하는 해양 표면에서 혼합층이 두텁게 형성된다. 이는 생물학적 양의 피드백의 한 예다. 즉 두터운 층은 플랑크톤의 번성을 의미한다.[4]

현황에서 나온 것이다(그림 3.4, 3.5 참조). 이는 이산화탄소와 산소의 이동 패턴이 육지와 해양에서 다르기 때문에 파생되는 상황이다. 육지의 생물은 광합성을 통해 대기 중 이산화탄소를 흡수하고 탄수화물

탄소 동위원소에서 배울 점

동위원소란 화학적으로 동일한 형태이지만 원자 무게가 다른 원소를 칭한다. 세 가지 탄소 동위원소는 탄소순환을 연구하는 데 중요한 개념이다. 일반 탄소의 98.9퍼센트를 구성하는 가장 근접한 동위원소 ^{12}C, 1.1퍼센트의 ^{13}C, 아주 소량의 방사성 동위원소 ^{14}C를 들 수 있다. 태양에서 입자 방사선 작용으로 대기에서 매년 10킬로그램의 ^{14}C가 생성된다. 이 가운데 절반은 5730년(^{14}C의 반감기)에 걸쳐 질소로 붕괴된다.

식물이나 다른 생물체가 이산화탄소의 탄소를 가져갈 때 ^{12}C보다 적은 양의 ^{13}C를 가져간다. 석탄이나 석유와 같은 화석연료는 원래 유기체였으므로 오늘날 대기 중 이산화탄소보다 적은 ^{13}C를 포함한다(약 1000분의 18). 산림 연소, 초목의 부패, 화석연료 연소 등으로 대기 중에 탄소가 늘어나면 결국 ^{13}C의 양을 감소시킬 것이다(그림 3.4).

화석연료는 5730년보다 더 오랫동안 지구에 저장되었기 때문에 ^{14}C를 전혀 포함하고 있지 않다. 그러므로 대기 중에 더해지는 화석연료의 탄소는 대기가 포함하는 ^{14}C의 양을 감소시킨다.

빙하 코어, 나이테에 저장된 가스, 대기나 해양의 탄소 동위원소의 비율을 연구함으로써 대기에 더해지는 이산화탄소가 어디에서 왔는지, 얼마나 해양으로 이동했는지 파악하는 것이 가능하다. 예를 들어 산림의 연소나 부패로 어느 정도의 이산화탄소가 대기 중에 들어왔는지 시기별로 추정하는 것이 가능해졌다.

이와 비슷하게 대기 중 메탄의 탄소 동위원소 측정은 화석연료로부터 다른 시간대별로 메탄이 어느 정도 대기에 들어왔는지 정보를 제공한다.

을 구성하며 산소를 내보낸다. 호흡하는 과정에서 육지 생물은 대기 중 산소를 들이마셔 이산화탄소로 바꾼다. 대조적으로 해양에서는 대기에서 흡수된 이산화탄소가 용해되며 분자 형태의 탄소와 산소가 제거된다. 그림 3.5에서 1990~2000년도의 상황을 확인할 수 있다. 이는 표 3.1에서 1990년대에 보인 탄소 수지와 일치한다.

육지와 대기에서 일어나는 탄소 흐름을 보여주는 표 3.1은 토지 용도 변경에 따른 그 균형을 보여준다. 일반적으로 대기 중에 탄소를 내보내는 등 양의 값을 지닌 토지 용도 변경, 음의 값을 지니거나 이산화탄소 흡수원인 잔여 요소로 인한 탄소 흐름이다. 표 3.1의 토지 용도 변경은 주로 열대 지역의 산림 벌채가 원인이다. 온화한 기후의 북

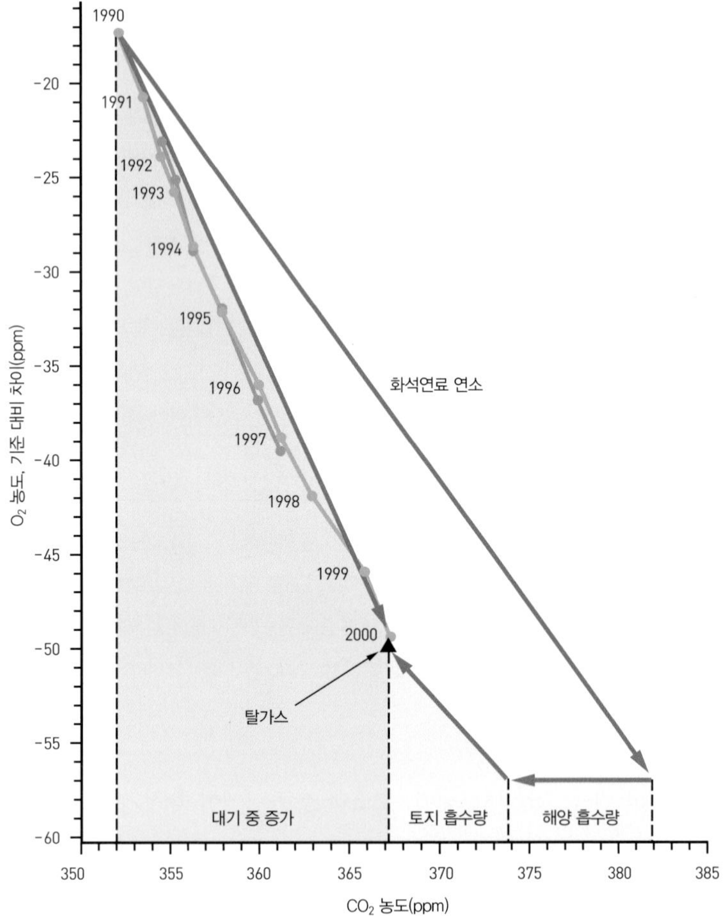

그림 3.5 산소 측정을 활용하여 1990~2000년 화석연료 이산화탄소 흡수량을 구분했다. 이산화탄소와 산소의 농도 변화 관계를 나타낸다. 점은 관측을 보여주며, '화석연료 연소' 화살표는 화석연료의 연소 영향을 의미한다. 이는 연료 유형별 O_2 대 CO_2의 화학량론적 관계(화학반응에서의 양적 관계)를 기반으로 한다. 육지와 해양의 CO_2 흡수는 화학량적 비율로 인해 제약을 받는다.

반구에서 산림 재조성이나 토지 관리를 통해 이산화탄소 흡수원을 만들기도 한다. 이산화탄소 흡수원을 조성하는 과정을 이산화탄소 '비료' 효과(fertilization effect: 대기 중 이산화탄소 증가는 식물의 성장을 증진시킨다. 7장 참조)라고 부른다. 질소 비료제 사용 증대가 기후에 미치는 영향, 그 영향의 정도(표 3.1 참조)는 직접 측정이 어려우며, 탄소 수지의 균형을 따져보아 추론한다고 해도 고정적인 값을 이끌어내기 쉽지 않다.

육지 생물군에 의한 이산화탄소 흡수량은 매년 규칙적인 순환을 보이는 대기 중 이산화탄소 농도 측정을 통해 알 수 있다. 예를 들어 하와이 마우나로아산 관측소에서 측정한 계절적 차이는 약 10ppm이다(그림 3.4a). 동식물이 자라는 계절 동안 대기에서 이산화탄소가 사라졌다가 겨울에 식물이 죽으면서 다시 유입된다. 북반구에서 이산화탄소 순환의 최소치는 여름에 발생한다. 육지 생물군의 대부분이 북반구에 있기 때문에 남반구보다 연간 순환의 격차가 훨씬 크다. 이처럼 육지 생물군에 의한 이산화탄소 흡수 모델 수치는 반구와 계절의 순환에 따라 다르다.

이산화탄소 비료 효과는 생물학적 피드백 과정의 한 예다. 이산화탄소가 증가함에 따라 식물에 의한 이산화탄소 흡수량이 많아지고 대기 중의 양을 감소시키기 때문에 지구 온난화 속도를 늦추는 음의 피드백이라고 말할 수 있다. 지구 온난화를 가속화하는 양의 피드백도 존재한다. 사실 잠재적으로 음의 피드백보다 양의 피드백이 훨씬 많다. 과학 지식만으로 정확한 수치를 측정하기 어렵지만 양의 피드백이 더 많으리라는 조짐이 훨씬 크다. 특히 지구 온난화를 일으키는 이산화탄소가 21세기, 22세기까지 계속 증가한다면 말이다. 이러한 영향을 기후 및 탄소순환 피드백이라고 부르는데 탄소순환에 영향을 미치는 기후 변화가 가져온 결과이기 때문이다.

이산화탄소는 인류가 초래한 복사 강제력의 가장 큰 주범이다. 산업화 이전부터 현재까지 나타난 복사 강제력 수치는 그림 3.13에 나와 있다. 대기 중 이산화탄소에서 농도가 Cppm일 때, 복사 강제력 R의 공식은 $R=5.3\ \ln(C/C_0)$라고 쓸 수 있다. C_0는 산업화 이전 이산화탄소 농도 280ppm을 가리킨다.

미래의 이산화탄소 배출

미래의 기후에 대한 정보를 얻으려면 일단 우리는 인간이 배출할 이산화탄소의 대기 중 농도를 예측해야 한다. 예측 과정에서 대기 중 이산화탄소 농도의 기존 상수는 중요한 의미를 지닌다. 예를 들어 인간의 활동으로 인한 대기 중 이산화탄소 방출이 갑자기 멈춘다고 가정해보자. 대기 중 이산화탄소의 농도에는 아주 점진적인 감소만 있을 뿐 갑작스런 변화가 생기지 않을 것이다. 수백 년 이내에 산업화 이전 수준으로 돌아가는 것을 기대하기는 어렵다.

그런데 현재 이산화탄소 배출은 멈추지도, 감소하지도 않은 상황이며 오히려 매년 증가하는 추세다. 그러므로 대기 중 이산화탄소 농도는 더욱 급속히 늘어날 것이다. 특히 6장에서는 온실가스 증가로 인한 21세기의 기후 변화 예측을 다루려고 한다. 미래의 기후를 예측하려면 이산화탄소 배출량의 변화를 가늠해야 한다. 물론 미래의 일을 추측하는 것은 쉽지 않은 일이다. 사실 우리가 하는 모든 행동이 이산화탄소 배출량에 영향을 미치기 때문에 인간이 미래에 어떻게 활동할지를 추측하는 것과 같다. 다시 말해서 인구 증가, 경제성장, 에너지 사용, 에너지원 개발, 환경 보존 촉구 같은 영역에 대한 예측이 동시에 필요하다. 선진국뿐만 아니라 개발도상국에서도 이러한 예측을 해야 한다. 사실 어떠한 미래 예측이든 현실에서 그대로 이뤄지지 않을 수 있기 때문에 다양한 상황을 추측해야 한다. 그래야만 여러 가지 가능성에 대한 아이디어를 얻을 수 있기 때문이다. 이러한 미래 예측을 **시나리오**라고 부른다. 최근 IPCC 보고서(2013년)에서 이를 대표농도경로(Representative Concentration Pathways, RCPs)라고 했는데 역시 6장에서

생물권의 피드백

온실가스인 이산화탄소와 메탄이 인간의 활동으로 대기 중에 유입됨에 따라 생물권에서 발생하는 생물학적 및 그 밖의 피드백 과정(기후변화가 부추기는 과정들)은 대기 중 온실가스 농도 증가율에 영향을 미친다. 이 과정들은 인위적 증가를 부추길 수도 있고(양의 피드백) 감소시킬 수도 있다(음의 피드백).

양의 피드백(해양에서 플랑크톤 증식), 음의 피드백(이산화탄소 비료 효과)은 앞서 설명했다. 이 외에 다른 네 가지 양의 피드백도 잠재적으로 중요한데 현재 지식으로는 정확히 수량화하기에 충분하지 않은 상황이다.

첫째, 고온 현상이 토지 미생물의 호흡에 미치는 영향이다. 이는 이산화탄소 배출 증가로 이어진다. 이 영향의 강도는 엘니뇨 현상과 1991년 피나투보 화산폭발 이후 발생했던 이산화탄소의 단기 변동에서 엿볼 수 있다. 장기적인 영향력은 아직 밝혀지지 않았지만, 꽤 클 것으로 보인다. 두 번째 양의 피드백으로 기후 변화 스트레스가 야기하는 산림의 잎마름병이나 성장 저해를 들 수 있다. 이 현상은 특히 아마존에서 심하다(7장 참조).[5] 기후 변화의 정도가 심해지면서 이 현상은 더욱 심화될 것이다. 이 두 피드백의 복합적인 작용으로 생물권은 이산화탄소를 덜 흡수하고 대기 중에 남은 이산화탄소는 더 많아진다.

세 번째 양의 피드백은 산림 화재 발생으로 온실가스가

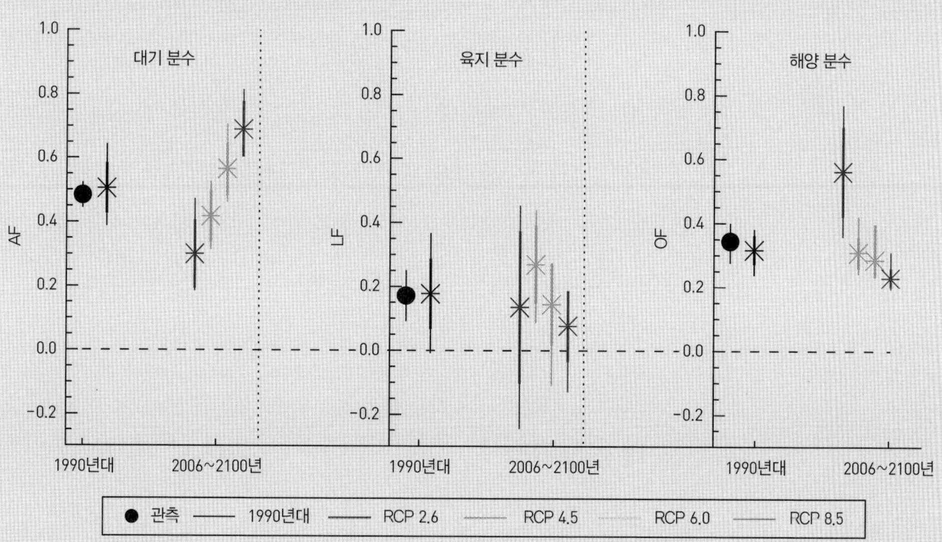

그림 3.6 기후 피드백이 탄소순환에 미치는 영향을 나타내기 위해서 대기, 육지, 해양에 유입되는 화석연료 탄소 배출량 변화를 표시했다. 이 분수 값은 각 영역의 변화량을 화석연료 배출량으로 나눈 것이다. 검은색 점은 표 3.1에 근거해 1990년대 관측된 분수(fraction)를 나타낸다. 색상이 있는 막대기 표시는 각 RCPs 시나리오(6장 참조)에 따른 21세기 동안의 누적 흡수량이다. 이는 14개의 다양한 수치 모델(진한 파랑: RCP 2.6, 연한 파랑: RCP 4.5, 주황: RCP 6.0, 빨강: RCP 8.5)로 측정한 것이다. 멀티 모델 평균값은 별로 표시되어 있고, 멀티 모델의 범위와 표준편차는 각각 얇은 또는 두꺼운 수직선으로 표시했다.

대기에 배출되면서 나타난다. 이는 보통 기후가 따뜻해지면서 건조해지거나 기후 변화 스트레스로 인한 잎마름병 때문에 생긴다.[6]

네 번째 양의 피드백은 보통 고위도 지방에서 하이드레이트 형태(압력으로 물분자에 붙은)의 퇴적물이 쌓인 메탄 저장고나 습지의 온도 상승으로 배출된 메탄 때문에 나타난다. 메탄은 수백만 년에 걸쳐 퇴적된 유기물질의 분해로 생성된다. 물론 북극의 수화물(hydrate)이나 바다 밑 영구동토층에서 메탄 배출이 관측되지만 퇴적물의 깊이 때문에 가까운 미래에 이러한 피드백이 나타나기는 어려울 것이다.[7] 그러나 아무런 조치 없이 수십 년 동안 지구 온난화가 지속된다면 수화물의 메탄 배출은 대기 중 메탄 증가의 큰 주범이 될 것이며 기후에 영향을 미치는 큰 양의 피드백으로 작용할 것이다.

표 3.1은 1750년부터 현재까지 인류가 초래한 대기 중 CO_2 배출이 육지, 해양, 대기에 어떻게 나뉘는지 요약했다. 그림 3.6은 2006~2100년, 미래의 배출 시나리오를 가정한 것이다. 물론 전망치 관련해서 불확실성은 여전히 크다.

자세히 다룰 것이다.

이 책의 6장과 11장에서 이산화탄소 배출 시나리오가 소개된다. RCPs는 IPCC와 국제에너지기구(International Energy Agency, IEA)가 공동으로 개발한 모델이다. 이 시나리오는 탄소순환 컴퓨터 모델에 적용해 대기 중 이산화탄소 농도에 대한 미래 예측으로 이어진다. 또한 6장에서는 기후 관련 컴퓨터 모델링(5장 참조)을 통한 기후 변화 미래 예측이 다양한 시나리오로 제시될 것이다.

그 외 온실가스

메탄

메탄은 천연가스의 주요 성분이다. 이는 유기체가 분해되는 습지 일대에서 발산되기 때문에 일반적으로 습지 가스라고도 부른다. 빙하 코어에서 얻은 데이터에 따르면 적어도 1800년 이전 1만 년 동안 대기 중 메탄 농도는 약 700ppb에 이른다. 그림 3.7에서 보듯이 그 이후 메탄 농도는 두 배 이상 증가해 지난 80만 년 동안 이례적인 수치를 기록했다. 1980년대에 메탄의 농도는 매년 약 10ppb씩 증가했고, 1990년대 들어 평균 증가율이 5ppb에서 1999년에서 2005년 사이 0으로 떨어졌다.[8] 2007년 이후, 메탄 농도는 다시 증가했다(그림 3.7). 비록 대기 중 메탄의 농도는 이산화탄소보다는 미미하지만(2011년: 메탄 1800ppb, 이산화탄소 400ppm), 메탄의 온실효과는 무시할 수 없다. 메탄 분자에 의해 강화된 온실효과가 이산화탄소 분자가 일으키는 효과보다 여덟 배 더 크기 때문이다.[9]

메탄의 주요 발생지는 습지다. 인간의 활동으로 인해 직간접적으로 여러 가지 기체가 발생한다. 천연가스 파이프라인이나 유전에서 누출되는 기체, 논이나 가축의 장 발효에서 나오는 기체, 매립지의 부패된 쓰레기나 나무, 토탄 연소에서 나오는 기체가 있다. 2000~2009년에 발생한 다양한 기체는 그림 3.8에서 엿볼 수 있다. 물론 각 기체의 수치 측정에는 광범위한 불확실성이 존재한다. 전 세계를 대상으로 논에서 파생되는 기체의 양을 측정하기란 매우 어렵다. 그 양은 쌀 경작 기간 동안 지역별로 천차만별이다. 가축에 의한 기체 발생을 측정하는 것 역시 비슷한 문제가 발생한다. 대기 중 메탄의 탄소 동위원소 비율을 측정하는 것은(65쪽 상자 참조) 메탄이 광산이나 천연가스 파이프라인에서 누출되는 화석연료원의 비율을 고정시키는 데 상당한 도움이 된다.

대기에서 메탄을 제거하는 주요 과정은 화학적 파괴다. 메탄은 햇빛, 산소, 오존, 수증기로 인해 대기에 존재하는 히드록실라디칼과 반응한다. 대기에 메탄이 존재하는 평균 기간은 이러한 손실 과정의 속도에

그림 3.7 지난 1만 년에 걸친 메탄(a)과 아산화질소(b) 농도 변화. 빙하 코어와 대기 중 샘플(빨간 선)에서 알아낸 것이다. 산업화 시대에 양산된 복사 강제력은 우측에 표시했다.

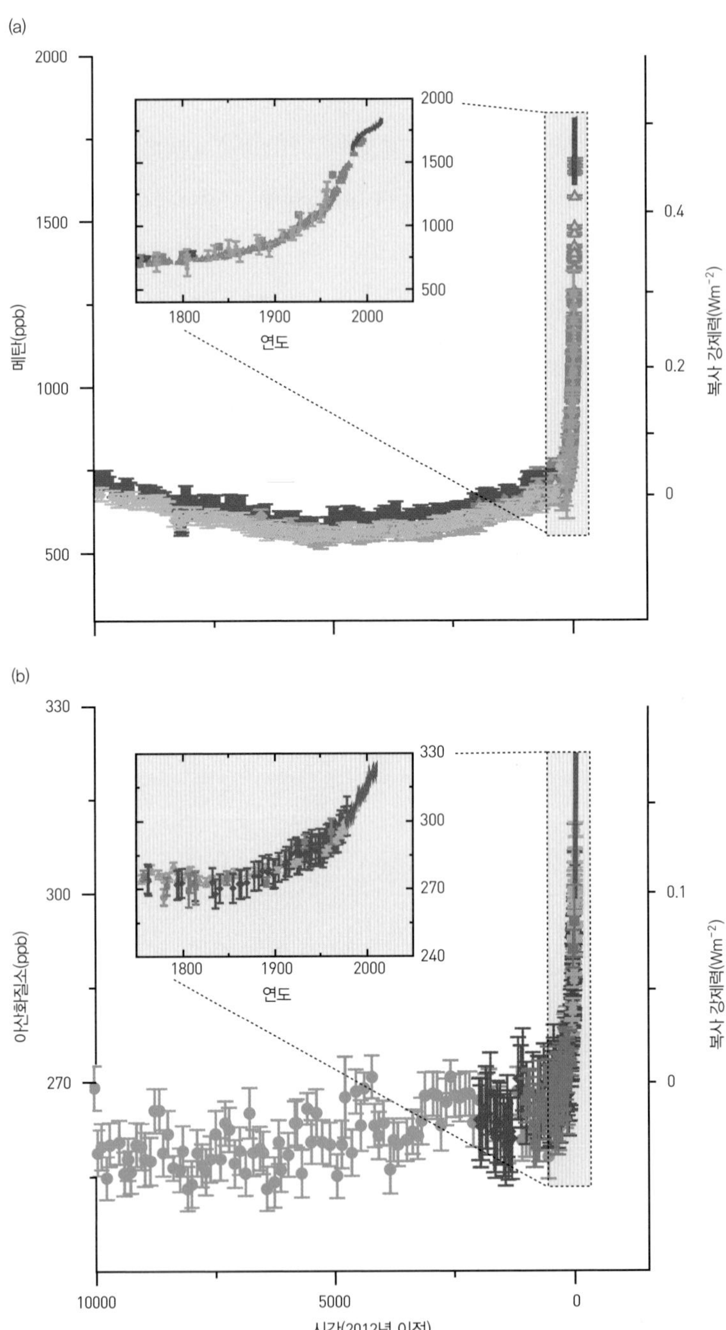

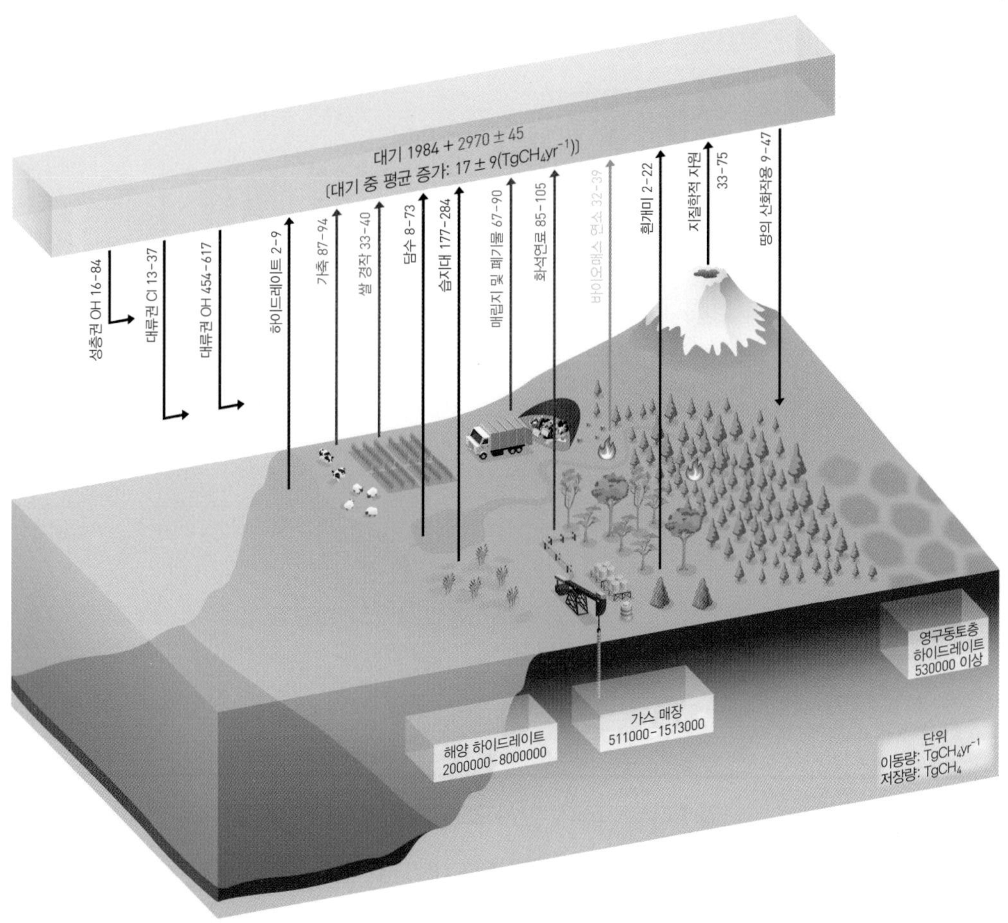

그림 3.8 지구의 메탄 순환 모식도. 숫자는 2000~2009년에 연간 100만 톤 단위로 측정된 전 지구적인 메탄의 흐름, 대기 중 CH_4 저장고와 지질학적 저장고의 수치다. 검은색 화살표는 자연적인 흐름, 빨간색 화살표는 인간의 활동이 초래한 흐름, 황토색 화살표는 자연적, 인위적 흐름을 나타낸다. 2011년의 대기 중 쌓인 양은 지구 평균 CH_4 농도 1803ppb를 근거로 한 것이다(49억 5400만 톤에 해당). 이는 1750~2011년(빨간색)의 대기 중 증가량과 산업화 이전 시대의 양(검은색)을 합산한 값이다.

좌우된다. 약 12년[10]이며 이산화탄소의 수명보다는 훨씬 짧다.

대부분의 메탄 발생원은 정밀하게 측정하기 어려울 수 있지만 자연 습지 이외에 가장 큰 발생원은 인간의 활동과 깊은 연관이 있다. 산업혁명 이후 인구의 증가에 따라 대기 중 메탄량(그림 3.7a)이 증가한 사

논은 메탄을 다량 방출하기 때문에 환경에 부정적인 영향을 준다. 논에서 파생되는 세계 메탄 생산은 연간 3000만~9000만 톤에 이르는 것으로 추정된다.

실은 주목할 만하다. 그러나 1990년대 후반 이래로 메탄의 증가율이 상당히 감소했다. 그래서 인간이 야기한 메탄 발생을 통제하기 위해 일부러 조치하지 않아도 메탄과 인구의 연관성은 지속될 것 같지 않다. 10장에서 메탄 감축과 대기 중 메탄 농도를 안정화하는 방안을 제안한다. 특히 고위도 지방에서 메탄 하이드레이트의 메탄 배출 불안정화와 관련해서는 그림 3.6을 참고하자.

아산화질소

보통 마취약이나 웃음 가스로 알려진 아산화질소는 비중이 적은 온실가스 가운데 하나다. 대기 중 농도는 0.3ppm으로 약 0.25퍼센트씩 매년 증가하고 있고 산업화 이전 대비 19퍼센트 더 커졌다(그림 3.7b). 대기 중 가장 많은 배출은 자연 및 농업 생태계와 밀접한 관련이 있다.

인간의 활동과 연관 있는 아산화질소 발생원은 비료 사용의 증대다. 바이오매스 연소나 화학 산업(예를 들어 나일론 생산)도 한몫한다. 아산화질소의 흡수원은 성층권(대기권 위 10~50킬로미터 사이의 공간)에서 발생하는 광해리(photodissociation)와 전자가 활성화된 산소 원자와의 반응이다. 아산화질소의 대기 중 생존 기간은 약 120년이다.

염화불화탄소와 오존

염화불화탄소(CFCs: 프레온가스라고도 한다—옮긴이)는 상온에서 금방 증발하고 무독성에 불연성의 성질을 가진 인간이 만든 화학물질이다. 이는 냉장고의 냉각제나 단열재, 에어로졸 스프레이 분사제로 사용되므로 이상적인 화학물질 같지만 일단 대기에 방출되면 100~200년 동안 그대로 머문다. 1980년대에 염화불화탄소 사용이 급격히 증가하면서 대기 중 농도 또한 늘어났다. 그래서 현재 약 1ppb에 이른다. 미미한 양 같지만 두 가지 심각한 환경문제를 야기한다.

첫 번째, 염화불화탄소는 오존(O_3)을 파괴한다.[11] 오존은 세 개의 산소 원자로 구성된 분자로 성층권에 아주 적은 양이 존재하는 반응에 민감한 기체다. 오존 분자는 태양의 자외선 복사 작용으로 산소 분자가 결합해 생성된다. 이는 상대적으로 긴 파장을 내 태양의 자외선 복사를 흡수하면서 자연적으로 파괴된다. 이러한 자외선 복사는 인간과 지구의 다른 생명체에 매우 해롭다. 성층권의 오존량은 오존 생성과 파괴, 두 과정이 균형을 이루면서 유지된다. CFC 분자가 성층권에 들어가면, 일부 염소 원자는 태양의 자외선으로 인해 사라진다. 염소 원자는 오존과 쉽게 반응하며 산소로 축소되어 오존 파괴의 속도를 부추긴다. 이는 촉매 회전으로 발생하며 염소 원자 하나는 오존 분자 여

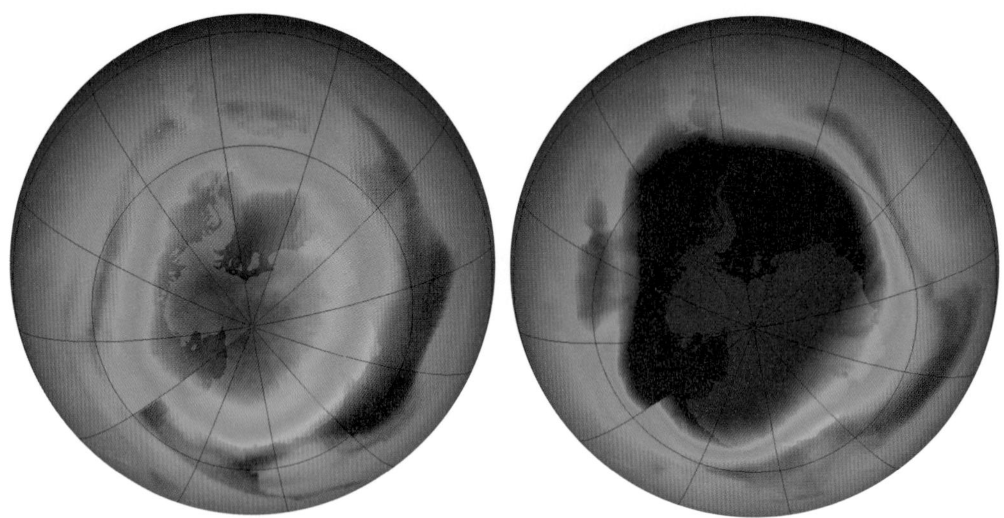

오존 파괴는 1980년 9월과 2013년 9월을 비교함으로써 발견할 수 있다. 진한 파랑과 보라색 부분은 오존층이 얇은 지역을 나타낸다.

러 개를 파괴할 수 있다.

오존 파괴 문제는 1985년 영국남극연구회(British Antarctic Survey)의 조 파먼(Joe Farman), 브라이언 가디너(Brian Gardiner), 조너선 섄클린(Jonathan Shanklin)이 남극 한 지역의 오존층이 봄 동안 절반가량 사라진 사실을 발견하면서 전 세계의 주목을 받았다. 오존층에 구멍이 뚫렸다는 '오존홀'의 존재는 과학자들에게 커다란 충격이었고, 원인에 대한 집중적인 연구가 시작되었다. 오존층 파괴를 둘러싼 화학과 역학은 상당히 복잡했다. 현재는 적어도 주요 원인은 판명이 났고, 인간의 활동으로 대기에 들어온 염소 원자 때문이라는 사실에는 의심의 여지가 없다. 남극의 봄 시기의 오존층 파괴뿐만 아니라 양 반구의 중위도 지점에서 총 오존량의 5퍼센트 정도의 상당한 감소가 나타난다. 총 오존량은 지구 표면의 한 지점에서 1제곱미터 위의 양을 말한다.

CFCs의 사용으로 인한 심각한 피해로 국제적인 조치가 취해졌다. 1987년 여러 국가가 모여 몬트리올 의정서에 서명했고 1991년 런던에서 개정안에 동의했으며, 1992년 코펜하겐에서 합의를 도출했다. 개정안 주요 골자는 선진국은 1996년까지, 개발도상국은 2006년까지 CFCs 사용을 단계적으로 폐지한다는 점이다. 이러한 조치 덕분에 CFCs의 대기 중 농도는 더 이상 증가하고 있지 않다. 그러나 대기 중 생존 기간이 길기 때문에 상당한 양의 감소는 100년 뒤에나 나타날 것이다.

오존 파괴로 인한 문제는 매우 심각하다. 여기에서 CFCs와 오존의 주목할 만한 또 다른 문제는 이들이 온실가스라는 점이다. CFCs와 오존은 다른 기체들은 흡수하지 않는 영역, 장파 대기 창(longwave atmospheric window)이라는 흡수대를 갖고 있다. CFCs는 일부 오존을 파괴하기 때문에, CFCs의 온실효과는 대기 오존의 온실효과 감소로 인해 부분적으로 상쇄된다.

먼저 CFCs 자체를 살펴보자면, 대기에 유입된 CFC 분자는 이산화탄소 분자보다 5000~1만 배 더 큰 온실효과를 지니고 있다. 이러한 측면에서, 이산화탄소와 비교해 적은 농도지만 CFCs는 매우 큰 온실효과를 지닌다. CFCs로 인한 복사 강제력은 약 0.36Wm^{-2}, 다른 온실가스의 13퍼센트에 이른다. 이 강제력 수치는 21세기에 들어서 아주 느리게 감소될 것이다.

오존 이야기로 다시 돌아와서, 오존의 온실효과가 감소되는 정도는 오존이 파괴되는 대기의 높이에 달려 있기 때문에 오존 파괴 문제는 복잡하다. 더군다나 CFCs의 온실효과는 지구 전체에 균등하게 퍼져 있지만 오존 파괴는 고위도에 집중된다. 열대 지역의 경우, 오존 파괴가 전혀 없기에 오존 온실효과 역시 변화가 없다. 중위도에서 오존 감소로 인한 온실효과와 CFCs의 온실효과는 상호 보완적이다. 극지방에서 오존 온실효과의 감소는 CFCs의 온실효과를 상쇄하는 그 이상이다.

CFCs가 사라지면서, HCFCs와 HFCs 같은 할로겐화탄소가 어느 정도 자리를 대체했다. 1992년 코펜하겐에서 국제사회는 2030년까지 HCFCs 사용을 단계적으로 폐지한다고 결정했다. HCFCs는 CFCs보다 오존을 덜 파괴하지만 여전히 온실가스에 해당한다. HFCs는 염소나 브롬을 함유하지 않아 오존을 파괴하지 않기에 몬트리올 의정서에 포함되지 않았다. HFCs의 생존 기간은 보통 몇백 년이 아닌 몇십 년이기에 HCFCs와 HFCs의 대기 중 농도나 지구 온난화에 기여하는 정도는 CFCs보다 적을 것이다. 그러나 이들의 생성 속도는 지구 온난화를 가속할 수 있기 때문에 다른 온실가스와 함께 포함되어 있다 (10장 참조).

온실가스 관련 다른 화합물에 대한 우려도 있다. 여기에는 산업 공정에서 배출되는 CF_4, C_2F_6, SF_6도 있다. 이들은 대기 중 생존 기간이 매우 길기 때문에(1000년 이상) 수천 년에 걸쳐 기후에 영향을 미칠 것이다. 그래서 잠재적인 온실가스로 여겨진다.

오존은 대기 하층이나 대류권에 존재한다. 일부는 성층권으로 이동도 하고, 질소산화물 발생 시 메탄을 포함해 햇빛이 휘발성 유기 화합물에 작용하는 화학작용으로 생성되기도 한다. 특히 지표면과 가까운 오염된 대기에서 볼 수 있다. 농도가 매우 높다면 건강상의 위험을 야기할 수도 있다. 북반구에서 화학작용의 모델 시뮬레이션과 더불어 관측한 자료에 따르면, 대류권의 오존 농도는 산업화 이전 대비 두 배로 증가했다. 이는 전 세계 $0.4\pm0.2Wm^{-2}$의 평균 복사 강제력을 초래한 것으로 추정된다(그림 3.13). 오존은 대류권 상층에서도 형성되는데 항공기 배기관에서 배출되는 질소산화물이 원인이 되기도 한다. 항공기에서 배출되는 질소산화물은 지표면보다 대류권 상층에서 오존을 잘 생성한다. 북부 중위도에서 이렇게 항공기로 형성되는 추가적인 오존[12]에 의한 복사 강제력은 오늘날 전 세계 화석연료 소비의 약 3퍼센트인 항공연료 연소로 인한 이산화탄소 배출에 버금간다.

간접 온실효과를 지닌 기체

지금까지 직접 온실효과를 내는 대기 중 기체에 대해 살펴보았다. 메탄이나 대기 하층의 오존 같은 온실가스와 화학반응을 하는 기체도 있다. 이는 지구 온난화 전체에 영향을 미친다. 자동차나 비행기에서 배출되는 일산화탄소(CO)나 질소산화물(NO, NO_2)도 이에 속한다. 일산화탄소는 직접적인 온실효과를 내지 않지만 화학 재반응을 해서 이산화탄소를 생성한다. 이 반응은 히드록실라디칼의 양에 영향을 미치며 이어서 메탄 농도에 영향을 준다. 예를 들어 질소산화물 배출은 대기 중 메탄의 양을 약간 감소시키고 비행기로 인한 오존 증가를 부분적으로 상쇄한다. 이러한 간접 온실효과를 내는 대기 중 화학반응에 대한 연구가 활발히 진행되고 있다. 물론 이를 고려하는 것도 중요하지만 이들이 내는 전체 효과는 인류가 초래한 온실효과의 주범인 이산화탄소나 메탄보다 훨씬 적다는 사실 또한 인식해야 한다.

대기 중 입자

대기 중 소립자(에어로졸로 알려짐, 용어 설명 참조)들은 태양 복사를 흡수하고 우주로 다시 방출하기 때문에 에너지 수지에 영향을 미친다. 우리는 여름철 청명한 날 산업 지대에 바람이 살짝 불 때 이를 쉽게 확인할 수 있다. 구름이 전혀 없는데도 태양이 뿌옇게 보인다. 우리는 이를 보통 '공업 안개(industrial haze)'라고 부른다. 이러한 여건 아래, 대기 상층에서 상당한 양의 햇빛이 수백만의 소립자들에 의해 흩어지고 손실된다(지름 0.001~0.01밀리미터). 아시아처럼 산업 지대나 인구 밀도가 높은 지역에서 구름이 전혀 없는데도 안개가 많이 껴서 땅이 보이지 않는 등[13] 이 소립자의 영향을 볼 수 있다.

대기 중 소립자가 생성되는 원천은 다양하다. 일부는 자연적으로 생긴다. 사막 같은 지표면에서 날리기도 하고 산림 화재나 파도의 물보라에서 생성되기도 한다. 종종 엄청난 양의 소립자가 화산에서 대기 상층으로 주입된다. 1991년에 분출한 피나투보 화산이 좋은 예다(5장 참조). 일부 소립자들은 화산에서 나온 유황을 포함하는 기체 황산염처럼 대기 자체에서 파생되기도 하고 인간의 활동에서 생겨나는 소립자들도 있다. 지난 15년 동안 인공위성으로 관측한 많은 자료는 에어로졸의 자연적, 인위적 생성에 대한 정보를 제공한다(그림 3.9).

인위적으로 만들어지는 가장 중요한 에어로졸에는 이산화황의 화학반응으로 생기는 황산염 입자가 있다. 이산화황은 발전소나 산업 현장에서 석탄이나 석유 연소 후 거대한 양으로 생성되는 기체다. 이 소립자들은 평균적으로 대기 중에 5일 정도 머물기 때문에 영향은 주로 입자가 생겨나는 지역에 국한된다(북반구의 주요 산업 지대 등, 그림 3.9

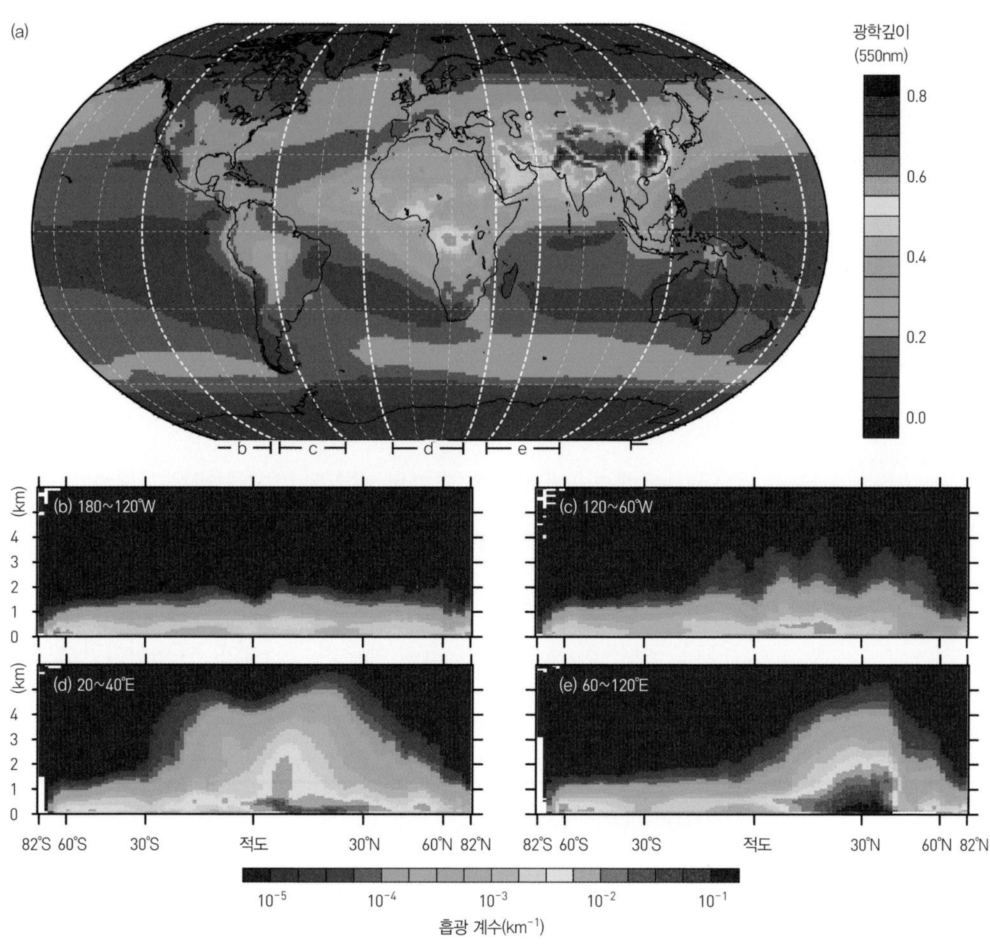

그림 3.9 대기 중 에어로졸의 분포. (a)는 자연적·인위적 에어로졸로 인한 에어로졸의 광학깊이의 공간 분포(파장 550nm)다(용어 설명 참조). 2003~2010년에 인공위성 모디스(Moderate Resolution Imaging Spectrometer, MODIS) 관측과 유럽중기예보센터(European Centre for Medium Range Weather Forecasting, ECMWF)의 통합형 예측 모델로 측정했다. (b)~(e)는 네 부분 경도별, 532nm 에어로졸 소멸 계수의 위도별 수직 단면도다. 2010년 칼리옵(Cloud-Aerosol Lidar with Orthogonal Polarization, CALIOP)으로 측정했다.

참조). 황산염 입자는 햇빛을 분산시키고, 연평균 $-0.4\pm0.2\mathrm{Wm}^{-2}$의 음의 강제력을 양산한다. 북반구의 제한된 지역에 걸쳐 이 입자의 복사 영향은 인위적으로 생긴 현재까지의 온실가스의 영향과는 정반대지만 양면에서 비슷하다. 그림 3.10은 모든 황산염 에어로졸을 제거하면

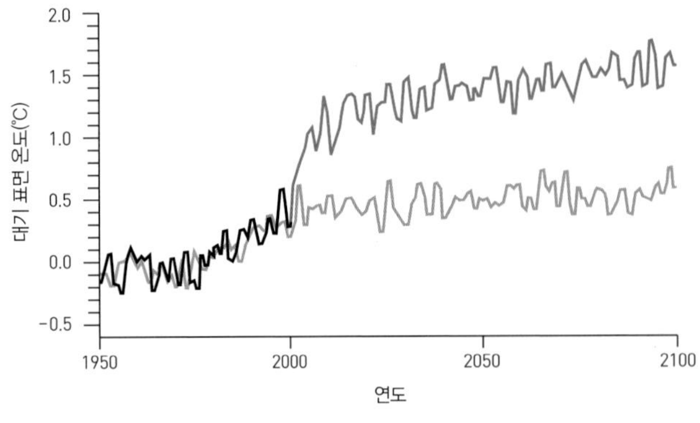

그림 3.10 황산염 에어로졸을 모두 제거했을 때 지구 평균 공기 온도에 미칠 영향을 2000년에 측정했고(빨간색), 21세기에 2000년 수준으로 황산염 에어로졸을 유지하는 경우와 비교했다(파란색).

전 세계 대기 온도에 미칠 영향을 추정한 2000년 모델 자료다.

황산염 입자의 미래 농도에 영향을 줄 중요한 요소는 '산성비' 오염이다. 산성비는 주로 이산화황 배출로 야기된다. 이는 산림 파괴 및 주요 산업 지대 부근에서 바람 부는 방향에 있는 호수 어류의 떼죽음을 가져온다. 특히 유럽이나 북아메리카에서는 이 입자의 배출을 막기 위해서 상당한 노력을 기울인다. 특히 아시아에서 유황을 많이 포함한 석탄 연소가 급격히 증가하면서 유황 오염은 배출 규제를 해야 할 만큼 지역적으로 확산되고 있다. 전 세계적으로 유황 배출의 증가 속도는 이산화탄소보다는 느리다. 21세기에 걸쳐 수치가 감소해 2000년 이전 수준으로 떨어지기 쉽다. 유황 배출 증가의 영향은 온실가스로 인한 복사 강제력 증가보다는 미미할 것으로 본다.

입자에서 비롯된 복사 강제력은 입자의 성질에 따라 음성이거나 양

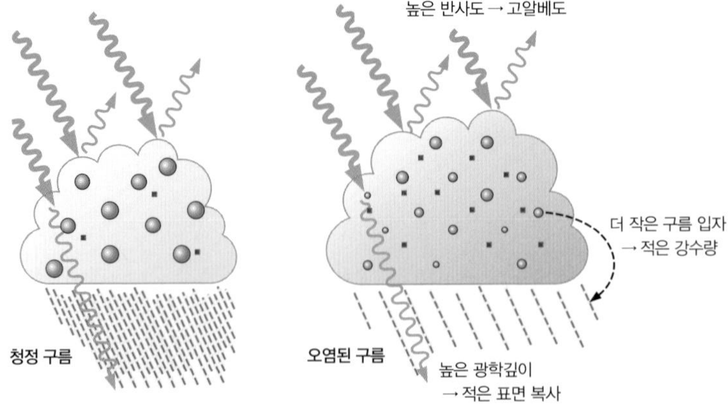

그림 3.11 구름 알베도와 복사 강제력에 미치는 간접 영향을 나타낸 모식도. 오염된 구름의 작은 입자가 많이 모이면 구름 위에서 태양 복사열을 더 많이 반사한다. 구름 표면에서는 복사 및 강수량이 줄어들고 구름의 생존 기간이 길어진다.

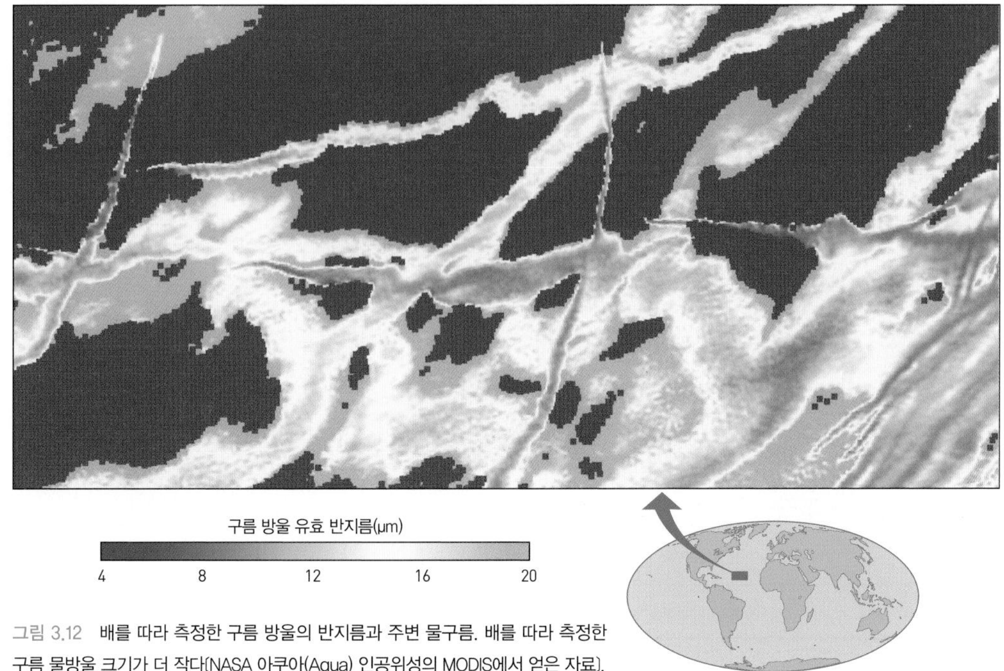

그림 3.12 배를 따라 측정한 구름 방울의 반지름과 주변 물구름. 배를 따라 측정한 구름 물방울 크기가 더 작다(NASA 아쿠아(Aqua) 인공위성의 MODIS에서 얻은 자료).

성일 수 있다. 예를 들면 화석연료 연소로 인한 매연 입자(검은탄소라고도 함)는 햇빛을 흡수하고 $0.3 \pm 0.2 \text{Wm}^{-2}$의 양의 강제력을 양산한다. 에어로졸에 의한 인위적 복사 강제력은 바이오매스 연소, 화석연료의 탄소 입자, 질산염 및 광물성 먼지에서 비롯되기도 한다. 다양한 원천에서 비롯된 입자와 구름 사이의 상호작용 때문에 전체 강제력을 계산하기 위해 추정한 각각의 복사 강제력을 합산하는 것은 부적절하다. 이러한 이유로 그림 3.13은 불확실성을 감안해 에어로졸 입자의 전체 복사 강제력을 나타냈다.

지금까지 에어로졸의 **직접** 복사 강제력(direct radiative forcing)에 대해 기술했다. 또한 대기 중 입자들이 기후에 작용하는 다른 방식도 존재한다. 구름 형성에 영향을 미치는 **간접** 복사 강제력(indirect radiative

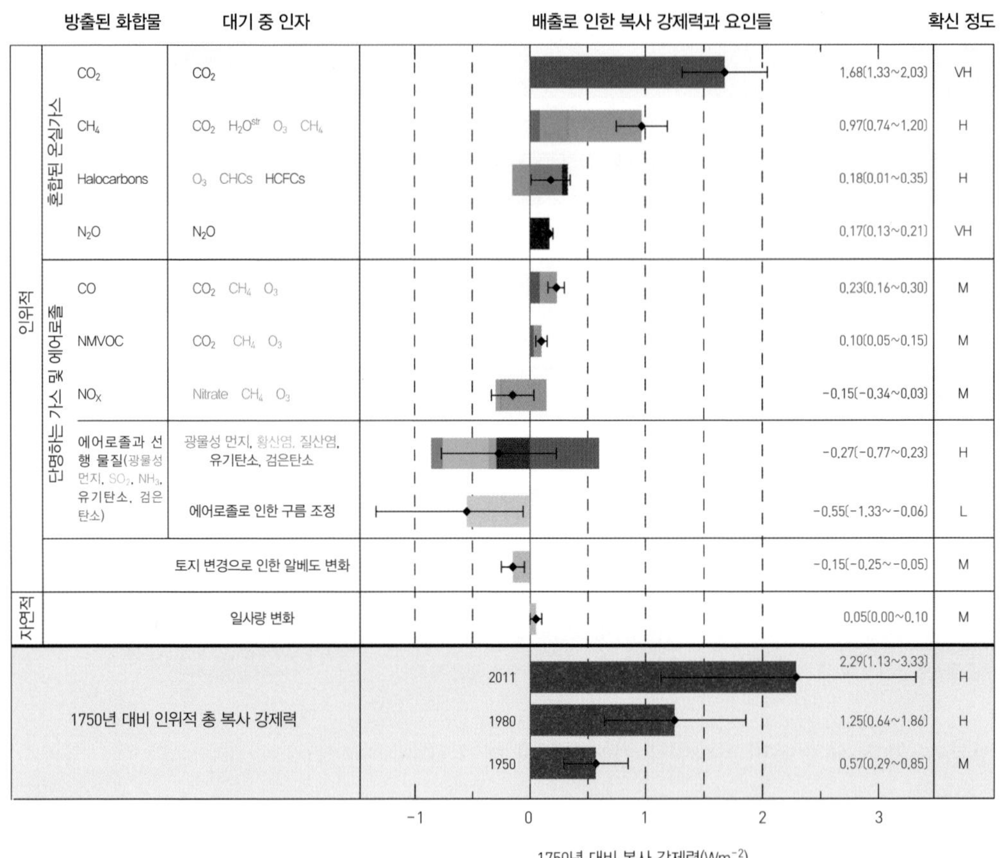

그림 3.13 1750년 대비 2011년의 복사 강제력(Radiative Forcing, RF) 추정치와 합산한 불확실성의 값. 전 지구 평균 RF를 배출 화합물에 따라 구분했다. 순 RF 최적의 추정치는 검은색 다이아몬드로, 그림 우측에 RF의 수치와 신뢰도를 표시했다(VH: 매우 높음, H: 높음, M: 보통, L: 낮음, VL: 매우 낮음). 눈과 얼음의 검은탄소(black carbon)로 인한 알베도 강제력은 검은탄소 에어로졸에 포함된다. 화산 강제력과 비행운으로 인한 아주 미미한 강제력(비행운으로 인한 권운 ~0.05Wm^{-2})은 포함하지 않았다. 인류가 초래한 RF의 합계가 연도에 따라 나와 있다.

forcing)이 이에 해당한다. 간접 복사 강제력의 메커니즘은 입자 수와 크기가 구름 복사 성질에 주는 영향에서 비롯된다(그림 3.11). 구름이 형성될 때 입자가 많으면 구름은 많은 양의 더 작은 물방울로 구성된다. 도시에서 오염된 안개가 생기는 것과 비슷한 원리다. 이러한 구름은 큰 입자로 구성된 구름보다 훨씬 잘 반사하고 에너지 손실을 높인다. 물방울 크기와 수는 강수 효율(precipitation efficiency), 구름의 생존 기간과 지리적 범위에 영향을 미친다. 그림 3.12는 근처의 다른 구름보다 작은 물방울로 구성된 구름이 형성될 때 배로 따라가 측정한 결과다. 현재 이러한 메커니즘에 대한 관측 증거가 상당히 많다. 그러나 이 과정을 모델링하기란 쉽지 않으며 특정한 상황에 따라 큰 차이를 보일 것이다. 그림 3.13의 수치 추정에도 상당한 불확실성이 존재한다.[14] 정확도를 높이기 위해서는 적절한 구름을 면밀히 관측하는 더 많은 연구가 요구된다.

그림 3.13에서 입자들의 복사 영향 추정치는 온실가스 증가로 인한 전 지구 평균 복사 강제력 약 $3Wm^{-2}$와 비교할 수 있다. 그렇지만 이러한 비교가 전부는 아니다. 전 지구 평균 복사 강제력 추정치를 활용해 전 세계 기후에 입자가 미치는 영향은 잘 나와 있지만, 지역 기후에 미치는 입자의 영향과 큰 차이를 보이는 지역적 분포에 대한 정보(그림 3.9) 또한 포함되어야 한다(6장 191쪽 참조).

운량에 미치는 영향은 상층 대류권을 나는 비행기에서 엿볼 수 있다. 비행기는 수증기와 핵 역할을 하는 입자 배출로 상층구름(high cloud) 형성에 영향을 미친다. 5장에서 살펴보겠지만(141쪽), 상층구름은 온실가스처럼 지구 표면에 담요 효과를 내고, 양의 복사 강제력을 초래한다. 상층 대류권에서 비행운(contrail)이 폭넓게 형성되는 것을 자주 볼 수 있다. 지속적인 비행운 형성은 그 지역의 전체 운량을 증가시킨다. 이를 **비행이 초래한 운량**이라고 부르며 수량화하기 어렵다. 이렇게 비행기 영향과 오존의 증가(메탄 감소로 줄어든)로 비행기가 일으키는 전체 온실효과는 이산화탄소 배출로 인한 영향의 두 배에서 네 배에 맞먹는다고 추정된다.[15]

국제 우주 정거장(International Space Station)의 승무원이 시카고와 미시건 호수 위를 촬영한 사진(2003년 11월 30일). 비행운이 확실히 보인다.

지구온난화지수

다양한 온실가스가 양산하는 복사 강제력을 비교하는 작업은 유용하다. 온실가스마다 수명이 다르기 때문에 온실가스 배출에 따른 미래의 복사 강제력 역시 다양한 수치를 나타낸다. 지구온난화지수(Global warming potentials, GWP)[16]란 이산화탄소 1킬로그램과 비교해 어떤 온실가스 1킬로그램의 즉각적인 배출 이후 복사 강제력을 시간으로 적분한 비율을 말한다. 적분이 이뤄진 시간대는 구체적으로 명시되어야 한다. 교토 의정서에 포함된 6개의 온실가스 GWP가 표 10.2에 나와 있다. 온실가스 혼합물 배출에 GWP를 적용하면 혼합물을 이산화탄소량 기준으로 산정할 수 있다. 그러나 각 시간대별로 GWP가 다르기 때문에 적용에 한계가 있으며 조심스럽게 활용해야 한다.

복사 강제력 추정치

이번 장에서는 주요 온실가스 및 에어로졸 입자의 원천과 흡수원, 다른 요소 사이의 자연적 균형 그리고 이 균형이 인위적인 온실가스 배출 때문에 어떻게 교란되는지에 대해서 오늘날의 과학적 지식을 기술했다.

각 스펙트럼별로 다양한 기체의 복사 흡수에 관한 정보 역시 다루었다(2장 참조). 이는 특정 기체와 입자의 증가가 대기에 유입되는 순 태양 복사량과 방출되는 순 열복사량에 미치는 영향을 측정하는 데 목적이 있다. 1750~2011년의 온실가스 및 다양한 경로에서 나온 대류권의 에어로졸별 복사 강제력 추정치가 불확실성의 정도와 함께 그림 3.13에 제시되어 있다. 특히 미래 기후 측정에서 에어로졸 수치와 구름에 미치는 에어로졸의 영향을 추정하는 과정에 상당한 불확실성이 있음을 염두에 두자.

내용 정리

2013년 IPCC 5차 평가 보고서에서 발췌한 그림 3.13은 지구의 기후 변화를 초래하는 복사 강제력(양·음의 값) 양산의 주요 원인에 관한 현재의 지식을 요약한다. 2007년 IPCC 실무단 보고서 이후로 세부적인 사항과 정확성에서 엄청난 진보를 이루었다. 그림 3.13으로부터 다음의 내용을 확인할 수 있다.

- 지난 두 세기 동안 기후 변화의 주요 강제력은 장기 지속적인 온실가스, 특히 이산화탄소와 메탄의 증가에서 비롯되었다.
- 20세기 중반 이후, 온실가스로 인한 양의 복사 강제력은 에어로졸, 특히 황산염의 음의 복사 강제력으로 상당 부분 상쇄되었다.
- 적은 수치의 다른 복사 강제력은 오존의 변화(성층권·대류권), 성층권의 수증기, 지표면 알베도(용어 설명, 그림 3.14 참조), 비행운에 원인이 있다.
- 일사량(solar irradiance)의 변화는 아주 미미하며 예전 IPCC 보고서에서 측정한 값보다 적다.
- 2007년 IPCC 보고서 이후 에어로졸에 의한 간접적인 복사 강제력에 대한 이해가 꽤 높아졌다. 한편 불확실성은 여전하다.

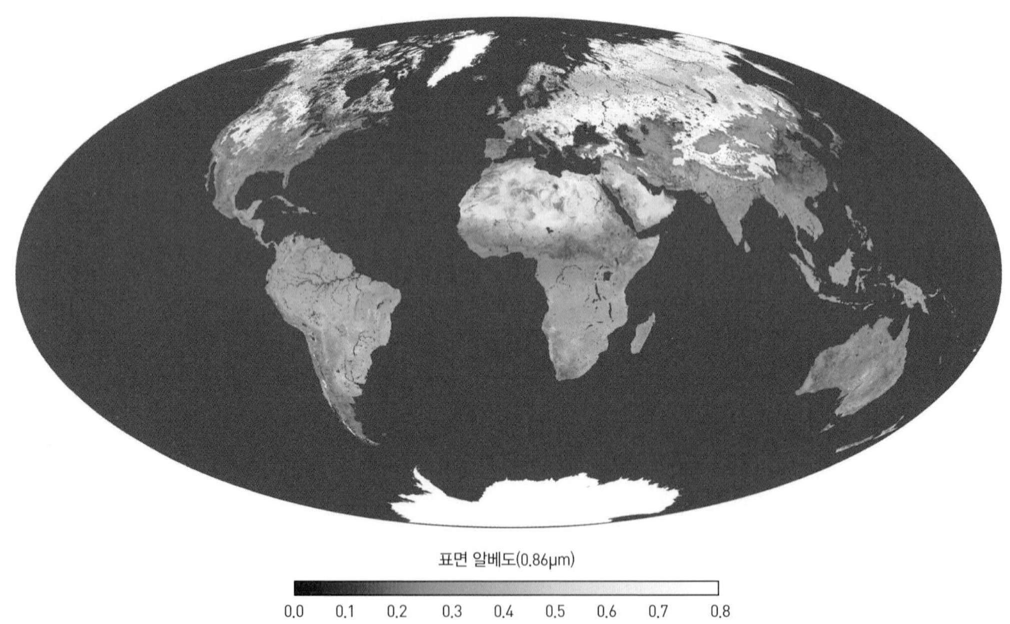

그림 3.14 2002년 1월 1~16일 시기의 전 지구 표면 알베도 수치. 0.86μm 파장으로 지표면에서 반사된 태양 복사량의 비율을 표시했다(NASA 인공위성의 MODIS 기기 자료. RS 인포메이션 시스템(RS Information System Inc)의 에릭 무디(Eric Moody)가 시각화한 것이다).

배출 시나리오를 만들기 위해 온실가스와 에어로졸의 미래 배출 추정치를 활용한다. 이 시나리오에서 미래의 온실가스 농도 증가를 추정한다. 21세기에 예측된 복사 강제력 수치는 6장에 나와 있다. 5장과 6장에서는 복사 강제력 추정치를 컴퓨터 기후 모델에 적용해 어떻게 미래의 기후 변화를 예측할지에 대해 설명할 것이다. 또한 기후 변화를 예측하기 앞서 4장에서 과거에 발생한 기후 변화를 중심으로 몇 가지 관점을 살펴볼 것이다.

생각해볼 문제

1. 해양과 상호작용 이전, 대기 중 이산화탄소 분자의 생존 기간은 보통 1년도 채 되지 않는다. 그러나 화석연료 연소로 인한 이산화탄소 농도 증가를 상당히 낮추려면 오랜 시간이 걸린다. 그 이유를 설명하라.
2. 호흡을 통해 자신이 매년 배출하는 이산화탄소의 양을 추정해보라.
3. 자신이 화석연료 연소를 통해 배출하는 이산화탄소의 양은?
4. 인구 약 100만 명의 선진국 도시는 매년 약 50만 톤의 쓰레기를 배출한다. 이 쓰레기가 매립되어 동일한 양의 이산화탄소와 메탄을 내놓는다고 가정하자. 쓰레기의 탄소 함량과 부패 비율을 가정하고 연간 메탄 생산량을 추정해보자. 주 9를 참고해 모든 메탄이 빠져나가면 매립지에서 발생하는 이산화탄소 및 메탄의 온실효과와 쓰레기 소각 시 발생하는 이산화탄소의 온실효과를 비교해보자. 과연 쓰레기를 어느 정도 '재생 가능한' 에너지원이라고 말할 수 있는지 토론해보자.
5. 자라는 데 40년이 걸리는 나무 100만 그루를 심어 산림을 조성한다고 가정하자. 매년 이 숲에 의해 사라지는 이산화탄소의 양은 얼마나 될까?
6. 일반 항공기와 전 세계의 공군 비행기에 사용되는 연료량을 가늠해보자. 그리고 이들이 매년 배출하는 이산화탄소의 양을 추정해보자.
7. 오존홀에 대한 정보를 더 찾아보고 왜 주로 남극에서 발생하는지 설명해보라.
8. CFCs는 주로 어디에 사용되는가? 대기 중 CFCs 배출을 감소할 수 있는 방안을 더 찾아보자.
9. 지난 세기 동안 태양 에너지 방출량의 차이 때문에 전 지구 평균 온도에 변화가 생겼다는 주장이 있다. 그렇기 때문에 지구 온도 상승을 온실가스

증가 탓으로 돌릴 수 없다고 말한다. 이 논리의 오류는 무엇인가?

10. 책에 나와 있는 공식을 활용해서 대기 중 이산화탄소 농도 150, 280, 450, 560, 1000ppm으로 인한 복사 강제력을 계산하라.

주

1. 복사 강제력을 전체 대기보다 대류권 상층에서의 복사 불균형으로 정의하는 것이 편리하다. IPCC가 말하는 복사 강제력은 "성층권 온도가 복사 평형에 맞춰지도록 한 이후 권계면의 순 일사량 변화다. 표면과 대류권 온도 및 상태는 그대로 고정된다".
2. IPCC WGI 2013, Chapter 6, 469-472.
3. IPCC WGI 2013, Chapter 6, 472.
4. 이 과정은 '플랑크톤 증폭제'라고 불린다. Woods, J., Barkmann, W. 1993. the plankton multiplier: positive feedback in the greenhouse. *Journal of Plankton Research*, 15, 1053-74.
5. Cox, P. M., Betts, R. A., Collins, M., Harris, P., Huntingford, C., Jones, C. D. 2004. Amazon dieback under climate-carbon cycle projections for the 21st century. *Theoretical and Applied Climatology*, 78, 137-56.
6. 1997~1998년 인도네시아 및 주변 지역의 대규모 화재가 대기에 0.8~2.6GtC의 배출을 초래했다고 추정된다. 아마도 이는 1998년 대기 중 이산화탄소의 급증 원인일 수도 있다.
7. O'Conner, F. M. et al. 2010. Possible role of wetlands, permafrost, and methane hydrates in the methane cycle under future climate change. *Reviews in Geophysics*, 48, RG4005.
8. 1990년대에 증가율은 상당히 감소했다. 이유는 알려지지 않았지만 러시아 경제 붕괴로 시베리아 천연가스 파이프라인의 누출이 상당히 감소되었다는 의견도 있다.
9. 이산화탄소 분자 대비 메탄 분자로 인해 강화된 온실효과 비율이 GWP다. 메탄의 GWP 8 수치는 100년의 시간대를 기준으로 한 것이다. 메탄이 온실효과에 기여하는 약 75퍼센트는 방출하는 지구 복사열의 직접적

인 영향 때문이다. 나머지 25퍼센트는 대기 전체 화학의 영향이다. 메탄의 증가는 대기 상층에 수증기, 대류권 오존, 이산화탄소 증가를 초래하고 결과적으로 온실효과를 양산한다. 더 자세한 자료는 다음을 참조. IPCC WGI 2013, Chapter 8, p. 700.

10. 대류권의 OH 반응으로 인한 손실 과정을 고려한다면 화학반응과 토지 유실은 약 10년으로 이어진다. 그러나 대기 중 농도 변화 가운데 메탄의 실질적인 수명은 메탄 농도에 의존하기에 복잡하다. 화학적 피드백으로 인해 OH 농도는 메탄 농도 자체에 의존한다(IPCC WGI 2013, Chapter 8, p. 714).
11. 더 자세한 사항은 다음을 참조. *Scientific Assessment of Ozone Depletion: 2003*. Geneva: World Meteorological Organization.
12. Penner, J. E. et al. (eds.) 1999. *Aviation and the Global Atmosphere*. IPCC Special Report. Cambridge: Cambridge University Press.
13. Ramanathan, V. et al. 2007. Warming trends in Asia amplified by brown cloud solar absorption. *Nature*, 448, 575-8.
14. 1880~2004년의 다양한 요인의 복사 강제력을 살펴보려면 다음을 참조. Hansen, J. et al. 2005. Earth's energy imbalance and implications. *Science*, 308, 1431.
15. Penner et al. (eds.), *Aviation and the Global Atmosphere*.
16. GWP에 대한 상세한 설명은 다음을 참조. IPCC AR5 Technical summary, section TS3.8.

참고문헌

IPCC WGI 2013. *Climate Change 2013: The Physical Science Basis. Contribution of Working Group I to the Fifth Assessment Report of the Intergovernmental Panel on Climate Change* 〔Stocker, T. F., Qin, D., Plattner, G. -K., Tignor, M., Allen, S. K., Boschung, J., Nauels, A., Xia, Y., Bex, V. and Midgley, P. M. (eds.)〕. Cambridge: Cambridge University Press.

Technical summary (summarises basic information about greenhouse

gases, carbon cycle and aerosols).
Chapter 6 Carbon and other biogeochemical cycles.
Chapter 7 Clouds and aerosols.
Chapter 8 Anthropogenic and natural radiative forcing.
World Resources Institute, www.wri.org. Valuable for its catalogue of climate data (e.g. greenhouse gas emissions).

과거의 기후 04

요하네스버그 정상과 오스트리아 호에타우에른 국립공원의 파스테르체 빙하.

미래의 기후 변화를 전망하기 위해서는 과거를 살펴보는 것이 도움이 된다. 이번 장에서는 과거의 기후 기록과 세 차례에 걸친 시기(지난 100년, 1000년, 100만 년)를 간략히 설명한다. 후반에서는 20만 년 전 발생한, 상대적으로 급속한 기후 변화의 흥미로운 증거를 볼 수 있다.

지난 100년

1980년대, 1990년대, 21세기 초반은 그림 4.1과 같이 지구 전체가 기이하게 따뜻한 기후를 보였다. 그림 4.1은 1850년 이후 지구의 평균 온도를 보여주는데 당시 기후 측정 기기는 상당히 정확한 편이었다. 최근까지 평균 지구 온난화의 정도는 1900년 이후로 섭씨 0.8도, 1979년 이후로 섭씨 0.5도다(그림 4.1). 기록을 살피면 가장 더웠던 해는 1998, 2005, 2010년이며 통계상으로 지구 평균 이상기온을 보였다. (2015년 1월의 기록에 따르면 2014년이 약간 더 더웠다.) 비록 기록으로는 눈

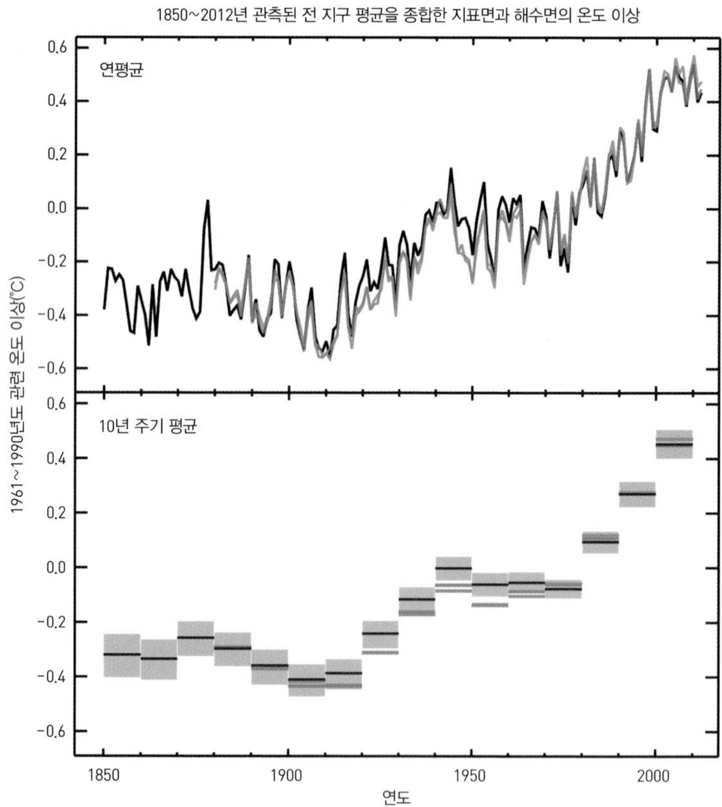

그림 4.1 1850~2012년 전 지구 육지와 해양의 평균 표면 온도 이상. 위는 연간 평균 수치, 아래는 10년 평균 값. 이 변동 수치는 1961~1990년 평균과 관련이 있다.

에 띄는 추세를 보이지만 이 증가 흐름이 획일적으로 나타나는 것은 아니다. 사실 온난화뿐 아니라 한랭화 시기도 있었고 매년 또는 10년마다 다양한 추이를 보였다.

그림 4.2는 1950년 이후 지구 표면 온난화의 형태를 보여주는데 지표면이 해수면보다 더 데워진다. 이는 바다가 좀더 큰 열용량을 지녔기 때문이다. 또한 남극보다 북극이 더 온난화 현상이 심했다.

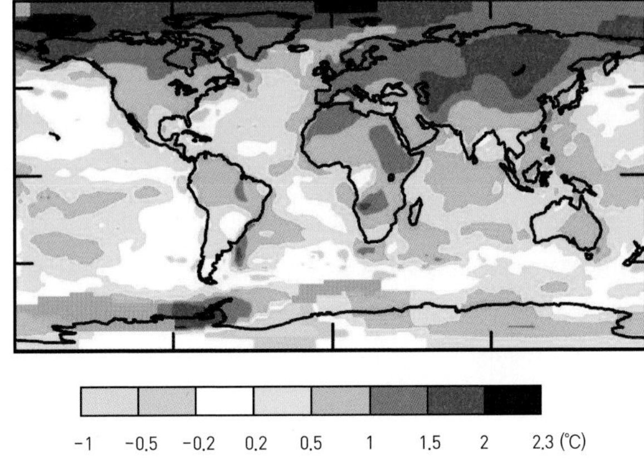

그림 4.2 1950년대부터 2000년대까지 평균 표면 온도 변화.

회의론자들은 그림 4.1과 4.2의 기록이 어떻게 마련되었는지, 신뢰할 만한 자료인지 궁금해할 수 있다. 물론 온도는 장소, 계절, 일별로 섭씨 10도까지 차이 난다. 그러나 우리는 여기에서 지역별 온도 변화를 살펴보는 것이 아니라 지구 평균 온도에 주목한다. 평균 섭씨 0.1도 변화라도 쉽게 감지할 수 있으며 영향이 크다.

무엇보다 어떻게 지표면과 해수면 근처의 온도 변화를 통합해 지구 평균 온도의 변화를 측정할 수 있을까? 지표면의 온도 변화를 측정하기 위해 160년이라는 오랜 기간 동안 한 장소에서 일정한 관측이 가능한 여러 기상 관측소가 선별되었다.

해수면의 온도 변화는 배와 부표를 포함한 2억 5000만 개의 관측소에서 동일한 시기 동안 관측된 자료에 근거한다. 육지 관측소든 배 관측이든 모든 관측은 위도 1도, 경도 1도 그리드 안에서 이뤄진다. 모든 수치를 평균 내 지구 평균 온도가 얻어진다.

전 세계의 수많은 연구 기관은 이러한 관측을 진행하며 독립적이고

인공위성에서 관측된 대기 상층 온도

1979년 이후 미국 NOAA가 쏘아올린 기상위성은 마이크로파 고층 기상 탐측기(Microwave Sounding Unit, MSU)와 같은 마이크로파 기기를 나르는데 대기 하층, 고도 7킬로미터까지의 평균 온도를 원격 관측할 수 있다.

그림 4.3은 MSU에서 관측된 지구 평균 온도의 수치를 보여주며 동일한 지역의 대기권에 설치한 풍선 관측 기기의 자료와 비교한다. 양 측의 결과가 상당히 비슷한 추이를 나타낸다. 게다가 지표면의 온도 변화는 하층 대류권의 변화와 비슷하다(표 4.1 참조). 커다란 차이를 보이는 단기간에 정확한 추이를 이끌어내는 것이 어렵다는 사실을 알 수 있다. 1979~2012년에 10년마다 대략 섭씨 0.14도의 MSU 추이는 0.15~0.16도의 지표면과 거의 일치한다.

1970년 이후, 적외선-마이크로파 라디오미터(radiom-

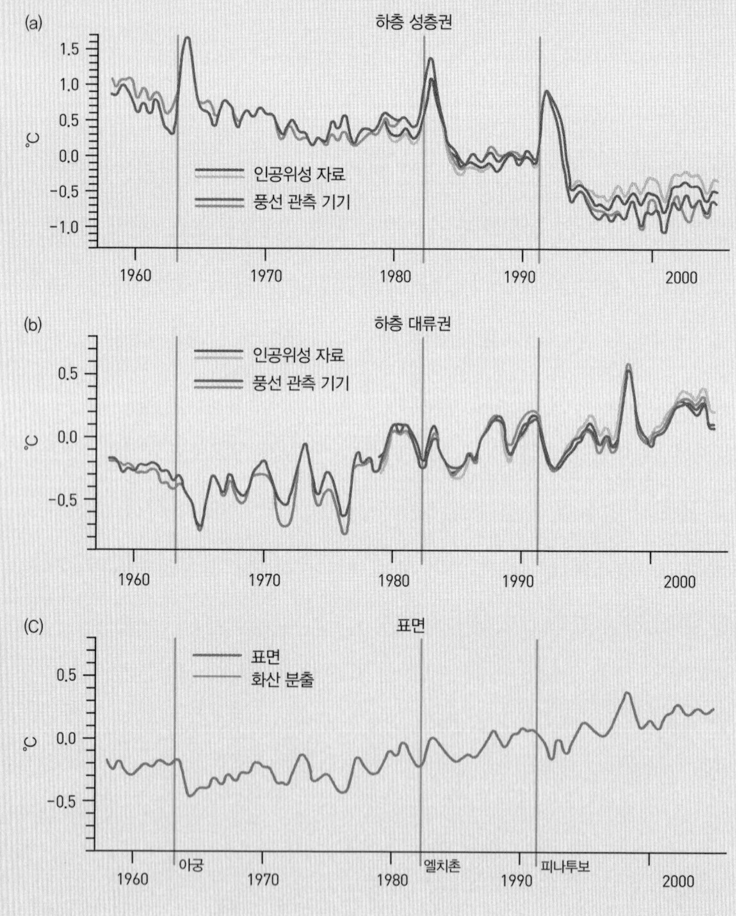

그림 4.3 지구 평균 온도 관측의 시계열 분석. (a) 하층 성층권(13~20킬로미터까지), (b) 하층 대류권(7킬로미터까지), (c) 지표면. 시계열 분석은 1979~1997년 관련 월별 평균 변동 값을 나타내며 인공위성 자료와 풍선 관측 기기로 측정한다. 주요 화산 분출 시기는 수직선으로 표시했다.

eter)를 장착한 위성은 고도 10~30킬로미터 사이의 성층권 온도를 측정했다. 대류권과 비교해 성층권 온도 변화는 10년마다 섭씨 0.3~0.4도의 하락을 보인다. 이는 오존 농도의 감소와 냉각을 부추기는 이산화탄소 농도 증가 때문이다(2장 참조).

대류권의 온난화와 성층권의 한랭화는 온실가스 증가와 관련이 있기 때문에 권계면(대류권과 성층권의 경계) 높이가 올라갈 수 있다. 이에 대한 관측 증거도 있다.

정밀한 분석을 했다. 이러한 관측은 기록상 인위적인 변화를 유도할 수 있는 여러 가지 요인도 존재한다. 예를 들어 일부 육지 관측소의 기록은 도시화되는 환경 변화의 영향을 받을 수 있다. 배의 경우, 물이 든 양동이에 온도계를 넣는 것이 일반적인 방식이다. 이러한 과정에서 온도에 작은 변화가 발생할 수도 있다. 그 정도는 주야로 다르며 양동이의 재료 같은 다른 요소의 영향도 받는다. 양동이 재료로 목재, 천, 금속 등 다양한 재료가 사용되었다. 요즘에는 엔진 냉각기에 들어가는 물의 온도를 측정해 관측이 이뤄진다. 육지와 바다에서 관측한 정밀한 분석을 기록하는 과정에서 적절히 정정할 수도 있다. 서로 다른 관측소에서 얻어진 분석 결과에 대한 의견 일치도 이뤄져왔다.

여러 관측 결과를 선별할 때 변화의 형태와 추이가 비슷하다는 점에서 그 결과의 신빙성이 더욱 커진다. 지표면과 해수면 각각의 기록(그림 4.1, 4.2)과 남반구, 북반구의 기록이 거의 일치한다. 시추공의 온도와 해수면 아래의 온도 변화 같은 간접적인 수치, 적설량의 감소, 빙하의 수축은 관측된 온난화 현상의 독립적인 증거가 된다(표 4.1, 그림 4.5와 4.6).

그림 4.1에 나타난 변동성의 이유는 그림 4.4에서 볼 수 있는 컴퓨터 기후 모델의 다양한 강제력 요인 시뮬레이션을 통해 알 수 있다. 변동성은 대기 및 해양의 외부적인 요인으로 생긴다. 태양 복사량의

표 4.1 지난 250년에 걸친 지구 대기, 기후, 생물 · 물리학적 체계의 변화.	
지표	**측정된 변화**
농도 지표	
대기 중 CO_2 농도	280ppm(1000~1750년), 368ppm(2000년, 31±4퍼센트 증가), 393ppm(2012년).
지구 생물권 CO_2 흐름	30GtC의 누적원(1800~2000년). 1990년 이후 매년 1.1±0.8GtC의 순 흡수.
대기 중 CH_4 농도	700ppb(1000~1750년), 1750ppb(2000년, 151±25퍼센트 증가), 1809ppb(2012년).
대기 중 N_2O 농도	270ppb(1000~1750년), 316ppb(2000년, 17±5퍼센트 증가), 325ppb(2012년).
대류권 O_3 농도	35±15퍼센트씩 증가(1750~2000년), 지역별로 다름.
성층권 O_3 농도	1970~1990년대 중반 이후 전반적으로 감소. 최근 추이는 고도와 위도별로 다르나 남극에서 회복 추세.
대기 중 HFCs, PFCs, SF_6 농도	지난 50년에 걸쳐 전 지구적으로 증가.
날씨 지표	
지구 평균 표면 온도	1901년 이후 약 섭씨 0.8도 증가. 해양보다 육지가 더 더워짐(**매우 높음**).
북반구 표면 온도	지난 1000년 가운데 20세기의 증가가 최대. 2000년도는 지난 1000년 동안 가장 더웠던 해(**높음**).
지표면 일교차	1980년대 초까지, 육지 최저 온도는 최고 온도보다 더 급속히 높아짐. 비기후 자료의 민감도 때문에 신뢰도는 낮음.
고온일 · 열 지수	증가(**높음**).
저온일 · 서리 내린 날	거의 전 육지에 걸쳐 감소(**매우 높음**).
대륙 강수량	북반구에서 5~10퍼센트 증가(**아주 높음**), 일부 지역(북 · 서아프리카, 지중해 일부)에서 감소.
호우 현상	중위도, 고위도(북부)에서 증가(**높음**).
가뭄	일부 지역에서 건조 및 가뭄 증가(**높음**).
열대성 사이클론	1970년 이후로 북대서양 열대성 사이클론 강도 증가.
온대성 집중 폭풍	1950년대 이후로 극지방 방향으로 변화(**높음**).
생물 · 물리학적 지표	
전 지구 평균 해수면	20세기 동안 연평균 1~2밀리미터 증가. 1993~2012년 3.2밀리미터.
강과 호수가 어는 기간	20세기 북반구의 중 · 고위도에서 약 2주 감소(**매우 높음**).
북극해 빙하량과 두께	1980년대 이후(늦여름~초가을)로 약 30퍼센트 감소와 더불어 최근 50퍼센트 얇아짐(**매우 높음**). 2012년 여름 최저 빙하량은 1979~2000년 평균의 51퍼센트 수준.
극지방 외의 빙하	20세기 동안 대규모로 후퇴.

적설량	1960년대 인공위성 관측 이후로 5퍼센트 이상 감소. 극지방, 아극지방, 산악 지대에서 녹거나 감소(**매우 높음**).
영구동토층	극지방 및 주변 산악 지대의 동토층의 해빙.
엘니뇨 현상	100년 전 대비 20세기 후반에 빈도 및 강도 증가, 2000년도에는 감소.
해수면 아래 해양	1971년 이후로 상층 700미터 온난화(**매우 높음**), 700~2000미터층 온난화(**높음**).
작물 재배 기간	북반구(특히 고위도)에서 지난 50년간 10년마다 1~4일 증가.
동식물 성장 지역	식물, 곤충, 조류, 어류 등이 극지방으로 북상.
번식, 개화, 이동	북반구에서 식물의 개화기, 조류의 도래, 번식 시기 빨라짐.
산호초 백화 현상	특히 엘니뇨 현상 동안 빈도 증가.
경제적 지표	
날씨 관련 경제적 손실	지난 50년에 걸쳐 물가 상승 대비 손실 증가, 이러한 증가 추세는 사회, 경제학적 및 기후 요인과 관련.

주: 이 표는 관측된 주요 변화를 기술하며 종합적인 목록은 아니다. 인위적인 기후 변화로 인한 변화 및 자연적 변동이 초래하는 변화도 포함한다. IPCC 실무 그룹의 평가로 신뢰도(매우 높음, 높음)를 표시했다(*IPCC 2001 Synthesis Report*, Table SPM1).

변화 또는 크라카타우(1883년) 및 필리핀 피나투보(1991년)와 같은 화산 폭발의 결과가 이에 해당한다(1992, 1993년 지구 평균 온도의 하락은 비슷한 시기와 비교할 때 피나투보 화산폭발이 원인이다). 변동성의 다른 원인은 엘니뇨 남방 진동(El Niño Southern Oscillation, ENSO)이나 해양에서의 대규모 변화와 같은 기후 체제 내부의 변화다. 아열대 대서양과 유럽 남부에 걸친 고기압 그리고 유럽 북서부의 온화한 겨울과 더불어 양의 북대서양 진동(North Atlantic Oscillation, NAO)이 1980년대 중반부터 2000년대 중반까지 두드러졌다. 최근 겨울 들어서 음의 북대서양 진동도 강하게 나타나고 있다.

그림 4.4(e)는 온실가스 배출이나 산림 연소 같은 인류가 초래한 요인에 따른 온난화 현상을 보여준다(1880년 이후). 또 다른 중요한 영향은 산업용 에어로졸 사용 증가에서 비롯되는데 이는 대개의 경우 대

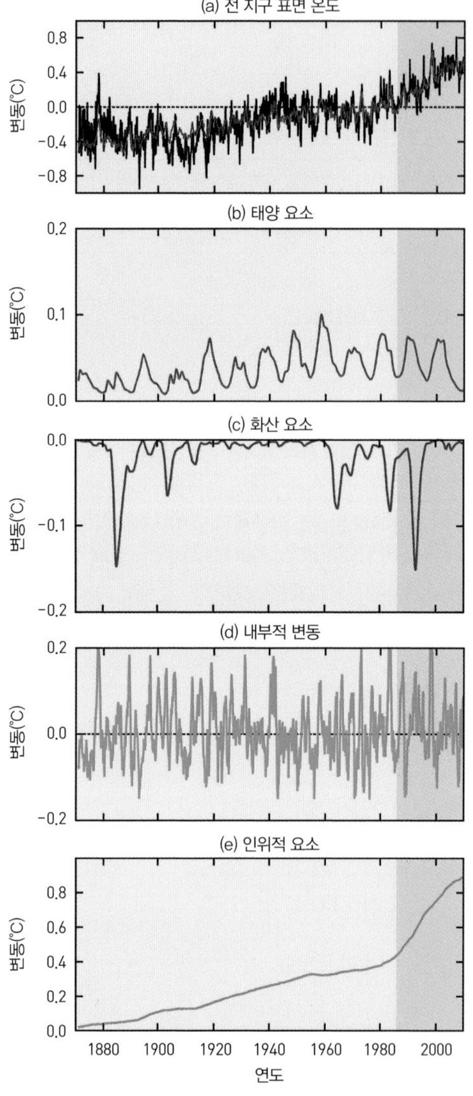

그림 4.4 1870~2010년의 지구 표면 온도의 변동. 이에 영향을 미치는 자연적 요소(태양, 화산, 내부)와 인류가 초래한 요소들을 나타냈다. (a) 지구 표면 온도 수치(1870~2010년), 평균 지구 표면 온도(1961~1990년, 검은색), (b) 태양 강제력에 반응하여 예측한 온도, (c) 화산 분출에 반응과 관련해 예측한 온도, (d) 엘니뇨 남방 진동 관련 내부 변동성으로 인한 온도 변화, (e) 온실가스로 인한 온난화, 에어로졸로 인한 한랭화 포함, 인류가 초래한 강제력에 반응과 관련해 예측한 온도다.

기를 식힌다. 그림 4.4(e)에서 곡선이 완만해지는 이유는 에어로졸 때문이다. 더 자세한 설명은 5장과 6장에 나와 있다.

지난 수십 년간 온도의 상승은 온도의 일주기에서였고 육지의 최저 온도가 최고 온도만큼 두 배가량 상승했다. 이는 온실가스의 증가 요인 외에도 줄어든 온도 범위와 더불어 여러 지역에서 관측된 운량(cloud cover)의 증가로 설명할 수 있다. 구름이 많아지면 낮의 햇빛을 방해하고 밤에 지구 복사량의 방출이 감소하는 경향이 있다.

짐작할 수 있듯이 온도 상승은 평균 강수량의 증가를 초래한다. 비록 강수량은 위치와 시간에 따라 온도보다 더 심한 변동을 보이지만 말이다. 북반구의 중·고위도에서 이러한 증가 추세가 두드러지며 잦은 집중호우로 나타나기도 한다(표 4.1).

온도와 강수량의 폭넓은 변화 추이는 온실가스 증가로 인해 예측된 바와 일치한다(5장 참조). 물론 인간 활동 외에 다른 요인 때문에 기록의 변동이 매우 많다. 예를 들면 1910~1940년까지 상당히 가파른 증가세를 보이는데(그림 4.1), 이는 당시 온실가스의 증가 둔화 때문이라고 말하기 어렵다. 이에 대한 이유는 5장에서 다뤄질 것이다. 다음 장에서는 20세기의 기후 모델 시뮬레

해양 온난화

이번 장에 설명하는 대부분은 대기 및 지표면과 관련된 것이다. 해양을 조사하기란 쉽지 않다. 바다 전체의 열용량은 대기의 1000배가량이기에 지구 전체의 에너지 균형을 이루는 데 바다는 중요한 역할을 한다. 특정 장소에서 해양의 온도는 계절별, 해류, 대기와 해양의 열교환에 따라 달라진다. 전체 해양 온도, 즉 바다 위층과 아래층 모두 측정하게 된 지 20년밖에 되지 않았다. 2005년쯤, 국제 아르고 온도·염분 수집 부표(International Argo temperature/salinity profiling float array)를 통해 전 지구의 해양이 측정 가능해졌다.

바다 내부 에너지 축적과 관련된 결과는 그림 4.5에 나와 있다. 이 수치에 따르면 바다 위층(아래 700미터까지)은 1970년 무렵, 특히 바다 위층 75미터에서 10년에 섭씨 0.11도(0.09~0.13도)씩 따뜻해졌다. 이는 이 시기에 발생한 해수면 상승과도 일치하는 부분이다.

그림 4.5에서 보듯이, 온실가스로 인한 온난화가 초래한 최근 수십 년간 에너지 90퍼센트 이상의 증가는 대양열량(Ocean Heat Content, OHC)의 증가를 가져왔다.

그림 4.6은 이러한 에너지의 변화가 각각 다른 지역의 대기와 해양에 어떻게 적용되는지 보여준다. 그림 4.6은 자연적 강제력을 사용한 컴퓨터 모델과 자연 및 인위적 강제력을 사용한 모델의 에너지 변화를 비교한 것이다(5장 참조). 이 비교는 기후 체계의 여러 가지 요소가 인류가 초래한 기후 변화에 어떻게 반응하는지에 대한 이해를 돕는다. 다음 장에서는 미래의 온실가스 배출에 관한 다양한 추측 아래 미래의 기후 변화를 전망할 것이다. 그렇지만 그림 4.5와 4.6은 당장 내일이라도 온실가스 배출을 중단하면 지구 평균 온도가 어떻게 달라질지에 대한 분명한 답변을

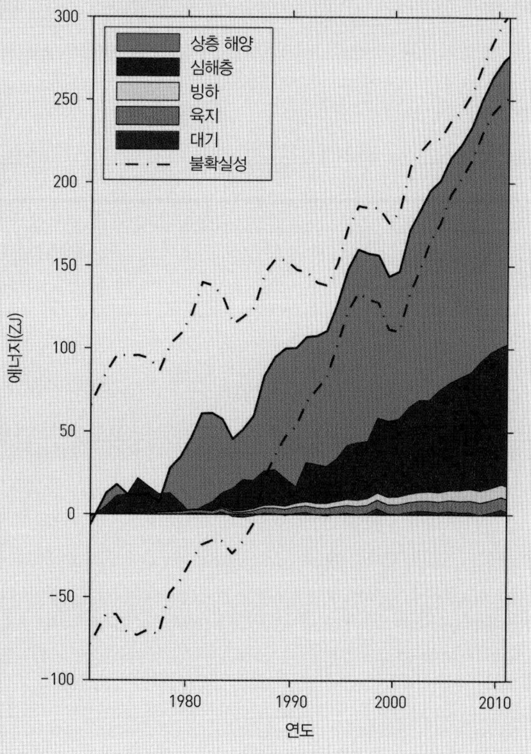

그림 4.5 1971년과 1971~2010년의 해양과 다른 기후 체계 요소의 에너지 누적 ZJ(zetta joule). 중간층과 심해층(남색, 700미터 이래~2000미더)보다 상층 해양(하늘색, 700미터 위)에서 온난화가 심하다. 빙하(옅은 회색, 1992년 기점으로 그린란드 및 남극 빙상, 1979~2008년의 북극해 해빙), 육지 온난화(주황색), 대기 온난화(자주색). 해양 추정치의 불확실성이 가장 크다. 다섯 영역의 오차는 90퍼센트 신뢰 구간으로, 점선으로 표시했다.

제공한다. 해양 온도는 수십 년에 걸쳐 기후 체제의 다른 요소와 평형을 이룰 때까지 계속 상승할 것이다. 이뿐만 아니라 해수면 역시 몇 세기에 걸쳐 상승하며 대기의 온난화도 계속 진행될 것이다.

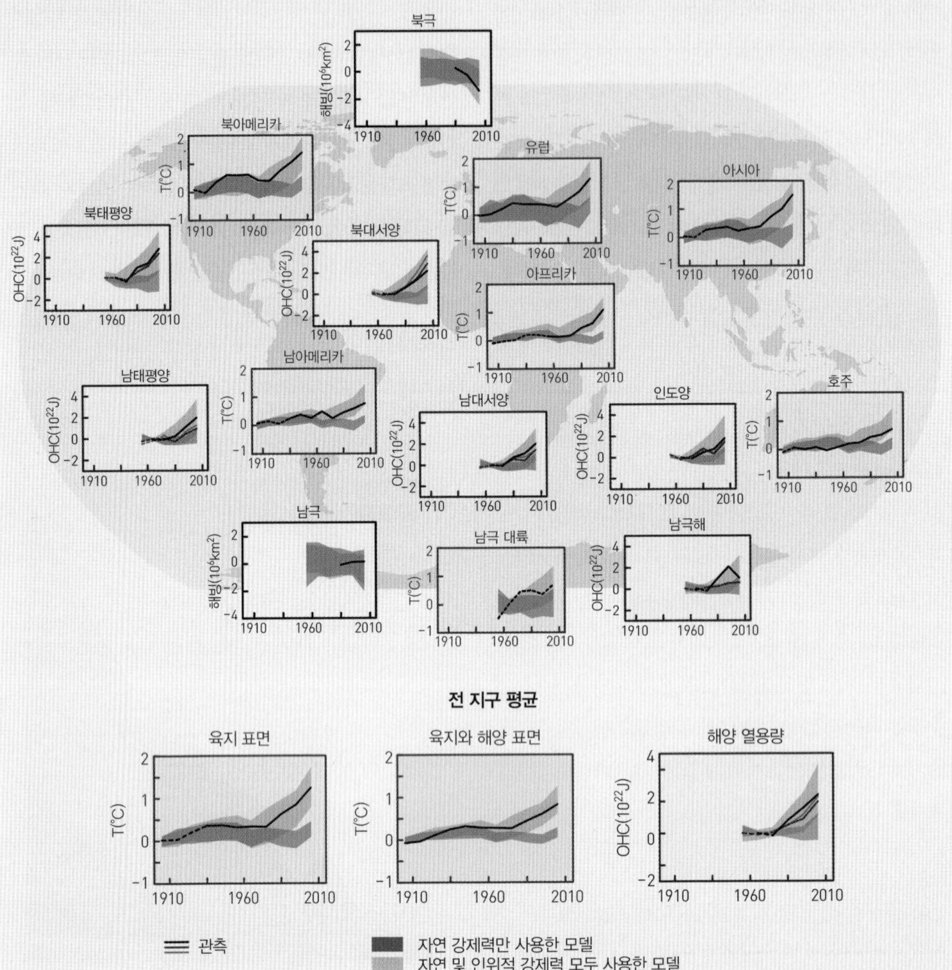

그림 4.6 대기, 빙권(cryosphere), 해양의 지표에 근거해 관측된 기후 변화와 시뮬레이션의 비교. 지표면 공기 온도의 변화(노란색 상자), 9월 북극과 남극의 해빙 범위(하얀색 상자), 주요 해양의 상층 해양 열용량(파란색 상자). 아래 세 상자는 전 지구 평균을 나타낸다. 시계열 분석은 10년 단위의 평균이다. 표면 온도는 1880~1919년, 해양 열용량은 1960~1980년, 해빙은 1979~1999년의 것이다. 해양 열용량은 세 세트 관측 자료를 나타낸다. 온도의 경우, 관측 자료는 점선으로 표시했다(관측 범위 50퍼센트 이하). 그 외의 점선은 빈약한 자료의 범위다. 모델 결과는 연계모델상호비교프로젝트(Coupled Model Intercomparison Project Phase 5, CMIP5)의 멀티 모델 앙상블에서 나왔다.

해수면의 변화

기후 변화와 관련된 중요한 자료는 해수면의 변화를 측정하는 것이다(그림 4.7). 지난 20세기에 해수면은 17±5센티미터 상승했다. 1993~2011년의 평균 상승 비율은 연간 3.2±0.4밀리미터다. 이는 육지를 기반으로 한 빙하가 녹고, 따뜻해진 해양의 열팽창 때문이다. 질량 재분포를 측정 가능하도록 위성을 장착한 지구 중력 측정 결과에 따르면 2002년 이후 그린란드와 남극의 빙상은 매년 0.7밀리미터 비율로 녹고 있으며, 해수면이 0.4밀리미터씩 상승하는 중이다.

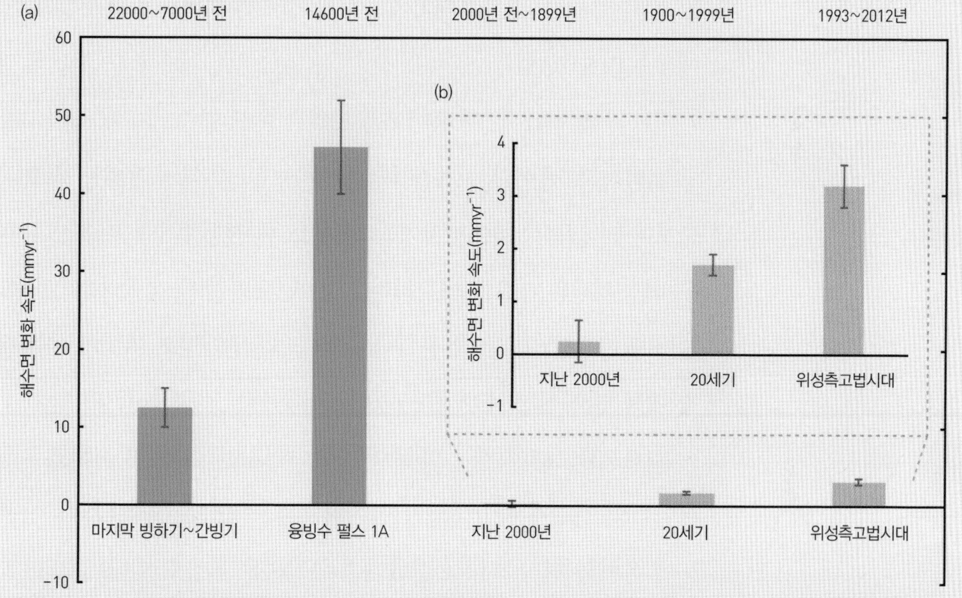

그림 4.7 (a) 다섯 시기(마지막 빙하기에서 간빙기까지, 융빙수 펄스 1A(Meltwater Pulse 1A), 지난 2000년, 20세기, 위성측고법시대(Satellite Altimetry Era))의 지구 평균 해수면(Global mean sea level, GMSL) 변화율 추정치. 파란색 기둥은 빙하기~간빙기의 시간 간격을 가리킨다. 주황색 기둥은 현재 간빙기 시기이며, 검은 선은 지구 평균 해수면 변화의 측정값 범위다. (b) 현재 간빙기 중 세 차례에 걸친 평균 해수면 변화율을 따로 표시했다.

이션과 측정한 온도를 비교할 것이며, 지구 평균치뿐만 아니라 지역적 변화 추이도 고려한다. 결론적으로 자연적인 변동성 때문에 여러 잡음이 있지만 지난 50년에 걸친 온난화 현상은 온실가스 농도 증가로 기인했다는 가능성이 매우 높다.

1장에서 홍수, 가뭄, 열대성 사이클론, 폭풍 같은 기후 재난에 대한 경각심을 일깨우는 이상기후에 취약한 인구가 증가한다고 언급했다. 이러한 이상기후의 빈도와 강도가 계속 증가하고 있다는 증거 여부를 반드시 파악해야 한다. 20세기에 관련 변수가 어떻게 변해왔는지에 대한 증거는 표 4.1에 나와 있다(온실가스 농도, 온도, 수자원 및 폭풍 관련 지표, 생물·물리학적 지표). 21세기에는 어느 정도까지 변화가 계속될지 6장에서 논의할 것이다.

지난 수십 년을 볼 때 흥미로운 사실은 온도 일주기(daily temperature cycle)의 변화 폭이다. 1980년대 초기까지, 육지 최저 온도는 최고 온도보다 더 급속히 높아졌고 그 이후에도 비슷한 추세가 이어졌다. 이 수치는 비기후 자료에 민감하다. 1980년대까지 대기 중 에어로졸의 증가와 이후의 감소를 꼽을 수 있는데 그래서 태양의 밝기가 '어두워짐'에서 '밝아짐'으로 변했다.

2003~2012년이 가장 따뜻한 10년이었지만, 2001년 이후로 평균 온난화의 정도가 줄었다(한편 2014년에는 지구 평균 온도 최대치 기록). 이 때문에 온난화 현상이 이제 끝났다고 주장하는 이들도 있다. 그러나 그렇게 결론짓기에는 시기가 너무 이르다. 최근 들어 나타나는 온난화 감소 현상은 모델 시뮬레이션이나 전망과 다르지 않다. 그 원인으로 엘니뇨와 라니냐(La Niña) 현상(엘니뇨는 전체 대기의 온난화를, 라니냐는 한랭화를 초래한다), 11년 태양 순환기의 연장, 성층권의 수증기 감소, 화산 폭발, 해양 순환의 변동(열을 심해로 끌어들인다)을 들 수 있다. 지표면 관측의 데이터 세트는 최근에 온난화가 특히 두드러지는 북극의 자료를 충분히 활용하지 않은 것으로 알려져 있다.

2013년 기후 변화 감지와 특성에 관한 IPCC 보고서에 따라 요약한 결론은 다음과 같다.

> 대기와 해양의 온난화에 미친 인간 활동의 영향은 전 세계 물순환, 빙하와 눈의 감소, 지구 평균 해수면 상승, 기후 변화 같은 여러 방면에서 이미 감지되었다. 증거는 AR4(2007년 IPCC 보고서) 이후로 더욱 많아졌다. 20세기 중반 이후 관측된 온난화의 주범이 인간 활동이라는 점은 거의 확실해졌다.[1]

지난 1000년

위에서 설명한 160년 전보다 이전의 온도, 강우량, 운량 같은 날씨 변수에 관한 상세하고도 체계적인 기록은 남아 있지 않다. 더 오래된 자료는 거의 없고, 있더라도 과연 관측 기구가 일관성 있는지도 의문이다. 200년 전, 대부분의 온도계 눈금은 정확하지 않았다. 그렇지만 다른 시대에 살았던 수많은 일기 작가나 저자가 다양한 날씨 및 기후에 관한 기록을 남겼기에 이를 추측할 수 있다. 빙하 코어, 나이테, 호수 수위, 빙하의 전진과 후퇴, 꽃가루 분포(호수의 퇴적물에서 발견됨) 같은 간접 자료를 종합해 하나의 기후 시나리오를 만들 수 있다. 중국의 경우, 아주 다양한 자료를 모아 지난 500년에 걸친 날씨 추이를 체계화할 수 있었다.

비슷한 방식으로 직간접 자료를 활용해 1000년 전의 북반구 평균 온도를 유추하는 것이 가능해졌다(그림 4.8). 남반구는 자료가 충분하지

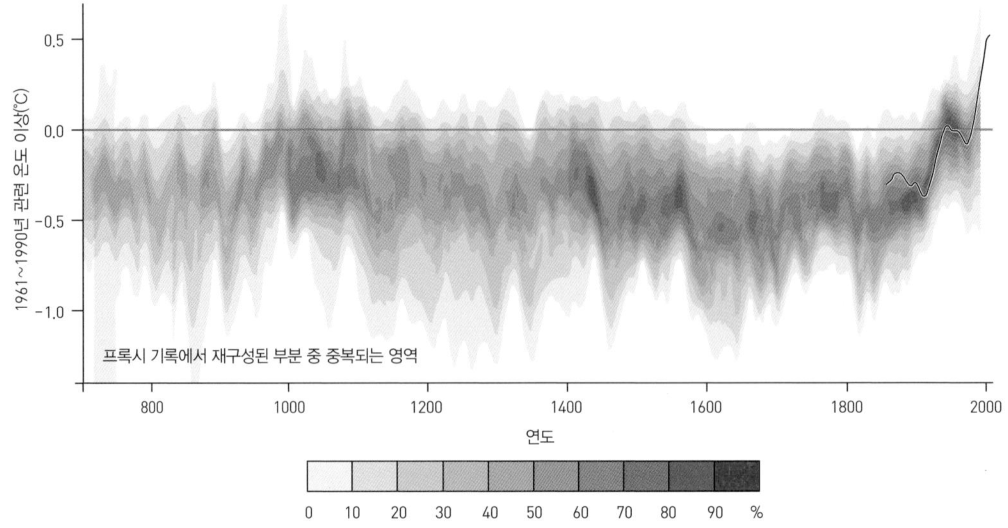

그림 4.8 북반구 온도 이상(1961~1990년 평균값). 프록시 기록(proxy record)을 재구성했다. 나이테, 산호초, 빙하 코어, 역사적 기록은 빨간색 명암, 1860년 이후 기계 데이터는 검정색 선, 백분율로 표시된 음영은 재구성 점수 10퍼센트의 ±1 표준 오차 내 온도와 5~95퍼센트 불확실성 범위 점수 5퍼센트의 구역이다. 총 10개의 재구성 가운데 ±1 표준 오차에 해당하는 온도의 경우만 최대 100퍼센트다.

않아 동일한 방식의 재구성이 불가능했다. 이 시기의 자료 부족, 대체 자료를 정확히 해석할 때의 불확실성 때문에 그림 4.8의 재구성에도 여전히 불확실성이 존재해 10가지 범위로 나뉘어 있다. 한편, 11~14세기의 '중세 온난기(Medieval Warm Period)'와 15~19세기의 '소빙하기(Little Ice Age)'도 눈여겨볼 수 있다. 물론 이 특정 시기의 영향에 관해서는 의견이 분분하다. 오직 북반구에만 영향을 주어서 영국 중부처럼 지역적인 기록만 두드러지기 때문이다. 20세기 온도 상승은 특히 주목할 만하며, 1990년대는 지난 1000년간 북반구에서 가장 더웠던 시기였을 것으로 추정된다.

물론 1000~1900년 사이에 발생한 변화에 대한 완벽한 설명은 아직 없지만 이산화탄소나 메탄 같은 온실가스가 주요 원인일 리는 없다. 1800년 이전의 1000년 동안, 대기 중 온실가스 농도는 다소 안정적이었다. 이산화탄소 농도가 3퍼센트에도 미치지 못했다. 한편 그림 4.3에서 보았듯이 온도 하락 배경에 화산활동의 변화를 감지할 수 있다. 1815년 4월 인도네시아 탐보라(Tambora)산의 대규모 화산 분출 이후, 여러 지역에서 두 차례의 극한 날씨가 이어졌다. 뉴잉글랜드와 캐나다에서 1816년은 여름이 사라졌던 해였다. 물론 탐보라 화산 분출이 기후에 미치는 영향은 몇 년 정도만 지속되지만 **평균적인** 화산활동의 변화는 장기적인 영향을 미친다. 태양 에너지 방출량 변화 때문일 수도 있다.[2] 물론 총 태양 복사량을 정확히 측정할 수는 없지만(지난 20년 동안 인공위성에서 관측한 자료 제외) 과거에 상당한 변화가 있었다는 증거가 더러 있다. 오늘날과 비교했을 때 17세기 마운더 극소기(Maunder Minimum) 동안 태양 복사량이 낮았던 것으로 보인다(1제곱미터당 10분의 몇 와트). 화산활동이나 태양 복사량 변동을 이 시기 기후 변동의 원인으로 꼽을 필요는 없다. 앞에서 언급된 단기적인 변화처럼

남극의 과학자들이 10미터 빙하 코어를 얻기 위해 핸드 드릴을 사용하고 있다. 빙하 코어의 화학 분석은 기후 변화와 대기의 구성 성분을 보여준다.

기후 변동은 상호작용하는 대기와 해양의 내부에서 비롯될 수 있다.

그림 4.8은 자연적인 원인에서 비롯된 기후 변동성의 범위와 특징을 보여주기 때문에 상당히 중요한 자료다. 5장에서도 확인하겠지만 기후 모델은 자연적인 기후 변동성에 대한 정보를 제공한다. 이러한 관측 자료와 모델을 정밀히 분석해보면 자연적인 기후 변동성(화산 및 태양 복사량의 변화로 인한 내부 변동의 영향)으로 20세기 후반의 온난화를 설명하기 **어렵다**는 사실을 확인할 수 있다.

지난 100만 년

인류 역사 이전으로 거슬러 올라가려면 과학자들은 과거 기후의 수수께끼를 풀기 위해 간접적인 방법에 의존해야 한다. 특히 그린란드와 남극 대륙에 덮여 있는 빙모(ice cap)는 상당히 귀중한 자료다. 이는 몇천 미터 두께의 빙하다. 빙모 표면에 쌓인 눈은 더욱 탄탄해지면서 빙하가 된다. 빙상(ice sheet) 아래는 바깥쪽을 향하며 빙하는 꾸준히 아래로 이동한다. 위층의 빙하는 비교적 최근에 쌓인 것이며 아래층은 수백 년, 수천 년 전에 쌓였을 것이다. 이렇게 다른 층에 쌓인 빙하를 분석하면 과거의 특정한 여러 시기가 어떤 상태였는지 파악할 수 있다.

그린란드와 남극의 여러 지역에서 빙하 심층 중심부(deep core)를 핸드 드릴했다. 남극의 동쪽, 러시아 보스토크(Vostok) 기지에서 빙하 시추 작업이 25년 이상 진행되었다. 가장 최근에 시추한 가장 깊은 빙하 코어는 약 3.5킬로미터에 달한다. 아랫부분은 50만 년 전 남극 대

동위원소를 통한 고대 기후 재구성

동위원소 ^{18}O는 더 풍부한 ^{16}O와 비교했을 때 자연적인 산소 안에 약 0.002의 농도로 존재한다. 물이 증발할 때 더 가벼운 동위원소를 포함하면 더욱 쉽게 기화해서 대기 중 수증기는 바닷물보다 ^{18}O를 덜 함유하고 있다. 구름 안에서 얼음 결정이 형성되는 응결 과정에서 비슷한 분리 현상이 발생한다. 두 산소 동위원소 사이의 분리 정도는 증발과 응결이 발생하는 온도에 달려 있다. 다양한 지역의 강설량을 측정하면 이 과정을 수치화할 수 있다. 표면 평균 온도가 섭씨 1도 변화할 때마다 ^{18}O의 농도가 0.0007 정도 변하는 것으로 알려져 있다. 극지방의 빙모에서 얻은 빙하 코어를 통해 빙하 코어가 형성된 전 시기의 극지방 대기 중 온도 변화에 관한 자료를 모을 수 있다.

빙모는 바닷물과 비교해 ^{18}O를 덜 포함한 적설에 의해 형성된다. 그래서 바다 속 ^{18}O의 농도는 빙모의 얼음 전체 부피를 제공하며 측정할 수 있게 한다. 이 농도는 빙하기의 최대 빙하 수치와 온난한 시기 사이에 0.001씩 변화한다. 각 시기의 바닷물에 ^{18}O 함유량 정보는 산호초와 해저 퇴적물에 숨겨져 있다. 이들은 지난 수세기와 수천 년의 플랑크톤 및 바다의 작은 생물 화석의 탄산염을 포함한다. 탄소 동위원소 ^{14}C와 같은 방사성 동위원소를 측정하고 과거의 중요한 사건들을 관련지으면, 산호와 퇴적물 중심부의 형성 시기를 추적할 수 있다. 이러한 생물들이 생성되었을 때 발생한 산소 동위원소 사이의 분리 현상은 바닷물의 온도에 따라 다르다(물론 그 의존도가 다른 의존도보다는 약하지만). 과거 다양한 시기의 해수면 온도 분포에 대한 자료 또한 나와 있다.

륙 표면에 덮인 눈만큼 오래되었다(그림 4.9b).

빙하 내부에는 작은 기포가 갇혀 있다. 공기의 구성을 분석하면 얼음이 형성된 시기의 대기에 무엇이 존재했는지 알아낼 수 있다. 이산화탄소나 메탄 같은 대기 중 기체 말이다. 화산이나 바다 표면에서 나온 먼지 입자가 빙하에 포함되기도 한다. 빙하 자체를 분석함으로써 상세 자료가 수집된다. 소량의 산소 동위원소와 무거운 수소 동위원소(중수소) 역시 포함되어 있다. 이 동위원소의 비율은 구름 안 물의 증발과 응축이 발생했던 온도에 아주 민감하다(위 상자 참조). 또한 이 비율은 지구 표면 평균 온도에 달려 있다. 이렇게 빙하 코어를 분석해 극지방의 온도 수치를 재구성한다. 지구 평균 온도의 변화는 극지방

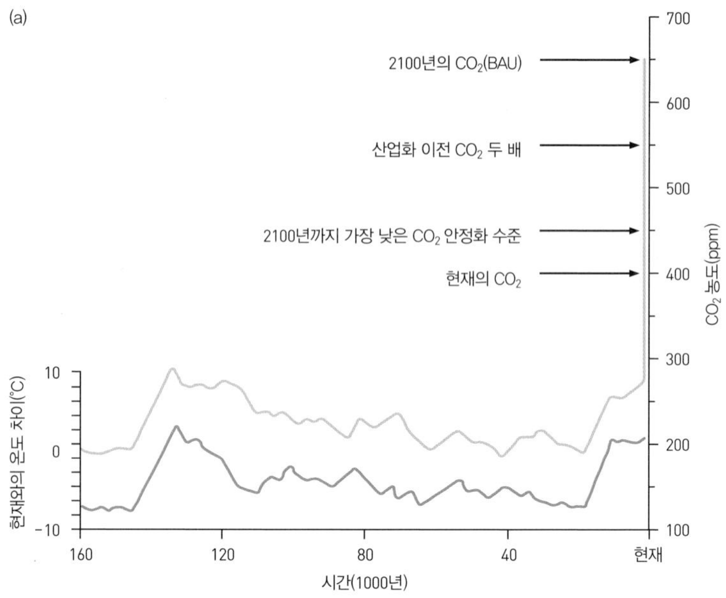

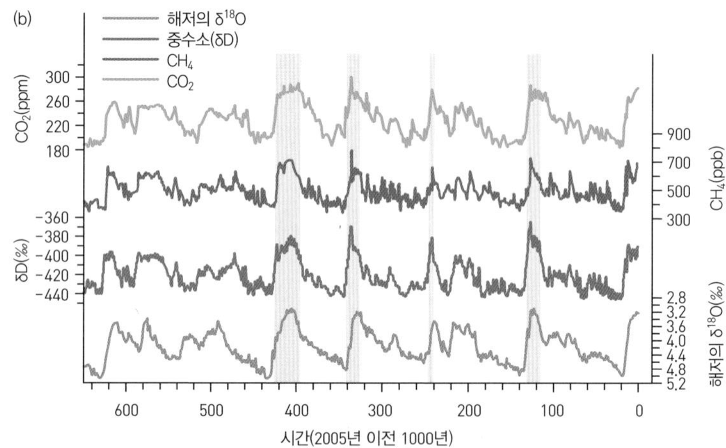

그림 4.9 (a) 지난 16만 년에 걸친 극지방 온도와 대기 중 이산화탄소 농도의 변이(남극 보스토크 빙하 코어). 전 지구 평균 온도의 변이는 극지방의 절반 수준인 것으로 추정된다. 현재 약 380ppm인 이산화탄소 농도와 다양한 예측 아래 21세기에 보일 증가 추세를 나타낸다. (b) 지역 온도 대체 중수소(δD)의 변동, 전 지구 얼음 부피 변동 대체 $\delta^{18}O$, 남극 빙하 코어에 포함된 대기 중 CO_2, CH_4 농도의 변동. 회색 음영은 간빙기를 의미한다.

의 변화의 절반가량일 것으로 예측된다.

보스토크 빙하 코어 시추 작업을 통해 이뤄진 16만 년 전 온도 및 이산화탄소량 재구성은 그림 4.9a와 같다. 이 그림은 12만 년 전에 시작되어 2만 년 전에 끝난 마지막 주요 빙하기를 포함한다. 그림 4.9b

는 65만 년 전으로 거슬러 올라간다. 온도, 이산화탄소 및 메탄 농도 사이의 긴밀한 연관성은 그림 4.9에 분명히 나와 있다. 21세기 동안의 대기 중 이산화탄소 증대를 눈여겨보라. 이는 지난 2000만 년 전을 보았을 때 넘어설 가능성이 거의 없는 수준이다.

해양 퇴적물의 구성비를 조사하면 과거 100만 년의 데이터를 얻을 수 있다. 퇴적물 속 플랑크톤이나 바다의 작은 생물 화석은 다양한 산소 동위원소를 함유한다. 특히 더 풍부한 ^{16}O와 비교해서 좀더 무거운 산소 동위원소(^{18}O)의 양은 화석이 생성된 온도와 그 시기의 전체 빙모량에 민감하다. 이는 세계 해수면과도 관련이 있다. 예를 들어 2만 년 전 마지막 최대 빙하기의 해수면은 오늘날보다 약 120미터 낮았다. 12만 5000년 전, 마지막 간빙기에는 지금보다 4~6미터 높았을 수 있다. 그린란드와 남극의 빙모가 일부 녹았기 때문이다.

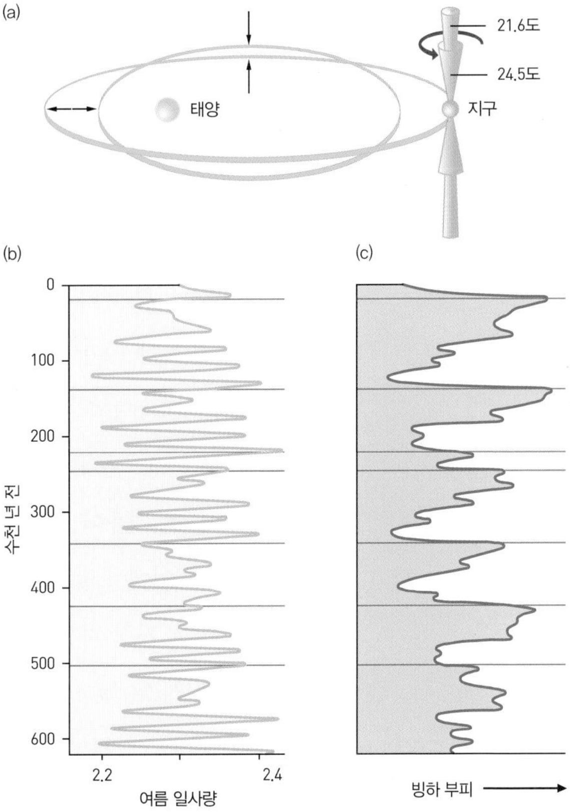

(a) 태양 지구 21.6도 24.5도

(b) 수천 년 전 0 100 200 300 400 500 600 2.2 2.4 여름 일사량

(c) 빙하 부피

그림 4.10 지구 궤도의 변화(a), 자전축 방향(21.6~24.5도 사이)과 근일점의 경도 변화(b)는 극지방 근처 여름 평균 햇빛양의 변화를 초래한다. 이 변화는 빙모의 얼음 부피(c) 면에서 기후 현상의 순환으로 보인다.

이렇게 다양한 고대 기후 자료로부터 지난 몇백만 년에 걸친 다양한 빙하량은 대부분 재구성된다(그림 4.9b 파란색 곡선, 그림 4.10). 이 기록을 보면 중간에 몇 차례의 온난기를 두고 6~7차례의 주요 빙하기를 발견할 수 있다. 그 간격은 대략 10만 년이며, 다른 주기도 나타난다.

규칙적인 기후 순환의 원인을 찾으려면 가장 확실한 곳은 태양 복사가 일어나는 지구 밖이다. 과거에 이곳에서 주기적인 변화가 있었을까? 지금까지 알려진 바로는 태양 복사량은 지난 100만 년에 걸쳐 그렇게 크게 바뀌지 않았다. 그러나 지구 궤도의 변화로 태양 복사량의 분포가 이 시기에 다소 규칙적으로 변화했다.

태양 주변의 지구 궤도에는 세 가지 변화가 발생한다(그림 4.10a). 지구 궤도는 원형에 가깝지만 실제로는 타원형이다. 이 타원형 궤도의 특이한 점은 약 10만 년 주기로 달라진다는 점이다(이는 최대 지름과 최소 지름의 비율과 관련 있다). 이는 세 변화 중 가장 느린 부분이다. 지구는 자체 축 중심으로 돈다. 이 자전축은 지구 궤도의 축과 비교해 약간 기울어져 있다. 기울어진 각도는 약 4만 1000년 주기로 21.6~24.5도(현재 23.5도) 사이에서 달라진다. 세 번째 변화는 근일점(perihelion), 즉 지구가 태양에 가장 가까이에 있을 때의 햇수 변화다. 근일점은 약 2만 3000년의 시기(그림 5.20 참조)와 더불어 한 해에 걸쳐 이동한다. 현재 지구는 1월에 태양과 가장 가깝다.

지구에 도달하는 총 태양 복사량은 미미하게 변하지만 지구 궤도가 태양과의 거리를 바꾸기 때문에 지구 표면 위 복사량의 분포는 위도와 계절에 따라 상당히 달라진다. 변화 정도는 특히 여름철 햇빛양의 변화가 10퍼센트에 이르는 극지방에서 매우 크다(그림 4.10b). 1867년 영국의 과학자 제임스 크롤(James Croll)의 발표에 따르면 과거에 주요 빙하기는 지구에 도달하는 태양 복사량의 계절적 분포의 규칙적인 변화와 관련이 있을 것이라고 주장했다. 그의 의견은 1920년, 유고슬라비아의 기후학자 밀루틴 밀란코비치(Milutin Milankovitch)에 의해 더욱 발전되었다. 그의 이름은 '밀란코비치 이론'으로 유명하다. 극지방에서 여름철 햇빛양의 변화와 지구 빙하량 사이의 관계를 대략 보더라도 중대한 연관성을 찾을 수 있다(그림 4.10). 그림 4.10에서 두 곡선의 형태는 이를 입증하며 지구 빙하량의 변화 중 60퍼센트는 지구 궤도의 세 가지 규칙적인 변동으로 인한 것이고 이는 밀란코비치 이론을 지지한다.[3]

빙하기와 지구 궤도의 변동성의 관계를 면밀히 관찰하면 기후 변화의 정도가 복사 강제력 자체보다 훨씬 크다는 점을 알 수 있다. 복사량 변화의 영향을 강화하는 다른 과정(양의 피드백)도 동원해 기후 변동성을 설명해야 한다. 그중 온실효과를 통해 대기 중 온도에 영향을 미치는 이산화탄소의 양을 들 수 있다. 대기 중 평균 온도와 이산화탄소 농도의 긴밀한 연관성은 기후 기록에서 관측된 부분이다(그림 4.9). 물론 이로써 온실가스 피드백의 존재를 입증하지는 못한다. 이 연관성은 생물학적 피드백(3장 참조), 지구 평균 온도와 관련된 다른 요인, 이산화탄소 농도 자체에 따른 영향에서 비롯된다.[4] 그러나 5장에서 살펴보겠지만, 온실가스 피드백을 고려하지 않고 과거 기후를 성공적으로 모델화할 수 없다.[5]

밀란코비치 이론을 따를 때 자연스럽게 한 가지 의문이 생기는데 바로 '다음 빙하기는 언제인가'다. 우리는 현재 상대적으로 태양 복사량의 변동이 적은 시기에 살고 있다. 신빙하기가 도래하기 전 정상적인 간빙기의 시기는 5만 년 이후로 내다보아야 할 것이다.[6]

과거의 기후는 어느 정도 안정적이었을까

지금까지 다룬 주요 기후 변화는 상대적으로 느리게 진행되었다. 빙

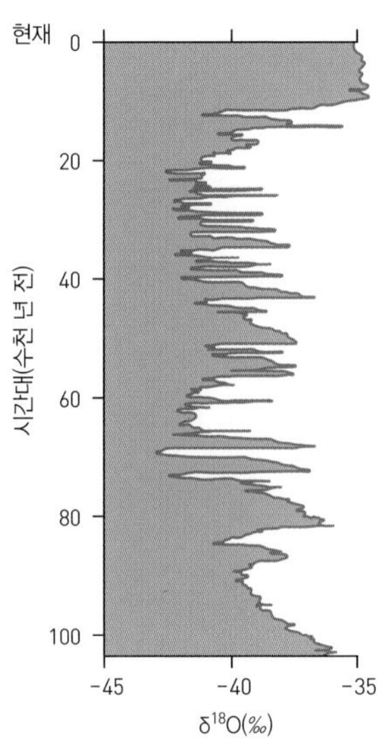

그림 4.11 산소 동위원소 측정에서 유추한 지난 10만 년 동안의 북극 온도 변화(그린란드 빙하 코어 최고 지점). 그림 4.9에 나타난 $\delta^{18}O$의 양은 샘플에서 ^{18}O과 ^{16}O의 차이다. 기록된 추이가 그림 4.9와 비슷하다. 상세 기록은 지난 8000년에 걸친 최고 지점에 관한 기록에 나타난다. 빙하 코어 $\delta^{18}O$에서 1000분의 5의 변화는 약 섭씨 7도 변화에 해당한다.

하기와 간빙기 사이에 극지방 빙상의 증가와 감소는 평균적으로 수천 년이 걸린다. 그러나 그림 4.9와 4.11에 나온 빙하 코어 기록은 상대적으로 급속한 오르내림을 보인다. 그린란드 빙하 코어는 남극보다 더 상세한 증거를 제공한다. 이는 그린란드 빙모 정상에 눈이 쌓이는 속도가 남극 시추 장소보다 빠르기 때문이다. 과거의 특정 시기에 그린란드 빙하 코어의 기록은 더 길고, 짧은 시기 동안 세밀한 변화를 보인다. 자료에 따르면 과거와 비교했을 때 지난 8000년은 대단히 안정적인 시대였다. 보스토크와 그린란드의 기록에서 볼 수 있듯(그림 4.11) 홀로세(Holocene: 1만 년 전~현재)에서 가장 길었던 안정적인 이 시기는 지난 42만 년에 걸쳐 독특한 기후 특징을 보였다. 이는 문명의 발달에 시사하는 바가 크다고 제시되었다.[7] 모델 시뮬레이션(5장 참조)은 홀로세 동안 장기간의 변화가 지구 궤도 변화의 영향과도 일치함을 보여준다(그림 4.10). 북반구 일부 빙하는 1만 1000~5000년 전에 녹기 시작해 후기에는 오늘날보다 더 작아졌다. 과거 몇천 년 동안 일어난 지구 궤도의 변화로 감소한 일사량이 빙하의 증가로 이어졌던 것과는 달리 현재의 융빙(glacier retreat)은 자연적인 원인에서 비롯되지 않았다.

약 2만 년 전 마지막 최대 빙하기의 회복기 동안의 온도 변화율을 살펴보고, 그것을 최근 온도 변화율과 대조해보는 것 또한 흥미롭다. 데이터를 살펴보면 그린란드는 2만~1만 년 사이에 100년마다 평균 약 섭씨 0.2도의 비율로 따뜻해졌고, 다른 지역은 속도가 더 느렸다. 20세기에 들어서 상승한 약 섭씨 0.6도의 온도 상승과 비교해보라. 또한 21세기의 인간 활동으로 인해 100년마다 몇 도씩 더 상승한다고 가정해보자(6장 참조).

마지막 빙하기(the last glacial)에 급속히 따뜻해졌다가 추워지는 단스가드-외슈거 순환(Dansgaard-Oeschger event)이 일어났다는 사실을 빙하 코어 자료로 확인할 수 있다(그림 4.11 참조). 그린란드 빙모 내부의 빙하 코어 자료를 대조하면 10만 년 전 각 지역의 상세 데이터를 추적할 수 있다. 남극의 자료와 비교하면 그린란드의 온도 변동(섭씨 16도)이 남극보다 크다는 사실을 알 수 있다. 북대서양 심해 퇴적물 중심부에서도 비슷하게 비교적 급속한 변동이 확인된다.

기후 역사에서 특별히 흥미로운 시기는 영거 드리아스기〔the Younger Dryas event: 북극담자리꽃나무(*Dryas octopetala*)가 확산되었던 때〕로 1만 2000~1만 700년 전, 약 1500년 동안 지속되었다. 이 시기가 시작되기 전 6000년 동안 지구는 마지막 빙하기가 끝나고 따뜻해지고 있었다. 그러나 고대 기후의 여러 자료에서도 확인되었듯이, 영거 드리아스기의 기후는 마지막 빙하기의 끝처럼 기온이 뚝 떨어져 점점 추워졌다(그림 4.12). 빙하 코어 자료에 따르면 이 시기가 끝날 무렵, 1만 700년 전 북극에서는 50여 년에 걸쳐 약 섭씨 7도 상승했고, 이는 폭풍우 감소(빙하 코어에서 급격한 먼지량 감소) 및 약 50퍼센트의 강수량 증가와 관련이 있다.

과거에 이렇게 급격한 변동이 발생한 주요 원인이 제시되어왔다. 빙하기 여건에 적용할 수 있는 한 가지 이유는 그린란드와 캐나다 동부에 걸친 빙상이 형성되는 과정에서 발생한 몇 차례의 균열이다. 이때 많은

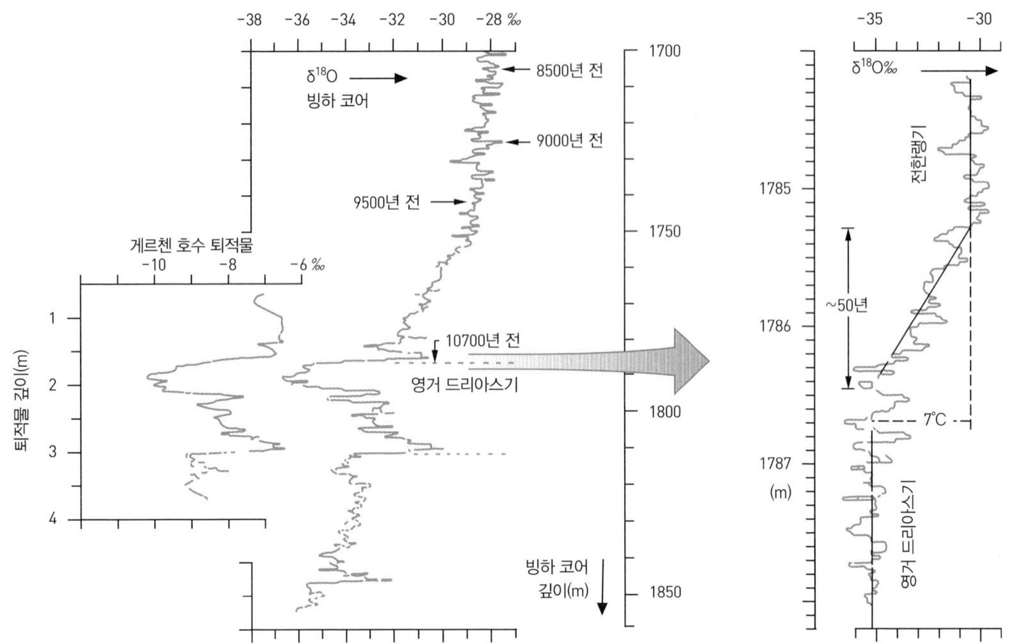

그림 4.12 약 1만 700년 전 그린란드 빙하 코어 'Dye 3(영거 드리아스기)'와 스위스 게르첸(Gerzen) 호수 퇴적물의 산소 동위원소 $\delta^{18}O$의 변화 기록. 빙하 코어의 연대는 표면 아래로 쌓인 연간 층을 세어 계산했고 호수 퇴적물 연대는 ^{14}C 방법을 사용했다. 빙하 코어에서 $\delta^{18}O$의 1000분의 5 변화는 약 섭씨 7도의 온도 변화에 해당한다.

빙산 조각이 북대서양으로 흩어졌는데, 이를 하인리히(Heinrich) 시기라고 부른다. 그리고 또 다른 원인을 예로 들어보자. 북대서양의 해양 순환은 빙하가 녹아 담수가 되면서 큰 영향을 받아왔다. 현재 이 지역 해양 순환은 주로 깊은 바다로 가라앉는 차가운 염수의 영향을 받는다. 염분 때문에 물이 진해지는데, 이러한 과정은 지구 전체 심해 순환의 중요한 특징인 '컨베이어 벨트(conveyor belt)'의 한 부분이다(그림 5.19). 빙하가 녹으면서 생긴 거대한 양의 담수는 해양의 염분을 낮추며, 해수가 가라앉는 것을 막는다. 이로써 대서양 전체 순환을 바꿀 수 있다.

융빙과 해양 순환의 관계는 영거 드리아스기에 대한 월레스 브뢰커(Wallace Broecker) 교수의 설명 중 핵심 부분이다.[8] 북아메리카의 거대 빙상이 마지막 빙하기 후기에 녹기 시작하면서 녹은 물은 미시시피를 통과해 멕시코만으로 유출되었다. 마침내 빙하가 녹으면서 세인트로

렌스(St. Lawrence)강에 길이 열렸다. 브뢰커 교수는 북대서양으로의 담수 유입은 바닷물의 염분을 낮추었고 바다의 '컨베이어 벨트'라고 부르는 심해 순환의 형성을 차단하는 결과를 초래했다고 추정한다.[9] 따뜻한 물은 더 이상 북쪽으로 흐르지 않고 반대로 더 한랭한 여건으로 바뀌었다. 대서양 '컨베이어 벨트'를 형성하는 과정이 뒤바뀌면서 급격한 온난화가 대두될 수 있었다.

영거 드리아스기에 대한 의견은 여전히 분분하지만 심해 순환에 관한 브뢰커 교수의 주장을 뒷받침하는 해양 퇴적물 등의 증거가 존재한다. 이러한 고대 자료에서도 확인할 수 있듯이 과거의 심해와 해양 순환이 형성되면서 여러 지역에 거대한 변화가 발생했다. 3장에서는 온실가스 농도 증가로 일어난 지구 온난화가 초래할 변화의 잠재성에 대해 논의했다. 미래 기후 변화의 가능성을 예측하며 우리는 과거에 발생했던 급격한 기후 변화 현상도 고려해야 할 것이다.

내용 정리

- 온도, 대기 구성 성분, 그린란드와 남극 빙하 코어의 해수면, 해양 및 육지 퇴적물 등의 기록은 수백만 년 전 과거 기후에 대한 상당한 정보를 준다.
- 현재 대기 중 이산화탄소 및 메탄 농도와 증가율은 50만 년 전 또는 그 이전 고대 기후의 기록을 보아도 전례가 없다.
- 1960년 이래 20세기 후반은 지난 1300년 동안 북반구에서 가장 따뜻한 기후를 보였을 것이다.
- 1만 8000년 전 마지막 빙하기의 온난화 속도(섭씨 4~7도)는 20세기 온난화 속도와 비교해서 열 배 느렸을 것이다.

- 100만 년 전 빙하기의 주요 메커니즘은 극지방에서 태양 복사량의 분포, 지구 궤도의 변수(밀란코비치 순환)다. 온실가스 증가는 양의 피드백으로 복사 강제력을 더했다. 궤도의 변화는 이미 인식되었고 다음 빙하기는 적어도 3만 년 이후에나 출현할 것이다.
- 마지막 간빙기(13만~12만 3000년 전) 초반, 지구 궤도의 변화로 일어난 여름 태양 복사량의 급격한 증가는 극지방에 오늘날보다 섭씨 3~5도 온도 상승을 초래했다. 또한 빙하가 녹으면서 해수면이 현재보다 4~6미터 상승했다.
- 빙하 코어와 다른 자료의 기록으로 보아 지난 10만 년 동안 발생했던 급격한 현상은 거대한 빙하 조각이 바다로 유입되어 생긴 다량의 담수로 인한 것이다. 이는 결국 해양 순환에 대규모의 변화를 가져왔다.

1~4장에서는 지구 온난화의 기초과학, 온실가스의 근원, 과거 기후에 대한 정보를 살펴보았고 이제 우리는 컴퓨터 기후 모델을 통해 기후 변화에 관한 미래 전망을 하고자 한다.

생각해볼 문제

1. 마지막 빙하기 후기의 해수면이 오늘날보다 120미터 낮았다고 가정했을 때 미국 및 유라시아 대륙 북부를 덮었던 빙상의 얼음양을 추정해보라.
2. 1번 문제에서 추정한 얼음을 녹이려면 어느 정도의 에너지가 필요할까? 이 에너지양을 1만 8000~6000년 사이 북위 60도의 여름철 햇빛양과 비교하라. 자신의 답변은 밀란코비치 이론을 지지하는가?
3. 지구의 화석연료 매장량이 다음 빙하기까지 보존되어야 그 영향을 조금이라도 미룰 수 있다는 주장도 가끔 나온다. 온실효과와 대기 및 해양에서 이산화탄소의 작용을 미루어 보아, 매장된 화석연료(11장 참조)를 연소할 때 다음 빙하기의 도래에 어떤 영향을 미칠지 생각해보자.

주

1. IPCC WGI 2013, p. 16 of Summary Fronting 1500pp.
2. Crowley, T. J. 2000. Causes of climate change over the past 1000 years, *Science*, 289, 270-7.

3. Raymo, M. E., Huybers, P. 2008. *Nature*, 451, 284-5.
4. IPCC WGI 2013, Chapter 6, pp. 480-4.
5. James Hansen, Bjerknes Lecture at American Geophysical Union, 17 December 2008, at www.columbia.edu/njeh1/2008/AGUBjerknes_2008/217.pdf.
6. Berger, A., Loutre, M. F. 2002. *Science*, 297, 1287-8. IPCC WGI 2013, Chapter 5, p. 387.
7. Petit, J. R. et al. 1999. *Nature*, 399, 429-36.
8. Broecker, W. S., Denton, G. H. 1990. What drives glacial cycles? *Scientific American*, 262, 43-50.
9. 자세한 내용은 이 책의 5장 그림 5.19 참조.

참고문헌

Hansen, J. et al. 2007. Climate change and trace gases. *Philosophical Transactions of the Royal Society A*, 365, 1925-54. Summarises influence of greenhouse gases on palaeocilmates of different epochs.

IPCC WGI 2013. *Climate Change 2013: The Physical Science Basis. Contribution of Working Group I to the Fifth Assessment Report of the Intergovernmental Panel on Climate Change* [Stocker, T. F., Qin, D., Plattner, G. -K., Tignor, M., Allen, S. K., Boschung, J., Nauels, A., Xia, Y., Bex, V. and Midgley, P. M. (eds.)]. Cambridge: Cambridge University Press.

Technical summary (summarises basic information about greenhouse gases and observations of the present and past climates).

Chapter 2 Observations: atmosphere and surface (surface and atmospheric climate change).

Chapter 3 Observations: oceans (oceanic climate change and sea level).

Chapter 4 Observations: cryosphere (changes in snow, ice and frozen ground).

Chapter 5 Information from palaeoclimate archives.

기후 모델링 05

미국의 평원에 나타난 슈퍼셀(Supercell) 폭풍.

2장에서는 단순한 복사평형에 초점을 맞추어 온실가스에 대해 살펴보았다. 온실가스의 증가에 따른 지표면의 평균 온도 상승을 추정했다. 기후 변화는 모든 지역에서 동일하게 발생하지는 않을 것이다. 기후 체계는 생각보다 훨씬 복잡하다. 기후 변화를 전망하려면 컴퓨터를 이용한 치밀한 측정이 필요하다. 수치가 워낙 커서 빠르고 거대한 컴퓨터가 요구될 것이다. 그렇지만 측정을 위한 컴퓨터 설치 전에 먼저 기후 모델을 구축해야 한다. 기상예보에 사용되는 날씨 모델은 컴퓨터 수치 모델로 설명하기 위해 사용될 것이다. 이 모델에 기후 체계의 모든 요소를 포함시켜 정교한 조사가 진행되어야 한다.

날씨 모델링

영국의 수학자 루이스 프라이 리처드슨(Lewis Fry Richardson, 1881~1953)은 최초의 날씨 수치 모델을 만들었다. 그는 제1차 세계대전이 일어났을 때 프랑스에서 여가 시간을 이용해(그는 퀘이커 교도였다) 병원 부대(Friends' Ambulance Unit)에서 일하면서 처음으로 수치화된 기상예보를 실행했다. 리처드슨은 계산자로 힘들게 방정식을 풀어 6시간 예보를 산출했다. 6개월이 걸렸지만 그렇게 좋은 결과는 얻지 못했다. 1922년, 어느 책[1]에 묘사된 것처럼 그가 사용한 기본 방식은 옳았다. 실제 일기예보에 그의 방식을 적용하려고, 리처드슨은 관객으로 가득 찬 콘서트홀을 상상했다. 각 개인이 부분적으로 계산을 하고, 수치화된 모델을 통합해 날씨를 예상하는 것이다. 사실 리처드슨은 그가 살았던 시대보다 수십 년 앞서 있었다. 40년 뒤에야 리처드슨의 방식을 활용해 전자 컴퓨터로 첫 일기예보를 실행할 수 있었다. 최초의 예보(그림 5.1)에 사용되었던 것보다 1조 배는 더 빠른 컴퓨터로 수치화된 모델을 돌리는데 이는 모든 일기예보의 기초가 된다.

루이스 리처드슨.

날씨와 기후의 수치화된 모델은 대기, 해양, 빙하, 육지에서 발생하는 운동이나 과정의 물리와 역학을 나타내는 기본적인 수학 방정식에 근거한다. 이 모델은 경험적 자료를 일부 포함하지만 사회과학 같은 다른 분야의 수치 모델과는 달리 경험적 관계에 많은 부분을 의존하지는 않는다.

일기예보를 목적으로 대기 모델을 구축하려고 하

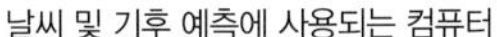

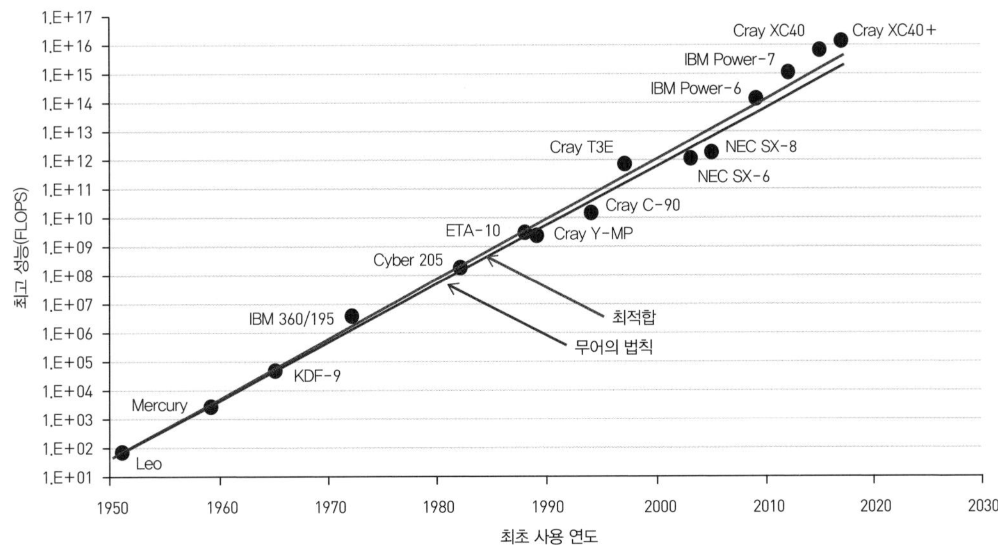

그림 5.1 주요 일기예보 센터에서 이용된 컴퓨터 성능의 향상. 이 컴퓨터들은 1965년부터 현재에 이르기까지 미국 기상청에서 수치화된 날씨 예측 자료로 사용했으며 최근에는 기후 예측 자료로도 활용되었다. 또한 연구 개발 자료로 쓰였다. 리처드슨이 상상했던 컴퓨터는 아마도 500FLOPS(floating point operations per second) 정도의 성능을 보유했을 것이다. 전 세계 국가에서 활용되는 수많은 컴퓨터는 부분적으로 날씨 및 기후 모델링에 사용된다. 직선은 5년 단위로 0.1퍼센트의 성능 증가율을 나타낸다.

면(그림 5.2) 태양 에너지가 대기로 들어와 지표면과 구름에 반사되는 정도와 나머지 일부가 대기 중에 흡수되는 과정을 수학적으로 표시해야 한다(그림 2.7). 대기와 지표면 사이에 오고 가는 에너지 및 수증기 교환 또한 나타내야 한다.

수증기는 안에 잠재적인 열을 보유하며(응결할 때 열을 발산한다) 수증기의 응결로 구름이 형성되기 때문에 중요한 역할을 한다. 구름이 형성되면 유입되는 태양 에너지와 더불어 대기 중 활동이 크게 달라진다. 에너지 유입량의 변동은 대기 중의 온도 구조와 밀도를 변화시킨다(따뜻해진 기체는 확장되어 밀도가 낮다). 바람과 공기의 흐름처럼 대기 중 운동을 이끄는 요소는 바로 밀도의 변화다. 이로써 다시 대기 중 구

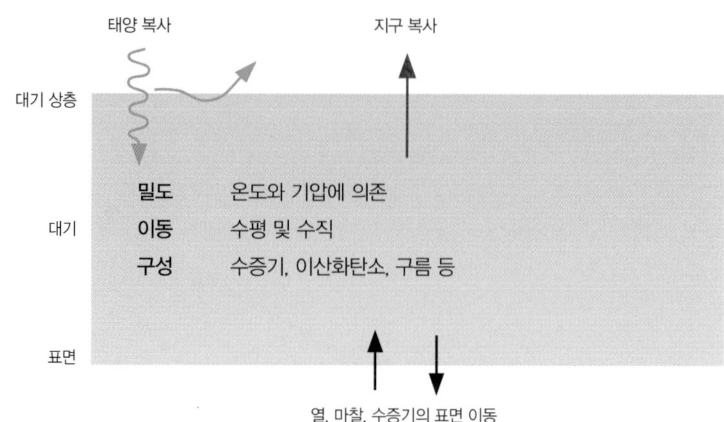

그림 5.2 대기 모델과 관련된 변수 및 물리작용.

성과 밀도에 영향을 미친다. 수치화된 대기 모델을 구축하는 과정은 125쪽 상자를 참고하자.

날씨를 예측하려면 미리 전 지구에 걸친 며칠간의 모델을 설정해야 한다. 예를 들면 오늘날 남반구 순환은 며칠 동안 북반구 날씨에 영향을 미치며 그 반대도 마찬가지다. 전 세계 예상 모델에서 역학과 물리를 나타내는 변수(기압, 온도, 습도, 속도 등)가 점 그리드로 표시되었다(그림 5.3). 최신 모델에서 수평선 사이의 거리는 보통 50킬로미터 이하, 수직선상으로는 50층 또는 그 이상일 것이다. 거리의 정확성은 컴퓨터의 성능에 따라 제한된다.

지금을 기준으로 날씨를 예측하려면 대기의 현재 상태를 시작으로

그림 5.3 수평 해상도(현재 고해상도와 그보다 해상도가 더 높은 지구 모델). 87.5km×87.5km 해상도의 유럽 지형도(a)와 30.0km×30.0km 해상도의 유럽 지형도(b).

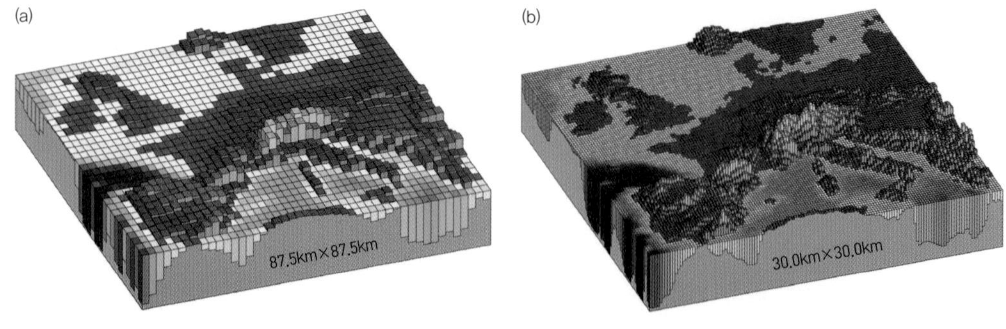

수치화된 대기 모델 구축

수치화된 대기 모델이란 적절한 컴퓨터와 필요한 근사치를 보유해 대기의 구성 성분과 작용의 기본 역학 및 물리학을 묘사한 것이다.[2] 물리적 과정이 알고리즘(단계적 계산)과 기본 변수(수학 공식에 포함된 값)로 표시될 때 그 과정이 변수화되었다고 말할 수 있다.
역학 방정식은 다음과 같다.

- 수평 운동량 방정식(horizontal momentum equations: 뉴턴의 제2운동 법칙): 공기의 수평 가속도는 수평 기압 경도력과 마찰에 의해 균형을 이룬다. 지구가 돌기 때문에 코리올리(Coriolis) 가속도를 포함한다. 모델에서 '마찰'은 주로 그리드 간격보다 작은 운동에서 파생되는데 이는 매개 변수화되어야 한다.[3]
- 정역학 방정식(Hydrostatic equation): 특정 지점의 기압은 그 지점 위 대기의 질량에 의해 주어진다. 수직 가속도는 무시된다.
- 연속 방정식(continuity equation): 이는 질량 보존의 법칙을 보장한다.

이 모델의 물리학은 아래 영역을 포함한다.

- 상태 방정식(equation of state): 이는 기압의 양, 부피, 온도를 연결시킨다.
- 열역학 방정식(thermodynamic equation): 에너지 보존의 법칙.
- 수분 과정의 매개 변수화(증발, 응결, 구름 형성과 분산).
- 태양 복사의 흡수, 방출, 반사 변수화 및 에어로졸의 복사 강제력(2장 참조).
- 대류 과정의 매개 변수화.
- 운동량 교환(또한 마찰)의 변수화, 지표면에서 열과 수증기의 매개 변수화.

대부분의 모델은 미분 방정식을 사용한다. 이는 시간과 장소에 따라 기압과 풍속이 변화하는 양을 표시하는 것이다. 주어진 시간의 풍속과 변화율을 파악한다면 미래의 수치를 계산할 수 있다. 이러한 절차의 지속적인 반복을 적분(Integration)이라고 부른다. 적분 방정식은 미래의 새로운 값을 계산하는 방식으로, 모델의 예측 능력을 보여준다.

한다. 6일 혹은 그 전에 미리 대기 중 순환과 구조를 파악하기 위해 방정식을 시간으로 적분한다(위 상자 참조). 대기의 현재 상태를 묘사하려면 폭넓은 자료(그림 5.4 참조)를 동시에 활용해 모델에 반영해야 한다.

일기예보에 사용되는 컴퓨터 모델이 처음 도입된 이래로 기술은 초창기에 참여한 이들이 상상했던 것 이상으로 진보를 이루었다. 모

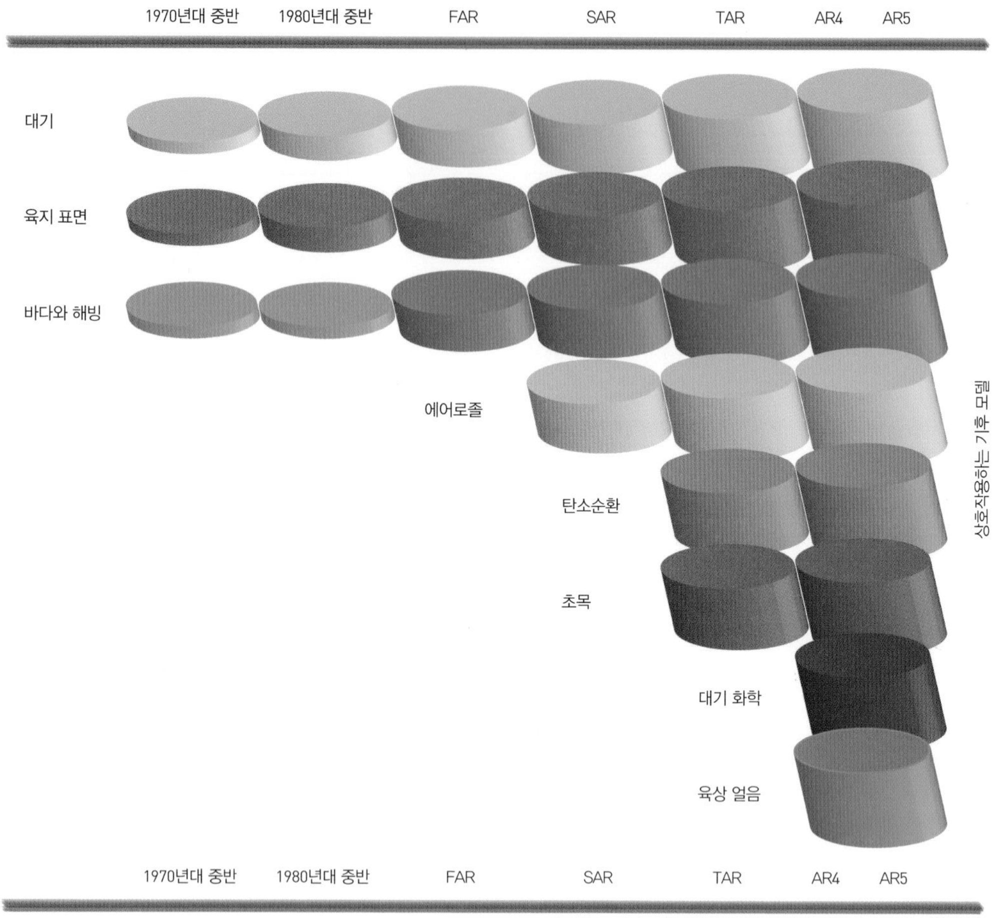

1970년대 중반 1980년대 중반 FAR SAR TAR AR4 AR5

대기

육지 표면

바다와 해빙

에어로졸

탄소순환

초목

대기 화학

육상 얼음

상호작용하는 기후 모델

1970년대 중반 1980년대 중반 FAR SAR TAR AR4 AR5

그림 5.4 1970년대 초기 모델 이후 변수의 범위는 상당히 확대되었다(1970년대 중반 모델, 1980년대 중반 모델, IPCC 1차 평가 보고서 FAR 1990, IPCC 2차 평가 보고서 SAR 1996, IPCC 3차 평가 보고서 TAR 2001, IPCC 4차 평가 보고서 AR4 2007, IPCC 5차 평가 보고서 AR5 2013).

델 구축 기술이 발전하면서 자료의 정확성 및 범위(127쪽 상자 참조), 모델의 해상도(점 그리드 사이 거리), 결과 도출 방법까지 향상되었다. 예를 들어 영국제도의 경우, 오늘날 지상 기압(surface pressure)에 대한 사흘의 예보는 그림 5.6에서 보듯이 10년 전 이틀의 예보만큼 정교해졌다.

일기예보의 향상된 측면을 보더라도 이렇게 발전이 지속될지 그리고 예측에 한계는 없는지 여전히 의문이 남는다. 대기 상태와 순환에

모델 초기화 자료

전 세계 주요 기상예보 센터는 수많은 자료를 모으고 모델에 적용한다. 이 과정을 초기화라고 한다. 그림 5.5는 2008년 5월 20일, 0000 세계시(Universal Time, UT)에 시작한 예보 자료다. 전 세계 자료를 적절한 시간 안에 모으고자 커뮤니케이션 전담 네트워크가 설치되었다. 모든 자료를 적용할 때 질과 정확성을 고려해야 한다.

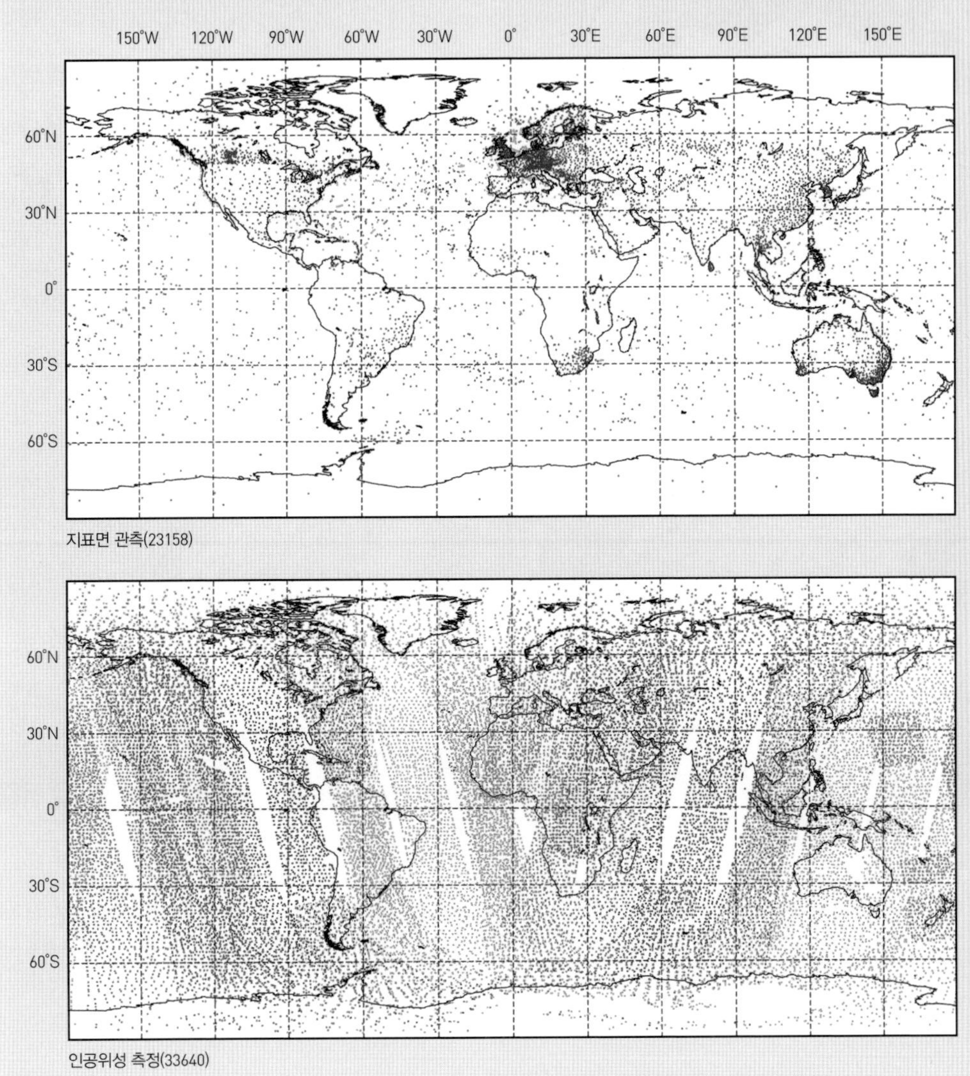

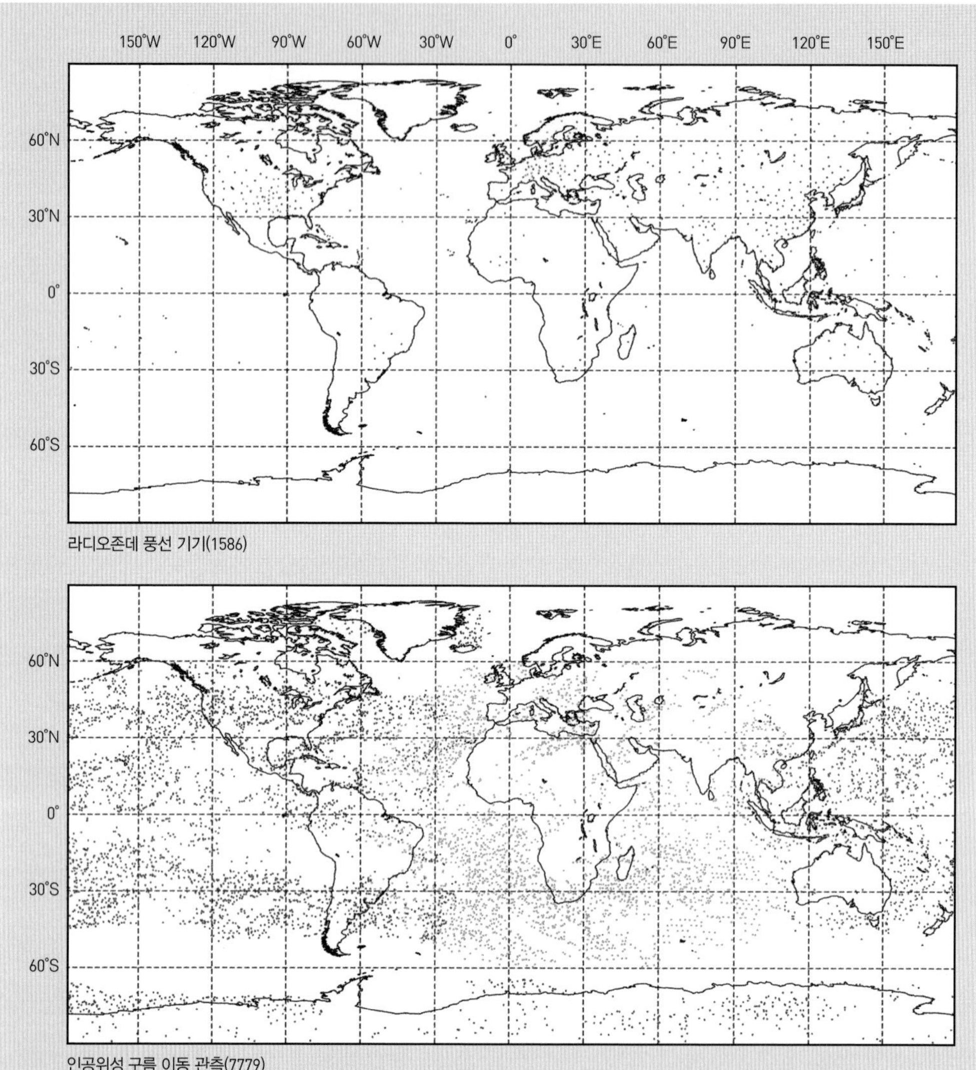

인공위성 구름 이동 관측(7779)

그림 5.5 영국 기상청에서 평상시 전 세계 일기예보 모델에 적용하는 자료 중 일부다. 지표면 관측(Surface observation)은 육지 관측소에서 얻은 자료. 라디오존데(Radiosonde) 풍선 기기로 고도 30킬로미터까지 한 관측과 해상 관측소에서 얻은 자료다. 인공위성 측정(Satellite sounding)은 적외선 및 마이크로웨이브에서 추출한 다양한 대기층의 온도와 습도 자료다. 인공위성 구름 이동 관측(Satellite cloud-track wind)은 정지궤도 위성(geostationary satellite)의 이미지로 구름의 이동을 관찰했다. 각 유형의 관측 횟수는 괄호 안에 표시했다.

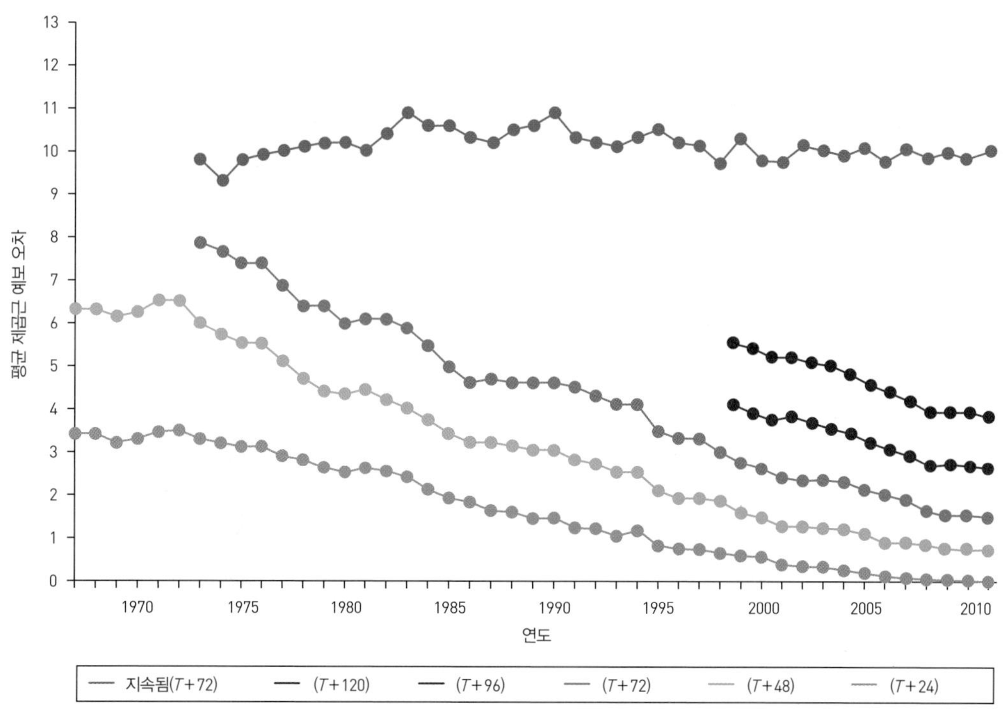

그림 5.6 북대서양과 서유럽에 관한 영국 기상청의 예보 모델 오차(1966년 이후 24시간 기록: 파랑, 48시간: 초록, 72시간: 빨강, 96시간: 보라, 120시간: 갈색, 변화가 없는 경우: 연보라). (1hPa=1mbar)

대해 완벽히 관측하더라도 대기는 부분적으로 혼돈 상태이기 때문에 미래를 상세히 예측하는 데는 여전히 한계가 있을 것이다. 그림 5.7에서와 같이 현재 일기예보 기술은 완벽한 모델과 근사치 자료를 보유한 영국제도 예보 기술 한계의 최적 수치와 비교된다(다른 중위도 지방에서 비슷한 결과가 나올 것이다). 추정치에 따르면 미래 기상예보의 한계는 약 20일이다.

기상예보 기술은 날씨 상황이나 패턴에 따라 상당한 차이를 보인다. 다시 말해 어떤 경우에는 훨씬 더 '혼란스럽다'. 한 가지 방안으로 **앙상블** 예보(ensemble forecast)를 고려할 수 있는데, 앙상블 예보란 초기 상태에 관측 및 분석 오류 범위 내의 작은 변화 값을 더해서 여러 초기 상태 값을 조합하는 것이다. 이는 개별적인 예보보다 훨씬 더 향

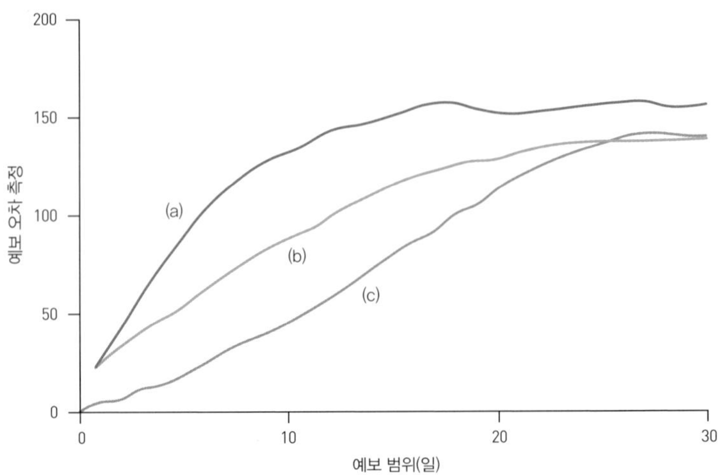

그림 5.7 더 좋은 자료를 확보하면 예보 기술이 향상될 것으로 기대된다. 세로축은 모델 예보의 오차를 표시했다. (a) 1990년 영국 기상청 예보 범위에 대한 오차, (b) 동일한 초기 자료로 더 완성도 높은 모델 활용 시 얼마나 오차를 줄일 수 있는지 보여줌, (c) 거의 완벽한 자료 확보 시, 향상 기대치를 추정했다. 오랜 시간이 지난 뒤에는 모든 곡선이 포화 값에 이른다.

상된 점을 보여준다. 게다가 앙상블 내 분산이 적은 경우가 그렇지 않은 경우보다 상대적으로 일기예보 능력이 앞선다(그림 5.9).[4]

계절적 기상예보

지금까지 단기 기상예보에 대해 살펴보았다. 그렇다면 더 먼 미래의 날씨는 어떨까? 물론 먼 미래의 날씨를 상세히 예측할 수는 없겠지만 여러 달 뒤의 평균 날씨를 예측하는 것이 가능할까? 대기 활동에 미치는 해수면 온도 분포의 영향 때문에 일부 지역의 날씨 예측은 가능하다. 계절적 기상예보는 상세 지식이 요구되는 대기의 초기 상태와 연관이 없다. 오히려 지표면의 상태와 변화를 가늠해야 할 것이다.

열대지방의 대기는 특히 해수면 온도에 민감하다. 대기에 유입되는 열의 가장 큰 원천은 해양 수증기 증발과 이후 대기 중 응결이며, 이로써 잠재 열을 방출한다는 점을 감안한다면 별로 놀라운 일도 아니

날씨 예보와 카오스

카오스(Chaos)이론은 1960년대 이후로 전자 컴퓨터의 성능 향상과 더불어 급속도로 발전했다(기상학자인 에드워드 로렌즈(Edward Lorenz)가 최초로 제안했다). 이러한 측면에서 카오스[5]란 기술적 의미를 지닌다(용어 설명 참조). 카오스는 어떤 작용이 최초의 상태에 따라 아주 민감하게 반응하기 때문에 정확한 미래 예측이 불가능하다는 것이다. 꽤 간단한 체계라도 어떤 상황에서는 카오스 상태를 보일 수 있다. 단순한 진자의 움직임은 특정 상황 아래 '혼돈(chaotic)' 상태일 수 있다(그림 5.8). 미미한 동요에도 매우 민감하기 때문에 장래의 움직임을 예측할 수 없을 정도다.

혼돈 상태란 움직임의 체계를 통제하는 질량 사이의 관계가 비선형이라는 점이다. 즉 그림으로 관계를 표시하면 직선이 아닌 곡선을 띤다.[6] 대기 안 상호작용이 비선형이기에 혼돈 상태를 보인다. 그림 5.7에서 보듯이 최초 상태의 자료가 향상된다면 예측 가능성에도 긍정적으로 작용한다. 그렇지만 아무리 완벽한 최초 상태의 자료라도 대기 자체가 혼돈 상태이기 때문에 예측 가능한 일수는 6일에서 20일 정도로 늘어날 뿐이다.

단순한 진자의 경우, 모든 상황에서 혼돈 상태인 것은 아니다(그림 5.8). 대기만큼 복잡한 체계 안에 비교적 예측 가능한 경우가 존재한다. 최초 상태의 자료에 매우 민감한 사례는 바로 1999년 12월에 북프랑스를 강타한 폭풍 로타르(Lothar)다. 로타르는 나무 수백 만 그루를 쓰러뜨렸고 50억 유로의 경제적 손실을 남겼다. 그림 5.9는 ECMWF에서 실행한 앙상블 예보를 보여준다. 이 예보는 폭풍이 지나가기 최초 42시간 전 상태의 추이를 기록한 것이다.[7] 가장 믿을 만한 결정론적 예보(deterministic forecast)는 지상 기압에서 약한 기압골(trough)만을 예측하는데 보통 다수의 앙상블 예보도 이를 뒷받침한다. 그런데 소수의 앙상블 예보에서 프랑스에 걸쳐 지나간 격렬한 소용돌이를 볼 수 있다. 이로써 정밀한 결정론적 예보가 하지 못한 극단적인 날씨의 위험을 예측했던 앙상블 예보의 가치를 엿볼 수 있다. 더욱 향상된 결정론적 예보의 최신형 모델도 이 폭풍을 예측하지 못했다는 점이 흥미롭다.

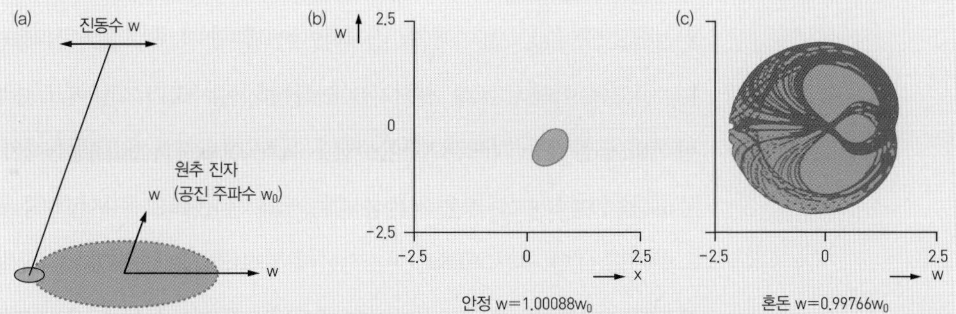

그림 5.8 (a) 진자의 공진 주파수 f_0 근처에서 선형 진동의 움직임을 보이며 끝에 추가 있는 길이 10센티미터의 단순 진자. (b)와 (c)는 수평면에서 추의 움직임을 보여준다(단위: cm). (b) f_0 이상의 진동 수의 경우 추는 단순하고 규칙적인 움직임을 보인다. (c) f_0 이하의 진동 수의 경우, 추는 '혼돈' 상태의 움직임을 보인다.

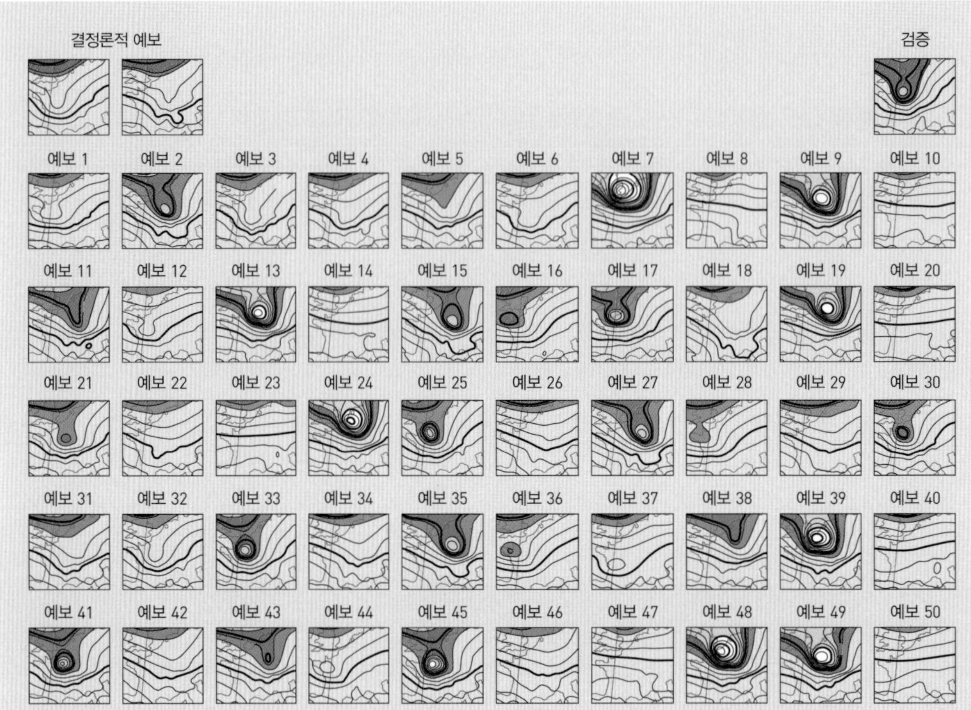

그림 5.9 1999년 12월 26일, 폭풍 로타르가 북프랑스를 지나가기 최초 42시간 전 ECMWF가 실행한 51개의 앙상블 예보에서 얻어낸 지상 기압의 등치선. 왼쪽 상단은 초기 상태에서 최적의 추정치로 폭풍우를 예보하지 못했다. 한편 일부 앙상블은 폭풍우의 위험을 암시하는 강력한 소용돌이를 보여준다.

다. 온도에 비례해 포화 수증기압도 급속히 증가하기 때문에 해수면에서의 증발과 대기에 유입되는 열은 특히 열대지방에서 많다(대기가 포화 상태가 되기 전 고온에서 다량의 물이 증발한다).

대기와 해양 순환 사이의 상호작용이 두드러지는 사례로 엘니뇨 남방 진동[8]을 꼽을 수 있다. 이는 남아메리카와 인도네시아 사이 지상 기압의 시소(seesaw) 현상으로, 19세기 후반에 처음 밝혀졌다(134쪽 상자 참조). 열대 태평양 동부에서 발생한 엘니뇨 시기 동안 해양 온도에

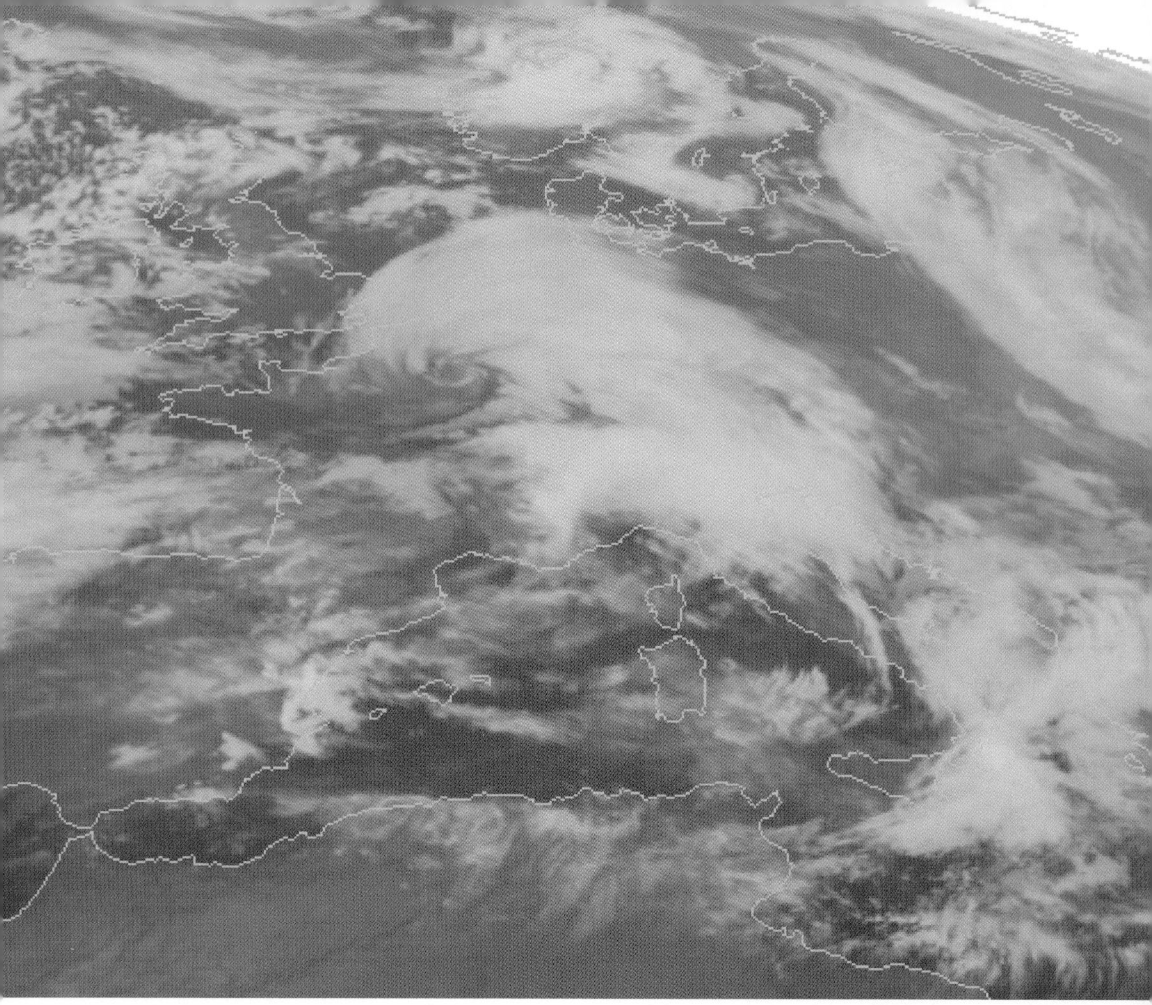

1999년 크리스마스 무렵, 폭풍 로타르가 프랑스, 스위스, 독일을 지나갔고 100여 명이 사망했다(그림 5.9 참조).

거대한 변동이 나타난 것이다.

이렇게 모든 열대지방과 중위도 지방의 해양 순환 및 강우량의 이상 또는 약간의 변동은 엘니뇨 현상과 관련이 있다(그림 5.11). 위에 언급한 대기 모델의 바람직한 실험은 해수면 온도와 엘니뇨 현상을 연계해 이상기후 시뮬레이션을 수행할 수 있는지 살펴보는 것이다. 그동안 수많은 대기 모델로 실험을 했고 열대 및 아열대지방을 중심으로 한 기후 변동성 시뮬레이션은 상당히 정교해졌다.

해양의 큰 열용량 때문에 해수면 이상 온도는 몇 개월 지속된다. 날씨와 해수면 온도 변화 사이에 깊은 연관이 있는 지역의 경우, 몇 주

엘니뇨 단순 모델

남아메리카 해안 근처의 태평양에서는 3~5년마다 따뜻한 물 구역이 넓게 형성되면서 1년 또는 그 이상 지속되는 경우가 있다. 이러한 현상은 보통 크리스마스 무렵에 발생하는데, 엘니뇨(El Niño: 남자아이를 뜻한다)라고 알려져 있다. 엘니뇨 현상은 일반적으로 열대 및 아열대 지역에 홍수나 가뭄을 초래하며 수면이 데워지면서 해저 심층의 영양분을 가로막기 때문에 어업에도 막대한 피해를 준다.

엘니뇨는 해양 순환과 대기 사이에 발생하는 강력한 커플링(coupling) 현상을 증명한다. 대기 순환에 의한 바람은 해양 표면의 순환을 일으키는 주요 인자다. 게다가 해양에서 수증기 형태로 대기에 유입된 열은 대기 순환에 큰 영향을 미친다.

바다에 확산되는 다양한 파도 움직임의 영향을 보여주는 엘니뇨 현상의 단순 모델이 그림 5.10에 나와 있다. 이 모델에서 로스비(Rossby)라고 알려진 파도는 적도 부근의 따뜻해진 해수면에서 서쪽을 향해 번져간다.

이 파도는 해양의 서쪽 경계에 이르면서 다시 다른 방향의 파도로 돌아오며 동쪽으로 이동한다. 이 켈빈(Kelvin) 파도는 따뜻해진 해류를 차게 바꾼다. 전체 엘니뇨 현상에서 반 주기(half-cycle)에 걸리는 시간은 파도가 해양에서 퍼지는 속도에 달려 있는데 보통 2년 걸린다. 본질적으로 해양 역학(ocean dynamics)에 의해 움직이며 대기의 변화 역시 해수면 온도 변동에 따라 달라진다. 아래의 단순 모델에서도 알 수 있듯이 엘니뇨 현상의 일부는 예측 가능하다. 엘니뇨 현상의 강도와 인간이 초래한 기후 변화로 인한 지구 온난화 사이에 연관성이 있는지 의문이 제기되고 있다.

그림 5.10 엘니뇨 진동.

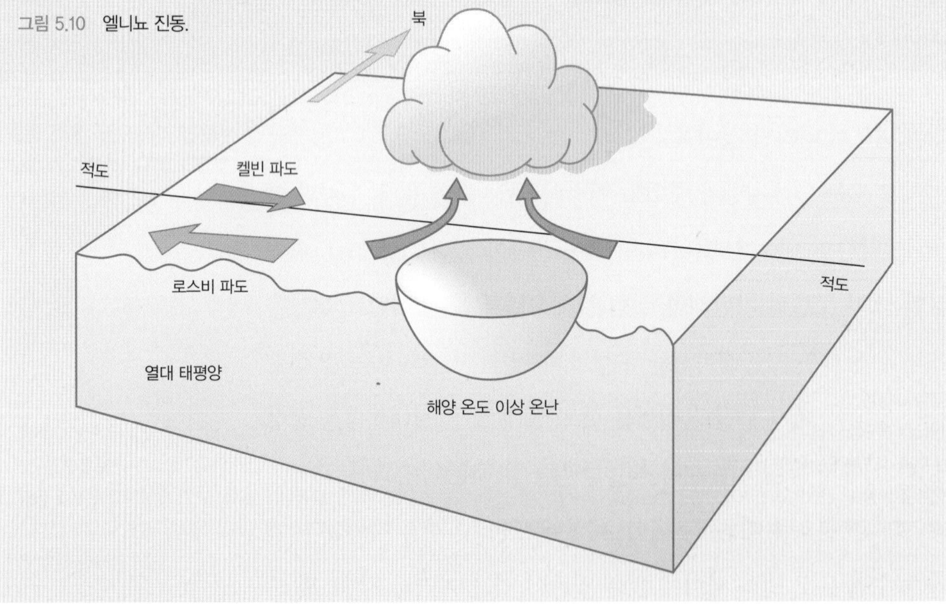

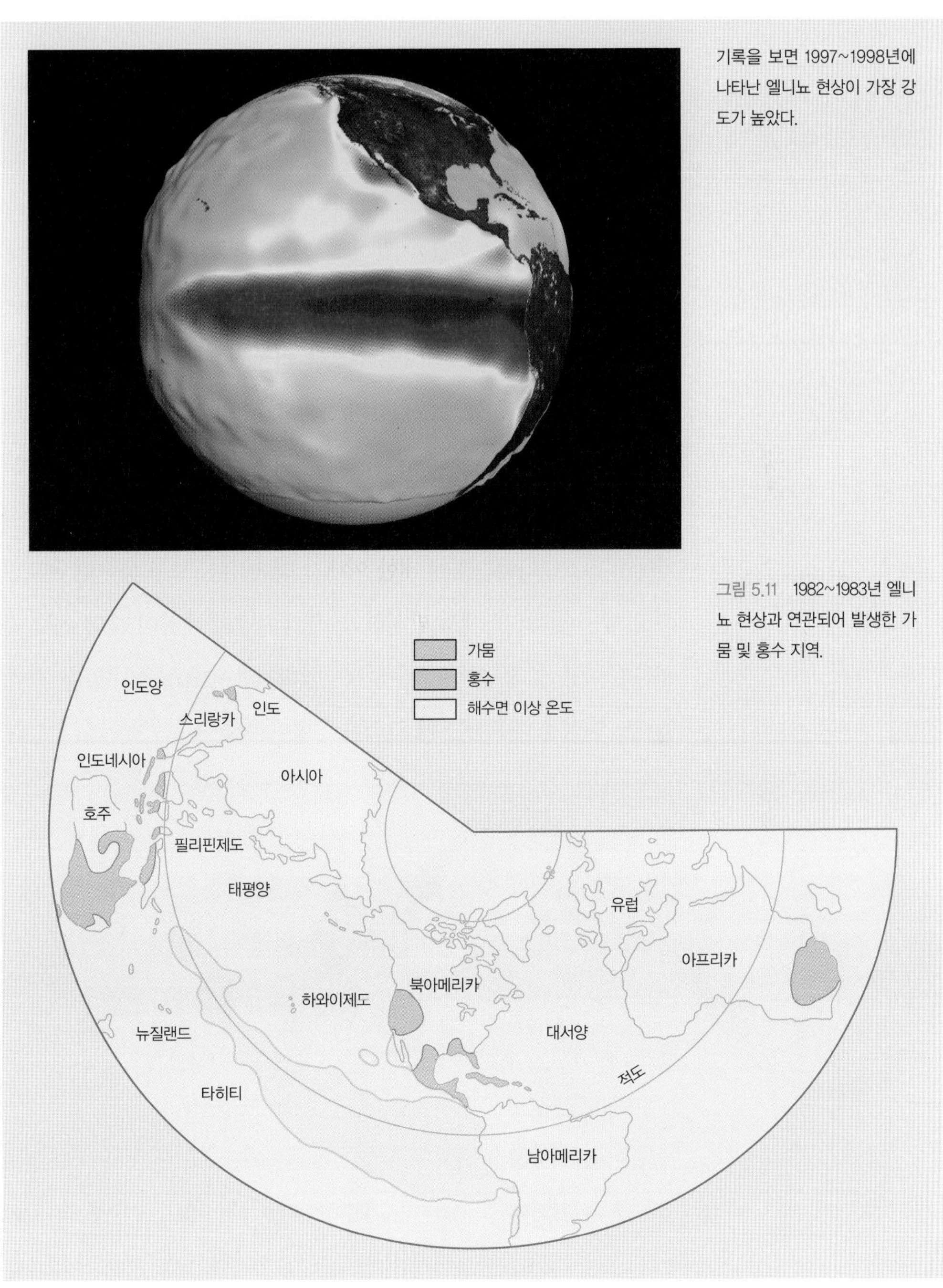

기록을 보면 1997~1998년에 나타난 엘니뇨 현상이 가장 강도가 높았다.

그림 5.11 1982~1983년 엘니뇨 현상과 연관되어 발생한 가뭄 및 홍수 지역.

특히 강도 높은 엘니뇨 현상이 1982~1983년(135쪽 그림 5.11 참조), 1997~1998년(사진 참조)에 발생했다. 기록을 보면 후자가 더욱 강도 높았고, 극심한 가뭄을 초래했다. 이는 아시아 지역 수천 제곱킬로미터의 우림, 농장, 산림 전용, 관목지를 태워버린 산불로 이어졌다. 위의 사진은 해수면 상승의 변동에 해수면 온도 변화를 겹쳐놓은 것인데 태평양을 가로질러 동쪽으로 따뜻한 물이 형성되면서 남아메리카로 흐르는 것을 볼 수 있다.

또는 몇 개월 앞서 기상 예측이 가능하다. 이러한 계절적 기상예보는 그동안 강우량이 적은 지역 중심으로 이루어졌다. 브라질 북동부나 아프리카 사하라 이남처럼 인간의 생존이 미미한 강우량에 달려 있는 지역이 이에 속한다(138쪽 상자 참조). 계절적 기상예보는 해수면 온도 변화를 예측하는 능력에 달려 있다. 따라서 해양 순환과 대기 순환이 어떻게 상호작용하는지에 대한 이해가 필요하다. 보통 해수면 온도의 큰 변화는 열대지방에서 발생하고, 열대지방의 해양이 좀더 예측 가능하기 때문에 해수면 온도 예측은 열대지방에 초점을 두었다. 특히 엘니뇨 현상을 예측하는 데 그러한 경향이 강했다.

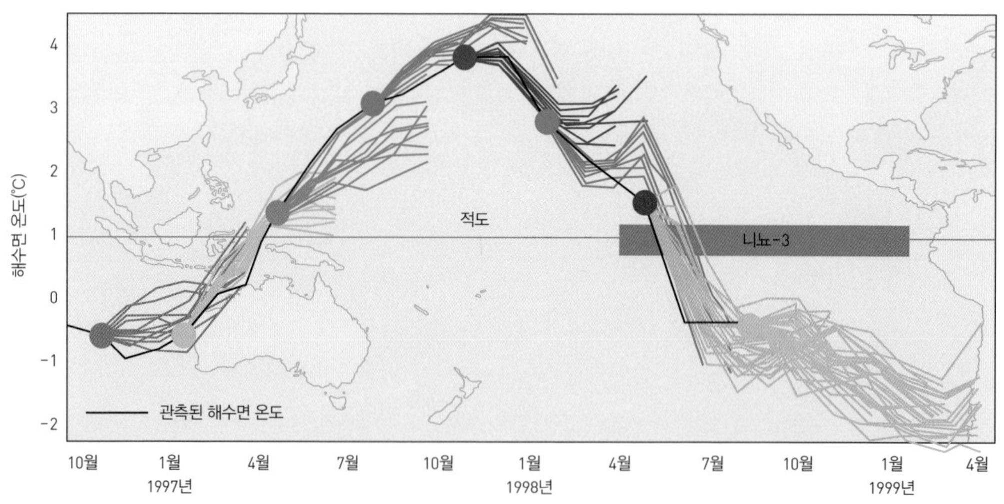

그림 5.12 1997~1998년 엘니뇨 현상이 나타난 기간에 걸친 다양한 시작 시간대의 해수면 온도 예보. 동일한 색의 여러 선은 앙상블 기록을 나타낸다. 배경에 표시한 것은 '니뇨-3(Niño-3)'의 위치다.

이 장의 후반부에서 대기 모델과 해양 모델의 커플링 작용이 논의될 것이다. 태평양에서 대기와 해양을 상세히 관측해 이 두 모델을 동시에 활용하면서 엘니뇨 현상을 수개월에서 1년까지도 예측하는 기술이 가능해졌다(그림 5.12, 7장 참조).

기후 체계

지금까지 기후 모델링의 과학과 기술을 설명하기 위해 며칠 또는 몇 개월, 계절에 걸쳐 상세히 날씨를 예측하는 일에 대해 언급했다. 좀더 정교한 기후 모델에 관한 과학적 확신은 매일의 날씨 관련 과정을 기술하고 예측하는 능력에서 비롯된다.

기후는 수년에서 더 오랜 시기까지 연관이 있다. 특정 시기의 기후는 날씨 구성 요소(온도 및 강우량)의 평균과 이 요소들의 통계적 변동을 다룬다. 화석연료 연소 같은 인간 활동의 영향을 고려하려면 수십 년에서 수백 년에 걸친 기후 변화를 예측해야만 한다.

우리는 대기 아래 살기 때문에 기후를 묘사하기 위해 가장 일반적으로 사용하는 변수는 주로 대기와 관련되어 있다. 그러나 기후는 대기만으로 설명할 수 없다. 대기는 해양과 아주 긴밀히 상호작용하며 이들은 다시 지표면과 상호작용한다. 빙하로 덮인 지대(cryosphere), 초목, 육지와 해양의 생물권(biosphere)과도 강한 상호작용이 일어난다. 대기, 해양, 육지, 빙하, 생물권 이 다섯 요소는 기후 체계(climate system)를 구성한다(그림 5.13).

아프리카 사헬 지대 기상예보

아프리카 사헬(Sahel)은 사하라사막 남쪽 끝을 따라서 약 500킬로미터 폭의 지대를 형성한다. 이 지대는 북반구의 여름(7~9월) 동안 내리는 대부분의 비를 흡수한다. 1960년대 이래로 이 지대의 강우량은 감소했다. 특히 1970년대에서 1980년대까지 현저한 가뭄이 찾아와 지역 경제에 엄청난 피해를 주었다(그림 5.14). 사헬 지역 강우량의 변화는 해수면 온도(sea surface temperature, SST)의 변동과 연관이 있다. 그래서 1980년대 이후로 해수면 온도는 이 지역 계절 강우량을 예측하는 토대가 되었다.[9] 기후 모델의 등장으로 기상예보 기술은 상당히 향상되었다(그림 5.14). 현재는 기상예보가 해수면 온도 모델 예측의 정확성에 따라 (몇 년까지는 아니지만 몇 개월에 앞서) 제한되기도 한다.[10] 이러한 예측은 지역 강우량에 영향을 주는 토지 및 지표면 초목의 특성 변화를 포함함으로써 득이 될 수 있다.[11]

그림 5.13 기후 체계 도식화.

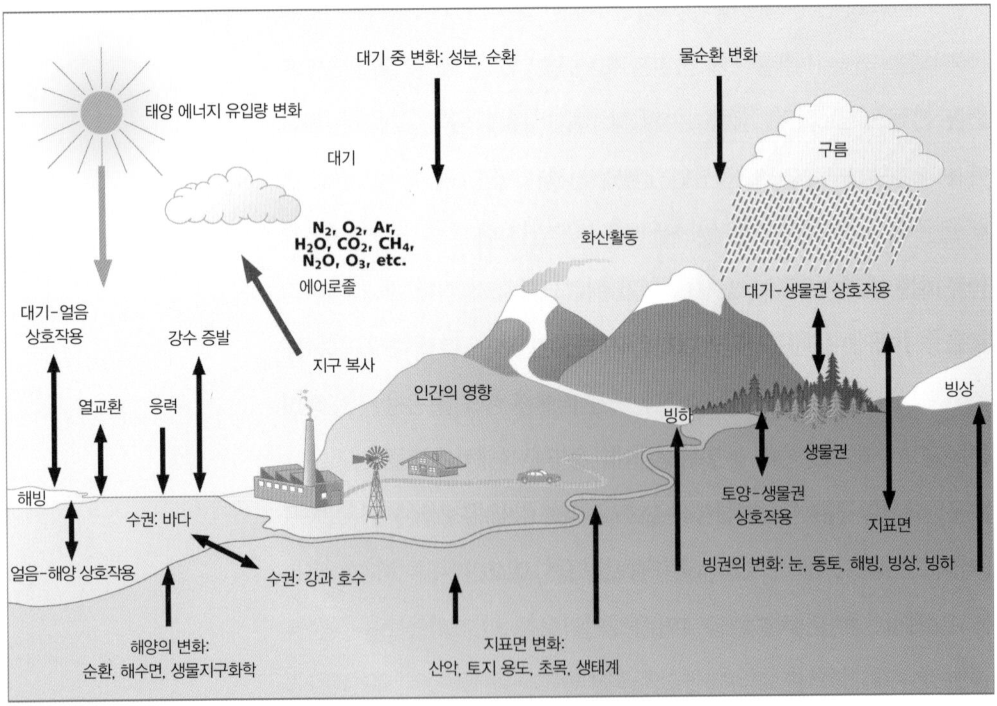

대기 중 변화: 성분, 순환
물순환 변화
태양 에너지 유입량 변화
대기
구름
N_2, O_2, Ar, H_2O, CO_2, CH_4, N_2O, O_3, etc.
에어로졸
화산활동
대기-생물권 상호작용
대기-얼음 상호작용
강수 증발
지구 복사
인간의 영향
빙상
열교환
응력
빙하
생물권
해빙
수권: 바다
토양-생물권 상호작용
지표면
얼음-해양 상호작용
수권: 강과 호수
빙권의 변화: 눈, 동토, 해빙, 빙상, 빙하
해양의 변화: 순환, 해수면, 생물지구화학
지표면 변화: 산악, 토지 용도, 초목, 생태계

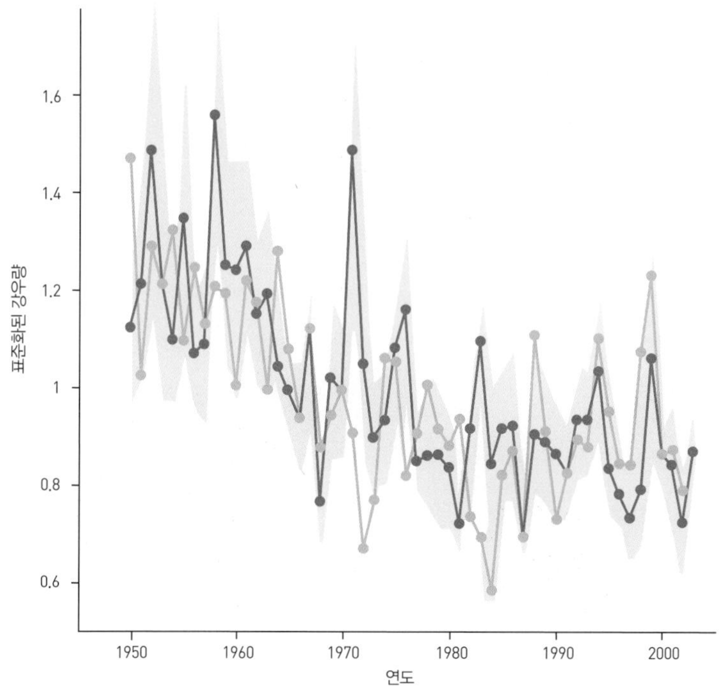

그림 5.14 매년 7~9월에 아프리카 사헬 지대에서 관측한 강우량(주황). 기후 모델 10개의 시뮬레이션의 앙상블 평균과 비교했다(GFDL-CM2.0). 관측된 해수면 온도는 빨간색으로 나타냈다. 모델과 관측 자료는 1950~2000년에 걸친 단위 평균으로 표준화되었다. 핑크색 부분은 앙상블 간 변동성의 표준편차 ±1을 표시한 것이다.

기후 체계의 피드백 작용[12]

2장에서는 대기 중 이산화탄소 농도 증가에 따른 지구 평균 온도 상승을 다루었다. 상승 폭은 섭씨 1.2도 정도이며 **온도 피드백**(temperature feedback)에서 비롯된다. 그러나 온도 상승은 다른 피드백(양·음)과도 연관 있기 때문에 실제 지구 평균 온도 상승 폭은 약 두 배인 섭씨 3도에 달할 수 있다. 이제 이러한 중요 피드백에 대한 부분을 살펴보자.

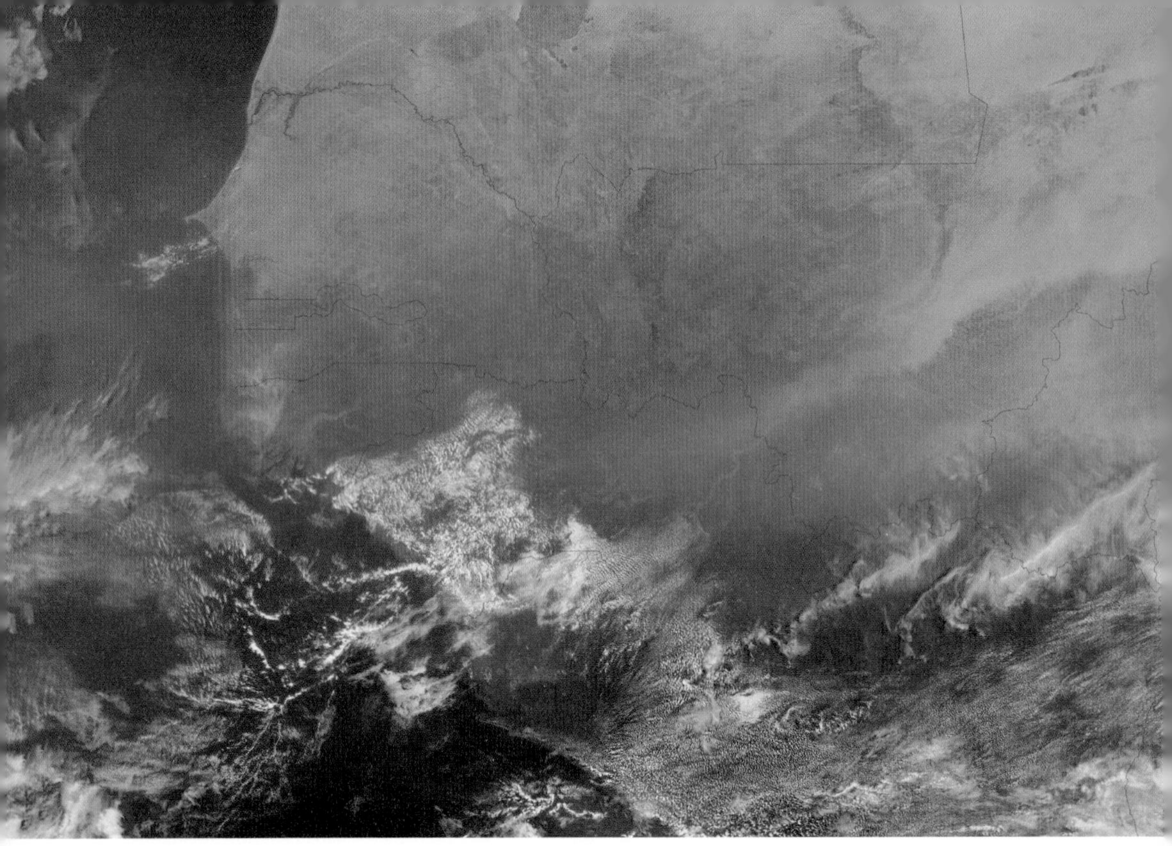

2006년 6월 6일 말리에서 생성된 사하라 모래 폭풍이 아프리카의 서해안을 강타했다. 모래 폭풍으로 일부 가려졌지만 사하라의 모래가 남쪽 초목 지대로 몰아치면서 주변 상태가 확연히 달라진다는 점을 볼 수 있다. 사헬 지대는 사막화, 기후 변화로 인한 토지 황폐화, 사막화를 초래하는 인간의 활동에 특히 취약하다.

수증기 피드백

수증기는 가장 중요한 피드백이다.[13] 대기가 따뜻해지면 바다나 축축한 지표면에서 물의 증발이 더 많이 발생한다. 따라서 평균적으로 대기가 따뜻해질수록 수분이 많아지며 수증기량도 증가한다. 수증기는 큰 온실효과를 지니기 때문에, 잠재적인 수증기 피드백에 관해 면밀히 검토해왔다. 일반적으로 양의 피드백은 고정된 수증기량에서 발생할 수 있는 지구 평균 온도를 두 배 정도 높일 것으로 추정된다.[14]

구름 복사 피드백

이 피드백은 여러 과정이 동시에 작용해 더 복잡하다. 구름은 두 가지 면에서 대기 중 태양 복사의 이동을 방해한다(그림 5.15). 첫째, 구름은 태양 복사량 일부를 우주로 방출해 전체 에너지양을 감소시킨다. 둘째, 구름은 온실가스와 비슷한 방식으로 지표면에서 방출하는 열복사를 흡수해 담요 효과를 낸다. 즉 열복사를 흡수하거나 자체적으로 방출해 우주로 나가는 열 손실량을 줄인다.

특정 구름의 성질을 결정하는 요소는 구름의 온도(높이)와 광학 특성(태양 복사 반사율과 열복사와의 상호작용을 결정하는 성질)에 달려 있다. 후자는 구름이 물로 구성되었는지 아니면 얼음으로 이루어졌는지에 따라

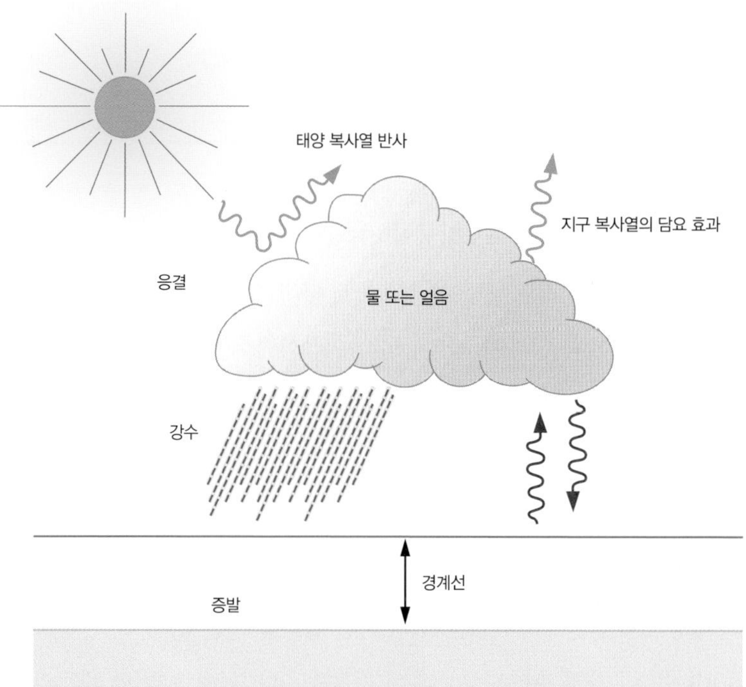

그림 5.15 구름과 연관된 물리작용.

표 5.1 온실가스 및 구름의 변화에 관한 다양한 추측 아래 추정한 지구 평균 온도 변화.

온실가스	구름	현재 지구 평균 온도(섭씨 15도)의 변화 값
현재와 동일	현재와 동일	0
없음	현재와 동일	-32
없음	없음	-21
현재와 동일	없음	4
현재와 동일	현재와 동일하지만 3퍼센트 높은 구름	0.3
현재와 동일	현재와 동일하지만 3퍼센트 낮은 구름	-1.0
현재보다 CO_2 농도 두 배 증가	현재와 동일(추가 구름 피드백 없음)	1.2
CO_2 농도 두 배 증가 양의 피드백의 최적 추정 값	구름 피드백 포함	3

다르며 액체 및 고체 함량(두께), 구름 입자의 평균 크기에 좌우된다. 낮은 구름의 경우 반사 효과가 커서 지구-대기 시스템을 식히는 경향이 있다. 반대로 높은 구름은 담요 효과가 커서 지구-대기 시스템을 데운다. 이처럼 구름의 피드백은 양 또는 음의 피드백으로 나타날 수 있다(143쪽 상자 참조).

기후 모델의 결과에서 보았듯이 기후는 구름의 양, 즉 운량이나 구성의 변화에 아주 민감하다. 표 5.1은 운량의 작은 변화가 기후에 미치는 가상의 영향을 보여주는데 이는 이산화탄소 농도 두 배 증가로 인한 기후 변화와 비교할 만하다.

해양 순환 피드백

바다는 지구의 기후를 결정하는 중대한 역할을 한다. 그러므로 인간의 활동으로 인한 기후 변화에도 커다란 영향을 미친다.

바다는 네 가지 측면에서 기후에 영향을 준다. 첫째, 대기와 해양의 긴밀한 상호작용이다. 즉 밀접한 커플링 시스템을 보유했다. 앞서 살펴보았듯이 바다에서의 증발은 대기 중 수증기의 주요 원천이며 수증기는 구름에 응결된 잠재 열을 통해 대기의 가장 큰 열원이 된다. 대기는 다시 해양 순환의 주요 동력으로 바람의 응력(wind stress)을 동원해 해수면에 영향을 미친다.

둘째, 바다는 대기에 견주어 큰 열용량을 갖고 있다. 다시 말해 바다 온도를 조금이라도 높이려면 엄청난 양의 열이 필요하다. 이에 비해 대기 전체의 열용량은 물 깊이 3미터도 되지 않는다. 지구가 뜨거워지는 가운데 해양은 대기보다 훨씬 느리게 데워진다. 해양이 대기 중 이상 온도를 내리려는 경향이 있는데 이는 해양의 영향을 보여준다. 예를 들어 낮 동안 온도 변화의 폭은 내륙보다 해안가 지대가 훨씬 적다. 따라서 바다는 대기의 변화 속도에 지대한 영향을 미칠 수 있다.

셋째, 바다는 내부 순환을 통해 기후 체계에 열을 재분배한다. 바다

구름 복사 강제력

앞서 설명한 구름의 두 가지 영향을 구분할 때 도움이 되는 개념은 구름의 복사 강제력(cloud radiative forcing, CRF)이다. 구름 위 대기 상층에서 나가는 복사량을 떼어 놓고 이를 R0이라고 부르자. 나머지 부분은 그대로 유지하고 구름만 제거했을 때 나가는 복사량을 R′라고 하자. R과 R′의 차이가 바로 구름의 복사 강제력이다. R′−R의 양의 값은 구름으로 인한 지구−대기 시스템의 냉각을 의미한다. 일반적으로 반대 개념인 태양 복사량과 열복사량을 따로 구분할 수 있다. 보통 각각 50, 100Wm^{-2}다. 평균적으로 구름은 지구−대기 시스템을 다소 냉각시키는 경향이 있다.

인공위성으로 관측한 그림 5.16a는 전 세계에 걸친 CRF의 다양한 수치(양 또는 음)를 나타낸다. 대기 복사 수지의 장파와 단파 요소를 따로 조사하는 게 유익하다(그림 5.16b). 구름의 양과 유형에 따라 다양하다. 모델 시뮬레이션은 이러한 전체적인 변동 추이를 수집할 수 있다. 변화하는 추이를 적절하면서도 정확하게 시뮬레이션하는 것이 관건이다(생각해볼 문제 8번 참조). 이러한 관측 자료를 세밀하게 파악해야만 구름 피드백에 대한 정확한 이해를 도모할 수 있다.

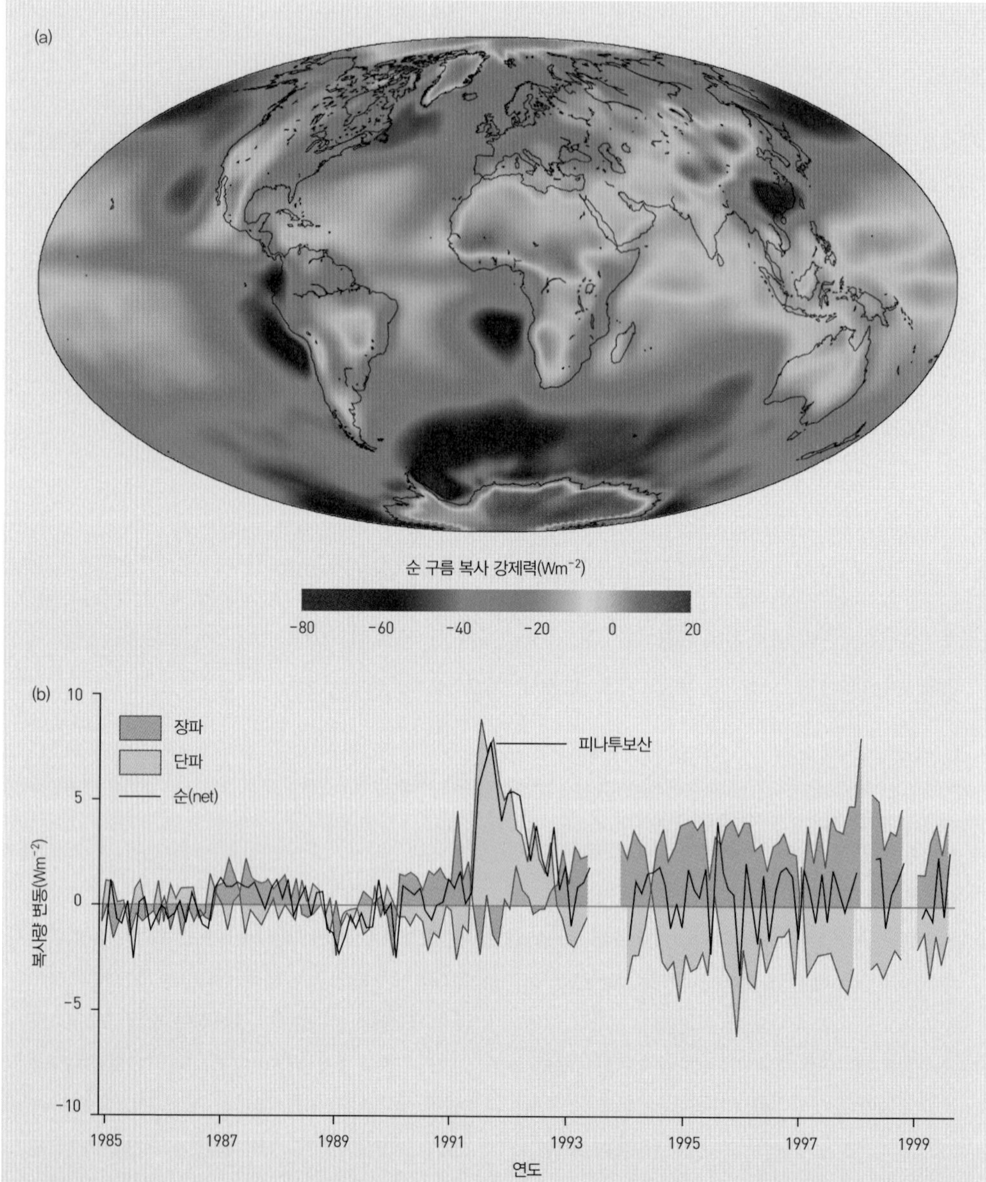

그림 5.16 (a) NASA 테라(Terra) 인공위성의 세레스(CERES) 기구에서 관측된(2000년 3월~2001년 2월) 연평균 순 구름 복사 강제력, (b) 1985~1999년 평균 편차로서 열대(20°N~20°S) 대기 상층에서 관측된 장파(핑크, 빨강), 단파(주황), 순 복사량 비교는 ERBS 인공위성의 ERBE 기구와 TRMM 인공위성의 세레스 기구에서 얻은 자료다. 피나투보 화산의 폭발 영향을 참고하라.

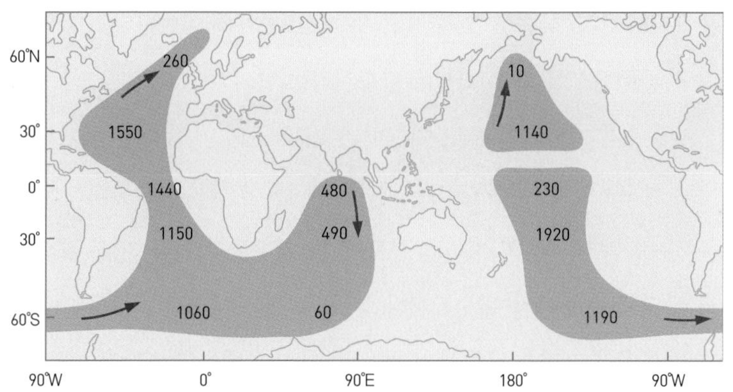

그림 5.17 해양에 의한 열의 이동(단위: 테라와트). 북대서양에서 이동한 일부 열과 해양 사이의 관계는 태평양에서 비롯된다는 점을 눈여겨보자.

에 의해 적도에서 극지방까지 이동하는 열의 총량은 대기에 의해 이동하는 총량과 비슷하다. 그러나 열 이동의 지역적 분포는 아주 다르다(그림 5.17). 바다에 의한 열의 지역적 이동에 작은 변화가 생기면 기후 변화에 큰 파장이 일어난다. 예를 들면 북대서양이 이동시킨 열은 1000테라와트가 넘는다(1테라와트는 10^{12}와트). 이 양이 얼마나 큰지 가늠하려면 보통 대형 발전소가 약 10억 와트(10^9와트)의 열을 내며 전 세계 상업 에너지의 열 총량은 약 12테라와트임을 살펴보면 될 것이다. 유럽 북서부와 아이슬란드 사이 북대서양 지역을 보면 해양 순환에 의해 이동된 열의 양은 태양 복사로부터 해양 표면에 도달하는 양과 비슷하다(그림 5.17). 그러므로 기후 변화, 특히 지역적 차이에 관한 정밀한 시뮬레이션은 해양 구조와 역학을 포함해야 한다.

얼음 알베도 피드백

얼음이나 눈 표면은 태양 복사열을 잘 반사한다(알베도란 태양 복사열의 반사도를 측정한 것이다). 지표면이 따뜻해지며 일부 얼음이 녹으면서 얼음이나 눈에 의해 반사되어 우주로 방출되었던 태양 복사량이 다시 흡수되며 온도 상승을 초래한다. 두 배로 증가한 이산화탄소로 인해 지구 평균 온도를 약 20퍼센트 상승시키는 양의 피드백이다.

지금까지 기본적인 온도 피드백과 더불어 네 가지 다른 피드백에 대해 살펴보았다. 이 모든 피드백은 기후를 결정하는 데 중대한 역할을 하며, 특히 기후의 지역적 분포에 큰 영향을 미친다. 기후 모델에서 이에 대한 이해는 필수적이다. 지구 모델은 지역적 변화를 인정하고 비선형적 과정을 포함하기 때문에 이 피드백들의 영향을 다 보여준다(그림 5.18). 사실 기후 모델은 잠재적 역량을 갖춘 유일한 도구인 셈이다. 다음으로 기후 예측 모델(climate prediction models)을 살펴보도록 하자.

기후 예측 모델

성공적인 기후 예측 모델을 구축하려면 위의 피드백들에 관한 정확한 기술이 필요하다. 수증기 피드백과 기후의 지역적 분포는 증발, 응결, 이류(advection: 공기의 수평 흐름으로 인한 열 이동)와 같은 세부적인 과정에 달려 있다. 그리고 높은 지표면 온도에 의한 대류 현상(소나기와 천둥의 원인)이 어떤 영향을 받느냐에 따라 달라진다. 이러한 모든 과정이 기후 예측 모델에 이미 포함되어 있다. 수증기 피드백에 관한 연구 역시 철저히 이루어졌다. 이 가운데서도 구름 복사 피드백과 해양 순환 피드백이 핵심이다. 이 두 피드백은 기후 예측 모델에 어떻게 통합되는 것인가?

모델 구축을 목적으로 구름은 두 가지 유형으로 나뉜다. 그리드보다 크게 나타나는 **층형**구름(layer cloud), 보통 그리드보다 작게 드러나는 **대류형**구름(convective cloud)이 있다. 층형구름의 도입을 위해 초기 기상예보와 기후 모델은 비교적 단순한 설계를 이용한다. 전형적인 설계는 습도가 임계 값을 초과할 때마다 모델에서 구성한 운량과 기후학적 기록에서 관측된 값이 일관성 있도록 지정된 수준의 구름을 형성한다. 최근 모델은 응결, 동결, 강수량 및 구름 형성 과정을 더 완벽히 매개변수화한다. 또한 이 모델은 구름의 특성(물방울, 얼음 결정, 물방울 수와 크기)도 고려하는데 대기 전체의 에너지 수지에 미치는 구름의 영향을 알 수 있도록 구름 복사 특성(반사도와 투과율)도 나타낸다. 가장 정교한 모델은 에어로졸이 구름 특성에 미치는 영향도 포함한다(그림 3.9). 대류형구름의 영향은 대류의 매개변수화를 위해 모델 설계에 통합된다.

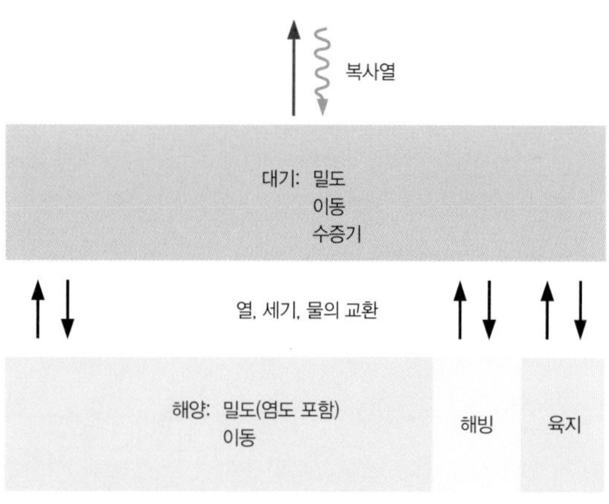

그림 5.18 대기와 해양의 상호작용 모델의 구성 요소 및 변수.

특정 기후 모델에서 평균 구름 복사 피드백의 양과 유형(양·음)은 구름 형성을 설명하기 위해 사용한 설계나 모델 구축의 여러 가지 측면에 달려 있다. 다양한 기후 모델에 따라 양이나 음의 값(148쪽 상자 참조)을 지니는 구름 복사 피드백을 보이며 상당한 지역적 변이를 나타낸다. 예를 들면 모델에 따라 하층운의 양도 다른데 온실가스 증가와 더불어 하층운의 양이 증가하는 모델도 있고, 감소하는 것도 있다. 최근 들어 관측과 기후 모델을 통한 구름 측정에서 커다란 진보를 이뤘지만 구름 복사 피드백과 관련한 불확실성은 여전하다. 이는 **기후 민감도**(climate sensitivity)나 이산화탄소 농도 배가로 인한 지구 평균 온도

기후 피드백 비교

기후 피드백은 대류권 상층에 들어오는 복사량의 주어진 변화(ΔQ)에서 온도 변화 관련(ΔT_S) 기후 **민감도**에 영향을 미친다(복사 강제력[15]으로 알려져 있다). ΔQ와 ΔT_S는 피드백 변수 f로 관계를 맺는다.

$$\Delta Q = f \Delta T_S$$

온도 외에 다른 변화가 없다면(그림 2.8 참조), f는 단지 기본 온도 피드백 변수 f_0=3.2Wm^{-2}K^{-1}다(예를 들면 대류권 상층에서 복사량의 변화는 지표면의 섭씨 1도 변화를 초래한다).

그러나 피드백으로 이어지는 다른 변화를 보았듯이 총 피드백 변수 f는 모든 피드백을 더하도록 허용한다.

$$f = f_0 + f_1 + f_2 + f_3 + \cdots$$

f_1, f_2, f_3는 수증기, 구름, 얼음 알베도 피드백 등을 나타내는 피드백 변수다.

기본 온도 피드백 f_0와 견주어, 총 피드백 변수 f와 발생하는 온도 변화 ΔT_S의 a 증폭은 다음과 같다.

$$a = f_0 / f$$

다양한 기후 모델의 주요 피드백을 위한 피드백 변수 측정[16]은 다음과 같다.

수증기(체감률 피드백 포함, 주 13 참조) −1.2±0.5
구름 0.6±0.7
얼음 알베도 −0.3±0.3
총 피드백 변수(f_0와 위의 셋 합계[17]) −1.1±0.5

위의 총 피드백 변수와 더불어 증폭 인수는 약 2.9이며, 두 배 증가한 이산화탄소의 기후 민감도는 약 섭씨 3도를 넘어선다.

변화에서 불확실성이 아주 큰 주요 원인이기도 하다(6장 참조).

중요한 피드백 가운데 하나는 해양 순환으로 인한 것이다. 기상예보에 이용하는 지구 대기 모델과 비교해 기후 모델의 가장 중요한 부분은 해양의 영향이다. 초창기 기후 모델은 해양을 대략적으로 포함했다. 이 초창기 모델은 지구 표면의 계절적 가열 및 냉각에 반응하는 해양 '혼합층'의 깊이인 수심 50~100미터의 단순한 평면층(slab)을 나타냈다. 해류로 인한 열의 이동에 따라 어느 정도 조정도 가능해야 했다. 이산화탄소 증가 같은 변동이 있는 모델을 사용할 때, 열 이동의 변화를 허용할 여지가 없었기 때문에 심각한 한계를 갖고 있었다.

해양의 영향을 정확히 기술하기 위해서는 해양 순환과 대기 순환의 상호작용을 모델화해야 한다. 그림 5.18은 이러한 모델의 구성 요소를 보여준다. 모델의 대기 부분을 위해 이용 가능한 컴퓨터로 장기 측정을 하려면, 가로 100킬로미터 정도로 그리드가 꽤 커야 한다. 그렇지 않으면 전에 언급한 기상예보의 전 세계 모델과 동일하게 된다. 모델의 해양 부분의 역학과 물리적 구성은 대기와 아주 비슷하다. 물론 수증기는 대기에만 영향을 주지만 물의 밀도에 상당한 영향을 미치는 해양의 염분은 변수로 포함되어야 한다. 해양에서 소용돌이처럼 역동적인 체계가 대기의 활동보다는 작은 규모이기에 해양의 그리드 크기는 보통 대기의 절반가량이다. 한편 해양의 변화는 더 느리기에 해양 부분에서 모델 통합은 시간 단계가 훨씬 길어질 수 있다.

해양과 대기의 접점에는 열, 물, 운동(운동의 교환은 마찰을 초래한다)의 교환이 있다. 대기에서 물의 중요성과 대기 순환에 미치는 물의 영향에 대해서는 이미 살펴보았다. 대기에서 비나 눈으로 나온 담수의 분포는 바다의 염분 분포와도 관련이 있으므로 해양 순환에 큰 영향을 준다. 이는 다시 해수 밀도(ocean density)에 작용한다. '기후' 모델이 접점에서 발생하는 물 교환의 양과 분포에 매우 민감하다는 사실은 그리 놀라운 일이 아니다.

기후 예측을 위해 모델을 사용하기 전에 안정적인 '기후'에 도달하기까지 오랜 시간 동안 실행해보아야 한다. 그 모델이 이산화탄소의 증가에 동요하지 않고 사용될 때 지금의 실제 기후에 가까워야 한

북극이나 남극의 눈 덮인 지표면은 햇빛의 70퍼센트를 반사한다. 고위도 지역은 햇빛양이 적기 때문에 극지방의 경우 지구 전체 알베도에 큰 영향을 주지 못한다. 봄에 북아메리카와 유라시아를 덮은 눈은 태양빛이 강하기 때문에 기후에 훨씬 더 큰 영향을 미친다.

다. 위에 언급된 교환 작용이 정확히 기술되지 않는다면 이는 사실이 아닐 것이다. 모델에 교환 작용을 반영하기 위해 엄청난 노력을 했다. 2000년까지 수많은 기후 모델을 실행하는 과정에서 모델의 '기후'와 실제 기후가 일치하도록 열, 물, 운동량의 변화를 인위적으로 조정하기도 했다. 그러나 무엇보다 고해상도(100킬로미터, 또는 그 이하)를 도입하면서 기후 모델의 해양 부분이 특히 향상되었다. 그래서 이러한 모델을 통해 별다른 조정 없이도 기후를 적절히 기술할 수 있게 되었다.

해양 순환에 대한 논의를 끝내기 전에 물순환(hydrological cycle)과 심해 순환(deep ocean circulation) 사이에 짚고 넘어가야 할 피드백이 있다(152쪽 상자 참조). 강우량의 변화는 해양의 염도를 바꾸며 해양 순환과 상호작용할 수 있다. 이는 특히 북대서양 지역의 기후에 영향을 미친다. 이는 과거에 발생한 일부 극단적인 기후 변화의 원인일 수도 있다(4장 참조).

가장 핵심적인 피드백은 모델의 대기와 해양 부분에 속해 있다. 둘 다 유동적이며 역동적으로 상호작용하기 때문에 대기와 해양은 가장 비중이 높은 영역이다. 모델에 이들을 통합하는 것은 상당히 힘든 작업이다. 한편 모델에 통합되어야 할 또 하나의 피드백은 얼음 알베도인데, 이는 해빙과 눈의 변동에서 비롯된다.

해빙은 겨울에 극지방의 많은 영역을 덮는다. 지표면의 바람과 해양 순환에 의해 이동하기도 한다. 얼음 알베도 피드백을 적절히 기술하려면 해빙의 증가, 붕괴, 역학이 모델에 포함되어야 한다. 매년 조금씩 변하는 육지의 얼음 역시 고정된 양의 경계 조건으로 모델에 통합되어야 한다. 기후 모델은 미미하더라도 얼음 부피의 변화가 있는지 여부를 보여줘야 한다. 빙하가 해수면에 미치는 영향을 알아내기 위해서 말이다(7장 참조, 해수면 변화의 영향을 설명한다).

지표면의 상호작용도 적절히 설명되어야 한다. 모델의 주요 특징은 지표면의 습도, 토양 수분량(증발량의 결정 요소), 알베도(태양 복사 반사율)다. 기후 모델들은 증발과 강수를 통해 토양의 수분 변화를 감지한다. 알베도는 토지의 유형, 초목, 적설량, 지표면 습도에 따라 다르다.

모델의 검증

우리는 모델링의 다양한 측면을 논의하며 기후 모델 요소의 타당성을 어떻게 입증하는지 살펴보았다.[18] 세계 여러 지역에서 일어나는 해수면 온도의 변칙과 강수량 추이의 연관성에서 봤듯이 성공적인 기

해양의 심층 순환

10년에 걸친 기후 변화를 살펴보면 해양의 상층 부분만 대기와 활발하게 상호작용한다. 그러나 더 장기적인 변화는 해양의 심층 순환에 영향을 받는다. 그래서 심층 순환의 변화는 특히 중요하다.

그림 5.22에 나타나듯 화학적 추적을 활용한 실험은 심해의 상호작용이 강력히 일어나는 지역을 구분하는 데 도움이 된다. 물이 심해로 가라앉으려면 밀도가 높아야 한다. 즉 물이 차갑고 짜야 한다. 밀도가 높은 물이 심해로 가라앉는 두 지역이 있는데, 북대서양(스칸디나비아, 그린란드, 래브라도해 사이의 그린란드해)과 남극 지방이다. 이

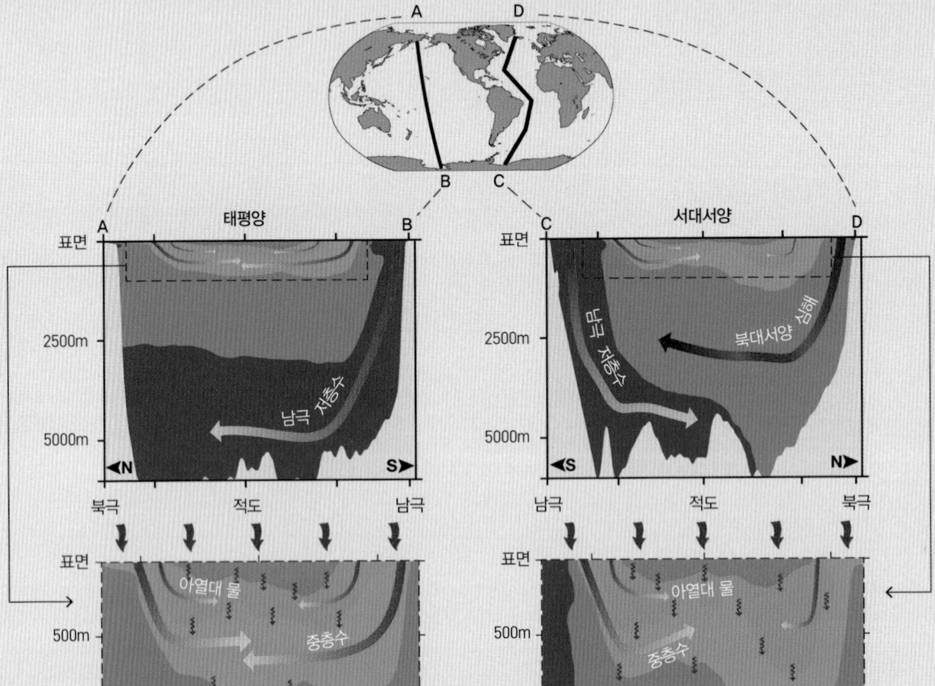

그림 5.19 해양 열흡수 경로. 차고 밀도가 높은 물이 심해로 가라앉으면 해양에 층이 형성된다. 남극 저층수(진한 파랑)는 해저를 따라 북쪽으로 이동하다가 중앙 태평양으로 퍼진다(상단 좌측). 인도양과 서대서양은 상단 우측을 참고하라. 북대서양 심해(연한 파랑)는 북대서양(상단 우측: 심해의 빨강, 파랑 화살표는 10년간의 온난화와 한랭화를 표시한다)에서 가라앉다가 남극 저층수로 남쪽을 향해 퍼진다. 비슷하게 해양 상층(하단 좌측은 태평양, 우측은 대서양)의 차가운 중층수(청록)는 더 따뜻한 아열대수(초록) 아래 적도를 향해 퍼지기 전 아극 지대에 가라앉는다. 이어서 이 중층수는 세 군데 해양 중 가장 따뜻하고 가벼운 열대수(주황)는 적도를 향해 아래로 퍼진다. 해양 표면에 유입되는 남은 열과 냉기는 아래쪽을 향해 천천히 혼합된다.

렇게 형성된 고염분의 심해는 해양 심층 순환에 기여하며, 열염분순환(thermohaline circulation, THC)이라고 부른다. 북대서양을 구성하는 요소는 대서양자오선역전순환(Atlantic Meridional Overturning Circulation, AMOC)이라고 알려져 있다.
THC와 빙하의 융빙의 연관성은 4장에서 설명했다. 빙하가 더 많이 녹을수록 해수면의 물은 염분이 감소하고 밀도도 낮아진다. 이 물은 쉽게 가라앉지 않고, 심층수의 형성은 더 어려워질 것이다. 이 때문에 THC는 약화된다. THC와 대기 중 물순환의 영향은 6장에서 논의하려고 한다. 북대서양에서 강수량의 증가는 THC의 약화를 초래할 것이다.

상예보는 대기 요소의 중요한 측면을 입증한다. 화학적 추적(chemical tracer)의 이동을 관측한 결과(152쪽 상자 참조)와 시뮬레이션을 비교해 기후 모델의 해양 요소를 검증해왔다.

일단 종합적인 기후 모델이 구성되면 세 가지 측면에서 검증할 수 있다. 첫째, 수년간의 시뮬레이션 기간에 형성된 모델 기후를 현재와 비교해서 실행할 수 있다. 이 모델이 타당하려면 지상 기압, 온도, 강우량 같은 변수의 평균 분포와 계절적 변동이 관측 결과와 잘 맞아야 한다. 동일하게 모델 기후의 변동성은 관측된 변동성과 비슷해야 한다. 기후 예측을 위해 현재 사용하는 모델은 이러한 비교 작업을 잘 소화한다.

최근 기후 모델의 성능은 대규모 또는 계절 간, 10년 주기 시간 범위의 기후 변동성 시뮬레이션 측면에서 더욱 향상되었다. 북반구·남반구 극진동(northern·southern annular modes, NAM·SAM)과 ENSO, 대기 중 온실가스 증가의 변화 사이에 연관성이 있기 때문에 이러한 사실은 특히 중요하다.[19] ENSO 현상이나 이상기후를 예측하는 기술 진보는 앞서 언급된 바 있다.

둘째, 주요 변수의 분포가 현재와 상당히 다를 때 모델은 과거 기후 시뮬레이션과 비교될 수 있다. 9000년 전, 태양을 도는 지구 궤도가 달랐던 시기를 예로 들 수 있다(그림 5.20). 근일점이 평소처럼 1월이 아니라 7월이었다. 기울어 있는 지구의 축 역시 현재 값과 약간 달랐다(23.5도가 아닌 24도). 이러한 궤도의 차이 때문에 한 해 동안 태양 복사량 분포가 아주 달라졌다(4장 참조). 태양 에너지 유입량은 북반구 평균 기준으로 7월에 7퍼센트 더 많았다.

변화한 변수가 모델에 통합되면 기후 결과가 다르게 나오기 마련이다. 예를 들어 북부 대륙은 여름에 더 따뜻하고 겨울에 더 춥다. 여름에는 대륙 해양 간 온도 격차가 커지면서 북아프리카나 남아시아 부근에 저기압 지대가 더욱 확장된다. 이에 따라 이 지역에서는 여름 몬순(monsoon)이 심화되고, 강우량이 증가한다. 이 시뮬레이션의 변화는 고대 기후 자료와 질적으로 일치한다. 이 자료는 9000년 전, 현재 한

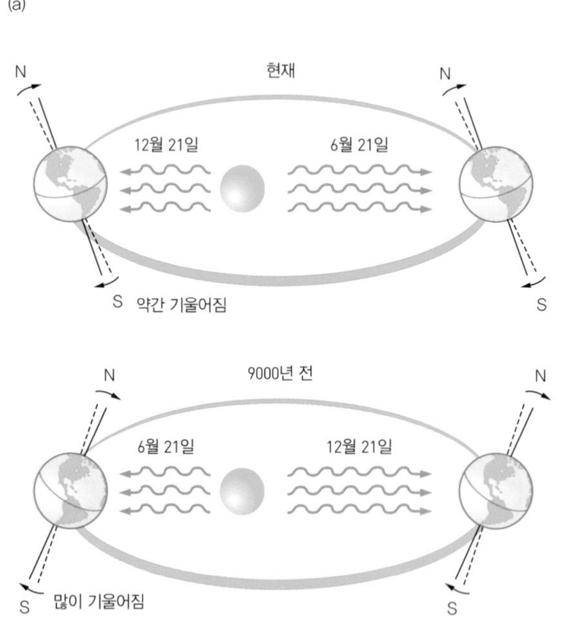

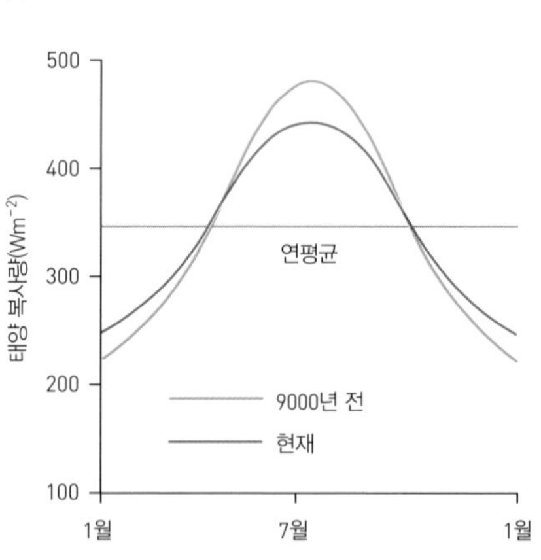

그림 5.20 (a) 현재에서 9000년 전까지 지구 타원궤도의 변화. (b) 북반구에서 연평균 태양 복사량의 변화. 과거 자료의 정확성과 범위는 제한적일 수밖에 없다. 그러나 9000년 전의 모델 시뮬레이션은 기후 모델을 검증하는 데 가치를 보였다.

클라크(Clark) 공군 기지 동쪽에서 찍은 피나투보 화산 폭발(1991년 6월 12일).

계선의 1000킬로미터 위에 남부 사하라 지대의 호수와 초목이 존재했다는 증거를 제공한다.

이용 가능한 과거 자료의 정확성과 범위는 제한되어 있다. 그러나 9000년 전 모델 시뮬레이션과 다른 기간의 자료들은 기후 모델의 타당성을 입증하는 데 학문의 가치를 증명해왔다.[20]

셋째, 기후 모델을 화산 분출 같은 거대한 동요를 예측하는 데 활용하는 것이다. 몇 가지 기후 모델을 실행해 1991년에 발생했던 피나투보산의 화산재 영향을 감안, 태양 복사 유입량을 조정할 수 있도록 했다(위 사진과 그림 5.21 참조). 기후 모델을 통해 화산 분출 이후 중동의 극한 추위, 서유럽의 온화한 겨울 등 지역적 기후 이변을 성공적으로 시뮬레이션할 수 있었다.[21]

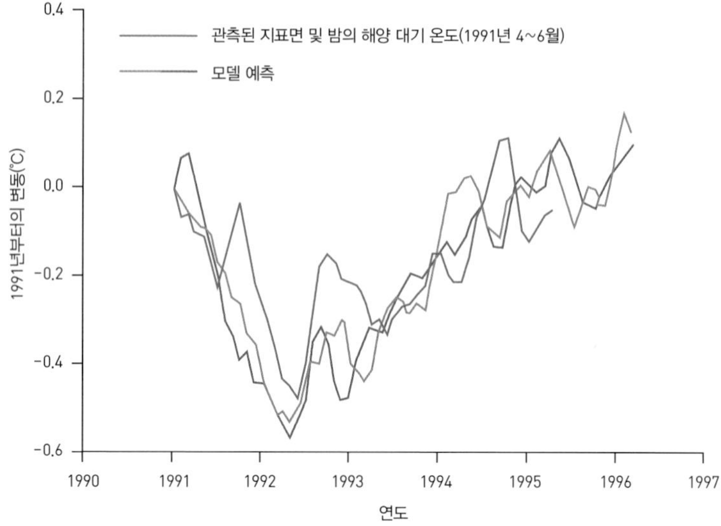

그림 5.21 1991년 4~6월부터 1995년 3~5월까지 피나투보 화산 폭발 이후 전 지구 대륙 및 해양 표면 온도의 관측과 예측된 변화.

다양한 시간대를 포함하는 세 가지 방식으로 인간이 초래한 기후 변화를 예측하는 모델 성능에 대한 신뢰도는 더욱 높아졌다.

관측 자료와의 비교

현재 전 세계 15개국 이상에 자리한 센터 30곳에서 대기와 해양 순환이 상호작용하는 기후 모델을 실행하고 있다. 일부에서는 페타급 슈퍼컴퓨팅(petascale supercomputing)을 활용한 고해상도 전 지구 모델을 실행 중이다. 이러한 센터는 미국, 일본, 영국, 네덜란드, 독일, 스웨덴, 이탈리아, 프랑스, 스위스, 한국, 중국에 자리 잡고 있다.

일부 기후 모델은 자연적 강제력(태양 변이와 화산)과 인위적 강제력(온실가스 농도와 에어로졸 증가)의 변동을 고려해 지난 150년의 기후를 시뮬레이션했다(그림 5.23 참조. 그림 4.4는 자연적 요인의 다양한 영향을 나타낸다).

그림 5.23에서 세 가지 흥미로운 특징을 찾아낼 수 있다. 첫째, 자연적·인위적 강제력 수치는 지난 세기 관측된 온도 변화를 그럴듯하게 설명한다. 지난 50년의 급격한 온도 증가를 설명하기 위해 인위적 요인은 반드시 필요하다. 20세기 초 자연 강제력의 중대한 변화로 태양 방출량 변화와 화산활동의 휴식기를 꼽을 수 있다. 둘째, 모델 시뮬레이션은 수년에서 수십 년에 걸쳐 섭씨 0.1도까지 차이를 보인다.

해양의 화학적 추적 모델링

모델의 해양 부분을 검증하는 데 도움이 되는 실험은 관측과 시뮬레이션 자료의 화학적 추적 분포를 비교하는 것이다. 1950년대, 주요 원자폭탄 실험에서 방출된 방사성 트리튬(수소의 동위원소)은 해양에 유입되었고 해양 순환과 혼합에 의해 확산되었다.

그림 5.22는 관측된 자료와 시뮬레이션상의 북대서양 서쪽에 퍼진 트리튬의 분포를 보여준다. 최근에도 비슷한 비교 작업을 시도했는데 1950년대 이래로 대기 중 방출이 급속히 증가한 프레온 CFC-11의 흡수량을 측정한 바 있다.

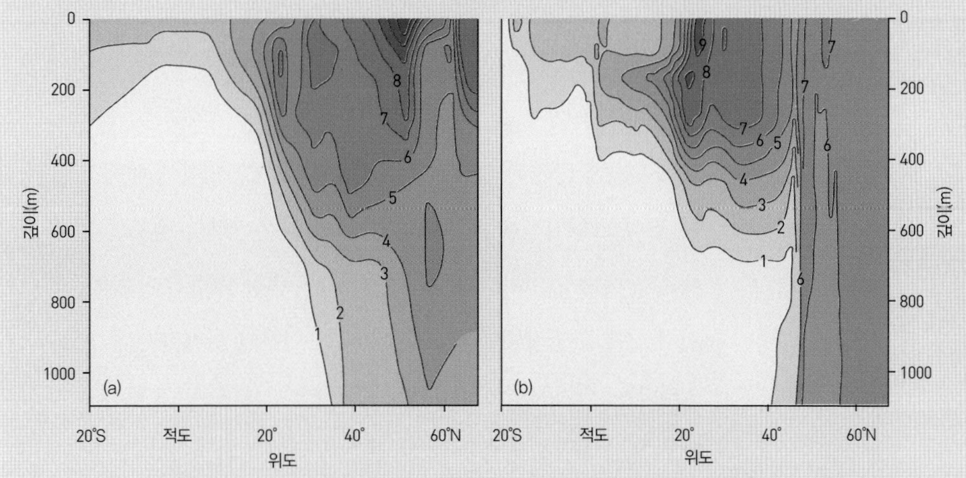

그림 5.22 주요 원자폭탄 실험 10년 뒤, 북대서양 서쪽의 트리튬 분포. GEOSECS 프로그램의 관측 자료(a)와 모델형 자료(b)다. (b)가 실제 분포와 비슷하다는 사실은 모델 과정의 효율성을 보여준다.

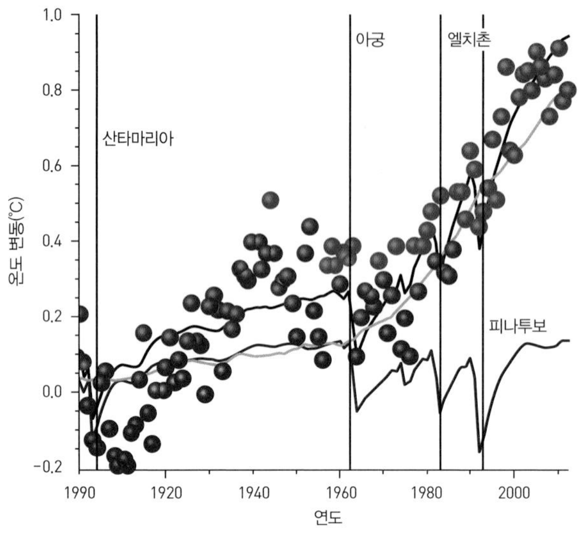

그림 5.23 인간이 초래한 온난화(주황색 선), 자연적 온난화 및 한랭화(보라색 선), 혼합형(검은색 선)의 CMIP5 시뮬레이션과 비교한 온도 관측 자료(원). 네 차례의 화산폭발이 온도 변화에 미친 큰 영향도 표시했다(CMIP5에 기여한 모델링 센터, http://cmippcmdi.llnl.gov/cmip5/availability.html. 명단 참조).

이러한 차이는 기후 체계 각 부분 사이에 모델의 내부적 교환이 있기 때문이며 이는 관측된 기록과 다르지 않다. 셋째, 해양은 기후 변화에 비교적 느리게 영향을 미치기 때문에, 온실가스나 에어로졸의 증가로 야기된 복사 강제력 아래 기후 체계가 평형을 유지한다면 관측된 결과나 모델링 자료에 나타난 온난화는 예상보다 크지 않다.

관측 결과와 시뮬레이션 결과에서 자연적 차이가 워낙 크기 때문에, 온실가스 증가로 인한 지구 온난화가 실제로 관측되었는가의 증거를 둘러싸고 지난 20년간 수많은 논란이 있었다. 말하자면 지구 온난화에 기여하는 '조짐(signal)'이 자연적 변동성의 '소음'을 넘어설 만큼 충분히 상승했느냐는 문제다. IPCC는 이 부분에 대한 논의에 활발히 참여했다(1장 참조).

1990년에 출판된 첫 보고서에서 IPCC는 그 영향에 대해 다음과 같이 조심스레 입장을 표명했다.[22] 관측된 온난화의 정도는 기후 모델 예측과 대략 일치하더라도 자연적 기후 변동성의 강도와 비슷하다는 것이 그들의 입장이었다. 그 당시에는 인류가 초래한 기후 변화를 감지했다는 진술을 명백히 표명할 수 없었다. 1995년, 더 많은 증거를 모았고 보고서[23]를 통해 IPCC는 신중히 아래와 같은 결론을 발표했다.

오늘날 인간이 지구 기후에 미치는 영향을 수량화하는 우리의 능력은 제한되어 있다. 자연적 기후 변동성의 소음 가운데 '조짐'이 여전히 나타나고, 주요 요소에서 불확실한 면이 있기 때문이다. 이는 장기적인 자연 변동성의 강도와 추이, 시간에 따라 변화하는 추이, 온실가스와 에어로졸 농도의 변화, 지표면의 변화를 포함한다. 그럼에도 모든 증거를 고려한다면 지구 기후에 미치는 영향을 확실히 인지할 수 있다.

1995년 이후 기후 변화의 **감지와 속성**에 대한 열띤 연구가 이루어졌다.[24] 기후 모델을 활용해서 자연적 변동성에 대한 측정도 더 향상되었고, 지난 100년에 걸친 온난화가 단지 자연적 변동성만으로 설명하기 어렵다는 결론에 이르렀다. 전 세계 평균 변수를 활용한 연구와 더불어 최적의 감지 기술을 토대로 추이의 상관관계를 이용한 통계학 연구도 추진되었다. 2001년 IPCC 보고서에 따르면 결론은 다음과 같다.[25]

> 남아 있는 불확실성을 감안하며 새로운 증거들에 비추어볼 때, 지난 50년간 관측된 온난화는 온실가스 농도의 증가가 원인일 **가능성이 높다**.

이러한 결론은 2007년 보고서[26]에서 더욱 확고해져 아래와 같이 요약된다.

> 인류에 의한 온실가스 증가가 20세기 중반 이후 관측된 전 세계 평균 온도 상승을 초래했을 **가능성이 매우 높다**. 이렇게 인지 가능한 인간의 영향은 대륙 평균 온도, 대기 중 순환 추이, 이상기후를 포함해 기후 전반까지 확대된다.

정책가를 위한 요약 보고서(IPCC WGI 2013 보고서)에서 다음과 같이 결론을 내린다.

기후 체계의 온난화는 분명한 사실이다. 1950년대 이래로 관측된 수많은 변화는 수십 년에서 수천 년에 걸쳐 이례적인 일이었다. 대기와 바다는 점점 데워지고 눈과 빙하의 양은 감소했다. 해수면은 상승했고 온실가스 농도는 증가했다. (…)
대기와 해양의 온난화, 물순환의 변화, 눈과 빙하의 감소, 지구 평균 해수면 상승, 이상기후에서 인간의 영향이 감지되었다. AR4 이래로 인간의 영향은 점점 커졌다. 이렇게 인간이 20세기 중반 이후 관측된 온난화의 주범일 가능성은 극히 높다.

또한 이 보고서가 강조하는 요점은 다음과 같다.[27]

지난 30년간, 1850년 이후 어떤 때보다 지구 표면이 더워졌다. 1983~2012년은 북반구에서 지난 1400년 중 가장 더웠던 30년이었다(중간 확신).
해양 온난화는 1971~2010년에 축적된 에너지양의 90퍼센트 이상을 차지하며 기후 체계에 저장된 에너지 증가에서 지배적이다(강한 확신). 1971~2010년에 해양의 표층(0~700미터)은 **확실히** 데워졌고, 1870년대와 1971년 사이에 데워진 것으로 보인다.
지난 20년간 그린란드와 남극 빙상은 줄어들었고 전 세계적으로 빙하는 감소하고 있다. 북극해 빙하와 북반구 봄철 적설량도 감소 추세다(강한 확신).
19세기 중반 이래로 해수면 상승 속도는 지난 2000년의 평균 속도보다 더 빠르다(강한 확신). 1901~2010년에 전 세계 평균 해수면은 0.19미터(0.17~

0.21미터)씩 상승했다.

대기 중 이산화탄소, 메탄, 아산화질소 농도는 지난 80만 년에 걸쳐 이례적으로 증가했다. 화석연료와 토지 용도 변경에서 배출된 이산화탄소 농도는 산업화 이전 대비 40퍼센트 증가했다. 바다는 인류가 초래한 이산화탄소 배출량의 약 30퍼센트를 흡수했고, 이는 해양 산성화를 초래했다.

총 복사 강제력은 양의 값을 띠며, 기후 체계의 에너지 흡수량 상승으로 이어졌다. 총 복사 강제력의 가장 큰 주범은 1750년 이래 대기 중 CO_2 농도의 증가다.

계속적인 온실가스 배출은 기후 체계 모든 요소의 온난화와 변화를 야기할 것이다. 이러한 기후 변화를 제한하려면 대대적인 온실가스 배출 감축을 지속적으로 단행해야 할 것이다.

지금까지 살펴보았듯이 기후 모델의 신뢰도는 더욱 높아졌다. 이는 미래에 인류가 초래할 기후 변화를 예측하는 데 활용될 수 있다. 이 예측에 대한 상세한 설명은 다음 장에서 다뤄질 것이다.

기후는 무질서한가

기후 변화는 예측 가능하고, 기후 모델을 활용해 인간의 활동으로 기인한 기후 변화를 추측할 수 있다는 점을 5장에서 가정했다. 이 장을 마무리하기 전에 이러한 가설이 정당화될 수 있는지 살펴보고자 한다.

그동안 기후 모델의 성능을 기상예보 측면에서 입증해왔다. 모델은 계절적 예보 기능도 보유하고 있다. 또한 현재 기후와 계절적 변동성을 자세히 나타낸다. 이와 더불어 기후 모델은 재생산 가능한 예측, 다른 모델들과 일관된 예측을 제공한다. 물론 어떤 이는 이러한 일관성이 기후의 일관성이 아니라 모델의 특징이라고 주장하기도 한다. 최근 수십 년 동안 관측된 자료와 비교해보아도 일치한다. 그런데 장기간에 걸쳐 기후 변화가 예측 가능하다는 또 다른 증거는 없는 것일까?

증거를 찾기 위해서는 4장에서 언급한 과거의 기후를 살펴보아야 한다. 지난 50만 년 동안의 지구 궤도 변수인 밀란코비치 순환과 기후 변화 주기의 상관관계(그림 4.10과 그림 5.20 참조)는 지구 궤도의 변동이 주요 기후 변화를 초래했다는 강력한 증거가 된다. 물론 세 가지 궤도 변동에 반응 정도를 조절하는 피드백의 성격을 이해해야 한다. 지난 100만 년의 고생물학 자료에서 얻은 지구 평균 온도 기록의 60±10퍼센트 변동률은 밀란코비치 순환에서 밝혀진 빈도에 가깝다. 이렇게 놀라운 규칙성은 기후 체계가 아예 무질서하지는 않으며 밀란코비치 강제력에 대략 예측 가능한 방향으로 반응한다는 사실을 보여준다.

밀란코비치 강제력은 지구 궤도의 변동으로 태양 복사량 분포가 달라지면서 비롯된 것이다. 주로 온실가스 증가에 따른 기후 변화는 대기 위 복사 체계의 영향을 받는다. 이는 밀란코비치 강제력을 이끄는 것과 성격상 다르지 않다. 그러므로 온실가스 증가는 꽤 예측 가능한 결과를 초래할 것이라고 주장할 수 있다.

지역 기후 모델링

우리가 지금까지 살펴본 시뮬레이션은 약 100킬로미터의 수평 해상도를 나타내는 지구순환모델(global circulation models, GCM)을 활용한 것이다. 그리드 크기는 컴퓨터의 성능에 따라 제한된다. 그리드 크기와 비교해 큰 규모의 날씨와 기후는 꽤 잘 나타난다. 그러나 지역 규모에서 지구순환모델의 결과는 상당한 한계를 지닌다. 작은 규모에 존재하는 강제력과 순환의 영향을 적절히 나타내야 한다. 강수 패턴은 산악학(orography)과 지표면의 특징에 따라 크게 달라진다(그림 5.24 참조). 지구순환모델에서 생성된 패턴은 지역 규모의 실제 현상을 나타내기에는 역부족이다.

이러한 한계점을 극복하기 위해 지역 기후 모델링 기술은 발전을 거듭해왔다. 기후 시뮬레이션과 예측에 가장 쉽게 적용할 수 있는 것은 지역기후모델(Regional Climate Model, RCM)이다. 30킬로미터 또는 그 이하 수평 해상도의 지역 모델은 GCM에 입력할 수 있다. 전 지구 모델은 지구 순환이 대규모 강제력이나 경계 정보의 변화에 어떻게 반응하는지 자료를 제공한다. 강제력 같은 물리적 정보가 지역적 그리드 안에 입력되고, 순환의 변화가 RCM 안에서 세부적으로 나타난다. RCM은 GCM에 포함된 작은 규모의 강제력을 잡아낼 수 있고(지형학과 불균등한 지표면 때문이다. 그림 5.24 참조), 대기 순환과 기후 변수까지도 시뮬레이션할 수 있다.

지역 모델링 기술의 한계점을 꼽는다면 GCM이 RCM을 위해 경계 입력 값을 제시한다고 하더라도 RCM은 GCM과 상호작용하지 못한다. 컴퓨터의 크기가 커지면서 더 높은 해상도로 GCM을 실행할 수

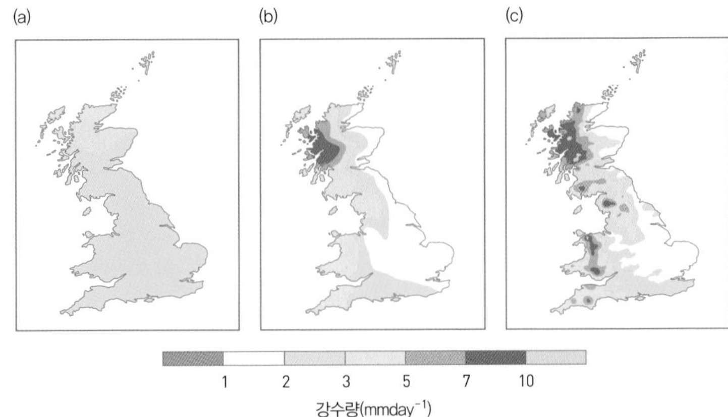

그림 5.24 영국의 현재 겨울 강수 추이. (a) 300-km 해상도의 전 지구 모델, (b) 50-km 해상도의 지역 모델, (c) 10-km 해상도로 관측.

있을 것이며 제한점도 조금씩 완화될 것이다. 동시에 RCM은 더 작은 규모의 상세 정보를 다룰 성능을 갖출 것이다.

기상예보를 목적으로 널리 사용되는 다른 기법에는 **통계적 규모 축소 기법**(statistical downscaling)이 있다. 이는 대규모 기후 변수(또는 예측 변수)를 지역적 변수에 연결시키는 통계적 방법을 활용한다. 지구순환 모델의 예측 변수를 통계 모델에 입력해 상응하는 지역 기후의 특징을 측정할 수 있다. 이 기술의 이점은 적용이 쉽다는 점이다. 기후 변화 시뮬레이션 관점의 단점은 통계적 연관성이 기후 변화 상황에 어느 정도까지 적용될 수 있는지 확신할 수 없다는 것이다.

기후 모델링의 미래

이 장에서는 생물권에 관한 언급이 거의 없었다. 3장은 화학·생물학적 과정을 포함한 탄소순환 단순 모델을 다루었고, 대기 및 해양에서의 작용에 관한 비상호작용적 기술을 담았다. 이 장에서 논의된 3차원적 지구 순환 기후 모델은 물리학과 다양한 역학 관계를 포함하고 있지만, 화학과 생물학 부분은 결여되었다. 컴퓨터의 성능이 향상되면서 탄소순환과 다른 기체의 화학을 구성하는 생물학 및 화학적 과정을 물리학적 모델에 통합하는 것이 가능해졌다(그림 5.4 참조). 기후 체계에서 발생하는 상호작용을 종합적으로 상세히 기술하는 연구도 수행되고 있다.

기후 모델링은 급속히 발전하는 과학 분야다. 초창기 컴퓨터로는 단순기후모델 활용이 가능했지만 상호작용하는 대기-해양 모델을 구축해 기후 예측을 할 수 있을 만큼 컴퓨터의 성능이 좋아진 것도 25년밖에 되지 않았다. 이제 기후 모델의 결과들은 상당히 종합적이고, 정책 입안자들이 참고할 정도로 신뢰도도 높아졌다. 현재까지 발전한 기후 모델은 아마도 자연과학 분야에서 가장 정교하고 복잡한 컴퓨터 모델이라고 해도 지나치지 않을 것이다. 기후자연과학을 기술하는 기후 모델은 오늘날 통합평가모델(Integrated Assessment Models, IAMs)의 사회·경제학적 정보와도 상호작용하고 있다(9장 참조).

컴퓨터의 성능이 향상되면 여러 초기 상태, 모델 매개변수화, 공식화를 포함하는 다양한 앙상블을 실행해 모델의 민감도를 검토할 수 있다. 전 세계 컴퓨터 사용자 수천 명이 가정, 학교, 직장에서 기후 예측 모델을 실행하는 흥미로운 프로젝트도 있다. 수천 종의 모델에서 얻은 자료를 모아 세계 최대 기후 모델링 예측 실험을 하고 있다.

이 장은 한 세기 또는 **빠른 피드백**(fast feedback)을 고려하는 더 먼 미래를 내다보며 인위적인 강제력에 대한 기후 반응 모델링에 초점을 두었다. 그러나 인간 활동의 결과 장기적으로 기후에 어떠한 일이 발생할지에 대한 의문이 점점 커지고 있다. 기후 체계의 세 가지 요소,

해양, 빙상, 육지 영역의 기후 반응은 한 세기를 넘어서 장기간에 걸쳐 진행된다. 이는 **느린 피드백**(slow feedback)[28]에 해당하며 비선형적인 경향이 있다. 대기 중 구성이 안정되더라도 심해 온난화는 적어도 1000년에 걸쳐 진행되며 극지방 빙모의 주요 변화 역시 수천 년에 걸쳐 발생할 것이다. 해수면 상승에서도 볼 수 있듯이 이러한 변화의 강도와 비선형적 특성, 단기에 발생하는 막대한 영향 때문에 느린 피드백에 대한 더욱 깊은 이해가 필요하다. 과거 기후, 모델링, 관측에 관한 미래의 연구는 기후 체계의 빠른 피드백과 느린 피드백의 특성과 관련 있을 것이다.

내용 정리

이 장은 대기와 기후의 컴퓨터 수치 모델링의 기본, 추정, 방법 및 발전에 대해 기술했다. 컴퓨터 성능 및 속도의 발전과 더불어 지난 30년에 걸쳐 대기-해양 순환 모델은 더욱 정교해지고 성능이 향상되었다. 양·음의 피드백의 다양한 과정을 통합하는 것이 매우 중요시되었다. 미래 기후를 예측하는 모델 성능에 대한 신뢰도는 다음과 같은 측면의 모델 시뮬레이션에 기반을 둔다.

- 최근 해양과 대기, 기후에 대한 상세 관측.
- 엘니뇨 현상처럼 특정 기후 순환에 대한 상세 관측.
- 화산 분출 같은 특정 현상에서 비롯된 동요 관측.
- 상이한 궤도 변화 아래 과거 기후에 관한 정보.

미래 기후를 예측하고 모델링하는 기술은 최근 상당한 진보를 이루었다. 물론 아직도 기후 예측의 불확실성을 줄이는 데 할 일이 많이 남아 있다. 구름 피드백 과정의 모델링과 에어로졸의 영향은 불확실성이 가장 큰 요소다. 해양 순환과 해양-대기 상호작용의 모델링 역시 향상되어야 할 영역이다. 지역적 모델을 구축하려면 초고속, 대형 컴퓨터가 필요하다. 기후 체계의 모든 요소를 철저하게 관측하는 것이 핵심이다. 그러고 나면 비로소 모델 구축을 더욱 정확히 검증할 수 있을 것이다. 모든 한계점을 극복하기 위해 국가 차원에서 또한 국제적으로 다양한 프로그램을 실행 중이다.

생각해볼 문제

1. 리처드슨이 생각한 '사람(people)' 컴퓨터의 초당 작동 속도를 추정해보자. 이는 그림 5.1의 어디에 해당하는가?
2. 그리드 점 사이 간격이 100킬로미터, 수직으로 20층인 모델이라면 지구 모델의 격자 점의 총 개수는? 격자 점 거리가 수평으로 반이 줄어든다면 특정 예보를 목적으로 컴퓨터를 실행하는 시간은 얼마나 더 길어질까?
3. 한 주간 지역 날씨 정보를 얻어서 12, 24, 48시간 이전 예측의 정확도를 생각해보자.
4. 해수면의 한 부분에 유입되는 평균 에너지를 측정해보자. 북유럽과 아이슬란드 사이 정사각형 모양의 한 면의 경우는? 북대서양 지역에 유입되는 평균 에너지양과 비교해보자.
5. 280K의 온도에서 완전히 흡수하는 행성 표면이 흡수 및 방출이 되지 않는 대기로 둘러싸여 있다고 가설을 세워보자. 스펙트럼의 가시광선 영역에서 흡수하지 않고 열적외선에서 완전 흡수하는 구름이 지표면에 나타날 경우, 평형 온도가 235K라는 점을 설명해보라.[29] 구름이 태양 복사량의 50퍼센트를 반사하고 나머지는 흡수한다면 행성 표면에 유입되는 에너지양은 구름이 없을 때와 동일할 것이다. 하층운이 지구를 냉각시키고, 상층운이 지구를 데우는 경향이 있다는 사실을 입증할 수 있는가?
6. 해수면 증발량의 증가를 초래하는 해빙의 융빙과 더불어 하층구름이 추가적으로 나타날 수 있다. 이는 얼음 알베도 피드백에 어떻게 영향을 미칠까?
7. 대기 상층에서 약 $3Wm^{-2}$ 복사 강제력 변화는 약 섭씨 1도의 표면 온도 변화를 야기한다. 그림 5.16b의 패턴을 참고하자. 피나투보 화산 분출 이

후 어느 정도의 온도 변화를 예측했나? 자신의 견해와 그림 5.21의 자료를 비교해보자. 그림 5.16a·b의 자료 분석을 통해 구름 복사 피드백의 강도와 흔적을 연구할 수 있다. 구름 복사 피드백에 관한 의미 있는 결론을 내려면 프로그램이 정확도와 범위 면에서 무엇을 구비해야 하는지 명시해보자.

8. 날씨와 기후 모델이 자연과학을 기반으로 한 가장 정교한 모델이라고 주장하는 견해가 있다. 자연과학과 사회과학에서 모두 친숙한 다른 컴퓨터 모델과 비교해보자.

주

1. Richardson, L. F. 1922. *Weather Prediction by Numerical Process*. Cambridge: Cambridge University Press. Reprinted by Dover, New York, 1965.
2. 상세한 설명은 다음을 참조. Houghton, J. T. 2002. *The Physics of Atmosphere*, third edition. Cambridge: Cambridge University Press.
3. 일부 최근 모델에 연직 운동량 방정식과 비유체 정역학 요소들이 포함되어 있음.
4. Palmer, T. N. 2006, Chapter 1 in Palmer, T., Hagedorn, R. (eds.), *Predictability of Weather and Climate*. Cambridge: Cambridge University Press.
5. Chapter 13 in Houghton, *The Physics of Atmosphere*; Palmer, T. N. 1993. A nonlinear perspective on climate change. *Weather*, 48, 314-26.
6. '$y=ax+b$'와 같은 방정식은 선형적이다. 비선형적 방정식의 예로 '$y=ax^2+b$ or $y+xy=ax+b$'를 들 수 있다. 진자의 경우, 이동을 나타내는 방정식은 아주 적은 각도에서만 선형적이다. 큰 각도에서 이 근사치는 훨씬 덜 정확하고, 비선형적이다.
7. Palmer, T. N., Chapter 1 in Palmer and Hagedorn (eds.), *Predictability of Weather and Climate*.
8. '남방 진동'은 1928년 길버트 워커가 붙임.

9. Folland, C. K., Owen, J., Ward, M. N., Colman, A. 1991. Prediction of seasonal rainfall in the Sahel region using empirical and dynamical methods. *Journal of Forecasting*, 10, 21-56.
10. Shukla, J., Kinter Ⅲ, J. L., Chapter 12 in Palmer, T. Hagedorn (eds.), *Predictability of Weather and Climate*.
11. Xue, Y. 1997. *Quarterly Journal of the Royal Meteorological Society*, 123, 1483-515.
12. IPCC WGI 2013, Chapter 6: Carbon and other biogeochemical cycles, pp. 516-18.
13. 체감률 피드백(lapse rate feedback)은 수증기 피드백과 관련이 있다. 온도 변화와 대류권 수증기량의 변화와 관련 있기 때문에 평균 체감률 피드백에 변화가 있다. 이러한 변화는 피드백의 심화로 이어지며 이는 보통 수증기 피드백보다 강도 면에서 훨씬 작다. 수증기 피드백의 전체 값을 인용할 때 체감률 피드백도 자주 포함된다. 더 자세한 내용은 다음을 참조. IPCC WGI 2013, Chapter 7, pp. 586-7.
14. Lindzen, R. S. 1990. Some coolness concerning global warming. *Bulletin of the American Meteorological Society*, 71, 288-99. 이 논문에서 린드젠은 특히 상층 대류권에서 수증기 피드백의 강도와 흔적에 대한 의문을 제기하며 모델 예측보다 훨씬 덜 양성적이며, 다소 음성적일 수 있다고 제안한다. 수증기 피드백의 강도에 대한 관측 및 모델 연구가 진행되어왔다. 자세한 설명은 다음을 참조. Stocker, T. F. et al., Physical climate processes and feedbacks, chapter 7 in Houghton et al. (eds.) *Climate Change 2001: The Science Basis*. Cambridge: Cambridge University Press. 이 장은 '모든 증거를 고려한다면 시뮬레이션에서 발견된 강도의 수증기 양성 피드백을 지지한다'는 결론에 이른다.
15. 그림 2.8과 3장의 복사 강제력 설명을 참조.
16. Figure 8.14. in Randall, D., Wood, R. A. et al., Climate Models and their Evaluation, Chapter 8 in Solomon et al. (eds.), *Climate Change*

2007: The Physical Science Basis. Cambridge: Cambridge University Press.

17. 전체 변화량은 세 변수의 변화 총량보다 적다. 전체 수치는 각 모델을 돌려서 변수 값을 더해서 얻는다.
18. 최근 모델에 대한 자료. Pope, V. et al. 2007. Met Office Hadley Centre climate modeling capability: the competing requirements for improved resolution, complexity and dealing with uncertainty. *Philosophical Transactions of the Royal Society A*, 365, 2635-57.
19. IPCC WGI 2013, Technical summary, pp. 106-7.
20. Cane, M. A. et al. 2006. Progress in paleoclimate modeling, *Journal of Climate*, 19, 5031-57.
21. Graf, H. -E. et al. 1993. Pinatubo eruption winter climate effects: model versus observations. *Climate Dynamics*, 9, 61-73.
22. Policymakers' summary. In Houghton, J. T., Jenkins, G. J., Ephraums, J. J. (eds.) 1990. *Climate Change: The IPCC Scientific Assessment*. Cambridge: Cambridge University Press.
23. Summary for policymakers. In Houghton, J. T., Meira Filho, L. G., Callander, B. A., Harris, N., Kattenberg, A., Maskell, K. (eds.) 1996. *Climate Change 1995: The Science of Climate Change*. Cambridge: Cambridge University Press.
24. 감지(detection)는 관측된 변화가 자연적 변동성으로 설명하는 것과는 상당히 다르다는 사실을 입증하는 과정이며 속성(attribution)은 어느 정도의 확신으로 원인과 결과를 도출하는 과정이다. 이는 상충하는 가설 평가를 포함한다. 이에 대한 자세한 설명은 다음을 참조. Mitchell, J. F. B., Karoly, D. J. et al. 2001. Detection of climate change and attribution of causes, Chapter 12 in Houghton et al. (eds.), *Climate Change 2001: The Scientific Basis*; and Hegerl, G. C., Zwiers, F. W. et al. 2007. Understanding and attributing climate change, Chapter 9 in Solomon et al. (eds.) *Climate Change 2007: the Physical*

Science Basis.

25. Summary for policymakers, in Houghton et al. (eds.), *Climate Change 2001: The Scientific Basis*.
26. Summary for policymakers, in Solomon et al. (eds.), *Climate Change 2007: The Physical Science Basis*.
27. Summary for policymakers, in IPCC WGI 2013.
28. 빠른 및 느린 피드백은 제임스 한센이 도입한 용어다. Bjerknes Lecture at American Geophysical Union, 17 December 2008, at www.columbia.edu/~jeh1/2008/AGUBjerknes_20081217.pdf.
29. 도움말: 슈테판의 흑체복사 법칙을 상기하라. 방출된 에너지는 표면 온도의 네제곱에 비례한다.

참고문헌

IPCC WGI 2013. *Climate Change 2013: The Physical Science Basis. Contribution of Working Group I to the Fifth Assessment Report of the Intergovernmental Panel on Climate Change* [Stocker, T. F., Qin, D., Plattner, G. -K., Tignor, M., Allen, S. K., Boschung, J., Nauels, A., Xia, Y., Bex, V. and Midgley, P. M. (eds.)]. Cambridge: Cambridge University Press.

Summary for policymakers.

Technical summary.

Chapter 8 Anthropogenic and natural radiative forcing.

Chapter 9 Evaluation of climate models.

Chapter 10 Detection and attribution of climate change: from global to regional.

Chapter 11 Near-term climate change: projections and predictability.

Chapter 12 Long-term climate change: projections, commitments and irreversibility.

21세기와 그 이후의 기후 변화 06

한 연구원이 노트북으로 프랑스 알프스 지역 아르장티에르(Argentiere) 빙하의 움직임과 융빙 사진을 분석하고 있다.

5장에서는 인간의 활동에 따른 기후 변화의 미래 예측을 위한 가장 효율적인 도구가 기후 모델이라고 설명했다. 이 장에서는 21세기의 기후 변화 예측 모델을 다룰 것이다. 또한 기후 변화를 초래하는 다른 요인도 살필 것이며 온실가스의 영향과 관련해 그 요인들의 비중도 가늠해볼 것이다.

배출 시나리오

기후 모델을 개발해야 하는 주요 이유는 이번 세기뿐만 아니라 미래의 가능한 기후 변화에 대한 자세한 정보를 알기 위함이다. 미래를 예측하는 모델 시뮬레이션들은 미래에 인위적으로 배출될 온실가스에 대한 추정에 근거한다. 이는 인간의 행동을 포함하는 여러 불확실한 요소에 대한 추측에 의존하기 때문에, 먼 미래를 내다보는 기후 시뮬레이션들을 '예보'라고 부르는 것은 적절치 않거나 오해를 일으킬 수도 있다고 흔히 인식된다. 따라서 이러한 기후 모델들을 예보 대신 '전망'이라고 부르는 이유는 인간의 행동에 관한 여러 추측에 기반한 미래 기후를 탐구하는 데 있음을 강조하기 위함이다.

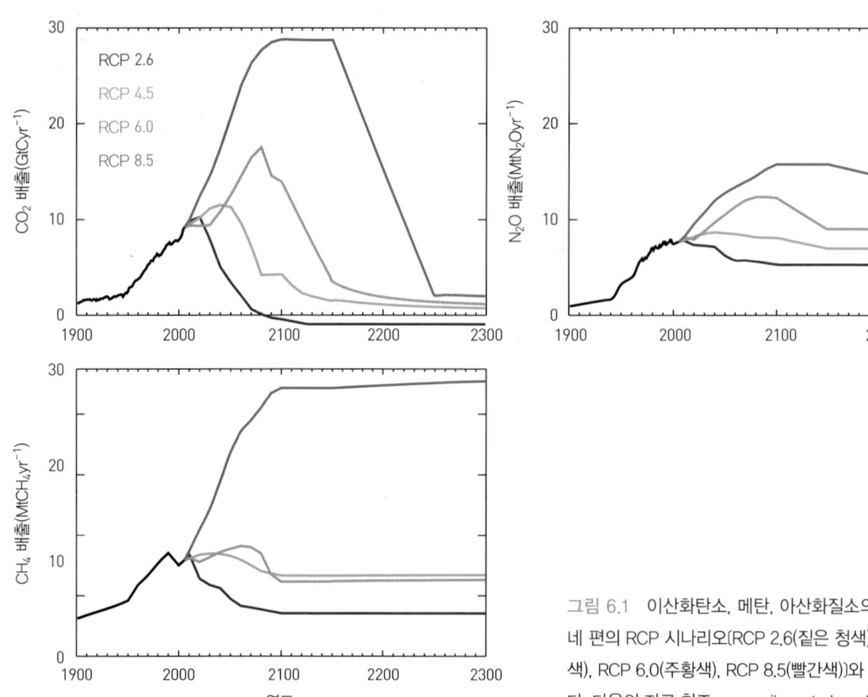

그림 6.1 이산화탄소, 메탄, 아산화질소의 인위적인 배출은 네 편의 RCP 시나리오(RCP 2.6(짙은 청색), RCP 4.5(옅은 청색), RCP 6.0(주황색), RCP 8.5(빨간색))와 일관적으로 나타난다. 다음의 자료 참조. www.pik-potsdam.de/~mmalte/rcps/.

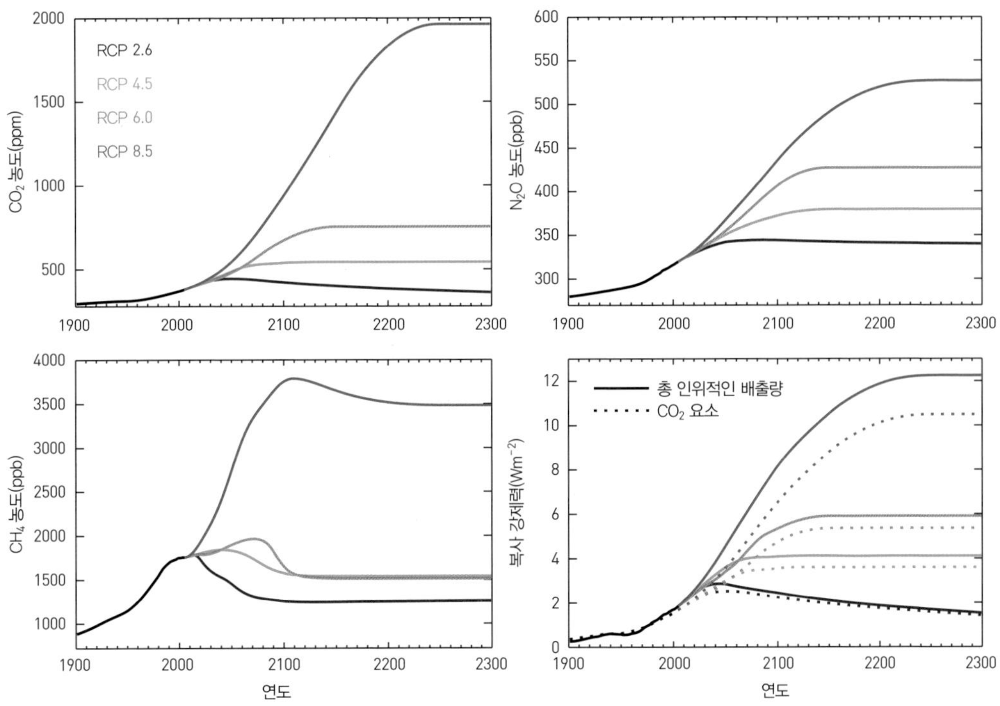

그림 6.2 대기 중 이산화탄소, 메탄, 아산화질소의 농도는 네 편의 RCP 시나리오(RCP 2.6(짙은 청색), RCP 4.5(옅은 청색), RCP 6.0(주황색), RCP 8.5(빨간색))와 관련해서 예를 들었다. 또한 이산화탄소만 증가할 때 기여하는 정도를 보여주는 예측도 포함되어 있다. 관련 데이터는 다음을 참조. www.pik-potsdam.de/~mmalte/rcps/. 탄소순환 피드백으로 인한 미래 이산화탄소 농도의 불확실성은 2100년 -20퍼센트에서 +30퍼센트로 예측되며, RCP 8.5 시나리오의 예측 배출량과 일치한다. 메탄과 아산화질소의 미래 농도에 대한 불확실성은 더욱 높을 것으로 전망된다.

미래 기후 변화 전망의 출발점은 미래에 발생할 지구 전체 온실가스의 배출량을 기술하는 것이다(그림 6.1 참조). 이러한 예측은 유동적인 인구, 경제성장, 에너지 사용, 에너지 생산의 원천 등을 포함한 각종 인간의 행동과 활동에 대한 다양한 추측에 의존할 것이다. 앞서 3장에서 언급한 것처럼 미래 온실가스 배출에 대한 다양한 기술들을 **시나리오**라고 부른다. 넓은 범위의 시나리오들은 2001년 IPCC의 배출 시나리오 특별 보고서(Special Report on Emission Scenarios, SRES)[1]에서 개발되었지만, 2014년 보고서부터 RCPs를 사용하기 시작했다(177쪽 상자 참조). 이 장에서 미래 기후의 전망을 발전시키는 데 RCPs 시나리오가 사용되었다. 그림 6.1과 6.2는 각 시나리오에 대한 자세한 정보를 담았다.

시나리오의 기반이 되는 요소 가운데는 인구, 경제성장, 기술 혁신, 사회와 환경의 지속 가능성에 대한 태도 등 넓은 범위의 다양한 추측이 결합되어 있다. 그러나 그중 어느 하나도 기후 변화와 온실가스 배출 감축 등 대응하려는 행동 의지를 감안하지 않았다. 이러한 의지를 반영한 시나리오들은 10장과 11장에서 다루려고 하며 여기서는 대기 중 이산화탄소 농도의 안정화 가능성을 생각해보기로 하자.

시나리오들은 토지 용도 변경을 포함한 상당히 불확실성이 높은 요소가 온실가스 농도에 끼치는 영향을 고려한다. 다른 시나리오들의 예측은 산림 벌채를 포함한 현재의 가치에서 시작한다(표 3.1 참조). 각각의 예측은 계속되는 산림 벌채부터 탄소 흡수원의 증가로 이어지는 조림 사업에 이르기까지 다양하다. 기후 변화 전망의 다음 단계는 온실가스 배출 분석표를 온실가스 농도로 전환하는 것이다(그림 6.2). 3장에 이를 수행할 수 있는 방법을 설명하는 동시에 불확실성의 주된 이유도 함께 언급했다.

그림 6.1과 6.2는 온실가스들이 복사 강제력에 기여한 수치를 보여준다. 에어로졸 역시 복사 강제력에 양성 그리고 음성적으로 기여한다(그림 3.13 참조). 그 영향력은 에어로졸과 구름의 상호작용 때문에 더욱 복잡해진다. 현재로서 대기 전체 에어로졸 영향으로 인한(에어로졸로 인한 구름의 배열을 포함한) 복사 강제력의 가장 정확한 추측은 −0.9(−1.9~−0.1)Wm^{-2}인데, 이는 에어로졸 때문에 발생하는 음의 강제력과 태양열을 흡수하는 검은탄소의 양성적인 기여로 볼 수 있다(그림 3.13). 에어로졸과 구름의 상호작용이 적절하게 혼합된 온실가스에 따른 지구 평균 강제력 수치의 상당 부분을 상쇄해왔다는 의견에 **신뢰도가 높아지고 있다**. 이는 전체 복사 강제력을 추측하는 데 가장 큰 불확실성을 주

대표농도경로

'대표농도경로(RCPs)'라고 불리는 새 시나리오, RCP 2.6, RCP 4.5, RCP 6.0, RCP 8.5는 2013년 IPCC WGI 보고서에 소개되었고 산업화 이전 대비 2100년의 복사 강제력 수치의 범위를 예측한 것이다(각각 +2.6, +4.5, +6.0, +8.5Wm^{-2}). 복사 강제력이란 지구 표면의 1제곱미터당 와트 단위로 지구가 흡수한 복사에너지와 다시 우주로 반사되는 양의 차이를 뜻한다. 양의 강제력(들어오는 에너지의 증가)은 지구 전체를 온난화하고, 음의 강제력(나가는 에너지의 증가)은 냉각시킨다. 복사 강제력은 3장에 이미 소개되었는데, 예를 들어 그림 3.13은 현재까지 온실가스(GHGs)와 에어로졸 농도의 변화가 복사 강제력에 미치는 영향을 나타냈다.

RCPs를 '농도 경로(concentration pathways)'라고 부르는 이유는 대기 중 온실가스, 에어로졸의 농도 변화와 함께 복사 강제력의 변화를 연관시키려는 목적을 강조하기 위함이다. 따라서 RCPs는 3장(그림 3.1)에서 언급했던 온실가스 농도를 배출과 연관시킴으로 발생하는 복잡함을 피해갈 수 있다.

복사 강제력은 자연적인 과정이나 인간의 활동으로 발생할 수 있다. 자연적인 과정의 예로는 태양에서 오는 일상적인 복사량 변화 또는 화산폭발로 배출되는 가스나 입자(에어로졸)를 들 수 있다. 인간의 활동으로는 발전소, 산림을 태우는 행위에서 발생하는 이산화탄소 또는 에어로졸 같은 온실가스 배출이 포함된다.

그림 6.2를 참고하면 가장 낮은 RCPs 수치로, RCP 2.6(RCP 3-PD라고 불리기도 함)은 3Wm^{-2}에서 최고점에 달하는데 2100년도에 산업화 이전 대비 대략 2.6Wm^{-2}로 감소하고, 그다음 수치 RCP 4.5와 RCP 6.0은 2100년도 무렵에 각각 4.5, 6.0Wm^{-2}에서 안정화를 목표로 한다. 가장 높은 수치인 RCP 8.5는 2100년도에 8.5Wm^{-2}의 복사 강제력을 암시하는데 2200년도까지 안정화로 이어지지 않음을 볼 수 있다. 그림 6.1은 RCPs를 배출과 연관시키고(배출과 농도의 특이한 관계로 펼쳐진 뒤), 그림 6.2는 RCPs를 농도와 연관시킨다.

RCPs는 SRES를 대체한다. SRES 시나리오는 온실가스 배출 시나리오로서 IPCC 제3차 평가 보고서(2001년)와 IPCC 제4차 평가 보고서(2007년)에 조사된 미래 기후 변화에 대한 예측을 위해 사용되었다. SRES 시나리오는 이전에 IPCC 제2차 평가 보고서(1995년)에서 사용된 IS92 시나리오를 대체했다. SRES 시나리오는 '기준 자료(또는 참고 자료) 시나리오'로서 자체적으로 현재나 미래의 온실가스 배출 완화 조치를 염두에 두지 않았다.

는 요인이다.[2] 만약 오염 요소의 감소로 인해 에어로졸 농도가 급격히 떨어진다면 복사 강제력의 전체 수치에 막대한 증가를 발생시킬 수 있다.

예측 모델

5장에서 언급한, 가장 정교한 대기-해양 모델에서 나온 결과들은 기후 예측에 바탕이 되는 근본적인 정보를 제공한다. 그러나 이러한 모델에서 정보를 얻기 위해서는 컴퓨터를 굉장히 오래 써야 하기 때문에 한정된 결과만이 이용 가능하다. 따라서 많은 연구는 더욱 단순한 모델들을 토대로 진행된다. 이 가운데 대기 역학에 대해서는 체계적인 데이터를 소화하지만 해양에 대해서는 비교적 단순한 데이터밖에 적용하지 못하는 모델도 있다. 이는 특정 지역의 기후 변화를 탐구하는 데 유용하다. '에너지균형모델(energy balance model)'이라고 불리는 것은 대기와 해양의 역학과 물리를 극도로 단순화시켰지만 지구 전체의 폭넓고 다양한 배출 시나리오들의 평균 변화를 탐구하는 데 유용하다. 단순화된 모델에서 도출한 결과는 가장 적절하게 구성된 대기-해양 모델과의 주의 깊은 대조가 필요하고 특정 변수들이 종합적인 모델과 일치하도록 조율되어야 한다. 다음에 제시하는 예측들은 이러한 종류의 모든 모델에 의거한 결과물이다.

모델의 비교 분석을 돕기 위해 산업화 이전 수치 280ppm을 근거로 이산화탄소의 대기 농도를 두 배로 해 실험을 한다. 일정한 조건 아래 두 배가 된 이산화탄소 농도로 인한 지구 전체의 평균 온도 상승을 기후 민감도라고 한다.[3] 1990년 IPCC의 보고서는 섭씨 1.5도에서 4.5도의 기후 민감도 범위 내에서 가장 정확한 예측으로 섭씨 2.5도를 제시했으며 1995년과 2001년 IPCC 보고서에서 이 수치를 다시 확인했다. 2007년 보고서에서 '섭씨 2도에서 4.5도 범위 내로 추정되며 3도일 확률이 가장 높고, 1.5도 미만일 경우의 확률은 낮다'고 발표했다. 2013년 보고서에서는 '섭씨 1.5도에서 4.5도 범위의 수치일 확률이 높고 구름의 형성이 가장 큰 변수로 작용할 수 있다(5장 참조)'고 진술했다. 이 장에서 제시된 예측은 2013년 IPCC WGI 보고서에 기초한다.[4]

기후 민감도 예측은 지난 수백만 년 동안 쌓인 빙하의 두께, 식물 그리고 온실가스 농도의 변화(4장과 그림 4.9, 4.10 참조)에 따른 다양한 기후 강제력과 지구 전체 평균 온도를 연결시킨 고대 기후 정보를 통해 이뤄질 수 있다(4장 참조). 제임스 한센(James Hansen)[5]이 보고한 이러한 방식으로 얻어진 섭씨 3±0.5도의 추측은 위에 언급된 모델 예측과 잘 일치한다.

전 지구 평균 온도 예측

그림 6.1과 6.2에서 제공된 정보가 단순하거나 더욱 정교한 모델들과 통합되었을 때(5장 참조), 비로소 기후 변화에 대한 예측이 이루어질 수 있다. 앞 장에서 살펴보았듯이 지구 전체 평균 온도의 변화 수치는 기후 변화를 예측하는 데 유용하다.

그림 6.4, 6.5, 6.6은 온실가스와 에어로졸 증가로 인한 전 지구 표면 근처 평균 온도의 상승을 예측한 것이다. 그림 6.4는 초반기 예측을 예로 든 것인데, 이는 지난 50년간 발생한 온도 상승을 보여주며 앞으로 20년 뒤를 예측한다. 그림 6.5는 인위적인 CO_2 전체 배출량을 네 가지 RCP 시나리오로 구분해 20세기부터 21세기까지 온도 상승을 예측한다. 그림 6.6은 2300년도까지 온실가스와 에어로졸로 인한 온

단순기후모델

5장에서 GCM을 자세히 설명했는데 이는 〔지구대기해양 순환모델(AOGCM)에서와 같이〕 대기와 해양을 결합하여 현재 기후와 인위적인 온실가스 배출로 인해 불안정한 기후에 대한 시뮬레이션이다. 이 모델들은 미래의 자세한 기후 예측의 기반을 제공한다.

미래의 다양한 온실가스 농도 수치와 에어로졸 또는 다른 조건에 의한 미래 변화에 대한 민감도를 연구하는(예를 들어 기후 민감도를 주로 결정짓는, 대기 중 반응에 영향을 미치는 조건) 시뮬레이션을 진행하기 위해 단순기후모델들이 방대하게 사용되었다.[6] 신뢰도 높은 비교 분석을 위해 단순화된 모델들은 훨씬 더 정교한 AOGCM의 결과물과 최대한 근접하게 부합할 수 있도록 약간의 '조율'을 거친다. 비교적 간단한 모델 가운데서도 가장 급진적인 단순화 과정은 하나 혹은 더 많은 수치를 제거하여 연구 대상의 양을 위도권(2차원 모델일 경우) 또는 전체 지구(1차원 모델) 기반으로 평균화하는 것이다. 하지만 이러한 모델의 한계는 오직 위도와 지구 전체의 평균만 예측할 수 있고 구체적인 지역 정보는 제공할 수 없다는 점이다.

그림 6.3은 이러한 모델들의 구성 요소를 보여주며, 여기서 대기는 적절한 복사 투입, 생산과 함께 '상자' 안에 포함되어 있다. 열의 교환은 육지 표면과 해양 표면(또 다른 상자)에서 발생한다. 해양 안에서는 수직 확산 작용(vertical diffusion)과 수직 순환 작용(vertical circulation)을 위한 할당량이 주어진다. 이러한 모델은 지구 전체 평균 표면 온도 및 온실가스와 에어로졸의 증가 예측에 적절하게 사용된다. 대기와 육지, 해양의 접촉점에서 발생하는 이산화탄소의 교환을 모두 감안했을 때 비로소 모델은 탄소순환을 예측하는 데 사용될 수 있다.

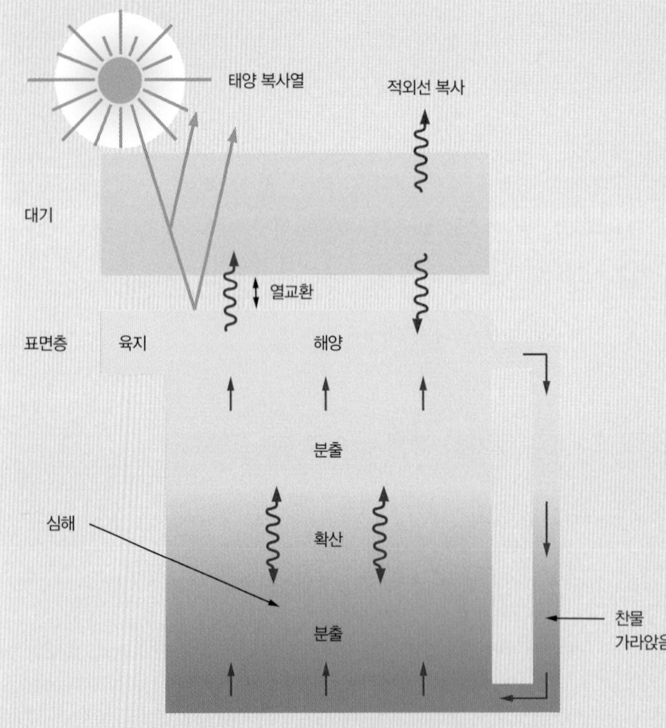

그림 6.3 단순기후모델 '분출 확산(upwelling-diffusion)'의 구성 요소.

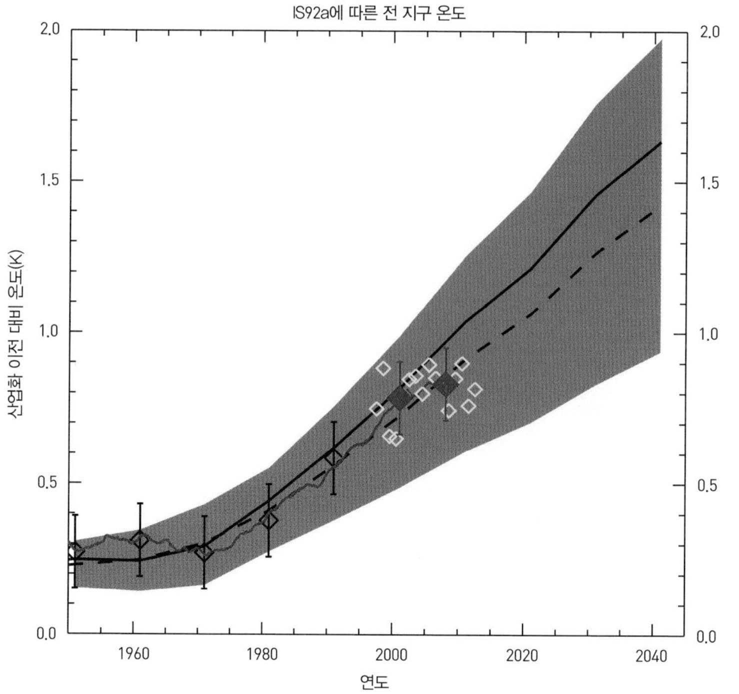

그림 6.4 초기 기후 예측의 예로, 회색 부분은 1996년 8월 데이터를 토대로 실행된 1999년 연구에서 산업화 이전 조건들과 비교한 지구 전체 온도를 5~95퍼센트 범위에서 보여준다. 기후 모델(검정색 선)과 관측(검정색 다이아몬드)을 통합해 총체적인 예측을 제시한다(점선과 회색 부분). 노란색과 적색 다이아몬드는 예측이 시작됐을 때를 기점으로 매해 그리고 매 12년 단위로 평균 온도를 보여주며 2000년도부터 예측한 대로 기후가 진화해왔음을 보여준다.

도 상승을 네 가지 RCP 시나리오를 통해 예측한 것이다. 산업화 이전부터 2100년도까지 각각의 시나리오를 통한 온도 상승의 수치에서는 미래의 온실가스 배출량을 온도 변화로 전환하는 과정에서 섭씨 1~6도 범위의 불확실성을 허용한다. 이렇게 넓은 범위는 미래 배출량에 대한 높은 불확실성과 대기 구성 요소의 변화에 대응하는 기후 조건 관련 피드백의 불확실성을 감안한 것이다(5장 참조).

일상생활이나 보통 경험하는 연간 온도 차를 고려할 때, 섭씨 1도와 6도 사이의 변화를 대수롭게 여기지 않을 수 있다. 하지만 1장에서 언급했듯이 **전 지구 평균 온도**라는 점을 감안하면 이는 매우 큰 차이다. 빙하기와 온난화 시기 도중에 일어나는 평균 온도 차이는 섭씨 5도 또는 6도라는 점과 비교했을 때 실제로 큰 차이임을 알 수 있다

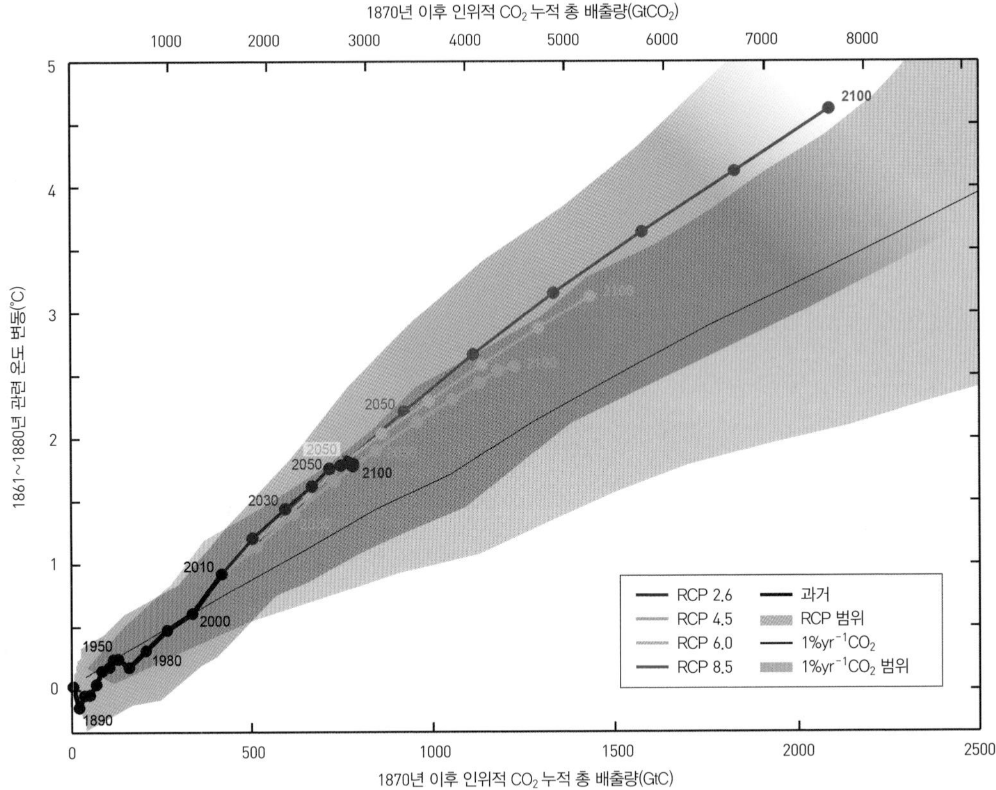

그림 6.5 다양한 근거로 축적된 지구 전체 CO_2 배출은 지구 전체 표면 온도 증가로 이어진다. 2100년까지 각 RCPs 기후-탄소순환 모델 계층의 멀티 모델 결과를 색이 있는 선으로 표시했고, 10년 평균치는 점으로 표시했다. 그중 어떤 10년 평균치는 명확성을 위해서 표시했다(예를 들어 2050은 2040~2049년을 가리킨다). 과거(1860~2010년) 모델 결과 수치는 검정색으로 나타냈다. 색채 있는 줄기의 흐름은 네 가지 RCP 시나리오 위에 분포된 멀티 모델을 보여주며, RCP 8.5 안에서 유효한 모델의 숫자가 감소됨에 따라 흐려진다. 매해 1퍼센트 증가하는 이산화탄소($1\%year^{-1}CO_2$ 시뮬레이션)로 인해 강화된 CMIP5로 예측된 멀티 모델 평균과 범위는 얇은 검정색 선과 회색으로 보여준다. $1\%year^{-1}CO_2$ 시뮬레이션은 누적된 CO_2 배출의 정확한 양에 대해서 RCPs의 예측보다 더 낮은 온난화를 보여주는데, 이는 CO_2 외에 추가적인 강제력을 포함한다. 온도 가치는 1861~1880년 시기 대비, 배출은 1870년 대비로 제공된다. 10년 평균 가치는 직선으로 연결되어 있다.

(그림 4.10). 21세기의 기후 변화로 인한 온도 차이는 빙하기 전체 과정에서 일어나는 온도 차를 함축하고 있다.

1990년 1차 IPCC 보고서는 지구 전체 평균 온도 상승을 매 10년간 섭씨 0.15~0.3도로 예측했다. 그때부터의 관측 자료에 따르면 실제로 매 10년간 평균 섭씨 0.2도의 상승이 있었다(그림 6.5). 대부분의 사람들은 작은 온도 변화를 체감할 수 없고 이를 무의미하다고 인식할 것이다. 하지만 이 수치들이 지구 전체의 평균 온도라는 점을 감안할 때 이 변화의 비율은 막대한 것임을 알 수 있다. 이러한 온도 변화는 고대 기후 데이터에서 추론했을 때 지난 1만 년 동안 지구 기후가 경험

(a)

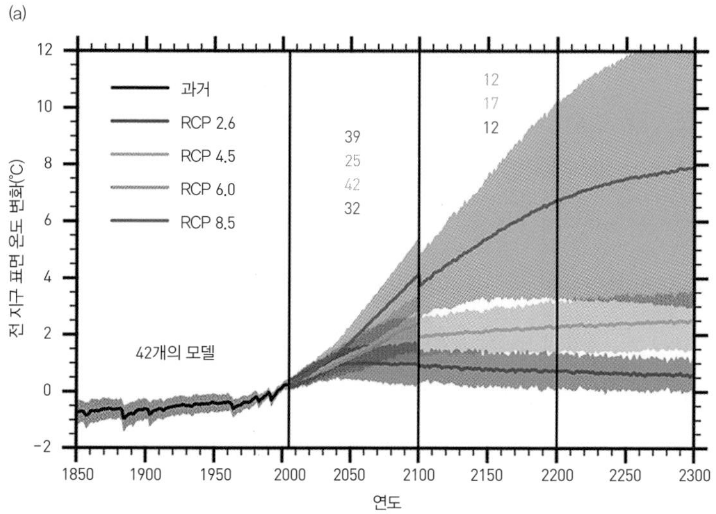

(b)

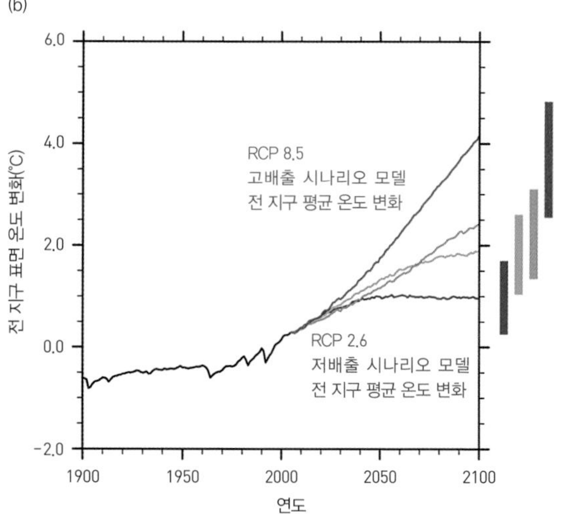

그림 6.6 42개의 CMIP5 농도 측정 실험 모델 중 네 RCP 시나리오의 1년 지구 평균 표면 온도(1986~2005년 대비)를 시계열 분석해 보여준다. 각 RCPs의 멀티 모델 평균(선명한 선)의 예측을 보여주며, 각 모델의 분포 전역의 5~95퍼센트 범위(표준편차 ±1.64)는 음영으로 표시했다. 2100년도에 불연속성은 다른 모델들이 21세기를 넘어 추가 예측을 했기 때문에 발생되는 것이며, 물리적인 의미는 부여되지 않는다. 각 모델로부터 오직 하나의 앙상블 멤버만 사용되며, 표의 숫자는 다른 시기 여러 모델의 기여도를 가리킨다. 2100년도를 넘어서는 오직 두 모델만이 유효하기 때문에 RCP 6.0의 예측 범위는 존재하지 않는다(TS15, IPCC WGI 2013, Technical Summary, p.89. 표와 세부적인 추가 설명을 함께 참고하라). (b)의 오른편 수직 막대가 표시하는 네 RCP 시나리오 CMIP5 모델 전역의 지구 평균 온도 변화는 21세기 말에 가능한 지구 온도 변화의 범위를 가리킨다.

했던 그 어떤 변화율보다 더 크다. 7장에서 더욱 자세히 설명하겠지만 인간과 생태계의 기후 변화 적응력은 전적으로 변화의 속도에 의존한다.

이산화탄소 등가치

많은 기후 변화 모델 연구 가운데, 산업화 이전 대비 대기 중 이산화탄소 농도 두 배 증가 시나리오가 기준으로 소개되어 다른 예측 모델들과의 영향 비교를 돕는 데 사용되었다. 산업화 이전 농도가 대략 280ppm이었듯이, 두 배는 560ppm이 된다. 그림 6.2의 곡선이 보여주듯이 이 수치의 발생은 어떤 시나리오에 의존하느냐에 따라서 결과가 다소 다를 수 있지만 21세기 후반쯤 나타날 것으로 전망된다. 하지만 이산화탄소 외에 다른 온실가스들도 증가하고 복사 강제력에 기여한다. 전체적인 수치를 계산하기 위해서 다른 온실가스를 이산화탄소의 양과 동등한 가치로 환산하는 것, 즉 이산화탄소가 복사 강제력에 미치는 기여도를 다른 온실가스에 동등하게 적용하는 것이다.[7] 이산화탄소 등가치는 'CO_2e'라고 표시한다.

이산화탄소 등가치의 계산은 다른 온실가스들, 즉 유효기간이 긴 온실가스만을 포함시켜(오존 제외) 이들의 기여도만을 감안하여 실행했다. 그러나 그림 3.13에서 보여주듯이, 대부분 음성을 띠는 대기 중 에어로졸은 복사 강제력에 막대한 기여를 하므로 CO_2e에 포함되어야 한다.

그림 6.6에서 볼 수 있듯이, 2050년 RCP 8.5 시나리오에 따르면 산

업화 이전 시기부터의 온도 상승은 대략 섭씨 2.2도다. 이는 섭씨 3도 상승의 75퍼센트 정도로(그림 6.6의 결과에 사용한 기후 민감도 모델의 가장 정확한 수치) 일정한 조건 안에서 CO_2e가 두 배가 되었을 때의 예상 수치다. 5장에서 살펴봤듯이 예상 온도 수치의 차이는 해양에서 온도 상승이 비교적 천천히 일어나기 때문이다. 이는 CO_2e 농도가 증가함에 따라 당시 감지할 수 없는 암시적인 온도 상승이 추가적으로 존재한다는 의미다.

현재 CO_2e의 수치는 어느 정도인가? 만약 2005년(그림 3.13)에 배출된 모든 온실가스와 에어로졸이 복사 강제력에 기여하는 수치를 합하여 CO_2e로 환산하면[8] 대략 375ppm으로 예상된다(에어로졸과 오존의 기여도를 제외하면 수치는 약 450ppm가 될 것이다). 이는 현재 이산화탄소의 농도와 크게 다르지 않은데, 지구 전체 에어로졸의 평균 음의 강제력이 이산화탄소 외에 다른 온실가스 증가로 인한 양의 강제력의 기여를 대략 상쇄했기 때문이다. 에어로졸 강제력(그림 3.13)의 광대함으로 인한 매우 높은 불확실성 때문에 이 계산은 대략적일 수밖에 없음을 감안해야 한다. 에어로졸의 상쇄 기능이 미래에도 지속될 것인가? 모든 시나리오는 에어로졸 기여도의 막대한 영향력을 고려하지만 21세기 동안 감소할 것이라고 평가한다.[9] 이 주제는 10장에서 CO_2e 안정화 가능성을 살펴보면서 다시 거론될 것이다.

기후 변화의 지역적 패턴

지금까지 우리는 기후 변화 강도의 지수를 유용하게 나타내는 지구 전체 평균 표면 온도 상승의 측면에서 전 지구적 기후 변화를 논의했다. 하지만 이러한 영향력이 지역에 미치는 함의에 대해 정교하게 분석하기에는 역부족이다. 공간적인 정밀 분석이 요구되는데, 전 지구의 기후 변화는 영향과 파급이 지역적으로 감지되기 때문이다(그림 6.6).

지역적인 기후 변화의 경우, 전 지구 기후 체계의 역학을 지배하는 대기 순환의 상호작용과 방식 때문에 지구 전체에 미치는 영향이 일정할 수 없다는 점을 감안해야 한다. 예를 들어 방대한 규모의 육지와 해양의 온도는 막대한 차이를 예상하게 한다. 육지는 열용량이 비교적 작기 때문에 열에 대한 반응이 더 빠른 것이다. 예측되는 온도의 변화를 결정짓는 대륙의 전반적인 특징을 아래에 나열했다. 더욱 자세한 패턴은 그림 6.6에 나와 있다. 4장을 참고하면 이러한 많은 특징이 지난 수십 년간의 관측 기록에서 이미 나타난다는 점을 알 수 있다.

- 지구 전체에서 평균적으로 육지는 해양과 비교해서 약 40퍼센트 이상 표면 온난화가 더 크고, 이는 겨울철 북쪽 고위도 지방과(해빙과 눈의 감소와 관련 있다) 여름철 남유럽에서 두드러지게 나타나고, 여름철 동남·남아시아와 겨울철 남아메리카 남쪽 지역에서는 40퍼센트 이하로 간주된다.
- 남극과 북대서양 북쪽 주변의 최소한의 온난화는 심해의 혼합과 관련이 있다.
- 저위도나 남쪽 극지 부근의 해양에서는 온난화로 인한 작은 계절적 변동이 일어난다.
- 대부분 계절과 지역의 경우, 육지의 낮 동안 온도 범위가 감소한다. 밤 시간 온도 하락의 증가 폭은 낮 시간 상승 폭보다 크다.

평균 표면 온도의 변화(1986~2005년부터 2081~2100년)

RCP 2.6

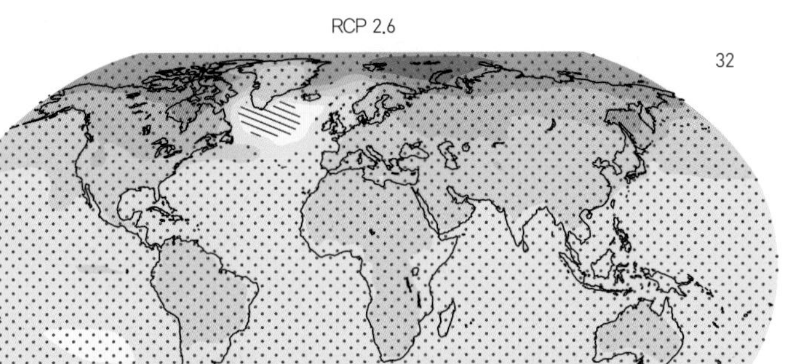

RCP 8.5

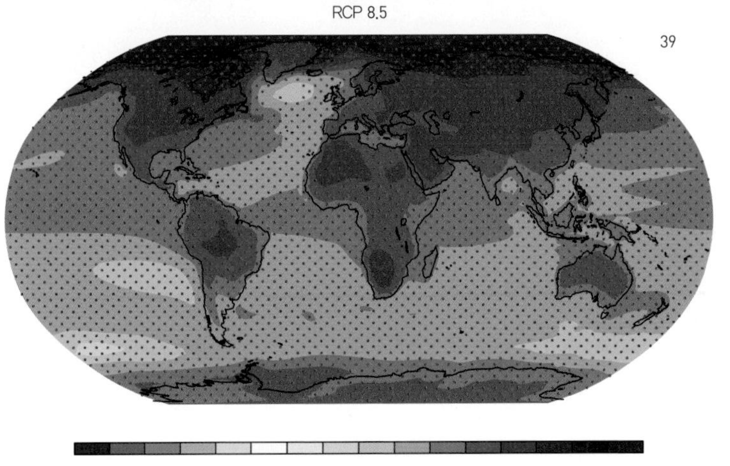

그림 6.7 1980~2005년과 대비해 2081~2100년 RCP 8.5 시나리오 멀티 모델 평균 표면 온도 변화를 보여준다. 1986~2005년 대비하여 2018~2100년 RCP 8.5와 RCP 4.5의 매해 지구 전체 평균 온도 변화 지도들은 약 40개의 CMIP 모델에 기초한다(IPCC WGI 2013, 표 TS15, 오른편을 참조). 빗금은 멀티 모델 평균 시그널이 내부적 기후 가변성의 두 가지 표준편차보다 높은 지역을 가리키며, 90퍼센트의 모델이 이러한 변화의 조짐을 보여준다는 데 동의한다.

지금까지 우리는 대기 온도 변화에 대한 결과로만 설명해왔다. 하지만 기후 변화에서 보다 중요한 지수는 강수량이다. 지구 표면의 온난화와 더불어 해양과 육지에서 증발이 증가함에 따라 대기 수분량이 평균보다 많아진다. 이는 자연스럽게 평균보다 많은 강수량으로 연결된다. 대기의 수분 수용력이 섭씨 1도에 약 6.5퍼센트로 증가함에 따라[10] 표면의 온도 상승으로 인한 강수량 증가는 막대할 것으로 예상

세계 전역에 폭우와 홍수가 증가하고, 2013년 호주 브리즈번의 광경은 최근 이러한 기후 현상을 증명한다.

된다. 사실 모델 예측은 섭씨 1도마다 약 3퍼센트의 표면 온도 상승에 전반적으로 연관된 강수량 증가를 표시한 것이다.[11] 수증기가 응결하면서 대기 순환에 투입되는 가장 큰 에너지 요소가 잠재 열에서 비롯되기에, 대기 순환에 잠재된 에너지는 대기 수분량에 비례해 더욱 증가한다. 즉 온실가스 증가로 인한 인위적 기후 변화의 주된 특징 중 하나는 더욱 격해진 물의 순환이다(위 사진 참조). 그림 6.8은 물순환 요

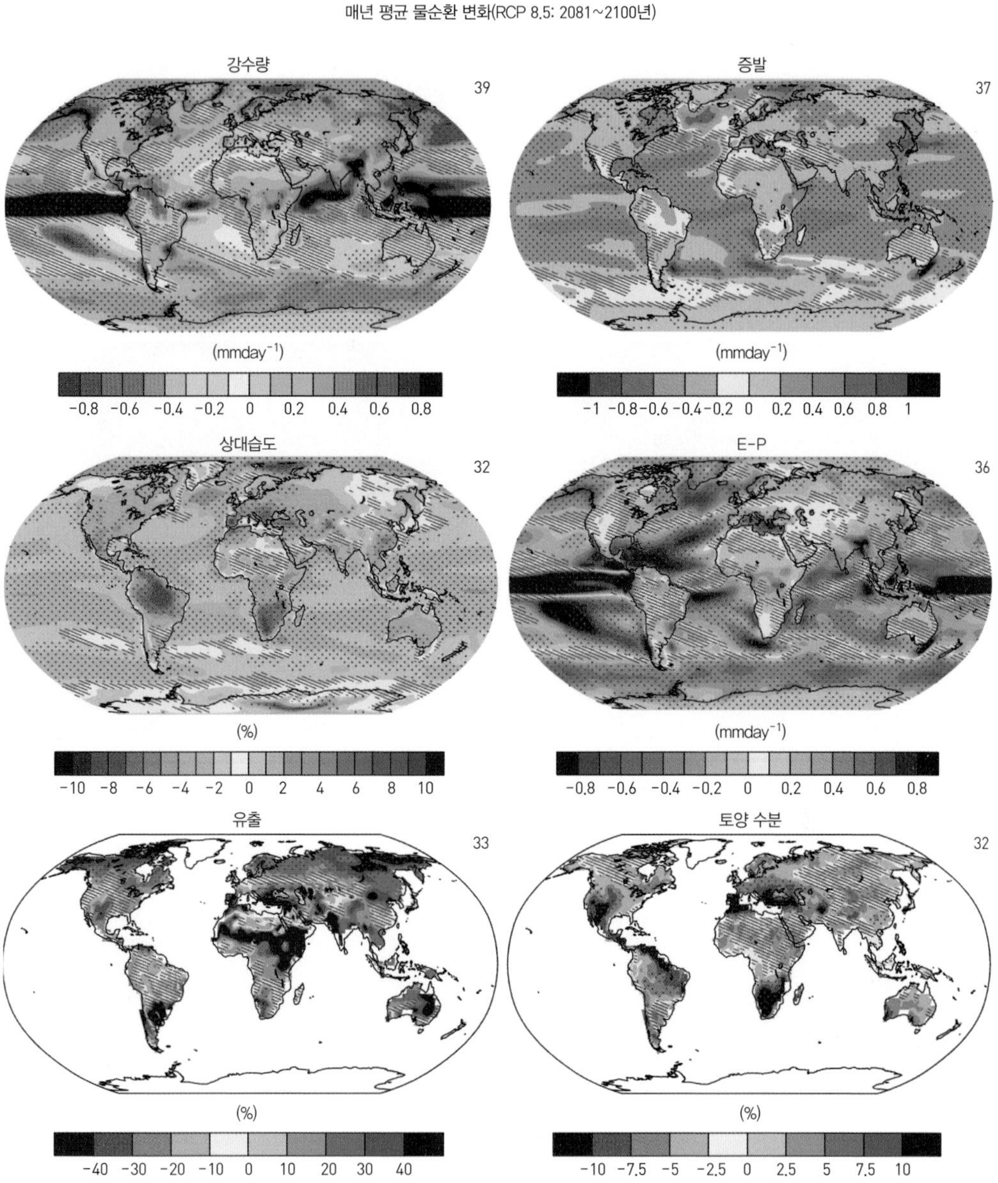

그림 6.8 RCP 8.5에 의거한 1986~2005년 대비 2081~2100년에 예상되는 매해 평균 강수량의 변화(P), 증발(E), 상대적 습도, E-P, 유출, 토양 수분을 보여준다. 멀티 모델 평균을 계산하는 데 사용된 CMIP5 모델의 수는 각 패널의 우측 상단에 표시했다. 빗금은 멀티 모델 평균 변화가 내부 기후 가변성의 표준편차보다 적은 지역을 보여준다. 점은 자연적 내부 기후 가변성과 비교해서 멀티 모델이 더 큰 지역을 보여주고, 90퍼센트 이상의 모델이 이러한 변화의 조짐에 대해서 일관적으로 동의하는 곳이다.

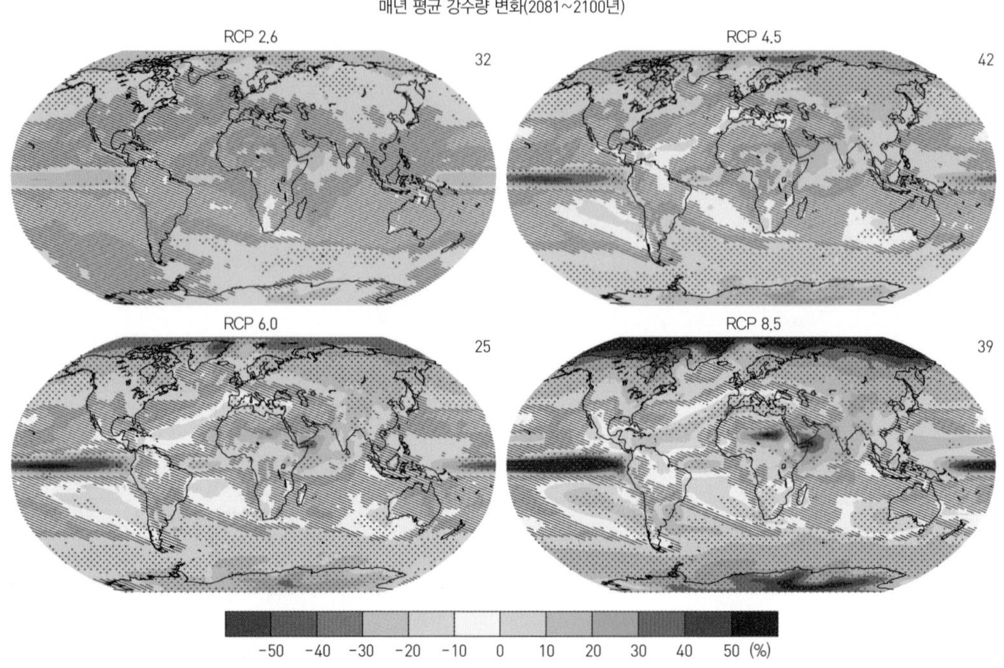

그림 6.9 1986~2005년 대비 2081~2100년 RCP 4.5와 RCP 8.5 시나리오의 멀티 모델 결과의 지도들은 평균 강수량 변화를 백분율로 나타낸 것이다. 각 패널 우측 상단에 멀티 모델 평균치를 계산하는 데 사용된 모델의 수가 제시되어 있다. 빗금은 내부 기후 가변의 한 가지 표준편차보다 멀티 모델 평균 조짐이 더 작은 지역을 보여준다. 점은 내부 기후 가변의 두 가지 표준편차보다 멀티 모델 평균 조짐이 더 큰 지역을 보여주며, 90퍼센트 이상의 모델이 이러한 변화 조짐에 대해 일관적으로 동의하는 곳이다.

소의 자세한 변화를 보여준다. 이러한 요소들이 이상 강수(precipitation extreme)에 미치는 영향은 다음 부분에서 논의될 것이다.

강수량 변화와 관련해서 다음과 같이 크게 세 가지 특징을 엿볼 수 있다(그림 6.8과 6.9 참조).[12]

- 지구 전체 평균 강수량의 증가와 더불어 지역마다 큰 변동이 생길 수 있는데, 어떤 곳은 평균 강수량이 감소하고 계절적 분포에 변화가 생기기도 한다. 공간의 가변성에 따른 강수량 증가는 예를 들어 아열대지방의 강수량을 감소시키는 데 기여할 수 있으며, 고위도와 열대지방 부근에서는 증

가하게 할 수 있다.

- 아열대 지역의 전반적인 강수량 감소 경향과 더불어 아열대 고기압 지방이 극지로 확장하며 아열대 주변 지역의 강수량 감소 전망에 무게가 실리고 있다. 21세기 대부분의 강수량 감소에 대한 지역적 예측은 아열대 고기압 지방에 근접한 곳과 연관된다. 예를 들어 남유럽, 중앙아메리카, 남아프리카, 호주는 더욱 건조한 여름이 예상되며 이에 따른 가뭄의 위험도 함께 증가할 가능성이 있다.
- 몬순의 흐름이 약화되는 경향에도 강화된 수분 집중 때문에 몬순 순환이 강수량 증가로 이어질 가능성이 크나, 열대기후 반응에 대한 여러 측면은 여전히 불확실하다.

지금껏 논의한 온도와 강수량의 변화와 더불어 물순환을 형성하는 중요한 조건들의 변화도 함께 고려해야 하는데 이는 증발, 상대습도, 흙 수분과 지표수를 포함한다(그림 6.8 참조). 이러한 조건은 물순환의 과학적인 역학에서 중요할 뿐만 아니라, 인간의 삶과 자연 세계의 기능 및 안전에 미치는 영향에서도 빼놓을 수 없는 부분이다.

대부분의 자연적인 기후 변동성은 지속적인 기후 패턴이나 체계 간의 동요나 변화 때문에 일어난다. 태평양–북대서양 이상(PNA: 동태평양과 북아메리카 서쪽 지역이 고기압의 영향을 받고, 이는 미국 동부 지역에 매우 추운 겨울을 초래하는 경향이 있다), 북대서양 진동(유럽 북서쪽의 겨울에 강한 영향력을 행사한다) 그리고 5장에서 언급한 엘니뇨 현상을 이러한 기후 체계의 예로 들 수 있다. 온실가스 증가로 인한 강제력에 반응하는 기후 변화의 중요 요소들은 이러한 기후 체제에서 예시된 기후 패턴 변화의 강도와 빈도에서 예측할 수 있다.[13] 현재 이러한 패턴을 예측하는 많은 모델은 일관성이 부족한 상황이다. 하지만 태평양 열대 지역의 표면 온도는 엘니뇨 현상과 같은 추이를 보이고(그림 4.1 참조), 동태평양 열대지방은 서태평양 열대지방보다 더 큰 온난화를 보여주며 이에 상응하는 강수량의 동쪽 이동이 지속될 것으로 많은 모델이 예측한다.[14] 이러한 주요 기후 체계에 미치는 온실가스 증가로 인한 영향, 특히 엘니뇨 현상은 매우 시급하고 중요한 연구 분야다.

온실가스와 비교해 대기 중 에어로졸의 영향력은 기후 변화 패턴의 분석을 더욱 복잡하게 한다. RCPs 시나리오에 기반한 예측에서 에어로졸의 영향력은 1995년 IPCC 보고서에 실린 IS92 시나리오에 의존한 것보다 낮지만 예측된 복사 강제력은 꽤 막대하다. 예를 들어 전지구 평균 온도의 변화가 해수면 상승(7장 참조)에 미치는 영향력을 감안할 때, 예측에서 지구 전체 평균 강제력의 수치를 사용하는 것이 적절하다. 황산염 에어로졸로 인한 음의 강제력은 온실가스 증가에 따른 양의 강제력을 상쇄한다. 그러나 에어로졸 강제력의 효과는 지구 전체에서 볼 때 일정치 않기 때문에(그림 3.9), 에어로졸 증가로 인한 효과는 단순히 온실가스 증가의 상쇄 작용으로만 볼 수 없다. 에어로졸로 인한 지역적 강제력의 다양성은 기후 반응에서 지역마다 막대한 차이를 양산한다. 가장 우수한 기후 모델의 상세 지역 정보를 사용해 온실가스와 에어로졸이 동시에 증가한다는 가정 아래 기후 변화를 평가해야 할 것이다.

이상기후 변화

앞서 기후 변화의 지역적 패턴에 대해 논의했다. 그렇다면 미래의 이상기후 변화 빈도와 강도 추이를 예측할 수 있을까? 사실 평균 기후의 변화를 체감하기란 쉽지 않지만 극심한 기후, 즉 가뭄, 홍수, 태풍, 매우 춥고 더운 시기의 극심한 온도 변화는 우리의 삶에 큰 영향을 미치기 마련이다(1장 참조).[15]

가장 뚜렷한 변화는 극도로 더운 날씨와 폭염이 크게 증가하는 이상기후를 들 수 있다(그림 6.10). 이는 매우 추운 날의 감소를 동반한다. 대륙의 많은 지대는 고온과 자주 일어나는 폭염을 경험하고 있다. 가장 대표적인 예로 2003년 유럽 중부의 폭염을 들 수 있다. 그림 6.10c에서 보여주듯이, 예측 모델은 21세기가 전개되면서 이러한 이상기후의 빈도와 강도가 훨씬 더 증가할 것임을 시사한다.

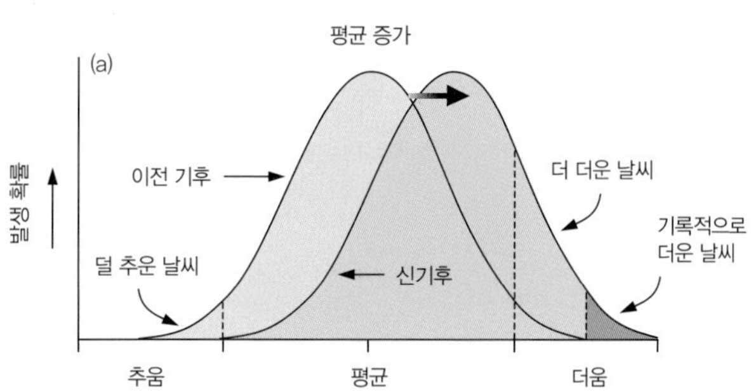

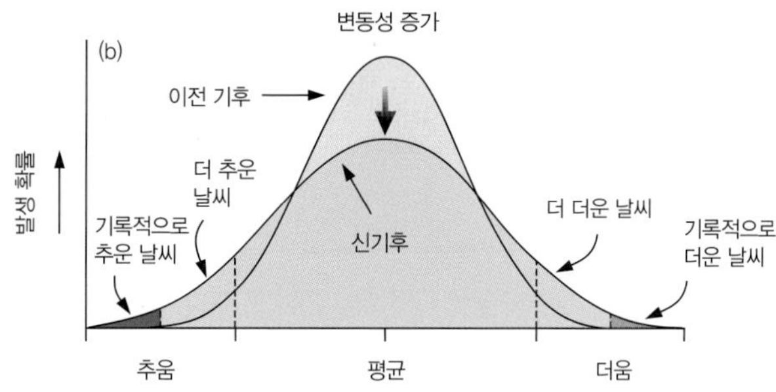

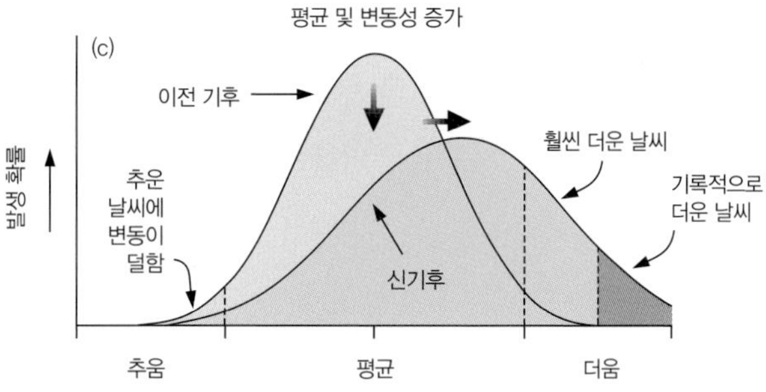

그림 6.10 위의 표는 다음과 같은 조건이 이상 온도에 미치는 영향을 보여준다. (a) 평균 온도의 상승이 기록적인 더운 날씨로 이어질 때, (b) 변동성이 증가할 때 그리고 (c) 평균과 변동성이 동시에 상승할 때이며 이때 훨씬 기록적인 더운 날씨로 이어진다.

또한 물순환과 연관된 극심한 변화는 더욱 큰 충격을 초래할 것이다. 앞서 설명했듯이 비교적 더운

가뭄.

지역에서는 온실가스가 증가함에 따라 평균 강수량이 증가하고 물순환의 강도는 더욱 높아진다.[16] 강우량이 큰 지역에서 어떤 일이 일어날지를 생각해보라. 물순환의 강도가 높아지면서 대류 활동 증가로 인해 더 많은 비가 내릴 것이고, 강도 높은 폭우와 폭풍우가 발생할 것이다.

미래의 홍수와 가뭄 빈도 및 강도 측면에서 이는 무엇을 의미할까? 강수량의 증가는 더욱 잦고 강도 높은 홍수를 의미한다. 습한 날 예상되는 강수량의 막대한 증가를 그림 6.11이 보여준다. 그림 6.12는 21세기 후반 이전에는 세계 여러 지역에서 극심한 강우 주기가 세 배에서 다섯 배 비율로 적었음을 시사한다.

지구 전체의 온난화로 인해 비교적 적은 강우량(하루 6밀리미터 이하)

을 보이는 날이 감소할 것으로 예상된다. 물순환이 더욱 격해지면서 이상기후 조건에 따라 더 많은 비가 내릴 것이다. 대류 지역의 급격한 하강기류 지대는 건조해지는 반면 상승기류 지대는 습하고 불안정해지기 때문이다. 원래 비교적 강수량이 적었던 지역에서 더욱 감소되는 현상이 일어날 것이다. 예를 들어 여름철 평균 강수량이 많을 가능성이 높은 남유럽을 살펴보자(그림 6.9). 하지만 강수량이 감소할 때 빈도가 동일하게 유지되면서 하루 강수량만 줄어드는 형태가 아니라, 비가 오는 날이 급격히 감소해 비가 전혀 오지 않는 날이 장기화될 가

2005년 8월 바다 표면 온도. 주황색과 적색은 허리케인이 발생하기 적합한 조건을 갖춘 지역을 보여준다(섭씨 28도 또는 더 높은 온도). 허리케인의 바람은 해양의 열에너지로 인해 발생하며 2005년 허리케인 카트리나는 멕시코 연안부터 플로리다, 텍사스 전역 그리고 특히 루이지애나의 뉴올리언스에 참사를 초래했다.

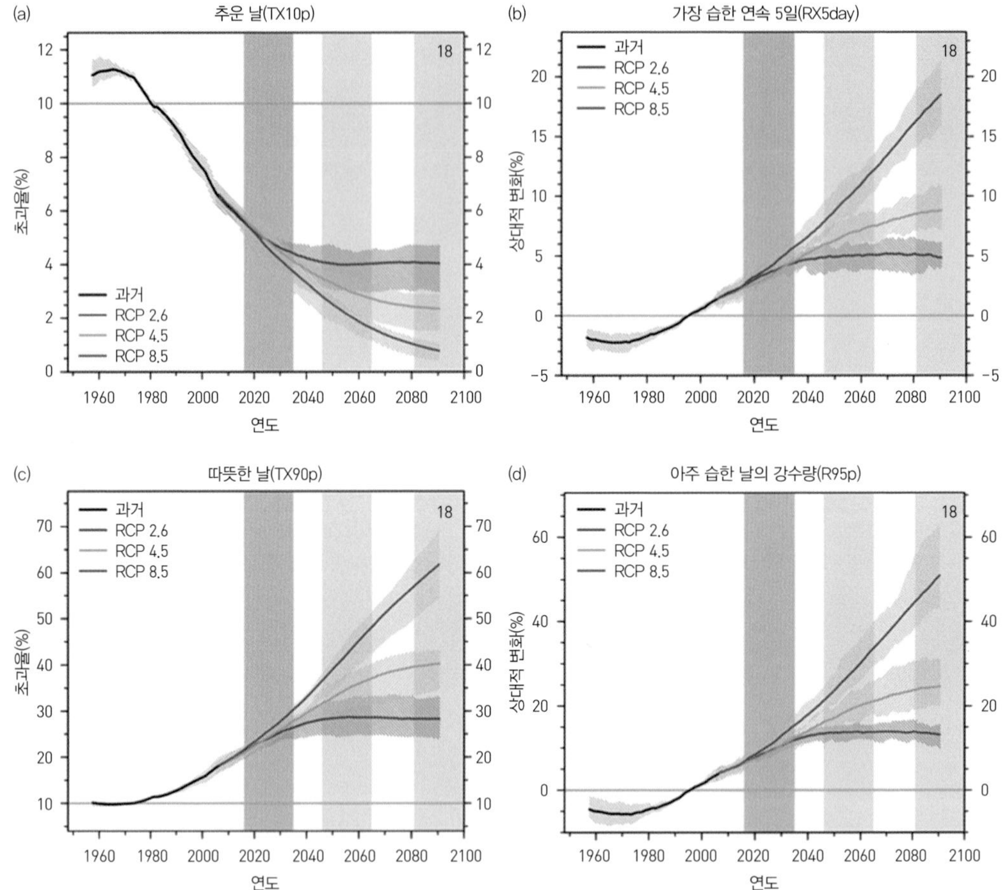

그림 6.11 극심한 기후 현상 빈도의 변화를 RCP 2.6(짙은 파란색), RCP 4.5(옅은 파란색), RCP 8.5(빨간색) 시나리오로 예측한 결과다. (a) 1961부터 1990년(T_{max})의 10번째 백분위 수 이하의 하루 최대 공기 표면 온도(T_{max})와 매년 추운 날의 발생률(%), (b) 5일 동안 연이은 가장 습한 날들: 1986~2005년 5일 연속 연간 최대 강수량 변화(%), (c) 1961부터 1990년의 T_{max} 90번째 백분위 수를 넘어서는 하루 최대 공기 표면 온도(T_{max})와 매년 따뜻한 날의 발생률(%), (d) 95번째 백분위 수를 넘어서는 1986~2005년의 매년 강수량과 비교한 매우 습한 날 강수량의 변화(%).

능성이 급격히 높아진다. 또한 온도 상승은 수분 증발의 증가로 이어지며 지구 표면의 유효한 수분을 감소시킬 것이다. 이는 가뭄의 조건을 형성하기에 알맞다. 가뭄 증가에 대한 가능성은 상대적으로 평균 강수량 감소보다 높다. 가뭄 피해에 가장 많이 노출된 곳은 그림

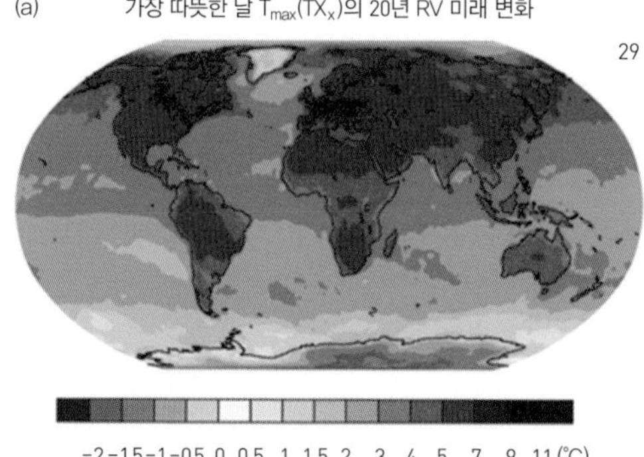

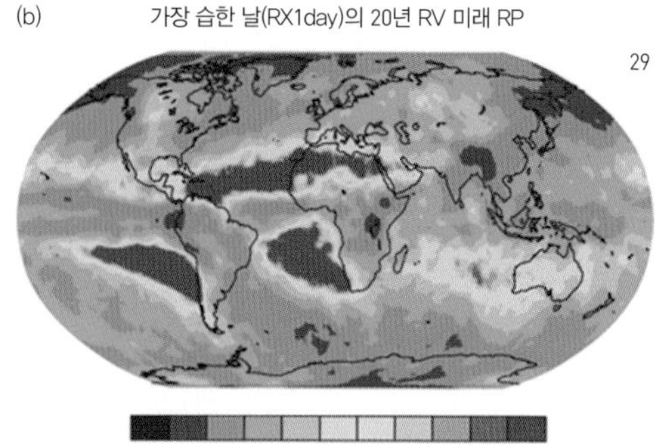

그림 6.12 위의 지도는 (a) 1986~2005년부터 2081~2100년까지의 20년간 하루 최대 온도 반환 값(RV)의 변화, T_{max}, (b) 1986~2005년 동안 20년 회복 주기(RP)를 갖고 있는 2081~2100년의 드문 하루 강수량 수치 $RX1_{day}$의 회복 주기(RP). 두 지도는 RCP 8.5 시나리오에 의거한다. 멀티 모델 평균을 계산하는 데 사용된 모델의 수는 각 패널에 표시되어 있다.

6.9에서 명시한 강수량 감소 해당 지역에 전반적으로 분포되어 있다.

따라서 온실가스의 증가로 인해 온난화 현상이 비교적 심한 지역은 더욱 잦은 가뭄과 홍수를 경험하게 될 것이다. 이는 1장에서 이미 언급했듯이 극심한 기후 조건이 실제 우리 삶에 미치는 영향을 분명히 보여준다. 이는 7장에서 더욱 자세히 논의하겠다.

그렇다면 다른 이상기후 현상들, 예를 들어 강도 높은 폭풍은 어떠한가? 대륙에 막대한 손해를 입히는 열대 해양의 허리케인, 태풍, 격렬하게 회전하는 사이클론은 어떠할까? 이러한 폭풍의 에너지는 온난화된 해양 표면에서 수분이 증발하며 생기는 물의 잠재적인 열로써 양산되는데 이는 폭풍 구름 안에서 응결되고 에너지를 분출한다. 다시 말해 더 따뜻한 해양 온도는 더 많은 에너지 분출을 의미하고 이는 더 잦고 강도 높은 폭풍을 뜻한다. 그러나 해양 온도가 열대 폭풍의 유발을 좌우하는 유일한 조건이라고 보기는 어렵다. 왜냐하면 대기 전체 흐름의 특징 또한 중요하기 때문이다. 더욱이 제한된 데이터에 따르면 관측된 열대성 사이클론의 강도와 빈도의 다양성은 지난 20세기 후반기에 뚜렷한 추이를 보여주지 않았다. 지구대기해양순환모델이 타당한 요소를 고려할 수는 있지만 이 모델의 경우 비교적 큰 그리드 사이즈 때문에 열대성 사이클론 같은 작은 동요에 대한 세밀한 정보를 신뢰성 높게 예측하기는 역부족이다. 이 모델의 예측에서는 열대성 사이클론의 빈도 혹은 사이클론이 형성되는 지역에 대한 일관성 있는 정보가 없다. 그러나 지난 몇 년간 지역 모델에 관한 연구와 AOGCMs에서 취한 대규모 변동성을 감안한 더욱 적합한 분석을 통해, 바람의 최고 강도와 강수량의 최고 수치를 일관적으로 예측하는 사례가 보고되고 있다(지역 모델링에 대한 다음 부분 참조). 증가의 규모 표시는 한 연구에 의해 제공됐는데, 이는 최고치 바람 강도 6퍼센트 증가와 강수량 20퍼센트 증가를 예측한다.[17]

중위도에서 폭풍의 발생을 조성하는 요소들은 매우 복잡하다. 폭풍 강도를 높이는 데 다음의 두 가지 요소가 기여한다. 첫 번째, 열대 폭풍이 그렇듯이 특히 해양 표면의 고온이 더 많은 에너지를 양산한다. 두 번째 요소는 육지와 바다의 큰 온도 차이, 특히 북반구에서 이러한 현상이 두드러지게 나타나는데 이는 온도 격차를 가파르게 하며 더욱 강한 순환과 불안정성을 증폭시킨다. 특정 예측 모델의 결과에 따르면, 유럽의 대서양 연안 부근이 폭풍이 증가하는 지역으로 예상된다. 그러나 이러한 예측은 지나치게 단순할 수 있다. 또 다른 모델에 따르면, 폭풍 경로의 변화 때문에 특정 지역에 매우 다른 변화가 나타날 수 있다. 다양한 모델 예측 가운데 전체적인 일관성은 약한 편이다.

지구 전체 모델에서 예측되지 않는 다른 이상기후 현상들을 살펴보면, 특히 아주 소규모 현상(예를 들어 토네이도, 폭풍우, 우박, 번개) 추이를 평가할 수 있는 정보가 부족하고 신빙성 있는 예측이 어려운 상황이다.

표 6.1 극심한 날씨와 기후 현상들. 최근 조사된 전 지구적 변화에 대한 평가, 변화에 기여한 인간 활동, 2016~2035년 초반과 21세기 후반(2081~2100년)에 예상되는 추가 변화를 나타낸다.

현상과 방향	이미 발생한 변화에 대한 평가(보통 1950년부터)	조사된 변화에 기여한 인간 활동에 대한 평가	앞으로 예측되는 변화에 대한 가능성	
			21세기 초반	21세기 후반
더 따뜻하고, 혹은 대부분 육지의 추운 낮과 밤의 감소	매우 높음	매우 높음	높음	사실상 확정
더 따뜻하고, 혹은 대부분 육지의 더 잦은 더운 낮과 밤	매우 높음	매우 높음	높음	사실상 확정
대부분 육지의 따뜻한 날씨 또는 폭염의 빈도와 지속 기간의 증가	지구 전체 규모에서는 중도 확신, 유럽, 아시아 그리고 호주의 상당 부분에서는 높음	높음	공식적으로 평가되지 않음	매우 높음
높은 강수량 현상의 증가된 빈도, 강도와 총량	대부분 육지에서는 감소보다 증가의 가능성이 높음	중도 확신	높음	중위도 대부분 육지와 습한 열대지방에서는 매우 높음
가뭄의 기간과 강도의 증가	지구 전체 규모에서는 낮은 확신, 특정 지역에서는 높은 변화 가능성	낮은 확신	낮은 확신	높음, 지역적-지구 전체 규모에서는 중도 확신
열대성 사이클론의 강도 증가	장기적인(100년 단위) 변화에 대해서는 낮은 확신, 1970년부터 북대서양에서는 사실상 확정	낮은 확신	낮은 확신	서북태평양과 북대서양 지역에서는 높은 가능성
극도의 해수면 상승의 규모와 사건의 증가	(1970년부터) 높음	높음	높음	매우 높음

출처: Table SPM1, IPCC WGI 2013, p. 7.

표 6.1은 극심한 기후 현상으로 인해 미래에 일어날 수 있는 일에 대한 예측 정보를 요약한 것이다. 전반적인 추이는 명확하게 추측 가능하지만 지역별로 일어날 수 있는 이상기후 현상의 강도와 빈도 변화, 기후 변동성에 대한 **양적** 평가를 제공하는 연구가 더욱 요구되는 현실이다.

지역기후모델

지금까지 제시한 기후 모델들은 대륙의 범위에서 일어날 수 있는 변화를 예측하는 데 사용되는 것이다. 하지만 더욱 작은 규모에서 지역별로 나타날 수 있는 변화에 대한 구체적인 모델링이 가능할까? 5장에서 우리는 수평적 그리드의 대략적인 크기(일반적으로 100킬로미터 또는 이상) 안에서 발생하는 지역적 변화를 예측하는 데 GCMs의 한계점을 언급했다. 또한 5장에서 지역기후모델을 소개했는데, 이는 일반적으로 30킬로미터 이하의 해상도이며 GCMs 안에 포함될 수 있다.

지역 모델은 기후 변화의 섬세한 패턴을 조사하는 데 매우 강력한 도구다. 이러한 자세한 정보가 기후 변화로 인한 영향을 평가하는 연구에서 얼마나 중요한지는 7장에서 분명히 인식할 수 있을 것이다. 그러나 아무리 기후 모델이 완벽하더라도 지역 기후의 자연적 변동성은 대륙이나 더 큰 규모와 비교해서 훨씬 높기 때문에 지역 차원의 예측은 불확실성이 더욱 높을 수밖에 없음을 감안하는 것이 중요하다.

장기적 기후 변화

지금까지 이 책에서 다룬 대부분의 미래 기후에 대한 예측은 향후 수백 년의 상황을 고려한 것이다. 그러나 그림 6.1, 6.2, 6.6은 2300년까지를 살펴보며, 만약 이때까지 화석연료가 지구 에너지 수요의 대부분을 채울 경우 어떤 일이 일어날지에 대한 가능성을 제시한다.

산업혁명 초기부터 2000년도까지 화석연료 연소로 대략 300Gt의 탄소가 이산화탄소 형태로 대기에 배출되었다. 11장에서 언급하겠지만 현재 사용 속도로 보면 지구에 저장된 화석연료 총량은 2100년을 넘어서도 지속하기에 충분하다. 만약 이대로 진행된다면 지구 전체 평균 온도는 계속 상승할 것이고, 22세기에는 현재 평균 온도보다 약 섭씨 10도 더 높아질 확률이 크다(그림 6.6 참조). 파생된 기후 변화는 상대적으로 클 것이며 돌이킬 가능성은 희박하다.

장기적으로 보았을 때, 특히 기후 체계에 예상치 못한 변수가 생길 수 있다. 예를 들어 대기에 인간의 활동에 의해 생긴 '오존홀'이 그러한데 이는 과학적 '변수'로 예상하지 못했다. 이러한 현상의 특징은 물론 예측 불가하다. 그러나 기후 체계에 대해 이해하지 못하는 점이 많고, 이러한 가능성을 어디서부터 찾아야 할지 알 수 없는 부분도 많다.[18] 예를 들어 심해 순환이나 주요 빙하의 안정성이 그러하다(5장 참조). 다음 부분에서 잠재적 첫 요인을 더욱 자세히 살펴볼 것이고 이어서 '해수면이 얼마나 상승할 것인가'라는 주제 아래 두 번째 요인도 다룰 것이다.

대서양자오선역전순환

AMOC는 5장에서 소개한 열염분순환과 관련이 있는데, 그림 5.19는 심해의 해류가 열과 담수를 지구의 모든 해양에 나르는 과정을 보여준다.[19] 또한 AMOC의 주요 근원지인 그린란드와 스칸디나비아 사이 북대서양 지역에서 지난 시기에 일어난 융빙으로 인한 막대한 담수 유입이 AMOC에 미치는 영향력도 이미 언급되었다.

그림 6.13 세 모델을 기준으로 1850년부터 2100년까지의 기간을 2300년으로 확장한 북위 30도에서의 AMOC 강제력에 대한 멀티 모델 예측(14개 모델에 의거한 자료). 순환의 단위는 스베드럽(Sverdrup, $10^6 m^3 s^{-1}$)이다.

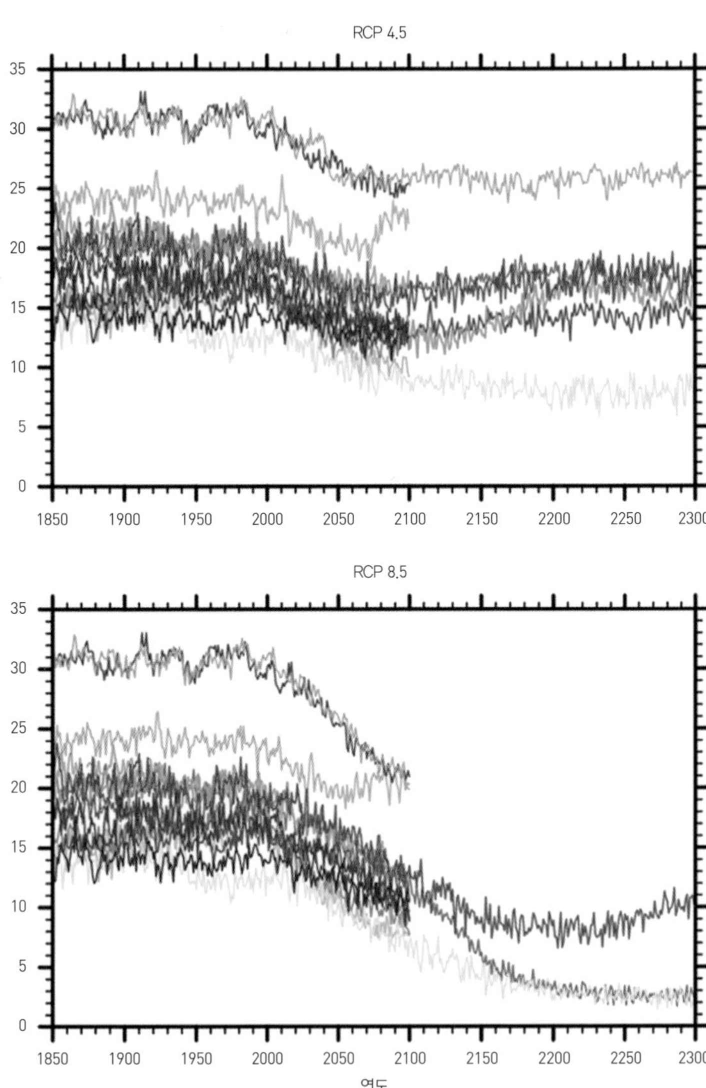

온실가스 증가로 인한 기후 변화와 함께 특히 고위도에서 온도와 강수량은 막대하게 상승할 것이며(그림 6.7, 6.9 참조), 물의 표면 온도 상승과 더불어 담수가 추가적으로 해양에 유입될 것이다. 더욱이 그린란드의 빙하가 녹으면서 담수의 양은 증가할 것이다. AMOC의 북대서양 근원지에 흐르는 고밀도의 차고 짠 물은 덜 차갑고, 덜 짜고, 밀도가 낮아질 것이다. 결과적으로 AMOC은 약화되며 아열대지방에서 북대서양으로 흐르는 열은 감소할 것이다. 그림 6.13에서 살펴볼 수 있듯 RCP 8.5 시나리오에 따르면 모든 AOGCM은 21세기와 그 이후에 다양한 범위에서 이러한 현상을 보여주며 2100년도까지 30퍼센트 정도 약화될 것이다. 물론 약해지는 강도는 각 예측 모델마다 이견이 있지만, 온실가스 증가로 인한 온도 변화 패턴 관련 모든 기후 모델의 예측은 북대서양 지역의 비교적 적은 온난화를 보여준다(그림 6.7). 21세기 동안 이 지역의 냉각을 보여주는 모델은 전무하다.

자주 제기되는 질문은 AMOC 안에서 갑작스러운 전환이 나타날 수 있는가와 과거와 같이 아예 단절될 수도 있는가의 문제다(4장 참조). 현존하는 모델 예측에 따르면 21세기에 갑작스러운 전환이 일어날 확률은 매우 낮다고 볼 수 있다. 그러나 먼 미래의 AMOC 안정성에 대해서는, 만약 지구 온난화에 대한 완화 조치가 구성되지 않고 이대로 진행된다면, 그리고 그린란드 빙하의 녹는 속도가 증가한다면 큰 우려가 될 수밖에 없다. AMOC 변화의 가능성과 영향에 대해 더 자세히 설명할 수 있는 모델과 관측에 대한 심도 깊은 연구가 현재 진행 중이다.

기후 변화에 영향을 줄 다른 요소들

현재까지 인간의 활동으로 인한 기후 변화에 대해서 논의했다. 하지만 기후 체계의 외부 요소 가운데 기후 변화를 유발하는 것이 있는가? 4장에서는 지구 궤도의 변화로 일어나는 지구가 흡수하는 태양 에너지의 변동이 빙하기를 초래했고 과거의 주요 기후 변화 요인이었다고 지적했다. 물론 이러한 움직임은 지금도 계속 진행 중이다. 그렇다면 현재 어떤 영향력을 미치고 있는가?

지난 1만 년 동안 이러한 궤도의 변화로 인해 7월 북위 60도의 일반적인 태양 복사열은 약 35Wm^{-2} 감소했는데 꽤 큰 양이다. 하지만 이로 인한 변화는 지난 100년 동안 1제곱미터당 최대 10분의 몇 와트밖에 되지 않으며, 이는 온실가스 증가로 인한 변화와 비교해서 매우 작다(이산화탄소가 두 배 증가하면서 지구 전체 평균적으로 지구 복사열을 약 4Wm^{-2} 변화시킨다는 점을 염두에 두자. 2장 참조). 앞으로 5만 년 미래의 지구 궤도 변동이 기후 변화에 미치는 영향을 고려해볼 때, 극지방의 여름철 태양 복사열은 매우 일정하며 현재 간빙기는 예외적으로 오랜 시간 지속될 것으로 전망된다.[20] 따라서 현재 온실가스 증가로 인한 온난화 현상이 다음 빙하기의 시작을 지연시킨다는 주장은 전혀 근거가 없다.

이러한 궤도의 변화는 지구 표면으로 들어오는 태양 복사열의 **분포**에만 영향을 미칠 뿐 지구로 들어오는 에너지 전체 양에는 전혀 영향을 끼치지 못한다. 태양이 분출하는 실제 에너지양이 시간이 지나면서 변할 수 있다는 제안이 더 흥미롭다. 3장에서 언급한 것처럼(그림 3.13 참조) 이러한 변화가 일어난다고 가정해도, 온실가스 증가로 인한 지구 표면의 에너지 체계에 끼치는 영향보다 상대적으로 훨씬 작을 것으로 추측된다.

또한 태양에 미치는 영향이 지구 기후에 영향을 준다는 간접적인 메커니즘에 대한 주장도 있다. 태양 자외선의 변화 역시 대기의 오존층에 영향을 끼칠 수 있으며, 이는 기후에도 영향을 줄 수 있다. 우주의

태양 에너지 방출량은 변화하나

몇몇 과학자는 모든 기후 변동성이, 그것이 단기적이라 해도, 태양의 에너지 방출량 변화의 결과라고 제안해왔다. 이는 단순히 추측일 수밖에 없다. 왜냐하면 태양의 방출량을 직접 측정할 수 있는 방법은 1978년 이후에 알려진 기술인데, 지구의 대기 영역 밖에 있는 인공위성을 이용하는 것이다. 이 측정에 의하면 태양 방출은 매우 일정하며, 몇 개의 태양 흑점에 의한 약 0.1퍼센트의 최대·최소 태양 자기장 순환 현상의 수치 안팎을 넘지 않는다.

천문학 기록과 대기의 방사성탄소 측정에 따르면 태양 흑점의 활동은 지난 몇천 년 동안 때로 큰 변동성을 보이기도 했다. 그중에서 우리의 관심을 모으는 시기는 17세기 태양의 마운더 극소기인데, 이때 아주 적은 양의 태양 흑점이 기록됐다.[21] 2001년 IPCC TAR가 개최됐을 때, 당시 태양 방출량의 수치에 대한 연구는 다른 태양 활동의 지표들과 일치했는데, 이러한 기존 자료에 기초해 이전 시기를 추정했을 때, 17세기 때 태양이 비교적 덜 밝았다는 점을 시사한다. 이는 아마도 평균 약 0.4퍼센트의 태양 에너지가 지구 표면을 비추었을 것이며, 이러한 태양 에너지의 상대적 감소가 더욱 추운 기후를 유발해 '소빙하기'를 초래했을 것으로 추정된다.[22] 최근 이러한 추측에 대한 반론으로, 지난 두 세기 동안 지구 표면에 미치는 태양 에너지 수치의 변화는 대략 0.1퍼센트에 지나지 않는다는 의견에 무게가 실리고 있다(그림 6.14).[23] 이 변화 수치는 현재 속도로 증가하는 온실가스가 약 2~3년 동안 지속되었을 때, 지구 표면의 에너지 체계에 미치는 영향과 비슷하다.

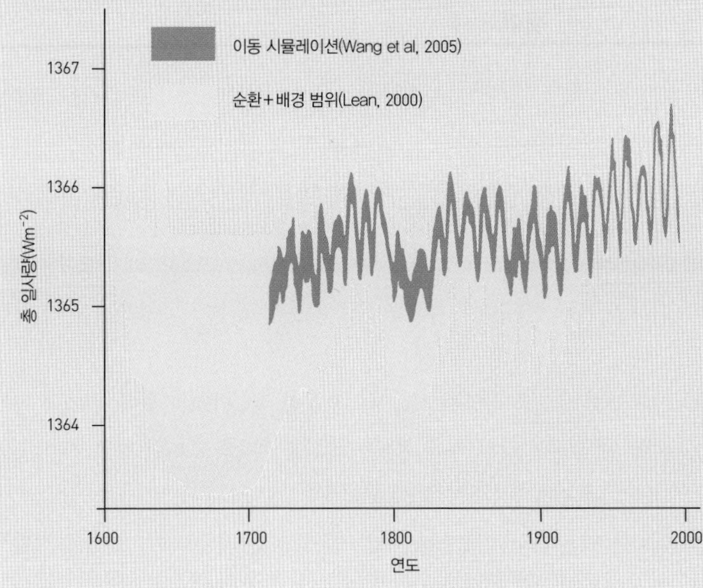

그림 6.14 11년 태양 활동 주기에서 발생하는 일사량 가변성 범위에 대한 추측(하늘색)을 1600년부터 현재까지 총 일사량의 재구성과 17세기 태양의 흑점이 기록되지 않았을 때를 통해 제시한다. 아래 넓게 표시된 영역(하늘색)은 J. 린이 재구성한 것으로 태양 같은 항성의 밝기 변화로부터 추론된 장기적 추세다. 왕(Y. Wang)이 최근에 재구성한 부분(보라색)은 태양의 활동만을 고려한 것이다.

은하수 광선(Galactic cosmic ray flux)의 유동은 태양 자기장의 유동성에 의해 변경되어 구름 형성에 영향을 끼칠 수 있으며, 이 영향은 대기로 이어진다. 이와 관련된 연구가 진행되고 있으나, 그 영향력에 대해서 아직까지는 확실한 근거가 부족한 상황이다. 지난 수십 년 동안의 관측과 이론적인 연구 결과, 이러한 메커니즘이 지구의 급속한 온도 상승에 현저히 기여할 수는 없었을 것이라는 확실한 증거가 있다.[24]

기후에 영향을 미치는 또 다른 요소는 화산폭발에서 찾아볼 수 있다. 일반적으로 이 영향력은 몇 년간 지속되는데, 이는 온실가스 증가로 인한 장기적인 작용보다 비교적 짧다. 1991년 6월 필리핀 피나투보산에서 발생한 큰 화산폭발은 이미 언급한 바 있다(그림 5.21). 이 폭발로 인한 대기 상층의 순 복사량 변화는 대략 0.5Wm^{-2}이다. 이러한 변동은 2~3년 지속되었고, 먼지의 대부분은 대기 밖에 자리 잡았다. 성층권에 더 오래 남아 있는 작은 먼지 입자로 인한 복사 강제력의 장기적인 변화는 훨씬 적다.

내용 정리

- 21세기 기후 변화에 기여하는 요소 가운데 온실가스 증가가 단연 가장 크다.
- 기후 변화에 대한 다양한 시나리오를 통해 온실가스 배출이 전 지구 평균 온도, 지역 온도, 강수량에 끼치는 변화를 예측하고 다른 주요 기후 조건과 극심한 기후 현상들도 함께 고려한다.
- 이러한 기후 변화의 속도는 지난 1만 년 동안 지구상 어디에서도 경험하지 못한 빠르기로 진행되고 있다.

- 기후 변화로 가장 큰 영향을 받을 것으로 예상되는 현상은 해수면 상승, 지역적 이상기후의 빈도 및 강도 변화, 특히 폭염, 홍수, 가뭄, 태풍 등이다.
- 아직까지 충분한 양이 있는 화석연료의 연소는 계속해서 이산화탄소 배출 증가로 이어질 것이고, 이는 22세기까지 지속될 우려가 있다. 이대로 방치하면 기후 변화의 여파는 막대할 것이며 예측하지 못한 결과를 초래할 가능성이 매우 높다.

7장에서는 기후 변화가 해수면, 물, 식량 안보와 인간의 건강에 미치는 영향에 대해서 살펴볼 것이다. 변화의 속도를 늦추고 궁극적으로는 종료시키기 위해서 어떠한 조치를 할 수 있는지 이 책의 후반부에서 논의하기로 하겠다.

생각해볼 문제

1. 그림 6.1을 참고해서 자신이 아는 지역의 적절한 온도 범위를 제안하라. 아주 더운 날씨란 어떻게 규정되며, 만약 지구 평균 온도가 섭씨 1, 2도 그리고 4도로 증가했을 경우 이러한 날씨의 증가 가능성을 백분율로 예측해보라.
2. 이 책에서 극심한 기후 현상을 설명하며 지구 온난화 때문에 대류성 지역에서 급격한 상승기류는 더욱 습해지고 하강기류는 더욱 건조해진다고 했는데, 왜 그런가?
3. 2013년 IPCC WGI 보고서의 RCPs 배출 시나리오의 전반적인 범위 배후에 있는 추측을 보라. 그중 어떤 시나리오가 가장 신빙성이 있다고 생각하는가? 또 가장 높은 발생 가능성을 예측하는 시나리오는 어떤 것이라고 생각하는가?
4. 어떤 이는 미래에 유럽 북서부는 더욱 추워질 가능성이 높지만 지구 대부분의 지역은 더욱 더워질 것이라고 예측한다. 이 근거는 무엇이며 발생 가능성은 얼마나 높다고 생각하는가?
5. 미래 기후 변화에 대한 가능성을 제시할 때 '예측 불가능한' 요소를 강조하는 것이 얼마나 중요하다고 생각하는가?
6. 인위적으로 발생하는 기후 변화는 과학적 신빙성이 없다고 주장하는 신

문 기사나 인터넷 웹사이트를 참고해보라. 6장과 이 책의 다른 장들에 비추어 이러한 주장을 평가해보자. 기후 변화에 대한 회의적인 입장이 신빙성이 있다고 생각하는가?

주

1. Nakicenovic, N. et al. (eds.) 2000. *Special Report on Emission Scenarios (SRES): A Special Report of the IPCC*. Cambridge: Cambridge University Press.
2. 더 상세한 자료는 다음을 참조. Summary for Policymakers, p. 15, in IPCC WGI 2013. *Climate Change 2013: The Physical Science Basis. Contribution of Working Group I to the Fifth Assessment Report of the Intergovernmental Panel on Climate Change* [Stocker, T. F., Qin, D., Plattner, G. -K., Tignor, M., Allen, S. K., Boschung, J., Nauels, A., Xia, Y., Bex, V. and Midgley, P. M. (eds.)]. Cambridge: Cambridge University Press.
3. 이산화탄소 증가로 인한 지구 전체 평균 온도의 대응이 이산화탄소 농도 안 대수 관계라는 점을 감안하고, 이산화탄소 농도가 두 배로 증가했을 경우 지구 전체 평균 온도 상승은 두 배로 증가시키는 기반을 형성하는 농도와 관계없이 동일하다. 예를 들어 280ppm에서 두 배로 증가하거나 360ppm에서 증가하거나 지구 전체의 온도는 동일한 상승세를 보여준다. '기후 민감도'에 대한 자세한 내용은 다음을 참조. IPCC WGI 2013, Technical summary TFE 6, pp. 82-5.
4. IPCC WGI 2013. *Climate Change 2013: The Physical Science Basis*.
5. James Hansen, Bjerknes Lecture at American Geophysical Union, 17 December 2008 at www.columbia.edu/~jeh1/2008/AGUBjerknes_20081217.pdf.
6. Harvey, D. D. 1997. IPCC 제2차 평가 보고서에서 사용된 단순화한 기후 모델에 대한 소개는 다음을 참조. *IPCC Technical Paper 2*. Geneva: IPCC.
7. 온실가스들이 동등한 가치로 취급되어야 한다는 추정은 많은 면에서 유

용하다. 그러나 복사 성질이 서로 다르기 때문에 각각의 영향에 대한 정확한 예측 모델은 따로 취급되어야 할 것이다. 이 부분에 대한 자세한 추가 정보는 다음을 참조. IPCC WGI 2013, Chapter 7 pp. 576-8.

8. The relationship between radiative forcing R and CO_2 concentration C is $R=5.3\ 1n(C/C_0)$ where C_0=the preindustrial concentration of 280ppm.
9. 다음을 참조. Metz et al. (ed.) *Climate Change 2007: Mitigation*, Chapter 3, Fig. 3.12. 21세기 에어로졸 추정 관련, 모델에서 에어로졸 강제력을 어떻게 해석하는지 살펴보려면 다음을 참조. Johns, T. C. et al. 2003. *Climate Dynamics*, 20, 583-612.
10. 클라우시스 클라페이론 식 관련. e는 포화 증기압, T는 온도, L은 잠재열, R은 기체 상수다.
11. Allen, M. R., Ingram, W. J. 2002. *Nature*, 419, 224-32.
12. IPCC WGI 2013, Chapter 14, pp. 1217-77.
13. 자세한 사항은 다음을 참조. Palmer, T. N. 1993. *Weather*, 48, 314-25; Palmer, T. N. 1999. *Journal of Climate*, 12, 575-91.
14. IPCC WGI 2013, Technical summary, pp. 106-7.
15. 극심한 이상 현상은 다음을 참조. IPCC WGII 2013, Technical summary, pp. 109-13.
16. 지구 온난화가 물순환에 미치는 영향 관련 정보는 다음을 참조. Allen, M. R., Ingram, W. J. 2002. *Nature*, 419, 224-32.
17. IPCC WGI 2013, Chapter 14, pp. 1248-51.
18. 표 7.4 참조.
19. IPCC WGI 2013, p. 1094.
20. Berger, A., Loutre, M. F. 2002. *Science*, 297, 1287-8.
21. 다른 별에 대한 연구 자료는 다음을 참조. Nesme-Ribes, E. et al. 1996. *Scientific American*, August, 31-6.
22. Lean, J. 2000. Evolution of the Sun's spectral irradiance since the Maunder Minimum. *Geophysics Research Letters*, 27, 2425-8.

23. Wang Y. et al. 2005. Modeling the Sun's magnetic field and irradiance since 1713, *Astrophysical Journal*, 625, 522-38.
24. Lockwood, M., Frohlich, C. 2007. Recent oppositely directed trends in solar climate forcings and the global mean surface air temperature. *Proceedings of the Royal Society A*, doi:10.1098/rspa.2007.1880.

참고문헌

IPCC WGI 2013. *Climate Change 2013: The Physical Science Basis. Contribution of Working Group I to the Fifth Assessment Report of the Intergovernmental Panel on Climate Change* 〔Stocker, T. F., Qin, D., Plattner, G. -K., Tignor, M., Allen, S. K., Boschung, J., Nauels, A., Xia, Y., Bex, V. and Midgley, P. M. (eds.)〕. Cambridge: Cambridge University Press.

Summary for policymakers.

Technical summary.

Chapter 9 Evaluation of climate models.

Chapter 10 Detection and attribution of climate change: from global to regional.

Chapter 11 Near-term climate change: projections and predictability.

Chapter 12 Long-term climate change: projections, commitments and irreversibility.

기후 변화의 영향 07

2010년 9월, 파키스탄의 조히(Johi) 댐 근처 침수 지역. 한 남자가 물 위에서 장작더미를 나르고 있다.

5~6장에서는 인간 활동으로 인한 21세기의 기후 변화를 온도와 강우량 중심으로 다루었다. 이러한 내용이 인간 사회에 도움이 되려면 자원과 인간 활동에 미치는 기후 변화의 영향을 중심으로 다시 기술되어야 한다. 우리가 답하려는 질문은 다음과 같다. 해수면은 앞으로 얼마나 상승할까? 이는 어떠한 영향을 초래할까? 수자원에 어떠한 영향을 미치나? 농업과 식량 공급에 어떠한 영향을 줄까? 자연 생태계에도 피해를 남기는가? 인류의 보건에는 어떠한 영향이 있나? 잠재적 피해 비용을 가늠할 수 있을까? 이 장에서는 이러한 질문에 대해 고려해보고자 한다.[1]

복잡한 변화 체계

세계 각 지역의 기후 변화 영향과 특징을 기술하면서 지난 6장에서는 장소 및 지역마다 큰 차이가 있음을 확인했다. 예를 들어 어떤 지역에서는 강수량이 증가하고 다른 곳에서는 감소할 것이다. 기후 변화가 초래할 변화의 정도에도 큰 차이가 있겠지만 기후 변화에 대한 민감도에도 다양한 차이가 있을 것이다(213쪽 상자 참조). 생태계 각 부문은 온도와 강수량 변화에 다양하게 반응할 것이다.

인류에게 기후 변화의 긍정적인 영향도 부분적으로 생길 것이다. 시베리아 일부, 스칸디나비아, 캐나다 북부 지역에서는 온도 상승으로 다양한 작물의 경작과 더불어 재배 기간이 늘어날 것이다. 평균적으로 겨울에 식물 치사율이 낮아지고 열의 수요도 감소할 것이다. 일부 지역에서는 이산화탄소의 증가로 특정 식물의 수확량이 증가할 것이다.

그러나 지난 세기에 인간 사회는 현재 기후에 적응해왔다. 그렇기 때문에 기후의 변화는 부작용을 낳기 쉽다. 변화가 빠르게 진행된다면, 신기후(new climate)에 적응하는 속도 역시 빨라야 할 것이다. 기후 변화의 영향을 받은 집단이 적응이 덜 필요한 지역으로 이동하는 것도 대안일 수 있다. 그러나 현대와 같이 혼잡한 사회에서는 불가능한 시나리오일 뿐이다.

이 장을 시작하면서 던진 여러 질문을 고려해보면 그에 답하기란 간단하지 않다. 다른 변화가 없다고 가정할 때 특정 변화(해수면이나 수자원)의 영향을 예측하는 것은 비교적 쉽다. 그러나 기후 변화 문제의 경우 여러 가지 요인이 동시에 변할 것이다. 어떤 면에서 생태계와 인

민감도, 적응 역량, 취약성에 대한 정의[2]

민감도(sensitivity)는 기후 관련 자극에 따라 한 체제가 부정적 또는 긍정적으로 영향을 받는 정도다. 기후 관련 자극이란 기후의 특징, 변동성, 이상기후의 빈도와 강도 같은 기후 변화의 모든 요소를 포함한다. 이는 직접 자극(수확량의 변화, 온도의 변동)과 간접 자극(해수면 상승으로 인한 해안 홍수나 범람의 빈도 증가와 피해)으로 나눌 수 있다.

적응 역량(adaptive capacity)은 한 체제가 기후 변화나 중간 수준의 잠재적 피해에 적응하고, 그 영향을 극복하거나 기회를 활용하는 능력을 의미한다.

취약성(vulnerability)은 한 체제가 기후 변동성이나 이상기후 같은 변화에 대응하지 못하거나 취약한 정도를 말한다. 또한 기후 변화의 강도나 속도, 한 체제가 노출된 정도, 민감성과 적응 역량 부문에서의 기능을 의미한다.

기후 변화의 강도나 속도는 둘 다 한 체제의 민감성, 적응성, 취약성을 결정하는 데 중요한 개념이다.

간 사회가 적응하기는 상대적으로 쉬울 수도 있다. 다른 면에서는 적응이 어렵거나 아예 불가능할지도 모른다. 지구 온난화의 영향을 측정할 때 완화책이나 적응 방안을 위한 비용을 감안해야 한다. 또한 손실과 더불어 대응 비용도 생각해야 한다.

민감도, 적응 역량, 취약성은 국가와 지역마다 큰 차이를 보인다. 특히 여건이 어려운 개발도상국은 선진국보다 적응 역량이 좋지 않다. 선진국은 개발도상국이 기후 변동성의 부정적 피해에 더욱 취약하도록 기여한 장본인들이다.

인류에 의한 환경문제가 지구 온난화뿐이 아니기에 이 영향을 평가하기란 복잡하다. 오늘날 토지 손실과 황폐화, 지하수의 과도한 추출, 산성비는 지역 차원의 큰 환경 피해 사례다. 시정되지 않는다면 문제는 계속 악화되며 지구 온난화로 인한 부정적 결과가 속출할 것이다. 즉 인간 사회와 활동 면에 따른 기후 변화의 다양한 영향이 이를 더욱 악화시킬 다른 요인과 동시에 작용할 것이다.

기후 변화 영향, 적응, 취약성에 관한 측정은 물리, 생물, 사회과학

등 포괄적인 측면에서 이뤄지며 결국 다양한 방법론과 도구가 필요하다. 그러므로 다각도로 정보와 지식을 융합하는 작업이 요구되는데, 이를 통합적 평가(Integrated Assessment)라고 부른다(9장 참조).

표 7.1은 지구 평균 온도의 여러 상승 시나리오에 따른 21세기에 일어날 영향을 예측한 것이다. 다음 단락에서 다양한 영향을 세부적으로 살펴보고 총체적으로 평가해보자.

해수면은 얼마나 더 상승할까

지구 역사에서 해수면에 큰 변화가 있었다는 증거는 많다. 마지막 빙하기가 시작되기 이전 따뜻한 시기(12만 년 전)에 지구 평균 온도는 오늘날보다 좀더 높았다(그림 4.9). 평균 해수면은 현재보다 5~6미터 높았다. 빙하기 후기 무렵 얼음 덮개(ice cover)가 최대치에 있을 때(1만 8000년 전), 해수면은 현재보다 100미터 이상 낮아 영국이 거의 유럽 대륙에 연결될 정도였다.

해수면이 크게 바뀐 주요 요인은 극지방을 덮은 빙하의 형성과 융빙이었다. 1만 8000년 전 해수면이 낮았던 이유는 극지방의 빙상이 확장되면서 물을 가두었기 때문이다. 북반구의 빙하는 유럽에서 영국 남부, 미국과 캐나다 국경의 오대호까지 걸쳐 있다. 마지막 간빙기 동안 해수면의 5~6미터 상승은 남극과 그린란드 빙상의 감소에서 기인한다. 그러나 짧은 시기 동안의 변화는 다른 요소들과 함께 작용해 평균 해수면 상승에 커다란 영향을 미친다.

20세기 동안의 관측에 따르면, 평균 해수면은 20센티미터 정도 상

표 7.1 21세기 지구 평균 온도 상승 시나리오에 따른 미래 기후 변화의 전 지구적 영향. 온도 상승 예측 관련 RCPs 시나리오를 표시했다(2000~2100년이 나타난 그림 6.5, 6.6 참조, 기후 변화 적응은 미포함).

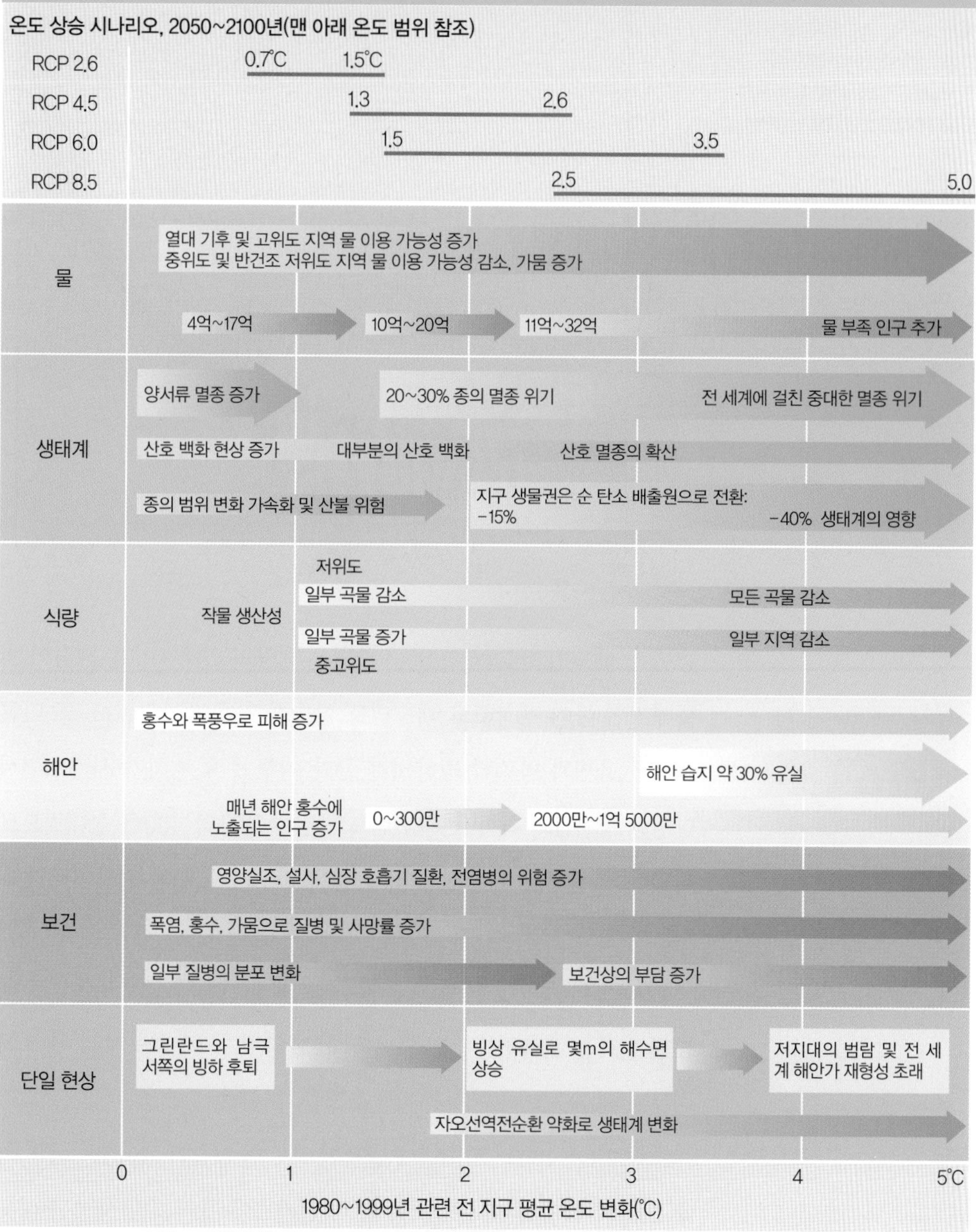

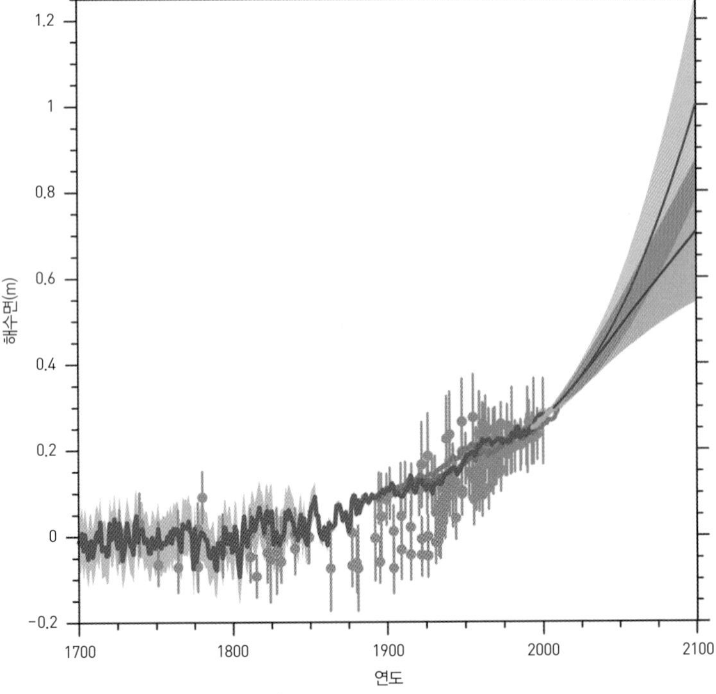

그림 7.1 1700~2100년의 지구 평균 해수면. 1700~2010년은 고대 해수면 자료(보라색), 검조기(파랑, 빨강, 초록색), 고도계(하늘색) 자료로 재구성했다. 2010~2100년은 기후 모델(RCP 2.6: 파랑, RCP 8.5: 빨강) 시나리오를 토대로 예측했다.

승했다. 해수면 상승의 가장 큰 주범은 해양의 열팽창이다. 해양이 따뜻해지면 물이 팽창하고 해수면도 상승한다(217쪽 상자 참조). 또 다른 주범은 융빙과 마지막 빙하기가 끝난 이후 주요 빙하가 사라지면서 발생한 장기간의 변화다. 그린란드와 남극 빙모의 영향은 상대적으로 적었다. 또한 저수지나 관개 확장 같은 지구의 물 저장 변화에서 초래되는 부분도 있다.

1990년 이후, 인공위성 고도계(satellite-borne altimeter)의 도입으로 해수면 변화를 관측하는 기술도 상당히 발달했다. 이 고도계로 어느 곳이든지 해수면을 아주 정확하게 측정할 수 있다.

그림 7.1은 1700~2010년에 관측된 해수면 상승과, 2010년 이후 기후 모델과 해양 온도 구조, 빙하, 그린란드와 남극의 빙상 연구에서

해양의 열팽창

해수면 상승의 주요 요인으로 해양의 열팽창을 꼽을 수 있다. 열팽창은 물의 온도에 달려 있기 때문에 팽창한 양을 정밀하게 측정하기란 상당히 복잡하다. 찬물에서 주어진 온도 변화 내의 팽창은 미미하다. 바닷물의 최대 밀도는 섭씨 0도 가까이에서 발생한다. 섭씨 0도 근처에서 온도가 미미하게 상승한 경우 열팽창은 무시해도 될 만하다. 섭씨 5도(고위도의 전형적인 해수 온도)에서 1도 상승은 1만 분의 1 정도 물의 부피를 증가시킨다. 섭씨 25도(열대 위도의 해수 온도)에서 1도 상승은 1만 분의 3 정도 부피를 증가시킨다. 예를 들자면 해수 100미터 상위(대략적으로 혼합층이라고 불리는 깊이)가 섭씨 25도라면 26도로 1도 상승은 깊이를 약 3센티미터 증가시킨다는 의미다.

더 복잡한 문제는 모든 층의 해수 온도가 같은 속도로 변하지 않는다는 점이다. 혼합층의 경우 대기 온도와 더불어 변화하며 비교적 빨리 균형을 찾는다. 해양의 대부분은 상당히 느리게 변화하며(상위 1킬로미터를 데우는 데 수십 년이 소요될 것이다), 일부는 아예 변화가 없다. 그렇기 때문에 열팽창으로 인한 해수면 상승의 전 지구 평균과 지역적 변화를 계산하기 위해 해양 기후 모델의 결과(5장 참조)를 활용해야 한다.

예측된 수치를 보여준다. 해수면 상승의 가장 큰 원인은 해양의 열팽창(위 상자 참조)에서 비롯된다. 두 번째 요인으로 빙하와 그린란드 및 남극 빙모의 융빙을 들 수 있다. 이는 빙하 전체의 균형, 즉 강설량(주로 겨울)과 융빙(주로 여름)의 차이를 측정한 데서 비롯된다. 겨울 강설량과 여름 평균 온도는 아주 중요한 요인이므로 기후 모델을 사용해 신중히 측정해야 한다.

세 번째로 가장 큰 요인은 남극과 그린란드 빙상의 변화에서 예상된다. 지난 20세기에 이들의 순 영향이 그렇게 크지 않았다는 사실은 아마 놀라울지 모른다(그림 7.1). 두 지역의 빙상은 경쟁 효과를 낸다. 따뜻한 지역에서 대기 중 수증기가 많아지고, 이는 강설량의 증가로 이어진다. 그러나 고위도에서 표면 온도가 높아짐에 따라 여름철의 융빙과 빙상의 분리로 빙상 주변에 소모(ablation: 융빙에 의한 침식)가 더

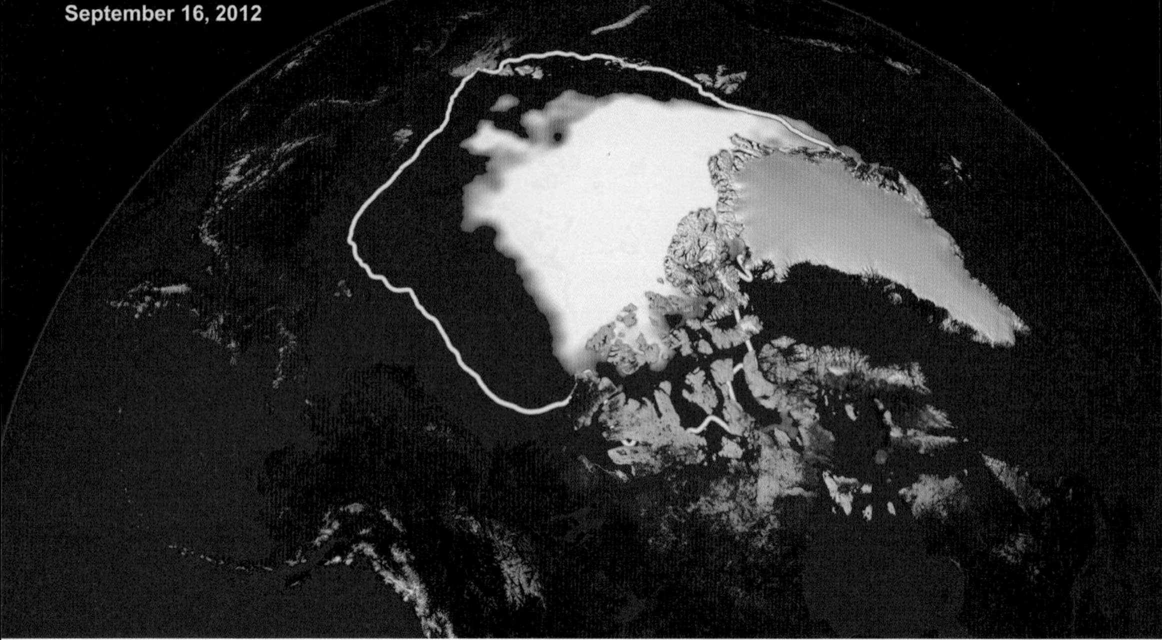

해빙은 바다 표면에 떠 있는 얼어붙은 바닷물이다. 일부 해빙은 매년 지속되고 반영구적이며, 일부는 계절마다 녹았다 다시 얼기를 거듭한다. 해빙 덮개는 매년 여름 후반 최솟값에 도달하고 나머지 얼음은 다년생 얼음 덮개라고 한다. 2012년 9월 16일, 국립빙설자료센터(National Snow and Ice Data Center)는 2012년의 수치가 현재 최솟값임을 확인했다. 노란색 선은 1979년부터 2010년 해빙의 평균 최솟값을 보여준다. 해빙은 하늘색 음영으로 표시했다.

자주 발생한다. 지난 수십 년간, 양 지역의 빙상은 균형을 이뤄왔다. 앞으로 21세기를 전망하면, 남극은 균형을 유지하는 한편 그린란드는 소모 현상이 증가함에 따라 약 0.1미터의 순 손실을 넘어설 것이다.

21세기 이후를 내다본다면, 기후 모델 연구에 따르면 그린란드 주변의 온도가 산업화 이전 대비 섭씨 3도 상승하면서 빙모의 융빙이 시작될 것이다. 완전히 녹으면 약 7미터의 해수면 상승을 초래한다. 융빙의 기간은 온도가 얼마나 상승하느냐에 달려 있으며, 절반 이상이 융빙되는 데는 몇 세기에서 1000년까지 다양하다.

가장 우려되는 남극 빙상 영역은 서쪽(경도 약 90도 지점)이다. 이 지역의 융빙은 약 5-m의 해수면 상승을 초래할 것이다. 상당한 양의 빙상이 해수면 아래 기반을 두고 있기에 주변이 녹기 시작한다면 전체 빙상의 급속한 유출이 발생할 것이라고 본다. 해수면이 지난 21세기 동안 0.1미터 이상 상승하지 않았다는 의견이 지배적이지만, 빙상의 급속한 붕괴에 대한 의견은 분분하다.[3]

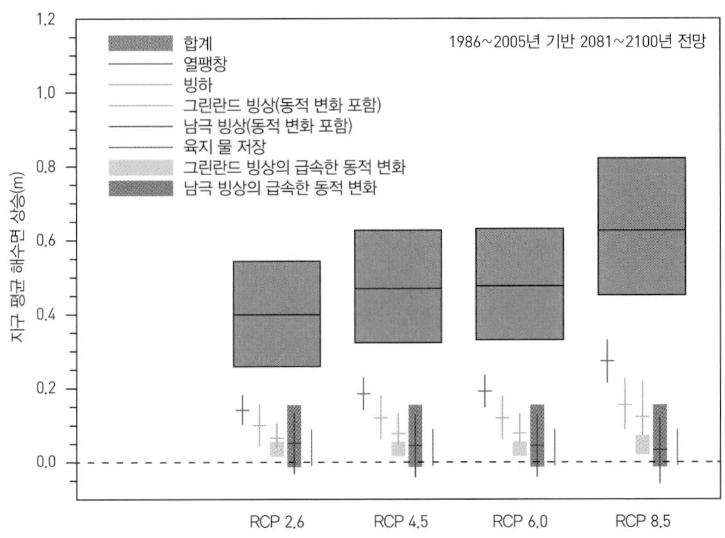

그림 7.2 1986~2005년 관련 RCPs 시나리오에 따라 2081~2100년 GMSL의 중앙값 범위를 과정 기반 모델형(process-based model)으로 전망했다. 빙상의 기여는 빙상의 급속한 동적 변화(dynamical change)를 포함한다.

그림 7.2는 향후 100년을 전망한다. 대부분의 바다가 서서히 혼합되면서 지극히 적은 부분만 따뜻해질 것이다(4장 참조). 지구 온난화로 인한 해수면 상승은 바다 표면의 온도 변화보다는 느릴 것이다. 대부분의 바다가 다음 세기 동안 점차 따뜻해지면서 표면의 평균 온도가 안정되더라도 해수면은 동일한 속도로 상승할 것이다.

그림 7.2의 평균 해수면 상승 추정치는 21세기를 전망하는 지침이 된다. 그러나 해수면 상승은 지구 전체에서 동일하게 발생하지 않는다.[4] 열팽창의 영향은 지역마다 다르다. 더군다나 자연적인 요인인 육지의 이동이나 지질 구조의 변화, 지하수 제거 같은 인위적인 활동은 지구 온난화에서 비롯된 해수면 상승 속도에 상대적인 영향을 미친다. 미래의 해수면 상승을 추정하기 위해서는 지역을 둘러싼 여러 가지 요인이 동시에 고려되어야 한다.

해안 지역에 미친 영향

2030년까지 평균 10~20센티미터, 다음 세기까지 1미터의 해수면 상승은 그렇게 큰 문제가 아닌 것처럼 보인다. 많은 사람들이 강의 최고 수위보다 높은 곳에 거주하며 직접 영향을 받지 않는다. 그러나 인류의 절반은 해안 지역에 살며 이 중 가장 낮은 지대가 비옥한 땅으로서 인구 밀도 역시 높다.[5] 이들에게 50센티미터의 해수면 상승은 상당한 문제를 초래할 수 있다. 지반 침하(land subsidence)나 지하수에 염수가 침투하는 등 이 지대의 취약성은 더욱 증대된다. 더 큰 우려는 폭풍해일이 일어날 확률이 높아진 점이다.

한 예로 2013년 태풍 하이옌은 기록된 가장 강력한 열대성 사이클론으로 필리핀, 특히 레이테(Leyte)와 사마르(Samar) 지역에 산사태와 초토화를 일으켰다. 기록된 사망자만 6000명이 넘고 수많은 실종자와 20억 달러 규모의 피해를 남겼다. 허리케인 샌디는 기록상 최대 규모

그림 7.3 2050년까지 해수면 상승으로 인한 난민 추정치를 근거로 한 해안 삼각주 지역의 상대적 취약성(극심: 100만 이상, 높음: 5만~100만, 중간: 5000~5만). 기후 변화가 그 영향을 악화시킬 것이다.

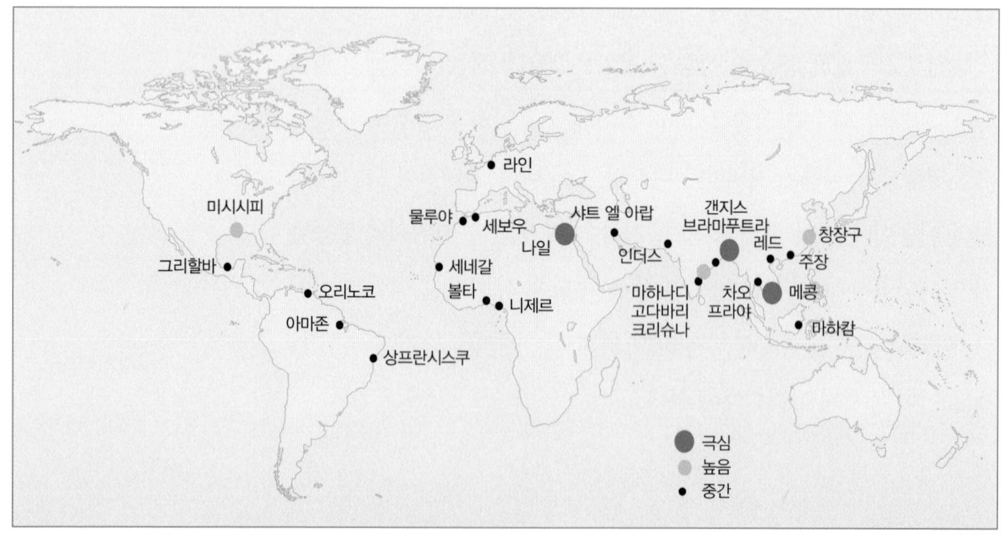

의 허리케인으로 2012년 10월, 미국의 동부 해안 지방을 강타했다. 이로 인해 뉴저지와 뉴욕에 600억 달러 이상의 손실과 피해를 남겼다.

특히 큰 강의 삼각주 지대가 취약하다. 세계 최대로 꼽히는 40여 곳의 강 삼각주 지대에 3억 명 이상 거주하며, 기후 변화가 없더라도 해수면 상승으로 큰 영향을 받고 있다(그림 7.3). 1980년 이래로 열대성 사이클론과 폭풍해일 때문에 25만 명이 사망했다. 2080년까지, 50센티미터의 해수면 상승에도 이 지대에 사는 1억 이상의 인구가 홍수 피해를 피하기 어려울 것이다.[6] 삼각주 지대의 예로 우선 방글라데시를 살펴보자. 이어서 해상 방어 체제가 이미 구비된 해수면에 근접한 네덜란드를 살펴보겠다. 세 번째로 태평양과 그 외 대양의 저지대 작은 섬들이 직면한 사태를 알아보자.

보통 홍수는 방글라데시의 경작지를 비옥하게 해서 농업에 이익이 된다. 그러나 큰 홍수는 한마디로 재난이다. 해수면 상승, 뱅갈만 북쪽의 좁은 끝에 풍속 220km/h 열대성 태풍(해안가로 파도 높이 약 8미터 상승)이 일어나거나 얕은 해저 및 해수면이 상승하면 갠지스와 브라마푸트라 강물이 벗어날 수 없다는 점 등 이 모든 요소가 방글라데시 해안가의 극심한 홍수 사태에 기여한다.

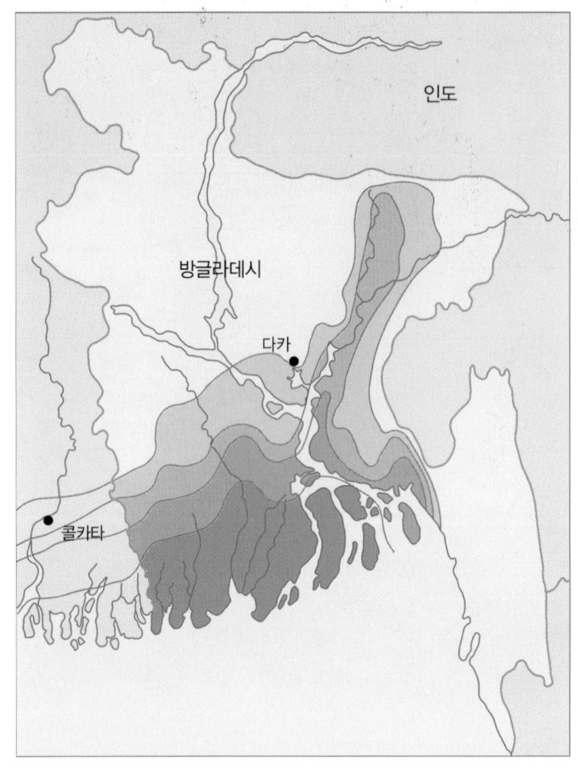

그림 7.4 해수면 상승으로 영향을 받은 방글라데시의 토지. 1, 2, 3, 5미터 등고선을 표시했다.

방글라데시는 인구 밀도가 높은 나라로 약 1억 6000만 명의 인구가 갠지스강, 브라마푸트라강, 메그나강이 만나는 삼각주 지대에 거주한다.[7] 해수면이 50센티미터 상승하면 이 나라 전체 거주지의 10퍼센트가 사라질 것이다. 1-m의 해수면 상승은 20퍼센트의 거주지 손실(약 1500만 인구)을 초래하게 된다(그림 7.4).[8] 물론 상당한 불확실성이 존재하지만 해수면 상승 추정에 따르면, 2050년까지 약 1미터(육지 이동과 지하수 제거로 인한 지반 침하 때문에 70센티미터, 지구 온난화 영향으로 30센티미터), 2100년까지 거의 2미터(지반 침하로 인해 1.2미터, 지구 온난화로 70센티미터)로 예측된다.[9]

방글라데시의 복잡하고도 긴 해안을 해수면 상승에서 완벽히 보호한다는 것은 비현실적인 이야기다. 가장 확실한 추정은 상당한 넓이의 농경지가 유실될 것이라는 점이다. 이는 정말 심각한 문제다. 왜냐하면 방글라데시의 경제는 농업을 기반으로 하며, 인구의 83퍼센트가 생계를 의존하고 있기 때문이다. 수많은 사람들이 겨우 연명하는 실정이다.

이렇게 해수면 상승은 토지 손실만 초래하는 것이 아니다. 방글라데시는 폭풍해일에 아주 취약하다. 평균적으로 사이클론이 적어도 매년 1회 강타한다. 지난 25년 동안 홍수 범람으로 수많은 목숨을 앗아간 재난이 여러 차례 발생했다. 1970년 11월에 발생한 폭풍해일은 최근 있었던 세계 최악의 자연재해로 손꼽힌다. 25만 명 이상이 사망했으며, 1991년 4월 비슷한 규모의 폭풍우도 10만 명이 족히 넘는 생명을 빼앗은 것으로 추정된다. 2007년, 비슷한 강도의 폭풍해일에 대해 좀더 대비한 방글라데시는 3500명의 사망자를 냈다. 해수면이 약간만 상승해도 폭풍에 대한 취약성은 더욱 증대된다.

해수면 상승은 농경지의 생산성에도 영향을 미친다. 지하수로의 염수 유출처럼 말이다. 현재 방글라데시 일부 지역에서 염수는 내륙으로 150킬로미터 이상 번졌다. 해수면이 1미터 상승하면 염수 유출의 영향을 받는 지역은 더욱 늘어날 것이다. 이와 달리 기후 변화가 계절풍 강우(monsoon rainfall)를 초래하면서 일부 염수 유출이 완화될 것으로 보인다.[10]

그렇다면 방글라데시는 미래의 위험에 어떻게 대응할 수 있을까? 변화가 일어나는 시간 범위 안에서 어업을 재배치할 수도 있고, 어업 지역과 여건의 변화에 따라 융통성 있게 대응 가능하다고 말할지 모른다. 취약한 농경 지대에 사는 거주자들이 이주하고 적응하는 것이 쉬운 일은 아니다. 마땅히 이전할 만한 최적의 농업 환경이 존재하는 것도 아니며, 삼각주 지역의 인구가 이주할 적당한 지역이 있는 것도 아니다. 무엇보다 모든 측면을 상세히 연구하고 관리해야 한다. 삼각주 지대에 유입된 침전물은 특히 중요하다. 침전물의 양과 이를 어떻게 활용하느냐는 해수면 상승이 육지에 미치는 영향을 크게 좌우한다. 삼각주 지대뿐만 아니라 강의 상류에 대한 정밀한 연구가 필요하다. 이와 더불어 해수면 상승의 피해를 완화하려면 지하수 관리와 해상 방어 체제도 반드시 요구된다.

2008년 9월, 정부 지정 삼각주 위원회(Delta Commission)의 보고서를 보면 네덜란드의 경우, 해수면 상승에 따른 피해를 막기 위해 제방 개선과 해안 확장에 수십억 유로를 투자해야 한다고 단정했다.

비슷한 상황이 이집트 나일강 삼각주에서도 벌어지고 있다. 방글라데시처럼 지반 침하나 지구 온난화 문제로 해수면이 더 상승할 것으로 추정된다(2050년까지 1미터, 2100년까지 2미터). 700만 명 이상이 살고 있는 이집트의 경작지 약 12퍼센트도 1-m의 해수면 상승의 막대한 영향을 받을 것이다.[11] 50센티미터 해수면 상승 시, 광활한 모래언덕이 일부 해상을 방어하는 기능을 할 것이다.[12]

방글라데시나 이집트와 비슷한 사례로 동남아시아나 아프리카 등지의 삼각주 지역을 취약 지대로 꼽을 수 있다. 중국의 동부 해안가에 저지대 충적 평야가 펼쳐져 있다. 50센티미터의 해수면 상승은 3000만 명 이상이 살고 있는 4만 제곱킬로미터의 지대(네덜란드 크기)[13]에 영향을 미칠 것이다. 대대적인 연구가 진행된 특정 삼각주 지대로는 북아메리카의 미시시피가 있다. 이 연구는 인간 활동과 산업이 초래한 지구 온난화가 해수면 상승을 이미 악화시키고 있다는 사실을 뒷받침한다. 강을 관리해 삼각주에 적은 양의 침전물이 유입되어 장기간의 지각 이동 때문에 생기는 침하를 막는다. 운하나 제방 시설 구비로 바다에서 침전물 유입을 막아왔다.[14] 이는 여러 조치가 지역에 어떤 영향을 미치는지에 대한 더 세심한 관리가 필요함을 보여주며, 각 대처의 성공 가능성을 높이려면 자연적인 과정을 최대한 활용해야 함을 시사한다.

다음으로 토지의 절반 이상이 평균 해수면 아래인 해안 저지대로 구성된 네덜란드를 살펴보자. 이곳은 세계에서 인구 밀도가 가장 높은 나라 가운데 하나로, 1400만 명 중 800만이 로테르담, 헤이그, 암스테르담 같은 대도시에 거주한다. 수십 년에 걸쳐 건설된 약 400킬로미터의 정교한 제방 시설과 해안의 사구가 이 지역을 바닷물로부터 지키고 있다. 최근의 방어 방법은 단단한 방어벽이 아닌 다양한 동력(조수, 해류, 파도, 바람, 중력)을 이용해 안정적인 장벽을 구비하는 것이다. 영국 동부주의 해안가를 보호하기 위해 비슷한 정책이 강구되었다.[15] 다음 세기의 해수면 상승으로부터 지역을 보호하기 위해 신기술이 요구되는 것은 아니다. 제방이나 사구를 증축하거나 펌프 시설을 추가해 바닷물이 민물의 대수층으로 유입되는 것을 막아야 한다. 해수면 1미터 상승 시, 수십억 달러의 지출은 피할 수 없을 것으로 전망된다.[16]

세 번째로 살펴볼 취약 지대는 저지대에 위치한 작은 섬들이다.[17]

인도양의 몰디브 같은 여러 섬으로 이뤄진 제도나 산호초 섬, 태평양의 마셜제도에는 50만 명의 인구가 살고 있다. 인도양은 1190개의 섬으로 이뤄져 있고, 이 섬들은 해수면 아래 3미터 내에 있다. 0.5미터나 그 이상 해수면 상승 시 이 지대의 섬은 눈에 띄게 줄어들 것이며, 지하수는 50퍼센트까지 사라질 위기에 있다. 이 섬들의 인구 역량만으로는 바다로부터 이들을 방어하기 어렵다. 산호초 섬의 경우, 한 세기에 0.5미터 해수면 상승을 막으려면 산호초 성장이 인간의 간섭이나, 최대 섭씨 1~2도의 해수 온도 상승의 방해를 받지 않아야 한다.

해수면 상승에 취약한 다른 몇몇 지대가 있다. 이곳들은 극단적이지는 않더라도 비슷한 영향을 받을 것이다. 세계의 수많은 도시가 해수면 가까이에 있으며, 지하수 고갈로 점점 지반 침하의 영향을 받고 있다. 지구 온난화로 인한 해수면 상승은 상황을 더욱 악화시킬 것이다. 물론 대부분의 도시들은 이러한 문제를 해결하기 위한 기술적인 어려움이 없겠지만, 지구 온난화의 전체 영향을 평가할 때 비용을 염두에 두어야 할 것이다.

지금까지 해수면 상승의 영향을 고려하면서, 큰 영향을 받는 인구 밀도가 높은 지역을 살펴보았다. 그중에는 사람들이 별로 살지 않지만 중요한 지역도 포함된다. 전 세계의 습지 또는 맹그로브 습지 규모는 현재 약 100만 제곱킬로미터(약 프랑스 규모의 두 배)에 이른다. 습지는 어떤 자연 생태계나 농업 생태계보다도 엄청난 생물 다양성과 생물학적 생산성을 보유하고 있다. 인간이 잡는 3분의 2 이상의 어류, 조류, 동물은 해안 늪이나 습지에 의존해 살아간다. 그러므로 해안 늪이나 습지는 전체 생태계에 없어서는 안 될 중요한 요소다. 이 지대들은 보통 해수면 상승에 점진적으로 적응할 수 있지만, 매년 2밀리미터(한 세기에 20센티미터) 상승 속도에 맞춰 적응 가능하다는 증거는 없다. 이처럼 습지 지대는 내륙으로 확대되며, 비옥한 경작지의 유실을 초래한다. 그런데 습지 확장은 홍수 제방 시설이나 인위적인 설비로 방해받기 때문에 바닷가 경계선의 침식이 습지 지대의 파괴로 이어진다. 여러 인간 활동(해안가 방어, 퇴적물 막기, 토지 개간, 양식업 발전, 오일, 가스, 물 채굴)으로 인해 해안 습지는 매년 0.5~1.5퍼센트 비율로 감소한다. 기후 변화로 인한 해수면 상승은 이러한 유실을 더욱 부추길 것이다.[18]

21세기의 지구 온난화로 인해 해수면이 0.5미터 이상 상승했을 때의 파급 영향을 정리해보면, 지구 온난화만이 해수면 상승의 유일한 원인은 아니다. 그렇지만 다른 환경문제를 더욱 악화시킬 가능성이 있다. 취약 지대의 인간 활동을 세밀히 관리한다면 잠재적인 악영향을 완화할 수 있을 것이다. 그러나 여전히 부작용의 위험은 상당하다. 특히 취약 지대인 삼각주 일대의 해수면 상승은 경작지의 큰 유실과 담수로의 염분 유입을 초래할 것이다. 예를 들어 방글라데시는 1000만 명의 인구가 이러한 영향 아래 살고 있다. 그 밖에 다른 저지대 열대 지역의 또 다른 위험은 폭풍해일 등 자연재해의 강도와 빈도가 증대된다는 점이다. 매년 폭풍해일로 홍수의 피해를 입는 전 세계 인구는 4000만에 달한다. 2080년대까지 해수면이 40-cm 상승한다면 이 수치는 네 배로 뛸 것이다. 물론 국내총생산(Gross Domestic Product, GDP) 성장과 비례해 해안 방어 체제를 강화한다면, 피해를 입는 인구를 절반으로 줄일 수 있을지 모른다.[19] 저지대에 위치한 작은 섬들도 육지의 유실과 담수 공급 문제로 어려움을 겪을 것이다. 게다가 해안가에 자리 잡은 네덜란드 등 수많은 도시는 바다로부터 지대를 방어하기 위해 엄청난 비용을 지불해야 할 것이다. 또한 전 세계 습지 주변의 상당한 면적의 육지가 유실될 위험에 있다. 이러한 영향을 최소화하기 위한 경제적인 노력은 뒤에서 다시 다룰 것이다.

이 장에서는 해수면 상승의 영향을 살펴보았다. 해양이 해수 표면 온도의 상승에 적응하는 데 몇 세기가 걸리기 때문에, 해수면 상승의 장기 파급 영향은 아무리 강조해도 지나치지 않는다. 대기 중 온실가스의 농도가 안정되어 인류가 초래한 기후 변화가 멈추더라도, 전체 해양이 신기후에 서서히 적응하면서 해수면 상승은 수세기에 걸쳐 계속될 것이다.

담수 자원의 활용 증대

세계의 물순환은 기후 체계의 중요 요소다. 물은 해양, 대기, 육지 표면에 걸쳐 순환한다(그림 7.5). 증발과 응결을 통해 물은 에너지가 대기에 오고 가는 주요 매개체가 된다. 물은 삶의 모든 영역에 필수 요소이기도 하다. 다양한 생물체와 동식물이 존재하는 주요 이유는 바로 물을 여러 방면으로 활용할 수 있기 때문이다. 습한 열대우림의 밀림은 각종 생물로 가득 차 있다. 좀더 건조한 지역에서는 식물들이 드문드문 번성한다. 이 식물들은 최소한의 물로 장기간 생존 가능하며, 동물들도 건조한 기후에 잘 적응한다.

물은 인류에게 꼭 필요한 핵심 물질이다. 인간은 물을 마셔야 하고 식량 생산, 보건, 위생, 산업과 운송에도 필요하다. 인간은 완전히 건조한 사막을 제외하고 물 공급과 관련해 다양한 환경에 적응해서 생계를 유지할 여러 방식이 있다는 사실을 배웠다. 가정, 산업, 농업별

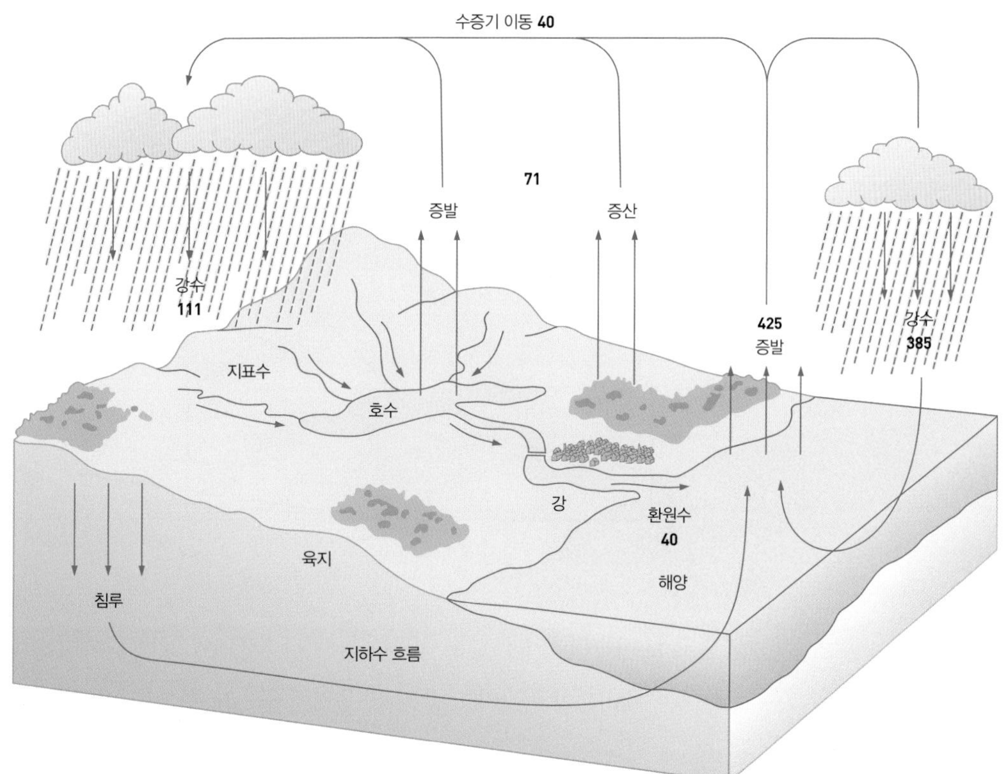

그림 7.5 전 지구 물순환(연간 수천 세제곱킬로미터). 육지에서 바다로 가는 지표수, 지하수 흐름과 대기 중 이동을 통한 증발, 강수, 수증기 이동의 주요 과정을 보여준다.

로 평균 1인당 물 사용량은 한 해에 100세제곱미터부터 10만 세제곱미터까지 다양하다.[20] 물론 이러한 평균 수치는 매일 몇 리터의 물을 구하기 위해 몇 시간씩 걸어야 하는 빈민가와 수도꼭지만 틀면 무제한으로 물이 나오는 선진국 사람들과의 큰 격차를 보여주지 않지만 말이다.

인구 변화, 생활 방식, 경제, 기술, 특히 관개 농업을 요구하는 식량 수요는 담수 활용의 증대를 부추긴다. 지난 50여 년간, 전 세계 물 사용은 세 배 증가했고(그림 7.6), 이는 육지와 바다에 걸쳐 흐르는 지하수와 강을 합친 전 세계 물의 10퍼센트에 해당한다(그림 7.5). 현재 인간이 사용하는 물의 3분의 2는 농업 용도이며, 이 중 대부분이 관

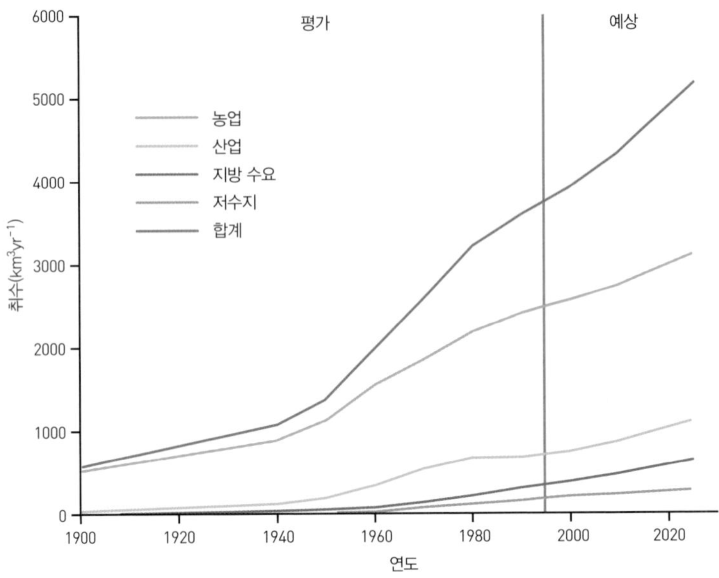

그림 7.6 1900~1995년의 다양한 용도에 따른 전 지구적 취수(Global water withdrawal)와 2025년까지 전망(매년 1세제곱킬로미터). 저수지의 손실을 포함했다. 일부 취수는 재활용되기 때문에 총 소비량은 전체 취수량의 약 60퍼센트에 해당한다.

개 농업, 4분의 1이 산업용, 10퍼센트가 가정용이다. 리오그란데강이나 북아메리카의 콜로라도 같은 강 유역에서는 그 수요가 어마어마하다. 이 지역의 물은 바다에 전혀 미치지 못한다. 지하수 대수층에 몇백 년, 몇천 년 저장된 물은 현재 사용되고 있고, 전 세계 많은 지역의 지하수 사용 속도는 보충되는 것보다 훨씬 빠르다. 해마다 물을 깊은 곳에서 길어내야 하는 상황이다. 예를 들어 미국 땅의 절반, 끌어올린 지하수의 4분의 1 이상은 다시 채워지지 않는다. 중국 베이징의 경우, 지하수 사용 때문에 지하수면이 매년 2미터씩 감소한다. 이는 수요의 급속한 증대로 인한 물 공급의 취약성이 동시에 증가하는 사례다.

한 국가의 **물 부족** 정도는 담수 공급의 비율과 관련이 있다. 전 세계적으로 측정 시, 물 부족 지역은 1인당 물 사용량이 1000세제곱미터 이하 또는 담수 사용 비율이 장기간 연평균 지표수 0.4 이상을 의미한다.[21] 이러한 조건 아래, 세계 인구의 4분의 1에서 3분의 1인 15억~

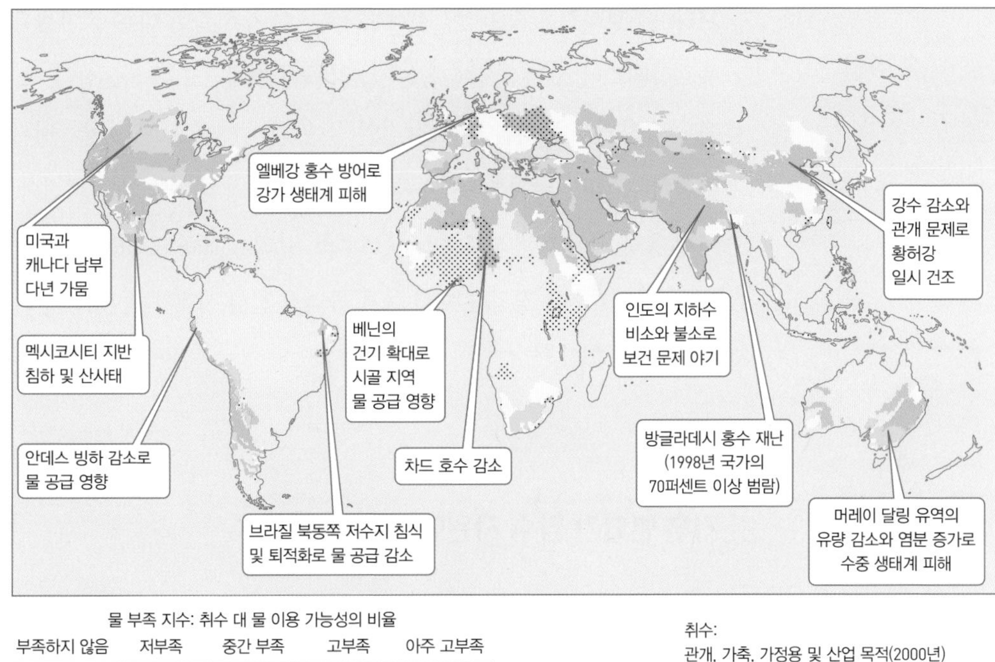

그림 7.7 물 부족 지도. 현재 담수 자원 및 관리의 취약성 사례를 보여준다.

20억 인구가 물 부족 국가인 아프리카 지역, 지중해, 극동, 남아시아, 중국 북부, 호주, 미국, 멕시코, 브라질 북동부, 남아메리카의 서부 해안에 흩어져 살고 있다. 이는 그림 7.7에 나와 있으며, 현재 담수 자원 취약 지대도 명시되어 있다. 기후 변화가 물 공급에 미치는 영향을 고려하지 않는다면, 물 부족 국가에 사는 인구는 향후 몇십 년 사이에 가파르게 증가할 것으로 전망된다.

그뿐만 아니라 전 세계 대부분의 물 자원은 공유되기 때문에 취약성이 더욱 높아진다. 전 세계 육지의 약 절반이 2개국 또는 3개국에 걸친 강 유역이다. 44개국 가운데 적어도 육지의 80퍼센트가 강 유역에 자리한다. 예를 들어 다뉴브강은 12개국, 나일강은 9개국, 갠지스-

브라마푸트라강은 5개국에 걸쳐 흐른다. 물이 부족한 다른 국가들은 유프라테스나 요단강 같은 공유된 강물에 절대적으로 의존한다. 물을 공유하기로 동의할 때 효율적인 물 관리에 대한 요구도 높아지기 마련이다. 의견 일치를 못 본 경우, 대립과 마찰의 가능성은 커진다. 이전 유엔 사무총장 부트로스 부트로스-갈리(Boutros Boutros-Ghali)는 "중동에는 향후에 정치가 아닌 물을 둘러싼 전쟁 시대가 올 것이다"라고 말한 바 있다.[22]

기후 변화가 담수 자원에 미치는 영향

전 세계의 담수 이용 가능성은 지구 온난화의 정도에 따라 변할 것이다. 지역별로 강 유역의 강수량을 전망하는 데 불확실성이 크지만, 강수량의 상당한 증가 및 감소를 보이는 지역을 구분하는 것은 가능하다(그림 6.8). 강수량은 특히 여름에 고위도나 회귀선에서 증가할 것으로, 중위도나 아열대지방에서는 감소할 것으로 예상된다. 온도 상승은 지구 표면에 떨어지는 물의 상당 부분이 증발한다는 것을 의미한다. 강수량이 증가하는 지역에서는 증발로 인한 유실도 생길 것이다. 그러나 강수량이 적거나 변동이 없는 지역에서는 물이 상당히 줄어들 것이다. 적은 강우량과 증발량의 증가는 농작물 경작을 위한 땅에 물기가 별로 없다는 것과 지표수의 감소를 뜻한다. 강우량이 미미한 지역에서 토지 습기가 없다는 점은 심각한 문제다. 이산화탄소 증가는 식물의 증산과 물 사용을 감소시키지만 이는 좀더 주의 깊은 연구가 필요한 부분이다.[23]

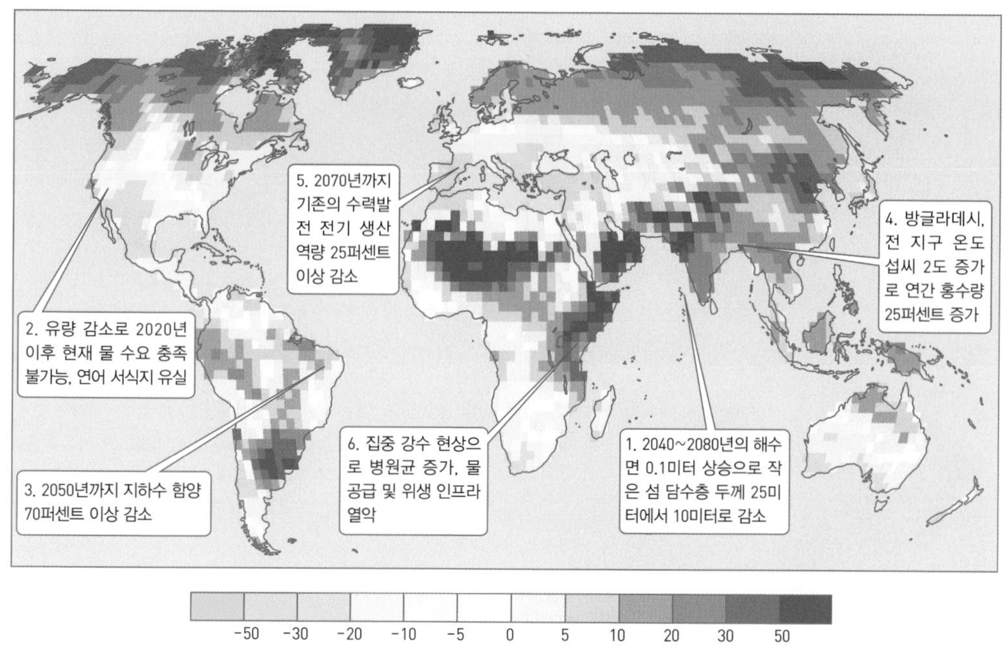

그림 7.8 미래 기후 변화가 담수에 미치는 영향 지도. 이는 피해 지역의 지속 가능한 발전에 위협이 되는 요소다. 배경 지도에는 2100년까지 평균 온도 섭씨 2.5도 상승 시나리오에 따른 연간 지표수 평균 변화(1981~2000년에서 2081~2100년 사이) 앙상블을 표시했다.

강이나 시내로 흐르는 지표수는 강수량의 일부가 증발하고, 식물의 증산작용 후 지표에 남은 물이다. 인간이 사용하는 물의 주요한 부분이라 할 수 있다. 지표수는 기후 변화에 매우 민감하며 강수량이나 온도의 작은 변화도 지표수의 양에 큰 영향을 끼칠 수 있다. 그림 7.8은 2100년까지 섭씨 2.5도 온도 상승 시나리오 아래 1980~2000년과 2081~2100년의 연평균 지표수 변화를 추정한 것이다. 여러 곳에서 최대 50퍼센트 증가 및 50퍼센트 감소의 변화가 존재한다. 세기가 지나며 곳곳에서 물 사용량과 유역에 큰 변화가 있을 것이다. 그림 7.8은 연평균 추정치라는 점을 명심하자. 그림 7.7을 동시에 고려하면 기후의 변동성, 발생 빈도 증가 및 이상기후의 강도 강화를 추측할 수 있을 것이다. 그림 7.8은 예상된 변화가 가져올 특정 영향을 묘사하는 데 여덟 가지로 정리하면 다음과 같다.[24]

(a)

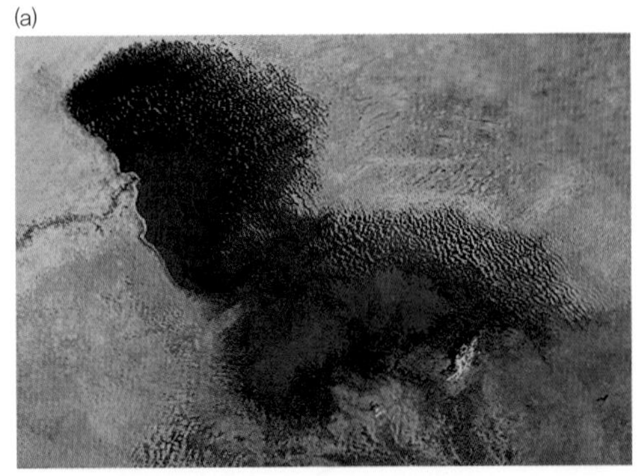

(b)

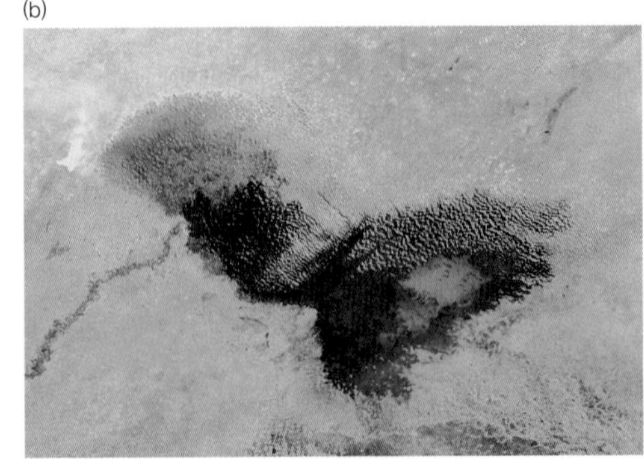

(c)

차드 호수의 건조((a) 1973, (b) 2007, (c) 2013). 호수는 매우 얕고 평균 깊이의 작은 변화와 계절 변동성에 특히 민감하다. 지역 주민들의 물 수요 증가는 40년 동안 호수의 건조를 가속화했다. 또한 호수 주변 지역의 과도한 방목은 사막화와 초목의 감소를 초래한다.

(1) 앞 장에서 언급했듯이 온난화가 진행됨에 따라 향후 100년에 걸쳐 산악 빙하나 극지방 빙원의 2분의 1가량이 녹을 것이다. 눈이 녹은 물은 지표수의 주요 요소이며, 물 유역은 빙하나 적설량의 감소로 악영향을 받을 것이다. 온도가 상승하면서 겨울철 지표수는 초기에 증가세를 보이지만 봄, 여름, 가을철의 지표수는 감소할 것이다. 현재 세계 인구의 6분의 1이 살고 있는 힌두쿠시 히말라야 빙하 지역, 여기에 의존하는 강 유역(인더스강, 갠지스-브라마푸트라강, 양쯔강)들은 커다란 영향을 받을 것이다. 남아메리카 안데스 빙하 지역도 마찬가지다. 유량(river flow)의 계절별 분포나 수력발전과 농업을 위한 물 공급에 큰 변화가 예상된

다. 예를 들어 2070년대까지 유럽에서 수력발전량의 약 10퍼센트 감소가 예상된다.

(2) 반건조지대(지중해 유역, 미국 서부, 남아프리카, 브라질 북동부, 호주 일부)는 기후 변화로 인한 수자원의 상당한 감소로 몸살을 앓을 것이다. 특히 반건조지대나 저소득 건조지대에 타격이 심할 텐데, 강수량과 하천 물에 영향이 몇 개월간 집중되고 기후 변화로 인한 강수량의 변동이 크기 때문이다.

(3) 기후 변화의 영향 외에도 인구 증가로 물 부족이 심한 강 유역에 살고 있는 사람은 1995년 15억에서 2050년 두 배로 뛸 것이다.

(4) 6장에서 설명했듯이, 지구온난화와 더불어 치열해진 물순환은 홍수와 가뭄의 빈도와 강도를 더욱 자극할 것이다. 1장에서도 지적했듯 홍수와 가뭄은 다른 어떤 자연재해보다 전 세계의 더 많은 사람들에게 영향을 끼친다. 게다가 최근 수십 년 영향력이 더욱 막강해졌다. 이처럼 2050년까지 홍수나 가뭄의 빈도 및 강도 증가는 물 사용량과 관리 면에서 시사하는 바가 크다.

(5) 일부 물 부족 지역에서는 지하수 함양(groundwater recharge)이 꽤 감소할 것이다. 이 지역에서는 인구와 물 수요의 증가로 취약성이 더욱 가중될 전망이다.

(6) 지하수 사용과 더불어 해수면 상승은 지하수와 강어귀의 염류집적(salination)을 강화할 것이다. 이는 인간과 해안지대의 생태계를 위한 담수 활용 감소를 초래한다.

(7) 물의 높은 온도, 강수 강도 심화, 장기간에 걸친 최저 유량 같은 요소들은 물 오염을 부추기며 동시에 생태계, 인간 보건, 수자원 체계의 신뢰도, 운영 비용에도 영향을 미친다.

(8) 물 공급 확보가 어려운 이유는 강우량과 토지 사용의 연관성 때문이다. 광범위에 걸친 산림 벌채는 강우량의 변화로 이어진다. 반건조지대의 광활한 초목이 줄어들면, 강우량 감소와 같은 경향이 발생한다. 이러한 변화는 엄청난 파장을 초래하며 사막화를 더욱 부채질한다. 전 세계 육지의 4분의 1이 건조지대로 확산될 위험도 존재한다.

몬순은 열대 지역에서 계절적 기후 변동성의 가장 두드러진 형태이며 많은 지역에서 연 강우량의 상당 부분을 차지한다. 지표면은 해수면보다 빨리 데워지기에, 육지와 바다의 온도 차는 더욱 벌어진다. 기후 변화가 몬순에 미치는 가장 큰 영향은 대기를 데우면서 대기 중 습기가 증가한다는 점이다. 계절풍 순환(monsoon circulation)의 세기가 약해지더라도 전체 계절풍 강우의 증가를 초래한다. 표면 온도는 태양 복사의 흡수에 영향을 받는데, 이는 지표면의 반사도나 대기 중 에어로졸의 양에 따라 달라진다. 여러 열대 지역의 몬순은 미래의 불확실성이 높은 ENSO(5장 참조)의 영향을 받기 때문에, 몬순의 강도나 시기에 관한 지역적 경향이 확실하지 않다. 그러나 계절풍 강우의 전체적인 증가는 인도 동부나 방글라데시 같은 지역의 강우량 증가를 의미하는데, 이 지역들은 모두 심각한 홍수에 시달렸다.[25] 현재 전 세계적으로 가장 시급한 부분은 평균 변수의 변화와 이상기후의 빈도, 강도, 위치의 잠재적 변화를 연관 짓는 더 정확한 정보를 확보하는 것이다.[26]

위에 언급된 잠재적 영향에서 볼 수 있듯이, 물 사용과 공급 면에서 부정적 영향을 완화하려면 강력한 조치가 반드시 필요하다. 일부 가능한 조치로는 다음과 같다.

첫째, 물 사용의 효율을 높이는 것이다. 세계 물 사용량의 3분의 2를 차지하고 세계 농작물의 3분의 1을 생산하는 농경지 가운데 6분의 1에 구비된 관개 시설을 훨씬 효율적으로 만들 수 있다. 대부분의 관개 시설은 물이 아주 낭비되는 겉도랑에 설치하는데, 60퍼센트 이상의 물이 증발과 침투를 통해 손실된다. 구멍 뚫린 파이프로 물을 식물에 바로 공급하는 미량관개 기술은 물을 보존하며, 새로운 댐을 건설하지 않고도 물을 댄 논밭을 확장시킨다. 이외에도 지속 가능한 사용을 위해 토착 방식을 이용해 물을 재활용하거나 산림 벌채 중단 및 조림 사업을 통해 물(그리고 토양)을 보존하기도 하고, 보존을 위한 경제적 유인 수단을 동원하는 등 효율을 높인 다양한 조치가 가능하다.

둘째, 새로운 물 공급 방법을 모색하는 것이다. 저수지나 댐에 저장을 확대하거나 바닷물의 담수화, 풍부한 물을 다른 곳으로 보내기도 하고, 적정 지역에서 지하수를 추출하는 등이 있다.

셋째, 제대로 된 관리 시스템을 도입하는 것이다. 규제가 없는 강 체제에 의존하는 동남아시아의 경우 규제가 잘 이뤄진 대규모 수자원 체제를 구축한 러시아 서부나 미국 서부보다 변화에 취약하다. 수많은 전문가와 단체가 농업, 가정, 산업 모든 부문에 걸친 **통합적 수자원 관리**(integrated water management)를 지지한다. 이 체제는 기존 인프라와 연관 지어 새 인프라를 계획하고 구축하는 것이 필요한데, 대홍수나 가뭄 같은 자연재해 대비를 포함한다.

위의 조치를 감행하려면 모두 비용이 든다. 물론 주요 시설을 아예 새로 개발하는 것보다는 미래의 변화에 훨씬 더 경제적으로 대응할 수 있다.

사막화

건조지대(보통 강수량과 강우량이 적고, 불규칙적이며, 짧고 고강도의 폭풍을 동반하는 날씨)는 전 세계 육지의 약 40퍼센트를 차지하며, 세계 인구의 5분의 1 이상을 지지한다. 그림 7.9는 전 세계에 걸친 건조지대의 분포를 나타낸다.

건조지대의 사막화는 기후 변동으로 인한 토지 황폐화, 초목과 사용 가능한 물의 감소, 작물 생산량 감소, 땅의 침식을 초래하는 인간 활동으로 인한 결과다. 1996년에 설립된 유엔사막화방지협약(United Nations Convention to Combat Desertification, UNCCD)은 세계 육지의 약 25퍼센트를 차지하는 건조지대의 70퍼센트 이상이 황폐화되며, 사막화의 영향을 받는다고 예측했다.[27] 토지 황폐화는 과도한 토지 활용과 인간 필요(인구 증가)에 의해 또는 정치적, 경제적 압력(환금작물 재배나 외화를 벌어들일 필요성)에 의해 악화되었다. 이는 자연적으로 발생한 가뭄으로 인해 더욱 심각해진다.

일부 건조지대의 사막화 진행은 21세기 들어 잦은 기후 변화로 인해 극심한 가뭄이 자주 찾아오기에 더욱 가속될 것이다.

최근 연구는 기후 변화가 건조지대 생태계에 미치는 영향 그리고 여러 종과 인간 사회의 상호작용에 미치는 영향의 복잡성을 여실히 보여주었다. 앞으로 무슨 일이 일어날지, 어떻게 부작용을 최소화할지에 대한 분석이 더욱 요구된다.[28]

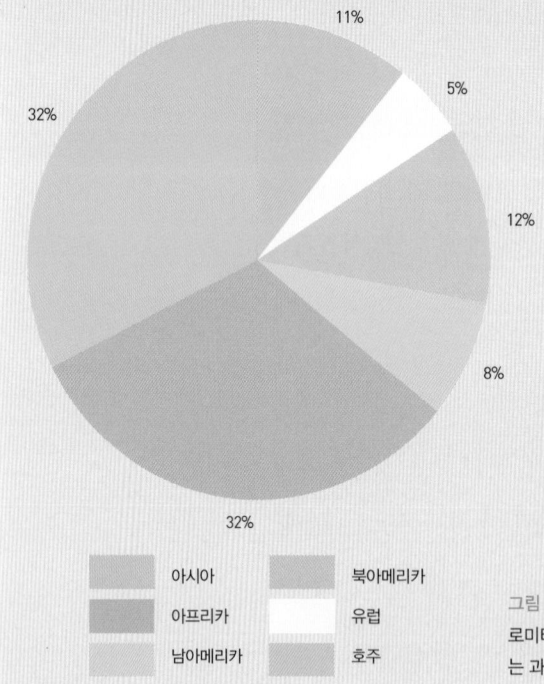

그림 7.9 세계 대륙별 건조지대. 총 규모는 약 6000만 제곱킬로미터(육지 전체의 약 40퍼센트)다. 그중 1000만 제곱킬로미터는 과건조(hyper-arid) 사막에 해당한다.

농업과 식량 공급에 미치는 영향

모든 농부는 지역 기후에 알맞은 농작물과 가축을 길러야 한다는 사실을 인식한다. 한 해 동안의 온도와 강우량 분포는 어떤 작물을 재배할지 결정할 때 중요한 요인이다. 여기에는 지구 온난화 현상이라는 또 다른 변수가 있고 작물이 재배되는 패턴 역시 변할 것이다. 그러나 이러한 변화는 복잡하다. 의사결정 과정에서 경제 요인과 다른 원인들도 기후 변화와 더불어 작용할 것이기 때문이다.

식량 작물을 기르는 데는 상당한 적응 역량이 있다. 1960년대 녹색혁명(Green Revolution)처럼 말이다. 이 시기에 수많은 종의 농작물 개발로 생산량이 엄청나게 늘어났다. 1960년대 중반과 1980년대 중반 사이에 전 세계 식량 생산은 연평균 2.4퍼센트 증가했다. 이는 세계 인구 증가보다 빠른 속도이며, 30년간 두 배 이상 증가한 수치다. 곡물 생산은 연평균 2.9퍼센트로 더욱 빨랐다.[29] 1980년대 중반 이래로, 생산 성장률은 매년 약 2퍼센트였다. 침식과 관개 확장으로 인한 토지 황폐화 같은 요인은 미래의 농작물 생산량을 감소시킬 것이다. 그러나 인구 성장률의 둔화와 계속적인 경제 개발로, 큰 기후 변화가 없다면 세계 식량 공급의 성장은 이어져 적어도 수요의 성장을 따라갈 수 있을 것이다. 더불어 세계의 영양결핍 인구는 크게 감소할 것이다.[30]

그러나 우리가 보았듯이 상당한 기후 변화가 이미 일어나고 있다. 그렇다면 농업과 식량 공급에 어떠한 영향을 미칠까? 다른 종의 경작물에 필요한 세부 지식과 교배 기술 및 유전자 조작의 전문성으로, 농작물이 신기후 체제에 적응 가능하다는 기대감도 있다. 그런데 이는 1~2년 안에 성장하는 일부 농작물에 해당하는 부분일 것이다. 숲은 수십 년 또는 한 세기까지 상당히 오랜 기간에 걸쳐 자란다. 예측된 기후 변화의 속도를 감안한다면, 나무들은 신기후에 적응하기 매우 어려울 것이다. 온도 및 강우량의 패턴도 많이 변할 것이며 성장이 멈추거나 질병, 해충, 화재에 더욱 취약해질 것이다. 기후 변화가 산림에 미치는 영향은 다음 부분에서 상세히 다룰 예정이다.

기후 변화의 적응 사례로는 페루의 농부들이 기후 전망에 따라서 농작물을 적응시킨 경우를 들 수 있다.[31] 5장에서도 언급했듯이 페루는 엘니뇨 현상의 강한 영향 아래 있는 나라다. 주요 작물은 쌀과 목화로 강우량과 시기에 매우 민감하다. 쌀은 다량의 물이 필요하며, 목화는 뿌리가 깊어 강우량이 적은 시기에 생산량을 늘릴 수 있다. 1983년, 엘니뇨 현상으로 농업 생산량이 14퍼센트 감소했다. 1987년에는 엘니뇨 현상을 예측했고, 페루 농부들은 이를 감안하여 농사를 지었다. 그 결과 이때 생산량이 3퍼센트 증가했다.

기후 변화가 농업과 식량 생산에 미치는 영향을 고려하는 데 네 가지 요인이 특히 중요하다. 그중에서도 가장 중요한 것은 물을 얼마나 이용할 수 있느냐다. 물 공급의 취약성은 농작물 재배 및 식량 생산을 위태롭게 한다. 그러므로 개발도상국의 건조지대나 반건조지대는 더욱 위험하다. 두 번째 요인은 기후 변화로 인한 생산량 증가로, 대기 중 이산화탄소가 늘어나 일부 농작물의 생산이 많아지는 것이다(241쪽 상자 참조). 세 번째 요인은 온도 변화의 영향이며 온도 상승 시 농작물 생산량이 감소하는 것이다(244쪽 상자 참조). 네 번째 요인은 식량 생산을 저해하는 폭염, 홍수, 가뭄 같은 이상기후의 영향이다.

전 세계 식량 공급의 상당 부분을 차지하는 주요 농작물의 기후 변화에 대한 민감도는 그동안 세부적으로 연구되었다(241쪽 상자 참조). 학

이산화탄소 '비료' 효과

대기 중 이산화탄소의 증가는 식물 성장을 부추기는 긍정적인 작용을 할 수 있다. 고농도의 이산화탄소는 광합성을 자극하며, 식물이 더 빠른 속도로 탄소를 마련하도록 부추긴다. 이는 생산성을 높이고자 온실에 여분의 이산화탄소를 공급하는 이유이기도 하다. 이 효과는 특히 C3 식물(밀, 쌀, 콩)에 적용할 수 있으나, C4 식물(옥수수, 수수, 기장, 목초지 풀)에는 어렵다. 이상적인 환경 아래 이산화탄소 비료 효과는 CO_2 두 배 증가 시 C3 작물 30퍼센트 증가라는 큰 영향을 미칠 수 있다. 이와 달리 곡물이나 목초지 풀은 이산화탄소 강화와 고온으로 인해 생산 감소 현상이 일어나기 쉽다. 그러나 물과 영양분이 식물 성장에 크게 영향을 미치는 실제 여건 아래 결핍이 없는 상황인 경우 실험 결과는 C3 작물의 10~25퍼센트 증가, C4 작물의 0~10퍼센트 증가로 나왔다. 유목의 성장은 증가하지만 이미 성장한 산림의 가시적인 성장은 없었다. 오존에의 노출은 작물과 산림에 미치는 이산화탄소 효과를 제한한다.[32] 열대작물 종에 관한 더 세밀한 연구가 필요하며, 차선의 여건(저영양분, 잡초, 해충, 질병)에서 자란 농작물에 대한 추가 연구도 필요하다. 나아가 이산화탄소 비료 효과와 더불어 작물의 영양가에 미치는 영향에 관해서도 더 상세한 정보가 필요하다.[33]

자들은 강수량과 온도의 변화를 예측하기 위해 기후 모델의 결과를 사용했다. 이들은 이산화탄소 비료 효과(fertilization effect)와 기후 변화 및 변동성의 영향도 고려했다. 일부 학자들은 경제적 요인이나 적절한 적응에 대해서도 연구한다. 공통적인 연구 결과는 고농도 이산화탄소가 작물 성장 및 생산에 미치는 혜택이 과도한 폭염과 가뭄의 영향을 항상 넘어서지는 않는다는 점이다. 중위도의 곡물 경작을 살펴보면 생산 전망치는 섭씨 2~3도 상승 시 증가하나, 더 큰 폭으로 온도가 올라가면 감소할 것으로 나타난다(그림 7.10).[34] 대부분의 열대 및 아열대 지역에서 온도 상승 시 생산 전망치가 감소할 것으로 보인다. 이는 농작물이 최대 허용 온도에 거의 이르렀기 때문이다. 강우량이 큰 폭으로 감소한다면, 열대작물의 생산량에도 큰 악영향을 미칠 것이다.

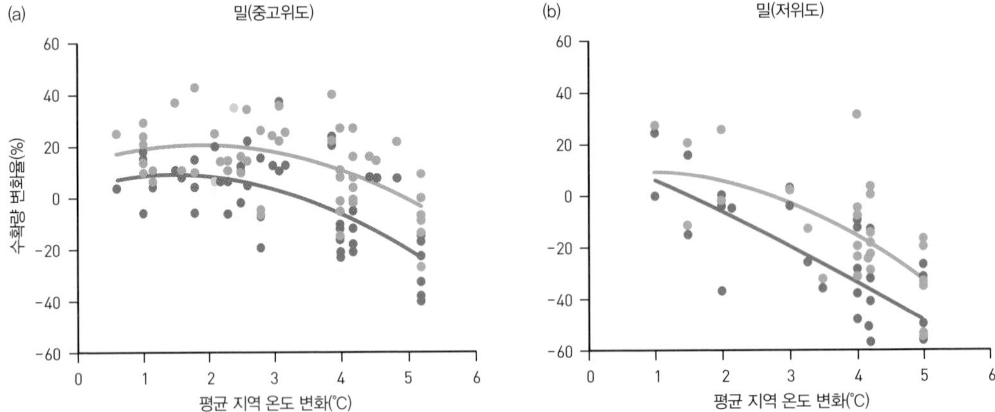

그림 7.10 기후 변화에 대한 밀 수확량 민감도. (a)는 중고위도, (b) 저위도를 보여준다. 적응 부재의 경우는 빨강, 적응되었을 경우는 초록으로 표시했다. 다수의 시뮬레이션 장소에서 발행한 69개의 자료를 정리했다.

세계 식량 공급 전체를 살펴보자. 일부 연구에 따르면 적절히 적응한다면 기후 변화가 세계 식량 공급에 미치는 영향은 그다지 크지 않을 것이라고 한다. 그러나 이러한 연구 조사는 이상기후, 물 이용 가능성, 토지 상태가 식량 생산에 미치는 잠재적 영향을 제대로 고려하지 않았다. 전 세계의 토지 상태는 현재 놀라운 속도로 황폐화되고 있다.[35] 여러 연구에서 밝혀진 심각한 문제 가운데 하나는 기후 변화의 영향이 나라마다 아주 다르다는 점이다. 선진국에서 식량 생산은 상대적으로 안정적인 인구수와 더불어 증가하지만 인구 성장률이 큰 개발도상국의 경우 기후 변화의 영향이 커짐에 따라 식량 생산도 감소할 가능성이 크다. 이로써 선진국과 개발도상국의 격차가 더욱 커지며, 기아에 허덕이는 인구도 증가할 것이다. 선진국의 식량 과잉은 점점 더 커지며, 개발도상국은 식량 공급이 인구 증가율을 따라가지 못하기 때문에 결국 식량 부족에 시달릴 것이다. 이러한 상황은 심각한 문제를 양산하는데, 실업 문제가 크다. 농업은 개발도상국에서 고용을 창출하는 주요 산업이다. 사람들이 식량을 구입하려면 고용이 전제되어야 한다. 기후 변화와 함께 경작 지역이 변하면서, 사람들은 농업에 종사할 수 있는 지역으로 이동하는 경향이 생길 것이다. 인구 증가의 압력으로 그러한 이동은 더욱 어려워질 것이며 방글라데시 같은 국가에서 엄청난 수의 환경 난민을 초래할 것이다.

또 다른 문제는 최근 인류의 식단이 선진국이나 개발도상국 모두 온실가스 배출을 증가시키는 방향으로 변해왔다는 점이다.[36] 이는 어느 정도 붉은 고기의 소비량이 커졌기 때문이다. 소나 양은 풀을 소화하면서 메탄을 배출하는데 이를 장 발효(enteric fermentation)라고 부른다. 돼지나 닭 등 가축의 식량을 늘리기 위한 비료 사용의 증가는 아산화질소 배출을 증가시킨다.

현대의 이러한 식단 변화는 인간의 건강에 영향을 주었다. 채소는 줄이고 붉은 고기를 많이 먹는 식단은 건강을 저해하며, 당뇨병과 관련 있는 비만의 증대를 가져왔다. 70억 인구 중 약 15억이 과체중이거나 비만이며, 10억 이상이 기아에 허덕인다는 사실은 충격적인 통계자료다. 몸에 더 좋은 음식을 섭취하고 가진 자와 없는 자 사이의 격차를 좁힌다면 온실가스 배출을 줄이는 데 긍정적으로 기여할 수 있다. 그뿐만 아니라 식량 생산을 위한 토지가 덜 필요해, 더 넓은 땅이 자연으로 돌아가 탄소 배출원이 아닌 흡수원의 기능을 회복할 수 있을 것이다.[37]

미래를 내다볼 때 앞으로 특히 다음 두 가지 활동의 중요성이 커질 것이다. 첫째, 개발도상국의 투자와 지역 훈련이 요구되는 농업 기술의 진보가 필요하다. 무엇보다 폭염이나 가뭄의 여건에서 농작물 교배와 관리를 위한 프로그램 개발이 필수다. 이는 오늘날 주변 환경의 생산성을 향상시키는 데 매우 유용하다. 둘째, 담수 공급 차원에서 특히 건조지대의 관개 시설 개발이 필요하다.

생태계에 미치는 영향

세계 육지의 10퍼센트 이상이 경작 중이다. 나머지는 많든 적든 인간이 관리하지 않는 영역이다. 그림 7.12를 살펴보면 세계 주요 생태계

세계 식량 공급에 미치는 기후 변화 영향 모델링

그림 7.11은 기후 변화가 세계 식량에 미치는 영향에 관한 상세 연구의 주요 요소를 나타낸다.[38]

기후 변화 시나리오는 5장에서 설명했던 기후 모델과 더불어 구성된다. 온도, 강수량, 이산화탄소의 영향을 포함하는 다양한 작물 모델이 18개국, 124곳에 적용된다. 이는 기후 변화가 없을 경우의 예측 수확량과 비교해 수확량을 산출하기 위함이다. 경작 시기 변경 같은 농업 차원의 적응, 기후에 적응한 다양한 종, 관개, 비료 적용과 같은 부분 또한 포함된다. 이 수확량 추정치를 합산해서 작물별, 국가별, 지역별 산출량 변화 값을 계산한다.

이 산출량 변화 값은 세계 식량 무역 모델(world food trade model)의 자료로 활용되는데, 인구 성장과 경제 변화 같은 세계 변수 추정과 무역, 세계 시장 가격, 재정 흐름을 통한 농업 부문의 국가·지역적 경제 모델을 포함한다. 세계 식량 무역 모델은 농업 투자의 증진, 경제적 수익에 따른 농업 자원 재분배, 높은 곡물 가격으로 인한 추가 경작지 개간 등 적응 전략의 영향을 탐색한다. 전 과정의 산출량은 식량 생산 및 가격, 기아의 위험에 처한 인구(식량 조달이나 생산을 하기에 소득이 부족한 인구)에 관한 2080년대까지의 예측 자료를 제공한다.

기후 변화 영향 관련 2080년대 전망 모델 결과는 다음과 같다. 중고위도 지역의 수확량은 증가할 것이며, 저위도(건조·아열대) 지역의 수확량은 감소할 것으로 보인다. 시간이 지남에 따라 이러한 추세는 더욱 확실해지고 있다. 특히 아프리카 대륙은 수확량 감소, 생산 감소, 기아의 위험에 처한 인구 증가를 경험할 가능성이 크다. 2014년 IPCC WGII 보고서의 식량 안보와 생산 부문에서는 다음과 같이 진술한다.[39]

> 대응책이 없다고 가정할 때, 산업화 이전보다 약 섭씨 1도의 지역 온도 상승은 열대 및 온대 지역에서 주요 작물(밀, 쌀, 옥수수) 생산량에 부정적인 영향을 미칠 것으로 전망된다. 물론 지역별로 혜택을 입는 경우도 있다(중간 확신). 대응이 있거나 없을 때의 부정적인 영향은 10년마다 0퍼센트에서 −2퍼센트의 평균 생산량 변화를 가져오며 2030년대부터 가시화될 것이다. 2050년 이후, 더 심각한 영향의 위험성은 증가할 것이다(중간 확신). 이러한 추세는 작물 수요의 증대와 함께 진행될 것이다. 작물 수요는 2050년까지 10년마다 약 14퍼센트씩 증가할 전망이다. 저위도 지역의 작물 생산량은 미래 기후 변화의 부정적인 영향을 받을 것이다. 이와 달리 기후 변화는 북위도 지역에 긍정적 또는 부정적 영향을 미칠 것이다(강한 확신).

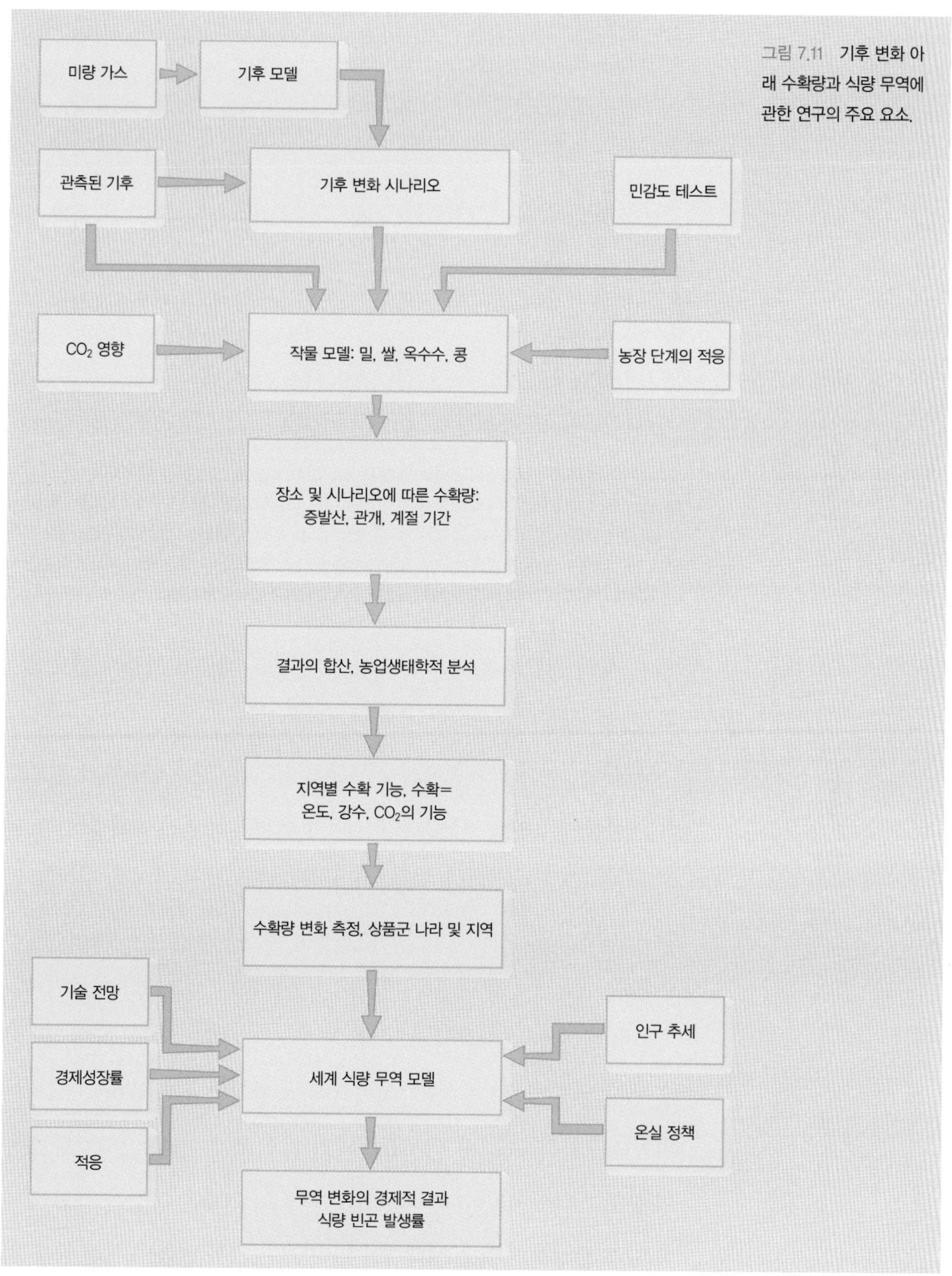

그림 7.11 기후 변화 아래 수확량과 식량 무역에 관한 연구의 주요 요소.

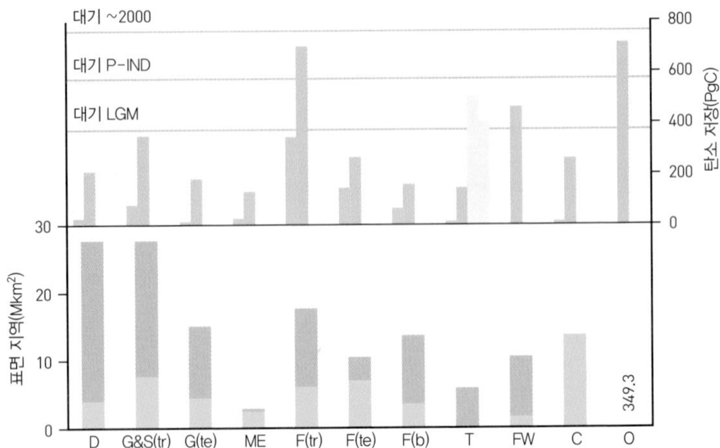

그림 7.12 전 지구의 지역적 범위(아래)와 토지 용도 변경(노랑) 및 변경 없는 지역(보라), 총 탄소 저장((위): 식물 바이오매스(초록색), 땅(갈색), 영구동토층(하늘색))으로 나타낸 세계 주요 생태계. D: 사막, G&S(tr): 열대 목초지와 사바나, G(te): 온대 목초지, ME: 지중해 생태계, F(tr): 열대우림, F(te): 온대우림, F(b): 북쪽 수림대, T: 툰드라, FW: 담수 호수와 습지, C: 경작지, O: 해양. 대기 중 탄소량 추정치는 LGM(마지막 빙하기 최대치), P-IND(산업화 이전), 2000(현재)으로 표시했다.

(생물군계)의 지역적 범위와 이들이 토지 활용 때문에 어떻게 변모했는지 알 수 있다.

생태계는 인류 공동체에게 너무도 중요하다. 인류 공동체가 필요로 하는 식량, 물, 연료, 생물 다양성을 제공한다. 또한 물순환을 위한 제어 메커니즘도 마련한다. 더 나아가 중요한 문화적 가치를 지니고 있다. 이러한 모든 기여를 통틀어 생태계 서비스(ecosystem service)라고 부른다.

지역 생태계를 구성하는 다양한 동식물은 기후, 토지의 유형, 물 이용 가능성에 민감하다. 생태학자들은 특징적인 초목에 따라 세계의 지역을 구분한다. 그림 7.13에는 과거 기후 체계 아래의 전 세계 초목의 분포가 나와 있다(특히 북아메리카 지역). 이 그림은 다양한 기후 체제에 따라 무성하기 쉬운 생태계를 나타낸다. 기후 변화는 여러 종을 위

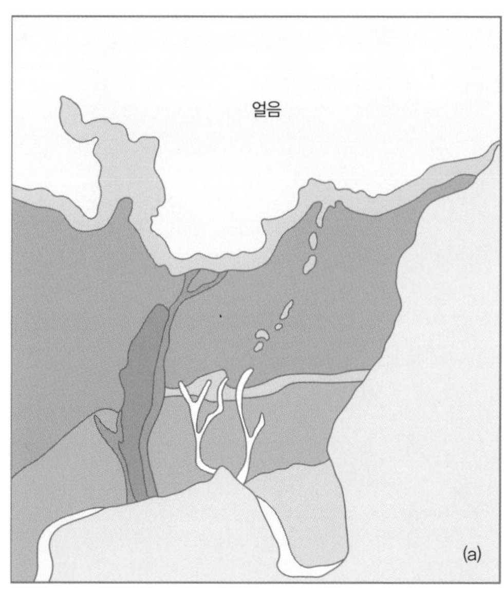

그림 7.13 과거 기후 체계 아래 미국 남동부 지역의 초목 지도. (a) 1만 8000년 전, LGM, (b) 1만 년 전, (c) 5000년 전이다. 여건이 현재와 비슷하다. 200년 전 초목 지도는 (c)와 비슷하다.

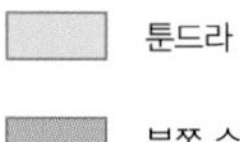

툰드라

북쪽 수림대(전나무까지)

대초원

침엽, 활엽수림 혼합

북쪽 수림대

시원하고 온화한 낙엽수림

따뜻하고 온화한 남동쪽 상록수림

사구 관목

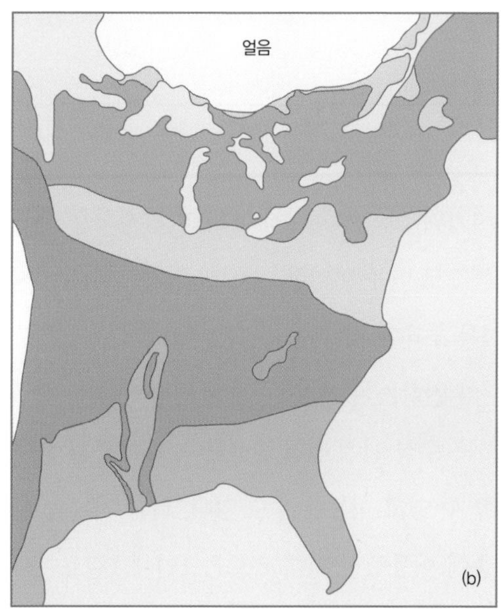

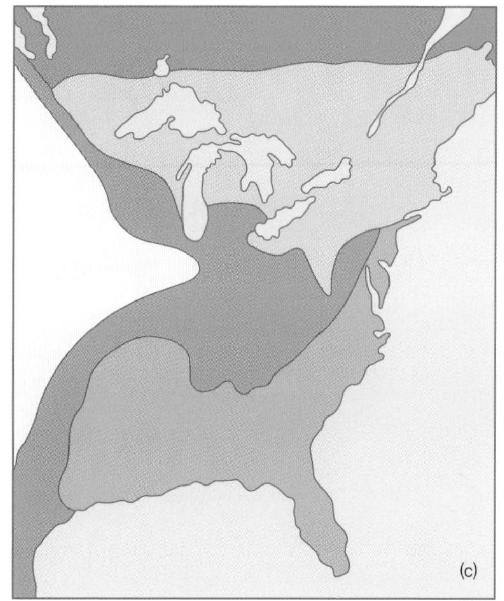

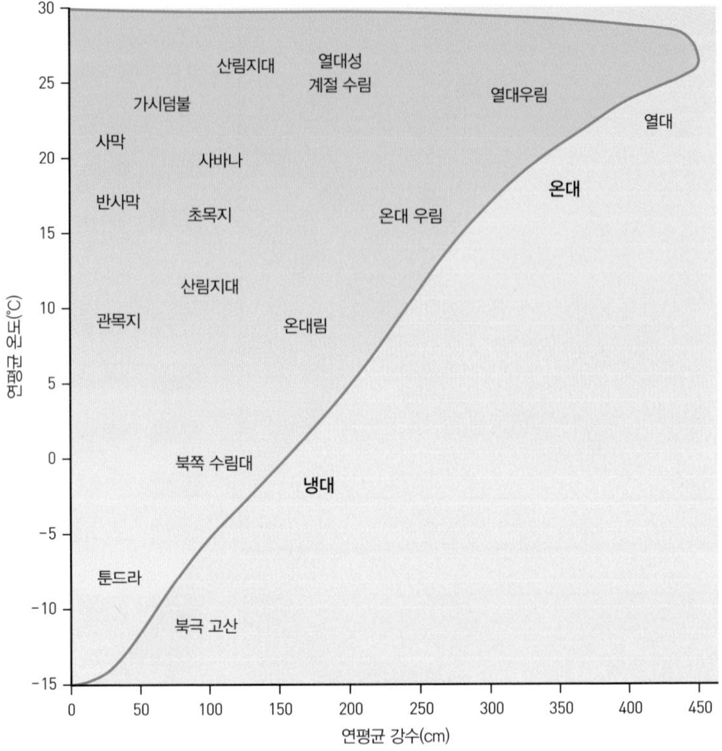

그림 7.14 **연평균 온도와 강수량 관련 세계 생물군계(world biome type). 계절적 변동성은 분포 형태에 영향을 미친다.**

한 지역 적합성을 변화시키며(그림 7.14), 생태계 내의 경쟁력을 바꾼다. 그렇기 때문에 상대적으로 아주 미미한 기후 변화라도 시간이 지나면 생태계 구성의 변화를 초래할 것이다.

그러나 그림 7.13에서의 변화는 수천 년에 걸쳐 진행되었다. 지구 온난화로 인한 기후 변화는 수십 년에 걸쳐 발생한다. 대부분의 생태계는 그렇게 빨리 대응할 수 없고 이동할 수도 없다. 화석 기록을 살펴보면 대다수의 식물 종이 이동했던 최대 속도는 1년에 1킬로미터 미만이다. 확산 과정(발아에서 종자 생산까지의 평균 시기, 종자 하나가 이동할 수 있는 평균 거리)의 제약에서도 알 수 있듯이, 인간의 간섭 없이 수많은 종은 21세기에 예측된 기후 지위(climate niche)의 변화 속도를 따라

잡을 수 없을 것이다. 종들의 이동을 방해하는 장애물이 전혀 없더라도 말이다. 특히 작은 동물들 역시 10년마다 10~70킬로미터에 이르는 기후 변화 속도를 따라올 만큼 충분히 빠르지 않다.[40]

그러므로 자연 생태계는 변화하는 환경을 따라가지 못할 것이다. 얼마나 큰 문제가 될지는 종마다 다르다. 몇몇 종은 상대적으로 평균적인 기후 변화나 이상기후에 더욱 취약하다. 모든 종은 질병과 해충의 공격을 피하기 어려울 것이다. 이산화탄소 비료 효과는 다른 부정적인 영향에 의해 압도될 것이다.

숲은 세계 육지의 약 30퍼센트를 차지하며, 가장 생산적인 지구 생태계에 속한다. 또한 거대한 탄소 저장고이기도 하다. 지구상의 탄소 중 땅 위의 80퍼센트, 땅 아래의 40퍼센트가 숲에 존재한다. 이는 대기 중 탄소의 두 배가량이다(그림 3.1). 특히 숲은 기후 변화라는 상황에서 상당히 중요하다. 인간 활동으로 인해 매년 대기로 배출되는 추가적인 약 20퍼센트의 이산화탄소는 현재의 산림벌채 때문이다. 기후 변화는 전 세계 산림에 어떤 영향을 미칠까? 결과적으로 이 모든 변화는 기후에 어떤 영향을 줄까?

나무는 수명이 길고 재생산하는 데 오랜 시간이 소요되므로, 기후 변화에 신속히 대응할 수 없다. 더군다나 나무들은 자라면서 평균 기후에 매우 민감하다. 종이 생존하고 재생산할 수 있는 환경 여건(온도와 강수량)을 지위(niche)라고 부른다. 일부 일반적인 나무 종의 기후 지위는 그림 7.15에 나와 있다. 연평균 섭씨 1도의 변화라도 나무 한 그루의 생산성에 엄청난 차이를 빚어낸다. 21세기 기후 변화 전망에 비추어 보면 현재 살아 있는 나무들의 상당수가 부적절한 기후 여건에 노출될 것이다. 이는 특히나 북반구의 북쪽 수림대에 적용되며 해충,

그림 7.15 세 종의 나무(아롤라 소나무, 노르웨이 전나무, 너도밤나무)의 환경적 현실 지위(realized niche: 종이 발견되는 실제 여건) 시뮬레이션. 연평균 온도와 강수량 대비 생산되는 바이오매스를 나타냈다. 아롤라 소나무는 특히 좁은 지위를 갖고 있다. 지위가 좁을수록 기후 변화에 대한 잠재적 민감도 역시 높다.

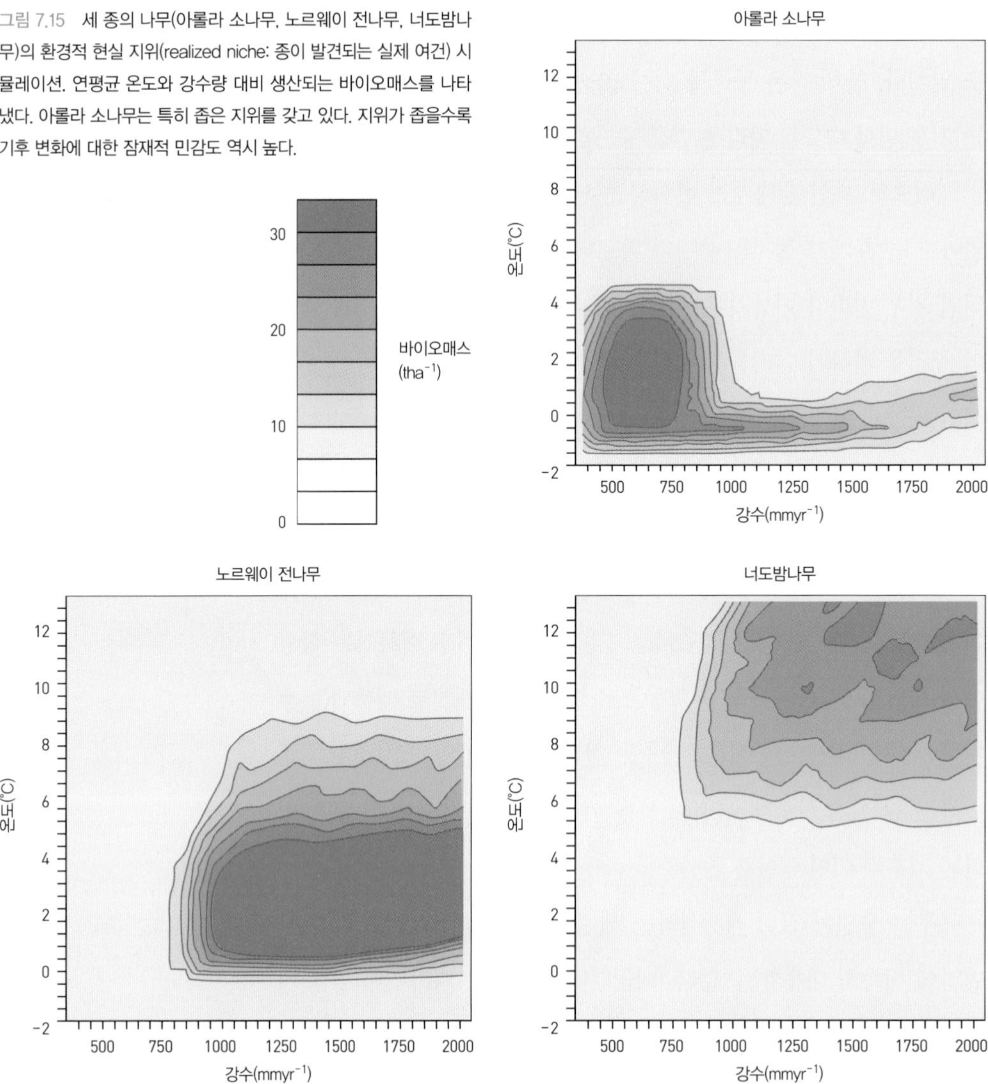

잎마름병, 산림 화재를 피할 수 없는 나무가 많다.

최근 산림의 상태가 악화되고 있어 특히 유럽이나 북아메리카권에서 큰 주목을 받아왔다. 이는 중공업, 발전소, 승용차가 원인인 산성비와 오염 때문이다. 물론 산림의 모든 피해가 이러한 이유 때문만

산성비 피해를 입은 침엽수림. 황산염 입자의 미래 농도에 영향을 미치는 중요 인자는 '산성비' 오염이다. 주로 이산화황 배출이 원인이며 특히 주요 산업 단지 방향의 산림 파괴 및 호수의 어류 멸종을 초래한다.

은 아니다. 캐나다 일부 지역 연구에 따르면, 나무의 잎마름병은 연이은 따뜻한 겨울, 건조한 여름 같은 기후 여건의 변화와 관련이 있다.[41] 게다가 오염과 기후 스트레스(climate stress)의 이중 효과가 있는 사례도 더러 있다. 예를 들어 이미 오염에 노출되어 약해진 나무들은 달라진 기후 스트레스에 적응하지 못한다. 전 세계 산림에 주는 기후 변화 스트레스(252쪽 상자 참조)는 특히 개발도상국의 열대 산림 벌채, 인구 증가로 인한 목재 수요 증대 등 다른 요소와 복합적으로 작용할 것이다.

적절한 시기 내(수세기가 될지도 모른다)에 안정적인 기후 체계가 재정립된다면, 수많은 나무는 일부 지역에서 그들의 특정 기후 지위를 발

산림 – 기후 상호작용과 피드백

산림과 기후 사이에는 다양한 상호작용과 피드백이 오고 간다. 벌채로 인한 산림지대의 광범위한 변화는 그 지역 기후에 심각한 영향을 미칠 수 있다. 기후 변화와 더불어 이산화탄소, 온도, 강우량의 변화는 산림의 구조나 상태에 중대한 영향을 끼치며, 이는 또다시 기후에 영향을 미친다. 이러한 영향 관계를 살펴보도록 하자.

산림 벌채로 인한 토지 사용은 세 측면에서 강우량에 영향을 미친다. 산림지대에서는 초원이나 맨 땅보다 물의 증발이 더욱 활발하다(나뭇잎을 통한 증발). 그래서 산림지대 위의 대기는 다량의 수증기를 포함한다. 또한 산림지대는 12~15퍼센트의 햇빛을 반사하며, 초원은 약 20퍼센트, 모래사막은 약 40퍼센트를 반사한다. 마지막으로 초목이 울창하면 고르지 않은 표면이 대류 및 역동적인 작용을 더욱 부추긴다.

사헬 지대의 가뭄 환경에서 초목의 변화와 강우량의 변화에 연관성이 있다고 제안했던(1975년) 이는 미국의 기상학자 줄 차니(Jules Charney)다. 수치 모델과 물리 실험 과정을 거친 결과, 넓은 산림지대를 초원으로 바꾼 경우 강우량이 상당히 감소한다는 사실을 발견했다. 강우량이 급격히 줄어들어 초원이 망가지고 토지가 반건조화되는 극단적인 사례도 발생했다.

그러나 인간의 활동으로 인한 초목의 변화가 없더라도 산림과 기후 사이의 상호작용은 여전히 큰 영향을 미칠 수 있다. 강수량 감소를 야기하는 세 주요 피드백은 다음과 같다.

- 이산화탄소 증가는 나뭇잎의 기공 차단(stomatal closure)을 야기하며, 물의 증발 작용을 감소시킨다.
- 온도 상승은 나무에 잎마름병을 초래해 물의 증발을 방해한다.
- 온도 상승은 땅에서 이산화탄소의 호흡을 증가시키고, 결국 지구 온난화를 부추긴다(3장에서 언급한 기후, 탄소순환 피드백).

위의 세 가지 피드백이 전 지구적인 순환 변화로 인해 지역 기후 변화에 영향을 미칠 때, 계속되는 이산화탄소 배출 시나리오 아래 21세기에 아마존 유역 산림에는 대규모 손실이 따를 것이다. 넓은 지대는 관목이나 풀로 대체되며, 아마존 유역 일부는 반사막지대로 변모할 가능성이 있다.[42] 물론 이러한 결론은 여전히 불확실하지만(기후 변화 여건 아래 엘니뇨 현상의 가상 모델과 관련된 쟁점, 이러한 현상과 아마존 기후 사이의 관계) 앞으로 어떤 유형의 영향이 발생할지 가늠하게 해주며, 기후와 초목 사이의 상호작용을 인식하는 것이 얼마나 중요한지 새삼 느끼게 해준다.

견할 수 있을 것이다. 그러나 대부분의 나무들이 빠른 변화 속도 때문에 그러한 위치를 찾지 못하게 된다. 갑작스런 스트레스와 잎마름병이 북쪽 및 열대 수림대(위 상자 참조)에 발생한다면 탄소 배출로 이어질 것이다. 이 양의 피드백은 이미 3장에서 다루어졌다. 양이 얼마나 많을지 확실하지 않지만, 21세기에 걸쳐 240Gt 정도로 추정되었다.[43]

위의 설명은 기후 변화가 자연 산림에 미치는 부정적 영향과 관련이 깊다. 이와 달리 잘 관리된 숲에 관한 긍정적인 연구 결과도 있다.[44] 적절한 대응과 토지 관리가 있다면 탄소 포집 및 저장을 증가시키는 산림 프로젝트가 없더라도 오히려 전 세계 목재 공급량을 늘릴 수 있다(10장 참조). 그리고 시장 점유율이 점점 커지는 개발도상국들의 수요를 충족시킬 수 있을 것이다.

그림 7.16에서도 볼 수 있듯이 극지방의 해빙 덮개와 초목의 거대한 변화가 예상된다. 이는 육지와 해양 생태계에 시사하는 바가 크다.

그림 7.16 북극과 인근 지역의 얼음 덮개 및 초목 현황과 RCP 6.0 시나리오의 2080~2100년 모델링. 2020년 무렵, 여름 하반기에 북극해 빙하가 완전히 사라질 것으로 최근 전망되었다.

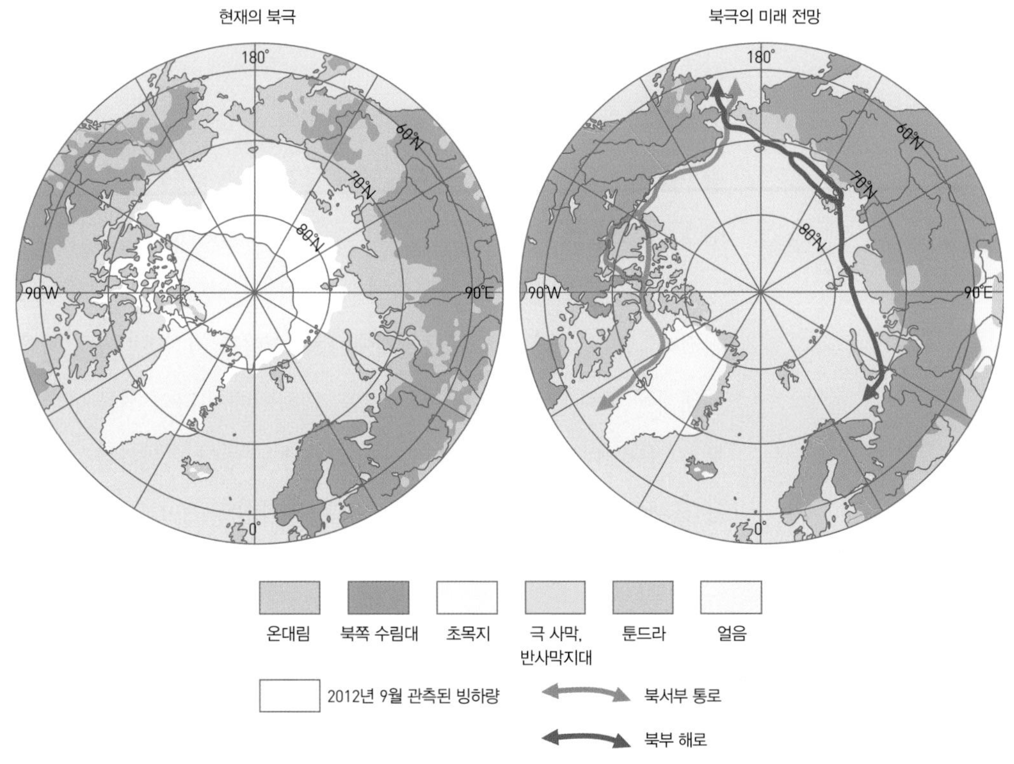

무엇보다 건조지대의 면적과 초목의 성격에 변화가 우려되는 바다 (238쪽 상자 참조).

자연 생태계에 관한 더 큰 우려는 기후 변화로 인한 생물 종의 다양성 손실과 관련 있다. 화재, 가뭄, 해충 습격, 특정 종의 만연, 폭풍우, 산호 백화 현상(coral bleaching)에서 비롯된 심각한 생태계 파괴가 더욱 확대될 것으로 예측된다. 기후 변화로 인한 압박은 생태계에 가해진 다른 스트레스(토지 개간, 토지 황폐화, 산림 벌채, 수확, 오염)와 더해져 막대한 피해를 초래하거나 일부 생태계의 손실 및 특정 생물의 멸종을 가져올 것이다. 산호초, 환초, 맹그로브, 북쪽 및 열대 수림대, 극지방 및 고산 생태계, 대초원 습지, 야초지는 기후 변화의 위협을 받는 영역이다. 물론 위기에 처한 생태계라도 기후 변화의 영향을 완화할 수 있는 부분도 있다(예를 들어 폭풍의 영향을 완충하는 해안 체계). 생물 다양성 손실을 막기 위한 대응 방법에는 보호 구역 및 공원 구축, 생물 종들이 이동할 수 있도록 길목을 내주거나 포획 사육 활용, 종의 위치 변경 등이 있다.[45]

지금까지 우리는 육지 생태계에 대해 살펴보았다. 해양 생태계는 어떨까? 기후 변화는 해양 생태계에 어떤 영향을 미칠까? 아직 해양 생태계에 대해 모르는 부분이 많지만, 빙하기에 바다의 생물학적 활동이 변해왔다는 증거가 있다. 지난 몇백만 년 동안 이산화탄소 농도를 통제한 요소는 바다에서 생물학적 활동의 변동에 있을 수 있다는 점을 3장(64쪽 상자 참조)에서 지적한 바 있다(그림 4.9). 바닷물 온도나 해양 순환의 패턴이 달라지면 해수 용승의 발생 위치와 어류가 모이는 지역의 변화를 초래할 것이다. 일부 어류가 아예 사라지거나 더욱 증식하는 어류도 생길 것이다. 현재 수산업은 이러한 큰 변화에 적응되

어 있지 않다.[46]

가장 중요한 해양 생태계 가운데 하나는 열대 지역과 아열대 지역에서 자라는 산호초다. 산호초는 생물학적 다양성이 풍부하며, 특히 지구 온난화의 위협에 노출되어 있다. 산호초의 다양성은 열대우림의 종보다 많으며, 해양 어류의 25퍼센트 이상이 이에 의존하며 살아간다.[47] 이들은 수많은 연안군집을 위한 주요한 먹이 처소다. 해수면 온도에 민감해 섭씨 1도 상승조차도 산호의 변색을 야기하며 섭씨 3도, 그 이상의 계속되는 상승은 대량의 산호초 멸종을 동반한다. 1998년에 발생했던 산호 백화 현상은 엘니뇨 현상과도 관련이 있다.[48]

기후 변화에 따른 스트레스는 이산화탄소의 증가로 인한 해양 산성화로 더욱 심해진다(그림 7.17). 이러한 스트레스는 무수한 플랑크톤과 해저 유기체에 치명적인데 이 생물들은 산호와 바다달팽이처럼 선석(aragonite)으로 껍데기와 뼈대를 생성하기 때문이다. 이러한 스트레스가 얼마나 치명적일지에 대해서는 연구가 활발히 진행 중이다.[49]

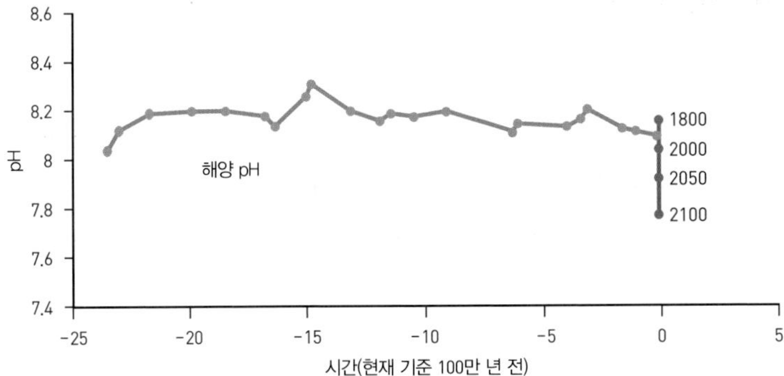

그림 7.17 대기 중 CO_2 농도 증가는 해양의 CO_2 용해를 증가시키며, 해양의 산성도는 지난 수백만 년에 걸쳐 이례적인 수준까지 급속히 올라갔다. 과거 바다의 pH 변동(파란색)과 현재 바다의 pH 변동(보라색)을 표시했다(Pearson and Palmer, 2000). pH는 대수 척도(logarithmic scale)로 환산했다. 즉 그림의 작은 변화는 커다란 영향을 미친다. 미래 예측은 2050년(500ppm)과 2100년(700ppm)의 대기 중 이산화탄소 농도를 추정해 모델 기반형 값에 근거했다.

산호 백화 현상은 수온 상승 및 하락, 일사량의 변화, 물의 화학 성분 변화, 어류 남획 및 퇴적작용 증가로 인한 동물성 플랑크톤의 감소 같은 외부 압력 때문에 일어난다.

지구 평균 온도가 산업화 이전 대비 섭씨 2도 또는 그 이상 올라갈 때 기후 변화가 생태계에 미치는 영향을 요약했다. 특히 다음 다섯 영역이 우려된다.[50]

(1) 이례적인 기후 변화의 영향과 다른 방해 요소(홍수, 가뭄, 산불, 해충, 해양 산성화), 토지 용도 변경, 오염, 자원 남용 등의 요인이 복합적으로 작용해 여러 생태계의 탄력성을 훨씬 추월할 가능성이 있다.

(2) 지구 생물권은 현재 순 탄소 흡수원이다(표 3.1). 3장에서도 보았듯이 21세기 동안 이 지구 생물권은 기후 변화를 부추기는 순 탄소 배출원이

될 수 있다.

(3) 지금까지 측정에 따르면(편견이 없는 사례) 동식물 종의 20~30퍼센트가 점점 멸종 위기에 이르고 있다.

(4) 이산화탄소 비료 효과로 인한 긍정적 영향과 더불어 중고위도에서의 산림지대 감소, 열대 지역의 여러 방해 요소(화재 및 해충)가 복합적으로 작용해 지구 생태계의 구조 및 기능의 큰 변화가 동시에 일어날 가능성이 높다.

(5) 해양 및 수중 생태계의 구조 및 기능에 큰 변화가 발생하기 쉽다. 특히 기후 변화와 해양 산성화의 복합 작용은 산호에 심각한 피해를 초래할 것이다.

인간 보건에 미치는 영향

인간의 건강은 쾌적한 환경에 좌우된다. 환경 훼손을 야기하는 여러 요소는 건강 악화로 이어진다. 대기 오염, 오염된 물 공급, 열악한 토양(흉작과 영양부족을 초래)은 건강을 위협하고 질병을 확산시킨다. 지구 온난화의 영향에서도 보았듯이, 더운 지방에서 발생하는 기후 변화로 여러 요인이 더욱 악화될 것이다. 가뭄과 홍수 같은 이상기후가 나타날 가능성은 영양실조나 질병의 확산으로 이어져 건강에 큰 위협이 될 것이다.

그렇다면 기후 변화가 인간 보건에 미치는 직접적인 영향은 무엇인가? 사실 인간은 아주 다양한 여건에 적응해 살 수 있고, 여러 기후에 적응할 수 있는 능력을 갖추고 있다. 보건에 미치는 기후 변화의 영향

유럽과 인도의 2003년 폭염

2003년 6, 7, 8월, 유럽은 기록적인 이상기온을 경험했다. 여러 지역에서 섭씨 40도 이상의 온도를 보였다. 프랑스, 이탈리아, 네덜란드, 포르투갈, 스페인에서는 2만 명이 넘는 사람들이 폭염으로 사망했다. 스페인, 포르투갈, 프랑스, 유럽의 중·동부는 강도 높은 산불에 시달렸다. 그림 7.18은 이러한 기후가 정상적인 기후변동을 훨씬 벗어났다는 점을 잘 보여준다. 연구 결과에 따르면 인간 활동으로 인한 온실가스 증가로 이 위험성이 배가되었다. RCP 8.5 시나리오에 따르면 2050년은 정상 연도, 2100년은 서늘한 해로 나타난다.

같은 해, 세계의 다른 지역에서도 폭염이 발생했다. 인도의 안드라 프라데쉬(Andhra Pradesh)의 경우, 27일간 섭씨 45도를 웃도는 이상 온도로 1000명 넘게 사망했다.

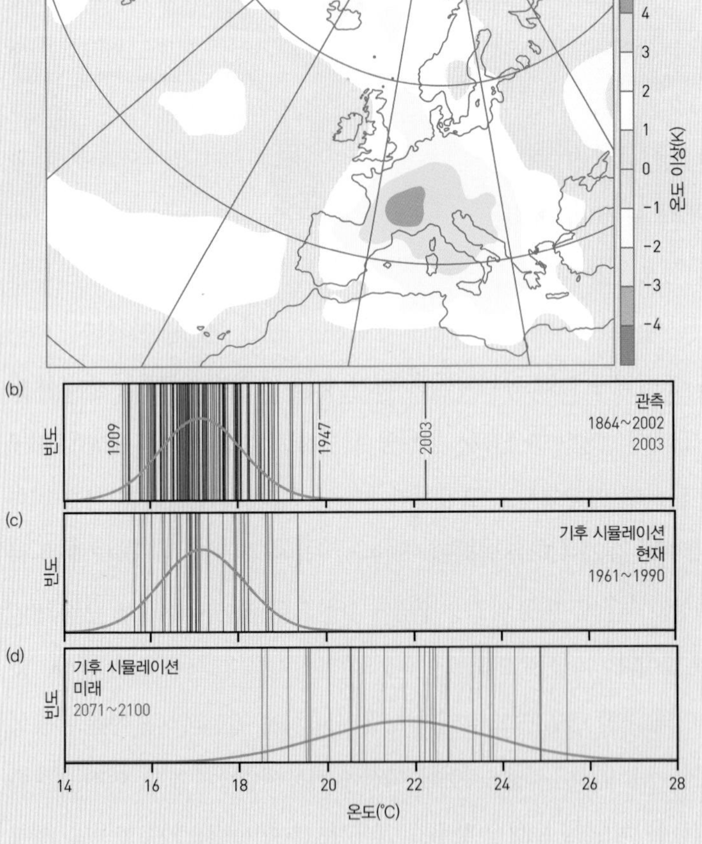

그림 7.18 2003년 유럽의 폭염 특성. (a) 1961~1990년 관련 6~8월(June, July, August, JJA) 온도 이상, (b)~(d): 스위스의 JJA 온도, (b) 1864~2003년 관측 자료, (c) 1961~1990년 지역 모델 시뮬레이션, (d) RCP 8.5 시나리오로 살펴본 2071~2100년 시뮬레이션. (b)~(d)에 표시된 수직선은 매년 평균 여름 온도를 의미한다. 정규분포 즉 가우스분포는 회색으로 표시했다.

을 평가할 때 특히 어려운 점은 건강과 관련된 매우 다양한 요소를 고려해 기후의 영향을 분석해야 한다는 점이다.

직접적인 영향을 꼽자면 도시에서 더욱 빈번하게 발생할 이상고온의 폭염을 들 수 있다(그림 6.7). 폭염이 발생하는 대도시에서는 이상고온으로 사망률이 두세 배 뛸 수 있다.[51] 비록 시기상 어느 정도의 사망률이 나타나는 것은 당연할지도 모르지만, 사망률 증가는 주로 노인들이 감당하기 어려운 이상기후와 직접 관련이 있는 것으로 보인다. 긍정적인 측면에서, 겨울의 혹한으로 인한 사망률은 감소할 것이다. 겨울철 사망률의 감소가 여름철 사망률의 증가보다 얼마나 많고 적을지에 대한 연구 결과는 불확실하다. 이 연구는 선진국의 인구에 국한된 부분이 많기에, 여름과 겨울철 사망률을 일반화해서 대조하는 것을 더욱 어렵게 만든다.

기후 변화가 인간 보건에 미치는 영향으로 더운 지방의 질병 확산을 지적할 수 있다. 질병을 옮기는 해충은 덥고 습도가 높은 여건에서 번성한다. 예를 들어 모기가 옮기는 바이러스성 뇌염 같은 전염병은 엘니뇨 순환과 맞물려 있는 호주, 미국, 아프리카 대륙처럼 습도가 높은 여건에서 횡행하기 쉽다.[52] 현재 주로 열대지방에 국한된 일부 질병이 중위도지방으로 퍼질 가능성이 있다. 말라리아는 습도 50~60퍼센트와 온도 섭씨 15~32도의 최적의 여건에서 모기가 전파하는 질병 중 하나다. 이는 공공 보건을 크게 위협하며 매년 전염 발생이 3억 명에 달하고, 100만여 명이 사망에 이른다. 기후 변화 시나리오 아래 최근 예측 모델 연구에 따르면, 말라리아나 뎅기열 발생의 지리적 범위가 확대되었다고 한다. 이러한 질병은 세계 인구의 40~50퍼센트를 위협하고 있다. 동일한 이유로 확산되기 쉬운 질병에는 황열병, 바이러스성 뇌염이 있다. 그러나 실제 발병률은 지역 환경 여건, 사회·경제적 조건, 치료 수준, 예방 및 공공 보건 기반시설이 커다란 영향을 줄 것이다.

기후 변화가 인간 보건에 미치는 잠재적 영향은 매우 크다. 그러나 복합적인 요소가 작용하며 계량적 결론을 내리려면 인간에게 미치는 기후의 직접적 영향과 전염병학에 대한 정밀한 연구가 필요하다. 이상기후가 보건에 미치는 영향과 재난을 완화시킬 방안에 대해서는 뒤에서 언급할 것이다.

기후 변화 적응

지금까지 살펴보았듯이 기후 변화의 영향은 이미 뚜렷하다. 어느 정도의 적응[53]은 반드시 필요한 조건이다. 기후 변화에 대응하는 수많은 전략도 제안된 상태다(표 7.2). 바다를 데우는 데 수십 년이 걸리기 때문에, 이산화탄소 배출을 중단하더라도 기후 변화의 영향을 완화하기 위한 굳은 결의가 필요하다. 중대한 대응 전략을 내놓는 등 반드시 긴급한 조치가 있어야 한다.

이러한 전략들은 기후 변화의 부정적 영향을 완화하고, 긍정적 영향을 강화할 수 있다. 또한 부수적인 효과를 창출할 수 있다. 그러나 이 전략들을 실행하더라도 모든 피해를 막을 수는 없다. 위에 언급한 대응 전략은 현 기후 변화의 변동성과 이상기후에 대처하기 위해 활용되고 있다. 활용도를 높이면 현재뿐만 아니라 미래에 대비할 역량을 키울 수 있다. 그러나 기후 변화의 속도가 빨라지고 강도가 세지면

기후 변화가 아프리카에 미치는 영향

아프리카는 기후 변화 변동성에 가장 취약한 대륙 중 하나다. 이러한 취약성은 만연한 빈곤, 복잡한 체제(governance), 제도의 문제, 시장, 기반시설, 기술, 자본 부족, 생태계 훼손, 복잡한 재난 및 충돌 같은 기존의 발전 관련 문제 때문에 더욱 악화되고 있다. 이 모든 문제는 기후 변화에 대한 아프리카의 약한 적응 역량 때문이다.[54] 기후 변화가 아프리카 대륙에 미치는 영향은 다음과 같이 예측할 수 있다.[55]

- 아프리카에서는 다양한 스트레스 요소가 동시에 발생하기 때문에 기후 변화의 영향이 가장 클 것이다(자원에 대한 접근성, 불안정한 식량 공급, 부실한 보건 관리 체제). 이러한 압박은 기후 변동성과 변화에 의해 더욱 강화되어, 아프리카 지역의 취약성을 훨씬 높인다.**
- 여러 기후 변화 시나리오에 따르면, 2080년대까지 아프리카에 건조 및 반건조지대가 5~8퍼센트 증가할 것으로 전망된다.**
- 특히 주변 지역의 농작물 수확량 감소는 가뭄과 토지 황폐화에서 기인한다. 여러 시나리오 아래, 경작 기간의 변화가 강조되었다. 전 세계 총 경제성장에 초점을 맞춘 RCP 8.5 시나리오에 따르면, 주로 남·동부 아프리카의 해안가에 변화가 발생할 것이다. RCP 4.5 시나리오는 사헬의 천수답과 반건조지대가 기후 변화의 영향을 크게 받을 것으로 예측한다. 동아프리카 대호수(Great Lakes)의 천수답과 고지대 연간 체계(perennial systems)가 큰 영향을 받을 것이며, 동아프리카의 다른 지역도 마찬가지다. 환경 보존 체제에서 성장을 전망하는 RCP 2.6 시나리오에서는 그 영향이 좀 덜하지만 주변 지역은 더욱 소외되며 해안 지역에 대한 영향은 중간 정도다.**
- 기후 변동성과 변화로 인해 아프리카 여러 지역에서 물 부족은 더욱 심각해질 것이다. 2050년대까지 동아프리카의 지표수 증가와 다른 지역의 가뭄 위험이 예측된다. 현재 물 부족은 기후 변동성에만 관련이 있는 것이 아니므로 물 관리 체제, 물 유역 관리 또한 고려되어야만 한다.**
- 큰 호수들의 1차 생산량 변화는 지역 식량 공급에 중대한 영향을 미칠 것으로 보인다. 예를 들어 탕가니카(Tanganyika) 호수는 주변에 있는 나라에 25~40퍼센트의 동물 단백질을 제공한다. 그런데 기후 변화가 1차 생산량과 어획량을 대략 30퍼센트 감소시킬 것으로 보인다. 남획을 포함한 인간의 활동은 호수의 어류 유통량에 계속 영향을 미칠 것이다.**
- 아프리카의 생태계는 종의 범위에 큰 변화를 경험할 것이며 멸종 위험도 있다(두더지과 포유류, 남아프리카의 다육성 생물군계).*
- 맹그로브와 산호초는 계속 훼손될 것으로 보이며, 이는 수산업과 관광업에 파장을 일으킬 것이다.**
- 21세기 끝 무렵, 예측된 해수면 상승은 인구 밀도가 높은 해안 저지대에 영향을 미칠 것이다. 기후 변화 대응 비용은 GDP의 5~10퍼센트를 초과할 것이다.**

***매우 강한 확신(맞을 확률 90% 이상), **강한 확신(약 80%), *중간 확신(약 50%).

표 7.2 부문별 대응 전략의 사례.

부문	대응 전략	내부 정책 체제	실행 시 주요 제약 및 기회 (일반 글씨는 제약, 굵은 글씨는 기회)
물	빗물 저장, 물 저장 및 보존 기술, 재사용, 담수화, 물 사용 및 관개 효율성 확대	국가 차원의 수자원 정책, 통합 수자원 관리, 물 관련 위기관리	재정, 인적, 물리적 자원의 장벽, **통합 수자원 관리, 다른 부문과 동시에 시너지 효과**
농업	모종 시기 및 작물의 다양성 변경, 농작물 이전, 토지 관리 향상(침식 통제, 토지 보존)	연구 개발 정책, 체제 개혁, 토지 소유 및 개혁, 교육, 역량 제고, 농작물 보험, 재정적 인센티브(보조금, 세금 공제)	기술 및 재정적 제약, 다양성에 대한 접근성, 시장, **고위도 지방에서 길어진 재배 기간, 신제품으로부터의 세입**
기반시설 (해안지대 포함)	이전, 방파제, 폭풍해일 방조제, 사구 강화, 토지 취득 및 습지대 조성(해수면 상승과 홍수 완충 장치), 자연적 장벽 보호	기후 변화 요소를 설계에 통합하는 기준 및 규제, 토지 사용 정책, 법령 제정, 보험	재정적, 기술적 장벽, 이전 공간의 이용 가능성, 통합 정책 및 관리, **지속 가능한 발전 목표와 동시에 시너지 효과**
보건	열 건강 실행 계획, 응급 의료 서비스, 기후에 민감한 질병 감시 및 통제, 안전한 물, 위생 강화	기후의 위험을 인식하는 공공 보건 정책, 보건 서비스 강화, 지역 및 국제 협력 도모	인간 내성의 한계(취약 계층), 지식의 한계, 재정 능력, **보건 서비스 향상, 삶의 질 향상**
관광	관광 명소 및 세입 원천의 다각화, 스키 경사지 높이 조정, 인공 눈 활용	통합 계획(역량 실행, 다른 부문과 연계), 재정적 인센티브(보조금, 세금 공제)	새 관광 명소 홍보 마케팅, 재정 및 수송 문제, 다른 부문에 대한 잠재적 부작용(예: 인공 눈은 에너지 소비를 높임), **새 관광지에서의 세입, 더 많은 주주 참여**
운송	재편성, 재이전, 온난화와 배수에 대처 가능한 도로, 철도 설계 기준 및 계획	국가 운송 정책에 기후 변화 요소 통합, 특수 상황 연구 개발에 투자(예: 영구동토층)	재정적, 기술적 장벽, 취약성이 덜한 노선의 이용 가능성, **다른 주요 부문과의 기술 향상 및 통합(예: 에너지 부문)**
에너지	가공, 송전 및 배전 기반시설 강화, 지하 시설 케이블링, 에너지 효율성, 재생에너지 활용, 단일 에너지원 의존도 줄이기	국가 에너지 정책 및 규제, 대체 에너지원 활용 장려를 위한 재정 인센티브 제공, 기후 변화 요소를 건축 설계에 통합	실행 가능한 대안의 접근성, 재정적, 기술적 장벽, **신기술 허용, 신기술 장려, 지역 자원 활용**

주: 다른 부문의 사례는 초기 경고 시스템을 포함할 것이다.

서, 미래에 이 전략들의 효율성은 좀 떨어질지도 모른다. 가능한 대응 전략을 나열하는 것은 상대적으로 쉽다. 이를 효율적으로 실행하려면, 다양한 상황에서의 실행 비용과 세부적인 내용이 검토되어야만 한다.

무엇보다 홍수, 가뭄, 강력한 폭풍우 같은 재난 및 이상기후에 대한 대응이 반드시 필요하다. 적절히 준비한다면 취약성을 상당히 감소시킬 수 있다.[56] 예를 들어 허리케인 조지와 미치 이후, 범미보건기구(Pan American Health Organization, PAHO)는 이상기후의 영향을 최소화하기 위한 정책을 내놓았다.[57]

- 기존의 수자원 공급망과 위생 체제의 취약성 연구, 취약성을 완화하기 위한 신규 설비 구축.
- 교육 프로그램 개발 및 응급 조치에 관한 국가 및 국제 차원의 정보 시스템 개발.
- 단일 국가 기관과 취약한 집단 중심으로 조기 경보 시스템 개발 및 시험, 재난의 심리사회적 영향에 취약한 사람들(아동, 노인, 유족)을 위한 정신과 상담 및 치료 제공.

기후 변화의 영향에 대한 비용적 측면

앞서 여러 가지 측면에서 기후 변화의 영향에 대해 알아보았다. 예를 들면 피해를 입는 인구(사망률, 질병 및 난민 기준), 농업 및 산림 생산성의 득실, 해수면 상승으로 인한 토지 유실, 생물 다양성 손실, 사막화 확대 등이 있다. 그러나 수많은 정책 입안자가 모색한 중요한 조치는 비용 측면이다. 기후 변화로 인한 총체적인 피해와 비용은 9장에서 상세히 다룰 것이다. 여기에서는 기후 변화의 영향으로 뚜렷이 나타나는 홍수, 가뭄, 폭풍우, 열대성 사이클론 같은 이상기후로 인한 피해 비용을 고려할 것이다.

이상기후의 발생이 최근 수십 년 사이에 눈에 띄게 증가했기에 보험회사들은 이에 따른 피해 비용을 조사해왔다. 보험에 가입된 손실 목록을 만들었고, 경제적 총 손실을 평가했다. 그 수치는 1950년대부터 1990년대까지 열 배 증가했다(그림 1.2). 물론 기후 변화 이외에 다른 요인도 증가에 기여했지만, 날씨와 관련된 재난 수와 강도만 보더라도 기후 변화를 주요 요인으로 꼽을 수 있다. 날씨 관련 재난으로 인한 1990년대 연간 경제적 손실은 세계총생산(global world product, GWP)의 0.2퍼센트에 달하며 북아메리카, 중부 아메리카, 아시아 지역은 총 GDP의 약 0.3퍼센트, 아프리카의 경우 0.1퍼센트에 못 미친다. 이 평균 수치는 지역적, 시간적 변동성을 담고 있다. 1989~1996년, 중국에서 자연재해로 인한 연간 경제적 손실은 GDP의 3~6퍼센트(평균 4퍼센트)로 나타났다(세계 평균 열 배 이상).[58] 아프리카의 수치가 낮은 이유는 재난이 아예 발생하지 않아서가 아니다. 전체적으로 아프리카는 상당한 재난 발생률을 보인다(261쪽 상자 참조). 그런데 대부분의 피해가 경제적인 수치나 통계로 해석되지 않았다. 세계에 발생하는 이상기후의 비용을 비교하자면 1인당 부, 생활수준, 보험 범위의 정도와 관련해 국가별, 지역별 커다란 차이가 존재한다. 예를 들어 1998년 중부 아메리카를 강타해 최악의 피해를 남긴 허리케인 미치는 총 보험 손실이 10억 달러 미만이라 자주 언급되지 않는다. 이 폭풍우로 인해 48시간 동안 600밀리미터의 비가 퍼부었고 9000명의 사망자, 60억 달러의 경제적 손실이 발생했다. 온두라스와 니카라과에서의 손실은 각각 연간 국민총생산(gross national products, GNP)의 70퍼센트, 45퍼센트에 해당한다. 2013년 11월, 개발도상국에서 가장 강력한 열대성 사이클론이 산사태를 초래했고, 태풍 하이옌은 필리핀을 강타해 6000명의 사망자를 냈다. 게다가 600만 명 이상의 사람들이 집을 잃었고, 직접적인 경제적 손실이 10억 달러를 넘어섰다.

여기에서 인용된 수치는 가장 적게 산출한 것이기에 모든 관련 비용을 포함하지 않는다. 이는 직접적인 비용만 포함하며, 간접적인 비용이나 재난에 따른 연쇄 비용을 포함하지 않았다. 예를 들어, 가뭄 피해는 매우 과소평가되었다. 가뭄은 느리게 발생하며 직접 피해를 보지 않은 이들은 그 손실에 대해 기록하지 않는다.

미래에 발생할 극단적인 재난의 피해 비용은 어떤가? 비용을 계산하기 위해서는 미래의 발생률과 강도에 대한 양적 정보가 필요하다. 미래의 지구 평균 상태를 추정한 수치는 다음과 같다. 보험회사에서 산정한 이상기후 관련 자연재해의 피해액은 GDP의 0.2~0.3퍼센트를 시작으로 위에서 언급된 연쇄 효과를 허용할 경우, 그 수치는 두 배가 되고, 극단적인 재난 발생은 네 배 늘어나는 셈이다. 이로써 21세기 중반 무렵, GDP의 약 2퍼센트에 이를 것이다. 이는 선진국 경제 상황을 고려해 '돈'으로 환산한 수치이기에 오해의 소지가 크다. 모든 피해를 고려한다면(금전적으로 환산할 수 없는 부분 포함), 실제 총 피해 액수는 특히 개발도상국에서 훨씬 커질 것이다.

여기에서 두 가지 중요한 요소를 염두에 두어야 한다. 첫째, 극단적인 재난의 영향은 금전적인 수치로만 수량화할 수 없다. 예를 들어 생명의 손실(생각해볼 문제 7번 참조), 인간 생활 및 자연 편의 시설의 파괴, 생물의 멸종 등은 금전적인 수치에 반영되지 않는다. 특히나 지구 온난화의 영향에 많이 노출된 이들이 그런 경우이다. 개발도상국의 많은 사람들이 최저 생활수준으로 살고 있다. 이들은 해수면 상승이나 가뭄의 확대로 본거지를 떠나 다른 지역으로 이동하고 싶어 하며 결국 환경 난민으로 전락할 것이다. 배출전망치(business-as-usual, BAU)

보험 산업과 기후 변화

보험 산업에 미치는 기후의 영향은 주로 이상기후 여건에서 나타난다. 개발도상국의 경우, 이상기후로 사망률이 매우 높아질 가능성이 있으나, 낮은 보험 침투율 때문에 상대적으로 적은 비용이 들 것이다. 선진국의 경우, 생명의 손실은 훨씬 적지만, 보험 산업의 비용이 커질 수 있다. 그림 1.2는 1950년대 이후 날씨 관련 재난의 큰 증가와 경제적 보험 손실을 보여준다.

이렇게 관측된 증가 추세는 취약 지대의 인구 증가, 부의 증가, 도시화 같은 사회·경제적 요인과 관련이 있다. 한편 일부는 강수량, 홍수, 가뭄 등 기후 요인과도 관계된다. 지역별 원인과 유형 사이에는 차이가 있다. 사회·경제학적 요인과 기후 요인을 묘사하는 것이 상당히 난해하기 때문에 인간이 초래한 기후 변화의 비율 역시 정확히 정의할 수 없다. 날씨 관련 피해 비용의 증가율은 1960~1999년에 날씨와 무관한 사례보다 세 배 높다는 점은 주목할 만하다.

최근 사례를 보면 날씨 관련 손실로 보험업자들이 거의 파산 지경에 이르렀음을 알 수 있다. 1992년 허리케인 앤드루는 보험 손실 200억 달러의 장벽을 넘어섰고, 보험 산업에 경종을 울렸다. 2005년 허리케인 카트리나는 카테고리 5에 속하는 폭풍우였지만 다시 카테고리 3으로 조정되었다. 뉴올리언스에서 해수면보다 5미터 높은 파도는 해상 방어 체제를 훨씬 웃돌았고 부숴버렸다. 이 재난으로 도시 전체의 70~80퍼센트가 물에 잠겼다. 1000명 이상이 사망했고, 400억 달러가 넘는 개인 보험 청구가 접수되었다. 또한 총 경제적 손실이 1000억 달러 이상, 미국 연간 GDP의 약 1퍼센트로 추정된다. 카트리나는 경제적인 측면에서 가장 손해가 컸던 허리케인이었다.

그 결과 홍수 발생률이 높은 지역에서 보험료가 급격히 상승했고 보험 범위도 상당히 많이 철회되었다. 보험 산업 측은 미래 사업 정책을 세우기 위해 선진국과 개발도상국에서의 사회·경제적 추세와 더불어 기후 변화로 인한 사고율의 미래 전망을 적극적으로 추진하고 있다.

시나리오에 따르면 지구 온난화 때문에 난민이 될 인구는 2050년까지 1억 5000만에 이를 것이다(연평균 약 300만). 1억 명은 해수면 상승이나 해안 홍수로 인해, 5000만 명은 가뭄 발생에 따른 경작지의 변동으로 떠돌아다니는 신세가 될 것이다. 매년 300만 명의 난민을 재정착시키는 비용은 1인당 1000~5000달러에 달할 것으로 추정되며, 한 해 동안 총 100억 달러에 이른다.[59] 그러나 이 비용에서 이동과 관련된 인적 비용은 포함되지 않았다(이를 연구하는 학자들이 강조하는 바다). 게다가 대규모 인구가 난민이 될 때 따라오는 사회적, 정치적 불안정 역시 반영되지 않았다. 이에 대한 파급력은 엄청날 것이다.

두 번째 요인은 21세기를 넘어 장기간에 걸친 영향이다. 무슨 일이 일어날지는 지구 평균 온도 증가폭을 섭씨 2도 이하로 세우는 목표를 달성하고자 전 세계가 탄소 배출을 줄이는 데 성공하느냐에 따라 달려 있다. 이 목표를 어떻게 달성할 수 있을지에 대해서는 9~10장에서 다룰 것이다(332~333쪽과 362쪽 참조).

물론 우리는 100년 뒤에 일어날 미래의 영향에 별로 주의를 기울이지 않을지도 모른다. 그러나 대기 중 이산화탄소의 긴 생존 기간, 기후 체계의 장기간 지속성, 인간 활동과 생태계가 대응하고 경로를 전

표 7.3 유례없는 비선형적 현상과 영향.[a]

특이성	원인	영향
열염분순환의 비선형 반응	열과 담수 강제력의 변화는 북대서양 THC 완전 정지 또는 래브라도와 그린란드해에 지역 차원의 정지를 초래할 수 있음. 남극해에서 심층수의 형성이 정지될 수 있음. 이런 현상은 모의실험을 했고, 고대 기후 기록에도 나와 있음.	해양 생태계와 수산업에 대한 영향은 심각할 수 있음. 순환이 완전히 멈추면 심해의 정체로 이어지며 해양 생태계에 영향을 미침. 유럽 북서부의 열 수지와 기후에 큰 변화를 초래함.
서남극 빙상(West Antarctic Ice Sheet, WAIS)의 붕괴	WAIS는 해수면 아래 기반이 있기 때문에 기후 변화에 취약함. 빙상의 붕괴로 전 세계 해수면이 4~6m 상승할 수 있음. 21세기에 이 정도의 해수면 상승은 어려움.	급격한 해수면 상승은 해안 구조와 생태계의 적응 능력을 훨씬 넘어섬.
탄소순환의 양의 피드백	기후 변화는 현재의 해양, 생물권의 탄소 흡수원을 감소시킴. 특정 조건 아래 생물권은 탄소 배출원이 될 수 있음.[b] 가스 하이드레이트 저장고는 불안정해 다량의 메탄을 대기로 방출할 수 있음.	대기 중 탄소 농도의 걷잡을 수 없는 증가와 이어지는 기후 변화는 그 영향의 정도를 증대시키고, 적응 가능성을 상당히 제한할 수 있음.
복합적인 기후 변화로 인한 충돌 및 환경 난민이 야기하는 불안정한 국제 질서	기후 변화 자체만으로, 또는 다른 환경적 압력과 결합되어 개발도상국의 자원 부족 문제를 심화시킬 수 있음. 이 영향들은 상당히 비선형적이고 임계 값을 넘어설 가능성이 있음.	이 현상은 여러 형태의 충돌을 낳을 사회적 파급력을 갖고 있음. 자원을 둘러싼 국가 간의 갈등, 인종 갈등, 분쟁, 반란과 같이 선진국의 안전에도 심각한 파장을 일으킬 가능성이 있음.

[a] FAQ 10.2 in Solomon et al. (eds.), *Climate Change 2007: The Physical Science Basis*, pp. 818–19.
[b] 이 책의 3장, 기후 및 탄소순환에 관한 그림 3.5, 69쪽 상자 참조.

표 7.4 이상기후 및 기후 변화로 인한 영향들.[a]

현상 및 추세	RCPs 시나리오에 따른 21세기 미래 전망	각 부문별 예측된 주요 영향			
		농업, 산림, 생태계	수자원	인간 보건	산업, 주거, 사회
대부분의 육지에 추운 날이 적고 더운 날이 많아짐	**거의 확실함**[b]	추운 기후에서 수확량 증가, 더운 기후에서 수확량 감소 및 해충의 창궐	융설에 의존하는 수자원에 영향, 물 공급에도 영향	추운 날이 적어지면서 사망률 감소	난방 같은 에너지 수요 감소, 공기 질의 저하, 눈 때문에 발생하는 교통 마비 감소, 겨울 관광에 영향
더운 날씨, 폭염 증가	**확률이 높음**	폭염으로 인해 더운 지방의 수확량 감소, 산불 위험 증가	물 수요 증가, 물의 질 저하(조류 번성)	노약자 및 아동, 사회적으로 고립된 사람들 사이에서 열 관련 사망 위험 증가	적절한 집이 없어 더운 지방 사람들의 삶의 질 저하, 노약자 및 빈곤층에 영향
높은 강수량, 빈도 증가	**확률이 높음**	수확물 피해, 토지 침식, 토지 습지화로 경작 불능	지표수 및 지하수의 질 저하, 상수도의 오염, 물 부족 완화	사망, 부상, 전염성, 호흡기, 피부 질환 위험 증가	홍수로 인해 운송, 사회, 상업, 주거에 혼란, 도시·농촌 기반시설에 압력, 자산 손실
가뭄의 영향권 확대	**가능성 있음**	토지 황폐화, 적은 수확량 및 흉작, 가축 치사율 증가, 산불 위험 증가	물 부족 만연	식량·물 부족 확대, 영양실조 증가, 물·식량 관련 질병의 위험	주거, 산업, 사회에 물 부족, 수력발전의 가능성 감소, 인구 이동의 가능성
열대성 사이클론 활동 증가	**가능성 있음**	수확 피해, 바람으로 쓰러진 나무들, 산호초 파괴	공공 수자원 공급의 교란으로 정전	사망률, 부상 증가, 물·식량 관련 질병, 외상 후 스트레스 장애 위험	홍수, 폭풍으로 인한 붕괴, 취약 지대에 대한 사보험 업자의 리스크 범위 철회, 인구 이동의 가능성, 자산 손실
높은 바다 수위의 발생률 증가[c] (쓰나미 포함)	**가능성 있음**[d]	관개용 물, 어귀 및 담수 체계의 염도 증가	바닷물의 침투로 담수 이용 가능성 감소	홍수로 인해 익사 및 부상 위험 증가	해안 방어 대비 토지 사용 이전 비용, 인구 또는 기반 시설의 이동 가능성

[a] 적응 역량의 향상을 고려하지 않음.
[b] 거의 확실함(99~100%), 확률이 높음(90~100%), 가능성 있음(60~100%).
[c] 매우 높은 해수면은 평균 해수면과 지역적 날씨에 달려 있다. 이는 관측소에서 특정 시간 동안 관측한 해수면의 매 시간별 높이 중 상위 1%의 값이다.
[d] 모든 시나리오에서 2100년의 예측된 지구 평균 해수면은 조사 기간의 다른 추정치보다 높다. 여기에서 지역 기후 변화가 해수면에 미치는 영향은 평가되지 않음.

환하는 데 걸릴 시간 때문에, 이로 인한 수많은 영향은 돌이킬 수가 없다. 이러한 이유로 장기간에 걸친 변화에 주목하는 것도 중요하다. 그렇다면 유례없는 재난의 가능성을 배제할 수 없다. 6~7장에서도 지적했고, 표 7.3에도 정리되어 있다. 이를 양적으로 추정하는 것은 분명 어렵지만, 아예 간과할 수 없는 중요한 부분이다.

표 7.4는 이 장에서 설명한 이상기후에 따른 영향을 요약한 내용이다. 특히 네 가지 주요 영역 (1) 농업, 산림, 생태계, (2) 수자원, (3) 인간 보건, (4) 산업, 주거, 사회로 구분해놓았다.

내용 정리

- 기후 변화의 주요 영향은 해수면 상승, 온도 상승, 폭염, 강도 높은 물순환 때문이며 이는 더 잦은 홍수, 가뭄, 폭풍우를 초래할 것이다.
- 인간의 활동으로 환경이 파괴되는 여러 가지 요인이 있다. 지하수의 지나친 활용, 토지 유실, 산림 벌채 등이다. 기후 변화는 이러한 작용을 더욱 심화시킬 것이다.
- 기후 변화의 영향을 완화하려면 이에 대응해야 한다. 방파제 및 상수도 등 기반시설 변경이 필요하다. 대부분의 기후 변화 영향이 부정적일 것이다. 장기적으로 보면 긍정적일 수도 있지만, 단기적으로 대응하는 과정에서 부정적 영향과 비용 지불을 피할 수 없다.
- 다양한 농작물 및 농사 방법의 적응을 통해 전 세계 식량 생산은 기후 변화의 영향을 크게 받지 않을 수 있다. 물론 이는 이상기후 발생의 가능성을 고려하지 않은 연구지만 말이다. 그러나 인구 성장과 기후 변화의 결합은 선진국과 개발도상국 사이의 1인 식량 공급 격차가 더욱 심해질 것을 예고한다.

- 기후 변화의 속도는 특히 중고위도 지역의 자연 생태계에 심각한 영향을 줄 것이다. 산림은 잎마름병이나 피드백의 변화로 인해 생산 감소를 야기하는 기후 스트레스에 노출될 것이다. 더운 지방의 폭염은 장기화되며 인간의 건강에 영향을 미칠 것이다. 따뜻한 기온은 다른 지역에 말라리아 같은 특정 열대 질환의 확산을 부추긴다.
- 경제학자들은 산업화 이전 대비 대기 중 이산화탄소 농도의 두 배 증가로 인한 기후 변화의 영향력을 연평균 비용으로 환산해왔다. 이상기후의 영향으로 선진국의 경우 GDP의 1~4퍼센트, 개발도상국의 경우 5~10퍼센트의 비용이 예측된다. 7장 이후에서는 이 비용을 지구 온난화의 속도를 늦추고, 영향력을 완화하기 위한 실행 비용과 비교할 것이다. 그러나 이러한 경제적 환산은 인적 비용을 고려하지 않은 총체적 영향의 일부일 뿐이다. 예를 들어 기후 변화의 간접 영향으로 인한 사회적, 정치적 혼란처럼 말이다. 매년 추가로 발생하는 환경 난민은 300만, 21세기 중반에는 무려 1억 5000만에 달할 것으로 예측된다. 이러한 추정 역시 반드시 조정이 필요하다.

그러나 많은 이가 질문할 것이다. 왜 우리가 먼 미래의 지구 상태를 염려해야 하느냐고 말이다. 미래 세대가 책임지도록 내버려두면 안 되나? 다음 장에서는 왜 현재뿐 아니라 미래의 지구를 염려해야 하는지에 대한 개인적인 이유를 설명할 것이다.

생각해볼 문제

1. 자신이 사는 지역의 물 공급 현황을 알아보자. 현재 물은 어떻게(지역 사용자, 농업, 산업 등) 사용되고 있나? 50년 뒤 인구의 변화, 경작 및 산업의 변화에 따른 물 사용의 추이는 어떻게 변모할까? 물 공급 증대를 위해 어떤 가능성이 존재하며, 기후 변화로 인해 어떤 영향을 받을까?
2. 지역 차원에서 현재 지반 침하에 의한 해수면 상승, 지하수 남용, 숲을 파괴하는 공기 오염 같은 환경문제를 조사해보자. 기후 변화로 인해 더욱 악화되는 문제는 무엇이며, 얼마나 영향을 받을지에 대해서도 추정해보자.
3. 지역 차원에서 향후 100년간 잠재적인 기후 변화의 영향을 분석하고 수

량화해보자. 그러한 영향의 피해 비용도 추정하자. 대응책이 각각 피해를 얼마나 감소시킬 수 있을까?

4. (6장을 토대로) 21세기 후반 무렵, 북쪽 수림대 지역에 다가올 기후 변화는 어떠할까? 그림 7.15에 나와 있는 세 종의 나무는 생산성 손실이 어느 정도 생길지 따져보자.
5. 그린란드와 남극 빙모의 총량을 추정해보자. 해수면이 6미터 상승하려면 빙하가 얼마나 녹아야 하나? 마지막 간빙기 동안 무슨 일이 발생했나?
6. 과거에 인류 공동체는 일부 기후 변화에 적응하며 살아왔다. 이러한 인류의 적응 능력을 완전히 감안하지 않기에 미래 기후 변화에 따르는 피해 규모를 과대평가한다고 주장하는 이들이 있다. 이에 동의하는가?
7. 경제적 비용·편익 분석에서 '통계적 생명(statistical life)'에 가치를 부여하는 것이 필요하다. 여기에서 중요시되는 것은 인간의 생명이 아니라 인구 가운데 평균 사망률의 변화다. 이 가치 평가는 한 사람을 경제적 생산이 가능한 경제적 매개체로 본다. 그런데 개인이 무엇을 지불하고자 하며, 사망률 변화를 위해 무엇을 수용하느냐에 근거해 통계적 생명을 평가하는 것이 선호된다. 이 방식은 선진국과 개발도상국 사이의 서로 다른 금전 가치를 양산하는 경향이 있다. 이를 옹호할 수 있다고 생각하는가? 통계적 생명의 가치 평가를 포함하는 것이 유용할 특정 환경문제 분석 사례를 다섯 가지 생각해보자. 또한 다른 환경에서 기인한 가치들을 찾아보자. 자신이 제안한 사례에 형평성의 문제가 관련이 있나?
8. 운송 부문에서 휘발유와 디젤 대체품으로 제안된 바이오연료의 수요 증대는 바이오연료 작물 경작을 위한 토지 사용 증가를 초래한다. 어느 정도의 토지가 필요한지와 다른 작물(식량, 산림)과의 경쟁 정도를 생각해보자. 지속 가능한 토지 사용을 어떻게 진작시킬 수 있는지 제안해보자.

주

1. 기후 변화 영향에 관한 종합적인 정보는 다음을 참조. IPCC WGII 2014. *Climate Change 2014: Impacts, Adaptation, and Vulnerability. Part A: Global and Sectoral Aspects. Contribution of Working Group II to the Fifth Assessment Report of the Intergovernmental Panel on*

Climate Change. Cambridge: Cambridge University Press.

2. Summary for policymakers, in McCarthy, J. J., Canziani, O., Leavy, N. A., Dotten, D, J., White, K. S. (eds.) 2001. *Climate Change 2001: Impacts, Adaptation, and Vulnerability. Contribution of Working Group II to the Third Assessment Report of the Intergovernmental Panel on Climate Change*. Cambridge: Cambridge University Press; Parry, M. L. et al. (eds.) *Climate Change 2007: Impacts, Adaptation and Vulnerability*. Cambridge: Cambridge University Press.
3. *IPCC Report 2013*, Technical Summary, pp. 99-101.
4. IPCC WGI 2013, p. 1148.
5. 더 자세한 정보는 다음을 참조. Nicholls, R. J., Wong, P. P., et al. *Coastal systems and low-lying areas*, Chapter 6, in Parry et al. (eds.) *Climate Change 2007: Impacts, Adaptation and Vulnerability*.
6. Ibid., Cross-chapter case studies, C3 Megadeltas.
7. 방글라데시에 관한 기후 변화 영향 종합 자료는 다음을 참조. Warrick, R. A., Ahmad, Q. K. (eds.) 1996. *The Implications of Climate and Sea Level Change for Bangladesh*. Dordrecht: Kluwer.
8. Nicholls, R. J., Mimura, N. 1998. Regional issues raised by sea level rise and their policy implications. *Climate Research*, 11, 5-18.
9. Broadus, J. M. 1993. Possible impacts of, and adjustments to, sea-level rise: the case of Bangladesh and Egypt, in Warrick, R. A., Barrow, E. M., Wigley, T. M. L. (eds.) 1993. *Climate and Sea-level Change: Observations, Projections and Implications*. Cambridge: Cambridge University Press, pp. 263-75. 해양 구조의 차이로 해수면 상승은 다르게 나타날 것이다. 방글라데시는 다소 평균 이상일 것으로 예상됨(Gregory, J. M. 1993. Sea-level Changes under increasing CO_2 in a transient coupled ocean-atmosphere experiment. *Journal of Climate*, 6, 2247-62).
10. Chapter 4 in Warrick and Admad (eds.) *The Implications of Climate*

and Sea Level Change.

11. Broadus, in Warrick et al. (eds.) *Climate and Sea-Level Change*, pp. 263-75.
12. Milliman, J. D. 1989. Environmental and economic implications of rising sea level and subsiding deltas: the Nile and Bangladeshi example. *Ambio*, 18, 340-5.
13. *Climate Change due to the Greenhouse Effect and its implications for China*. 1992. Gland, Switzerland: Worldwide Fund for Nature.
14. Day, J. W. et al. 1993. Impacts of sea-level rise on coastal systems with special emphasis on the Mississippi river deltaic plain in Warrick et al, (eds.) *Climate and Sea-level Change*, pp. 276-96.
15. Clayton, K. M. 1993. Adjustment to greenhouse gas induced sea-level rise on the Norfolk coast: a case study, in Warrick et al. (eds.) *Climate and Sea-level Change*, pp. 310-21.
16. Nicholls, R. J., Mimura, N. 1998. Regional issues raised by sea-level rise and their policy implications. *Climate Research*, 11, 5-18. De Ronde, J. G. 1993. What will happen to the Netherlands if sea-level rise accelerates?, in Warrick et al. (eds.) *Climate and Sea-Level Change*, pp. 322-35.
17. Nurse, L., Sem, G. et al. 2001. Small Island states, Chapter 17. in McCarthy et al., (eds.) *Climate Change 2001: Impacts, Adaptation and Vulnerability*.
18. Mclean, R. F., Tsyban, A. et al. 2001. Coastal zones and marine ecosystems, Chapter 6, in McCarthy et al., (eds.) *Climate Change 2001: Impacts, Adaptation, and Vulnerability*.
19. Figure 3.6 in Watson, R. and the Core Writing Team (eds.) 2001. Climate Change 2001: *Synthesis Report. Contribution of Working Groups I, II and III to the Third Assessment Report of the Inter-governmental Panel on Climate Change*. Cambridge: Cambridge

University Press.

20. Table 11.8 from Shiklomanov, I. A., Rodda, J. C. (eds.) 2003. *World Water Resources at the beginning of the Twenty-first Century*. Cambridge: Cambridge University Press.
21. Kundzewicz, Z. W., Mata, L. J. et al., Fresh water resources and their management. Chapter 3, in Parry et al. (eds.) *Climate Change 2007: Impacts, Adaptation and Vulnerability*.
22. 다음을 인용. Geoffrey Lean in 'Troubled waters', *Observer newspaper*, 4 July 1993.
23. Betts, R. A. et al. 2007, *Nature*, 448, 1037-41.
24. 특히 마지막 부분은 강한 확신을 갖고 말할 수 있는 영역. Box TS5, in the Technical summary of Parry et al. (eds.) *Climate Change 2007: Impacts, Adaptation and Vulnerability*, p. 44.
25. Chapter 14, IPCC WGI 2013, pp. 1228-9.
26. Table 3.5, Chapter 3, in Parry et al. (eds.) *Climate Change 2007: Impacts, Adaptation and Vulnerability*.
27. UNCCD website: www. Unccd.int/.
28. Solé, R. 2007. *Nature*, 449, 151-3.
29. Crosson, P. R., Rosenberg, N. J. 1989. Strategies for agriculture. *Scientific American*, 261, September, 78-85.
30. Easterling, W., Aggarwal, P. et al., Executive summary, Chapter 5, in Parry et al. (eds.) *Climate Change 2007: Impacts, Adaptation, and Vulnerability*.
31. 국제기후예측연구소에 제안한 자료. Report by Moura, A. D. (ed.) 1992. Prepared for International Board for the TOGA project. Geneva: World Meteorological Organization.
32. Easterling, W., Aggarwal, P. et al., Chapter 5, In Parry et al. (eds.) *Climate Change 2007: Impacts, Adaptation and Vulnerability*.
33. Stafford, N. 2007. *Nature*, 448, 526-8.

34. Easterling, W., Aggarwal, P. et al., Chapter 5, In Parry et al. (eds.) *Climate Change 2007: Impacts, Adaptation and Vulnerability*.
35. *Global Environmental Outlook 3 (UNEP Report)*. 2002. London: Earthscan, pp. 63-5; *Global Environmental Outlook 4 (GEO-4)*. 2007. Nairobi, Kenya: UNEP, p. 95.
36. FAO (UN Food and Agriculture Organization): www.fao.org/news/story/en/item/216137/icode/.
37. Centre for Alternative Technology, 2013. *Zero Carbon Britain, Rethinking the Future*. Machynlleth: Centre for Alternative Technology, pp. 81-91.
38. Parry, M. et al. 1999. Climate Change and world food security: a new assessment. *Global Environmental Change*, 9, S51-S67.
39. IPCC WGII 2014. *Climate Change 2014: Impacts, Adaptation, and Vulnerability*.
40. Ibid., Summary for policymakers, Fig. SPM5.
41. Gates, D. M. 1993. *Climate Change and its Biological Consequences*. Sunderland, MA: Sinauer Associates Inc., p. 77.
42. Cox, P. M. et al. 2004. Amazon dieback under climate-carbon cycle projections for the twenty-first century. *Theoretical and Applied Climatology*, 78, 137-56.
43. Melillo, J. M. et al. 1996. Terrestrial biotic responses to environmental change and feedbacks to climate, Chapter 9 in Houghton J. T., Meira Filho, L. G., Callander, B. A., Harris, N. Kattenberg, A., Maskell, K. (eds.) *Climate Change 1995: The Science of Climate Change*. Cambridge: Cambridge University Press. Miko, U. F. et al. 1996. Climate Change Impacts on forests, Chapter 1, in Watson, R. T. et al. (eds.) *Climate Change 1995: Impacts, Adaptations and Mitigation of Climate Change*. Cambridge: Cambridge University Press.
44. Gitay, H. et al. 2001. Ecosystems and their goods and services,

Technical summary, Section 4.3, in McCarthy, J. J. et al. (eds.) *Climate Change 2001: Impacts, Adaptation, and Vulnerability*. Cambridge: Cambridge University Press.

45. 상세 내용은 다음을 참조. Summary for policymakers, in Watson et al. (eds.) *Climate Change 2001: Synthesis Report*, pp. 68-9, paragraph 3. 18. Myers, N. et al. 2000. *Nature*, 403, 853-8. 예외적으로 생물 다양성이 짙은 일부 장소의 보존 노력에 초점을 맞춤. 지구 온난화가 생물 다양성에 미치는 영향 측정을 다룬 자료는 다음을 참조. Botkin, D. B. et al. 2007. *BioScience*, 57, 227-36.
46. Tegart, W. J., McG. Sheldon, G. W., Griffiths, D. C. (eds.) 1990. *Climate Change: The IPCC Impacts Assessment*. Canberra: Australian Government Publishing Service, pp. 6-20. Although made in 1990 this statement remains true in 2015.
47. Sale, P. F. 1999. *Nature*, 397, 25-7. 산호의 다양성 관련 자료는 다음 웹사이트를 참조. www.wri.org/wri/marine.
48. 산호에 미치는 영향 관련 자료는 다음을 참조. Parry et al. (eds.) *Climate Change 2007: Impacts, Adaptation and Vulnerability*, pp. 850-7.
49. Turley, C. et al. 2006. In Schellnhuber, H. J. (ed.) *Avoiding Dangerous Climate Change*, pp. 65-70.
50. Fischlin, A., Midgley, G. F. et al., Chapter 4, in Parry et al. (eds.) *Climate Change 2007: Impacts, Adaptation and Vulnerability*, p. 213.
51. Kalkstein, I. S. 1993. Direct impact in cities. *Lancet*, 342, 1397-9.
52. Nicholls, N. 1993. *Lancet*, 342, 1284-5. 엘니뇨 순환은 5장에 언급.
53. 적응 관련 종합적인 의견은 다음을 참조. ibid, Section 20.8.
54. Summary for policymakers, Chapter 9, in Parry et al. (eds.), *Climate Change 2007: Impacts, Adaptation and Vulnerability*.
55. Bulleted list from box TS6, ibid., Technical summary. 아프리카 관련 자료는 다음을 참조. IPCC WGII 2014, Table TS5, Chapter 22.
56. 재난 대비 진전 상황의 예로 국제적십자사가 네덜란드에 기후 변화 부

서(Climate Change Unit)를 만들었다.

57. PAHO Report 1999, Conclusions and Recommendations: Meeting on Revaluation of Preparedness and Response to Hurricanes George and Mitch, quoted in McMichael, A. et al. 2001. Human Health, Chapter 9, in McCarthy et al. (eds.) *Climate Change 2001: Impacts, Adaptation and Vulnerability*.
58. *Global Environmental Outlook 3*, p. 272.
59. Myers, N., Kent, J. 1995. *Environmental Exodus: An Emergent Crisis in the Global Arena*. Washington, DC: Climate Institute; Adge, N., Frankhauser, S. 1993. *International Journal of Environment and Pollution*, 3. 104-19.

참고문헌

IPCC WGI 2013. *Climate Change 2013: The Physical Science Basis. Contribution of Working Group I to the Fifth Assessment Report of the Intergovernmental Panel on Climate Change* [Stocker, T. F., Qin, D., Plattner, G. -K., Tignor, M., Allen, S. K., Boschung, J., Nauels, A., Xia, Y., Bex, V. and Midgley, P. M. (eds.)]. Cambridge: Cambridge University Press.

Summary for policymakers.

Technical summary (summarises the basic science and climate projections).

IPCC WGII 2014. *Climate Change 2014: Impacts, Adaptation, and Vulnerability. Part A: Global and Sectoral Aspects. Contribution of Working Group II to the Fifth Assessment Report of the Intergovernmental Panel on Climate Change* [Field, C. B., Barros, V. R., Dokken, D. J., Mach, K. J., Mastrandrea, M. D., Bilir, T. E., Chatterjee, M., Ebi, K. L., Estrada, Y. O., Genova, R. C., Girma, B., Kissel, E. S., Levy, A. N., MacCracken, S., Mastrandrea, P. R. and White, L. L. (eds.)]. Cambridge: Cambridge University Press

Summary for policymakers.
Technical summary.
Chapter 1 Point of departure.
Chapter 2 Foundations for decision making.
Chapter 3 Freshwater resources.
Chapter 4 Terrestrial and inland water systems.
Chapter 5 Coastal systems and low-lying areas.
Chapter 6 Ocean systems.
Chapter 7 Food security and food production systems.
Chapter 8 Urban Areas.
Chapter 9 Rural Areas.
Chapter 10 Key economic sectors and services.
Chapter 11 Human health: impacts, adaptation, and co-benefits.
Chapter 12 Human security.
Chapter 13 Livelihoods and poverty.
Chapter 14 Adaptation needs and opitons.
Chapter 15 Adaptation planning and implementation.
Chapter 16 Adaptation opportunities, constraints, and limits.
Chapter 17 Economics of adaptation.
Chapter 18 Detection and attribution of observed impacts.
Chapter 19 Emergent risks and key vulnerabilities.
Chapter 20 Climate-resilient pathways: adaptation, mitigation, and sustainable development. WGII AR5 Volume-wide frequently asked questions (FAQs).

Stern, N. 2009. *A Blueprint for a Safer Planet*. London: The Bodley Head.

UNEP, 2007. *Global Environmental Outlook (GEO-4)*. Nairobi, Kenya: UNEP. A comprehensive assessment and catalogue of environmental degradation.

왜 우리가 염려해야 하나 08

남극해의 빙원 사이를 넘나드는 북극곰.

지금까지 인간 활동의 결과로 발생하는 기후의 큰 변화와 세계 여러 지역에 미치는 영향을 살펴보았다. 이 여파는 한 세대에 걸칠 것으로 보인다. 그렇다면 왜 우리가 염려해야 하나? 지구 전체, 여기에 사는 다양한 생명체, 미래 세대를 향해 우리는 어떠한 책임이 있나? 인간과 환경의 관계에 대해 우리의 과학 지식은 윤리 및 철학적 의식에 준하고 있나? 이 장에서는 지구 온난화에 대한 자세한 설명에서 조금 벗어나 보다 근본적인 문제를 간략히 다루도록 하겠다. 더불어 나의 개인적인 관점도 나누고자 한다.

균형 잡힌 지구

미국 클린턴 정부의 부통령 앨 고어(Al Gore)는 그의 환경에 관한 첫 저서《균형 잡힌 지구(Earth in the Balance)》[1]에서 환경은 균형을 유지해야 한다고 설명했다. 열대우림의 작은 영역이라도 수천 종의 동식물 생태계를 보유하고 있다. 각자의 생태적 지위(ecological niche)에서 다른 종과 균형을 이루며 번성한다. 균형은 더 넓은 지역, 나아가 지구 전체에 중요한 개념이다. 이러한 균형은 인간과 관련된 영역에서 특히나 위태로워질 수 있다.

이러한 측면을 처음 지적한 책은 1962년 레이첼 카슨(Rachel Carson)이 집필한《침묵의 봄(Silent Spring)》[2]이다. 이 책은 환경에 미치는 살충제의 폐해를 기술했다. 인간은 지구 생태계에서 중요한 부분이다. 인간 활동의 규모와 강도가 커지면서 자연의 균형을 깨뜨리는 심각성도 증대될 수 있다. 그 사례는 마지막 장에서 다룰 것이다.

무엇보다 우리는 인간과 주변 세계 사이에서 균형을 인식해야 한다. 이 둘의 관계는 조화를 이뤄야 한다. 각 세대는 그러한 관계 안에서만 더 나은 상태의 지구를 물려줄 수 있다. 이를 위해 자주 사용되는 단어가 바로 지속 가능성(sustainability)이다. 지속 가능한 발전(sustainable development)에 대한 정치적 의미는 9장에서 설명할 것이며 12장에서 더 상세히 논의할 것이다. 인간과 자연 사이의 조화로운 관계를 위한 이러한 원리는 1992년 6월 브라질 리우에서 열린 유엔환경개발회의에서 주목을 받았다. 회의에서 채택된 리우 선언 27개의 조항 가운데 제1원칙은 다음과 같다. "인류는 지속 가능한 발전 논쟁의 중심에 있다. 인류는 자연과 조화를 이루어 건강하고도 생산적인 삶을 살 권한이 있다."[3]

유엔에서 이 원칙을 공동 채택했지만 지구를 대하는 우리 대부분의 태도는 균형 잡혀 있지도, 조화를 이루지도, 지속 가능하지도 않다. 이러한 관점을 아래에 간략히 소개하고자 한다.

개발

수세기 동안 인류는 지구와 자원을 개발해왔다. 약 200년 전, 산업혁명의 도래와 함께 광물자원의 잠재성을 알아보기 시작했다. 고대 산림의 부패로 수백만 년 동안 쌓인 석탄은 신산업 개발 에너지의 원천이었다. 철강의 원료인 철광석은 점점 다량으로 채굴되었고 아연, 구리, 납 같은 금속 수요가 늘어나면서 오늘날 매년 수백만 톤이 채굴되기에 이르렀다. 1960년 무렵 세계 에너지원으로 석유가 석탄을 대체하며, 석유와 천연가스의 공급은 석탄의 두 배를 넘어서고 있다.

우리는 지구의 광물자원만을 개발한 것이 아니라 생물자원도 앞다투어 공격해왔다. 거주지와 경작지 용도로 대규모의 산림을 베어냈다. 열대 산림은 열대지방의 기후를 유지하는 데 매우 귀중한 자원이며 지구 전체 생물 종의 절반을 보유하는 것으로 추정된다. 이제 몇백 년 전 존재했던 열대 산림의 절반가량만 남아 있다. 비록 산림 파괴 속도는 줄었지만 더 급격히 감소하지 않는다면 21세기 후반에 이르러 거의 모든 산림이 사라질 것이다.

화석연료, 광물 등 여러 자원을 개발하면서 인류에게 엄청난 혜택이 주어졌다. 그러나 천연자원 활용 뒤에 책임이 따를 것이라는 생각은 거의 하지 않은 채 개발이 진행되었다. 산업혁명 초기에 자원은 본질적으로 무제한처럼 보였다. 한 자원이 고갈되면 또 다른 자원이 이용 가능해졌다. 현재도 새로운 광물 발견 속도가 기존의 자원 활용 속도보다 빠르다. 그러나 이러한 상황은 지속될 수 없다. 대부분의 경우, 매장량은 다음 몇백 년 사이에 바닥을 드러낼 것이다. 기존의 자원은 수백만 년 동안 쌓인 것이다. 즉 지금 우리가 매년 연소시키는 화석연료의 양을 자연이 생성하는 데 수백만 년이 걸린 셈이다. 그러면서 인류는 지구 기후의 급격한 변화를 초래하고 있다. 이러한 개발 방식은 분명 균형 잡혀 있지 않으며, 조화롭지도, 지속 가능하지도 않다.

자연으로 돌아가자

상황을 역행시키기 위한 한 가지 제안은 우리 모두가 주요 산업 및 농업 활동을 포기하고 원시적인 생활양식을 채택하는 것이다. 이로써 우리는 산업혁명 200~300년 전으로 돌아간다는 의미다. 이러한 제안은 솔깃하기도 하고, 실제로 일부 사람들은 그렇게 살 수 있다. 그러나 두 가지 큰 문제가 있다.

첫째는 실용적이지 않다는 점이다. 세계 인구는 200년 전보다 여섯 배 증가했고, 50년 전보다 세 배 늘어난 상태다. 세계는 집중적인 농업 활동이나 현대적인 식량 배분 방식 없이 살아갈 수 없다. 게다가 대부분의 사람들은 자유, 여가 및 오락을 제공하는 전기, 중앙난방, 냉장고, 세탁기, 텔레비전 같은 기술적 도구 없이 살 준비가 안 되어 있다. 우리는 이를 당연하게 여기지만 말이다. 그뿐만 아니라 개발도상국에 사는 더 많은 사람들이 단순노동을 줄여주고 자유롭게 하는 삶의 도구를 이미 만끽하고 있다.

두 번째 문제는 인간의 창조성을 고려하지 못한다는 점이다. 인류의 과학과 기술이 더 이상 발전할 수 없다고 우기며 완전히 중단할 수는 없다. 인간과 환경의 균형을 유지하려면 인류가 창의적인 기술을 발휘할 여지를 남겨야 한다.

그러므로 '자연으로 돌아가자'는 제안 역시 균형 잡혀 있지 않으며, 지속 가능하지 않다.

기술적 해결

지구를 대하는 일반적인 태도로 세 번째는 '기술적 해결' 방법을 강구하는 것이다. 몇 년 전, 유엔 환경부 고위 공직자가 나에게 "기후 변화의 가능성 때문에 생활양식을 바꿀 수는 없고, 생물권을 고쳐야 한다"고 말했을 때 그가 의미했던 바가 명확하지 않았다. 과거에 인류가 효율적으로 신기술을 개발해 문제를 해결해왔다면 지금도 그렇게 하면 된다는 것이 그의 요점이다. 결국 미래에 대한 관심은 그러한 '기술적 해결안'을 모색하는 것이었다.

언뜻 보기에 기술적 해결은 좋은 방안인 것 같다. 노력도 별로 필요하지 않고 통찰력도 요구되지 않는다. 즉 문제를 피한다기보다는 문제가 생겼을 때 고칠 수 있다는 말이다. 그러나 인간의 활동이 환경에 야기한 피해는 이미 여러 가지 문제를 일으킨다. 마치 내가 집을 관리하면서 정기적으로 보수를 전혀 하지 않고, 문제가 있을 때마다 고치

황금두꺼비(golden toad)는 코스타리카의 일부 5제곱킬로미터 지역에만 사는 양서류인데, 지금은 지구 온난화 때문에 멸종 위기에 있다. 황금두꺼비는 4~5월에만 짝짓기를 하며 계절에 따라 생긴 빗물 웅덩이에 알을 낳는다. 근처 해수면의 온난화로 강우량이 줄고 황금두꺼비가 서식하는 숲이 건조해졌다.

는 것처럼 말이다. 위험성이 높은 내 집의 문제를 바로 고치지 못한다면 결국 쉽게 큰불이 날지 모른다. 지구를 대하는 이 같은 태도는 오만한 동시에 무책임하다. 자연이 인간의 활동으로 야기되는 커다란 변화에 얼마나 취약한지 인식하지 못하는 행위다.

과학과 기술은 지구를 돌보는 데 거대한 잠재력을 갖고 있다. 그러나 세심하게, 균형 있게 그리고 책임 있게 활용되어야 한다. 즉 '기술적 해결' 역시 균형 잡혀 있지 않고, 지속 가능하지 않다.

지구의 통일성

지구를 대하는 균형 잡혀 있지 않고, 조화롭지도, 지속 가능하지도 않은 태도를 앞서 살펴보았다. 이제 이 책에서 제시한 문제를 적절히 해결할 수 있는 태도를 논의해보도록 하자. 지금까지 놀라운 속도로 파괴되는 종의 상실에 직면한 지구 생태계와 특히 열악한 환경에서 사는 사람들이 받는 피해 등을 지적했다. 이 문제들은 우리가 인류뿐 아니라 모든 생물을 향해 지닌 책임을 시사한다. 결국 우리는 커다란 세계의 일부다. 이를 지지하는 타당한 과학적 이유도 있다. 우리는 자연에 대한 의존, 존재하는 모든 생명체, 물리적 및 화학적 환경과의 상호 의존, 우리 자신과 전 우주와의 의존을 더 절실히 인식하고 있다.

그리스신화에 나오는 대지의 여신 이름을 딴 가이아(Gaia) 이론은 제임스 러브록(James Lovelock)이 제시한 것이다. 이 과학 이론[4]은 상호 의존성을 특히 강조한다. 러브록은 지구 대기의 화학 성분이 다른 이웃 행성, 화성이나 금성과는 상당히 다르다고 지적한다. 화성이나 금성의 대기는 약간의 수증기를 제외하면 순 이산화탄소로 되어 있다. 이와 달리 지구의 대기는 질소 78퍼센트, 산소 21퍼센트, 이산화탄소 0.03퍼센트로 구성되어 있다. 주요 성분의 경우, 비율은 수백만 년에 걸쳐 변하지 않았다. 게다가 이 구성비가 화학 평형(chemical equilibrium)을 이루지 않는다는 점이 매우 놀랍다.

이렇게 지구의 대기가 이웃 행성들과 다른 이유는 생명체의 등장 때문이다. 생명체가 시작된 초기 역사를 보면, 식물은 이산화탄소를 흡수해 산소를 배출하는 광합성을 한다. 호흡을 하는 다른 생명체들은 산소를 흡수하고 이산화탄소를 내보낸다. 생명체는 그들이 적응하는 환경에 영향을 미치고, 효과적으로 환경을 통제한다. 환경은 생명체의 필요와 성장에 긴밀히 맞춰지는데, 이는 러브록이 주목하는 점이기도 하다. 그가 든 여러 사례 가운데 대기 중 산소와 관련된 부분을 살펴보자. 산소 농도와 산불의 빈도 사이에는 중요한 연관성이 있다.[5] 산소 농도 15퍼센트 이하에서는 마른 잔가지에 불이 지펴지지 않는다. 25퍼센트 이상에서는 열대우림의 축축한 나무에 불이 맹렬히

붙는다. 어떤 종들은 생존하려고 이러한 불에 의존하기도 한다. 예를 들어 일부 침엽수는 종자 꼬투리에서 씨를 퍼뜨리려면 불의 열이 필요하다. 산소 농도 25퍼센트 이상에서는 산림도 존재하지 않을 것이다. 산소 농도 15퍼센트 이하에서 불이 세계의 산림에 기여하는 부분은 전혀 없다. 21퍼센트가 가장 이상적이다.

이러한 연관성에 착안해 러브록은 지구 생명 체계를 구성하는 유기체와 환경 사이의 긴밀한 상호작용(coupling)을 제안한다. 그는 데이지 세계(Daisyworld)라는 상상의 세계 단순 모델을 내놓았다(288쪽 상자 참조). 이 세계는 이러한 상호작용을 유도하는 피드백 메커니즘의 한 유형을 나타낸다. 이 모델은 러브록이 지난 10억 년 전 지구의 생물 및 화학 역사를 설명하기 위해 제안했던 것과 비슷하다. 이는 35억 년 전 지구에 원시 생명체가 최초로 등장한 이후다.

물론 실제는 데이지 세계보다 훨씬 더 복잡하다. 이러한 이유로 가이아 이론은 논란을 불러일으켰다. 1972년, 이론을 내놓으며 러브록이 했던 말은 다음과 같다. "생명체 또는 생물권은 기후와 대기 중 구성을 최적으로 통제하고 유지시킨다."[6] 그는 이후의 논문에서 지구와 살아 있는 유기체 사이의 유사점을 이끌어내며 새로운 과학 개념, '지구생리학(geophysiology)'을 도입했다〔더 자세한 사항은 다음을 참조. 《가이아: 행성의학의 실용 과학(Gaia: The Practical Science of Planetary Medicine)》〕.[7]

인간처럼 고도로 발달한 유기체는 다른 기관과의 상호작용을 통제하고 스스로 제어 가능한 메커니즘을 지닌다. 이와 비슷하게 러브록은 지구의 생태계도 물리 및 화학적 환경과 긴밀히 상호작용하기 때문에 환경과 생태계는 통합된 '생리학(physiology)'을 갖춘 하나의 유기체로 여길 수 있다고 주장한다. 이러한 면에서 그는 지구가 '살아 있다'고 믿었다.

자연에 환경 적응과 통제를 위한 정교한 피드백 메커니즘이 있다는 사실은 논란의 여지가 없다. 그러나 많은 과학자들은 환경과 생태계를 하나의 유기체로 볼 수 있다는 러브록의 주장이 다소 극단적이라고 생각한다. 가이아 이론은 수많은 과학 비평과 연구를 자극했지만 여전히 가설일 뿐이다.[8] 그러나 러브록의 논점은 모든 생명 체계와 환경 사이에는 상호 의존성이 존재한다는 것이다. 즉 생물권은 스스로 제어할 수 있는 거대한 체제로 이뤄져 있다.

한편 가이아 이론은 지구의 피드백과 자기 제어 능력이 워낙 탁월해 인간이 만든 오염에 대해 염려할 필요가 없다고 암시한다. 즉 지구, 가이아는 우리가 무엇을 하든지 통제할 수 있다는 말이다. 그러나 이러한 관점은 심각한 장애가 지구 전체에 미치는 영향, 특히 환경의 취약성에 대해 인식하지 못한다. 다음은 러브록의 글을 인용할 것이다.[9]

> 가이아는 비행을 그냥 두고 보며 자녀를 애지중지하는 엄마도 아니고, 잔혹한 인류 때문에 위험에 처한 나약한 처녀도 아니다. 가이아는 단호하고도 강하다. 세계를 따뜻하게 품으며 규칙을 따르는 자들에게 편하게 대하고 이를 어기는 자들에게는 무자비하다. 가이아의 무의식에 흐르는 목표는 생명체에 딱 알맞은 행성이 되는 것이다. 그런데 인간이 방해가 되면 가이아는 표적을 향해 날아가는 대륙 간 탄도 핵미사일이 보일 정도의 작은 동정만 남기고 인간을 제거할 것이다.

가이아 이론은 우리가 두 가지 면을 인식하도록 돕는다. 자연 고유

데이지 세계와 초기 지구의 생명체

그림 8.1 데이지 세계.

데이지 세계는 자전축을 중심으로 회전하고 지구처럼 태양 주변을 도는 가상의 행성이다. 이곳에는 데이지만 자란다. 데이지는 흰색과 검은색 두 가지 색을 띠고, 온도에 민감하다. 섭씨 20도에서 가장 잘 자라고 섭씨 5도 아래에서는 자라지 않으며 섭씨 40도가 넘으면 시들어 죽는다. 데이지는 태양 복사열을 흡수하고 방출해서 온도 자체에 영향을 미친다. 검은색 데이지는 더 많은 햇빛을 흡수하여, 흰색 데이지보다 더 따뜻한 온도를 유지한다.

초기 데이지 세계(그림 8.1)에 태양은 상대적으로 온도가 낮아 검은색 데이지에게 더 유리하다. 검은색 데이지는 햇빛을 흡수해 섭씨 20도 가까이의 온도를 유지하기 때문이다. 대부분의 흰색 데이지는 햇빛을 반사하고 섭씨 5도 이상을 유지하지 못해 죽고 만다. 그러나 시간이 지나며 이 행성의 태양이 점점 뜨거워진다. 비로소 흰색 데이지가 번성하고 모든 데이지가 만발한다. 태양이 점점 뜨거워지면서 흰색 데이지는 살아남고, 검은색 데이지에게는 온도가 다소 높아지게 된다. 결국 태양 온도가 더욱 올라가면서 흰색 데이지조차 섭씨 40도에서 살아남지 못하고 모든 데이지가 죽고 만다.

데이지 세계는 러브록이 제안한 단순 모델로, 지구의 복잡한 생태계에서 발생하는 피드백 및 자기 제어 기능을 설명한다.[10]

러브록은 지구 초기 생명의 역사를 설명하기 위해 이와 비슷한 단순 모델을 제안한다(그림 8.2). 실선은 생명이 살지 않고 현재의 대기처럼 질소가 대부분이며 이산화탄소가 전체 대기의 10퍼센트로 구성된 행성의 온도를 나타낸다. 태양이 더욱 뜨거워지면서 온도가 상승한다. 약 35억 년 전, 원시 생명체가 나왔다. 이 모델에서 러브록은 생명체의 두 유형을 가정하는데, 무산소성 광합성 박테리아(이산화탄소를 이용해 몸을 형성하고, 산소를 배출하지 않음)와 유기체를 이산화탄소와 메탄으로 분해하는 박테리아다. 생명이 나타나면서 온실가스, 이산화탄소의 농도가 감소함에 따라 온도도 내려간다. 23억 년 전 후반, 더 복잡한 형태의 생명체가 등장한다. 활성산소가 늘어나고, 메탄은 감소하며, 온도 또한 떨어진다. 이 생물학적 과정은 지구 위 생명체를 위해 안정적이고 알맞은 온도를 유지시킨다.

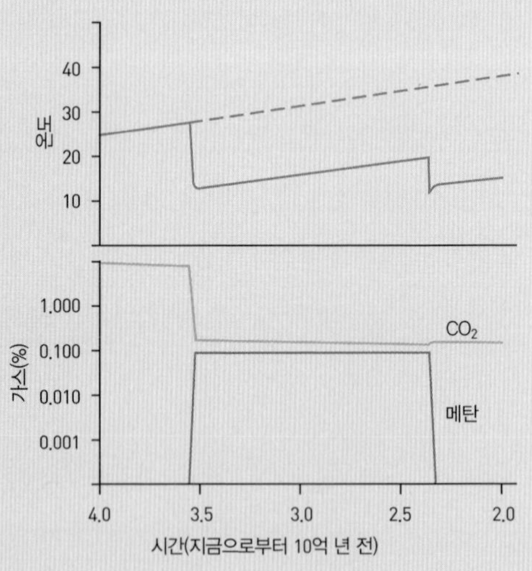

그림 8.2 러브록이 제안한 지구 초창기 모델.

의 가치와 지구와 환경에 대한 인간의 의존성이다. 마이클 노스코트(Michael Northcott)는 가이아 이론을 "모든 창조물, 인류가 지구의 탄소 순환에 의해 상호 연결되어 있다"[11]고 해석한다. 일부에서는 가이아 이론을 고대 종교의 신념을 지지하는 종교적 관점이라고 보기도 하지만 이는 과학 이론이다. 대다수의 세계종교가 인간과 지구의 긴밀한 관계에 주목해왔다.

미국의 원주민들은 지구와 가까이 지냈다. 어느 추장에게 토지를 매매하라고 요청하자 당황하듯 다음과 같이 말했다. "지구는 인간에게 속하지 않고 인간이 지구에 속한다. 만물은 우리 모두를 연합시키는 피와 같이 연결되어 있다."[12] 고대 힌두교 속담에 '지구는 우리의 어머니, 우리는 지구의 자녀'[13]라는 말이 있는데 지구와의 유대 의식을 강조한다. 원주민들과 가까이서 일해본 사람들은 그들이 지역 생태계에 있는 나무, 동식물을 균형 있게 돌보는 사례를 공유해왔다.[14]

이슬람 종교는 선지자 마호메트의 가르침에서 환경 전체의 가치를 말한다. "죽은 땅을 부흥시키는 자는 그에 상응하는 보상을 받을 것이요, 새, 곤충, 동물의 먹이는 신이 베푸시는 은혜다." 이 가르침 역시 자연환경을 돌봐야 하는 우리의 임무를 강조하며 모든 창조물을 맞는 장소에 두어야 하는 의무를 지적한다.[15]

유대교와 기독교 역시 성경의 창조 이야기를 통해 지구를 돌봐야 하는 인간의 책임을 강조한다. 이에 대해서는 뒤에서 묘사할 것이다. 또한 땅과 환경을 관리하는 지침이 구약성서에도 기술되어 있다.[16] 60년 전, 캔터베리 대주교 윌리엄 템플(William Temple)은 기독교를 "가장 유물론적인 종교"라고 했다. 하나님이 예수라는 인간으로 오셨다(기독교인들은 이를 성육신이라고 부른다)는 믿음 때문인데 그는 다음과 같이 이어 설명한다. "기독교 핵심 교리의 본질은 현실 문제와 신의 계획 가운데 믿음을 지니는 것이다."[17] 기독교인들에게 창조와 성육신의 두 교리는 지구와 세상을 향한 하나님의 관심과 애정을 증명한다.

인간과 환경의 연합을 강조하는 주제를 찾으면서 우리는 지구에 한정 지을 필요는 없다. 연합 및 유대의 관점이 분명한 더 큰 영역이 있다. 일부 천문학자와 우주론자들은 우주의 크기, 규모, 복잡성, 정밀함에 압도되어, 약 140억 년 전 일어난 빅뱅에서 우주의 진화를 밝히려는 그들의 연구가 단순히 과학적 프로젝트 차원이 아니라 의미를 찾는 탐구임을 깨닫기 시작했다. 스티븐 호킹(Stephen Hawking)의 《시간의 역사(A Brief History of Time)》[18]가 왜 이 시대의 베스트셀러가 되었겠는가?

의미를 찾아 새로이 탐구하며, 우주가 인간을 염두에 두고 생성되었다는 시각이 나왔다. 이는 인간 원칙(anthropic principle)에 표현된 개념을 담고 있다.[19] 두 가지 관념이 이를 강조한다. 첫째, 지구 자체가 고도로 발달된 생명체에 딱 맞추어져 있다고 생각해왔다. 우주론에 따르면 지구에 생명이 존재하기 위해 우주가 빅뱅의 시기에 믿기 어려울 정도로 '미세 조정'되었다고 한다.[20] 둘째, 이유를 설명하기 위해 우주 자체에 의존하는 사람들은 우주 설계의 근본적인 수학적 구조를 어느 정도 이해할 수 있다. 알베르트 아인슈타인(Albert Einstein)은 '우주에 대해 가장 이해할 수 없는 것은 우주를 이해할 수 있다는 점이다'라고 말한 바 있다. 가이아 이론에서는 지구 자체가 중심이며, 인간은 지구에 존재하는 생명의 일부다. 우주론은 인간이 만물 가운데 특별한 위치를 차지한다고 해석한다.

이와 같이 지구와 우주 전체에 존재하는 고유의 통일성과 상호 의존성, 인간이 우주에서 차지하는 위치에 대해 살펴보았다. 이에 대한 인식은 환경을 대하는 우리의 태도에 시사하는 바가 크다.

환경적 가치

우리는 환경에서 무엇을 중요하게 여기는가? 무엇을 보존하고 발전시켜야 하나? 우리의 논의와 근본적으로 다른 태도와 행동의 가치에 대한 여러 가지 견해가 있었다. 기본 환경 과학에서 비롯된 관점들도 소개했다. 그런데 과학과 가치를 이렇게 연결해도 타당한 것일까? 과학은 가치와 전혀 관련이 없다고 주장하는 경우도 종종 있다. 그러나 과학은 단독 활동이 아니다. 마이클 폴라니(Michael Polanyi)가 지적했듯이 과학적 사실을 발견하거나 그것을 폭넓은 지식에 통합시키는 사람들의 참여와 헌신은 과학적 사실 자체와 떼어놓고 생각할 수 없다.[21]

과학의 방법론과 그 실행에는 가치에 관한 여러 추정이 있다. 객관적인 가치 세계도 있고, 과학적 이론의 정밀함과 경제성에도 가치가 존재한다. 과학 사업에서 과학자들의 정직과 협력은 필수다. 과학의 진보를 위해서는 기득권이나 한 개인 및 정치적 이득에 의해 왜곡된 연구가 아닌 모든 자료에 대한 균형 잡힌 시각이 요구된다.

가치란 우리가 앞서 언급한 기본 과학의 관점에서 제안할 수 있다. 균형, 상호 의존성, 통일성 측면에서 지구를 살펴보았다.[22] 이 모든 요소는 지구에 중요하기 때문에, 근본적인 가치를 지녔다고 주장할 수 있다. 모든 자연 세계 가운데 인간이 특수한 위치를 차지한다는 과학적 증거도 논의되었다. 인간이 특별한 지식을 소유한다는 말은 동시에 특별한 책임도 있다는 의미다.

우리는 과학 이외에 인간의 기본 경험에서 오는 환경 가치에 대해 언급했다. 이는 지역, 국가 같은 모든 인류 공동체의 일원이 공통적으로 공유하는 가치, 즉 공유 가치(shared value)를 뜻한다. 그 예로 현세대뿐만 아니라 미래 세대를 위해 지구와 자원을 보존하는 가치를 들 수 있다. 현세대의 혜택을 위해 자원을 어떻게 활용할 것인지, 다른 집단 및 국가와 어떻게 공유할지의 문제도 이에 속한다. 홈스 롤스톤(Holmes Rolston)은 이러한 공유 가치에는 **자연적** 가치(자연 세계를 소중히 여기는 것), **문화적** 가치(사회 및 집단의 인간관계적 가치)가 포함된다고 지적한다. 그는 "가치가 혼합된 영역은 자연과 문화가 복합적으로 영향을 미친 결과인 셈이다"라고 제안한다.[23]

그러나 공유 가치가 실제 상황에 적용될 때 종종 충돌이 발생한다. 미래 세대를 위해 대비한다면, 우리가 포기해야 하는 부분은 얼마나 될까? 상대적으로 부유한 '북쪽'과 가난한 '남쪽' 사이에서 우리가 지구를 공유하며 어떻게 책임을 다할 수 있을까? 특정 생태계와 종의 손실을 막으려면 얼마나 많은 자원을 활용해야 하는가? 실제 세상에 정의와 공평의 원리를 어떻게 적용할 것인가? 사람들과 토론하며 공유 가치를 어떻게 정의하고 적용할지에 대해 발견할 수 있을 것이다.

대부분의 공유 가치는 인류 집단의 문화 및 종교적 배경에 근원을 둔다. 그러므로 이에 대해 논의하려면 우리의 태도와 윤리적 논의에 깔린 문화 및 종교적 전통, 신념과 추측을 완전히 인식해야 한다.

환경적 가치를 형성할 때 종교적 추측의 인식을 가로막는 장애물이 있다면, 종교적 신념은 과학적 견해와 일치하지 않는다는 관점일 것이다. 일부 과학자들은 종교적 주장은 객관적으로 검증이 불가능하며, 과학만이 증거에 근거한 진정한 설명을 할 수 있다고 단언한다.[24] 한편 과학과 종교 사이에 모순이 있어 보이는 이유가 양 측에서 제기하는 질문을 오해하기 때문이라고 주장하는 과학자들도 있다. 이들은 과학의 방법론과 종교 사이에 공통점이 있다고 생각한다.[25]

과학자들은 과학이라는 그림에 딱 맞게 세계를 설명하고 싶어 한다. 이들은 가능한 한 완전한 그림을 그리기 위해 노력한다. 예를 들어 과학자들은 우주의 '미세 조정'을 설명하기 위해 메커니즘을 모색한다(이른바 만물의 법칙). 또한 생물 체계와 환경 사이의 상호 의존성을 설명할 수 있는 메커니즘을 찾기 위해 노력한다.

그러나 과학적 그림은 인간에게 영향을 미치는 한 부분만을 묘사할 뿐이다. 과학은 '왜'가 아닌 '어떻게'라는 질문에 답한다. 가치에 대한 질문은 '왜'와 관련 있다. 물론 과학자들이 항상 '왜'와 '어떻게' 사이를 명확히 구분하는 것은 아니다. 사실 동기가 '왜'와 관련되는 경우도 더러 있다. 16~17세기 초기 과학자들이 그러했는데, 그들은 신앙심이 깊었고 새로운 과학을 탐구하는 원동력이 '하나님의 일을 탐구'하고 싶어서였다.[26]

진리를 찾기 위해 과학과 종교의 관계를 상호 보완적으로 바라보아야 한다는 관점은 앨 고어의 《균형 잡힌 지구》에서도 지적한 부분이다.[27] 이 책은 지구 온난화 같은 현재 환경 이슈들을 알기 쉽게 조명한다. 앨 고어는 환경에 대한 인식 부족이 과학과 종교 및 윤리적 이슈를 분리하는 현대의 방식에 있다고 비판한다. 윤리적 결과에 대한 고려 없이 늘 거리를 두고 과학과 기술을 추구해왔다. 앨 고어는 "과학 지식에서 파생된 새로운 힘은 윤리적 처벌 없이 자연을 지배할 수 있다"고 말한다.[28] 그는 이어서 현대의 과학·기술도들을 가리켜 "메마른 영혼 그리고 사물을 작동시키는 법은 알아도 본질은 알지 못하는 정처 없는 지식인"이라고 묘사한다.[29] 그런데 "과학과 종교 사이에 이러한 단절을 치유하려는 강력한 충동이 일부 과학 집단에서 일고 있다"고[30] 앨 고어는 지적한다. 특히 지구 환경을 이해하려고 노력하면서 과학과 기술 개발을 윤리 및 종교적 관점과 이분법으로 분리해서는 안 된다.

지구의 청지기

인간과 지구 사이의 관계는 종종 청지기 정신(stewardship)으로 설명된다. 우리는 지구에 청지기로 존재한다. 이 단어는 우리가 청지기적 의무를 지닌다는 뜻인데, 그렇다면 누구를 위한 청지기인가? 일부 환경론자들은 이 질문에 답할 필요를 못 느낀다. 다른 이들은 우리가 미래 세대나 인류를 위한 청지기라고 말한다. 종교가 있는 사람은 우리가 하나님의 청지기라고 말하고 싶을 것이다. 이들은 인간과 하나님의 관계를 인간과 환경의 관계와 연관 지을 때 훨씬 폭넓고 통합적인 의미로 이해할 수 있다고 주장한다. 이는 환경적 청지기 정신을 이해하기 위해 통찰력과 완전한 토대를 제공한다.[31]

유대교와 기독교 전통의 창조 이야기에서 성경의 앞부분은 청지기에 대한 '모델'을 제공한다. 성경에 따르면 인간은 지구를 가꾸는 '정원사'였다. 이 모델은 기독교 전통에서 태어난 이들뿐만 아니라 폭넓게 적용할 수 있는 개념이다. 인간은 창조물을 돌보도록 태어났다. 창조론에서 인간의 청지기 정신은 아주 역사가 깊다. 인간은 에덴동산에서 '일하고, 동산을 돌보며 살았다'.[32] 정원에서 아담은 동물, 새, 다른 창조물의 이름을 짓게 되었다.[33] 우리는 최초의 인류가 지구의 '정원사'였다는 모델을 갖고 있다. '정원사'로서 우리의 역할은 무엇인가? 나는 여기에 네 가지 역할을 제안하고 싶다.

- 정원은 생명과 인간의 산업을 지탱하는 식량, 물, 그 외 다른 자원을 제공한다. 창세기에 나오는 에덴동산에는 광물자원 즉 '순금, 베델리엄(aromatic resin), 호마노(onyx)가 나온다'.[34] 지구는 인간에게 필요한 여러 자원을 제공한다.
- 정원은 아름다움을 유지해야 한다. 에덴동산의 나무들은 '보기에도 좋았다'.[35] 인간은 창조물과 조화를 이루며 살아야 하고, 그 모든 가치를 이해해야 한다. 실제로 정원은 종의 다양성, 특히 가장 연약한 종도 보존되는 장소다. 매년 수백만 명이 믿기 어려울 정도로 다양하고 아름다운 자연을 선보이는 정원들을 방문한다. 정원은 이렇게 즐기도록 만들어진 곳이다.
- 창세기에서 하나님의 형상으로 빚어진 인간은 정원에서 창조적 성격을 띤다.[36] 정원의 자원은 엄청난 잠재력을 갖고 있다. 다양한 종과 풍경을 활용해 정원의 아름다움과 생산성을 증대시킬 수 있다. 인간은 새로운 식물을 다양하게 생산하고, 과학 및 기술적 지식과 지구의 어마어마한 자원을 사용하여 새로운 생명의 가능성을 열고자 연구해왔다. 그러나 이러한 창조의 가능성이 엄청나기에, 우리가 도대체 어디로 가는 것인지에 대해 생각해야 할 것이다. 선한 용도뿐만 아니라 악하게 사용될 가능성이 있다. 훌륭한 정원사는 제약을 가해 자연 과정에 간섭하기도 한다.
- 정원은 미래 세대에 혜택을 주는 방향으로 유지되어야 한다. 이러한 측면에서 1920년대, 대기 중 오존층 측정을 위한 신기술을 개발했던 뛰어

무르익은 사과 농장.

난 과학자, 고든 돕슨(Gordon Dobson)을 항상 기억한다. 그는 영국 옥스포드 외부에 자신의 집을 두고 과일나무가 무성한 정원을 하나 소유했다. 죽기 한 해 전, 85세에 그는 정원에서 열심히 일하며, 수많은 사과나무를 새로 심었다. 그때 그는 분명히 미래 세대를 염두에 두었을 것이다.

지구를 돌봐야 하는 정원사로서 인간은 위의 기준에 얼마나 따르고 있는가? 물론 잘하지 못했다. 가꾸기보다는 개발자나 망가뜨리는 사람으로 산다. 사실 잘못은 도구가 아니라 도구를 만든 이에게 있는데, 일부 사람들은 과학과 기술을 탓하기도 한다.[37] 창세기에도 나오듯이 어떤 이는 창조물을 지배하고 장악하려는 인간의 태도에 문제가 있다고 말한다.[38] 창조물을 지배하라는 말의 배경을 아예 무시하고 해석해서는 안 된다. 결코 무절제한 개발을 장려하는 지시가 아니다. 창세기는 창조물에 대한 인간의 지배가 창조의 통치자인 하나님 아래에서 이뤄져야 한다고 기술한다. 위의 '정원사'로서 인간을 기술한 것처럼 말이다. 그렇다면 인간은 왜 이렇게 행동하지 못하는 것일까?

세대 간, 나라 간의 형평성

우리 세상에서 인류 공동체는 모두 평등하지 않다. 평등이라는 단어는 목표로 인용되는데, 목표로 세우기 전에 정확한 정의가 필요하다. 현실은 불평등으로 가득하다. 지구 온난화 문제는 장기적인 문제이고 전 세계적이다. 두 가지 측면에서 형평성의 개념은 중요하다. 앞서 말했듯이 첫째, 미래 세대에 대한 우리의 책임이 있다. 우리 자녀, 손주 세대에 가장 아끼는 소유물을 남기려는 바람이 본능이다. 다음 세대가 잘 가꾸어진 지구를 물려받고, 우리가 겪는 어려움을 물려주지 않는 것도 비슷한 바람이다. 그러나 누구나 이러한 태도를 보이는 것은 아니다. 1990년, 런던 영국 수상 관저에서 마거릿 대처 수상에게 지구 온난화에 대한 발표를 했을 때, 한 고위 공직자가 지구 온난화 문제는 지금 별로 심각하지 않으며, 다음 세대에 해결 방안을 찾을 수 있다고 주장했다. 그는 우리가 대처를 미룰수록 문제가 더 커진다는 측면을 간과하지 않았나 싶다. 다음 세대를 위해 현실을 직시할 필요가 있다. 우리에게는 마치 미래가 없는 것처럼 행동할 권한이 없다. 우리는 그들에게 지속 가능한 발전의 원칙에 근거한 미래를 선사할 책임도 있다.

둘째, 나라 간의 형평성인데 기후 변화는 국제사회 전체가 직면한 도전이다. 세계에서 가장 발달한 부유한 나라들은 지난 200년 동안 싸고 풍부한 에너지인 석탄, 석유, 가스를 활용해 부를 축적했다. 그것이 지구와 기후에 어떠한 피해를 줄지 생각하지 못하고 말이다. 그 피해는 불공평하게도 가난한 나라와 사람들이 감당하는 실정이다. 일부에서는 빈곤을 벗어나기 위해 화석연료를 태우는 것이 효과적이라고 말하지만, 그 잠재적 영향력은 장기적으로 재난에 가까울 것이다. 이는 단지 과거의 문제가 아니라 화석연료 연소를 통한 이산화탄소 배출에서 선진국과 개발도상국의 격차 문제다(10장 참조). 다수의 선진국에서 화석연료 보조금은 꽤 많을뿐더러 재생에너지의 보조금에 버금가는 규모다. 이러한 격차는 선진국이 감당해야 할 윤리적 의무를 시사한다. 첫째, 탄소 배출을 줄이고 그로 인한 피해를 줄여야 하는 의무다. 둘째, 선진국의 부와 기술로 개발도상국이 지속 가능한 에너지를 개발하도록 도와야 하는 의무다. 셋째, 이미 가져온 피해에 대한 보상을 하는 방법을 모색해야 하는 의무다.[39] 이는 기후변화협약(Framework Convention on Climate Change, FCCC)에서 표명한 윤리적 의무다(10장 참조). 선진국들이 받은 혜택이 있기에 앞장서야 한다는 말이다. 선진국을 중심으로 한 이러한 윤리적 조치는 그다지 적극적으로 행해지지 않고 있다. 그 예로 2011년 경제협력개발기구(Organization for Economic Cooperation and Development, OECD) 국가들의 화석연료에 대한 보조금이 여전히 연간 900억 달러에 이르고, 신재생에너지 개발 보조금 규모(880억 달러)보다 훨씬 더 큰 것이 현실이다.

행동하려는 의지

내가 지금까지 진술한 수많은 원칙은 적어도 1992년 6월 리우데자네이루에서 열린 UNCED에서 나온 선언, 협약, 결의문에 포함된 내용이다. 실제로 유엔이나 국가 공식 진술의 배경이 되기도 한다. 지금 우리에게 부족한 것은 이상을 모은 진술이 아니다. 진짜 부족한 것은 이를 실행할 수 있는 결단과 능력이다. 기후 변화의 정책적 함의에 대해 널리 강의를 하는 영국 외교관 크리스핀 티켈(Crispin Tickell)은 "우리는 무엇을 해야 할지 대부분 알고 있지만 행동하려는 의지가 부족하다"고 평했다.[40]

어떻게 하면 '행동하려는 의지'를 함양해 현실의 요구에 대응할 수 있을까?

첫째, 청지기 정신은 우리에게 현재와 미래의 지구를 돌볼 책임을 선사한다. 미래를 바라보는 믿을 만한 시각이 필요하다. 나는 예전에 창조라는 개념은 너무 방대하고, 복잡하고, 탄력성이 있고 영구적으

1992년 리우데자네이루에서 열린 UNCED. 회의의 결과 선언문, 의제, 협약 들이 나왔고 이는 1997년 교토 의정서의 토대가 되었다.

로 입은 피해에 대해 인간이 할 수 있는 일은 아무것도 없다고 생각했다. 이제 지식과 힘을 보유한 더 많은 인간이 지구에 거대한 피해를 줄 수 있다는 점을 알게 되었다. 단지 크고 작은 창조물뿐 아니라 우리의 자녀, 손주, 미래 세대를 위해 책임감을 가져야 하며, 이로써 우리가 그동안 누린 지구를 더 잘 보존하여 물려줄 수 있을 것이다.

둘째, 미래를 향한 인식에 대해 자신감을 가져야 한다. 과학은 중대한 역할을 감당한다. 우리의 행동에 확신을 심어주는 것은 바로 진리를 향한 과학적 탐구다. 세상과 기후를 통제하는 요소에 대한 지식이 우리 세대에 더욱 성장했다. 이는 지구 표면과 대기, 상세한 기후 변화를 관측할 수 있는 인공위성의 출현으로 가능해졌다. 관측 기술의 폭발적인 발전과 더불어 컴퓨터 성능의 향상은 대기 및 해양 등 지구의 현상에 대한 수치 모델 개발에 기여했다. 이러한 수단을 통해 과학자들은 기후 과정에 대한 새로운 이해를 도모했고, 인간의 활동에 따른 미래 기후 변화를 예측하는 데 더욱 확신을 갖게 되었다.

셋째, 확신을 갖게 되면서 1988년, WMO와 UNEP는 공동으로 IPCC를 세웠다(1, 9장 참조). 수백 명의 전 세계 과학자가 모여 진지한 논의와 토론을 거쳐 기후 변화가 인간 및 생태계에 미치는 영향에 관한 상세 보고서를 냈다. 1차 보고서는 1991년에, 3권으로 구성된 5차 보고서 완결판은 2013·2014년에 나왔다. 5차 보고서는 각 권이 약 1500쪽으로 구성되었고 요약문을 포함한다(www.ipcc.ch). 이 보고서의 내용과 결론은 국제적으로 철저한 검토를 거쳤고, 이 책에서 집중적으로 다루고 있다.

넷째, 물론 과학자들의 의견 일치가 일반인과 정책가의 생각과 같음을 의미하지는 않는다. 기득권, 특히 화석연료 산업과 관계 있는 이들은 기후 변화나 그 중요성을 부인하기 위해 노력하며 과학자들이 과장하는 것이라고 비판한다. 그러나 최근 IPCC 보고서는 2015년 파리에서 열린 UNFCCC에서 미래 목표 달성을 위해 확실한 조치를 할 것임을 시사하고 있다.

내용 정리

이 장에서는 환경문제를 해결하는 행위가 지식뿐 아니라 환경과 태도의 가치에 달려 있다고 지적한다. 환경적 가치와 적절한 태도에 대한 평가는 아래의 인식에서 이끌어낼 수 있다.

- 자연 세계의 균형, 상호 의존성, 통일성에 대한 시각이 기초과학에서 비롯된다는 시각.
- 일부 과학자들이 주장하듯이 인간이 우주에서 특수한 위치를 차지한다는 인식. 즉 인간은 자연 세계에 특수한 책임을 갖고 있다는 의미다.
- 환경에 피해를 주거나 돌보지 못하는 것이 잘못된 행위라는 인식.
- 공유 가치에 근거해 지구를 돌보는 인간의 책임은 일반적으로 인류가 공통으로 인정하는 부분이다. 그 책임은 인류 공동체와 다른 세대 사이의 형평과 정의를 위해 투쟁하는 것이다.
- 청지기 정신을 위한 문화 및 종교적 토대가 중요하다는 인식. 지구의 '정원사'로서 인간이 청지기 정신을 잘 반영한 모델이다.
- 값싼 화석연료 에너지 사용으로 부를 축적한 선진국이 부와 기술을 공유하고, 개발도상국에 준 피해에 대한 윤리적 의무.
- 환경에 준 모든 피해가 수많은 개인이 모여 저지른 일인 것처럼, 환경문제를 해결하는 행위 역시 개인의 행동을 모아 함께 기여한다는 인식.[41]

위의 내용을 실행하려면 지속 가능한 발전의 원칙을 적용해야 하는데, 이는 뒤에서 다시 논의할 것이다(9, 12장 참조).

마지막으로 19세기의 저명한 생물학자 토머스 헉슬리(Thomas Huxley)의 말을 인용하고자 한다. 그는 '사실 앞에서의 겸손'이라는 과학적 태도의 중요성을 강조했다. 겸손은 지구를 지키는 책임감 있는 청지기 정신의 핵심이다. 9장에서는 지구 온난화의 과학과 관련된 불확실성에 대해 살펴볼 것이다. 그리고 실제 조치를 취할 때 이 불확실성에 어떻게 접근해야 할지 논의할 것이다. 당장 대처해야 할까? 아니면 불확실성을 줄일 때까지 실행을 보류해야 할까?

생각해볼 문제

1. 인간과 환경의 관계에 대한 논란이 있다. 인간이 환경의 중심에 있어야 할까(인간 중심적 사고)? 아니면 사물과 가치 체계에서 비인간적인 부분에 무게 중심을 두어야 하나(생태 중심적 사고)? 그렇다면 이 무게 중심은 어떤 형태를 띨까?
2. 환경적 가치의 형성과 적용에 과학은 얼마나 기여할 수 있는가?
3. 인류 공동체에서 문화나 종교적 배경에 대한 고려 없이 토론을 통해 환경적 가치를 어느 정도 형성할 수 있나?
4. 종교 신념이 환경적 가치를 논의하는 데 장애가 된다고 제안하는 이들도 있다. 이에 동의하는가?
5. 우리는 누구나 수용할 수 있는 환경적 가치를 위해 노력해야 할까? 아니면 다양한 집단마다 다른 가치를 좇도록 허용해야 할까?
6. 자연적, 문화적 범주에 포함되는 가치를 나열해보자. 어떤 면에서 이를 동일하게 범주화할 수 있는 것인가?
7. 세대 간 형평성이라는 개념에는 어떠한 원칙이 내재되어 있나? 이는 실제로 어떻게 적용될 수 있는 것인가? 적용할 때의 제한점도 제안해보자.
8. 이 장에서 윤리적 의무(moral imperative)라는 말이 거론되었다. 이 의무 뒤에는 어떤 원칙들이 존재하는가? 모두가 이 원칙에 찬성하는가?
9. 과거와 현재의 탄소 배출에서 나라 간 지구 온난화 피해액을 어떻게 나눌 수 있는지 논할 때 형평성 문제가 자주 등장한다. 녹색성장권리(Green Development Rights, http://gdrights.org)와 NGO가 운영하는 비슷한

사이트들을 방문해보자. 이에 대한 다양한 견해와 제안을 정리해보자. 가장 설득력 있는 의견은 무엇이며, 어떤 원칙에 근거하는가?

10. 종교적 신념의 경우, 그 신념이 무엇을 토대로 하든지 관계없이 다른 요소보다 사람들에게 더 강력히 동기부여를 한다는 견해가 있다. 이에 동의하는가?
11. 자신이 자란 문화, 종교적 전통이 환경문제나 행위에 대한 관점에 어떻게 영향을 미쳤는지 설명하라. 자신의 종교적 신념 때문에 그 관점은 어떻게 바뀌었나?
12. 인간과 환경의 관계를 기술하는 가운데 '청지기 정신'에 대해 논의해보자. 이 정신은 다소 인간 중심적인 관계를 내포하고 있지는 않은가?
13. 지구의 '정원사'로서 인간 모델을 생각해보자. 인간과 환경의 관계를 나타내는 그림으로 얼마나 적절한가?
14. 과학적 사실 앞에 겸손의 중요성을 강조한 토머스 헉슬리의 말에 동의하는가? 환경문제에 과학 지식을 적용한다는 차원에서 겸손은 얼마나 중요한가?
15. 지구를 돌보는 청지기의 임무는 너무도 막대하기에 인류의 능력으로 감당할 수 없다는 의견도 있다. 이에 동의하는가?
16. 9장에서 통합적 측정과 평가 개념이 소개되는데, 이는 자연 및 사회과학 전체를 통합하는 개념이다. 윤리적, 종교적 가치를 이러한 평가 체제에 어떻게 도입할 수 있나? 포함되는 것이 적절한가?
17. 항공기 여행과 방글라데시의 홍수 재난 사이에 윤리적으로 연관 짓는 것은 쉽지 않다. 어떻게 적절히 관련지을 수 있을까?
18. 브라질은 과거의 탄소 배출과 관련해 국가들이 기후 변화 문제 해결에 기여해야 한다고 FCCC에 제안했다. UNFCCC 사이트(www.unfccc.int)를 방문해 브라질 제안서(Brazilian Proposal)에 대한 정보를 조사해보자. 어떤 이점과 불리한 점이 존재하는가? 이 제안서를 모든 나라가 수용하도록 어떻게 수정할 수 있는가?
19. 기후 변화는 세계의 부유한 사람들보다 가난한 사람들에게 더 많은 영향을 미칠 것이다. 전 세계의 주요 종교 집단과 비종교적 기관이 기후

변화의 피해를 가장 심하게 입는 지역 및 나라의 빈민들을 어떻게 지원하고 돌볼 수 있을지 방법을 모색해보자.

주

1. Gore, A. 1992. *Earth in the Balance*. Boston, MA: Houghton Mifflin Company.
2. Carson, R. 1962. *Silent Spring*. Boston, MA: Houghton Mifflin Company.
3. 9장 323쪽 상자 참조.
4. Lovelock, J. E. 1979. *Gaia*. Oxford: Oxford University Press; Lovelock, J. E. 1988. *The Ages of Gaia*. Oxford: Oxford University Press.
5. Lovelock, *The Ages of Gaia*, pp. 131-3.
6. Lovelock, J. E., Margulis, L. 1974. *Tellus*, 26, 1-10.
7. Lovelock, J. E. 1990. Hands up for the Gaia hypothesis. *Nature*, 344, 100-12; Lovelock, J. E. 1991. *Gaia: The Practical Science of Planetary Medicine*. London: Gaia Books.
8. 콜린 러셀은 가이아 이론을 과학적 가설로 설명한다. 종교적 연관성은 다음을 참조. *The Earth, Humanity and God*. London: UCL Press, 1994.
9. Lovelock, *The Ages of Gaia*, p. 212.
10. 더 자세한 사항은 다음을 참조. Lovelock, *The Ages of Gaia*.
11. Northcott, M. 2007. *A Moral Climate*. London: Darton, Longman and Todd, p. 163.
12. Gore, *Earth in the Balance*, p. 259.
13. Gore, *Earth in the Balance*, p. 261.
14. 영국 큐 왕립 식물원의 전 책임자 길리언 프랜스(Ghillean Prance)는 남아메리카에 대한 광대한 자료를 제공한다. *The Earth under Threat*. Glasgow: Wild Goose Publication, 1996.
15. Khalil, M. H. 1993. Islam and the ethic of conservation. *Impact* (Newsletter of the Climate Network Africa), December, 8.
16. 구약성서에는 동식물 및 토지 관리 관련 명령이 많이 나온다. 레위기

19:23~25, 레위기 25:1~7, 신명기 25:4 참조.

17. Temple, W. 1964. *Nature, Man and God*, London: Macmillan (first edition, 1934).
18. Hawking, S. 1989. *A Brief History of Time*, London: Bantam.
19. Davies P, *The Mind of God, 1992*; Barrow, J., Tipler, F. J. 1986. *The Anthropic Cosmological Principle*. Oxford: Oxford University Press.
20. Barrow and Tipler, *The Anthropic Cosmological Principles*; Gribbin, J., Rees, M. 1991. *Cosmic Coincidences*. London: Black Swan.
21. Polanyi, M. 1962. *Personal Knowledge*. London: Routledge and Kegan Paul.
22. 과학과 가치의 관계에 대해서는 다음을 참조. Rolston, H. Ⅲ. 1999. *Genes, Genesis and God*, Cambridge: Cambridge University Press, Chapter 4.
23. Rolston, H. Ⅲ. 1988. *Environmental Ethics*. Philadelphia, PA: Temple University Press, p. 331.
24. Dawkins, R. 1986. *The Blind Watchmaker*. Harlow: Longman. Dawkins, R. 2006. *The God Delusion*, London: Bantam Press.
25. McGrath, A., McGrath, J. C. 2007. *The Dawkins Delusion*. London; SPCK. Polkinghorne, J. 1986. *One World*. London: SPCK; Polkinghorne, J. 1986. *Beyond Science*. Cambridge: Cambridge University Press; Houghton, J. T. 1995. *The Search for God: Can Science Help?* London: Lion Publishing-recently reprinted by the John Ray Initiative, www.jri.org.uk.
26. Russell, C. 1985. *Cross-Currents: Interactions Between Science and Faith*. Leicester: Intervarsity Press.
27. Gore, *Earth in the Balance*.
28. Ibid., p. 252.
29. Ibid., p. 265.

30. Ibid., p. 254.
31. Berry R. J. (ed.) 2006. *Environmental Stewardship*. London: T&T Clark; Berry R. J. (ed.) 2007. *When Enough is Enough*. Leicester: Intervarsity Press.
32. 창세기 2:15.
33. 창세기 2:19.
34. 창세기 2:12.
35. 창세기 2:9.
36. 창세기 1:27.
37. 이에 대한 설명은 다음을 참조. White, L. Jr. 1987. The historical roots of our ecological crisis. *Science*, 155, 1203-7. 이 논문에 대한 비평은 다음을 참조. Russell, The Earth, Humanity and God.
38. 창세기 1:26~1:28.
39. 브라질은 UNFCCC에 제안하기를, 국가들은 과거 배출 기록에 비례해서 기후 변화 문제 해결에 기여해야 한다고 주장했다. 그러나 과거 자료의 불확실함 때문에 어려움이 제기되었다. 다음 웹사이트를 참조. www.unfccc.int.
40. *The Doomsday Letters*, broadcast on BBC Radio 4, UK, 1996.
41. 19세기 영국 정치가 에드먼드 버크는 다음과 같이 말했다. "할 수 있는 일이 별로 없다고 해서 아무것도 하지 않는 것보다 더 큰 실수는 없다."

참고문헌

Barry R. J. (ed.) 2006. *Environmental Stewardship*. London: T&T Clark. Collection of 25 articles and essays on environmental stewardship.

Gore, A. 1992. *Earth in the Balance*. Boston, MA: Houghton Mifflin Company.

Gore, A. 2013. *The Future*. New York: WH Allen.

Houghton, J. 1995. *The Search for God: Can Science Help?* London: Lion Publishing, recently reprinted in 2007 by Regent College. Chapters on science and religion and one on global warming.

Houghton, J., with Tavner, G. 2013. *In the Eye of the Storm, Autobiography*. Oxford: Lion Publishing. Includes chapters on the devel-opment of the science of Climate Change and of the IPCC.

Lovelock J. E. 1988. *The Ages of Gaia*. Oxford: Oxford University Press.

Northcott, M. 2007. *A Moral Climate: The Ethics of Global Warming*. London: Darton, Longman and Todd.

Russell C. 1994. *Earth, Humanity and God*. London: UCL Press. A review of environmental prospects for the planet from a Christian perspective.

Spencer, N., White, R. 2007. *Christianity, Climate Change and Sustainable Living*. London: SPCK. The challenge of achieving sustainability addressed especially to Christians.

불확실성의 측정 09

원자력발전소가 지방종자 밭에 자리 잡고 있다.

이 책은 지구 온난화에 관한 현 과학계의 입장을 분명하게 보여준다. 그중 핵심적인 부분은 미래 기후 변화 예측의 과학기술과 관련된 불확실성과 연관이 있다. 불확실성은 대처에 대한 의사 결정 시 근본적으로 고려해야 하는 부분이다. 그런데 불확실성은 상대적이다. 모든 일상 문제에서 100퍼센트 확실함이 행동을 취하기 위한 필수 요건은 아니다. 여기에서 문제는 복잡해진다. 우리는 정말 행동할 필요가 있는지 불확실성을 가늠해야 한다. 먼저 과학적 불확실성을 살펴보자.

과학적 불확실성

불확실성 '측정'과 조치 비용을 고려하기에 앞서 일단 과학적 불확실성의 본질과 과학계에서 이를 어떻게 해결해왔는지 설명하겠다.

앞서 나는 지구 온난화와 온실가스 증가에 따른 기후 변화 예측에 사용되는 과학적 방법의 문제를 상세히 다루었다. 온실효과의 기본 물리학은 잘 알려져 있다. 대기 중 이산화탄소 농도만 배가되고 대기 중 온도 외 다른 요소는 그대로 유지된다면, 지표면 평균 온도는 약 섭씨 1.2도 증가할 것이다. 이 수치를 둘러싼 과학자들의 논란은 없다.

그러나 여러 피드백과 지역적 변동이 개입되면 문제는 복잡해진다. 컴퓨터로 수치화된 모델은 이러한 복잡성을 해결할 수 있는 최고의 수단이다. 왜냐하면 이 모델은 비선형적 상호작용을 모두 효과적으로 통합할 수 있기 때문이다. 이러한 기후 모델은 매우 복잡하지만 예측 가능한 유용한 정보를 제공할 수 있다. 5장에서도 논의했듯 이 모델에 대한 확신은 현재 및 과거의 기후와 변동성(피나투보 화산 분출 같은 동요) 시뮬레이션의 노련함에서 비롯된다. 과거의 기후 추정은 모델의 부적절성만큼이나 자료가 부족한 문제로 한계가 있다.

그런데 모델의 한계는 여전하며 이는 불확실성을 초래한다(311쪽 상자 참조). 6장에서 논의된 예측은 불확실성을 반영한다. 그중 상당 부분이 구름과 해양 순환의 변동을 적절히 다루지 못하는 모델의 부실함 때문이다. 강우량의 지역적 추이처럼 지역적 변화를 고려할 때 이 불확실성은 더욱 두드러진다.

기후 변화의 기초과학과 미래 기후 측정에서 나타나는 불확실성은

과학적 불확실성의 이유

IPCC[1]는 과학적 불확실성을 다음과 같이 서술한다.

기후 변화의 시기, 강도, 지역적 변이 관련 우리의 예측에는 아래와 같은 영역에서 지식이 불충분하기에 수많은 불확실성이 존재한다.

- 미래 농도 예측에 영향을 미치는 온실가스의 발생원과 저장고.
- 기후 변화의 강도에 크게 영향을 주는 구름.
- 기후 변화의 시기, 추이에 영향을 주는 해양.
- 해수면 상승 예측에 영향을 주는 극지방의 빙상.

이미 위의 영역은 부분적으로 밝혀졌다. 분명한 사실은 연구의 심화로 불확실성을 감소시킬 수 있다는 점이다. 그러나 기후 체계의 복잡성을 미루어볼 때 이례적인 경우를 배제할 수 없다.

특히 지역 차원에서 기후 변화의 영향을 측정하고 평가할 때 나타나기 쉽다. 그러나 7장에서 보았듯이, 일부 중대한 진술은 확신이 깃들어 있다. 금세기 이산화탄소 증가의 모든 시나리오 아래, 기후 변화 속도는 더욱 빨라질 것이며 지난 수천 년 동안 지구가 목도했던 현상보다 훨씬 강도 높을 것이다. 수많은 생태계(인류 포함)가 이러한 기후 변화 속도에 쉽게 적응하지 못할 것이다. 가장 눈에 띄는 영향은 물 이용 가능성, 폭염의 강도, 가뭄 및 홍수의 빈도와 심각성, 전 세계 식량 생산과 분배, 저지대의 해수면 상승과 연관이 있을 것이다. 대부분의 예측은 21세기 후반까지로 한정되어 있기에, 2100년 이후 기후 변화의 강도와 그로 인한 영향은 엄청날 것이다.

과학적 불확실성에 관한 위의 내용은 1990년 IPCC 보고서에서 작성되었다. 25년이 지난 지금도 이 진술은 과학적 불확실성을 내포하는 주요 요인을 잘 표현한다. 물론 1990년 이래로 별다른 진전이 없었다는 의미는 아니다. 반대로 이후의 IPCC 보고서를 살피면 과학적 지식과 모델 개발에서 엄청난 진보를 보였음을 알 수 있다. 관측된 자료에서 인간이 기후 변화를 초래했다는 증거가 분명하다는 견해에 힘이 더 실리고 있다. 기후 모델들은 훨씬 정교한 과학 공식과 숙련된 기후 변수 시뮬레이션을 구축했다. 지역 자원의 시뮬레이션과 예측을 위해 고해상도 RCMs가 개발되어 전 세계 모델에 장착되었다(5, 6장 참조). 이러한 기후 모델은 지역 차원에서 기후 변화를 예측하는 데 더욱 자신감을 실어주었다. 지난 수십 년에 걸쳐 다양한 지역의 자원(물이나 식량)의 기후 민감성에 관한 활발한 연구가 진행되었다. 기후 변화의 지역적 시나리오에 따른 상호 연구는 더 의미 있는 영향 평가가 실행되도록 장려했고, 적절한 조치도 논의되도록 부추겼다.

그림 9.1은 기후 변화의 영향에 관한 예측에 포함된 다양한 요소를 요약했다. 이 모든 것은 추측되는 각 영향의 불확실성과 더불어 모두 합쳐진 불확실성을 포함한다.

IPCC 평가

과학적 불확실성 때문에 현재의 지식을 최대한 정확히 평가하고 발표하는 노력이 필요했다. 이러한 이유로 유엔의 두 기구, WMO와 UNEP는 공동으로 IPCC를 설립했다.[2] 1988년 11월, 세계 기후 변화에 대한 정치적 관심이 고조되면서 IPCC 첫 회의가 열렸다. 이 협의회는 기후 변화 문제의 심각성을 깨닫고, 스웨덴 출신 버트 볼린 교수의 지휘 아래 3개의 실무단을 조성했다. 각각의 실무단은 기후 변화의 과학, 영향, 정책 방안을 맡는다. IPCC는 1990, 1995, 2001, 2007,

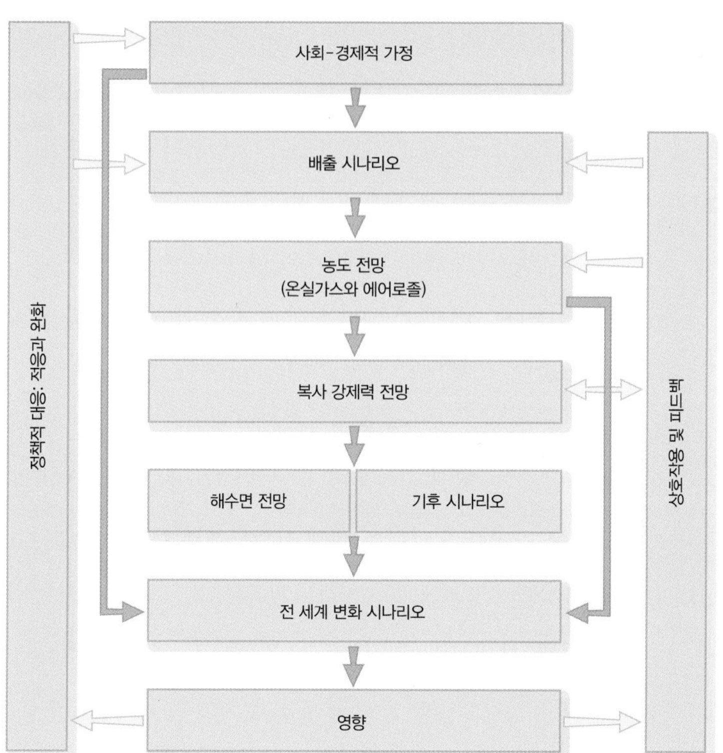

그림 9.1 기후 변화의 영향·적응·완화 평가 시나리오의 예측에서 나타나는 불확실성의 연속.

2013·2014년에 총 5편의 주요 종합 보고서와 특정 논점을 다루는 수많은 특별 보고서를 제출했다. 이미 이 책의 앞 장에서 이 보고서들의 내용을 폭넓게 다루었다.

9장에서는 특히 물리과학평가실무단(Physical Science Assessment Working Group)에 관해 언급하고자 한다.[3] 나는 1988~1992년 의장으로, 1992~2002년에 공동 의장으로 활동했다. 주된 임무는 기후 변화 과학에 관한 지식을 최대한 정확히 제시하고, 인간 활동이 초래하는 21세기 기후 변화를 정확히 예측하는 것이다. 실무단은 보고서를 준비하면서 정말 권위 있고 진지한 보고서를 내려면 전 세계 과학 집단을 최대한 많이 참여시켜야 한다고 생각했다. 영국 기상청 해들리 센터에 국제적으로 조직한 작은 팀이 조성되었고 기후 변화 과학을 깊이 연구하는 전 세계 과학자들이 회의, 워크숍, 서신 교환을 통해 보고서 작성에 가담했다. 1차 보고서에 25개국 170여 명의 과학자가 참여했고, 200여 명의 과학자가 공동 심의 과정에 가담했다. 2013년, 5차 보고서에는 259명의 주 저자와 더불어 5만여 명의 논평이 더해졌다.

각 보고서의 골자를 형성하는 도입 부분은 종합적으로 철저하게 검토되고, 각 보고서는 정책 입안자들을 위한 요약(Summary for policy-makers, SPM)을 포함한다. 실무단 본회의에서는 보고서에 사용한 단어 하나하나를 승인받고, 정책 입안자들에게 과학을 가장 정확하고 간결하게 전달하는 방법이나 과학에 대해 합의를 이루는 것이 목표다. 2007년 1월, 파리에서 열린 본회의에 113개국을 대표하는 이들, 비정부 조직 대표자들, 보고서의 주 저자인 과학자들이 참석했고, 이들은 2007 SPM에 만장일치로 동의를 표명했다. 본회의에서 아주 열띤 토론이 벌어졌으며 과학적 내용에 대한 근본적인 논쟁이 아니라 어휘를 가능한 객관적이고, 정확하게 표현하는 부분에 역점을 두었다.

보고서를 준비하는 과정에 과학자들이 벌인 토론 가운데 상당 부분은 21세기 기후 변화를 어느 정도 예측할 수 있을 것인가에 관한 내용이었다. 일부 과학자들은 불확실성이 너무 커서 감히 미래를 예측하거나 추정할 수 없다고 생각했다. 그러나 정확한 정보를 전달해야 하는 과학자들로서 비록 불확실성의 여지가 있더라도 가장 확실한 추정은 물론이고 예측 자체를 안 할 수는 없는 노릇이다. 훨씬 단기적이지만, 기상예보도 비슷한 책임이 있다. 기상예보자들은 내일의 날씨가 확실하지 않다고 해도, 예보를 안 할 수는 없다. 예보를 하지 않는다면, 그들이 소유한 가장 정확한 정보를 대중에게서 차단하는 셈이다.

이렇듯 불확실성이 여전하지만 기상예보는 다양한 사람들에게 유용한 정보를 제공한다. 기후 모델도 마찬가지로, 불확실성이 있음에도 정책 입안자들에게 중요한 지침을 제공한다.

3차·4차·5차 과학 평가의 중요한 특징은 불확실성을 담은 표현을 확률로 나타냈다는 점이다(아주 그렇다: 90퍼센트, 그렇다: 67퍼센트 이상). 이러한 방식은 기후 변화 영향과 대응 정책 측면에서 미래 기후 예측의 가치를 상당히 높였다.

나는 세계 기후 변화를 인식하고 가장 과학적인 정보를 정치가와 정책 입안자들에게 전달하기 위한 과학계의 헌신을 증명하고자 물리과학평가실무단의 성과를 자세히 알렸다. 전 지구 환경 변화는 전 세계 과학계가 직면한 가장 큰 문제다. 과거에 연구했던 어떠한 주제의 과학적 평가에 이렇게 다양한 국가나 과학계, 수많은 과학자들이 폭넓게 참여한 적이 없었다. 그러므로 IPCC 보고서는 전 세계 과학계의 현 관점을 반영한 권위 있는 진술이라고 볼 수 있다.

IPCC의 또 다른 강점은 정부 간 협의체라는 점이다. 특히 정부 측 대표자들도 보고서의 과학적 내용이 정책 입안자의 시각에서 적절하고 명확한지 확인했다. 실질적으로 과학자뿐만 아니라 정부 측도 평가 결과를 공동 소유하는 셈이다. 이는 정책 협상에서 중요한 요소다.

IPCC 평가 보고서를 정치가와 정책 입안자들에게 제시할 때, 과학적 의견 일치를 얼마나 이루었는가가 지구 온난화와 그 영향의 문제를 인식하도록 설득하는 데 중요하다. 1992년 6월 리우데자네이루, UNCED에서 각국의 대표자들이 문제의 심각성을 인정하면서, 160여 개국 이상이 참여해 UNFCCC를 체결했다. 조지 부시 대통령과 미국 상원 측도 만장일치로 비준했다. IPCC 조정 아래 전 세계 과학자의 확실한 메시지가 없었다면 세계의 지도자들은 기후변화협약에 참여하지 않았을 것이다.

1992년 유엔환경개발회의(Earth Summit: 흔히 '지구정상회담'이라고 한다—옮긴이)에서 알려진 이후, IPCC의 과학적 평가를 둘러싼 논란은 세계 언론에서 더욱 가시화되었다. 일부 논란은 연구 과정에 내재된 순수 과학 논쟁이었지만, IPCC의 성과를 불명예스럽게 하려는 미국 기득권 세력의 입김인 경우도 있었다. 이들은 지구 온난화의 과학적 증거가 없거나 온난화가 일어나더라도 큰 문제가 아니라고 대중을 부추겼다.[4] IPCC에 직접 참여한 나의 관점에서 보면, 이러한 공격은 대중에게 많은 오해와 혼란을 일으켰지만 결국 보고서의 정확함과 투명성을 제고하는 데 기여했다고 생각한다.

지난 20년 동안 세계 기후가 점점 더워지면서, 기후 변화를 이해하려는 과학적 노력 역시 더욱 활기를 띠었고 기후 변화가 초래하는 부정적인 영향에 대한 증거 역시 더욱 널리 인식되었다. 이는 11개국(G8과 인도, 중국, 브라질)의 과학계가 2005년 6월에 공식 성명한 진술에 잘 나와 있다. 이들은 IPCC의 평가 결과를 지지하고 기후 변화에 대처하기 위한 조치를 시급히 취하자고 에든버러 G8 정상회담에서 촉구했다.[5] 전 세계의 우수 과학자들이 이보다 더 강력히 목소리를 낼 수는 없었다. 2007년 앨 고어와 IPCC가 노벨평화상을 받으면서, IPCC를 향한 지지는 더욱 두터워졌다.

나는 물리과학평가실무단의 활동을 상세히 소개하며 IPCC의 성과를 설명했다. 이외에도 IPCC는 비슷한 절차를 거치는 두 곳의 실무단을 두어 기후 변화의 영향과 대응 및 완화 전략, 경제학 및 사회적 차원을 다루었다. 자연과학자뿐만 아니라 사회과학자, 경제학자 같은

2007년 12월, 오슬로에서 열린 노벨평화상 수여식에 참가한 앨 고어, IPCC 대표단, IPCC 의장 라젠드라 파차우리(Rajendra Pachauri).

다른 분야의 학자들도 이곳에 기여한다. 기후 변화에 대처하기 위한 정치적, 경제적 대응의 토대를 찾기 위한 움직임이 활발해지면서 사회과학 쪽에서도 새로운 분야가 발견되었다. 다음 부분에서는 이러한 내용을 중점적으로 논의할 것이다.

불확실성 줄이기

정책 입안자들이 끊임없이 하는 한 가지 질문이 있다. '과학자들이 앞으로 기후 변화, 특히 지역 차원의 변화를 확신하는 데 얼마나 걸릴까?' 그들은 동일한 질문을 20년 전에도 했다. 나는 주로 10~15년 뒤에 더 많은 사실을 알 수 있을 것이라고 대답했다. 그동안 살펴보았듯이 인류가 초래한 기후 변화는 더욱 알려졌고, 기후 변화 예측에 대한 확신이 20년 전보다 훨씬 두터워진 것이 사실이다. 그러나 여전히 불확실성은 남아 있고, 이를 최소화하는 것이 급선무다. 정치가들은 확실성을 계속 요구한다. 이를 위해 무엇을 해야 할까?

기후 변화의 기초과학에서 핵심 수단은 관측과 모델이다. 관측과 모델은 지속적인 개발과 확장이 필요하다. 관측은 현재 발생하는 기후 변화의 모든 측면을 감지하고, 모델의 타당성을 입증하기 위해 필요하다. 가장 중요한 기후 변수의 정확하고도 규칙적인, 일관성 있는 모니터링이 필요하며 이는 시간과 공간을 모두 포함해야 한다. 모니터링은 그리 흥미로운 작업은 아니며, 이에 따르는 철저한 품질 관리는 더 재미없게 들린다. 그러나 기후 변화를 관측하고 이해하려면 모니터링은 절대적으로 필요하다. 이러한 이유로 주요 국제 프로그램인 전세계기후관측체계(Global Climate Observing System, GCOS)를 구축해 전 지구 차원의 관측을 총괄한다. 기후 변화와 관련된 과학적 과정을 통합하려면 모델 역시 필요하다(이러한 과정은 대부분이 비선형적이라 단순히 통합할 수 없다). 이 모델링은 관측 분석을 돕고, 미래의 기후 변화를 예측하는 방법을 제시한다.

기후 민감도와 관련해서 불확실성이 가장 높은 구름 복사 피드백을 예로 들어보자.[6] 구름 형성 과정이 모델에 통합되고, 복사량과 같이 모델에서 얻은 결과물을 인공위성 관측으로 비교하면서 구름 복사 피드백에 대한 이해도도 훨씬 향상되었다. 그러한 측정은 평균 복사량 0.1퍼센트 오차 범위 내로 매우 높은 정확도를 추구해야 한다. 이는 상당히 까다로운 작업이다. 구름을 정확히 관측하는 것과 더불어 물순환의 모든 측면도 엄밀하게 관측해야 한다.

우주에서의 기후 체계 관측

항공, 선박 등 그 외 또 다른 적용을 위한 세계 기상예보를 목적으로 기상학자들은 인공위성 관측에 광범위하게 의존한다. 국제협약 아래, 5개의 정지위성(geostationary satellites)이 기상 관측을 위해 적도 주변에 설치되었다(그림 9.2). 인공위성이 움직이는 모습은 텔레비전에 많이 나와서 우리에게 친숙하다. 극지방 궤도를 도는 인공위성의 정보는 전 세계 날씨 서비스 체계에 전달되고, 날씨 컴퓨터 모델에 입력된다. 또한 기상예보를 위해서도 유용하게 사용된다(그림 5.4). SEVIRI(Spinning Enhanced Visible and Infrared Imager)는 유럽 전체를 아우르는 기

그림 9.2 기상위성 2세대(Meteosat Second Generation, MSG). 이는 유럽우주국(European Space Agency, ESA)과 유럽기상위성연구소(European Organisation for the Exploitation of Meteorological Satellites, Eumetsat)의 협력 프로그램이다. 3개의 MSG 위성이 2002, 2004, 2012년에 발사되었다. 모두 아리안 5(Ariane 5)로 발사되었고, 15분마다 기상 자료를 보낸다. 이 위성들은 SEVIRI를 장착하고 있다. 다른 정지 기상 위성들은 전 세계 기상 관측 체계를 이루며 중국, 인도, 일본, 러시아 주관으로 운영된다.

상정보를 전달한다.

인공위성 관측 자료는 기상예보에 유용할 뿐만 아니라 기후 체계의 다른 요소인 해양, 빙하, 육지 표면 등의 종합적인 정보를 제공한다. 이는 기후 예측과 연구 조사를 위해 핵심적인 자료다. MSG의 정지궤도복사수지측정기구(Geostationary Radiation Budget Instrument, GERB)는 대기의 다양한 영역에서 나오는 적외선을 아주 정확하게 측정해 주요 복사 피드백에 변화가 있는지 여부를 알려준다.[7]

지구 표면의 상당 부분을 차지하는 해양에 대한 더 완벽한 모니터링이 요구된다. 인공위성 등 새로운 도구로 바다 표면, 내부를 관측할 수 있게 되었다. 물론 물리적 측정만이 필요한 것은 아니다. 대기 중 온실가스 증가를 상세히 예측하려면, 탄소순환 문제가 밝혀져야 한다. 지상뿐 아니라 해양 생물권에 대한 좀더 종합적인 측정이 필요하다.

GCOS 같은 국제 기후 측정 프로그램에 자극받아 전 세계 항공 우주국들은 새로운 기구 고안과 기후 변화를 관측하는 고도로 발달된 우주정거장 개발에 더욱 박차를 가하고 있다(319쪽 상자 참조).

자연과학계에서의 기후 변화에 대한 이해 고조 그리고 정확한 측정 관련 지식 확대는 인간 행동 및 양식에 관한 연구로도 이어진다. 온실가스를 배출하는 인간의 활동이 기후에 어떻게 영향을 미칠지, 기후 변화의 다양한 정도에 따라 어떻게 다시 영향을 받을지에 관해서 말이다. 이러한 연구는 기후 변화 영향의 수량화에 더욱 기여할 것이다. 경제학자와 사회과학자들은 이에 대응하는 전략과 경제·정치적 조치를 위해 심도 깊은 연구 조사를 진행한다. 자연과학과 사회과학을 융합하려는 움직임이 더욱 고조되고 있다. 1장에서 언급한 통합 구조는 모든 학계 사이의 융합과 상호작용의 범위를 나타낸다(그림 1.4).

엔비샛의 ASAR(Advanced Synthetic Aperture Radar) 기구에서 얻은 여러 시간대의 레이더 이미지. 하나는 2007년 7월 26일, 다른 하나는 2007년 4월 12일 이미지로 구성했다. 이는 방글라데시의 홍수와 2주간 폭우가 내린 인도 일부 지역을 나타낸다. ASAR는 구름, 비, 어둠을 투시해 침수 지역과 건조지대를 구분하는 기능이 있다. 검은색과 흰색 영역은 변화가 없는 지역이고, 파란색 영역은 잠재적인 홍수 지대다. 빨간색 영역은 홍수를 표시하는데 농경작 관행과 연관이 있기도 하다.

지속 가능한 발전

지구 온난화 과학은 불확실성이 상당하다. 그렇다면 이러한 불확실성은 정치적 의사 결정에서 어떻게 그려져야 하나? 핵심 사안은 지속 가능한 발전이다.

지난 몇 년간의 주목할 만한 점은 전 세계 환경문제가 정치적 사안으로 등장했다는 사실이다. 1990년, 영국 기상청 해들리 센터에서 마거릿 대처 영국 수상은 개회사에 환경에 대한 우리의 책임을 다음과 같이 설명한다.[8]

> 우리는 지구와 보수 계약을 맺고 있다. IPCC의 성과로 우리는 연구자들의 보고서를 갖게 되었다. 이에 따르면 지구에 결점이 많으니, 더 이상 미루지 말고 수리 작업에 착수해야 한다. 문제는 미래에 있지 않으며, 현재에 있다. 문제의 영향을 받는 이들은 바로 지금 자라고 있는 자녀와 손주다.

수많은 정치가도 지구 환경에 대한 책임 의식을 동일하게 표명했다. 이러한 폭넓은 공감이 없었다면 환경문제를 최고 사안으로 인식한 UNCED도 열리지 않았을 것이다.

이렇게 중요하지만 장기적으로 볼 때 환경은 정치가들이 고려하는 수많은 사안의 하나다. 생활수준 유지, 완전고용, 경제성장 등이 선진국의 지배적인 사안들이다. 개발도상국은 단기적으로 더 심각한 문제에 직면했다. 기본 생존과 부채 상환, 거대한 인구 성장의 압력을 받는 이들은 급속한 산업 개발의 기회를 엿보고 있다. 그런데 환경문제의 특징은 다른 사안과 비교해 장기적이고 돌이킬 수 없다는 점이다.

지속 가능한 발전은 어떻게 정의할까

지속 가능한 발전에 대한 여러 정의가 있다. 아래의 두 정의는 개념을 잘 설명한다.

1987년, 브룬틀란위원회(Bruntland Commission) 보고서 〈우리 공동의 미래(Our Common Future)〉[9]에서 지속 가능한 발전은 '미래 세대의 필요를 충족하는 능력을 방해하지 않는 범위에서 현재의 필요를 채우는 것'으로 정의된다.

더 상세한 정의는 1990년 영국 환경부에서 발행한 백서, 〈공동의 유산(This Common Inheritance)〉에 나와 있다. 지속 가능한 발전이란 '지구의 자본을 잠식하기보다 지구의 소득에 의존해 살아가는 것' 그리고 '재생 가능한 천연자원을 보충할 수 있는 한도 안에서 소비하는 것'이다. 이는 자연 세계 본연의 가치를 인정하며 지속 가능한 발전이 '인간이 만든 재산(건물, 도로, 철도 등)뿐만 아니라 자연적 재산(깨끗한 물 공급, 옥토, 풍부한 야생 생물과 산림)을 다음 세대에 물려주는 것'임을 설명한다.

지속 가능한 발전에 대한 더 자세한 논의는 12장을 참고하자.

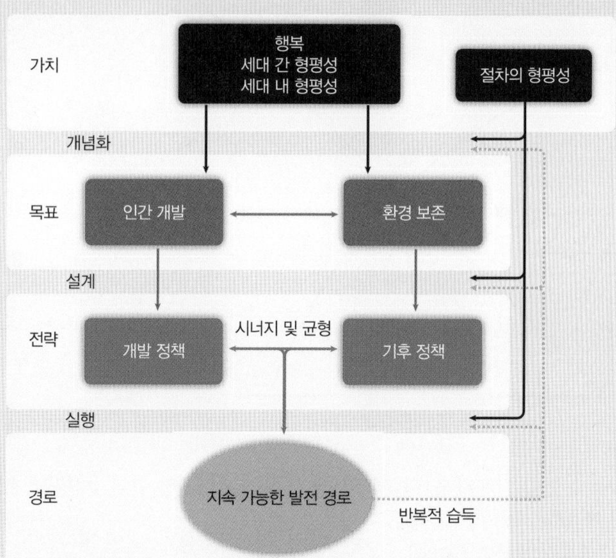

그림 9.3 규범 체계 내 지속 가능한 발전, 형평성, 기후 정책의 관계. 지속 가능한 발전 경로는 개념화부터 실행에 이르기까지 특정 가치(복지, 형평성)와 관련 목표(발전과 보존), 지속 가능한 발전과 기후 정책 사이의 시너지 및 균형, 절차의 형평성(procedural equity)과 반복적 습득(iterative learning) 같은 요소에 토대를 두고 있다.

이는 미국 클린턴 정부 외교부 팀 워스(Tim Wirth) 차관이 '경제는 환경에 완전히 종속된 문제다'라고 말한 이유이기도 하다. 당시 영국 재무장관이었던 고든 브라운(Gordon Brown) 역시 2005년 연설에서 다음과 같이 입장을 표명했다.[10]

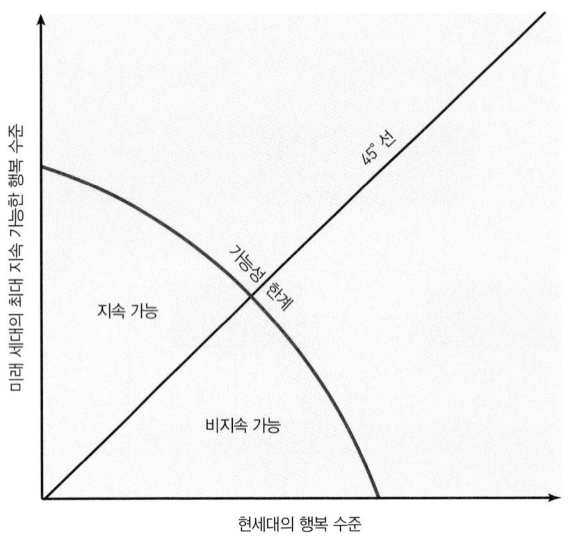

그림 9.4 현세대의 복지 수준이 미래 세대 복지 수준의 최대치를 초과하지 않는다면 '지속 가능하다'고 묘사할 수 있다.

기후 변화를 포함한 환경문제는 전통적으로 경제 및 경제 정책과 분리된 범주에 속했다. 이제 이러한 구분은 유효하지 않다. 토지 침식에서 해양자원 고갈까지, 물 부족에서 공기 오염까지 다양한 환경문제는 단지 경제활동으로 초래된 것이 아니며, 분명 이 문제 자체가 미래의 경제활동과 성장을 위협하고 있다.

개발을 위한 자원 공급과 환경 보존의 장기적인 필요는 결국 균형을 이루어야 한다. 그래서 리우에서 열린 회의 역시 환경과 개발에 관한 것이었다. 이 둘을 연결하는 공식을 지속 가능한 발전(sustainable development)이라고 부른다. 이는 대체할 수 없는 자원의 남용이나 돌이킬 수 없는 환경오염과는 거리가 멀다.

지속 가능한 발전이라는 개념은 인간과 환경의 관계, 특히 균형과 조화의 필요에 대해 언급한 8장에서도 나온다. 리우 회의에서 체결한 기후 협약은 이러한 균형의 필요성을 인식했다. 목적을 진술하는 부분에서 대기 중 온실가스 농도를 안정화해야 한다고 명시하며(10장 참조), 이는 생태계가 기후 변화에 자연스럽게 적응할 수 있는 수준 및 속도로 이뤄져야 한다고 덧붙인다. 이로써 식량 생산은 위협받지 않고, 동시에 경제성장도 지속 가능한 방향으로 진행할 수 있다.

지속 가능성이 환경뿐 아니라 인간 공동체에도 적용된다는 인식이 점점 자리 잡고 있다. 이는 8장에서 다룬 주제이기도 하다. 지속 가능한 발전은 보통 환경, 경제적 요인뿐만 아니라 더 넓게 사회적 요인도 포함한다고 여겨진다. 사회적 정의와 평등은 지속 가능한 공동체를 유지하는 주요 동력이다. 여기에서 말하는 평등이란 국가 간뿐만 아니라 세대 간의 평등도 포함한다(그림 9.4). 우리는 다음 세대에 더 열악한 상태의 지구를 전수할 수 없다. 이 지속 가능성에 대한 여러 측면은 12장에서도 논의될 것이다.

예방의 원칙

실행에 옮기자는 주장은 예방의 원칙(Precautionary Principle)을 적용한 것인데, 기본 원칙 가운데 하나가 1992년 6월 지구정상회담의 리우 선언에 포함되어 있다(328쪽 상자 참조). FCCC 제3조에도 비슷한 진술이 등장한다(10장 참조).

우리는 일상에서 예방의 원칙을 자주 적용한다. 사고나 손해를 대비해 보험을 활용하기도 하고, 예방 차원에서 집이나 차량을 유지 보수한다. 또한 우리는 약으로 예방하는 것이 나중에 치료하는 것보다 낫다는 사실을 인정한다. 이러한 모든 처리 과정에서 우리는 보험이나 예방의 비용을 따져보고, 투자할 만한 가치가 있다고 판단한다. 예방의 원칙을 지구 온난화 문제에 적용하는 것도 비슷한 경우다.

보험 정책을 설계하는 과정에서 우리는 예기치 않은 사고가 일어날 가능성을 고려한다. 사실 보험 회사는 상품을 팔 때 끔찍한 사고가 일어날 희박한 가능성에 대한 우리의 두려움을 공략한다. 물론 가장 드문 사고의 위험을 대비하는 것이 보험을 드는 주된 이유는 아니지만, 예기치 않은 경우를 대비한다는 점에서 마음의 평안을 얻게 된다. 이처럼 지구 온난화에 대비해 행동하자는 이들은 예기치 않은 사고를 미리 준비할 필요성을 매우 강조한다(표 7.3). 그들의 주장에 따르면 양의 피드백 때문에 온실가스의 증가는 현재 예측하는 양보다 훨씬 커질 것이다(3장 참조). 또한 그들은 해양 순환의 급격한 변동으로 이미 과거에도 급속한 기후 변화가 일어났던 터라(그림 4.8, 4.9), 앞으로도 다시 발생할 것이라고 말한다.

위의 가능성이 야기하는 위험은 평가가 불가능하다. 그러나 1985년, 남극의 '오존홀' 발견에 주목해보자. 오존층 관련 화학 분야의 과학 전문가들은 이를 보고 놀라움을 금치 못했다. 오존홀 발견 이후로 그 구멍은 더욱 커졌다. 이러한 사실을 알게 되어 오존층 파괴 화학물질을 금지하는 국제사회의 조치는 급속히 활기를 띠었다. 오존층은 다시 회복되기 시작했고, 물론 완전히 복구되려면 한 세기 정도 걸릴 것이다. 여기에서 한 가지 배울 점이 있다면, 기후 체계는 우리가 생각하는 것보다 변화에 더 취약하다는 사실이다. 미래의 기후 변화를 고려할 때, 예상치 못한 일이 발생할 가능성을 배제하는 것은 신중하지 못한 처사다.

그런데 이러한 가능성을 염두에 두더라도 미래의 기후 변화에 대응하는 행동을 따져보며 그 자체가 중심 논리여서는 안 된다. 예방 차원에서 더 확실한 논리는 인류가 초래한 심각한 기후 변화는 가능성이 희박한 사건이 아니라 거의 확실하다는 점이다. 기후 변화는 발생 가능성이 없는 시나리오가 아니다. 무엇보다 따져보아야 할 불확실성은 기후 변화의 강도와 자세한 지역적 분포에 관한 것이다.

지금은 아무것도 하지 않아도 된다는 주장은 나중에 기술적인 대안이 더 많이 나오리라는 논리 때문이다. 지금 행동함으로써 이러한 대안의 활용을 아예 차단할 수도 있다. 물론 어떤 조치를 취하더라도 유용한 기술적 개발의 가능성을 고려해야 한다. 그런데 이러한 논리는 반대로도 성립된다. 적절히 대처하기 위한 계획과 실행은 기술 혁신을 더욱 자극할 것이다.

기술적 사안을 놓고, 나는 인위적으로 환경을 조정〔지구공학(geoengineering)이라고 불리기도 한다〕함으로써 지구 온난화에 대응하는 방안을 간략히 언급하고자 한다.[11] 바다를 철로 비옥화하는 방안도 3장에서 언급되었다. 지구가 흡수하는 햇빛의 양을 줄이는 기술에 초점을 맞추는 방안도 있다. 예를 들어 우주에 거울을 설치해 햇빛이 반사되도록 하는 지구 냉각 방식, 대기 상층에 먼지를 추가해 냉각 효과를 내는 방안, 대기 중에 구름 응결 핵을 증가시켜 구름의 양과 유형을 변화시키는 방법 등이다.[12] 이러한 방안의 실현 가능성과 실효성은 아직 증명되지 않았다. 그러나 어떤 방법도 이산화탄소 증가로 인한 해양 산성화 문제에 손을 쓸 수가 없다. 게다가 증가하는 온실가스의 영향을 상쇄하지 못하기 때문에 문제는 여전하다. 앞서 여러 번 설명했듯이, 기후 체계는 결코 단순하지 않다. 대규모 기후 조정(climate modification)을 시도할 경우 결과는 예측할 수 없으며, 우리가 원하는 바가 아닐 수도 있다. 현재의 지식으로 인위적인 기후 조정을 실행하려면 극도로 주의를 기울여야 한다.

국제적 차원의 행동을 위한 원칙

지속 가능한 발전과 예방의 원칙 그리고 앞서 8장에서도 논의된 바와

1992년 리우 선언

환경과 개발에 관한 리우 선언은 지구정상회담에 참석한 160여 개국이 합의한 내용이다. 그 선언문에 들어간 27개의 원칙 가운데 일부는 다음과 같다.

원칙 1. 인간은 지속 가능한 발전의 중심에 있다. 그들은 자연과 조화를 이루어 건강하고 생산적인 삶을 영위할 권한을 갖고 있다.
원칙 3. 발전할 권리는 현재와 미래 세대의 개발 및 환경적 필요를 공평하게 채우는 방향으로 충족되어야 한다.
원칙 5. 모든 국가와 사람들은 지속 가능한 발전의 핵심 요소인 빈곤 퇴치라는 본질적인 임무 달성에 협력해야 한다. 이는 생활수준의 격차를 줄이고, 세계 다수의 필요를 더 잘 채우기 위함이다.
원칙 7. 모든 국가는 지구 생태계의 상태와 온전함을 보존하고, 회복시키기 위해 전 지구적 협동 의식을 갖고 협력해야 한다. 환경오염에 다르게 기여한 만큼 국가들은 공통의 책임과 동시에 차별화된 책임을 지닌다. 선진국들은 지구환경, 기술, 재정에 대한 압력에 비추어 국제적으로 지속 가능한 발전을 지향하는 책임 의식을 인식한다.
원칙 15. 환경보호를 위해, 국가는 역량에 따라 예방적 접근을 널리 실행해야 한다. 돌이킬 수 없이 심각한 피해의 위험이 있는 영역에서, 과학적 확신의 부족은 환경오염 예방 차원의 비용 효율적인 조치를 미루는 이유가 될 수 없다.
원칙 16. 국가 당국은 원칙적으로 오염자 부담의 원칙을 고려해 환경 비용의 내재화와 경제적 유인책 활용을 장려해야 하며 대중의 이익을 신중히 고려하고 국제무역이나 투자를 왜곡해서는 안 된다.

같이 국제적 차원의 실행을 위한 네 가지 원칙을 세울 수 있다. 이 원칙들은 1992년 160여 개국이 모여 동의한 환경과 개발에 관한 리우 선언에도 나와 있다. 또한 FCCC에도 어떤 형태로든 반영되어 있다(10장 참조). 그 원칙은 다음과 같다.

- 예방의 원칙(원칙 15)
- 지속 가능한 발전의 원칙(원칙 1, 7)
- 오염자 부담의 원칙(원칙 16)
- 형평성의 원칙: 국가 간, 세대 간(원칙 3, 5)

이 장과 다음 장에서 이러한 원칙이 어떻게 적용될 수 있는지 살펴볼 것이다.

기후 변화의 피해와 비용

지금까지 실행에 옮겨야 할 필요와 불확실성 사이의 균형을 맞추려는 노력을 살펴보았다. 피해와 비용 면에서 기후 변화 영향을 측정하는 것이 가능할까? 경제 논리가 지배하는 세계에서 대응 조치를 취하는 비용을 양으로 수치화하는 것이 중요하다. 이 비용을 전 세계의 다른 지출과 비교하는 것도 도움이 된다.

인류가 초래한 기후 변화의 비용은 세 범주로 나뉜다. 첫째, 변화 자체가 야기하는 피해 비용이 있다. 해수면 상승으로 인해 홍수 피해나 홍수, 가뭄, 폭풍우 같은 재난의 강도 및 횟수 증가로 인한 추가 비용이 이에 속한다. 둘째, 기후 변화의 영향이나 피해를 줄이는 대응 비용이 있다. 셋째, 기후 변화의 정도를 최소화하려는 완화 정책의 비용이 있다. 대응과 완화 역할은 그림 1.4에 잘 나와 있고, 7장에서도 자주 언급되었다. 이미 상당히 큰 기후 변화가 존재하기에, 확실한 대응 정책에 대한 필요도 명확하다. 21세기에 걸쳐 이러한 필요는 더욱 커질 것이다. 물론 완화 정책의 효과가 가시화되면서 누그러질 수도 있다. 완화 정책이 실행되고 있지만, 완화의 정도는 효율성 평가 및 대응 비용에 달려 있다. 대응 및 완화 정책의 비용과 장단점을 견주어 평가해보아야 할 것이다.

비용을 추정하는 통합적 모델은 기후 변화의 모든 측면, 즉 기후 변

통합적 측정 및 평가[13]

복잡한 전 지구 기후 변화 영향의 다양한 측면을 측정하고 평가하려면, 모든 요소를 적절하게 두루 고려하는 것이 중요하다. 주요 요소는 그림 1.4에 나와 있다. 이들은 자연과학, 기술, 경제학, 사회과학(윤리학 포함) 같은 다양한 분야에 걸친다. 해수면 상승의 예를 들어보자. 이는 예측해 수량화하기 가장 쉬운 현상이기도 하다. 자연과학에서는 해수면 상승의 속도와 양, 특징을 추정할 수 있다. 기술 분야에서는 대응 전략을 제안할 수 있다. 경제학과 사회과학에서는 여러 리스크를 평가하고 측정할 수 있다. 해수면 상승의 경제적 비용은 방어와 구조물이나 토지 유실 비용, 집을 잃은 피해자들의 재건 비용을 포함한다. 그러나 실제 상황은 훨씬 더 복잡하다. 비용이 현실적이려면, 수십 년 이후의 미래를 고려해 직접 피해 비용과 방어 비용, 대응 조치 비용 등을 고려해야 한다. 폭풍해일의 가능성, 이어지는 피해, 생명 손실 등도 염두에 두어야 한다. 이외에도 간접적인 영향이 있다. 염류 작용으로 인한 담수 손실, 야생동식물 및 어류, 습지 및 생태계 유실, 인명 피해, 직업 상실 등을 꼽을 수 있다. 선진국의 경우, 이러한 다양한 요소를 고려해 추정한 대략적인 비용을 돈으로 환산할 수 있다. 그러나 개발도상국에서 이러한 요소를 측정하기 어렵고, 각 부분의 비용을 추정하기 힘들다.

IAMs는 통합적 측정과 평가를 위한 핵심 수단이다. 이 모델은 하나로 통합된 수치 모델 안에 대기 중 온실가스 농도를 통제하는 물리적, 화학적, 생물학적 과정, 온실가스 농도가 기후와 해수면에 미치는 영향에 관한 물리적 과정, 생태계의 생물학과 생태학, 기후 변화의 물리적 영향 및 인간에 미치는 영향, 기후 변화에 대한 사회·경제학적 대응 등을 반영한다. 이러한 모델은 여러 요소를 단순화할 수도 있지만, 매우 정교하고 복잡하다. 이 모델은 기후 변화 문제의 다양한 요소의 연관성과 상호작용을 연구하는 중요한 수단이 된다. 이러한 상호작용의 복잡성과 비선형적 성질 때문에 그 결과를 해석하는 데 상당한 기술과 정교함이 필요하다.

상대적으로 단순한 해수면 상승의 상황이라도 수많은 영향이 동시에 작용해 금전적으로 환산하기 어렵다. 야생동식물이나 생태계의 손실은 관광에도 영향을 주므로 금전적으로 표시할 수 있다. 그런데 장기적인 손실이나 독특한 생태계의 내적 가치를 돈으로 환산하기 위한 표준이 없다. 집을 잃은 사람들을 위한 재건 비용을 추정하더라도 사회, 정치, 안보적 측면(섬이나 국가 전체가 파괴되는 경우)은 돈으로 환산할 수가 없다. 인류가 초래한 기후 변화를 평가하려면 다양한 방식으로 표현된 여러 가지 요소를 동시에 고려해야 할 것이다. 정책 입안자들은 올바른 판단을 내리기 위해서 모든 요소를 종합해 비교하고 대조해보아야 할 것이다.[14]

화를 야기하는 요소의 상호작용, 인간, 생태계에 미치는 영향, 이들에 영향을 주는 인간 활동, 인간과 생태계의 반응 등을 모두 포함시켜야 한다. 이 모든 요소는 그림 1.4에 나타나 있다. 이 과정을 통합적 평가라고 부르며, IAMs의 지지를 받는다. 이 모델은 관련된 모든 요소를 종합적으로 고려한다.

5~7장에서 온실가스 배출의 증가로 인한 기후 변화를 논의했다. 이 장의 주요 목적은 기후 변화가 지구와 인류에 미치는 피해를 분석하는 것이다. 이로써 우리가 다양한 범위 안에서 요소들을 평가하고 어떻게 기후 변화를 완화하고 비용을 추정할 수 있는지 고려해볼 수 있다. 일곱 가지 주요 피해 영역을 분석하면 아래와 같다.

(1) **이상기후**: 지구 평균 기온이 상승하면서 폭염, 홍수, 폭풍, 가뭄 같은 극단적인 이상기후 현상이 증가할 것이다(6, 7장 참조). 각 현상이 일회적일 수 있고, 복구가 가능하나 횟수와 강도가 증가함에 따라 총 피해와 비용 역시 커질 것이다(7장 참조).

(2) **농업**: 고위도 지대가 점점 따뜻해지면서 현재 얼어 있는 토지가 거의 1년 내내 경작 가능해진다면 이익이 될 수도 있다. 그러나 열대지방의 경우, 온도가 상승함에 따라 작물 수확량은 대폭 감소할 것이다. 이 감소량은 고위도 지방에서 얻은 이득을 훨씬 넘어설 것이다(7장 참조).

(3) **물 이용 가능성**: 평균 강수량과 온도의 변화로 일부 지역에서는 물이 더 많아지고, 물이 부족한 지역도 더러 생길 것이다. 대기 순환의 변화는 남유럽, 지중해, 카리브해, 남아프리카 지역의 강우량 감소를 초래할 것이다. 농업 부문 역시 이러한 물 부족 여건에 적응이 필요할 것이다(6, 7장 참조).

(4) **산림의 잎마름병**: 특히 북위도 지역의 온도와 강수량의 변화로 잎이 마르는 현상 초래(7장 참조).

(5) **종의 손실**: 수많은 서식지에서 기후 변화가 빠르게 진행되면서, 많은 종

이 사라지고 있다. 기후가 다시 안정되기 전까지 이러한 종의 손실은 수십 년간 계속될 것이다(7장 참조).

(6) **해양 산성화**: 더 많은 이산화탄소가 바다에 용해되면서, 바다의 산성도는 이례적으로 증가하고 있다. 기후 변화와 맞물려 해양 산성화는 산호초와 해양 생태계에 심각한 폐해를 야기한다(7장 참조).

(7) **토지 유실**: 바다가 따뜻해지면서 팽창한다. 해수면 상승으로 대규모의 토지가 유실되고 있다. 수년 내에 바다는 더욱 확장될 것이다. 동시에 극지방의 빙모나 빙하가 녹으면서 2100년까지 0.5~1미터 해수면 상승을 초래할 것이다. 대부분의 저지대는 홍수 피해를 피할 수 없으며, 수백만 명의 사람들이 집을 잃어 난민이 될 위험에 있다(방글라데시, 플로리다, 중국 남부, 인도양과 태평양 섬들, 7장 참조).

위에 열거한 피해는 매우 상이한 특징을 지니고 있다. 상위 네 가지 영역은 일반적으로 복구가 가능해 **경상 수지**(current account)라고 불린다. 예를 들어서 이상기후는 며칠, 몇 개월에 걸쳐 발생해, 비슷한 시기에 걸쳐 쇠퇴하기도 한다. 기후 변화의 영향을 받는 북부 산림의 경우, 새로운 종을 심는 등 복구하는 데 수십 년이 걸릴지도 모른다. 그다음 아래 세 가지 영역을 **자본 수지**(capital account)라고 부르는데, 인간의 시간대 안에서 복구가 불가능하다. 이러한 모든 피해와 비용을 추정하여 대응하려면, 폭넓은 시간대 내에서 **경상 수지**와 **자본 수지** 양 측면에 미치는 영향을 동시에 고려해야 한다. 더군다나 미래 기후 변화 관련 **조치를 취할 때**와 **대응하지 않을 때**의 결과를 가늠해야 한다.

조치를 취할 시와 그렇지 않을 때의 비용은 우리 관심의 시간대에 따라 크게 달라진다. 관심 영역이 향후 10년까지라고 가정해보자

(2025년 이전). 대응하지 않아 생긴 피해를 정확히 가늠하기란 쉽지 않을 것이다. 우리가 어떠한 조치를 취하든 막대한 비용이 든다. 그런데 대응하지 못함이 향후 35년까지 미친다고 가정하자(2050년까지). 이 시기 동안 평균 온도의 급격한 상승이 있을지 모른다. 평균 해수면 역시 2000년도 이래로 약 0.25미터씩 올라갔다. 이는 이미 일부 해안 저지대에 커다란 문제를 초래하기 시작했다. 방글라데시와 중국 남부의 저지대는 토지의 상당 부분이 거주 불가능하며, 수십만 명의 난민이 집을 떠나야 했다. 전 세계적으로 폭염, 홍수, 가뭄 등의 이상기후가 평균 횟수 및 강도 면에서 증가할 것이다. 대응하지 못한 비용은 35년에 걸쳐 치솟으며, 대응 시 비용을 급격히 앞지를 것이다. 사실 피해 비용은 예방 비용을 훨씬 넘어서 급속도로 증가할 것이다.

산업화 이전 대비 최대 섭씨 2도까지 지구 평균 온도의 상승폭 제한을 목표로 미래 탄소 배출량을 줄이기 위해 전 세계가 2015년 12월, 파리 협상에 동의할 경우 완화 조치 비용을 생각해보자(10장 참조). 대응 비용은 두 가지 요소를 담고 있다. 첫째, 총 배출량의 약 80퍼센트를 차지하는 전 세계 에너지 공급 중 온실가스(CO_2e) 순 배출량을 제거하는 비용이다. 2008년 에든버러 G8 회담의 요청으로 IEA는 2050년까지의 비용을 추정했다. 그 이후로 IEA는 매년 에너지기술전망(Energy Technology Perspectives, ETP)을 발행하고 있다. IEA는 에너지 문제에 대해 OECD 국가에 자문하고 정보를 주는 국제 기술 기관이다. 최근 ETP 보고에 따르면 2050년까지 섭씨 2도 상승 목표에 맞춰 세계 에너지 체제를 탈탄소화하기 위한 44조 달러의 추가 투자액은 115조 달러의 연료 절약 수치에 의해 상쇄된다. 따라서 2050년까지 71조 달러를 절약할 수 있다. 매년 10퍼센트 감소된 비율이라도 순 절약은 5조 달러 이상이다.[15] 세계 에너지 체제에 요구되는 변화는 11장에서 상세히 다룰 것이다.

대응 비용의 두 번째 요소는 전 세계 온실가스 배출의 나머지 20퍼센트를 제거하는 것이다. 이는 주로 연소에 의한 산림 벌채에서 비롯된다. 브라질 같은 일부 국가들은 이미 산림 벌채를 줄이는 등의 조치를 하고 있다. 중국 등 여러 나라에서 조림 사업 또한 추진 중이다. 이러한 개선 사업을 꾸준히 진행한다면, 2050년 전에 세계 산림 연소로 인한 탄소 배출을 0 또는 그 이하로 낮출 수 있을 것이다.

세계의 에너지원을 화석연료에서 신재생에너지로 바꾸는 체제는 충분히 가능하고, 장기적으로 절약하는 길이라는 IEA의 보고가 물론 행동으로 바로 이어지지는 않는다. 수많은 정부에서 화석연료 에너지 산업에 거대한 보조금을 지급한다는 사실만 보더라도 태도와 실행 면에서 아직 갈 길이 멀다. 이 장에서 보았듯이 전 세계가 지구 온도 상승폭을 섭씨 2도 아래로 유지해야 하는데, 시간은 이미 흘러가고 있다(10장 참조, 그림 10.3). 이를 달성하기 위해서는 매년 2퍼센트씩 증가하는 전 세계 CO_2 배출량을 2020년까지 매년 약 3퍼센트씩 줄이기 시작해야 한다. 국제적인 조치와 더불어, 모든 국가가 각 역할을 감당해야 한다. 니컬러스 스턴(Nicholas Stern)은 다음과 같이 말한다. "우리의 큰 도전은 국가적인 조치와 국제적인 실행을 이끄는 효율적, 효과적, 공평한 원칙 및 정책 체계를 마련하는 것이다."[16]

배출량 감소를 위해 세 가지 정책 수단이 활용되었다.[17] 첫째, 배출량에 추가 비용을 매기는 탄소세 도입이다. 얼마나 효율적인가에 대한 불확실함이 단점이다. 둘째, 배출 허가나 할당량에 따른 탄소 거래제(Carbon Trading)다. 탄소 거래제의 장점은 탄소 재정을 부유한 나라에서 가난한 나라로 흘려보내는 것이다. 셋째, 에너지 효율성 향상과 더불어 기술 개발의 규제, 장려, 지원을 통한 무탄소 에너지원 개발이다. 가정용 단열재 활용이나 탈탄소 에너지원에 대한 정부의 연구 개발 지원 등이 그 예다. 이외에도 신설되는 모든 화력발전소에 CO_2를 포집 및 저장(carbon capture and storage, CCS)할 수 있는 체계를 갖추도록 의무화하는 방법도 있다. 그러나 아직까지 CCS를 장착한 발전소는 몇 군데뿐이다. 이는 제안하거나 원했던 수보다 훨씬 적다.

기후 변화를 늦추고 장기적인 피해를 막으려면 온실가스, 특히 이산화탄소 배출량을 감소시키는 완화 정책을 실행해야 한다. 이 비용은 온실가스 배출 감축 규모에 달려 있다. 대규모 감축은 소규모보다는 훨씬 비용이 많이 들 것이다. 이는 또한 감축의 시간대에 따라 다르다. 가까운 시일 안에 급격히 감축하는 것은 에너지 이용을 대폭 줄이고, 산업에도 상당한 부담을 주는 수준일 것이다. 그러나 좀더 점진적인 감축은 두 가지 면에서 비교적 적은 비용으로도 감당할 수 있다. 첫째, 에너지 사용의 효율성을 쉽게 증대할 수 있고, 이는 비용 절약으로 이어진다. 일부 그 효과가 이미 나타나고 있지만 더 많이 필요하다. 둘째, 효율성을 높이고 비화석연료 에너지원을 활용한 기술로 에너지 생산이 가능하다. 에너지 기반 시설이 바뀌고, 새로운 시설로 대체되면서 계획을 잘 세워야 한다. 10~11장에서 좀더 구체적인 실행 방안을 다룰 것이다.

지구 온난화의 영향, 대응과 완화 조치 비용을 고려할 때 적은 수치의 GDP를 자주 언급한다. 이 수치를 국가 및 개인 예산의 다른 지출과 비교해보는 것은 흥미롭다. 보통 영국과 같은 선진국에서 약 5퍼센트의 국가 수입이 1차 에너지 공급에 소비되고(발전을 위한 석탄, 석유,

가스 연료, 운송 연료), 보건에 10퍼센트, 국방에 3퍼센트 소비된다. 지구 온난화가 에너지 생산과 긴밀하게 연결되어 있다는 사실은 분명하다. 에너지가 생산되는 과정에서 문제가 발생하기 때문이다. 역시 10~11장에서 이에 대해 논의할 것이다. 지구 온난화의 영향은 질병의 확산처럼 보건 문제나 국가 안보에도 시사점이 많다. 예를 들어 물 전쟁이나 늘어나는 환경 난민을 놓고 안보 문제가 발생할 수 있다. 지구 온난화의 경제적 측면을 제대로 간파하려면 시사점을 검토하고, 종합적으로 수지를 따져보아야 한다.

그냥 기다려보는 것은 어떨까

기후 변화 문제는 해결하려는 행동이 얼마나 필요한지 외에도 언제 조치를 취해야 하는지에 대한 논의도 분분하다. 과학적 불확실성에 비추어 지금 실행하기에는 아직 증거가 충분하지 않다고 여기는 사람들도 여전히 있다. 그래서 좀더 확실히 밝혀질 때까지 기다려보다가 후에 조치를 취해도 괜찮다는 말이다.

이러한 견해는 경제학자들이 도입한 할인율에 의해 지지를 얻는다. 이는 미래 사업을 위해 수익을 얻기 전 비용을 지불해야 한다는 논리다. 자본을 회수하기 전에 자본이 먼저 들어가야 한다. 할인 계수(discount factor)의 개념은 경제가 성장하고 부가 늘어날수록 과거보다 미래에 자본이 더 많아진다는 원리다. 이 할인 계수는 워낙 커서 탈탄소 체제에 거대한 비용을 추가할 것이다. 할인 계수를 장기적인 문제에 어떻게 적용할지 경제학자들의 의견은 분분하며 합의점을 찾지 못했다. 그러나 파르타 다스굽타(Partha Dasgupta)는 "동의하지 못하는 부분은 경제학도 아니고, 사회적 비용·편익 분석도 아니며, 동료 과학자들의 수리 능력도 아니다"라고 지적한다.[18] 실제로 여기에는 더 근본적인 문제가 내재되어 있다. 그는 탄소 배출은 미래 투자의 할인율이 달려 있는 근본을 흔들며 미래 경제에 부정적인 변화를 초래하기 쉽다고 설명한다. 해수면 상승이나 서식지 및 종의 파괴, 나라 전체의 대규모 토지 유실같이 금전적으로 환산하기 어려운 피해도 있다. 평가하려고 시도를 해보았지만, 아무래도 할인 계수는 적절하지 못하다. 〈스턴 리뷰(The Stern Review)〉는 할인 계수 개념이 부적절하며, 미래 세대의 복지를 현재 세대의 복지와 동일한 근거로 판단해야 한다고 주장한다.[19]

1990년 1차 IPCC 보고서가 발행되었을 때, 세계는 인류가 초래한 기후 변화의 가능성을 처음 인식하게 되었다. 전 세계가 기후 변화 문제를 심각하게 받아들였고, 이 무렵 UNFCCC가 세워졌으며 2000년까지 1990년 이전의 탄소 배출 수준으로 돌아가겠다는 선진국들의 움직임도 있었다. 그 이후에도 UNFCCC는 배출 감축을 달성하기 위해 여러 차례 실행 방안을 마련했다. 수많은 나라의 이러한 노력에도, 2000년 이후로 이산화탄소 배출량은 급격히 상승했다. 2000~2012년 연평균 배출량은 약 2.2퍼센트로 증가했는데, 이는 1970~2000년, 연평균 1.3퍼센트보다 큰 폭으로 상승한 수치다.

1990년 이래로 세계 과학계는 기후 변화의 잠재적인 영향을 인식해 왔다(7장 참조). 그 변화의 강도는 지난 수천 년 동안보다 훨씬 커졌다. 바다가 데워지는 기간에 맞춰 변화의 시간대는 엄청나서 배출을 당장 내일 멈추더라도 지구 온난화는 몇 세기 동안 지속될 것이다. 앞서 현재 발생하는 기후 변화와 앞으로의 영향을 간략히 다루었다.

그러므로 마냥 기다려보겠다는 입장은 현실에 대응하는 너무도 부적절한 방식이며 아주 위험한 발상이다. UNFCCC는 지구 평균 온도 상승폭을 섭씨 2도 이하로 낮추는 목표 아래, 미래 탄소 배출 감축 방안을 상세히 논의하기 위해 2015년 12월 전 세계를 파리로 불러 모았다(10장 참조). 이는 기후 변화와 관련된 가장 중대한 국제 모임으로 기억될 것이다. 긍정적이고, 만족스러운 결과를 냈다는 점에서 중요한 회의였다.

내용 정리

이 장은 기후 변화로 인한 피해 비용, 대응 및 완화 비용 대비 미래 기후 변화의 불확실성을 논했다. 요약하면 다음과 같다.

- 1990년 이후로 다섯 차례 발행된 IPCC 평가 보고서는 현재 진행 중인 기후 변화와 불확실성이 존재하지만 미래 기후 변화에 대한 상세하고 정확한 정보를 담고 있다.
- 국제적 조치의 네 가지 원칙은 다음과 같다. 예방의 원칙, 지속 가능한 발전의 원칙, 오염자 부담의 원칙, 형평성의 원칙.
- 기후 변화로 인한 피해는 수십 년에 걸쳐 복구가 가능한 경상 수지에 해당하는 영역, 인간의 시간대로 복구 불가능한 자본 수지 영역으로 나뉠 수 있다. 이상기후, 농업 및 물 이용 가능성의 변화, 산림의 잎마름병이 경상 수지에 속하고 종의 손실, 해양 산성화, 해수면 상승으로 인한 땅의 유실은 자본 수지에 속한다.
- 조치 비용뿐 아니라 조치를 취하지 않았을 때의 비용도 따져보아야 한다.

- 완화 조치는 주로 이산화탄소 같은 온실가스 배출을 제거하는 것이다. 이 가운데 에너지 생산이 80퍼센트, 산림 벌채가 20퍼센트를 차지한다. IEA는 지구 평균 기온 상승을 섭씨 2도 아래로 유지하려면 현재와 2050년 사이에 연료 비용의 절감이 무탄소 에너지원으로 전환하는 비용을 훨씬 넘어설 것이라고 추정한다.
- 국가 및 국제적으로 활용 가능한 배출 감축을 달성하기 위한 세 가지 정책에는 탄소세, 탄소 거래제, 기술 규제, 장려 및 지원을 통한 무탄소 에너지원 개발이 있다.
- 좀더 확실해질 때까지 '기다려보자'는 입장이 있다. 이는 터무니없이 부적절한 대응일 뿐만 아니라 아주 위험한 발상이다.

생각해볼 문제

1. 과학적 조사에서 종종 '의견 일치'는 결코 이뤄질 수 없다고 말한다. 이는 과학적 진리를 탐구하는 데 토론과 논쟁이 반드시 필요하기 때문이다. '의견 일치'가 무엇을 의미하는지 그리고 의견 일치를 이룰 수 없다는 점에 개인적으로 동의하는지 토의해보자. 의견 일치를 토대로 IPCC 보고서가 작성되었다고 생각하는가?
2. IPCC 보고서의 가치가 (1) 공동 심의 과정, (2) 정부의 과학적 결과 발표 참여, 이 두 가지에 있다고 생각하는가? 그렇다면 어느 정도라고 보는가?
3. '지속 가능한 발전'의 여러 가지 개념을 살펴보고, 어떤 개념이 가장 적절하다고 생각하는지 나눠보자.
4. 한 국가가 지속 가능한 발전을 어느 정도 달성하고 있는지 평가할 수 있는 적절한 지표를 나열해보자. 가장 중요한 지표는 무엇이라고 생각하는가?
5. 향후 20, 50, 100년을 내다보며 할인율 1퍼센트, 2퍼센트, 5퍼센트를 추정할 경우 '비용'의 가치를 환산해보자. 니컬러스 스턴의 《더 안전한 지구를 위한 청사진(A Blueprint for a Safer Planet)》에 나오는 미래의 할인 계수에 관한 견해를 요약해보자. 가장 적절한 할인율은 무엇이라고 생각하나?
6. '자연 자본'을 포함하여 자신의 국가의 환경 수지(environmental account)를 작성해보자. 돈으로 모두 환산할 필요는 없다.

7. 자신의 국가가 실행하고 있는 완화 정책을 세부적으로 나열해보자. 완화 조치의 정도를 결정하는 요소는 무엇인가? 현재의 정책으로 충분한가? 아니면 어떻게 더 강화할 수 있을까?
8. 경제성장의 지속으로 세계가 21세기 중반 무렵 더욱 부유해지며, 기후 변화의 영향을 해결할 수 있는 훨씬 더 나은 여건이 될 것이라고 주장하는 이들도 있다. 이에 동의하는가?
9. GNP는 주로 한 나라 경제의 상태를 평가하는 기준으로 사용된다. 그런데 GNP는 경제성장을 대략적으로 측정하면서도 인간의 복지, 삶의 질, 대체 불가능한 자원의 활용 같은 중요한 요소를 고려하지 못한다. 이를 평가할 수 있는 다른 지표가 있는지 조사해보고, 각 나라의 경제를 비교해보자. 정책가들이 경제 상태와 성과를 측정하기 위해 GNP보다 더 가치 있는 지표가 있다고 생각하는가?
10. 기후 변화를 완화할 수 있는 지구공학에 대해 좀더 자료를 찾아보자. 각 사안의 효율성과 예측하지 못한 부정적 영향에 관해서도 꼼꼼히 따져 평가해보자.

주

1. Houghton, J. T., Jenkins, G. J., Ephraums, J. J. (eds.) 1990. Climate Change: The IPCC Scientific Assessments. Cambridge: Cambridge University Press, p. 365; Executive summary, p. xii. 비슷하지만 더 상세한 설명은 1995, 2001, 2007 IPCC 보고서 참조.
2. IPCC 역사에 대한 개관은 다음을 참조. Bolin, B. 2007. *A History of the Science and Politics of Climate Change*. Cambridge: Cambridge University Press.
3. Houghton, J. T. 2002. IPCC 개관과 과학적 평가 과정은 다음을 참조. Hester, R. E., Harrison, R. M. (eds.) *Global Environmental Change*, Issues in Environmental Science and Technology, No. 17. Cambridge: Royal Society of Chemistry.
4. Monbiot, G. 2007. *Heat: How to Stop the Planet Burning*. London: Allen Lane, Chapter 2.

5. 연설에 대한 자세한 사항은 다음을 참조. http://royalsociety.org/policy/publications/2005/global-response-climate-change/.
6. 6장 177쪽 참조.
7. Luhmann, H-J. 2002, MSG's GERB Instrument. *ESA Bulletin*, 111. www.esa.int/esapub/bulletin/bullet111/chapter5_bul111.pdf.
8. www.esa.int/esapub/bulletin/bullet111/chapter5_bul111.pdf.
9. Bruntland Commission Report, 1987. *Our Common Future*. Oxford: Oxford University Press.
10. Energy and Environment Ministerial Round Table, 15 March 2005.
11. Section 11.2.2, in Metz et al. (eds.) *Climate Change 2007: Mitigation*.
12. Lauder, B., Thompson, M. (eds.) 2008. *Geoscale Engineering to Avert Dangerous Climate Change*. London: Royal Society (an issue of *Philosophical Transactions of the Royal Society*).
13. Weyant, J. et al. Bruce et al. (eds.), *Climate Change 1995: Economic and Social Dimensions*, Chapter 10; Chapter 2-3, in Parry et al. (eds.) *Climate Change 2007: Impacts*.
14. 통합적 평가는 다음을 참조. *21st Report of the UK Royal Commission on Environmental Pollution*. London: Her Majesty's Stationery Office, 1998.
15. ETP, 2014. Executive Summary in *Energy Technology Perspectives (ETP)*. International Energy Agency.
16. Stern, Nicholas, 2009. *A Blueprint for a Safer Planet*. Oxford: Bodley Head, p. 99.
17. 원리와 정책에 대한 상세한 설명은 다음을 참조. Chapter 6 and 8 in Stern, *A Blueprint for a Safer Planet*.
18. Dasgupta, P. 2001. *Human Well-Being and the Natural Environment*. Oxford: Oxford University Press, p. 184, pp. 183-91; Markhndya, A., Halsnaes, K. et al. *Costing methodologies*, Chapter 7, in Metz et al. (eds.), *Climate Change 2001: Mitigation*.

19. Stern, N. 2007. *The Economics of Climate Change*. Cambridge: Cambridge University Press, pp. 35-7.

참고문헌

IPCC WGI 2013. *Climate Change 2013: The Physical Science Basis. Contribution of Working Group I to the Fifth Assessment Report of the Intergovernmental Panel on Climate Change* [Stocker, T. F., Qin, D., Plattner, G. -K., Tignor, M., Allen, S. K., Boschung, J., Nauels, A., Xia, Y., Bex, V. and Midgley, P. M. (eds.)]. Cambridge: Cambridge University Press.

Summary for policymakers.

Technical summary.

Frequently asked questions.

IPCC WGIII 2014. *Climate Change 2014: Mitigation of Climate Change. Contribution of Working Group III to the Fifth Assessment Report of the Intergovernmental Panel on Climate Change* [Edenhofer, O., Pichs-Madruga, R., Sokona, Y., Farahani, E., Kadner, S., Seyboth, K., Adler, A., Baum, I., Brunner, S., Eickemeier, P., Kriemann, B., Savolainen, J., Schlömer, S., von Stechow, C., Zwickel, T. and Minx, J. C. (eds.)]. Cambridge: Cambridge University Press.

Summary for policymakers.

Technical summary.

Stern, N. 2009. *A Blueprint for a Safer Planet*. London: The Bodley Head.

기후 변화를 막기 위한 행동 전략 10

재조림(Reforestation).

IPCC의 과학적 평가로 기후 변화 문제를 깨닫게 되자 국제적인 행동의 필요성도 인식되었다. 특히 궁극적으로 기후를 안정화하기 위해 대기 중 온실가스 농도를 안정시키는 데 합의를 이루었다. 여러 국가들은 현재와 2050년 사이에 배출량의 상당한 감축을 이미 서약했다. 이 장에서 나는 위험한 기후 변화를 막기 위한 목표 수준과 행동 전략을 논의하고자 한다.

기후 협약

일단 UNFCCC가 1990년대에 어떻게 조성되어 여러 해를 거쳐 기후 변화와 관련된 국가들의 전략에 영향을 미치게 되었는지 살펴보겠다. UNFCCC는 1992년 6월 리우데자네이루에서 개최된 유엔환경개발회의에 모인 160여 개국에 의해 체결되었고, 1994년 3월 21일 발효되었다. 이 협약에서 기후 변화를 늦추고 안정화하기 위한 행동 계획을 세웠다. 협약 국가들은 지구 온난화의 현실과 동시에 기후 변화 예측에 대한 불확실성도 인식했다. 이들은 기후 변화의 영향을 완화하기 위한 조치에 동의했고, 선진국들이 실행에 앞장서야 한다고 강조했다.

이 협약은 단기 및 장기 목표를 명시하는데, 단기 목표는 선진국들(부속서 I)이 온실가스, 특히 이산화탄소 배출량을 2000년도까지 1990년대 수준으로 줄이는 것이다. 제2조항에 나와 있는 장기 목표는 '인위적으로 기후 체계를 방해하는 것을 막는 수준'까지 대기 중 온실가스 농도를 안정화하는 것이다. 안정화란 생태계가 기후 변화에 자연적으로 적응할 수 있는 시간대를 보장하고 식량 생산의 위협이 없으며, 경제 발전이 지속 가능한 방식으로 진행되는 것을 의미한다. 기후 협약에서 이러한 목표를 설정했고 협약 국가들도 온실가스 농도의 안정화를 통해서만 급격한 기후 변화를 막을 수 있다는 사실을 인식하고 있다.

협약에서 채택한 첫 행동 조치는 대기 중 온실가스 배출량을 안정시키는 것이다. 1997년 11월에 시작된 두 번째 조치는 선진국에만 적용되며 법적 구속력이 있는 최초의 교토 의정서를 체결한 것이다. 2005년에 이르러 교토 의정서를 효력화하기 위한 당사국들의 지원을

1992년 6월, 리우데자네이루에 모여 160여 개국이 체결한 UNFCCC에서 발췌한 부분

서문의 일부를 소개한다.

인간의 활동이 대기 중 온실가스 농도를 상당히 증가시킨다는 점, 이러한 증가는 자연적 온실효과를 강화하고, 지구 표면 및 대기 평균 온난화를 초래할 수 있다는 점, 그리고 이는 자연 생태계와 인류에 부정적 영향을 끼칠 수 있다는 점이 우려된다.
온실가스의 과거 배출과 현재 전 지구 배출량이 선진국에서 기인한다는 점, 개발도상국 1인당 배출량은 상대적으로 낮으며, 개발도상국의 전 지구 배출량은 그들의 사회적, 발전적 필요를 채우기 위해 증가할 것이라는 점에 주목한다.
기후 변화를 해결하기 위한 다양한 조치는 그 자체로 경제적 측면에서 정당화될 수 있고, 다른 환경문제의 해결을 도울 수 있다는 점을 인식한다.
홍수, 가뭄, 사막화에 노출되기 쉬운 해안 저지대, 건조, 반건조지대와 더불어 저지대 및 작은 섬나라들, 취약한 산악 생태계를 소유한 개발도상국들은 특히 기후 변화의 부정적 영향에 취약하다는 점을 인식한다.
기후 변화에 대한 대응은 부정적 영향을 막을 목적으로 사회적, 경제적 발전과 더불어 통합적으로 진행되어야 하며, 개발도상국 입장에서 지속적인 경제성장과 빈곤 퇴치의 우선적 필요를 고려해야 함을 단언한다.
현재와 미래 세대를 위해 기후 체계를 보호하기로 결심하며 아래와 같이 합의한다.
협약의 목표는 2조항에 다음과 같이 나와 있다.

당사국 총회가 채택할 협약의 궁극적인 목표와 합법적 도구는 협약의 관련 규정에 맞추어 위험 수준의 기후 체계를 막을 정도로 대기 중 온실가스 농도의 안정화를 달성하는 것이다. 이는 생태계가 기후 변화에 자연적으로 적응하기에 충분한 시간대에서 이뤄져야 하며, 식량 생산이 위협받지 않아야 하고, 지속 가능한 방식으로 경제 발전이 진행되도록 해야 한다.

3조항은 다음과 같은 원칙을 다룬다.

당사국들은 기후 변화의 원인을 최소화하고 부정적 영향을 완화하기 위해 예방 차원의 조치를 취한다. 돌이킬 수 없는 심각한 피해 위험이 있는데 과학적 확신의 부족이 대처를 미루는 원인이 되어서는 안 된다. 기후 변화를 다루는 정책과 조치는 가장 낮은 비용으로 전 지구적인 혜택을 보도록 효율적이어야 한다.

4조항은 약속과 관련이 있다. 협약 가입국들은 아래의 내용에 동의한다.

인류가 초래한 온실가스 배출을 제한하고 온실가스 흡수원과 저장고를 강화하며 기후 변화 완화 국가 정책을 채택하고 이에 따른 조치를 취하는 데 동의한다. 정책과 조치를 통해 선진국들이 기후 협약의 목표에 맞추어 현재 인위적인 배출량의 장기적인 추세를 바꾸는 데 앞장설 것을 입증할 것이다. 21세기 말까지 과거의 인위적인 이산화탄소 배출 수준으로 돌아가고, 몬트리올 의정서에서 규제하지 않았던 다른 온실가스들도 이에 기여할 것임을 인식한다. (…)

각 협약 가입국은 아래와 같이 동의한다.

이 목표를 추진하기 위해 (…) 몬트리올 의정서에 미포함된 온실가스 흡수원으로 미래의 인위적인 배출량 제거 관련 정책과 세부 조치들을 의사소통하기로 합의했다. (…) 개인 및 공동 차원에서 배출량을 1990년 이전 수준으로 되돌리는 것을 목표로 한다. (…)

얻었다. 1차 시기는 2012년까지 진행되었다. 그다음 부분은 교토 의정서 아래 행동 조치와 온실가스 **농도**를 낮추려는 협약의 목표를 충족시키기 위한 대처를 기술했다. 이는 단지 **배출량**만을 안정화하는 것보다 훨씬 강도 높다. UNFCCC가 체결된 이후 20여 년 동안 이 목표를 달성해야 하는 중요성은 더욱 커졌다.

배출량의 안정화

선진국들이 기후 협약에서 제안한 단기 목표에 따르면, 2000년까지 온실가스 배출량을 1990년대 수준으로 줄이는 것이다. 기후 협약이 체결되기 전 리우 회의를 준비하면서, 많은 선진국은 적어도 이산화탄소에 한해 목표를 달성하려는 의사를 밝힌 바 있다. 에너지 절감 조치나 천연가스 등의 연료 전환으로 이를 달성할 수 있을 것이다. 천연가스의 경우, 동일한 에너지 생산 기준으로 석탄보다 이산화탄소를 40퍼센트, 석유보다는 25퍼센트 적게 배출한다. 기존의 중공업(철강 산업) 규모가 큰 국가들은 화석연료 사용을 상당히 감소해야 하는 큰 변화를 경험하고 있다. 에너지 절감 조치는 다음 장에서 미래 에너지 수요와 생산과 더불어 상세히 다룰 것이다.

기후 협약의 목표에도 불구하고, 화석연료 연소로 인한 전 세계 배출량은 약 11퍼센트 증가했다. 각 국가의 배출량 사이에 격차가 엄청 크다. 미국은 17퍼센트, OECD 나머지 국가는 평균적으로 5퍼센트 증가했다. 구소련 국가들(Formal Soviet Union, FSU: 경제전환국가라고도 한다)의 배출량은 경제 붕괴로 인해 40퍼센트가량 감소했다. 개발도상국 전체 배출량 규모는 40퍼센트가량 증가했다. 평균적으로 2000년도와 2010년 사이에 매년 2.2퍼센트 증가했으며, 1970년에서 2000년 사이에는 매년 1.3퍼센트 증가했다. 2007~2008년의 전 세계 경제 위기는 전체 배출량을 일시적으로 감소시켰지만 장기적인 상승 추세를 꺾지는 못했다.

이후에도 살펴보겠지만, 이산화탄소 배출량의 안정화는 가까운 미래에 대기 중 농도의 안정으로 이어지지는 않을 것이다. 배출량의 안정화는 단기적인 목표일 뿐이다. 장기적으로 배출량의 대대적인 감축이 필요하다.

몬트리올 의정서

염화불화탄소는 몬트리올 의정서 아래 오존층을 파괴하는 물질로 규정되어 대기 중 방출을 통제받는 온실가스다. 이러한 통제는 온실가스로서 염화불화탄소의 잠재력 때문이 아니라 오존을 파괴하는 성질 때문이다(3장 참조). CFCs의 배출량은 지난 몇 년에 걸쳐 급격히 감소했고 대기 중 증가율 역시 늦춰졌다. 일부 CFCs의 농도 감소는 명확한 사실이다. 1992년 몬트리올 의정서 개정안에 따르면 선진국에서

1996년까지, 개발도상국에서는 2006년까지 CFCs 제조를 폐지한다. 이로 인해 CFCs의 대기 중 농도는 감소할 것이다. 그러나 대기 중 생존 기간이 길기 때문에 CFCs가 지구 온난화에 끼치는 영향이 없어지기까지는 한 세기, 또는 그 이상이 걸릴 것이다.

CFCs의 대체 물질인 HCFCs는 CFCs보다는 약하지만 역시 온실가스다. 이 물질의 사용도 2030년까지 점차 중단될 것이다. 그 시기에 이르러야 대기 중 농도 역시 상승하지 않고 감소할 것이다.

CFCs와 온실효과에 기여하는 다른 물질 사용을 통제하자는 국제적 합의로 인해, 기후 협약에서 요구되는 대기 중 농도 안정화는 때가 되면 달성될 것이다.

CFCs의 대체 물질 중 HFCs는 온실가스지만 오존은 파괴하지 않는다. 몬트리올 의정서 아래 통제가 적용되지는 않는다. HFCs의 상당한 증가는 다른 온실가스와 더불어 다시 평가될 필요가 있다. 다음에서 살펴보듯이 HFCs는 교토 의정서에서 명시된 온실가스의 '테두리(basket)'에 속한다.

교토 의정서

1995년 베를린에서 조약 발효 이후의 첫 회의에서 기후 협약 당사국들은 좀더 구체적이고 수량화된 합의를 도출하기로 결정했다. 선진국이 앞장서야 한다는 협약의 원칙 때문에, 의정서는 해당 국가들(부속서 I 그룹)의 1990년 온실가스 배출 수준에서 2008~2012년까지 구체적으로 명시된 배출량 감소를 위해 1차 시기를 두었다(표 10.1). 이어서 2차 시

표 10.1 교토 의정서에 따른 온실가스 배출 목표(1990[a]~2008년, 2012년).

나라	목표(%)
EU-15[b], 불가리아, 체코, 에스토니아, 라트비아, 리투아니아, 루마니아, 슬로바키아, 슬로베니아, 스위스	-8
미국[c]	-7
캐나다, 헝가리, 일본, 폴란드	-6
크로아티아	-5
뉴질랜드, 러시아연방, 우크라이나	0
노르웨이	+1
호주[c]	+8
아이슬란드	+10

[a] 일부 시장경제전환국가(Economies in Transition, EIT)들은 1990년 이외의 기준치를 보유함.
[b] 유럽연합의 15개국은 평균 감소에 동의함. 개별 국가의 변화는 룩셈부르크의 경우 -28%, 덴마크 및 독일은 -21%, 그리스는 +25%, 포르투갈에서는 +27%.
[c] 미국은 의정서를 비준하지 않음. 호주는 2008년 3월까지 비준하지 않음.

기도 규정되었다. 2005년 몬트리올 회의에서 1차와 2차 시기의 원활한 전환을 위한 목표를 두고 협상이 시작되었다. 교토 의정서는 더 강력한 조치를 이끌어낼 수 있고, 개발도상국에도 확장될 수 있는 체제를 구성했다.

1997년 11월, 교토 당사국 총회에서 의정서의 기본 구조와 당사국 간의 합의 내용이 만들어졌다. 그렇지만 의정서의 합의 내용은 상당히 복잡해서 다음 3년에 걸쳐 온실가스의 범위, 대조 근거, 감시 및 보고 규정 등 세부 사항에 대한 열띤 협상이 계속 이어졌다. 이후 교토 의정서는 당사국들이 배출원을 흡수함으로써 배출량 감축 의무를 상쇄하거나, 배출 제한이 더 저렴한 다른 나라와 거래하는 등의 다소 이례적인 다양한 체제를 통합시켰다(352쪽 상자 참조).

교토 의정서에서 배출을 통제하는 것은 6개의 온실가스다(표 10. 2, 그림 10. 1). 이는 GWPs를 활용해 이산화탄소 등가치로 환산한 수치다.

의정서의 세부 사항은 마침내 2001년 10~11월, 마라케시 당사국 총회에서 논의되었다. 상당 부분은 산림이나 토지 용도 변경으로 인한 탄소 흡수원의 포함 문제와 관련이 있다. 탄소 흡수원의 크기와 관련된 불확실성 때문에 의정서에 이를 포함시킬 것인가에 대한 중대한 의문도 제기되었다. 그러나 이 부분은 제한적으로 포함되어야 한다고 합의되었고 조림, 재조림, 산림 벌채 및 토지 용도 변경을 포함시키는 것에 대한 세부 규정도 제시되었다. 이산화탄소 제거로 다른 지역의 배출량을 상쇄할 수 있는 정도에 관한 총량 제한 규정도 명시되었다.[1]

2001년 마라케시 회의 전에, 미국은 교토 의정서를 탈퇴했다. 그럼에도 2003년 말 120여 개국은 체결을 비준했다. 부속서 I 국가들은 그들의 총 배출량의 44퍼센트를 대표했다. 의정서를 효력화하려면, 부속서 I 국가들이 배출량의 55퍼센트를 대표하는 동시에 55개국이 동시에 비준해야 했다. 2004년 말, 러시아가 비준에 참여하면서 2005년 2월 16일 교토 의정서는 발효되었다. 표 10.1과 10.2는 교토 의정서에서 제시된 온실가스 배출량 목표를 상세히 보여준다.

교토 의정서는 UNFCCC에서 체결한 원칙과 목표를 실행하기 위한 최초의 구속력 있는 조치다. 실행 수단의 복잡함과 다양성을 감안할 때, 이는 국제 협상과 합의에서 상당한 진보를 상징한다고 말할 수 있다. 이는 많은 선진국의 계속적인 배출량 증가를 제지했고, 참여한 부속서 I 국가들 측의 1990년 대비 감축 성과를 이끌었다. 그러나 의정서는 계획된 대로 성공적이지는 않았다. 최대 배출국인 미국 등 일부 부속서 I 국가들이 조약에서 탈퇴하면서 의정서의 환경적 효율성이

표 10.2 교토 의정서에 명시된 온실가스와 이산화탄소 관련 100년 범위의 지구온난화지수.

온실가스	지구온난화지수
이산화탄소(CO_2)	1
메탄(CH_4)	34
아산화질소(N_2O)	298
수소불화탄소(HFCs)	~1500[a]
과불화탄소(PFCs)	~5000[a]

[a] IPCC WGI 2013 보고서 8장 참조.

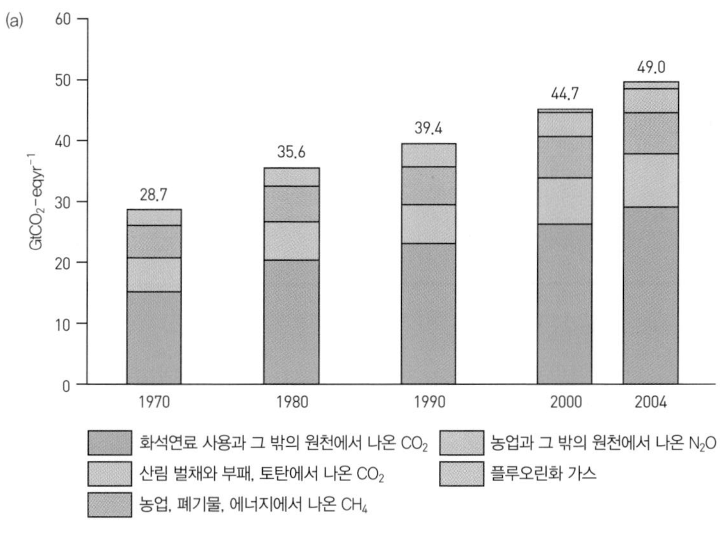

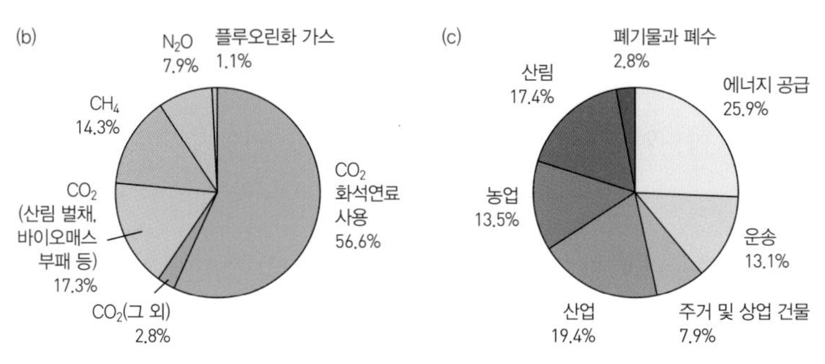

그림 10.1 (a) 연간 $GtCO_2e$ 관련 1970~2004년 인류가 초래한 전 지구 온실가스 총 배출량(100년 범위 GWP로 가늠한 CO_2, CH_4, N_2O, HFCs, PFCs, SF_6 포함, 3장 참조). (b) CO_2e 관련 2004년의 다양한 온실가스 총 배출량. (c) CO_2e 관련 2004년 온실가스의 다양한 배출원(산림은 벌채 포함). 건물 및 산업 부문에는 에너지 공급 아래 집계된 전기 사용을 포함하지 않았다.

교토 체제

교토 의정서는 배출량 감축을 지원하기 위한 세 가지 특별 체제를 포함한다.

공동 이행(Joint Implementation, JI)은 선진국들이 배출량을 감소하거나 다른 선진 국가에서 탄소 흡수원을 통해 배출을 제거하는 프로젝트를 실행하도록 한다. 이 프로젝트에서 발생하는 배출량 감축 단위는 투자하는 부속서 I 국가들이 배출 목표를 달성하도록 돕는 데 사용할 수 있다. JI 프로젝트의 사례로는 석탄 화력발전소를 더 효율적인 열병합발전소로 대체하거나 육지의 재조림 사업을 들 수 있다. JI 프로젝트는 저렴한 가격으로 배출 감축이 가능한 EIT에서 기대되는 부분이다.

청정 개발 체제(Clean Development Mechanism, CDM)는 선진국들이 개발도상국에서 배출량을 감축하는 프로젝트를 실행하도록 허용한다. 인증된 배출 감축량은 선진국들이 배출 목표를 달성하도록 돕는다. 반면 이 체제는 개발도상국들도 지속 가능한 발전을 성취하고 협약의 목표 달성에 기여하도록 돕는다. CDM 프로젝트 사례로 태양 전지판 사용과 황폐한 토지 재조림을 추진하는 농촌 전략화 프로젝트를 들 수 있다.

배출 거래제는 선진국들이 상대적으로 배출량 목표를 달성하기 쉬운 다른 선진 국가로부터 할당된 배출량 단위를 구입하도록 허용하는 것이다. 이는 국가들로 하여금 기후 변화 완화 비용을 감소할 수 있도록 기회의 유무에 상관없이 저비용으로 배출량을 감축하도록 돕는다.

실행 관련한 세부 규정에 따르면, 위의 체제는 기후 변화 완화와 관련해 실제로 측정 가능한, 장기적인 이득을 이끌 경우에만 인정된다는 점과, 프로젝트 없이 발생했을 경우에는 추가적인 사항이라는 점을 명시한다.

그다지 크지 않았다.

2012년 12월, UNFCCC는 교토 의정서의 2차 시기(2012~2020년)를 구축할 목적으로 카타르 도하에서 모였다. 비록 미국을 비롯한 캐나다, 일본, 러시아가 참여하지 못했지만 교토 의정서를 계속 진행하기로 합의했다. 이 회의는 2011년 UNFCCC 회의에서 제안한 **더반 플랫폼**(Durban Platform)을 지지하기로 합의했다는 점에서 나쁜 소식만을 전한 것은 아니었다. 더반 플랫폼의 목적은 2020년까지 교토 의정서를 대체할 효력이 있는 새로운 조약을 체결하자는 것이었다. 부유한 국가들이 온실가스 배출량 감축 실패에 재정적인 책임이 있다는 점을 새 조약에 포함시키자는 제안이 폭넓은 지지를 얻었다.

탄소 거래제

탄소 거래제는 온실가스 배출 감축을 위한, 시장에 기반을 둔 혁신적인 해결책이다. 이산화탄소 배출에 가격을 부과해서 거래 체제가 배출 감축과 투자 촉진을 위한 경제적 인센티브를 생산한다는 것이 핵심 논리다.

배출 거래제는 총 배출 할당량을 제한함으로써 참가자들에게 거래 배출권을 분배해 운영된다. 예를 들어 '약속 기간' 동안 배출량을 20퍼센트 감축하기로 한 회사는 80퍼센트의 배출량이 허용될 것이다. 참가자들은 일부 할당량을 거래할 수 있지만, 약속 기간이 끝나기 전까지 각자의 배출 감축 목표를 달성할 수 있는 배출권을 확보해야 한다. 상대적으로 저렴하게 감축이 가능한 참가자는 할당 수준 이하의 배출량을 감축할 만한 인센티브를 갖고 있으므로 자체적 감축 비용이 다소 많이 드는 다른 참가자에게 여분의 배출권을 팔 수 있다. 이러한 방식으로 모든 참가자는 거래 체제가 없을 때보다 적은 비용으로 더 빠르게 배출 감축을 달성할 수 있을 것이다.

미국은 자국 내 이산화황 거래제의 효율성을 인용하며, 1997년 교토 의정서의 핵심 사항으로 탄소 거래제를 포함할 것을 주장했다. 이러한 국제적 협상은 유엔이 최초의 국제 체제를 조성하도록 자극했다. 유럽배출권거래제(European Trading Scheme, ETS)는 2005년 운영을 시작했고, EU 이산화탄소 총 배출량의 45퍼센트를 차지하는 11500개의 산업 공장을 참여시켰다. 이어서 호주, 뉴질랜드, 캐나다, 미국 내의 일부 주를 중심으로 정부들이 탄소 거래제와 비슷한 체제 설립을 위한 계획을 발표했다. 교토 의정서 아래 합의된 규정과 절차는 미래의 탄소 거래제에 관한 틀을 제공할 것이다.

성공적인 배출 거래제의 핵심으로 두 가지 요소를 들 수 있다. 첫째, 다양한 부문과 국가별로 실제 배출량에 대한 정확하고도 입증 가능한 정보를 확보하는 것이다. 둘째, 배출권 할당 방식이 모든 참가자에게 투명하고 공정해야 한다. 실제로 이 부분은 상당히 어려운 문제다. ETS는 ETS 할당량의 낮은 가격으로 기업이 완화에 투자하는데 충분한 인센티브를 제공하지 못했지만, 국경을 넘나드는 탄소 거래제를 운영할 수 있음을 증명했다. 낮은 가격의 원인은 경기 침체의 정도와 기간, 장기적인 배출 감축 목표에 대한 불확실성, 청정 개발 체제의 기여(credit) 도입, 에너지 효율성 규제나 재생 가능한 에너지 증대 관련 다른 정책 수단과의 상호작용과 관련이 있다.

할당 방식의 하나로 과거 배출량을 기준으로 배출량을 배분하는 **불변 실적 기준의 무상 할당**(grandfathering)이 있는데, 이는 참가자의 현재 배출 수준에 비례해 배출권을 할당한다. 이 방식은 현재 최대 배출자에게 우호적이다. 아마도 더 공정한 방식으로는 절차를 통해 배출권을 경매에 부치는 것이다. 지금까지 ETS에서 배운 교훈은 대부분의 배출권을 경매로 할당하는 미래의 방식을 시사한다.

배출권 거래제는 배출량 통제를 위해 중요한 도구지만 11장에서 언급한 다른 정책과 더불어 추진되어야 한다.

산림

이제 세계의 산림 상황과 산림이 지구 온난화 완화에 어떤 기여를 하는지 살펴보도록 하자. 일부 조치는 지금도 쉽게 채택할 수 있고, 여러 가지 이유에서 권장할 만하다.

지난 몇 세기에 걸쳐, 특히 중위도 국가들은 경작을 위해 산림을 상당 부분 제거했다. 가장 규모가 크고 중요한 산림 지역은 대부분 열대 지방에 있다. 그러나 지난 수십 년 동안 농경지와 장작을 필요로 하는 개발도상국의 인구가 늘어났고, 더불어 열대 원목에 대한 선진국의 수요가 커지면서 열대 산림이 사라지는 속도가 우려되고 있다(355쪽 상자 참조). 수많은 열대 국가에서 산림 개발은 주민들의 생계에 유일한 희망이다. 불행히도 토지와 다른 여건이 악화되면서 일부 산림 벌채는 지속 가능한 경작으로 이어지지 않고, 심각한 토지 황폐화를 초래해왔다.[2]

손실된 열대 산림 규모를 측정하기 위해 지상 관측과 인공위성 관측도 동원되었다. 1980~1990년대, 10여 년에 걸쳐 손실 규모가 일부 지역은 더 높게 나타나기도 하지만 평균 연간 약 1퍼센트에 이르렀다(355쪽 상자 참조). 50~100년 동안 대다수의 산림이 존속하려면 이러한 속도로 지속되어서는 안 된다. 산림의 유실은 토지 황폐화뿐만 아니라 탄소 배출과 결국 지구 온난화에 기여하기 때문에 더욱 해롭다. 게다가 생물 다양성의 급격한 손실(세계 모든 종의 절반 이상이 열대 산림에 있다고 추정된다)과 지역 기후에 미치는 잠재적인 피해(산림 유실은 지역 강우량의 상당한 감소를 야기할 수 있다)도 있다.

열대 산림 면적 1제곱킬로미터당 지상에 약 2만 5000톤의 바이오

세계 산림과 산림 벌채

전 세계 산림지대는 세계 토지의 약 3분의 1에 해당한다. 그중 95퍼센트는 자연 산림, 5퍼센트는 비자연 산림(planted forest)에 속한다. 전 세계 산림의 약 50퍼센트는 열대성, 10퍼센트는 아열대, 10퍼센트는 온대, 30퍼센트는 아한대에 속한다.

전 세계 차원에서, 1990년대의 산림 유실은 숲 지대의 2.4퍼센트에 이르렀다. 이는 연간 15만 제곱킬로미터 규모의 산림 벌채 속도와 연간 5만 제곱킬로미터의 산림 증대를 동시에 감안한 것이다. 열대 산림 벌채는 평균적으로 매년 1퍼센트였다. 2000년도 이후 유실 속도는 다소 주춤했지만, 우려를 불식시킬 정도는 아니었다.

1990년대의 산림 조성 지대는 연평균 약 3000제곱킬로미터로 증가했다. 이 중 절반은 비산림지대를 전환하는 조림 사업의 결과였고, 나머지는 자연 산림의 전환에서 비롯되었다.

1990년대에 벌채된 지대의 약 70퍼센트가 주로 변환 체제보다는 영구적 체제 아래 경작지로 전환되었다.

매스가 존재하며, 이는 1만 2000톤의 탄소를 보유한다.[3] 산림 벌채로 인한 연소나 파괴는 이 중 3분의 2의 탄소를 이산화탄소로 변환시킨다고 추정된다. 대략 비슷한 양의 탄소가 토지 아래 저장된다. 1980~1990년대에 걸쳐 연간 15만 제곱킬로미터가 파괴되었는데 이로써 약 1.2Gt의 탄소가 이산화탄소의 형태로 대기 중에 흩어졌을 것이다. 물론 수치상 불확실성이 크지만, 매년 1Gt의 토지 용도 변경에서 대기 중으로 방출되는 이산화탄소량(3장 참조, 표 3.1)의 합계를 낸다. 이는 전 세계 운송 부문의 이산화탄소 총 방출량과 비슷한 규모다. 모든 열대 산림이 2100년까지 제거된다면 CO_2 농도에 100~150ppm이 더해질 것이다.[4]

그러므로 열대 산림 벌채를 줄이는 것은 생물 다양성 보존, 물 공급 보존, 토지 황폐화 막기, 산림 지역 주민 생계유지 등 중요한 혜택을 줄 뿐만 아니라 대기 중 온실가스 증가를 늦추는 데 크게 기여할 수 있다. 〈스턴 리뷰〉에 따르면 산림 벌채를 중단해서 얻을 수 있는 배출

1984~2000년에 볼리비아 위성으로 찍은 사진으로, 볼리비아 산림의 급격한 산림 벌채를 보여준다. 1984년, 우림이 줄어들기 시작하면서 2000년 무렵 급속히 사라졌다.

절감 비용은 CO_2 1톤당 5달러에 조금 못 미친다.[5]

기후 변화 완화를 위한 중대 조치로 산림 벌채 줄이기는 국제적으로 주목을 받아왔다. 2007년 후반 무렵, UNFCCC 발리 회의에서 개발도상국의 산림 벌채를 후기 교토 기후 협약의 일부로 포함할 것을 진행하기로 합의했다.[6]

나는 산림 벌채 논의에서 관심이 증대되는 영역인 바이오매스를 에너지 생산에 활용하는 내용은 언급하지 않았다. 산림의 토지는 점점 농작물 경작에 활용될 것이다. 이는 다른 에너지 문제와 더불어 11장에서 거론하기로 하자.

조림 사업의 잠재력은 어떤가? 1제곱킬로미터당 열대 산림은 100~600톤의 탄소를, 북쪽 수림대는 100~250톤의 탄소를 고정시킨다.[7]

조림 사업이 대기 중 이산화탄소에 미치는 영향을 설명하기 위해서, 매년 아일랜드 지역보다 약간 더 큰 10만 제곱킬로미터의 지대에 40년 동안 숲을 조성한다고 가정해보자. 2055년 무렵 400만 제곱킬로미터의 숲이 조성되며, 이는 호주의 절반 크기다. 40년 동안 숲은 계속 자라며 20~50년에 걸쳐 탄소를 흡수할 것이다. 열대, 온대, 북쪽 수림대에서 10~40Gt의 탄소, 4Gt의 이산화탄소가 대기 중에서 제거된다고 가정해보자. 산림의 탄소 흡수량은 2050년까지 화석연료 연소에서 비롯된 배출량의 5~10퍼센트에 해당할 것이다. 여기에 열대 산림 벌채의 중단에서 발생하는 배출 감축량을 더한다면, 2050년까지 인간이 초래한 이산화탄소 배출량의 약 20퍼센트에 해당하는 규모일 것이다.

그렇다면 이러한 산림 계획이 실현 가능하며, 이 규모의 지대가 실제로 이용 가능한가? 당연히 그렇다. 예를 들어 중국은 매년 2만 제곱킬로미터 이상의 지대에 숲을 조성하고 있다. 현재 경작지나 거주지로 사용되지 않는 지대를 규명하는 연구가 진행되었다. 조림 사업의 비용은 지역적 혜택의 가치(유역 보호, 생물 다양성 유지, 교육, 관광, 레크리에이션)를 제외하고 CO_2 1톤당 5~15달러에 이른다.[8] 지구 온난화로 인한 잠재적 피해, CO_2 1톤당 25~50달러라는 수치와 대조해보자.[9] 이러한 조림 사업은 비교적 단기에 증가한 온실가스 배출이 야기한 기후 변화 속도를 늦추는 데 잠재적으로 승산이 있어 보인다.

물론 주의할 점도 명시하겠다. 많은 환경 프로젝트와 마찬가지로 얼핏 보기와는 달리 단순한 문제가 아닐 것이다. 복잡한 요소 중의 하나는 숲 조성이 지구 표면의 **알베도**[10]를 변화시킬 수 있다는 점이다. 짙은 녹림은 경작 가능한 지대나 초목보다 더 많은 태양 복사량을 흡수하며, 지표면을 데우는 경향이 있다. 이는 특히 겨울 수목이 없는 지대가 반사율이 높은 눈으로 덮여 있을 때 두드러진다. 더욱이 고위도의 경우, '알베도 효과'로 인한 온난화가 숲에서 발생하는 추가적인 탄소 흡수 때문에 어느 정도의 한랭화를 상쇄할 수 있다.[11]

탄소 격리의 잠재성을 설명하기 위해서 한 가지 조림 프로그램이 소개되었다. 일단 나무들이 다 자라면, 탄소 격리는 멈춘다. 그다음의 일은 숲의 용도에 따라 달라진다. 침식을 막거나 생물 다양성을 유지하기 위한 '보호용' 산림도 있고, 바이오연료나 산업용 목재로 활용할 생산용 산림도 있다. 산림이 에너지 생산의 연료로 사용된다면 이들은 대기 중에 이산화탄소를 더한다(11장 참조). 물론 화석연료와는 다른 재생 가능한 자원이기는 하다. 자연적 순환이 다양한 시간대에 발생하는 생물권처럼, 목재 연료에서 나오는 탄소는 생물권과 대기에 걸쳐 지속해서 재순환될 것이다.

이산화탄소 이외의 온실가스 감축

메탄, 아산화질소, 할로겐화탄소는 이산화탄소보다는 비중이 적은 온실가스이며 현재 증가 추세를 보인다. 그림 6.1, 6.2, 표 6.1은 감축을 위한 특별한 조치가 없을 때 21세기의 다양한 시나리오 아래 추정된 배출량, 대기 중 농도와 복사 강제력을 나타낸다. 증가 추세를 늦추거나 아예 제한할 수 있을까? 이제 살펴보도록 하자.

메탄은 현재 수준의 지구 온난화에 약 15퍼센트를 기여한다(그림 10.1). 대기 중 메탄 농도 안정화의 기여 정도는 미미하겠지만, 전체를 고려했을 때는 작지 않을 것이다. 짧은 대기 중 생존 기간 때문에(이산화탄소는 100~200년, 메탄은 약 12년) 현재 수준에서 농도 안정을 위해서는 약 8퍼센트의 대기 중 메탄 감축이 요구된다. 그림 3.8에서 볼 수 있듯이 다양한 메탄 발생원 중에서도 인간의 활동으로 인한 것은 네 가지가 있는데, 이는 비교적 적은 비용으로도 감축할 수 있다.

첫째, 바이오매스로부터 배출되는 메탄은 산림 벌채를 급격히 줄일 경우, 3분의 1가량 감소시킬 수 있다. 둘째, 쓰레기를 재활용하거나 소각을 통한 에너지 생산, 메탄가스 포집을 한다면(이를 에너지 생산에 활용할 수 있고 양이 부족하다면 불에 태워 메탄을 이산화탄소로 전환 가능하다. 분자 단위의 이산화탄소는 온실가스로서의 메탄보다 효율성이 떨어진다), 매립지에서의 메탄 생산은 적어도 3분의 1 감축할 수 있다. 다행히도 이러한 대응은

쓰레기가 분해되면서 메탄이 발생하는데 이는 포집할 수 있고 태워서 전력 생산에 활용할 수도 있다. 온실가스로서 배출된 이산화탄소의 영향은 메탄보다 크지 않다.

여러 나라의 폐기물 처리 정책에 이미 포함되어 있다.

셋째, 천연가스 파이프라인이나 석유화학 산업 지대에서의 누출을 적은 비용으로 3분의 1가량 줄일 수 있다. 러시아의 불황으로 시베리아 파이프라인 일부를 폐쇄한 것이 1992년 이래로 대기 중 메탄 농도가 감소한 원인이었다고 한다. 이렇게 관리 개선은 대기 중 메탄 누출을 현저하게 낮출 수 있다.

넷째, 농업 관련 발생원에서 메탄 배출을 감축하는 사안도 있다. 가축 사료나 쌀 경작 과정을 조정하는 방법도 있다.

위 네 가지 영역에서의 감축으로 매년 6000만 톤 이상의 인위적인 메탄 배출을 줄일 수 있다. 이는 대기 중 메탄 농도를 안정화하거나 현재 수준 이하로 조정하기에 충분한 수치다. 다시 말해서 이 정도 감축은 전체 온실가스 배출량의 약 3퍼센트, 연간 이산화탄소 1.4Gt[12]에 해당하는 양이다. 이는 분명 지구 온난화 문제를 해결하는 데 유익한 기여가 될 것이다.

전 세계적으로 대기 중 메탄 농도 증가 추세는 1990년대 후반 이래로 주춤한 상태라고 3장에서 지적했다. 그러나 2007년 초 이후 북반구 지역에서 증가 추세의 증거가 보인다. 지구 온난화가 다양한 메탄 보유고에 미치는 영향 때문에 자연 발생원에서 배출되는 메탄의 증가가 예상된다(3장 참조). 그중 고위도에 위치한 툰드라 아래의 큰 보유고가 두드러진다(표 7.3). 북극의 여름 해빙이 줄고, 시베리아 북부가 따뜻해짐에 따라 지역 메탄 배출량도 현저하게 나타난다. 이러한 현상이 최근 전 세계 메탄 농도 증가와 관련 있는지에 대해서는 더 연구가 필요하다. 북극이 점점 따뜻해지면서 전 세계 평균 온도 상승이 멈추지 않는다면, 장기적으로 메탄 배출이 더욱 증가할 가능성이 있다.

최근 셰일 암석을 '수압파쇄'하여 2~6킬로미터의 깊은 땅속에서 셰일 가스 에너지를 추출하면서 메탄 배출에 대한 우려가 높아졌다. 메탄은 아주 강력한 온실가스이기 때문에, 가스 추출 과정에서 메탄이 대기 중에 누출되지 않도록 철저한 방지가 필요하다.

아산화질소는 현재 수준의 지구 온난화에 7퍼센트 정도 기여하며 매년 약 0.25퍼센트씩 증가하고 있다. 이는 질소 비료 사용과 관련이 있다. 질소 비료에 대한 세심한 관리와 경작의 변화가 증가 추세를 막을 수 있다.

할로겐화탄소의 경우, 제조를 단계적으로 폐지하고 있지만 대기 중 누출을 최소화하려면 발포 및 냉장 장비같이 할로겐화탄소 함유 생산품 처리를 철저히 통제해야 한다. 그래야 21세기에 걸쳐 대기 중 농도를 점진적으로 감소시킬 수 있을 것이다.

지금까지 이산화탄소 이외의 온실가스 농도를 감축할 여러 방안을 검토해보았다. 예를 들어 대기 중 생존 기간이 짧은 메탄 배출의 감축은 기후 협약 목표에서 제시된 대로 안정화에 기여할 수 있을 것이다. 물론 이는 생존 기간이 훨씬 길고 복잡한 이산화탄소와는 다른 이야기다. 다음에서 이산화탄소에 대해 검토해보자.

목표 수준의 설정

앞서 우리는 주요 온실가스와 어떻게 배출량을 감축할 수 있는지 논의했다. 좀더 살펴보기 전에 미래의 목표 설정에 대한 포괄적인 문제를 다룰 것이다. 미래의 목표로서 적절한 안정화 수준을 정하려면 우리는 기후 협약 목표(Climate Convention Objective, 345쪽 상자 참조)를 검토해야 할 것이다. 이에 따르면 목표 달성을 위한 수준은 기후 체계가 위험에 이르는 것을 막고, 생태계가 자연적으로 적응할 수 있는 시간대를 가지며, 식량 생산의 위협이 없고, 지속 가능한 방향으로 경제 발전이 가능해야 한다.

이렇게 과학적, 경제적, 사회적, 정치적 기준의 균형을 맞추는 문제는 커다란 도전이다. 단순한 결론에 도달하기 어려운 불가능한 임무처럼 보인다. 그러나 산업화 이후의 전 지구 평균 온도 상승을 고려한다면, 기후 체계가 위험한 수준에 이르는 것을 피할 수 있는 미래 평균 온도의 상승 범위가 파악 가능하다.

대기 중 CO_2e 농도가 산업화 이전 280ppm에서 약 560ppm으로 두 배 증가했다는 가정 아래 기후 변화 영향의 연구가 이뤄졌다는 사실을 7장에서 알아보았다. 전 지구 평균 온도는 산업화 이전 대비 최적 추정 값으로 섭씨 3도 증가했다. 이 수치는 2007년 IPCC 보고서에서 제시된 섭씨 2.5도보다 높은 값이다(6장 참조). 우리는 이 상황에 적용되는 상당한 규모의 영향과 관련 비용을 7장에서 나열했다. 돈으로 환산할 수 있는 비용 이외에도 기후 변화 영향의 피해 추정치는 산업화 이전 대비 두 배로 증가한 CO_2e 농도를 안정화하는 완화 비용보다 훨씬 클 것이라고 9장에서 지적했다. 또한 우리는 대기 중 이산화탄소량이 증가함에 따라 인류가 초래한 기후 변화의 피해 역시 급속히 커질 것이라고 제안했다. 이는 CO_2e 농도 560ppm과 섭씨 3도에 설정된 한계가 너무 높다는 것을 시사한다.

최대 허용 가능한 전 지구 평균 온도 상승치 가운데 널리 인식된 목표는 섭씨 2도다. 이는 1996년 유엔이 제안한 것이며, 유엔과 과학자, 정부, 기관들이 재차 강조한 수치다(독일 메르켈 총리가 2007년 G8 회담 이전에 강조했다).

이제 이 장의 초반에 언급되었던 교토 의정서의 내용을 살펴보자. 의정서는 온실가스 배출 안정화를 위한 명확한 목표를 정의하고자 했다. 교토 의정서 체결 초반, UNFCCC 정기 회의에서 섭씨 2도 목표를 승인했다(2007년 발리, 2009년 코펜하겐, 2010년 칸쿤, 2012년 도하). UNFCCC 더반 회의에서 새 플랫폼, **행동 강화를 위한 더반 플랫폼**(Durban Platform for enhanced action)을 출범했다. 이를 통해 2015년 12월까지 온실가스 감축안을 새로 정의하기로 동의했다. 교토 의정서는 2020년까지 모든 국가가 실행해야 하는 합법적이고, 보편적인 합의였다. **더반 플랫폼**에서 제안한 강력한 의도는 2015년 합의된 배출량

미래 기후에 대한 국제기관들의 최근 보고서

- **열을 낮춰라: 섭씨 4도 더 따뜻한 세계를 피해야 하는 이유.**[13] 포츠담 기후 영향 연구소가 세계은행(World Bank)에 보고한 내용(2013년)에 따르면, 현재의 부적절한 목표 수준이 지속된다면 세계는 섭씨 4도 온도 상승을 향해 갈 것이다.
- UNEP의 〈배출 격차 보고서(Emissions Gap Report)〉(2012년)[14]는 2020년까지 배출량 제한에 대한 각 국가의 약속으로 섭씨 2도 목표를 달성하지 못할 것이라고 지적한다. 그러나 2020년까지 배출량 격차를 좁히는 것이 여전히 가능하다고 보고서는 증명한다. 이를 위해서는 모든 국가가 긴밀히, 위기의식을 갖고 협력해야만 한다.
- 세계 경제 포럼의 〈글로벌 위기 2013(Global Risks 2013)〉 보고서(2013년 초 발간)[15]는 1000명 이상의 전문가를 대상으로 향후 10년 안에 나타날 전 지구적 위험 요소 50가지를 조사했다. 이 보고서는 세계 경제가 직면한 5개의 주요 위험 요소로 온실가스 배출량 증대를 꼽았으며, 기후 변화를 모든 위험 요소를 증폭시키는 미지의 요인으로 지적한다.
- IPCC는 2013년, 2014년에 5차 평가 보고서(AR5)를 발간했다(이 책에서 널리 인용되었다). 이 평가 보고서는 기후 변화의 물리학과 영향에 관한 최신 과학, 그리고 기후 변화를 성공적으로 해결할 수 있는 범위에 대한 정보를 정부들에게 제공한다. 더 많은 자료는 IPCC 웹사이트(www.ipcc.ch)를 참고하자.
- UNFCCC의 당사국 총회가 2015년 12월에 열렸다. 그렇게 많은 국가원수가 한자리에 모인 경우는 없었다. 최고 온도 상승을 섭씨 2도 목표로, 1.5도까지 제한하자고 합의했다. 2도 온도 상승으로 해수면이 상승할 때 물에 잠길 우려를 표명한 해안 저지대 국가들이 이를 특히 촉구했다.

을 적어도 섭씨 2도로 제한하는 것이다. 더반 회의를 마칠 무렵 의장은 "우리가 여기 더반에서 성취한 내용은 내일과 오늘을 구하는 데 중대한 역할을 할 것이다"라고 평했다.

위의 내용은 몇몇 저명한 국제기관의 최근 보고서 내용을 정리한 것이다. 이들은 미래에 섭씨 2도 또는 그 이하를 목표로 지금 충분한 행동이 이뤄지고 있는지 가늠해왔다. 보고서를 보면 섭씨 2도 아래의 목표는 달성하기 어려우며, 섭씨 1.5 또는 2도 이상의 목표는 위험한 결과를 초래할 수 있다는 점을 인식했다. 이에 대한 상세한 관점은 표 7.1에서 볼 수 있다. 표 7.1은 산업화 이전보다 높은 섭씨 1.5도의 영향이 2도보다는 덜 심각하며, 나아가 3도의 영향보다도 훨씬 덜 심각하다는 점을 시사한다. 여기에서 영향이란 물 부족, 생물 종의 멸종, 산호초 파괴, 작물 생산량 감소, 해양 산성화, 홍수 및 가뭄, 폭풍우 증가, 급속한 해수면 상승 위험을 가리킨다. 섭씨 2도 아래의 안정화는 산림의 대규모 잎마름병, 이산화탄소 흡수원에서 발생원으로의 생물권 변모 같은 최악의 영향을 어느 정도 막을 수 있을 것이다(3장 69쪽 상자 참조). 또한 북극해와 툰드라가 따뜻해짐에 따라 메탄의 대규모 방출의 위험을 줄일 수 있을 것이다.

그런데 온도가 안정되더라도 초목의 변화, 빙상의 변화, 심해 온난화, 해수면 상승 같은 기후의 다양한 변화가 지속될 것이라는 점을 인식하는 바가 중요하다. 더군다나 전 지구 온도가 안정화된 몇백 년, 몇천 년 이후에도 해양과 빙상 관련 잠재적 피드백이 자체적 장기적인 시간대를 갖고 엄청난 변화를 초래할지 모른다.[16] 다음 부분은 CO_2 배출과 농도 면에서 섭씨 2도 목표가 무엇을 의미하는지 그리고 달성 가능한지 재고해볼 것이다.

이산화탄소 농도 안정화

이산화탄소는 인간의 활동으로 인해 증가하는 가장 비중이 높은 온실가스다. 3장에서 살펴보았듯이 대기 중 인위적인 이산화탄소 배출은 화석연료 연소(약 80퍼센트)와 토지 용도 변경(약 20퍼센트), 특히 산림 벌채가 원인이다. 앞서 토지 용도 변경에서의 배출 감축을 살펴보았다.

화석연료 연소의 배출 감축이 다음 장의 주제가 될 것이다.

2000년 이래로 전 지구 CO_2 배출 증가율은 계속 높아졌다. 1970~2000년 연평균 1.3퍼센트에 견주어 2000년 이래로는 2.2퍼센트 증가율을 보였다. IPCC의 미래 시나리오인 RCPs가 그림 6.1에 나와 있다. RCP 2.6에 따르면 2020년까지 CO_2 배출량은 계속 증가할 것이며, RCP 4.5는 2050년까지, RCP 6.0과 8.5는 2100년까지 증가 추세가 계속될 것을 보여준다. RCP 2.6을 제외하고 2100년까지 CO_2 농도가 안정화되는 시나리오는 없다.

앞서 지적했듯이, 배출량을 안정화하는 것은 농도를 안정시키는 것과 동일하지 않다. 어느 수준의 안정화든 결국 인류가 초래한 이산화탄소 배출량은 현재 수준의 극히 일부로 감축해야 한다. 즉 다시 말해서 미래의 이산화탄소 농도를 유지하려면 배출량이 자연적 흡수원의 수준보다 커서는 안 된다. 가장 잘 알려진 흡수원은 탄산칼슘이 해양 퇴적물에 용해되기 때문에 생긴다. 고농도의 이산화탄소는 연간 0.1GtC보다 적게 저장된다.[17] 어떤 경우든 2100년 전까지 인류가 초래한 온실가스 배출량을 무(無)에 가깝게 줄여야 함을 의미한다.

미래 평균 온도 상승 섭씨 2도를 달성할 가능성은 얼마나 될까?

장기적인 온난화의 주요 동력은 인류가 초래한 CO_2 총 배출량과 그 밖의 온실가스(CO_2e로 표시) 배출량이다. 이 둘은 선형적으로 관련이 깊다(그림 10.2). 1861~1880년 대비 섭씨 2도 이하로 온난화를 제한하려면, 모든 배출원으로부터 CO_2e 배출량을 그 이후의 누적량으로 환산해야 한다. 섭씨 2도를 달성할 50퍼센트 이상의 확률은 누적량이 약 1200GtC인 경우이다. 66퍼센트 이상의 확률은 누적량이 약 1000GtC인 경우다. 이렇게 근사치 확률을 설정하기 위해 더욱 심도 깊은 연구

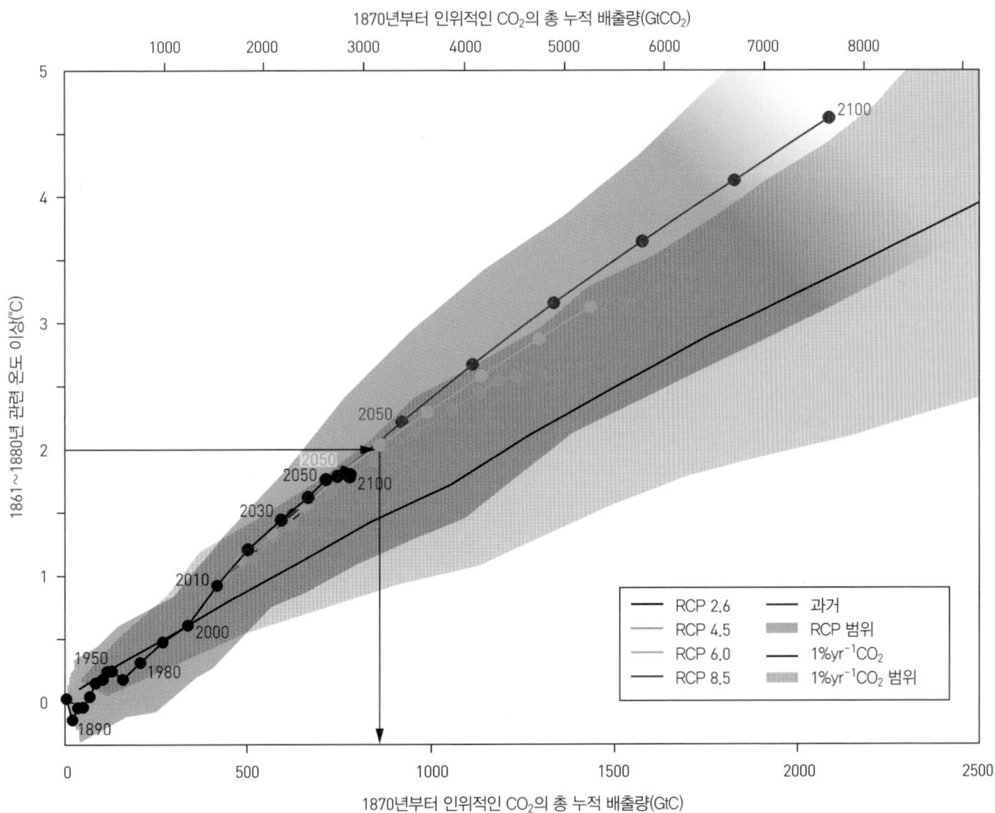

그림 10.2 이산화탄소로 인한 온도 상승이 섭씨 2도 이하라는 것은 1870년부터 인류가 초래한 CO_2 총 배출량이 1000GtC보다 적어야 함을 의미한다.

가 진행되고 있다.[18] 1000GtC의 절반가량이 이미 2011년까지 방출되었다는 점을 기억해두자. 그림 10.3은 섭씨 2도 목표 달성의 도전과 이를 달성하기 위해 가까운 미래에 CO_2 배출량을 급격히 줄여야 한다는 사실을 시사한다.

그림 6.2, 6.5, 6.6은 섭씨 2도 온도 상승이 대기 중 CO_2e를 450ppm으로 안정화하는 것임을 보여준다. 이는 450ppm의 CO_2e 안정화와 약 2.5Wm^{-2} 복사 강제력 유지를 의미한다. CO_2 대비 450ppm의 CO_2e는 무엇을 뜻할까? 현재 인류가 초래한 에어로졸의 음의 복사 강제력은 이산화탄소 외에 다른 온실가스의 양의 복사 강제력과 균형을 이룬

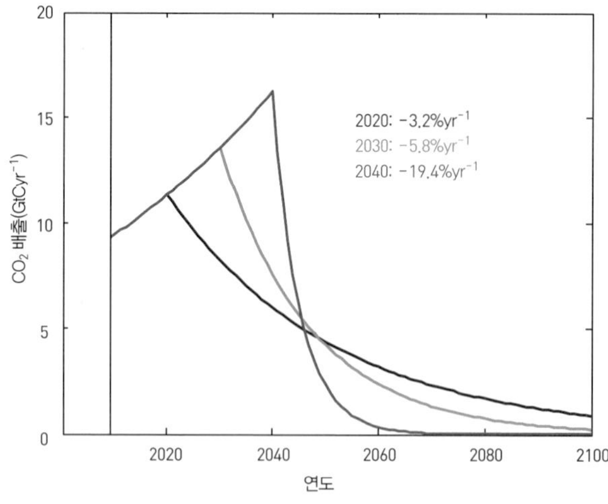

그림 10.3 그림에 나온 CO_2e 시나리오는 21세기에 걸쳐 약 500GtC가 추가되며, 섭씨 2도 목표 달성 66퍼센트 확률을 만족시킨다. 빨강, 초록 곡선의 하강 속도가 너무 커서 현실적이지 않다는 점을 명심하자. 즉 전 지구 배출량이 2020년 무렵까지 급격히 감축되어야 함을 말해준다.19

다(그림 3.13, 6장 참조). 메탄, 아산화질소, 할로겐화탄소를 감축하는 방법은 앞서 논의했다. 에어로졸 시나리오는 향후 몇십 년에 걸쳐 미미한 감소를 보여준다. 이를 고려한다면 섭씨 2도 온도 목표와 CO_2 자체의 450ppm 안정화 수준을 위한 합리적 근거를 제공한다(그림 10.3). 섭씨 3도 온도 목표와 550ppm의 이산화탄소 안정화라는 비슷한 논리도 따라올 수 있다. 이러한 가정을 토대로 이 목표 수준이 미래의 에너지 사용과 운송 부문에서 무엇을 의미하는지 11장에서 다루려고 한다.

섭씨 2도 온도 목표와 450ppm을 합리적 근거로 수용하려면, 미래의 황산염 에어로졸과 관련해 주의할 점을 명시해야 한다. 황산염 에어로졸은 앞 단락에서 언급한 에어로졸 냉각의 중요한 요소다. 이 물질은 심각한 오염과 '산성비'를 초래하기 때문에 황산염 에어로졸의 원료인 이산화황 배출을 통제하고 줄이려는 압력이 존재한다. 석탄과 석유 소비가 단계적으로 줄어들면서 감축이 기대된다. 에어로졸의 미래 시나리오는 21세기 중반 이후 황산염 방출의 상당한 감축을 보여준다. 대기 중 에어로졸의 짧은 생존 기간 때문에 방출 감소는 즉시 농도와 복사 강제력의 거대한 변화를 가져올 수 있다. 대기 중 이산화탄소의 생존 기간이 길기 때문에 CO_2 배출량의 변화로 인한 복사량의 변화 값은 서서히 발생할 것이다(3장 참조). 지구 온도 섭씨 2도 상승 목표를 유지하려면 CO_2 배출량 감축과 더불어 전 세계 이산화황 배출량 감소가 선행되어야 한다.

한편 돌이킬 수 없을 정도로 파괴적인 기후 변화를 안정화하기에 섭씨 2도 목표 수준이 적정한지에 대한 의문이 무성하다. 그중에서도 뉴욕 NASA의 우주 분야 제임스 한센 교수는 고대 기후에 따르면 그린란드와 남극 서부 빙상의 급속한 붕괴, 다른 비선형적 과정을 막으려면 350ppm 목표 수준이어야 한다고 주장한다(표 7.3). 이를 달성하려면 초기에 상당한 안정화가 전제되어야 하며, 이미 대기 중에 있는 이산화탄소를 제거하는 작업이 수십 년에 걸쳐 필요할 것이다. 미국 콜롬비아 대학의 월레스 브뢰커 교수가 이런 작업의 가능성을 제안한 바 있다. '위험한' 수준의 기후 변화를 어떻게 정의하고 피해야 할지에 대한 자료를 좀더 구비한다면 섭씨 2도 목표 수준을 향후 몇 년에 걸쳐 재검토하고 수정해야 할 것이다.

기후 협약 목표의 실현

안정화 수준을 권고하면서 중대한 질문이 남는다. 실제로 이를 실현하기 위해 세계의 국가들이 어떻게 협력할 수 있을까?

우선 1인당 CO_2e로 표현된 온실가스 연 배출량을 살펴보는 것이 유익하다. 토지 사용과 산림을 제외하고 2010년 기준으로 평균을 낸다면 1인당 $6tCO_2e$ 정도인데 이는 국가별로 다양하다(그림 10.4). 부속서 I 국가의 1인당 평균은 비부속서 국가 대비 약 네 배다. 그림 10.3은 섭씨 2도 목표를 달성하기 위해 전 지구 CO_2 배출을 2050년까지 절반으로, 2100년까지 제로 수준으로 감축해야 한다. 2050년 무렵

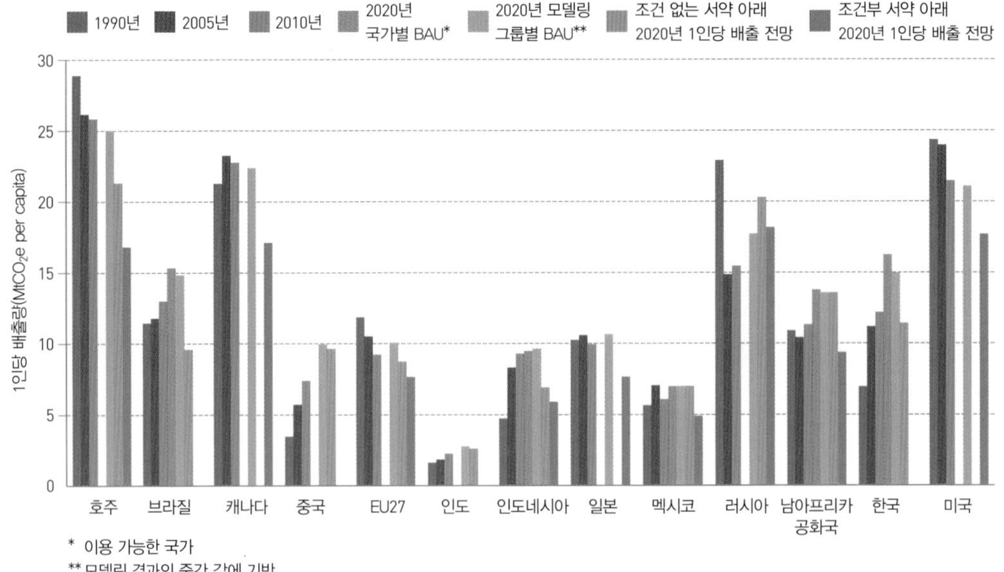

그림 10.4 G20 국가들의 1990, 2005, 2010, 2020년 1인당 온실가스 배출량. EU 국가들은 그룹으로 묶었다. G20 국가를 대상으로 한 이 그림은 비부속서 I 일부 국가만 포함했다. 인도의 배출량도 이에 해당한다. 비부속서 I 국가의 평균은 부속서 I 국가들의 약 4분의 1이다.

약 90억의 세계 인구 급증을 감안한다면, 1인당 배출량은 훨씬 더 줄여야 할 것이다.

기후 협약의 목표는 지속 가능한 발전 요건들과 관련이 깊다. 기후변화를 완화하기 위한 미래의 배출량 감축 관련 협상의 근거가 되는 네 가지 원칙을 9장에서 서술했다. 이 중 하나가 지속 가능한 발전의 원칙이었다. 나머지는 예방의 원칙, 오염자 부담의 원칙, 형평성의 원칙이다. 형평성의 원칙은 미래 세대를 생각하며 현세대의 필요를 가늠하는 **세대 간**의 형평성과 산업 국가 및 선진국, 개발도상국 사이에 필요의 균형을 가늠하는 **세계적** 형평성을 포함한다. 현재 부유국과 빈국 사이의 이산화탄소 배출량의 엄청난 격차(그림 10.4), 선진국 측의 화석연료에 대한 지속적인 수요, 개발과 산업화를 통해 빈곤에서 벗어나려는 가난한 국가들의 욕구를 비추어 볼 때, 특히 세계적 형평성의 균형을 맞추기는 상당히 어렵다. 이는 FCCC가 인식한 바다. 개발도상국이 산업 발전을 이루면서 에너지 수요가 더욱 늘어난다는 사실도 명확히 언급되었다. 이러한 세계적 불평등 문제는 선진국이 감당해야 할 도덕적 의무로서 8장에서도 언급했다.

이산화탄소 안정화 목표를 달성하는 한 가지 방법이 그림 10.5에 소개되어 있다. 이는 영국의 글로벌 공유 자산 연구소(Global Commons Institute, GCI)가 고안한 '축소와 수렴(Contraction and Convergence)'이라고 불리는 제안이다.[20] GCI는 영국에 있는 NGO 단체다. 이산화탄소 배출량 제한은 약 450ppm에서 안정화로 이어진다(기후 탄소순환 피드백 미포함). 이러한 제한 아래 전 지구 화석연료 배출량은 2025년까지 약 15퍼센트 증가하고, 2100년까지 제로로 떨어진다. 이 그림은 주요 국

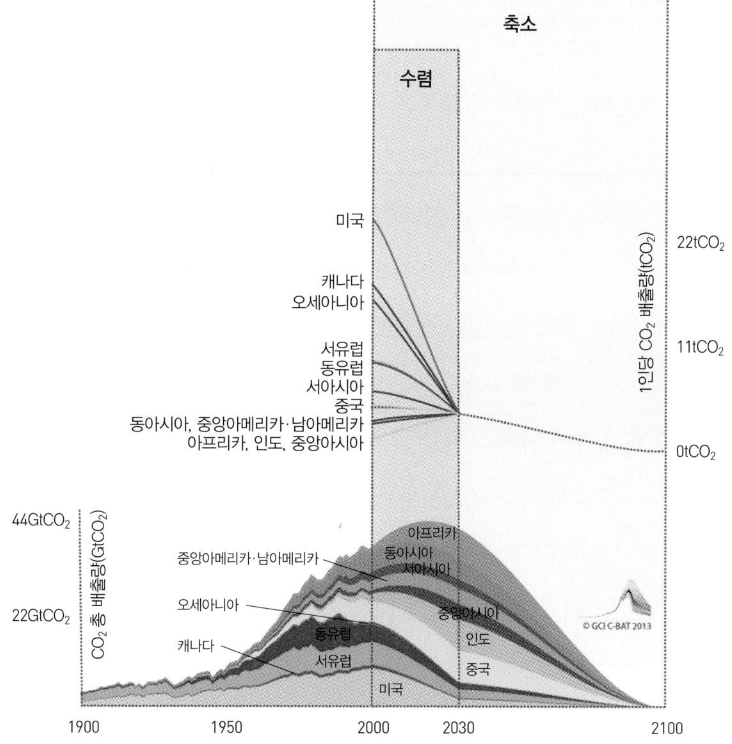

그림 10.5 이산화탄소 농도 안정화를 위해 GCI가 제안한 '축소와 수렴'. 이산화탄소 배출량은 450ppm에서 안정화된다(기후 탄소순환 피드백은 미포함). 2000년까지 주요 국가들의 과거 배출량을 표시했다. 2030년 이후 배출량 할당은 인구 예측에 근거해 1인당 동일한 양으로 환산했다. 지금부터 2030년까지 원활한 '수렴'이 예상된다. 그림의 윗부분에는 각 나라의 1인당 기여가 표시되어 있다.

가들의 현재까지의 배출량을 구분한다. 국가들까지 배출량을 공유하는 것이 가장 간단한 해결책이다. 그리고 적절한 시기부터 1인당 동일한 양을 근거로 배출량이 할당된다. 지금부터 2030년까지 이러한 구분은 1인당 동일한 양으로 모아지며, 이는 '축소와 수렴'에 해당한다. 이산화탄소 배출 할당량을 교환하는 내용도 제안되었다.

'축소와 수렴'은 위에 언급한 네 가지 원칙을 다룬다. 특히 1인당 동일한 양을 공유함으로써 세계적 형평성이라는 문제에 직접적으로 접근한다. 제시된 교역 부분은 최대 오염자가 부담한다는 점을 확실시한다. 이 제안의 진정한 가치는 장기적인 해결책의 중요한 요소를 담는다는 점이다. 그러나 진행 중인 논의나 다른 안을 보더라도 국제 협상은 더욱 치밀하고 국가 사이에 차별적으로 적용되어야 함을 알 수 있다.[21] 국가 간 배출량 차이뿐만 아니라 기후 변화 피해 위험의 격차, 적응 요건, 에너지 부분의 필요와 의무 사항을 고려해야 할 것이다.

국제 협상은 온실가스 배출량 의무 사항과 관련해 국제적으로 얽히고설켜 있기 때문에 상당히 복잡한 양상을 띤다. 이는 한 국가의 수출로 인한 배출량의 요소를 살펴보면 잘 나와 있다. 중국을 예로 들면 전 세계에 수출된 제조 상품들은 중국 전체 배출량의 3분의 1에 기여하는 것으로 추정된다.

영국에 수출된 중국 상품 제조에서 비롯된 배출량을 영국에 할당하면, 최근 영국이 보고한 배출량은 커다란 증가세를 보일 것이다. 급증을 보이는 해외 항공 부문의 배출량을 할당하는 문제 역시 간단치 않다.

물론 국제 수준의 목표를 설정하는 것은 그 자체로 실행의 한 부분이다. 이를 실현하려면 국제, 국가, 지역, 개인 등 모든 수준에서의 실행이 요구된다. 다섯 가지 핵심 사안이 필요하다. 첫째, 에너지 절감과 보존을 적극적으로 강조하는 것이다. 이는 비용이 아예 들지 않을 수 있고 실행할 수 있는 영역이다. 대부분의 에너지 보존은 경제적으로 이득이 되는 것으로 보이지만, 특별한 인센티브가 없다면 실행하기 어렵다. 그러나 지금 당장이라도 시작할 수 있는 좋은 방법이며, 배출량 감축과 지구 온난화를 늦추는 데 크게 기여할 수 있다. 둘째, 적절한 비화석 에너지원 개발이다(석탄 화력발전소에 적용되는 이산화탄소 포집 및 저장과 신재생에너지원). 셋째, 열대 산림 벌채를 중단하는 것이다. 넷째, 개발도상국의 산업 발전을 위해 가장 효율적인 적정 기술을 이전하는 것이다. 다섯째, 위기의식을 갖고 이 모든 사안을 추진하는 것이다. 그림 10.2와 10.3은 긴급함을 명확히 보여준다. 요구되는 국가적, 국제적 노력의 정도를 가늠하자면 이례적인 수준일 것이다.

이 장의 초반에도 언급했듯이, 교토 의정서는 배출 감축을 장려하기 위한 다양한 조치를 도입했다. 이어지는 국제 협상과 국가 정책에서의 인센티브, 규정, 조세, 배출 거래를 포함한 비용 효율적인 조치 등은 중요한 사안이다. 이러한 정책들은 적절한 감축 목표를 달성해야 할 뿐만 아니라 사회적, 정치적으로도 유익한 방향으로 진행되어야 한다. 11장에서 에너지 부분과 관련된 여러 가지 도전을 논의해보도록 하자.

내용 정리

이 장에서는 1992년 모든 국가가 합의한 FCCC를 시작으로 기후 변화를 막기 위한 국제적 조치를 기술했다. FCCC의 목표는 온실가스의 안정화를 달성하고, 위험 수준의 기후 체계를 막는 것이다. 또한 생태계가 자연적으로 적응하고, 식량 생산이 위협받지 않고, 지속 가능한 방식으로 경제 발전이 진행되는 정도의 기후를 보장하는 것이다.

교토 의정서는 2005년 발효되어 미국과 호주를 제외한 선진국들이 2012년까지 1990년 수준 이하, 이산화탄소 배출량을 약 5퍼센트 감축하기로 합의했다. 2012년 12월 도하에서 UNFCCC는 교토 의정서를 2020년까지 연장하기로 합의했고 미국, 캐나다, 일본, 러시아를 포함한 많은 부속서 I 국가들이 합의를 이루지 못했다.

2011년 UNFCCC는 더반 회의에서 2015년 규정해 2020년에 효력이 발생할 교토 의정서를 대체할 새로운 조약을 제정할 목표와 더불어 '행동 강화를 위한 더반 플랫폼'에 합의했다. 모든 국가가 가담할 새 조약에 대한 폭넓은 지지가 있었다. 이는 산업화 이전 수준을 넘어 전 지구 온도 상승 섭씨 2도라는 최대치를 달성하기 위한 배출 감축을 목표로 했다.

섭씨 2도 목표는 수많은 전문가, 정부, 국제기관이 설정한 것이다. 2015년 12월 말, UNFCCC 회의가 파리에서 열려 195개국 대표자들이 참석했다. 이들은 2100년까지 섭씨 2도 목표를 달성하기 위한 실행을 하기로 합의했고, 1.5도라는 목표를 향해 노력하기로 했다. 이는 FCCC 역사상 가장 중대하고 비중 있는 회의였다. 이산화탄소 외에 다른 온실가스가 더 이상 증가하지 않는다는 전제 아래, 섭씨 2도 목표를 달성할 66퍼센트의 확률은 2011년 이후 배출된 전 지구 CO_2 배출량이 약 500GtC에 이르러야 함을 시사한다. 이로 인해 CO_2 미래 농도는 약 450ppm으로 제한될 것이다.

이러한 목표는 쉽게 달성되지 않을 것이다. 확고한 결심과 일관성 있는 정치적 의지가 필요하다. 지금 당장 미래에 득이 될 적극적이고 강력한 조치를 취해야 한다. 필요한 조치들은 충분히 감당할 만하며, 실행하지 못했을 때보다 훨씬 적은 비용이 든다. 실행이 필요한 핵심 영역은 다음과 같다.

- 열대 산림 벌채 줄이기와 조림 사업 증대.
- 에너지 절감 및 보존 조치 적극적 확대.
- 탈탄소 에너지원으로의 전환(탄소 포집 및 저장과 신재생에너지원 활용).
- 다소 감축이 용이한 이산화탄소 외 다른 온실가스, 특히 메탄 배출 감축.

돌이킬 수 없이 파괴적인 기후 변화를 대비해 섭씨 2도 목표가 기후 안정화에 적당할까? 많은 이가 의문을 제기한다.
다음 장에서는 에너지와 운송 부문을 논의할 것이다. 향후 몇 년에 걸쳐 또 다른 증거가 모이면 더 혹독한 목표를 설정할 필요가 있는지 재평가해야 할 것이다.

생각해볼 문제

1. 그림 3.13과 복사 강제력 $R=5.3\ \ln(C/C_0)$ 공식을 참고하자. C는 CO_2 농도, C_0는 산업화 이전 농도 280ppm이다. 복사 강제력의 다양한 요소를 2011년 이산화탄소 등가치 농도로 환산하라. 에어로졸이나 대류권 오존과 같은 요소를 이산화탄소 등가치로 환산하는 것이 타당하다고 생각하는가?
2. 기후 협약 목표의 기준 아래 안정화 수준을 선택하는 데 다른 종류의 분석이 언급되었다. 비용 편익 분석, 다중 척도 분석, 지속 가능성 분석 등 기후 협약 목표에서 각 기준에 가장 적용 가능한 분석이 무엇인지 논의해보라. 상호 보완을 위해 여러 분석이 동시에 적용될 수 있는 방법도 제안해보자.
3. 이번 장을 종합해볼 때, 기후 협약 목표에 서술된 기준을 활용해 어느 정도의 온실가스 농도 안정화 수준을 선택해야 할까?
4. 안정화 수준 설정이나 실행 조치에 관한 논의는 2100년 전의 기후 변화 비용이나 영향에 초점을 맞추어왔다. 2100년 이후의 계속적인 기후 변화나 해수면 상승이 포함되는데, 정책 입안자들도 이를 고려해야 한다고 생각하는가? 아니면 너무 먼 미래이기 때문에 별로 중요하지 않다고 여기는가?
5. 1990년 이래로 주요 국가들의 배출량 증가 부문을 비교해보고, 미래 배출량에 관한 각 국가의 정책을 논해보자.

6. 가능한 한 신속한 배출량 감축이 필요함을 감안할 때, 현재 국가나 국제 기관이 절박한 의식을 갖고 행동하고 있다고 생각하는가? 그렇지 않다면 더 긴급한 조치를 실행하기 위해 어떻게 해야 하는가?
7. 과학적 지식과 기후 변화의 영향이 더욱 명확해지면서, 지구 온난화에 대한 국제적인 반응은 수년에 걸친 의사 결정의 연속으로 이어졌다. 향후 20년간 앞으로 국제적 대응은 어떻게 진행될 것이라고 생각하는지 묘사해보라. 어느 시점에서 어떤 의사 결정이 내려질지 논의해보자.
8. '축소와 수렴' 제안이 9장과 10장에서 기술된 네 가지 원칙에 어떻게 준하는지 설명해보라. 이 제안에 반대하는 정치적, 경제적 논쟁도 제안해보자. 국가 사이에 더 쉽게 합의를 도출할 수 있는 다른 배출량 공유 방법은 없을까?
9. 자신의 나라에서 실행 중인 조림 사업을 자세히 조사해보자. 더 효율적인 방안이나 인센티브는?
10. 50퍼센트의 알베도로 위도 60도의 눈 덮인 지역을 알베도 20퍼센트의 눈 덮인 산림으로 부분 대체한다고 가정해보자. 산림에 의한 탄소 흡수원의 '한랭 효과'와 연간 평균 흡수된 태양 복사량의 '온난화 효과'를 대략적으로 비교해보라.

주

1. 교토 의정서와 탄소 흡수원 포함 관련 정보는 다음을 참조. Watson, R. T., Noble, I. R., Bolin, B., Ravindranath, N. H., Verardo, D. J., Dokken, D. J. (eds.) 2000. *Land Use, Land-use Change and Forestry. A Special Report of the IPCC*. Cambridge: Cambridge University Press. IPCC 웹사이트는 다음을 참조. www.unfccc.int/Kyoto_protocol/items/2830/php; 더 자세한 정보는 다음을 참조. IPCC WGI 2013 Report, Chapter 8, p. 710.
2. *Global Environmental Outlook GEO 3 (UNEP)*. 2002. London: Earthscan; *Global Environmental Outlook GEO 4 (UNEP)*. 2007. Nairobi, Kenya: UNEP.
3. Bolin, B., Sukumar, R. et al. 2000. Global Perspective. Chapter 1, in Watson, et al. (eds.) *Land Use*.

4. Jonas Lowe at the Hadley Centre, UK Met. Office.
5. Stern, N. 2006. *The Economics of Climate Change*. Cambridge: Cambridge University Press, p. 244.
6. 개발도상국 산림 벌채 배출 감축(Reduction of Emissions from Deforestation in Developing Countries, REDD)은 세계 산림의 80퍼센트를 차지하는 국가들이 제안. 산림 보존을 위한 국제 기금 유치를 목표로 함.
7. Bolin, Sukumar et al., p. 26.
8. Stern, *Economics of Climate Change*, Chapter 9.
9. Stern, N. 2009. *A Blueprint for a Safer Planet*. Oxford: Bodley Head, p. 48.
10. 용어 설명 참조.
11. Betts, R. A. 2000. Offset of the potential carbon sink from boreal forestation by decreases in surface albedo. *Nature*, 408, 187-90. Solomon, S., Qin, D., Manning, M., Chen, Z., Marquis, M., Averyt, K. B., Tignor, M., Miller, H. L. (eds.) 2007. *Climate Change 2007: The Physical Science Basis. Contribution of Working Group I to the Fourth Assessment Report of the Intergovernmental Panel on Climate Change*. Cambridge: Cambridge University Press, Chapter 2.
12. 메탄의 GWP는 약 23으로 6000만 톤을 곱한 값(표 10.2).
13. Potsdam Institute for Climate Impact Research and Climate Analytics, 2013. *Turn Down the Heat: Why a 4℃ Warmer World Must be Avoided*. Washington, DC: World Bank. www.worldbank.org/en/topic/climatechange.
14. United Nations Environment Programme, 2012. *Emission Gap Report*. Nairobi, Kenya: UNEP. www.unep.org/pdf/2012gapreport.pdf.
15. World Economic Forum, 2013. *Global Risks 2013*. Geneva: World Economic Forum. www3.weforum.org/docs/WEF_GlobalRisks_Report_2013.pdf.
16. IPCC WGI 2013, Technical summary, pp. 102-5.

17. Prentice, I. C. et al. 2001. The carbon cycle and atmospheric carbon dioxide, in Houghton et al. (eds.) *Climate Change 2001: The Scientific Basis*.
18. IPCC WGI 2013, Summary for policymakers, p. 25.
19. 토머스 스토커의 자료.
20. GCI 웹사이트 참조. www.gci.org.uk.
21. Baer, P., Athanasiou, T. 2007. No. 30, *Frameworks and Proposals*. Global Issue Papers. Washington, DC: Heinrich Böll Foundation.

참고문헌

IPCC WGI 2013. *Climate Change 2013: The Physical Science Basis. Contribution of Working Group I to the Fifth Assessment Report of the Intergovernmental Panel on Climate Change* 〔Stocker, T. F., Qin, D., Plattner, G. -K., Tignor, M., Allen, S. K., Boschung, J., Nauels, A., Xia, Y., Bex, V. and Midgley, P. M. (eds.)〕. Cambridge: Cambridge University Press.

Technical summary.

Chapter 10 Detection and attribution of climate change: from global to regional.

Chapter 11 Near-term climate change: projections and predictability.

Chapter 12 Long-term climate change: projections, commitments and irreversibility.

IPCC WGⅢ 2014. *Climate Change 2014: Mitigation of Climate Change. Contribution of Working Group III to the Fifth Assessment Report of the Intergovernmental Panel on Climate Change* 〔Edenhofer, O., Pichs-Madruga, R., Sokona, Y., Farahani, E., Kadner, S., Seyboth, K., Adler, A., Baum, I., Brunner, S., Eickemeier, P., Kriemann, B., Savolainen, J., Schlömer, S., von Stechow, C., Zwickel, T. and Minx, J. C. (eds.)〕. Cambridge: Cambridge University Press.

Summary for policymakers.

Technical summary.

Lynas, M. 2008. *Six Degrees*. London: HarperCollins. A readable and challenging account of the probable impacts of climate change in different parts of the world at different levels of global warming. Winner of the Royal Society's award for the best popular science book of the year.

Stern, N. 2009. *A Blueprint for a Safer planet*. London: The Bodley Head.

미래의 에너지와 운송 11

지붕에 태양 전지판이 설치된 새 주택들.

지금은 스위치만 켜면 에너지가 흐르기 시작한다. 선진국에서는 에너지를 쉽게 이용할 수 있기 때문에 에너지가 어디에서 왔는지, 언젠가는 바닥이 날지도 모른다는 점 그리고 에너지 사용이 환경에 해를 가할 수 있다는 사실을 종종 간과한다. 또한 에너지를 싸게 이용 가능하기에 보존에 주의를 거의 기울이지 않는다. 그런데 대부분의 에너지는 화석연료 연소에서 비롯되기 때문에 대기 중 온실가스의 주범인 셈이다. 이 온실가스 배출량을 줄이려면, 대부분의 감축 노력이 에너지 부문에서 이뤄져야 할 것이다. 따라서 정책 입안자나 일반인의 노력을 에너지 사용에 집중시킬 필요가 있다. 이 장에서는 미래의 에너지를 어떻게 지속 가능한 방향으로 사용할 수 있는지 살펴볼 것이다. 더불어 에너지 공급이 부족한 전 세계 10억 이상의 인구에게 기본 에너지 서비스를 어떻게 보급할 것인지에 대해 논의할 것이다.

세계 에너지 수요와 공급 현황

우리가 사용하는 에너지의 근원은 태양에서 찾을 수 있다. 화석연료(석탄, 석유, 가스)의 경우 수백만 년 동안 저장되어 있었다. 나무(또는 동식물 기름을 포함한 바이오매스), 수력, 풍력 및 태양 에너지가 사용된다면 에너지는 햇빛에서 바로 전환되거나 몇 년 동안 저장할 수 있다. 이러한 에너지는 재생 가능하며, 이후에 자세히 논의할 것이다. 태양에서 생성되지 않은 에너지의 형태에는 원자력 및 지열이 있다. 이는 지구가 형성되면서 나온 방사성물질에서 비롯된 것이다.

산업혁명 이전까지 인간 사회의 에너지는 나무나 바이오매스, 가축의 노동력 같은 '전통적인' 형태였다. 1860년 이후로 산업이 발달하면서, 에너지 사용률은 그림 11.1에서 볼 수 있듯이 20배가량 급격히 증가했다. 초기에는 석탄의 사용 증가, 1950년 이후로는 석유의 사용 증가, 최근에는 천연가스 사용이 급증했다. 세계 에너지 통계 보고에 따르면, 2012년에는 1차 에너지의 전 세계 소비량이 124억 8000만 toe(석유 환산 톤)에 이르렀다[〈BP 세계 에너지 통계 자료(BP Statistical Review of World Energy)〉, 2013년 6월]. 이는 물리 에너지 단위로 전환될 수 있다(1toe=41.9GJ).[1]

전 세계의 다양한 지역에 흩어진 1인당 에너지 사용량의 격차는 엄청나다. 21세기 초, 전 세계에서 20억의 빈곤층(1인당 연간 소득이 1000달러에도 못 미침)은 고작 연평균 0.2toe의 에너지를 사용한 것과 달리 세계 10억의 부유층(1인당 연간 소득 2만 2000달러 이상)은 25배에 달하는 5toe의 에너지를 소비한다.[2] 전 세계 1인당 연평균 에너지 소비량은 1.7toe다. 이는 약 71.5GJ 또는 1초당 2250J에 해당한다(2.25kW). 아

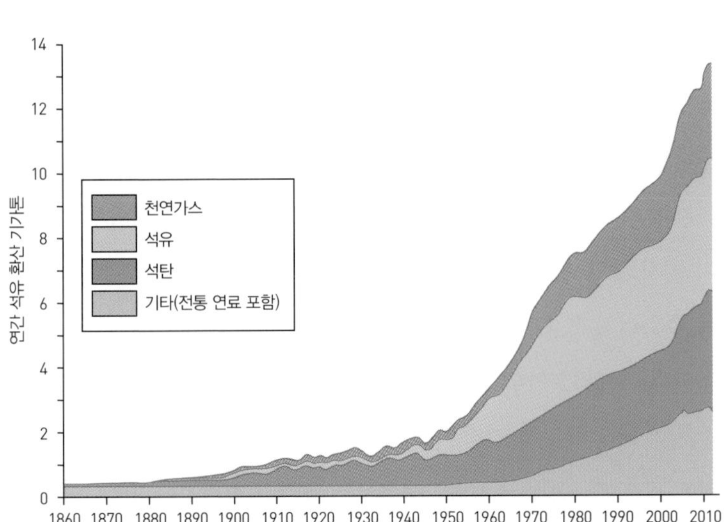

그림 11.1 1860~2012년 1차 에너지 사용 성장률(연간 Gtoe, 1차 에너지 단위 면에서 1Gtoe=41.9 exajoule). 2005년, 1.2Gtoe는 기존 연료, 0.7Gtoe는 원자력, 0.3Gtoe는 수력 및 재생에너지(2000년 이전 자료: Report of G8 Renewable Energy Task Force, 2001년 7월, 2000~2005년 자료: IPCC WGIII 2007 Fig. TS13, 2005~2012년 자료: *BP Statistical Review of World Energy 2013*).

이슬란드는 1인당 연평균 19toe를 사용하며 에너지 최대 사용량을 기록했다. 반면 북아메리카 7toe, 영국 3toe, 터키, 멕시코, 칠레의 경우 아이슬란드의 10퍼센트를 사용한다. 그동안 10억 이상의 세계 인구가 전통적 연료(나무, 퇴비, 쌀겨, '바이오연료')에 전적으로 의존해왔으며, 2011년 조사를 보면 13억 인구가 전기를 얻지 못했다.

에너지에 얼마나 많은 비용이 소비될까? 세계를 기준으로 1인당 연평균 1.7toe의 에너지 소비량은 연평균 소득의 5퍼센트에 해당한다. 소득의 격차가 큼에도, 1차 에너지에 소비한 비용의 비율은 선진국이나 개발도상국이나 비슷한 형편이다.

미래의 에너지 사용은 어떨까? 우리가 대부분의 에너지를 석탄, 오일, 가스에서 계속 생산한다면, 그만큼의 충분한 양이 존재하는 걸까? 현재 에너지 보유고에 대해 인식하기로는 지금 속도로 사용한다면 화석연료 매장량은 2050년까지 수요를 충족시킬 수 있다. 하지만 수요가 계속 증가하면 오일과 가스 생산은 엄청난 압력을 받을 것이다. 채굴의 어려움이 가격 상승을 초래하겠지만 더 많은 석유 탐사가 진행될 것이다. 석탄의 경우, 현재 매장량은 지금 속도의 생산과 소비 수준으로 110년 동안 사용할 수 있다.

채굴 가능한 화석연료 매장량도 예측되어왔다. 이는 지나치게 비용이 높지 않고 채굴에 대한 심각한 반대도 없는 매장량을 의미한다. 비록 추측이지만 오일과 가스 매장량은 현재의 속도로 100년간 사용 가능하며, 석탄의 경우 1000년 이상 사용 가능하다고 한다. 또한 잠재적으로 채굴 가능한 화석연료 이외에도, 메탄 수화물 같은 다량의 에너지 보유고도 있다. 그러나 추출하는 과정이 훨씬 더 어려울 것이다. 그 밖에도 최근 미국의 셰일 가스 혁명은 '수압파쇄' 기술을 통해 더 많은 가스 채굴의 가능성을 열어놓았다. 따라서 미국은 2035년까지 에너지 자급자족 국가가 되는 길로 들어선 셈이다.

그러므로 화석연료의 사용을 제한하는 이유는 앞으로의 이용 가능성보다는 환경 및 경제적 문제에 있다.

미래 에너지 전망

앞서 6장에서 IPCC의 지원을 받은 RCPs 시나리오를 설명했다. 미래 에너지 수요의 영향에 관한 여러 가지 가능성(인구 구조 변화, 경제성장과 사회 및 정치적 발전 등), 그 수요를 어떻게 충족시킬 것인지, 온실가스 농도와 복사 강제력의 변화가 어떤 결과로 이어질지에 대해 상세히 다루었다. 또한 기후 변화에 대한 그러한 시나리오가 과연 어떤 의미를 내포하는지도 살펴보았다. 10장에서는 인간이 초래한 기후 변화를 막

2050년까지의 미래 에너지 시나리오

IEA는 최근 보고서 〈에너지 기술 전망 2014(Energy Technology Perspectives: World Energy Outlook 2014)〉[3]에서 2050년까지 지구 온도 상승 섭씨 2도, 4도, 6도의 시나리오를 기반으로 2DS, 4DS, 6DS의 상황을 전망했다(그림 11.2 참조).[4] 이 시나리오를 RCPs에 견준다면 2DS는 RCP 2.6, 4DS는 RCP 4.5에서 RCP 6.0, 6DS는 대략 RCP 8.5에 해당할 것이다.

6DS 시나리오에 따르면 2011년 대비 에너지 사용량 3분의 2 증대와 온실가스 방출 증가로 끔찍한 결과를 초래할 것이다.

4DS 시나리오는 온실가스 감축과 에너지 효율성 향상 같은 각국의 의무 사항을 감안한다. 섭씨 4도 상승 시 2050년 이후에도 엄청난 감축 노력을 요구할 것이며, 역시 극단적인 기후 변화의 영향을 피할 수 없을 것이다.

2DS 시나리오의 경우, 기후과학자들이 정의하는 바 지구 온도 상승 섭씨 2도를 달성할 50퍼센트의 확률에 맞춘 감축 노력을 요구할 것이다. 이는 2050년까지 온실가스를 반 이상 감축해야 하며, 2100년 제로 수준까지를 의미한다.

2DS 시나리오는 재생 가능 에너지 생산 확대, 운송의 대규모 전력화, 열펌프 기술이나 휴대용 온수 활용을 통한 건물의 전력화 증대에 달려 있다. 이 장에서는 2DS를 달성하기 위한 조건을 논의할 것이다.

그림 11.2는 2050년까지 우리가 소비하는 에너지가 어떻게 생산되어 사용될지 2DS 시나리오에 따라 예측한다. 그림 11.3은 자원에서 소비자까지 에너지의 흐름을 보여준다. 다양한 기술 활용을 통한 에너지자원의 규모 및 흐름을 제시한다. 세계 평균, 대략 1차 에너지의 22퍼센트가 운송에서 사용되며, 44퍼센트가 산업, 30퍼센트는 건물(주거지 3분의 2, 상업 건물 3분의 1)에서 사용된다. 어느 정도의 에너지가 전기 형태로 사용되는지 살펴볼 수 있어서 흥미롭다. 1차 에너지의 3분의 1 이상이 전력으로 생산된다. 평균적으로 이 전력의 절반은 산업에서, 나머지 절반은 가정이나 상업에서 사용된다.

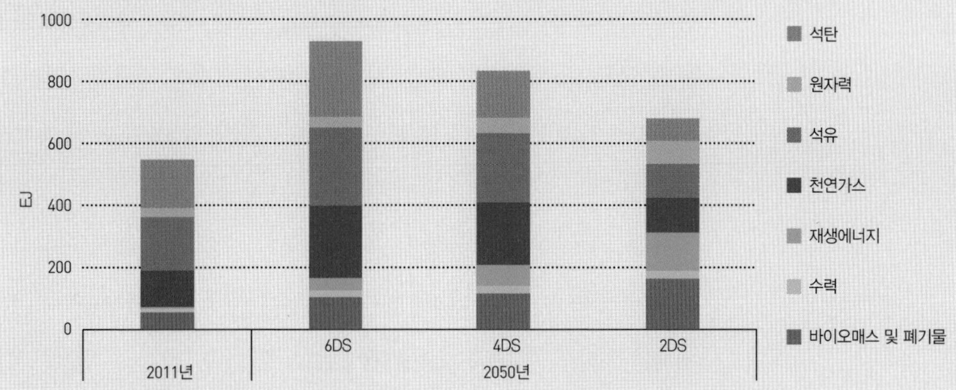

그림 11.2 2011~2050년 에너지 수요 증가의 다양한 시나리오. 2DS는 에너지 효율성, 재생에너지, 원자력 에너지원을 이용해 화석연료 의존도를 상당히 낮춘 시나리오다.

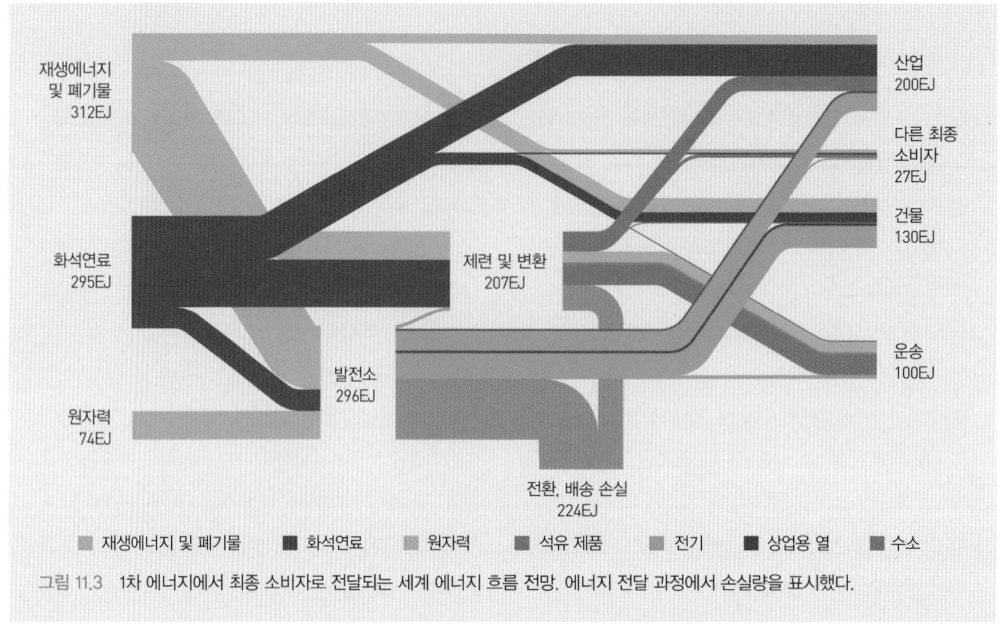

그림 11.3 1차 에너지에서 최종 소비자로 전달되는 세계 에너지 흐름 전망. 에너지 전달 과정에서 손실량을 표시했다.

기 위해 온실가스 농도를 안정시켜야 한다는 FCCC의 의무 사항이 논의되었다. CO_2e 방출의 안정화 수준에 대한 다양한 시나리오도 앞서 설명했다. 더불어 산업화 이전 대비 지구 온도 상승을 섭씨 2도로 제한하자는 주장이 제기되었다(2DS 시나리오). 이는 대기 중 이산화탄소 농도 450ppm CO_2e의 목표치를 의미한다. 세계의 에너지 생산자와 소비자들이 이러한 목표를 어떤 방법으로 달성할 것인지 이 장에서 다룰 것이다.

아래의 내용은 IEA 종합 보고서 〈에너지 기술 전망 2014〉[5]의 주요 사안이다. 2DS 시나리오의 성과가 어떻게 지속 가능한 세계 에너지 체제를 이룰 수 있는지 보여준다.

• 세계 인구 증가와 경제성장은 2DS 시나리오에 명시된 세계 에너지 수요

에너지 집약도와 탄소 집약도

한 국가의 에너지 효율성 지표를 나타내는 지수는 GDP 대비 연간 에너지 소비량의 비율로 따진다. 이를 **에너지 집약도**(energy intensity)라고 부른다.

그림 11.4에서 보듯, OECD 국가들의 GDP가 1970~2012년에 세 배 증가했고, 에너지 소비량 역시 50퍼센트 증가했다. 비OECD 국가들의 경우 여덟 배의 GDP 증가, 400퍼센트의 에너지 소비량 증대를 엿볼 수 있다.

이 장에서 중요한 부분은 바로 **탄소 집약도**다. 이는 주어진 에너지 사용 안에서 측정한 탄소 방출량이다. 탄소 집약도는 연료마다 다르다. 예를 들어 천연가스의 탄소 집약도는 석유보다 25퍼센트 적고, 석탄보다 40퍼센트 적다. 재생 가능 에너지의 경우 탄소 집약도는 낮으며, 재생 가능 에너지를 생산하는 장비 제조 과정에 달려 있다(예를 들면 태양 전지의 제조 및 설치 과정).

카야 아이덴티티(Kaya Identity)는 탄소 집약도, 에너지 집약도, 1인당 또는 인구당 GDP 네 가지 지수의 산물로, 에너지 관련 이산화탄소 방출 정도를 나타낸다. 미래 탄소 배출량을 줄이기 위해서는 에너지 및 탄소 집약도 역시 소득과 인구의 증가를 앞지를 만큼 신속히 감소시켜야 한다.

세계 탄소 방출량이 매년 17Gt 이상 증가했고 세계 에너지의 탄소 집약도는 지난 40년간 별로 낮아지지 않았다(그림 11.4). 그림 11.5에서 6DS, 4DS, 2DS의 시나리오 예측을 확인할 수 있다. 4DS와 2DS의 기술과 정책 방향은 탄소 집약도를 급격히 낮추기 위해 에너지 공급의 탈탄소화 및 에너지 효율성 향상에 집중한다.

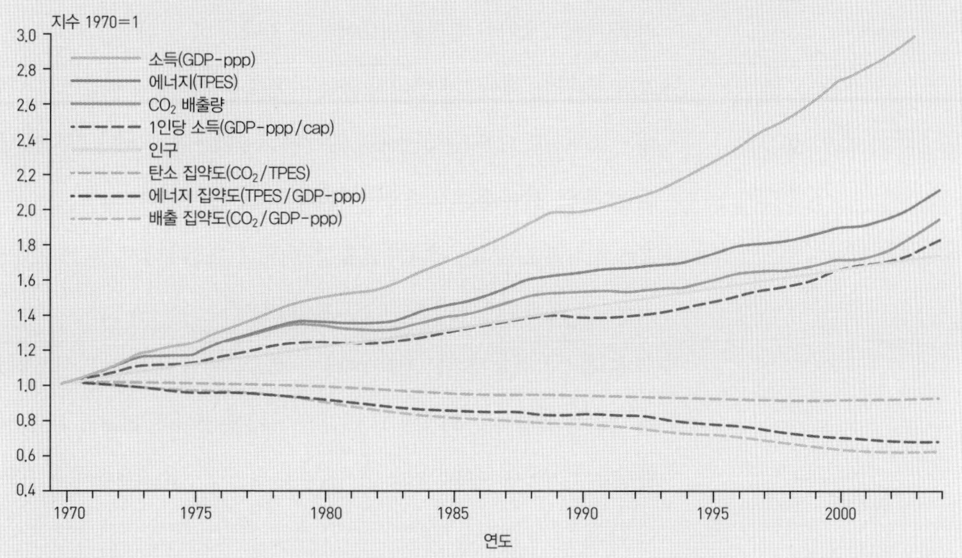

그림 11.4 1970~2012년 GDP의 상대적 추이(ppp: 구매력 차이로 측정된 GDP). 총 1차 에너지 공급(TPES), 이산화탄소 배출 및 인구를 나타냈다. 점선은 1인당 소득, 에너지 집약도, 탄소 집약도를 보여준다.

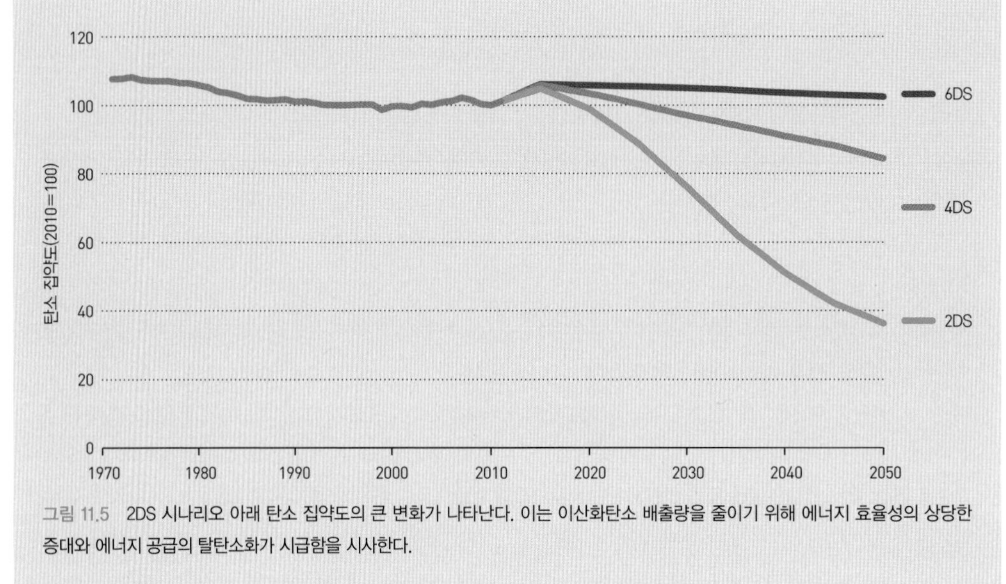

그림 11.5 2DS 시나리오 아래 탄소 집약도의 큰 변화가 나타난다. 이는 이산화탄소 배출량을 줄이기 위해 에너지 효율성의 상당한 증대와 에너지 공급의 탈탄소화가 시급함을 시사한다.

의 25퍼센트 증가와 별개로 이루어질 수 있다.

- 2DS 시나리오에서 1차 에너지 공급 가운데 화석연료의 비중이 2011년에는 80퍼센트, 2050년에는 40퍼센트 이상 줄어든다. 그러나 화석연료는 산업, 운송, 전력 생산 부문에서 여전히 중요한 자원이다.
- 2DS 시나리오에서는 에너지 효율성 증대, 신재생에너지, 탄소 포집 및 저장으로 세계 탄소 감축에 큰 효과를 가져온다.
- 세계 에너지 수요 증가는 모든 에너지 매체를 훨씬 능가한다. 이는 에너지 공급과 최종 사용의 급진적 변화를 가져올 것이다. 2DS의 목표치를 달성하기 위해서 전기 단위당 이산화탄소 방출량을 90퍼센트가량 감축해야 한다.
- 2050년까지 2DS 시나리오로 에너지 체제를 탈탄소화하기 위해 드는 44조 달러의 추가 비용은 115조 달러의 연료 절감(71조 달러의 순 절약)으

로 상쇄되고도 남는다. 고탄소 시장이 초래하는 비용을 피할 수 있는 경제적 이익이 되는 셈이다.

매년 100만 톤의 이산화탄소를 분리하는 노르웨이 해안의 스타토일 하이드라(Statoil Hydra)의 슬라이프너(Sleipner) T 가스 플랫폼.

에너지 투자 전망

IEA는 2005년과 2050년 사이 6DS와 2DS 시나리오를 달성하기 위한 세계 에너지의 재정적 투자 규모를 예측해왔다.

2013년, 에너지 효율성 향상을 위해 1300억 달러, 에너지 공급을

유럽, 미국 동부, 일본 해안 지역을 포함한 선진국 및 인구 집중 지역을 보여주는 인공조명.

위해 1조 6000억 달러가 투자되었다. 현재의 계획대로라면 이 수치는 2035년까지 매년 2조 달러의 에너지 공급, 5500억 달러의 에너지 효율성 기술 투자 규모로 늘어날 것이다. 누적 합산으로 40조 달러의 에너지 공급, 8조 달러의 에너지 효율성 기술 투자 규모에 이를 것이다.

6DS 시나리오에 따르면 현재의 석유 및 가스 지대로부터의 에너지 생산 감소를 상쇄하고 기존의 발전소를 대체하는 데 20조 달러 이상이 요구될 것이다. 발전소를 대체하려면 OECD 국가에서 전력 생산 투자 규모의 60퍼센트가 요구된다. 이러한 투자는 연료 전환과 더 효율적인 기술 활용을 통해 에너지 체제의 체질을 바꿀 수 있는 진정한 기회가 될 것이다.

에너지 효율성 부문에서 8조 달러의 투자는 운송과 건축 분야에 90퍼센트가 집중될 것이다.

2DS 시나리오를 달성하기 위한 세계 누적 투자 규모는 53조 달러에 이르며, 그중 2035년까지 15퍼센트의 소비를 줄이기 위한 효율성

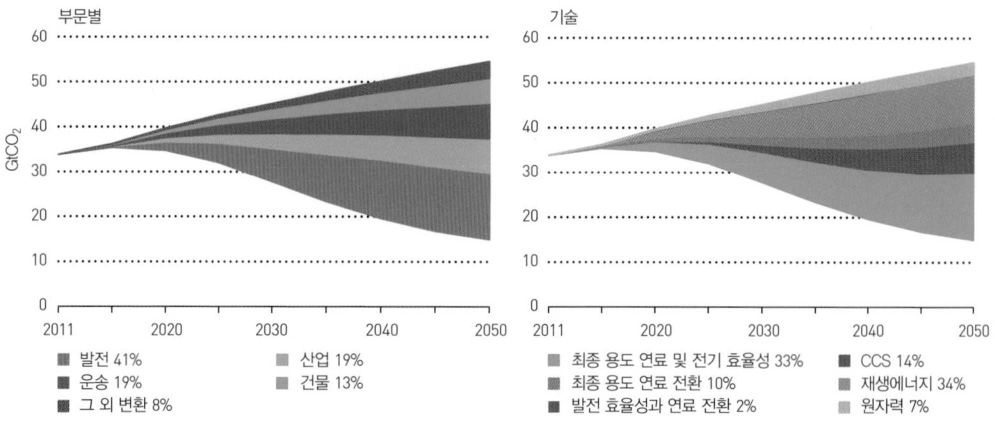

그림 11.6 6DS 대비 2DS 시나리오의 에너지별 배출량 감소 표시. 기술 면에서 전기 및 연료 효율성 증대를 통해 33퍼센트, 전력 생산은 41퍼센트를 기여할 것이다.

부문 투자의 규모는 14조 달러에 이를 것이다(《세계 에너지 전망》). 그뿐만 아니라 매년 1조 달러의 에너지 효율성 부문 투자와 저탄소 에너지 개발에 9000억 달러의 투자가 요구된다.

2050년까지 2DS 시나리오에서 에너지 체제의 탈탄소화를 이루는데 추가적으로 44조 달러가 필요하며 이는 115조 달러의 연료 절약에 따른 상쇄 효과를 생각하면 적은 수치다.

장기적인 에너지 전략

실행 방안을 논하기에 앞서 나는 한발 물러나 여러 해결책과 가능한 기술을 어떻게 선택해야 할지에 관해 살펴보고 싶다. 해결책을 글로 쓰기는 상대적으로 쉽지만, 여러 가지 방안 가운데 최선의 선택을 어떻게 해야 할까? 이 문제에 단 한 가지 해결책이나 최선의 기술은 없다. 각 나라와 지역마다 적절한 해결책이 다르다. 내가 종종 듣는 간단명료한 답변은 이렇다. **시장에 맡겨라, 세 가지 해결책이 있다면 첫째도**

기술, 둘째도 기술, 셋째도 기술이다. 시장과 기술은 중요하고도 효율적인 도구다. 그렇지만 못난 선생이기도 하다. 시장과 기술이 내놓은 방안에 의존하기보다는 더욱 세밀한 해결책 고안이 필요하다.

경제와 환경의 관계는 절대적인 열쇠이므로, 통합적인 안목으로 해결해야 한다. 영국의 고든 브라운 재무장관이 2005년 연설에서 언급한 대로, 경제는 환경의 부수적인 부분이다.[6]

시장을 살펴보자. 시장은 가격과 관련해서 단기간에 상당히 민감하게 반응한다. 시장은 지난 20년간 에너지 가격을 낮추는 데 효과적이었다. 그러나 시장은 환경이나 다른 문제를 고려하지 않는다. 경제학자들은 탄소세나 탄소 배출권 거래제를 통해 이러한 요소가 시장 안에 내부화되어야 한다는 원칙에 지난 수년간 동의해왔다. 그러나 대부분의 정부는 이런 조치를 취하는 데 늑장을 부리고 있다. 노르웨이의 경우, 탄소세로 인해 가스를 채굴한 지층으로 이산화탄소를 다시 주입하는 일이 생기고 있다. 이와 대조적으로 항공 산업에는 이러한 경제적 조치가 부재하며 세계 항공 산업은 지속 불가능한 속도로 성장하고 있다.

건물: 에너지 보존과 효율성

필요하지 않을 때 집 전등을 끈다든가, 온도를 1~2도 조절하거나 집에 단열 효과를 더한다면 결국 에너지를 절약하는 셈이다.

그런데 이러한 노력이 에너지 사용 전반에 큰 영향을 미칠까? 에너지 사용에 충분한 가치가 있는 계획 설계가 가능한가?

이 질문에 답하기 위해서 현재 에너지 사용의 효율성을 살펴보자.

미래 에너지 전략의 구성 요소

(1) **장기적인 계획이 우선**: 50~100년을 내다보아 기후 변화의 여러 가지 요인, 예를 들어 대기 중의 이산화탄소 수명, 해양의 피해, 에너지 기반 시설의 지속성 등을 고려한다.

(2) **유망 기술은 투자가 반드시 필요**: 서유럽의 조력 및 파력 에너지 참조(428쪽 참조).

(3) **사회적 문제 및 '삶의 질' 고려**: 에너지가 한 집단에 전달되는 과정에서 나오는 문제다. 집단 구성원의 참여로 운영되는 작은 지역 공장에서의 에너지 공급은 다양한 사회적, 집단적 성격을 띤다. 도시의 최선책이 시골에서 최선일 수는 없다. 경작, 산림 폐기물 및 잔여물의 에너지 가치는 세계 전체 에너지 필요량의 10퍼센트를 차지한다.[7]

(4) **에너지 안보**: 이는 자주 언급되는 문제로 전략의 일부여야 한다. 가스 배송관이 어떻게 대륙을 통과할 것이며 정치적 제재로부터 얼마나 안전한가? 핵발전소가 테러 공격이나 핵폐기물 활용을 통한 핵 확산에서 얼마나 자유로운가? 안보 문제는 좀더 통합적이고 총체적이어야 한다. 에너지 안보는 세계 안보와 분리해 생각할 수 없다.

(5) **상호 협력**: 선진국과 개발도상국 모두 다국적 산업체 및 회사들과 협력해 지속 가능하고 형평성 있는 해결책을 강구해야 한다. 개발도상국의 지속 가능한 에너지 발전이 가능하려면 선진국에서 개발도상국으로 대규모의 기술 이전은 필수적이다.

(6) **도달 가능한 목표와 시간 계획 설정**: 국내외, 지역, 개인과 사회 모든 방면에서 목표를 세워야 한다. 어떤 회사든 성공적인 사업을 위해 목표 설정을 중요하게 여기는 법이다. 자발적인 참여만으로 변화를 기대하기 어렵다.

석탄, 석유, 가스, 우라늄, 수력, 풍력 에너지를 **1차 에너지**라 부른다. 열처럼 바로 사용하기도 하고, 전동이나 전기로 전환해서 사용하기도 한다. 에너지 전환 및 전송 과정을 거쳐 최종 사용 형태로 바꾸기 위해서는 적잖은 1차 에너지가 소비된다. 예를 들어 1단위의 전력을 생산하려면 3단위의 1차 에너지가 필요하다. 과거의 백열전등은 1차 에너지를 빛 에너지로 전환하는 데 약 3퍼센트의 효율성을 지닌다. 불필요한 전등 사용 때문에 전체적으로 1퍼센트의 효율성이 떨어진다. 15와트가 요구되는 에너지 저효율 전구를 5와트의 에너지가 필요한 LED(light-emitting diode)로 전환할 경우, 백열전등에 필요한 에너지의

90퍼센트를 절약한다. 이상적인 장치에 요구되는 실제 에너지 사용량이 각 에너지별로 측정되어왔다. 그러한 '이상적인 장치'의 효과를 정확히 기술하기는 어렵지만(395쪽 상자의 열역학적 효율성 설명을 참고하라), 에너지 효율성 향상의 가능성이 크다는 점이 결론이다.[8] 이제 우리는 건물의 에너지 절약, 그다음에는 운송 및 산업에서 에너지 절약의 가능성을 다룰 것이다.

우리는 편의를 위해 건물 안에서 겨울에 난방을 하고, 여름에 냉방을 한다. 미국의 경우, 에너지 전체의 36퍼센트가 건물 안에서 사용된다(이 중 3분의 2가 전기). 그중 약 20퍼센트는 난방, 3퍼센트는 냉방이다.[9] 건물 안의 에너지 수요는 과도기적인 경제 국가를 제외하고 세계적으로 매년 평균 3퍼센트씩 증가했다(1970~1990년). 또한 지난 10년 동안 매년 2.5퍼센트의 증가율을 보였다. 이러한 추세를 어떻게 역행할 수 있을까?[10]

건물 부문에서 에너지 효율성을 올리기 위해서는 기존 건물에 적절한 단열재를 설치하는 효과적인 설계가 필요하다. 이는 겨울의 난방 에너지(397쪽 상자 참조)와 여름의 냉방 에너지 사용량을 낮출 것이다. 영국과 미국을 비롯한 많은 국가가 스칸디나비아 국가들에 견주어 건물에 상대적으로 낮은 단열 기준을 적용한다. 새로 짓는 가정용, 상업용 건물에는 높은 단열 기준을 적용해 설계 및 건축함으로써 에너지 사용량을 최소화하고 자연형 태양열 설계(passive solar design, 422쪽 상자 참조)를 최대로 활용해야 한다.[11] 낭비를 막기 위해 장치의 효율성을 개선하거나 조절 장치를 사용해 에너지를 크게 절약할 수 있다. 이때 드는 비용은 에너지 절약을 통한 비용 절감보다 적을 것이다. 미국이나 그 외 다른 나라의 전기 회사들은 신기술 장치 대신 에너지 절약

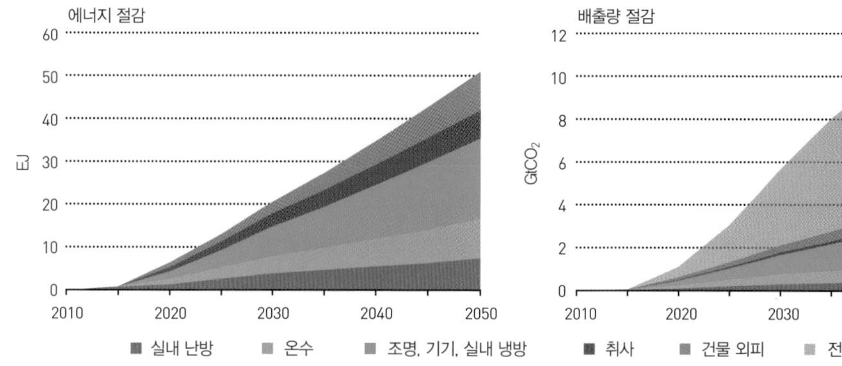

그림 11.7 6DS와 2DS 시나리오 사이의 건물에 대한 투자를 통한 에너지 절감. 이는 에너지 절감의 가장 중요한 요소로 전기 탈탄소화를 보여준다. IEA 추정에 따르면 기술과 고효율 달성으로 2050년 무렵 50EJ, 즉 현재 중국, 프랑스, 독일, 일본, 미국 전체의 건물 에너지 사용량에 해당하는 양을 절감할 수 있다.

조치를 실행한다. 이러한 방법은 다른 선진국에서도 가능할 것이다. 기존의 공장이나 장비들이 효율적으로 사용된다면 과도기적 경제 국가나 개발도상국에서도 가능한 절약 조치일 것이다.

건물을 지을 때 **통합건축설계**(Integrated Building Design)를 활용해 상당한 절약을 실현할 수 있다. 보통 난방, 냉방, 환기 체계는 보통 주요 설계에서 분리된다. 통합건축설계의 장점은 설계의 규모를 포함한 여

열역학적 효율성

에너지 사용의 효율성을 고려할 때 열역학 제1법칙과 제2법칙을 구분하는 것이 중요하다. 난방 시 에너지 사용은 제2법칙이 적용된다.

한 건물을 데우는 데 필요한 보일러는 연료 연소를 통해 방출된 에너지의 80퍼센트를 나른다. 나머지는 파이프나 연통에서 손실된다. 이 80퍼센트를 가리켜 제1법칙의 효율성이라고 한다. 100단위의 에너지를 소모하는 열역학적 난방 기기는 7단위의 에너지만 생산해낸다(외부 온도 섭씨 0도에서 건물의 실내 온도 20도를 유지하기 위해). 이 경우, 제2법칙을 적용한 열효율은 6퍼센트 이하다.

열펌프는 제2법칙을 활용한 기기이며, 사용되는 전력보다 더 많은 에너지를 전달한다. 제2법칙의 에너지 효율성은 고작 30퍼센트이지만, 사용되는 1차 에너지양보다 더 많은 열을 낼 수 있다. 그러나 비교적 초기에 많은 자본이 필요하고 유지 비용이 들기 때문에 열펌프의 보급률은 느리다. 성공 사례는 스웨덴 웁살라의 도시 난방이 있다. 열을 내는 데 4MW의 전력이 사용되지만 14MW의 열에너지를 생산한 경우다. 이제 지열원과 공기 열원 열펌프 기술은 상당히 보편화되었고, 앞으로도 건물의 난방 효율성 제고에 중대한 기여를 할 것이다.

기기의 효율성

가정용 및 상업용 건물에서 기기 전력 소비량을 줄일 수 있는 가능성도 크다. 모든 사람이 가장 효율적인 기기를 구입한다면 총 전력 소비량을 반 이상 줄일 수 있다.

조명을 예로 들어보자. 미국의 경우, 전기 총 사용량의 5분의 1이 조명 부문이다. 이는 LED로 교체해 전력량을 쉽게 감소시킬 수 있다. LED는 보통 전구만큼 환하지만 이와 비교해서 10퍼센트의 전력을 소비하며, 수명이 다섯 배 정도 길다. 이는 사용자에게 엄청난 경제적 절약인 셈이다. 5파운드의 5와트 LED(밝기는 100와트 백열전구에 해당한다)를 구입한다면, 20파운드도 안 되는 전력을 소비할 것이다. 5년 동안 매일 8시간 기준으로 말이다. 동일한 시간을 기준으로 4파운드의 전구 8개는 200파운드 상당의 전력을 소비하게 된다. 그러므로 순 절약 비용은 175파운드인 셈이다.

1990년대 초반에 구입한 가정용 기기(취사기기, 세탁기, 식기세척기, 냉장고, 조명) 1일 평균 전력량은 대략 10kWh다. 이를 더 효율적인 기기로 교체할 경우 3분의 2 정도 전력량을 감소시킬 수 있을 것이다. 새로운 기기를 구입하는 추가 비용은 사용하는 시간이 지나면서 상쇄된다. 다른 부문의 기기 사용에서도 비슷한 계산이 적용될 수 있다.

러 가지 측면의 시너지를 고려해 에너지 절약 기회를 노린다는 것이다. 통합건축설계같이 에너지 효율성 제고를 이용한 다양한 건축 사례가 있다. 이는 50퍼센트나 그 이상의 에너지 사용량을 줄이며, 전통적인 방법으로 설계한 건물보다 훨씬 받아들이기 쉽고 사용자 친화적이다. 탄소 제로 배출 개발(Zero Emission Developments, ZED)을 목표로 한 혁신적인 건축 설계 사례도 있다.

비용 절감과 동시에 효율성 제고는 이론상으로 좋게 들린다. 그러나 현실적으로 에너지 사용 증가로 인한 편익의 증가 때문에 비용 절감과 효율성 제고를 동시에 달성하는 시나리오는 쉽게 현실로 이뤄지지 않는다. 그러므로 에너지 효율성 제고 조치는 에너지 사용을 줄이기 위한 대중 차원의 교육이 동반되어야 한다.

건물이나 기기의 에너지 효율성 제고와 더불어 건물 부문에서 무탄

건물의 단열

약 15억 명의 사람들이 건물에 난방이 필요한 추운 기후 아래 살고 있다. 대부분의 나라는 건물의 단열이 잘 안 되어 난방에 드는 에너지가 필요 이상이다(그림 11.8).

표 11.1은 두 채의 집을 비교하는데 지붕, 벽, 창문이 단열된 경우 반 이상의 에너지 절감 효과가 있음을 보여준다(5.8kW→2.65kW). 적은 단열 비용으로 에너지 비용을 신속히 낮출 수 있다.

또한 집 내부에 공기를 순환시키는 체계가 갖춰지면 들어오는 공기가 나가는 공기와 열을 교환할 수 있어서 필요한 열에너지는 절감된다. 이 경우 열에너지 사용량을 더 낮추기 위해 단열을 하는 게 효과적이다.

그림 11.8 영국 스코틀랜드 애버딘을 지상에서 적외선 촬영한 이미지. 단열 효과가 떨어지는 지역은 붉은색으로, 단열 효과가 높은 곳은 파란색으로 처리했다.

표 11.1 1층 8m×8m 규모 2층 독립 주택의 두 가지 가정(단열이 제대로 갖춰지지 않은 주택과 단열이 잘된 주택). 열 손실(*U*-value는 섭씨 1도 기준 w/m²으로 나타낸 부분별 열전도율을 의미한다)이 따른다. 영국에서 주택을 매입할 때는 에너지 성능 증서(Energy Performance Certificate)를 부여하며 에너지와 돈을 절약할 수 있는 에너지 절감 조치를 장려한다.

	열악한 단열	적절한 단열
벽(총 면적 $150m^2$)	벽돌+공동+블록: *U*-value 0.7	벽돌+공동+블록 75mm 두께의 공동의 단열재: *U*-value 0.3
지붕(면적 $85m^2$)	단열 안 됨: *U*-value 2.0	150mm 단열재로 씌움: *U*-value 0.2
바닥($64m^2$)	단열 안 됨: *U*-value 1.0	50mm 단열재 포함: *U*-value 0.3
창문(총 면적 $12m^2$)	단순 창: *U*-value 5.7	낮은 투과율 코팅 이중창: *U*-value 2.0
열 손실(kW), 외부 온도 차 10℃	지붕 1.7 벽 1.1 창문 0.7 바닥 0.7	지붕 0.2 벽 0.45 창문 0.2 바닥 0.2
총 열 손실(kW)	4.20	1.05
시간당 공기 1.5 변화에 필요한 추가 열(kW)	1.60	1.60
전체 필요 열(kW)	5.80	2.65

소 에너지원 개발로 전환이 함께 이뤄져야 하며 이는 뒤에서 다루려고 한다.

ZED

베딩턴 제로 에너지 단지(Beddington Zero Energy Development, BedZED)는 런던 서턴 자치구(Borough of Sutton)의 재개발용 황무지에 건설된

도시형 마을이다. 82가구의 아파트, 복층주택, 타운하우스와 더불어 업무 공간과 공공시설이 갖춰져 있다.[12] 초단열 및 바람에 의한 환기 체제는 열 회복력과 실내에 들어온 태양열을 결합해 에너지 수요를 낮춘다. 135kW의 나무 연소형 열병합발전소는 마을 전체의 에너지 수요를 충족시키기에 충분하다. 109kW의 태양광발전형 설계는 40대의 전기 차, 수영장, 택시 등을 이용할 수 있는 전기를 공급한다. 이 마을은 건물 부문과 재생 에너지 수송에서 탄소 중립적인 생활 방식을 영위할 수 있는 능력을 갖추고 있다.

운송 부문의 에너지 및 이산화탄소 절감

2011년 기준으로 운송은 온실가스 배출량의 20퍼센트를 차지하며, 온실가스 방출이 가장 빠르게 증가하는 부문이기도 하다(그림 11.9). 이

그림 11.9 6DS 시나리오 BAU 아래 세계지속가능발전위원회(World Business Council on Sustainable Development, WBCSD)에서 예측한 지역 및 수단별 운송 에너지 소비 전망.

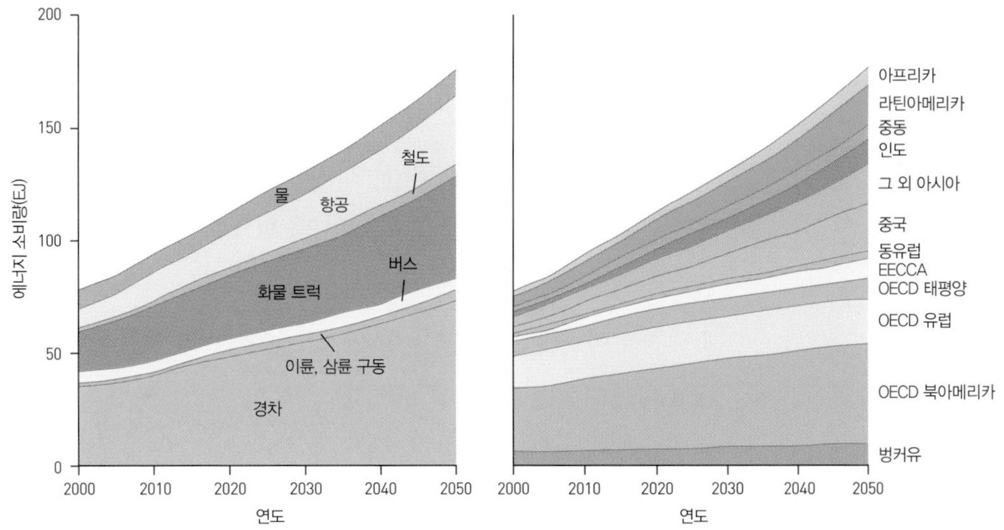

중 육로 운송의 비중이 70퍼센트 이상으로 가장 크며, 해상 운송이 20퍼센트, 항공 운송이 10퍼센트를 점유한다.[13] 도로 화물 운송은 운송 부문 석유 수요 증대의 약 45퍼센트를 차지한다. 경차 소유 인구는 현재 7억 5000만에서 2030년에 두 배, 2050년에는 세 배까지 증가할 것으로 예상된다. 특히 소득 증대로 개발도상국들에서 큰 증가율을 보일 것이다.[14] 국가마다 다른 차량 1대당 인구수의 차이로 인해 이러한 추세는 피할 수 없다.

예를 들어 미국은 차량 1대당 1.5명, 중국은 30명, 인도는 60명으로 각각 다르다. 2050년에는 항공 운송 부문에서 다섯 배의 증가를 보일 것으로 예상되며, 대부분이 개발도상국에서 나타날 것이다. 부의 증가는 한 개인의 이동과 화물 운송의 증가를 동시에 가져온다. 그러므로 특히 운송 부문에서 이산화탄소 배출 감축은 더욱 어려워질 것이다.

차 운송 부문에서 이산화탄소 방출량의 증대를 막기 위해서는 세 유형의 조치가 필요하다(그림 11.9, 11.10). 첫째, 에너지 사용 및 연소의 효율성을 높이고 탈화석연료화하는 것이다. 우리는 일반 승용차와 휘발유 약 4리터로 1만 2000킬로미터를 뛰는 차량을 비교할 수 없다. 운송에 얼마나 비효율적으로 에너지를 사용하고 있는가! 그러나 기존 기술 즉 효율적인 엔진, 경량의 구성, 공기저항을 낮춘 디자인을 활용하면 오늘날의 승용차 평균 연소 소비량을 반으로 줄일 수 있다(402쪽 상자 참조). 적절한 성능을 유지하면서 말이다. 고효율 전지나 수소 연료 전지를 이용한 전기 추진도 활용할 수 있다. 둘째, 개인 운송 수단이 별로 필요 없는 도시나 단지를 개발하는 것이다. 이 경우 대중교통이나 도보를 통해 출근, 여가, 쇼핑을 즐길 수 있다. 물론 이는 편리하고 저렴하며, 안전한 대중교통 시설의 중요성을 인식하는 것과 연결되

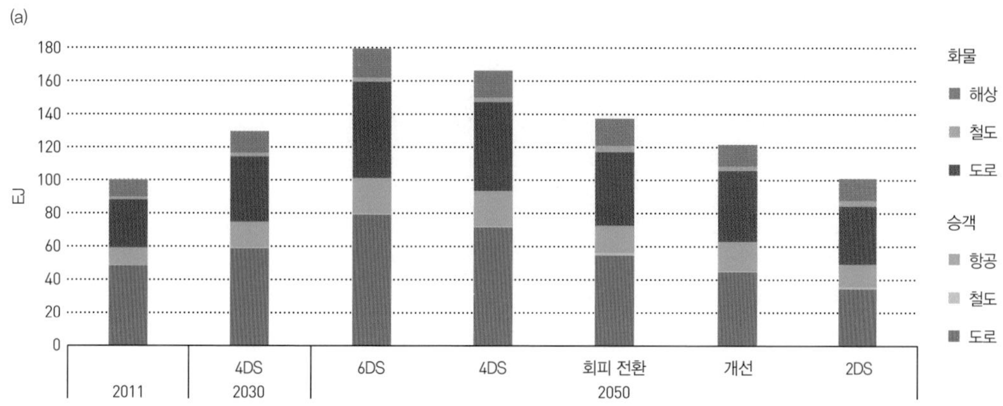

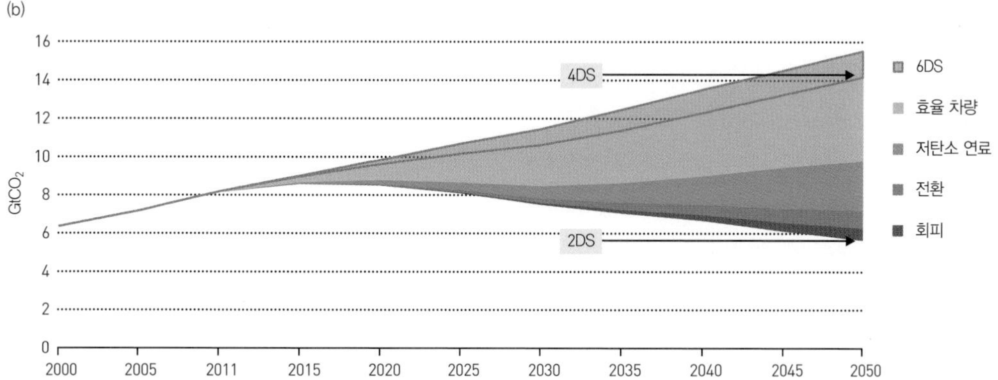

그림 11.10 시나리오별 운송 부문의 세계 에너지 소비(a, b). IEA는 2DS를 달성하기 위해 **회피**(Avoid), **전환**(Shift), **개선**(Improve) 철학을 제안했다. **회피**는 도시 계획과 수요 관리를 통해 각 개인의 여행 증가 속도를 줄인다. **전환**은 일부 여행에서 경유, 도보, 자전거 등의 더 효율적 수단을 이용하거나 상품 수송 수단을 트럭에서 철도로 변경한다. **개선**은 신기술과 최대 절감을 달성하는 연료 선택을 장려한다. 이 세 가지 제안은 에너지 사용률과 CO_2 배출량 감축에 중대한 기여를 한다.

어야 한다. 셋째, 불필요한 이동을 줄이고 가장 효율적인 방식을 개발해(육상, 항공보다 철도나 해상) 화물 운송의 에너지 효율을 높이는 것이다.

2DS 시나리오는 운송 부문 관련 석유 생산을 30퍼센트 감축하기를 전제한다. 그 가운데 90퍼센트는 효율성 제고와 연료 전환을 통해 가능하다. 이는 2050년까지 운송 부문에서 25퍼센트의 배출량 감축을 유도할 것이다.

항공 운송 부문은 차량보다 훨씬 급속한 증가 추세를 보인다. 전 세계 항공 여행(승객 수–km)은 향후 10년 안에 매년 약 5퍼센트씩 늘어날 것이다. 동시에 총 승객 수도 2017년까지 31퍼센트 증가할 것이다. 승

승용차의 이산화탄소 감축 기술

최근 기술 개발은 내부 연소와 전기 구동력 및 배터리를 결합하는 하이브리드 전기 차에 이르렀다. 하이브리드 전기 차의 경우, 에너지와 연료의 효율성 증대에서 얻을 수 있는 이득은 일반적으로 50퍼센트다. 그 이유는 다음의 네 가지로 요약할 수 있다. (1) 재생 제동(regenerative braking), (2) 저속이나 교통 체증 시 배터리와 전기 견인 장치로 작동, (3) 내부 연소 엔진의 저효율 모드 피함, (4) 모터나 배터리 동력 장치로 내부 연소 엔진 축소. 도요타와 혼다는 하이브리드 차량을 도입한 선두 주자이며 이후 다른 업체들도 따라가고 있다. 가장 최근의 개발은 배터리식 전기 차(plug-in hybrid)다. 이 차는 보통 혹은 큰 차량의 배터리가 상업적 전기 공급에 의해 움직이도록 한다. 단거리 여행을 할 때 배터리식 전기 차는 배터리에 의존해 달릴 수 있다. 이는 화석연료 없이 전기로 작동해 이산화탄소 방출을 완전 차단할 수 있다.

효율성 개선은 경량 구조재 활용, 공기저항을 낮춘 디자인 개선, 대형 트럭에서 사용되는 직접 주입 디젤엔진으로도 가능하다.

배터리 기술도 상당히 발전하고 있으며, 이는 무탄소 상업 전기를 이용한 차량 보급을 가능하도록 할 것이다. 이미 런던 같은 도시에서 배터리 충전식 전기 차량과 재생에너지에서 비롯된 수소 연료 기반의 연료 전지(fuel cell) 택시나 버스를 볼 수 있다(그림 11.19). 이 신기술은 2050년까지 몇 조 달러의 투자로 운송 부문에 혁신을 불러일으킬 가능성이 있다. 투자 규모는 운송 부문에 드는 사회적 비용의 작은 일부일 뿐이다.

화석연료를 쓰지 않는 농작물에서 비롯된 바이오 연료도 승용차의 연료로 이용 가능하다. 예를 들어 브라질의 사탕수수에서 에탄올을 생산하고 있으며, 바이오디젤도 더욱 보편화되고 있다.

객용, 화물용, 군대용을 포함한 총 항공연료 사용도 매년 3퍼센트의 증가율을 보일 것이다. 차량 운송과 항공 운송의 격차는 연료 효율성 증대에서 기인하며, 앞으로도 계속 커질 듯하다.[15] 그러나 연료 효율성 증대는 항공 운송의 규모가 커지는 것을 따라잡을 수 없다. 2050년까지 등유(파라핀)의 대체품으로 바이오 연료가 기존 항공연료의 30퍼센트를 대체할 것으로 예상된다. 수소 또한 장기적인 대체품으로 제안되었지만 건조한 상층 대류권에 수증기 주입했을 때의 영향은 아직 더 연구되어야 하는 부분이다. 비행 고도를 상당히 낮추지 않는다면 운량의 증가를 초래할 것이다.

3장에서 언급한 것처럼 항공 운송의 또 다른 문제는 이산화탄소 배출만이 지구 온난화의 주범이 아니라는 점이다. 다른 물질들의 방출 증가 때문에 운량이 늘어나면 큰 영향을 초래한다. 이를 최소화하기 위한 운영의 변화도 제안되었지만, 감축 방안을 본격적으로 실행하기에 앞서 이러한 현상을 좀더 정확히 이해할 필요가 있다. 기후 변화를 완화하는 데 가장 큰 도전은 아마도 항공 부문에서 커지는 악영향을 통제하는 것일지 모른다.

산업에서의 에너지 및 이산화탄소

산업 부문은 현재 전 세계 1차 에너지 사용량의 비중에서 약 3분의 1을, 이산화탄소 배출량의 4분의 1을 차지한다. 그중 30퍼센트는 철강 산업, 27퍼센트는 비금속 광물(주로 시멘트), 16퍼센트는 화학물질과 석유화학 물질 생산에서 비롯된다.[16] 이 모든 부문에 효율성 제고를 위한 엄청난 기회가 존재한다. 적절한 통제와 최선의 기술(Best-available technologies, BAT), 열병합발전을 적용한다면 순 비용 절감뿐만 아니라 이산화탄소 방출량의 20~30퍼센트를 감축할 수 있다. 말하자면 후회 없는 조치인 셈이다. 다른 물질이나 폐기물 재활용(플라스틱)으로도 이산화탄소 방출 감축을 달성할 수 있다. 폐기물을 에너지원으로 활용하거나 바이오 연료 공급 원료를 저강도 탄소 연료로 전환하는 방법도 있다.

적절한 인센티브만 있다면 석유화학 산업에서 비용 절감과 동시에 상당한 이산화탄소 절감 효과를 노릴 수 있다. 예를 들어 브리티시 페

트롤륨(British Petroleum, BP) 회사는 탄소 배출권 거래제를 실행해 폐기물 제거와 탄소 누출 방지 및 메탄 제거 기술을 장려해왔다. 3년 뒤 6억 달러를 절약할 수 있었고, 탄소 배출량 역시 1990년 수준 아래인 10퍼센트 절감을 달성할 수 있었다.[17]

탄소 포집 및 저장 기술 역시 떠오르는 사안이다. 제철소의 용광로, 시멘트 가마, 암모니아 공장, 흑액 연소 보일러, 기화 장치(펄프, 종이) 같은 고탄소 농도의 배기가스에 가장 적당하다.

향후 수십 년간, 전 세계적으로 산업 활동은 엄청나게 증가할 것이다. 특히 개발도상국은 고효율을 가능케 할 기술 이전에 대한 수요가 아주 크다. 이산화탄소 방출을 감소시키는 진지한 조치가 없다면 이러한 성장 추세는 거스를 수가 없다. 그러나 2DS를 목표로 한 IEA 시나리오에 따르면 2050년에 산업 부문의 방출량은 2005년 수준 이하로 22퍼센트 줄어들 것이라고 한다. 이러한 감축 목표를 위한 정책 및 인센티브는 뒤에서 다시 다룰 것이다.

무탄소 전기 공급

세계 온실가스 방출량의 3분의 2를 차지하는 에너지 부문은 기후 변화 문제를 다루는 데 중대하다. 2012년, CO_2 방출과 관련된 세계 에너지 소비량은 31.5Gt이다. 얼마나 신속히 무탄소 전기 공급 체제로 이동하느냐는 2030년에서 2050년까지 이산화탄소 감축 목표를 달성하기 위한 핵심 사안이다. 다음의 다섯 가지 방법으로 무탄소 공급 체제로의 전환을 앞당길 수 있다. (1) 에너지 효율성 제고, (2) 탄소 집약도 감축, (3) 탄소 포집 및 저장 활성화, (4) 원자력 활용, (5) 가능한 모든 신재생에너지 사용이 그 사안이며 장기적인 관점에서 (1)과 (5)가 가장 중요하다.[18] 이제 각각을 간략히 검토해보자.

첫째, **에너지 효율성** 제고다. 화력발전소의 효율성은 예를 들어 가압된 유동층 연소 공장의 경우 20~30년 전의 32퍼센트에서 오늘날 42퍼센트로 향상되었다. 가스터빈 기술 또한 대규모 가스터빈 결합 순환 발전소를 통해 효율이 60퍼센트가량 향상되었다. 발전소에서 나온 다량의 열을 낭비하지 않고 열병합발전에 사용할 때 효율성이 크게 향상된다. 연료 연소로부터 얻어진 에너지 사용의 효율성은 보통 80퍼센트다. 건물이나 산업 부문에서 열병합발전의 폭넓은 활용은 경제적으로 비용을 절감하는 동시에 효율성을 향상시키는 효과적인 방법이다.

둘째, **탄소 집약도**의 고려다. 천연가스의 이산화탄소 방출은 오일의 25퍼센트, 석탄의 40퍼센트로 적다. 즉 가스로 연료를 전환한다면, 엄청난 양의 감축 효과를 달성할 수 있다.

셋째, 화석연료 에너지원에서 벗어날 수 있는 대안은 **탄소 포집 및 저장**[19] 기술을 통해 화석연료 연소 시 대기 중으로 날아가는 이산화탄소를 방지하는 것이다. 발전소의 연도 가스에서 이산화탄소를 제거하거나 기화 공장에서 증기를 사용해 화석연료 공급 원료를 이산화탄소와 수소로 전환할 수도 있다(그림 11.11).[20] 이산화탄소는 상대적으로 제거하기 쉽고, 다목적 배터리 및 연료로 사용할 수 있다. 전기 생산을 위해 수소를 연료 전지로 대규모 활용하는 데 기술과 유통의 문제를 극복한다면, 수소를 다목적 연료로 사용하는 사안이 훨씬 효과적이다. 이는 뒤에서 다시 논의할 것이다.

다량의 이산화탄소를 처리하는 다양한 방법이 있다. 예를 들어 이

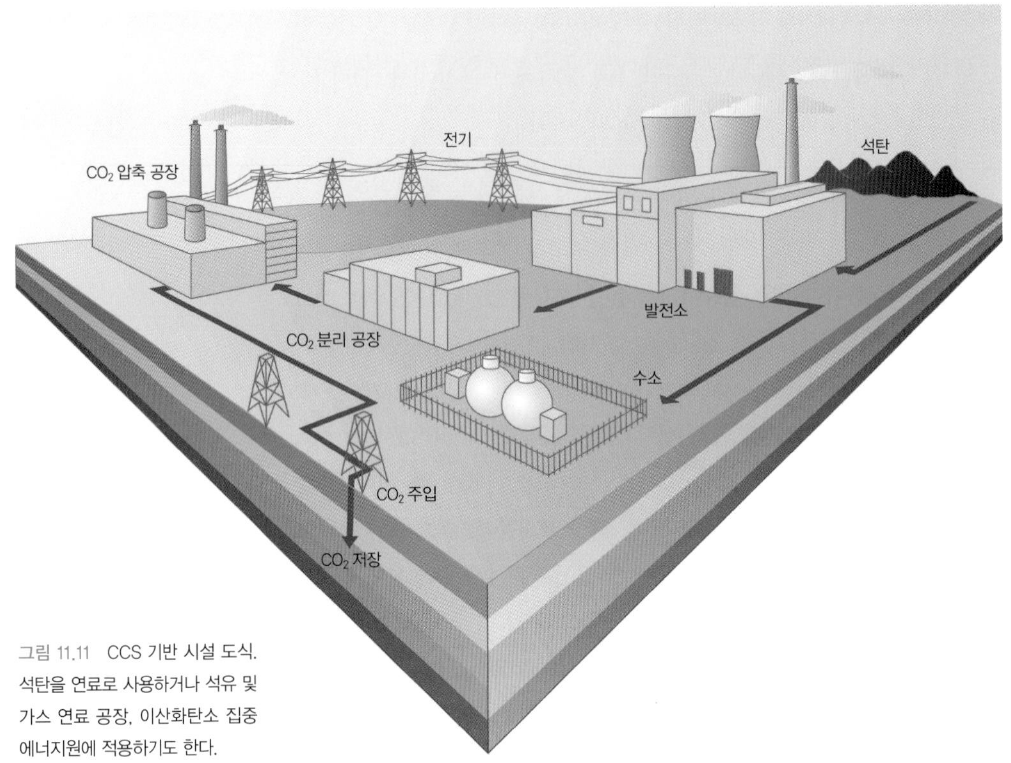

그림 11.11 CCS 기반 시설 도식. 석탄을 연료로 사용하거나 석유 및 가스 연료 공장, 이산화탄소 집중 에너지원에 적용하기도 한다.

산화탄소는 이미 사용한 오일이나 가스정, 염수 저장고, 채광 불가능한 탄층에 저장할 수 있다. 심해에 저장 가능하다는 제안도 있지만 아직은 추측 단계이며, 실행에 앞서 정밀한 연구와 측정이 필요하다. 최적의 환경(발전소가 적절한 저장고와 가까우며, 포집 비용이 상대적으로 저렴할 때)에서 이산화탄소를 제거하는 비용은 총 에너지 비용의 일부일 뿐이다. IPCC 보고에 따르면 이산화탄소 1톤당 15~80달러가 든다고 한다. 일반적으로 이산화탄소 포집 비용이 저장 비용보다 훨씬 크다.

지질학적인 면에서 전 세계의 이산화탄소 저장 능력은 크며 2000Gt 혹은 그 이상이다. 누출 위험에 관해서는 더욱 연구가 필요하지만 아주 미미한 것으로 알려져 있다. 급속한 누출로 인한 지진 활동 같은 위험도 연구해야 할 것이다.

지난 몇 년간 전 세계적으로 화력발전소가 급속히 늘어났음을 고려한다면(중국은 현재 일주일에 2GW의 전기를 생산 가능한 발전소를 건설 중이다), CCS 기술은 더욱 절실하다. 2008년 IEA는 2015년까지 CCS를 이용한 시험 공장을 미국, 유럽, 호주나 석탄이 주요 발전 에너지원인 나라 등지에 더 많이 건설해야 한다고 진술했다.[21] 그러나 실제 건설 사례는 아주 드문 것으로 나타났다. 2014년 IPCC의 보고에 따르면, 화석연료 시설에 대한 규제가 존재하고, CCS의 비용 문제가 해결되어야 이 기술이 효과를 볼 것이라고 한다(예를 들면 고탄소 가격이나 보조금 형태를 말한다. IPCC WGIII 2014 보고서 7장 참조). 다시 말해서, 미래에 대규모 CCS의 발전을 위해서는 단기, 장기 차원의 책임 규정이 명확해져야 할 것이다. 신축하는 모든 화력발전소에 CCS 기술을 신속히 적용한다면, 이산화탄소의 유해한 영향을 차단하며 화석연료를 계속 사용 가능할 것이다.

넷째, **원자력**은 무탄소 에너지원이다. 이는 온실가스 배출이 없기 때문에(원자력발전소 건설 시 나오는 극히 소량의 이산화탄소 제외) 지속 가능한 발전의 관점에서 상당한 이점을 갖고 있다. 또한 방사성물질을 소모하는 속도가 다른 자원에 비해 느린 편이다. 원자력은 대규모로 효율적 생산이 가능하며, 지역 공급보다는 국가망이나 대규모 광역 도시권에 전력을 공급하는 데 효율적이다. 무엇보다도 원자력발전소 설치의 큰 이점은 기술이 이미 보편화되어 현재 사용 가능하며, 단기적으로 이산화탄소 방출량 감축에 기여할 수 있다. 원자력 에너지의 비용은 화석연료와 비교할 때 자주 논란거리가 된다. 선불 자본 비용의 수익과 원전 폐로의 비용에 따라 달라지기 때문이다. 최근 평가에 따르면 CCS를 위한 추가 비용을 고려한다면 원자력의 전기 생산 비용은 천연가스와 비슷하다.

원자력의 중요성은 IEA 에너지 시나리오에서도 인정된 바 있다. 1993년 이후 전 세계의 원자력 규모를 거의 두 배 감축했음에도 IEA는 21세기에 원자력 에너지의 상당한 성장을 전망한다.[22] 단기적인 성장의 정도는 원자력발전 체계 구축과 설계를 할 수 있는 인력 부족 및 시설 미비에 따라 제한을 받는다. 장기적으로 얼마나 성장하는가는 원자력 산업계에서 운영의 안전에 대해 대중을 설득할 수 있느냐에 달려 있다. 특히 신축 건설에서 비롯되는 사고 위험은 거의 없고, 핵폐기물 역시 안전하게 처리될 수 있다는 것, 그리고 유해한 원자력 물질 또한 효과적으로 통제할 수 있다는 점에서 말이다.[23] 안전하고, 핵폐기물을 줄이며, 핵 확산의 위험이 덜한 고급 원자로 기반의 원자력발전소 건축 제안이 나오고 있다. 그러나 건설 시행은 2020년까지, 아니 2030년까지도 이뤄지지 않을 것으로 보인다.

먼 미래를 내다볼 때 원자력 에너지의 가능성은 핵분열이 아닌 핵융합에 달려 있다.

다섯째, 무탄소 에너지원으로 **재생에너지**를 고려할 수 있다. 재생에너지를 말하려면 우선 태양에서 지구로 오는 에너지가 약 18만TW(terawatt)에 이른다는 점을 인식해야 한다. 이는 전 세계 에너지 사용량 약 15TW의 1만 2000배에 달한다. 태양에서 지구로 40분 안에 도착하는 에너지가 우리가 한 해 동안 사용하는 양에 이르는 셈이다. 다시 말해 우리가 재생에너지를 만족스럽게 그리고 경제적으로 활용한다면 인류가 필요로 하는 모든 에너지를 충당할 수 있다는 말이다.

태양 에너지를 사용 가능하도록 전환하는 방법에는 여러 가지가 있다. 전환 과정의 효율성을 따지는 것이 유익하다. 거울로 태양 에너지를 모은다면, 거의 전체를 열에너지로 바꿀 수 있다. 1~2퍼센트의 태양 에너지는 대기 순환을 통해 바람 에너지로 전환된다. 바람이 부는 지역에 태양 에너지가 모일지라도 대기 전체에 퍼진다. 약 20퍼센트의 태양 에너지는 지구 표면에서 물을 증발시키는 데 사용되는데, 이는 강수가 되며 수력 에너지원이 될 수 있다. 생명체는 광합성을 거쳐 햇빛을 에너지로 전환하며, 최적의 수확물을 위해 1퍼센트의 효율성을 지닌다. 마지막으로 태양광 전지(photovaltaic solar cell, PV cell)는 햇빛을 전기로 전환하며, 가장 현대식 태양광 전지의 경우 20퍼센트 이상의 효율성을 지닌다.

상업 전기 생산의 초창기인 1900년쯤, 수력은 확실한 에너지원이었고 중대한 기여를 했다. 수력발전 계획은 전 세계 전기 공급의 18퍼센트를 차지한다. 그 밖에 전기를 생산하는 재생에너지원은 최근 기술에 의존한다. 2005년, 세계 전기의 약 4퍼센트가 대규모 수력이 아닌 재생에너지원에서 생산되었다(이를 통틀어 '신재생에너지'라고 부른다).[24] 이 중의 반 이상이 '현대식' 바이오매스(전통적인 바이오매스와 구분)에서 생산되었다. 나머지는 태양, 바람, 지열, 소규모 수력, 해양 에너지원에서 비롯되었다. 2011년까지 재생에너지로 생산된 전기 총량은 20퍼센트를 차지했으며, 2DS 시나리오에 따르면 2035년까지 31퍼센트가 될 것이다.

특히 '현대식' 바이오매스와 태양, 풍력 에너지원의 성장이 기대된다. 다음 단락에서 주요 재생에너지원과 잠재력을 설명할 것이다. 대부분이 기계적 수단(수력, 풍력)이나 열 엔진(바이오매스, 태양열), 직접 전환(solar PV: 태양광)을 활용해 전기를 생산한다. 바이오매스의 경우, 액체나 기체 연료가 생산된다.

수력발전

재생에너지의 가장 오래된 형태인 수력은 기반을 잘 잡았고, 다른 수단으로 생산된 전력과 비교해도 가격 경쟁력이 있는 편이다. 상당히 큰 규모로 진행되는 수력발전 계획도 있다. 중국 양쯔강의 삼협댐 건설은 약 18GW의 전력을 생산한다. 남아메리카의 베네수엘라 구리(Guri), 브라질과 파라과이 경계선에 위치한 이타이푸(Itaipu)에 대규모 프로젝트로서 건설된 댐 역시 각 10GW의 전력 생산 능력이 있다. 현재 개발 중인 것보다 더 많은 전력을 생산할 가능성도 있다고 추정된다.[25] 이 가능성은 아프리카, 아시아, 남아메리카 등에서 기대된다. 한편 이러한 대규모의 댐 건설은 사회적으로(저수지 근처로 인구 이동), 환경적으로(육지 및 생물 종의 손실, 퇴적작용) 큰 영향을 미치며, 토사가 쌓이는 등의 문제를 야기할 수 있다. 그렇기 때문에 건설 착수에 앞서 철저한 조사와 검토가 필요하다.

그러나 수력발전이 반드시 대규모일 필요는 없다. 소규모로도 중요한 에너지원으로 이용할 수 있다. 한 농장이나 마을에 몇 킬로와트의 전력을 공급하는 것도 가능하다. 소규모 수력발전은 보통 가격에 지역 기반의 공급이 가능하다는 장점이 있다. 지난 10여 년간 강에 설계된 '소규모' 수력발전의 성장을 엿볼 수 있지만, 이는 150~200GW라는 전 세계 수력발전의 역량 중 5퍼센트만을 활용한 셈이다.

수력발전에서 중요한 시설은 양수 발전 장치다. 한가한 시간대에 잉여 전력을 사용해 저수지의 낮은 곳에서 높은 곳으로 물을 끌어올릴 수 있다. 이와 반대로 전력 수요가 높은 시간대에는 전력을 생산한다. 에너지 전환 효율성도 80퍼센트가량이며, 이를 통해 예비 전력 생산 비용도 줄일 수 있다. 현재 전 세계적으로 100GW의 양수 발전 능력이 가능하지만 잠재력은 적어도 열 배 이상일 것이다.

바이오매스 에너지

두 번째로 중요한 재생에너지원은 바이오매스의 활용이다. 연간 전 세계 바이오매스의 1차 생산량은 4500EJ(=107Gtoe)이다. 이 중 약 1퍼센트는 개발도상국의 에너지원으로 전환된다. 우리는 이를 '전통적 바이오매스'라고 부른다. 6퍼센트는 생산의 경제성과 토지의 유용성을 고려해 작물 재배에서 얻을 수 있다고 한다.[26] 그렇게 생산된 에너지의 양은 현재 세계 에너지 소비의 약 75퍼센트를 차지한다. 다시 말해서, 원칙상으로 바이오매스는 세계 에너지 수요를 충족시키는 데 거대한 공헌을 할 수 있다는 말이다. 바이오매스 에너지는 바이오매스를 태울 때 방출되는 이산화탄소를 광합성 과정을 통해 다시 탄소로 바꾸는 순수 재생에너지원이다. 바이오매스는 모든 종류의 농작물뿐만 아니라 가정용, 산업용, 농업용 건조 폐기물 및 젖은 폐기물 전체를 포함한다. 이는 모두 난방과 전력으로 활용할 수 있으며, 일부는 액체 및 기체 연료 제조에 사용할 수 있다. 바이오매스는 넓게 분포되어 있기 때문에 특히 시골 지역에 적합한 에너지원이다.

개발도상국의 경우, 대부분의 사람들이 현대적 에너지의 접근성이 안 좋은 지역에 살고 있다. 그들은 취사나 난방을 위해 '전통적 바이오매스(장작, 분뇨, 쌀겨 등)'에 의존해 살아간다. 세계 에너지의 약 10퍼센트가 바이오매스에서 비롯되며, 세계 인구의 3분의 1 이상이 이에 의존한다. 원칙적으로 재생에너지원인 바이오매스가 얼마나 효율적으로 사용되는지 따져보는 것은 매우 중요하다. 효율성 제고의 가능성은 여전히 엄청나다. 아직도 여성들이 매일 집에서 멀리 떨어진 곳에서 나무를 모아 많은 양의 에너지를 공급하고 있다.

세계보건기구(World Health Organization, WHO)는 가정에서의 바이오매스 연소는 심각한 건강 질환을 야기하며, 특히 유아 사망률의 가장 큰 원인이라고 분석한다. 아직도 나무로 불을 때서 취사를 하는 경우가 많은데 취사도구에는 5퍼센트의 열만 전달되며, 이는 실내 공기를 오염시킨다. 간단한 난로만 사용해도, 20~50퍼센트로 열전달을 높일 수 있다. 그러므로 지속 가능한 간단한 기술을 활용한 대규모 난로 공급이 절실한 상황이다. 비록 난로를 도입하는 과정에서 여전히 소비자 측의 거부가 있지만 말이다. 나무 연료의 수요를 줄이는 방법에는 작물 쓰레기를 연료로 사용하거나 다른 폐기물에서 나온 메탄을 사용하는 대안들이 있다. '전통적 바이오매스'를 소비할 때 지역 차원의 공동 생산 계획(난방과 전력을 동시에 생산)을 통해 지속 가능한 '현대' 에너지 생산이 가능해진다. 효율성 제고와 오염 방지를 동시에 달성하면서 말이다. 한 가지 도전이 있다면 개발도상국의 시골 지역에 이러한 서비스를 공급하기 위해 적절한 관리 체계와 기반 시설을 구축하는 것이다.

쓰레기의 활용을 한번 살펴보자. 현대 사회에서 배출하는 쓰레기 양이 얼마나 거대한지 대중은 인식하고 있다. 영국을 예로 들면 매년 3000만 톤 이상의 고형 폐기물이 버려진다. 선진국의 일반적인 양이라 말할 수 있다. 아무리 재활용 프로그램을 실행한다고 해도 엄청난 양이 남을 것이다. 이 쓰레기를 소각해 전력으로 생산할 수 있다면

(현대 기술로 공기 오염을 최소화할 수 있다) 2GW를 얻을 수 있으며, 이는 영국 전력 수요의 약 5퍼센트에 해당한다.[27] 스웨덴의 웁살라는 지역 통합 난방 체계를 구축한 도시다. 1980년 이전에 이곳에서는 에너지의 90퍼센트가 석유에서 공급되었다. 그러나 이후 재생에너지로의 혁신을 실행했고, 1993년 무렵에는 도시 난방 80퍼센트가량의 에너지가 쓰레기 소각과 바이오매스 연료에서 비롯되었다.

한편 쓰레기 소각 과정에서 온실가스 배출은 어떨까? 물론 이때 여전히 이산화탄소는 배출되며, 온실효과를 가져온다(3, 4장 및 생각해볼 문제 4번 참조). 그러나 쓰레기 처리 방법 중 하나가 매립이다(영국에서는 상당량의 쓰레기가 매립지에서 처리된다). 시간이 지나면서 쓰레기가 부패하면 이산화탄소를 배출해 비슷한 양의 메탄을 방출한다. 메탄의 일부를 모아 전력 생산의 연료로 사용할 수도 있다. 그러나 이는 극히 일부이며 대부분이 누출된다. 영향이 더욱 심한 온실가스이기에 누출된 메탄은 심각한 온실효과를 초래한다. 영국 내의 쓰레기가 매립지에서 처리되지 않고 전력 생산을 위해 소각된다면, 온실가스 방출의 순 절감은 대략 탄소 1000만 톤에 이를 것이다.[28] 이는 영국 온실가스 방출량의 약 5퍼센트에 해당하며, 쓰레기에서 비롯된 전력 생산은 전체 이산화탄소 방출량의 상당한 감소를 가져올 거라는 사실을 추론할 수 있다.

인간의 농업 활동에서 나온 쓰레기로 하수 찌꺼기나 동물 배설물에서 나온 거름 같은 젖은 형태의 폐기물이 있다. 이 쓰레기에 산소가 없다면 박테리아의 발효를 초래하는데, 이는 바이오가스를 만들어낸다. 이 중 대부분이 메탄이며 에너지원으로 사용할 수 있다(그림 11.12). 이 과정에서 에너지 생산의 가능성이 크다. 농업이나 산업용 폐기물

개발도상국 농촌 지역의 바이오매스 프로젝트

대부분의 개발도상국 사람들은 전기나 현대적 에너지 서비스의 접근성이 거의 없는 지역에서 살고 있다. 이러한 서비스 공급을 가능케 한 바이오매스 지역 프로젝트의 잠재력은 크다고 할 수 있다. 그림 11.12는 현대 바이오가스 공장의 모형도를 보여주며, 앞으로 모방이 가능한 시범 프로젝트다.[29]

인도: 농촌의 전력 생산

아직 농업 기반형 국가인 인도는 매년 약 4억 톤의 농업 쓰레기를 배출한다. 이 중 일부는 취사용으로 사용되고 나머지는 태우거나 부패된다. 게다가 인도는 엄청난 양의 화석연료형 석유를 수입해 도시 및 농촌 지역의 중소형, 대규모 산업 단지에 전기, 난방을 공급한다.

라이너스 전략적 에너지 솔루션 회사(Linus Strategic Energy Solutions)는 농업 쓰레기를 환경적으로 지속 가능한 연탄으로 만들어 산업 단지의 연료로 활용한다. 이를 통해 환경 및 경제적 비용이 큰 화석연료 사용을 줄일 뿐만 아니라, 현금 절감과 더불어 바이오매스를 공급하는 농부들에게 새로운 수입 원천을 제공하게 되었다. 게다가 농촌 기업가들이 연탄을 사고 파는 새로운 사업 기회가 생겼고, 농업 쓰레기를 모아 처리하는 과정에서 동시에 일자리도 창출되었다.

분산형 에너지 시스템 인도 회사(Decentralised Energy Systems India Private Limited)는 100kW의 전력을 공급하는 최초의 독립형 발전 프로젝트를 시범 운영하고 있다. 인도 농촌 지역의 마을 협동조합이 이를 소유하고 운영한다. 비하르주의 바하와리 마을의 협동조합은 바이오매스 기화 발전소를 운영해 지역 기업을 위해 전력을 공급한다. 이 과정에서 지역의 수익이 창출되어, 마을 사람들이 소규모 사업을 확장하고 일자리를 만들어낸다. 결국

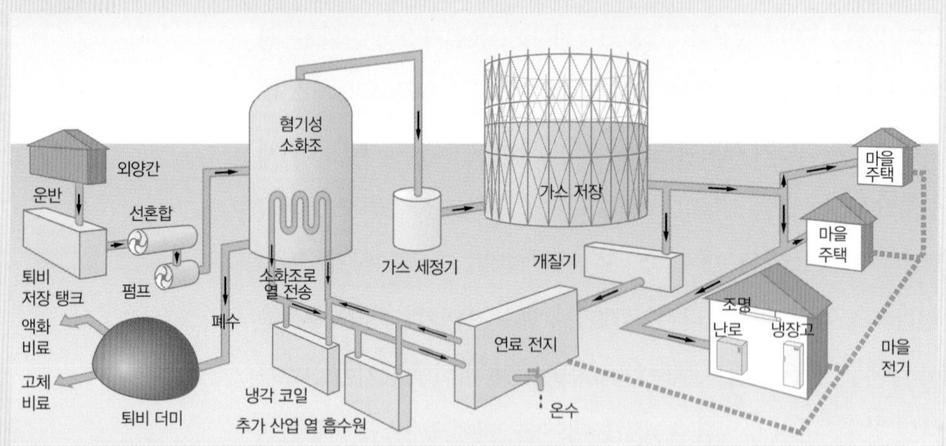

그림 11.12 지역 공급용 바이오가스 공장 장치. 전력을 생산하는 연료 전지는 더 진보된 전지의 이용 가능성을 기대하게 한다. 개질기(Reformer)와 연료 전지는 내부 연소 가스 엔진과 발전 세트로 대체 가능하다.

향상된 에너지 서비스를 이용할 수 있게 마을 사람들의 지불 능력을 높여주는 셈이다. 바이오매스 연료 공급자와 전기 사용자, 공장 운영자 사이에 '이해관계의 상호성'이 이루어진다.

중국 윈난: 통합형 바이오가스 체제

지속 가능한 발전 남북 연구소(South-North Institute for Sustainable Development)는 독창적인 통합형 바이오가스 체제를 윈난성의 반마 설산 자연보호 구역에 도입했다. 이는 바이오가스 소화기, 돼지우리, 화장실, 온실을 통합하는 체제다. 바이오가스는 취사 용도로 쓰이며 장작을 대체한다. '온실' 같은 돼지우리는 돼지 사육의 효율성을 증대하며, 화장실은 농촌 환경의 위생을 향상시킨다. 또한 채소 및 과일 온실 재배는 지역 주민들에게 수익성의 증대로 연결된다. 돼지우리와 화장실에서 나온 거름과 유기 폐기물은 바이오가스 생산 원자재로 사용된다. 이는 하루에 10kW의 에너지를 공급한다(그림 11.12). 50여 곳에 마련된 이 체제는 지역 내 장작 소비를 상당히 감소시켰다.

필리핀: 바이오매스 전력 생산 및 코코넛 오일 착유

지역전기회사(Community Power Corporation, CPC)는 쓰레기 잔여물이나 바이오매스 작물을 활용한 모듈형 바이오매스 발전소를 설립했다. 이는 지역 차원의 코코넛 오일 생산을 가능케 한다. CPC와 지역 관계자들은 코코넛 껍질 폐기물을 연료로 바이오가스를 생산해 저비용의 소규모 코코넛 오일 공장에 전력을 공급한다(필리핀 코코넛 개발청과 필리핀 대학교 공동 개발). 16개의 공장이 여러 지역에서 운영되고 있다. 게다가 바이오매스 전력은 열을 방출해 기름을 짜기에 앞서 코코넛을 건조시키는 역할을 한다.

에서의 전력 생산을 고려한다면 자국 내 쓰레기에서 비롯된 탄소 방출량의 절감을 배로 높일 수 있을 것이다.

작물을 연료로 활용할 때, 그 가능성은 매우 크다. 에너지 생산을 위한 바이오매스로 다양한 작물이 사용될 수 있다. 그러나 태양 에너지를 바이오매스로 전환하는 과정이 상대적으로 효율성이 낮아 에너지 생산을 위한 공간이 많이 필요하다. 이상적이기는 적은 투입으로 큰 성과를 올리는 것이다. 에너지 관련 용어로 비료, 작물 관리, 운송 같은 투입 비용은 에너지 성과보다 크면 안 된다. 따라서 옥수수 같은 일년생 목초는 제외하고, 목질종 가운데 단벌기 잡목용 버드나무나 다년생 목초 중에서 억새(*Miscanthus*, elephant grass)를 재배한다. 억새

그림 11.13 초원 환경 연구소(Institute for Grassland and Environmental Research, IGER)에서 재배하는 억새와 버드나무(Willow).

는 다소 척박한 토지 환경에서도 잘 자라며, 농업에서는 거의 쓰지 않는다. 바이오매스는 운송에 비용이 많이 들기에 지역 에너지나 대규모 발전소의 공급 외 추가 에너지로 활용될 수 있다.

2DS 시나리오에서 바이오매스 사용은 2050년까지 전 세계적으로 거의 네 배 증가하는데, 이는 세계 총 1차 에너지양의 4분의 1에 해당한다. 그러므로 바이오매스는 가장 중요한 재생에너지원인 셈이다. 이 중 반은 작물이나 산림 유수, 그 밖의 폐기물에서 비롯되며 나머지 반은 특정 용도의 에너지 작물에서 비롯된다. 이를 위해서는 세계 전체의 10퍼센트 토지, 또는 아프리카 현 경작지의 약 2분의 1에 해당하는 땅이 필요할 것이다.

바이오연료

바이오연료는 현재 밀, 옥수수, 사탕수수, 야자나무 오일, 지방종자 찌꺼기를 포함하는 녹말, 설탕, 오일 공급 원료에서 생산된다. 가장 잘 알려진 사례는 브라질에서 찾을 수 있다. 1970년대 이후 대규모의 사탕수수 농장에서 에탄올을 생산해 운송, 발전 연료로 사용한다. 이는 화석연료형 휘발유나 디젤연료보다 훨씬 공기를 덜 오염시킨다. 에탄올이나 설탕 생산의 잔여물은 공장 전력을 생산하는 데 사용되며 기관 설비에도 공급된다. 이는 에너지 및 탄소 방출 감축 면에서 효율성이 높다.

바이오연료의 대규모 생산에 관한 결정에 앞서 전반적인 효율성 및 탄소 감축 효과를 고려해 철저하고 종합적인 검토와 평가가 반드시 선행되어야 한다.[30] 바이오연료 생산을 위한 작물 재배가 어느 정도의 토지를 필요로 하는지 검토하고 온실가스 방출의 주요 요인인 열대림의 벌채를 얼마나 야기하는지 평가해야 한다. 최근 사전에 충분한 검토와 평가가 이루어지지 않아 발생하는 부작용 사례도 나타나고 있다.

에너지는 섬유소 바이오매스 형태로 이용 가능하다. 가축의 혹위(rumen)에서 풀이 에너지로 바뀐다. 이러한 과정이 실험실에서 재현된다면 목질 섬유소나 곡물의 잔여물에서 바이오연료를 생산할 수 있는 것이다. 최근 이에 초점을 맞추어 상업적으로 대규모 바이오연료 생산을 시도하고 있다. 나무 쓰레기나 억새같이 음식 작물과 상충하지 않는 풀로 연료를 만들어내는 것이다. 이 차세대 바이오연료는 이미 가시화되고 있고, 성공적으로 개발될 가능성이 높다.

풍력 에너지

바람에 의한 에너지는 완전히 새로운 개념이 아니다. 200여 년 전, 풍차는 유럽에서 흔히 볼 수 있는 기구였다. 1800년, 영국에는 1만 개가 넘는 풍차가 운영되었다. 과거 몇 해 동안, 서유럽(덴마크, 독일, 영국, 스페인)과 북아메리카에서 하늘에 맞닿은 풍차를 다시 볼 수 있었다. 현대식 풍차의 날렵하고 매끈한 실루엣이 하늘을 향해 뻗은 모습이다. 옛 풍차의 고전적인 우아함을 갖고 있지는 않지만 훨씬 효율적이다. 지난 10년간 설치된 풍력발전기는 지름 50미터인 세 개의 날로 된 프로펠러를 갖고 있으며, 풍속 12ms^{-1}에 700kW의 발전 능력을 갖추고 있다. 평균 7.5ms^{-1}의 풍속 기준으로 약 250kW의 전력을 생산할 것이다. 시설은 보통 여러 장비를 갖춘 풍력발전 단지 근처에 있다. 발전기의 규모는 5년마다 두 배씩 꾸준히 커졌다. 현재 가장 큰 규모의 발전기는 지름 약 120미터의 회전날개로 발전 능력은 5MW에서 6MW에 이른다.

전력 회사의 관점에서 풍력발전의 한계는 발전 형태가 간헐적이라는 점이다. 전력이 아예 나오지 않는 시기도 상당하다. 그러나 간헐적인 비율이 그다지 크지 않기 때문에 발전 회사는 전력 공급이 가능한 다른 에너지원을 활용하는 국가 전력망을 통해 이 문제를 해결할 수 있다.[31] 일부 사람들은 풍력 단지에 대해 시각적으로 쾌적함이 떨어진다고 우려하기도 한다. 이러한 약점이 좀 덜한 연안 지역의 경우, 훨씬 센 바람이 비교적 꾸준히 불기 때문에 대규모 풍력 단지로 많이 활용되고 있다.

풍력발전용 터빈

지난 10년 동안 나타난 풍력발전 설비의 급격한 증가를 여러 나라에서 엿볼 수 있다. 이러한 추세는 조금도 누그러들지 않을 것이다. 280GW 전력량의 발전 시설이 전 세계에 구비되었고(2012년), 이는 전 세계 전기 공급량의 2.3퍼센트를 차지한다. 이로 인해 비용도 낮아져 화석연료에서 생산되는 전기 비용에 버금간다(12.5ms^{-1}는 10ms^{-1}보다 두 배로 효과적이다). 풍력발전은 풍속에 따라 다르기 때문에 바람이 잘 부는 지역에 단지를 건설하는 것이 효과적이다. 서유럽에는 이러한 지역이 더러 있다. 영국도 연안 지역에 풍력발전 증대를 계획하고 있다. 개발도상국들 역시 풍력발전 사용을 더욱 확대하는 추세다. 인도에 구비된 8GW의 풍력발전은 세계 4위의 역량을 자랑한다. 2DS를 겨냥한 IEA의 시나리오에 따르면, 2050년까지 세계 총 전력량의 12퍼센트를 풍력발전에서 충당함을 전망한다.

특히 풍력은 고립된 지역에서 전력을 생산할 때 효과적이다. 이러

페어섬의 풍력발전

효과적으로 풍력발전을 운영하는 지역으로 스코틀랜드의 북해 남단에 위치한 고립된 곳, 페어(Fair)섬을 꼽을 수 있다.[32] 최근까지도 마을 사람들 70여 명은 난방을 위해 석탄과 석유, 차량을 위해 휘발유, 전력 공급을 위해 디젤에 의존해 살아왔다. 1982년, 50kW의 풍력발전기가 설치되어 평균 풍속 8ms^{-1}의 지속적인 강풍에서 전력을 생산했다. 이 전력은 다양한 목적으로 이용할 수 있다. 조명과 전자 기기의 전력 공급은 다소 고비용으로, 열 및 온수 공급은 저비용으로 생산 가능하다. 유리 집이나 소규모 수영장에서 난방을 하려면 더 많은 열이 필요하다. 신속한 스위치 시스템과 더불어 전자 제어는 공급을 가능하게 한다. 에너지 활용도를 높이고자 전기 기기도 추가로 설치되었다.

이곳에 설치된 풍력발전기는 섬의 총 전력 공급의 90퍼센트를 차지한다. 전기 소비는 네 배가량 증가한 반면, 평균 전기 요금은 1kWh당 13파운드에서 4파운드로 떨어졌다. 늘어나는 수요를 맞추고, 풍력 포집의 효율성을 높이고자 1996년에 100kW의 풍력 터빈이 설치되었다.

한 곳에서는 다른 에너지원에서 전기를 수송하는 것이 비효율적이기 때문이다. 풍력의 간헐적인 특성으로 인해, 전기를 저장하는 등 대비를 할 필요가 있다. 페어섬에 풍력발전 설비를 갖춘 것도 효율 및 다목적 용도다. 작은 풍력 터빈은 고립된 지역에 배터리를 충전하기에 이상적인 도구다. 몽골의 목부들은 10만 개의 풍력 터빈을 이미 활용하고 있다. 또한 풍력 에너지는 물 펌프를 사용하기 위해서도 이상적인 자원이다. 전 세계에서 수백만 개의 풍력 터빈이 물 펌프로 활용되고 있다.

장기적으로 보아 풍력발전은 효과적으로 에너지를 저장할 수 있다면 직접 전기 연결에서 멀리 떨어진 지역까지 확대해서 활용할 수 있을 것이다.

태양 에너지: 태양열 난방

태양 에너지를 활용하는 가장 간단한 방법은 열로 전환하는 것이다. 햇빛 전체를 대하는 검은 표면은 1제곱미터마다 약 1kW의 에너지를 흡수할 수 있다. 햇빛양이 많은 나라에서 태양 에너지는 가정용 온수를 제공하는 매우 효과적이고 저렴한 수단이다. 호주, 이스라엘, 일본, 미국의 남부 주에서 이를 활용하고 있다(421쪽 상자 참조). 열대지방에서는 태양열 조리 기구가 나무나 전통 연료의 대체로 유용하다. 열에너지는 겨울에 난방 효과를 높이며 건물에 사용되어(자연형 태양열 설계) 편안하고 쾌적한 공간을 만들어준다(421쪽 상자 참조). 많은 개발도상국에서 이를 더 많이 활용하는 추세다.

태양열 온수

태양열 온수기(그림 11.14)에서 핵심 구성 요소는 물이 흐르는 튜브 세트, 뒷면이 단열 처리된 검은 판, 태양과 맞대는 유리판이다. 온수 저장 탱크 역시 필요하다. 다소 비싸지만 더욱 효과적인 설계 방식은 검은색 튜브를 진공 처리해서 단열 효과를 높이는 것이다. 전 세계 1억 가구 이상이 태양열 온수기를 사용하고 있다.

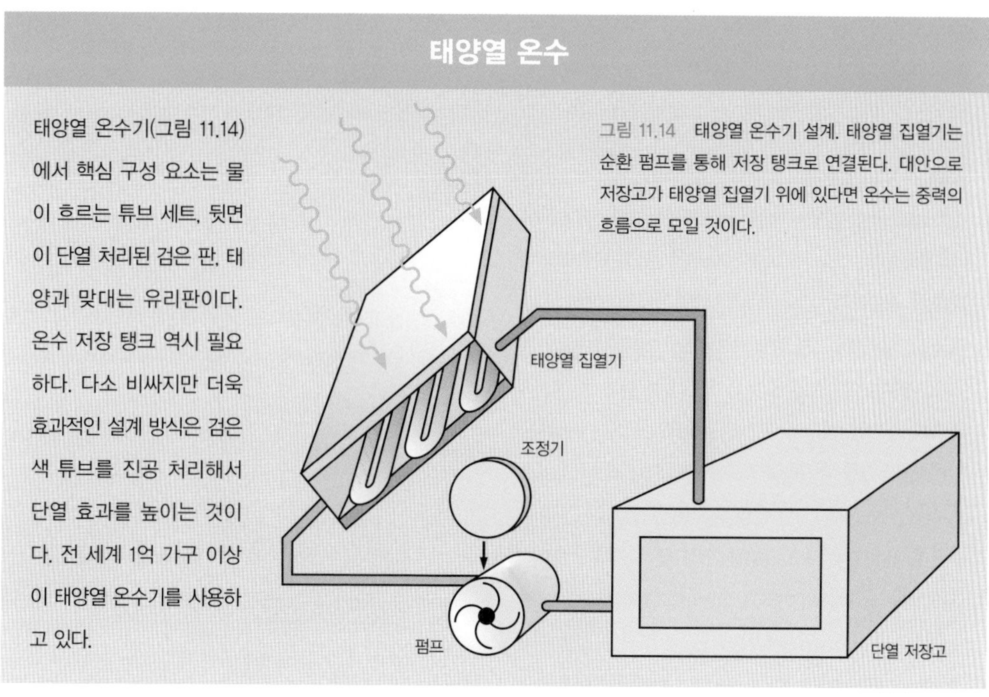

그림 11.14 태양열 온수기 설계. 태양열 집열기는 순환 펌프를 통해 저장 탱크로 연결된다. 대안으로 저장고가 태양열 집열기 위에 있다면 온수는 중력의 흐름으로 모일 것이다.

앞서 건물의 벽, 지붕, 창문의 단열 효과를 높여 건축하는 에너지 절감 방법을 살펴보았다. 에너지를 더욱 절약하는 또 다른 방법은 태양 복사에너지를 최대한 활용해 건물을 짓는 것이다(422쪽 상자 참고).

태양 에너지: 태양열발전

태양 에너지는 열에너지로 물을 끓여 증기를 만들고 전기로 전환하거나(그림 11.16 참조), 태양광 전지를 통해 전기로 전환할 수 있다. 이는 전 세계에서 사용할 수 있는 재생에너지가 될 엄청난 잠재력을 갖고 있

태양 에너지와 건축 설계

태양이 창문이나 벽, 지붕을 따뜻하게 데우므로 모든 건물은 저절로 태양 에너지를 얻는 셈이다. 이를 '자연형 태양열(passive solar gain)'이라고 부른다. '자연형 태양열 설계(passive solar design)'로 전체적으로 편리함과 쾌적함을 향상시키는 동시에 상대적으로 쉽고, 저렴하게 효율성을 30퍼센트가량 높일 수 있다. 이 설계의 주요한 부분은 거실을 집의 남향에 두고 큰 창문을 내는 것이다. 복도, 계단, 찬장, 창고와 같은 더 시원한 공간은 북편에 두어 완충 역할을 하도록 한다. 겨울에 태양열을 더 많이 확보하기 위해 전략적으로 온실 위치를 설계할 수 있다.

자연형 태양열을 모으도록 특수 설계한 건물의 벽을 '태양열 벽(solar wall)'이라고 칭한다(그림11.15).[33] 이 벽은 햇빛이 이중 유리창을 통과한 뒤 두꺼운 건물 벽면을 데우도록 만든다. 밤이나 난방이 불필요한 여름에 벽 앞에 접이식 반사 블라인드를 칠 수도 있다. 이 '태양열 벽'은 스코틀랜드 글래스고에 있는 스트래스클라이드(Strathclyde) 대학 기숙사(375명 수용)에 설치되었다. 겨울철 글래스고의 열악한 날씨에도 건물 벽을 통해 상당한 양의 열을 얻을 수 있다.

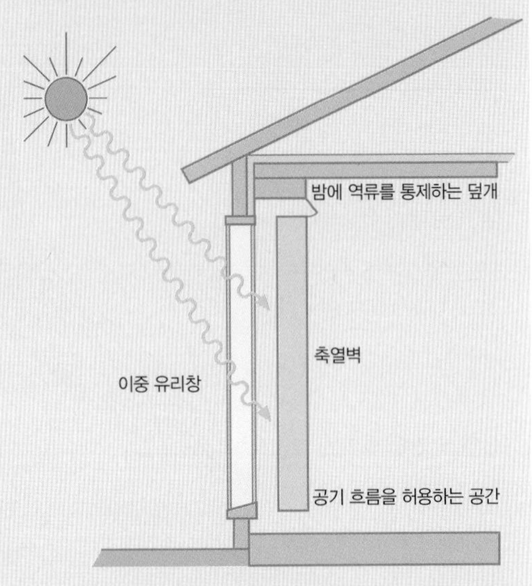

그림 11.15 태양열 벽의 설치. 트롬브 벽(Trombe Wall)이라고도 한다.

다. 태양광 전지의 용량은 10년 전과 비교해서 2012년에는 100TWh로 50퍼센트 정도 증가했다. 현재 미국에서 필요한 전기량은 400제곱킬로미터 영역에서 태양광 전지에 이르는 태양 에너지로 충족된다. 그러나 대규모 전력 공급의 경우, 기존의 에너지원이나 풍력 에너지에 비해 경쟁력이 없는 단점이 있다. 태양열발전(concentrating solar power, CSP)이나 태양광 전지 둘 다 어느 정도 규모의 경제를 달성하려면 상당한 비용의 연구 개발(research and development, R&D) 투자가 요구된다. 그래야 적정 수준으로 가격을 낮출 수 있을 것이다.

CSP의 경우, 보일러에서 고온을 유지하려면 태양 에너지를 거울을 통해 한곳에 모아야 한다(그림11.16). 골이 패인 거울을 동서 방향으로 배치하는 방식이 있다. 이 거울을 사이에 두고 단열된 검은색 튜브가 태양 쪽을 향하도록 한다. 특히 미국에 CSP 기구가 많이 설치되어 있

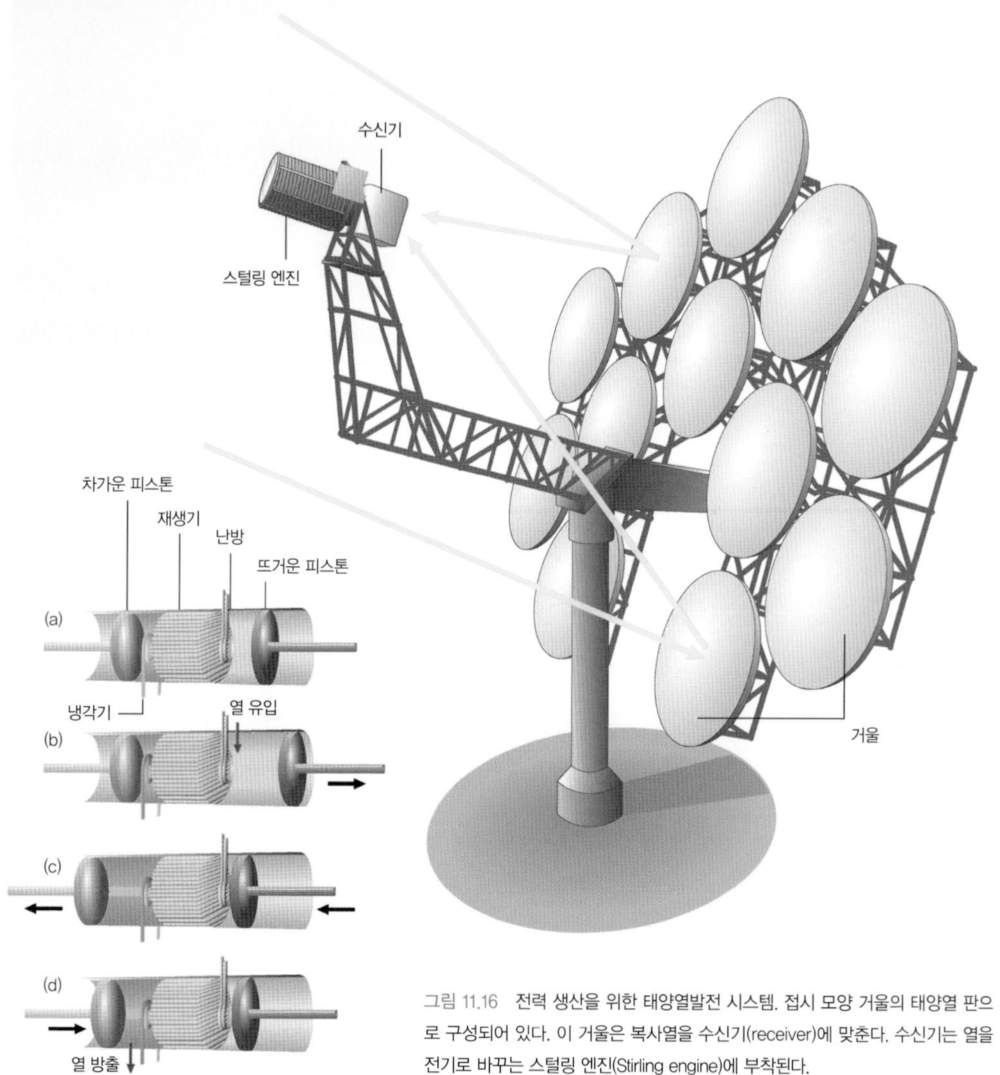

그림 11.16 전력 생산을 위한 태양열발전 시스템. 접시 모양 거울의 태양열 판으로 구성되어 있다. 이 거울은 복사열을 수신기(receiver)에 맞춘다. 수신기는 열을 전기로 바꾸는 스털링 엔진(Stirling engine)에 부착된다.

는데, 이는 350MW의 상업 전기량까지 공급한다. 현재 태양 에너지와 화석연료의 열을 합쳐 통합형 순환 장치로 낮이나 건조한 지역에서도 지속적인 전기 공급이 가능한 체제가 개발 진행 중이다. 또한 담수 처리를 위해 전력과 열을 동시에 생산하는 방식 개발도 추진하고 있다.

태양 에너지: 태양광발전

50여 년 전 우주 연구의 초창기부터 우주선에서는 태양 전지판으로 전력을 공급했다. 이는 그 뒤 일상에서 다양한 형태로 계속 등장한다. 전자계산기나 시계, 멀리 떨어진 공공장소에 조명의 형태로 접할 수 있다. 현재 태양 에너지를 전기로 바꾸는 효율은 보통 10퍼센트에서 20퍼센트에 이른다. 햇빛 전체에 노출된 1제곱미터의 태양 전지판은 100~200와트의 전력을 생산할 것이다. 비용 면에서 태양광 모듈을 올리는 효율적인 방법은 단독형 배열판보다는 이미 제조된 물품이나 건축물 표면에 고정하는 것이다. 급성장하는 건물 일체형 태양광발전(building-integrated-PV, BIPV) 부문에서는 정면형 태양광으로 기존의 외장재 비용을 줄여준다. 도시의 건물 지붕에 설치함으로써 거주자들이 재생 가능한 방법으로 에너지를 사용하도록 한다. 일본이 최초로 지붕에 태양광발전 설치를 장려한 나라인데, 2000년 무렵 320MW를 생산하는 태양광발전을 설치했다. 이어서 미국과 독일이 대형 지붕에 태양광발전을 설치하기 시작했다. 태양 전지 에너지의 비용은 지난 20여 년간 급격히 감소해서 폭넓게 활용되고 있으며, 지속적인 비용

태양광 전지

태양광 전지는 p-n 접합형 반도체가 쌓인 아주 얇은 실리콘으로 만들어진다. 가장 효율적인 전지는 결정질 실리콘을 기본 물질로 사용하는 것이다. 이는 태양 에너지를 전기로 전환하는 15~20퍼센트의 효율성을 지닌다. 20퍼센트 이상의 효율을 겨냥한 실험적인 전지도 도입되었다. 결정질 실리콘의 대량생산은 비정질 실리콘(에너지 전환 효율성 약 10퍼센트)보다 더 불편하다. 비정질 실리콘은 얇은 필름에 연속적으로 저장될 수 있다. 태양광과 비슷한 특징을 지닌 다른 합금(카드뮴 텔루라이드, 구리인듐 디셀레니드)도 비정질 실리콘보다 효율이 높기에 이러한 방식으로 저장 가능하다. 그래서 이들은 얇은 실리콘 태양광 전지와 경쟁할 수 있다. 그러나 태양광발전 비용 전체의 절반이 설치에 들기 때문에, 더 작은 크기인 결정질 실리콘이 지닌 고효율성은 더 중요한 요인이 된다. 태양광 신소재나 장치를 계속 연구 개발 중에 있으며, 효율성과 비용 면에서 이미 경쟁력을 갖춘 소재도 등장하기 시작했다.

태양광 전지가 에너지 공급에 중대한 기여를 하려면 비용 부문의 절감이 급선무이다. 비용은 이미 급속하게 감소하는 추세다. 더 효율적인 수단과 대규모 생산 설비로 인해 다른 에너지원과 충분히 겨룰 수 있을 만큼 태양 전기의 가격도 내려가고 있다.

절감은 대규모 전력 생산에 크게 기여할 것이다.

태양 에너지는 용량이나 적용 면에서 매우 다재다능한 시스템이다. 소형 태양광 설치는 특히 개발도상국의 농촌에 지역 전력을 제공할 수 있다. 대부분이 조명, 라디오, 텔레비전, 냉장고, 에어컨, 물 펌프와 같은 소규모 전력 생산에 사용된다. 여기에 사용되는 태양광 설치 비용은 이제 다른 방법의 전력 생산과 비교할 때, 충분히 경쟁력이 있다. 2012년, 전 세계에 총 30GW의 전력을 생산하는 태양광발전이 설치되었고, 그중 5GW의 규모가 중국에 설치되었다.[34] 가정용 태양광 시스템(Solar Home System)은 일반적으로 태양열 배열판에서 15~100와트의 전력을 200~1200달러의 비용으로 생산한다(그림 11.17). 소형 '태양열 전등(보통 10와트)'은 조명으로만 쓰인다. 더 큰 규모의 설치가 공공건물에 요구된다. 예를 들어 소규모 병원은 1~2kW의 태양광

발전으로 조명부터 백신 냉장고, 가압소독기, 온수 펌프, 라디오에 전력 공급의 혜택을 누릴 수 있다. 현재 수천 개의 물 펌프가 태양광발전으로 가동되어 수천 곳의 마을 사람들이 태양광발전용 정수기로 물을 마신다. 이렇듯 태양광발전의 성장 잠재력은 어마어마하다. 태양광발전과 풍력, 바이오매스, 디젤을 결합한 미니 전력망이 중국이나 인도의 외진 곳에 등장하고 있다.

전 세계적으로 태양광발전량은 500MW(1998년), 6000MW(2006년), 64GW(2012년)로 매년 50퍼센트 이상의 성장세를 보였다. 태양광이나 태양열발전의 지속적인 성장으로 재생 가능한 에너지 시나리오 2DS는 2040년까지 태양광발전을 주요 에너지원으로 전망하며, 2050년까지 세계 총 전력량의 26퍼센트를 차지할 것으로 예측한다.[35] 단기적으로는 소규모 지역 차원의 설치가 우선이겠지만, 앞으로 상당한 비용 절감을 예상한다면 대규모 전력 공급의 가능성도 훨씬 높아질 것이다.

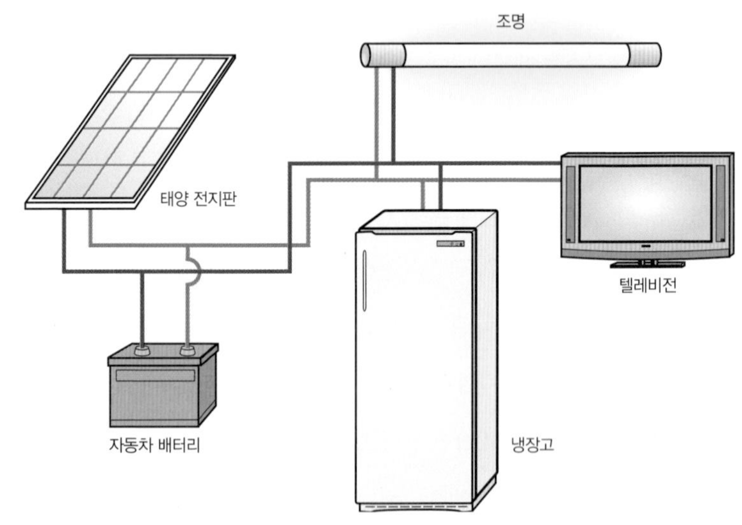

그림 11.17 현재 아프리카, 아시아, 남아메리카에서 몇백 달러에 판매되는 단순형 가정용 태양광 시스템. 36개 태양 전지판(60cm×60cm)은 최고 전력 40와트를 생산한다. 이는 LED 조명을 켜거나 몇 시간의 라디오 청취, 한 시간 텔레비전 시청이 가능하며 자동차 배터리를 충전하기에 충분한 전력이다. 좀더 큰 태양 전지판이나 다른 장치의 제한된 사용으로 작은 냉장고도 추가할 수 있다.

방글라데시의 지역 에너지 공급

나는 앞서(393쪽 상자 참조) 에너지 공급 전략의 요소를 기술했다. 그중 하나는 대규모 네트워크를 충족하는 거대 단위에서 중앙 관리하는 운영이 아닌 지역 에너지원의 가치를 강조하는 것이다.

지역 에너지 공급의 한 예로 유누스(Muhammad Yunus) 교수의 유명한 그라민(Grameen) 은행의 부수 기관인 방글라데시의 그라민 샤크티(Grameen Shakti)를 들 수 있다. 이 시스템은 장기 저리 대부(soft credit)를 통해 농촌 사회에 가정용 태양광 시스템을 공급한다(그림 11.17).[36] 1997년 조그맣게 시작한 그라민 샤크티는 100만 가구 이상에 전력을 공급했다. 200~1400달러의 비용으로 취사용 가스 생산을 위해 가금류 거름이나 소똥을 활용하는 바이오가스 시스템도 공급되고 있다. 물론 대규모 시스템은 주택 단지에 적합하다. 설치, 정비, 운영이 가능한 기술자 양성을 위해 지역민 기술 훈련도 지원된다. 조명과 지역 에너지 활용은 새로운 사업의 기회를 창출하는 셈이다.

그 외의 재생 가능한 에너지

지금까지 전 세계 에너지 수요 충족에 거대한 기여가 예상되는 성장 잠재력이 큰 재생 가능한 에너지원을 살펴보았다. 이와 더불어 우리는 세계 에너지 생산에 기여할 수 있는 그 외의 재생 가능한 에너지를 간략히 언급할 필요가 있다. 일부 지역에서 활용 가능한 땅속의 지열이나 해양의 파도, 해류, 조수에서 비롯된 에너지가 이에 속한다.

지각 깊은 곳에서 비롯된 지열 에너지는 화산폭발에서 발생하며, 간헐온천이나 온천에서도 종종 나타난다. 지각의 온도는 깊이에 따라 상승하기에 적절한 지역에 전력 생산이나 열 공급 용도로 활용할 수 있다. 비록 아이슬란드 같은 특정 지역에서는 중요한 에너지원이지만, 전 세계 전력 공급에 기여도는 미미하다(약 0.3퍼센트). 2DS에 목표를 둔 IEA 시나리오에 따르면 기여도는 2050년까지 약 열 배 증대될 것으로 추정된다.[37] 원칙적으로 해양의 이동에 따라 발생하는 거대

그림 11.18 조력 터빈.

한 양의 에너지가 이용 가능하다. 그러나 일반적으로 실제로 활용하는 것은 쉽지 않다. 현재 상업적 에너지 생산에 크게 기여하는 유일한 에너지원이다. 정확히 예측 가능하고, 환경의 쾌적함을 덜 해친다는 점에서 풍력 에너지보다 이점을 갖고 있다. 가장 큰 조력발전소로 프랑스 랑스(La Rance) 강어귀를 가로지르는 둑을 꼽을 수 있다. 썰물 때 터빈을 통해 240MW까지 전력 생산이 가능하다. 조력발전을 위한 잠재적 장소로 세계 곳곳을 물색해왔다. 영국의 세번(Severn)강 하구에는 세계에서 가장 큰 조력발전소가 자리 잡고 있는데, 최고 전력 8000MW 생산이 가능하며 영국 전체 전력 수요의 6퍼센트를 담당한다. 세번강에서 조력 에너지가 생산되지 않는 시간대에는 조수 최대치가 발생하는 다른 하구들이 간격을 메워 지속적인 에너지 공급을 유지한다. 이외에도 조수 간만의 차가 큰 적합한 지역에 '석호(lagoon)'를 조성하자는 제안도 있다.[38] 석호 벽의 터빈은 물이 오가면서 전력을 생산한다. 내가 사는 북웨일스에 해안을 따라 터빈을 설치한 석호를 조성하자는 의견도 나왔다. 세번강 하구의 조력 에너지와 더불어 웨일스 전체 전력은 이로부터 공급될 수 있다. 물론 초기 건설 비용이 엄청나지만 일단 시스템을 구축하면 한 세기 동안 지속적으로 에너지 공급이 가능할 것이며 탄소 배출의 피해도 없고, 든 비용보다 훨씬 더 많은 가치를 양산할 것이다. 영국의 해안가는 조력 에너지 사업을 위한 좋은 기회가 많다.

해안가의 조류 에너지는 대기 중 풍력을 이용하는 비슷한 방식으로 활용할 수 있다(그림 11.18). 물론 물의 속도는 바람보다 느리지만, 바닷물의 높은 밀도는 높은 에너지를 양산하고 비슷한 양의 전력 생산을 위해 더 작은 지름의 터빈이 필요하다. 또한 파도에도 엄청난 에너지가 존재한다. 이를 전기 에너지로 전환하기 위한 기발한 장치들이 고안되었고 일부는 상업 발전에 사용되기도 한다. 그러나 해양의 거친 환경 때문에 초기 개발 비용은 상대적으로 높다. 조력이나 파력 에너지의 활성화를 위해서는 연구 개발 및 초기 투자가 급선무다.

서유럽 연안의 해양은 파력 에너지 활용을 위한 최고의 기회를 선사한다. 조력과 파력 에너지를 함께 활용한다면 영국 전체 전력의 4분의 1, 또는 그 이상을 공급할 수 있는 잠재력이 있다.

탈탄소 에너지 지원과 자금 조달

이산화탄소 안정화 시나리오를 충족시키기 위한 탈탄소 에너지원은 다른 에너지원과 가격 경쟁력이 있을 때만 실현 가능성이 있을 것이다. 일부 조건 아래 재생 가능한 에너지원은 이미 가격 경쟁력이 있다. 예를 들어 전기 및 다른 연료의 배송 비용이 만만치 않을 때 지역

에너지원을 제공하는 차원에서 말이다. 그러나 석유와 가스 같은 화석연료 에너지원과 직접 경쟁한다면, 재생 가능한 에너지원들은 겨우 버틸 것이다. 그동안 쉽게 얻을 수 있던 석유 및 가스 보유고가 바닥나면 이 연료들은 더욱 비싸지고 재생 가능한 에너지원의 경쟁력은 높아질 것이다. 그러기 위해서는 시간이 필요하고 재생 가능한 에너지원이 화석연료를 대체하려면 적절한 재정적 인센티브가 도입되어야 한다. 나아가 화석연료 발전소에서 탄소 포집 및 저장을 하려면 재정이 추가적으로 필요할 것이다.

9장에서 살펴보았듯이 이러한 인센티브의 바탕에는 탄소 배출에 따른 환경 비용을 할당하는 오염자 부담의 원칙이 있다. 이를 시행하기 위해 세 가지 방법이 있다. 첫째, 정부가 탈탄소 에너지원에 직접 보조금을 지원하는 것이다. 둘째, 탄소세를 부과하는 것이다. 이산화탄소 1톤당 25~50달러의 추가 세금을 부여한다면 화석연료 발전 가격에 1kWh당 1~4센트가 추가될 것이다. 이러한 과정에서 일부 신재생에너지원은 더욱 경쟁력을 갖추게 된다. 수많은 나라에서 이산화탄소 1톤당 10달러에 이르는 상당한 보조금을 지원한다. 화석연료 에너지원의 보조금이 폐지된다면 약간의 인센티브가 생길 것이다.

셋째, 교토 의정서에 거론된 것처럼 이산화탄소 배출 거래제를 통해 화석연료 에너지원에 환경 비용을 더하는 것이다(10장 참조). 이는 산업계에서 총 할당량 안에서 배출량 거래권을 허용하는 동시에 한 국가의 총 이산화탄소 배출량을 제한한다.

이러한 재정적 조치는 상대적으로 전기 부분에 적용하기 쉬우며, 전기는 세계 1차 에너지 사용의 약 3분의 1을 차지한다. 이 조치는 난방, 산업, 운송에 사용되는 고체 및 액화가스 연료에도 적용되어야 한다. 바이오매스에서 비롯된 에탄올 같은 액화 연료는 다른 화석연료 에너지원보다 훨씬 비싸다. 물론 바이오매스 처리 과정이 더 효율적이 될 것이라는 기대가 있고 생명공학 기술의 급속한 발전은 분명 도움이 될 것이다. 하지만 적절한 재정적 인센티브가 없다면 바이오매스에서 비롯된 연료 활용 가능성은 희박하다.

재생 가능한 에너지원이 수요를 충족시킬 수 있게 신속히 흐름을 타려면 더 중요한 영역이 있다. 바로 연구 개발이다. 현재 전 세계 평균 정부 R&D는 연간 약 100억 달러, 즉 연간 1조 달러의 에너지 산업 가운데 자본 투자의 약 1퍼센트를 차지한다. 평균적으로 선진국에서 연구 개발비는 1980년대 중반 이후 두 배 감소했다. 일부 국가에서는 감소치가 더욱 크며, 영국의 경우 정부 지원 에너지 연구 개발비

정책 수단

온실가스 배출 감축에 의한 기후 변화 영향 완화에 필요한 에너지 부문 조치는 정부와 산업계의 협력을 통한 정책 실행이 필요하다. 몇 가지 핵심 제안은 다음과 같다.[39]

- 적절한 제도 및 구조적 체제 마련.
- 에너지 가격 전략(탄소 및 에너지세, 에너지 보조금 삭감).
- 온실가스 배출을 증가시키는 다른 보조금을 낮추거나 폐지(농업 및 운송 보조금).
- 배출권 거래제 허용(10장 참조).[40]
- 자발적인 프로그램 실행 및 산업계와 협상·합의.
- 공공사업 수요 관리.
- 에너지 효율성 최소 기준을 포함한 규제 프로그램(기구 및 연료 경제).
- 신기술 활용을 위한 연구 개발 촉진.
- 최신 기술 개발과 응용을 촉진하는 시장 견인 및 시범 프로그램.
- 시장 형성 시기 동안 재생 가능한 에너지에 인센티브.
- 소비자를 위한 가격 및 비용 절하에 인센티브.
- 소비자 행동의 변화를 유도하는 정보 확산.
- 교육 및 훈련 프로그램.
- 개발도상국으로 기술 이전.
- 개발도상국의 역량 제고 방책.
- 경제 및 환경적 목표를 지원하는 대안.

는 1980년대 중반에서 1998년까지 열 배가량 감소했다. GDP에 비례해 미국의 약 5분의 1, 일본의 17분의 1 정도였다.[41] 오늘날처럼 신재생에너지원의 필요가 절정에 이른 시기에 연구 개발비의 감소 추세는 놀랍고도 우려할 만하다. 에너지 연구 개발비는 훨씬 더 커져야 하며, 유망한 재생에너지 기술을 신속히 도입하려면 신중히 계획을 세워야 한다. 그러므로 에너지 산업의 자본 투자 증대는 신재생에너지원에서도 절실히 필요하다. 431쪽 상자에 에너지원 혁신에 적용할 수 있는 정책 수단을 나열했다.

2003년, 영국석유회사의 최고 경영자 존 브라운(Lord John Browne)은 연설에서 장기적인 계획을 적극적으로 수립해야 하는 중요성을 거듭 강조했다. 에너지 부문에서 기후 변화에 대응하기 위한 조치와 필요한 주요 투자 계획을 설명한 뒤 그는 다음과 같이 말했다.[42]

> 이러한 조치를 실행하려면 투자 비용과 이익 산출 사이의 격차를 초월하는 장기적인 접근의 진정한 가치를 증명하는 것이 중요하다. 정치적 문제는 아주 단기적인 시각에서 결정되는 경우가 잦다. 이때 장기적으로 실행의 효과를 증명할 문제가 남게 된다. (…) 사업의 역할은 가능성을 현실로 변화시키는 것이다. 말하자면 극히 실용적이어야 하며, 목표가 아주 뚜렷한 연구와 다양한 가능성의 시도가 필요하다. 오늘날 에너지 사업이 국제적이라는 사실의 이점은 다국적 회사들이 전 세계적으로 지식에 접근 가능하며 신속히 운영해서 적용할 수 있다는 것이다.

표 11.2는 지난 장에서 언급된 다양한 기술 및 실행 방안과 2030년까지 온실가스 감축에 기여할 만한 여러 영역을 요약했다.[43]

표 11.2 주요 완화 기술과 부문별 실행.

부문	현재 상업적으로 이용 가능한 주요 완화 기술과 실행	2030년까지 상업화 예정인 주요 완화 기술과 실행
에너지 공급	공급 개선과 유통의 효율성: 석탄에서 가스로 연료 전환, 원자력발전, 재생 가능한 열병합발전(수력, 태양, 풍력, 지열, 바이오에너지), 열병합발전, CCS 초기 적용	CCS: 가스, 바이오매스, 화력발전 시설, 원전 혁신, 재생에너지 혁신(조류·파력 에너지, 태양열 및 태양광발전 포함)
운송	더 연료 효율적인 차량: 하이브리드, 수소 연료 전지, 청정 디젤, 바이오연료. 도로 운송에서 철도 및 대중교통으로 전환: 비차량 운송(자전거 및 도보). 토지 이용 및 운송 계획	2차 생산 바이오 연료, 고효율 비행기, 저렴하면서 성능 좋은 배터리 충전 및 하이브리드 차량 개발
건축	효율적 조명, 고효율 전기 기구와 냉난방 기기, 조리 기구 개선, 단열 개선: 자연형 및 설비형 태양열 설계. 대체 냉각액, 불소 가스 재생과 재활용	상업 건물의 통합 디자인, 피드백과 조정 가능한 스마트 미터계 기술, 태양광발전 통합
산업	더 효율적인 최종 소비용 전기 기구, 열병합 재생, 재료 재활용 및 대체, 이산화탄소 이외 가스 배출 통제, 처리 특수 기술	에너지 효율성 향상, 시멘트, 암모니아, 철 제조용 CCS, 알루미늄 제조용 전극 삽입
농업	토지 탄소 저장 증대를 위한 농작물, 방목 관리 개선, 토탄질 토지와 황폐화된 토지 회복, 쌀 경작 기술 개선, 메탄 배출 감소를 위한 가축 및 비료 관리, 아산화질소 감소를 위한 질소 비료제 적용 기술 개선, 화석연료 대체 에너지 작물, 에너지 효율성 향상	수확량 개선
산림	조림, 재조림, 산림 관리: 산림 벌채 줄이기, 목재 관리, 화석연료 대체 바이오 에너지로 생산한 산림 제품 활용	바이오매스 생산성 향상과 탄소 격리 증대를 위한 나무 종 개발, 초목, 토지 탄소 격리 및 토지 용도 변경 분석을 위한 원격 감지 기술 향상
폐기물 관리	매립지 메탄 재생, 에너지 재생 쓰레기 소각, 유기농 폐기물 퇴비, 폐수 처리 규제: 재활용 및 폐기물 최소화	메탄 산화의 최적화를 위한 바이오커버와 바이오필터 활용

장기적인 기술

11장은 향후 몇십 년에 걸쳐 개발 가능한 기술 가운데 우리가 실현할 수 있는 부분을 설명한다. 21세기에는 어떤 신기술이 지배적일지 미래를 추정해보는 것은 흥미로운 일이다. 아마도 우리는 실제 일어날 일보다는 좀더 보수적인 그림을 그리게 될 것이다. 우리가 1900년에

연료 전지 기술

연료 전지는 연소해 발열하는 과정 없이 연료의 화학 에너지를 즉시 전기로 전환시킨다.[44] 구조 면에서 건전지와 비슷하다. 양극은 전자가 아닌 이온을 전달하는 전해질로 분리된다(그림 11.19). 연료 전지는 이론상 고효율을 보유한다. 실제로 전형적인 효율성은 40~80퍼센트다.

연료 전지를 위한 수소는 석탄,[45] 천연가스,[46] 다른 바이오매스(주 19 참조), 풍력이나 태양광 전지에서 생산된 전기를 활용한 가수분해 같은 다양한 방법으로 공급될 수 있다(425쪽 상자 참조). 생물학적 수소에 관한 최근 연구는 미생물에서 수소를 생산할 가능성도 보여준다.

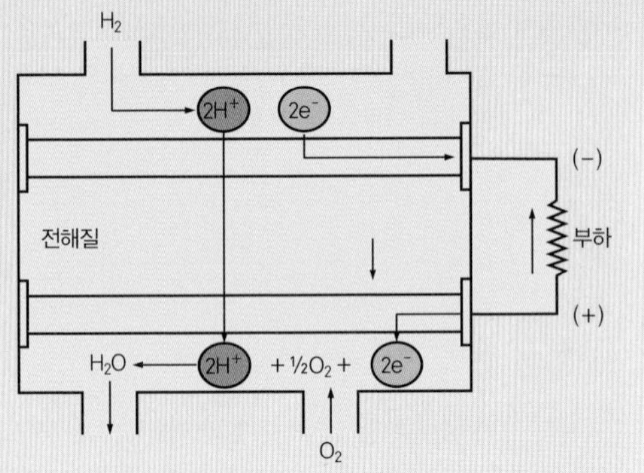

그림 11.19 수소-산소 연료 전지의 도식. 수소는 양전자에 공급되어 수소이온과 전자로 분리된다. 수소이온은 전해질을 통해 음전자로 이동해 전자, 산소와 결합하여 물을 형성한다.

2000년의 기술 변화를 예측했다면 어떠했을까 상상해보라! 분명 기술은 당시에 미처 생각하지 못했던 가능성으로 우리를 놀라게 할 것이다. 그렇다고 아예 추정조차 할 수 없는 것은 아니다!

일반적으로 연료 전지가 지속 가능한 미래 에너지의 중요 요소라는 점에 동의한다. 연료 전지는 고효율로 수소와 산소를 직접 전기로 전환한다(위의 상자 참조). 연료 전지에서, 물에서 수소와 산소를 생산하는 전해질 과정이 뒤바뀐다. 수소와 산소의 재결합으로 생성된 에너지는 전기 에너지로 전환된다. 연료 전지는 50~80퍼센트의 고효율을 보유하며 오염이 전혀 없다. 전기와 열 외에는 물만 나온다. 연료 전지는 고효율, 소규모 전력 생산에 적당하다고 알려져 있다. 물론 운송 수단에 적합한 큰 규모나 가정용 전력 자원, 상업용, 산업용까지 적용 범위가 넓다. 최근 활발한 연구 개발로 미래 핵심 기술로서 연료 전지의 가능성이 확인되었다. 일부 기술 문제가 아직 해결되지 않았지만 연료 전지는 향후 10년 안에 널리 활용될 것이다.

연료 전지의 수소는 다양한 원천에서 생산될 수 있다. 가장 분명한 재생에너지원은 햇빛이나 풍력 터빈에 노출된 태양 전지의 전기를 활용해 물을 가수분해(hydrolysis)하는 방법이다. 이는 효율적인 방법으로 전기 에너지의 80퍼센트 이상을 수소로 저장할 수 있다. 세계에는 햇빛이나 풍력이 풍부하고 다른 용도로 쓰이지 않는 토지가 많은 지역이 있다. 또한 태양이나 풍력 에너지에서 비롯된 전기 비용은 급격히 떨어졌다. 이는 기술적 진보 및 생산 규모의 확대와 더불어 더욱 가속화될 것이다. 수소 연료 전지의 운송 부문 활용은 2050년 무렵으로 예상된다.

수소는 여러 가지 이유에서 중요하다. 에너지 저장 수단이 되고, 파이프라인이나 화물 운송을 이용하면 쉽게 수송 가능하다. 그림 11.20에 지역 농촌의 활용 사례를 소개했다. 좀더 대규모로, 일반적으로 적용하기 위해서 극복해야 할 기술적 한계를 꼽는다면, 수소를 저장할 간편하고 효율적인 방법을 찾는 것이다. 현재 기술은 특히 운송 부문에 활용하기에 부피가 크고 무겁다. 여러 가지 가능성을 모색 중

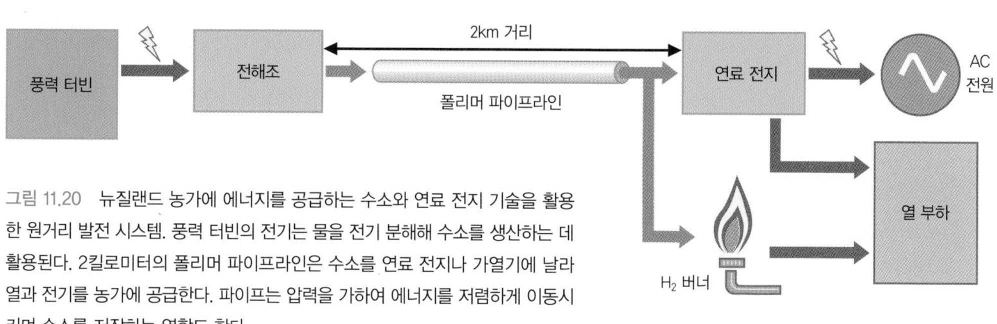

그림 11.20 뉴질랜드 농가에 에너지를 공급하는 수소와 연료 전지 기술을 활용한 원거리 발전 시스템. 풍력 터빈의 전기는 물을 전기 분해해 수소를 생산하는 데 활용된다. 2킬로미터의 폴리머 파이프라인은 수소를 연료 전지나 가열기에 날라 열과 전기를 농가에 공급한다. 파이프는 압력을 가하여 에너지를 저렴하게 이동시키며 수소를 저장하는 역할도 한다.

핵융합 발전

극고온에서 수소의 핵이 융합해 헬륨을 형성할 때 엄청난 양의 에너지가 방출된다. 이는 태양의 에너지원이기도 하다. 지구에서 가능하게 하려면 중수소와 삼중수소가 필요하다. 1킬로그램에서 하루에 1GW 정도 생산할 수 있다. 재료의 공급은 본질적으로 무한하며, 허용할 수 없는 오염을 발생시키지 않는다. 이러한 반응을 유도하려면 섭씨 1억도의 온도가 필요하다. 반응관의 벽에서 뜨거운 플라즈마(plasma)를 떼어놓으면 플라즈마는 토카막(Tokamak)이라고 불리는 '자석 병' 안의 강력한 자기장에 가둬진다. 이때 효과적으로 플라즈마를 가두고 견고한 반응관을 만드는 것이 관건이다.

융합 에너지는 지구상에서 16MW 수준까지 생산되었다.[47] 이로 인해 자신감을 얻어 국가들이 협력해서 500MW 용량으로 국제핵융합실험로(International Thermonuclear Experimental Reactor, ITER)라는 이름의 새로운 발전소를 고안했다. 목적은 상업적 실행 가능성을 타진하는 것이다. 이것이 성공적이라면 30년 안에 최초의 상업적 발전소가 운영될 것으로 전망된다.

이다. 지역 에너지 저장을 위한 다른 기술로 플라이휠(flywheel), 초고용량 축전지(super capacitor), 초전도 자석 에너지 저장(superconducting magnetic energy storage, SMES)도 개발 중에 있다.[48] 에너지 효율성 문제가 대두되면서 이러한 기술도 적절한 적용 방법을 모색할 수 있을 것이다.

수소 에너지 경제 구축에 필요한 대부분의 기술은 이제 이용 가능하다. 환경적 이점이 주요 동인으로 인식된다면 수소 경제는 에너지 분석가들이 현재 예측하는 속도보다 더욱 빠르게 발전할 것이다.

마지막으로 좀더 장기적인 안목으로 바라보자면 핵융합에서 에너지 생산의 가능성이 있다. 이 기술이 가시화된다면 실제로 무한한 에너지 공급이 가능해진다. 이러한 에너지 생산의 향후 전망은 매우 흥미로울 것으로 보인다.

탄소 제로의 미래

기온이 상승하면서 지구 온난화의 파장이 점점 심각하게 퍼짐에 따라, 지구 평균 온도 상승을 산업화 이전 대비 섭씨 2도 이하로 제한하자는 의견이 나왔다. 2DS 시나리오에 따르면 2020년 이전에 현재 증가하는 배출을 멈춰야 한다. 그 이후 배출량은 계속 급격히 감소해야 한다(그림 10.3). IEA가 〈에너지 기술 전망 2014〉에서 진술했듯이 이러한 목표를 달성하려면 기술 및 적절한 인센티브의 활용에 상당한 긴급성과 결의가 요구된다. 이는 앞서 언급한 정책 수단과 표 11.2, 그림 11.21에도 잘 나타난다.

2008년 영국 정부는 기후 변화와 관련해서 국가별 확고한 실행이 필요함을 인식해 적절한 조치를 촉구하기 위해 기후변화위원회

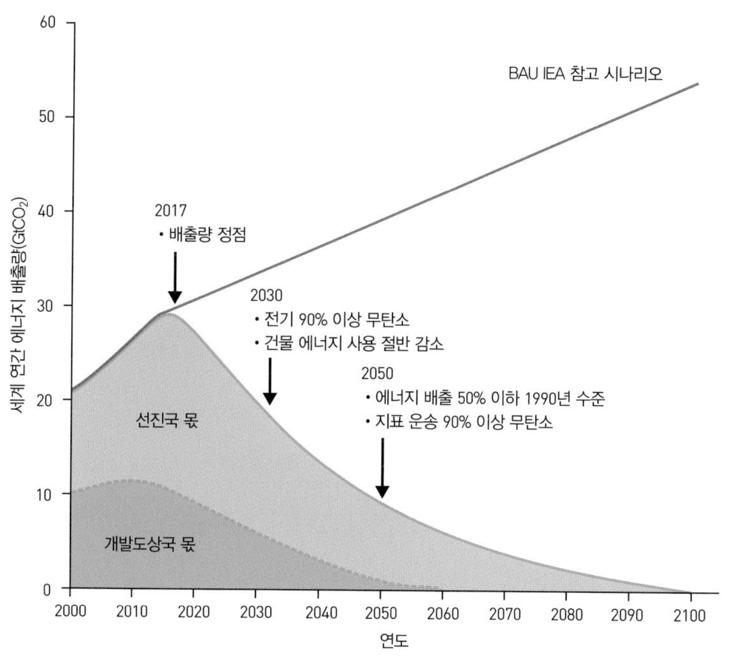

그림 11.21 IEA가 보여주는 2100년까지의 전 세계 에너지 평균 이산화탄소 배출량 로드맵. 빨간 선은 BAU를 표시하는 IEA 참고 시나리오다. 초록색 선은 산업화 이전 대비 섭씨 2도 이하 상승과 이산화탄소 농도 450ppm에서 안정화 목표 설정을 의미한다. 섭씨 2도 목표를 달성하려면 배출량은 2100년까지 제로 수준으로 떨어져야 한다. 선진국과 개발도상국 사이의 구분은 개발도상국 대비 선진국의 배출량에 기반을 두고 있다.

(Climate Change Committee)를 설립했다. 영국 의회는 1990년 대비 CO_2e 의무 감축 목표를 2050년까지 80퍼센트, 2020년까지 26퍼센트로 법으로 제정하는 기후변화법안(Climate Change Bill)을 통과시켰다.[49] 또한 이 법안은 필요하다면 목표를 재조정할 수 있음을 명시했다. 정부와 국가 차원에서 당면한 도전은 이를 실현하는 것이다.

그렇다면 섭씨 2도 목표 달성을 위해 이러한 조치면 충분한가? 앞서 10장에서 다음의 다섯 가지 가정과 불확실성이 언급되었다.

(1) 전 세계 온실가스 배출량의 20퍼센트는 현재 열대 산림 벌채에서 비롯된다. 벌채를 늦추거나 향후 20~30년까지 중단하지 않는다면 에너지 부문의 2DS 시나리오는 섭씨 2도 목표를 달성하기 어려울 것이다.

(2) 에어로졸의 냉각화는 현재의 온난화 현상을 상쇄한다(10장 참조). 대기 오염을 줄이려는 압박이 커지고 석탄과 석유 사용이 점차 중단되면서 미래의 에어로졸 농도는 대부분의 시나리오가 제안하는 바보다 더욱 급속히 감소할 것이다. 에어로졸 감소는 CO_2 감축과 조화를 이뤄야 한다. 한편 에어로졸 감소는 즉각적으로 발생하기에 CO_2 감소도 함께 진행되어야 한다. 대기 중 상당한 양의 CO_2를 제거하는 비용 효율적인 방법을 연구 중이므로 그러한 전망도 존재한다.

(3) 섭씨 2도 목표를 달성하려면 배출량을 2050년까지 제로에 가깝게, 나아가 2100년까지 제로로 감축해야 한다(그림 10.3, 11.21).

(4) 2005년 대비 일부 온실가스 주로 메탄, 아산화질소, 할로겐화탄소 농도의 감축이 가능하리라는 추정이 10장에서 언급되었다. 이는 에어로졸의 잠재적 감축을 부분적으로 상쇄할 것이다. 이러한 조치가 실행되어야 하는 한편 효율성 측면에 상당한 불확실성이 존재한다.

(5) 섭씨 2도 목표를 달성할 66퍼센트 확률을 감안한다면, 더욱 심각한 결과를 초래할 고온 상승을 피할 확률은 어떻게 될까? 예를 들어, 전 세계 평균 온도가 섭씨 4도 상승한다면 돌이킬 수 없는 변화와 극심한 이상기후가 발생할 것이다. 이는 영국 기후변화위원회가 2008년 12월 1차 보고서에서 지적한 부분이기도 하다.[50] 이 위원회는 영국 정부에 기후 변화의 목표와 실행안에 대해 조언하는 독립 기관이다. 이들은 2100년까지 섭씨 2도 이하로 제한할 50퍼센트 확률을 목표로 할 것을 권고하는 동시에 2100년까지 섭씨 4도 상승의 확률은 1퍼센트 미만으로 세운 목표를 수행하는 것이 중요하다고 전했다. 이를 실현하기 위해서 이산화탄소의 대기 중 농도를 약 350ppm으로 낮추는 조치를 실행해야 할 것이다.[51]

위의 다섯 영역이 강조하는 바는 내가 내놓은 과학적 주장의 기본에 따라 인류가 초래한 온실가스의 상당한 배출 없이 탄소 제로의 미래로 가는 것이다. 지난 20여 년 동안 과학적 이해가 깊어지면서 더욱 신속히 탄소 제로의 미래로 이동해야 한다는 인식 또한 증대되었다.[52] IEA와 그 밖의 다른 기관은 이러한 커다란 감축으로 나아가는 과정을 증명해왔다. 이 목표는 달성 가능하고 감당할 수 있으며, 많은 혜택을 가져올 것이다. 2020년에 세계 배출량의 정점을 찍으며, 2050년 무렵 탄소 제로로 이동해, 2100년까지 탄소 제로를 달성하는 것이 현재 당면한 도전이다(그림 11.21, 10.3).[53]

IEA 〈에너지 기술 전망 2014〉의 일부 보고 내용

세계 에너지 체계의 탄소 집약도는 지난 40년 동안 거의 변함이 없었다. 급속히 증대되는 에너지 수요 앞에 장기적인 기후 변화 목표를 달성하려면, 생산과 최종 사용을 탈탄소화하기 위한 급진적인 행동이 촉구되어야 한다(상세 내용은 44~45, 79쪽 참조).

- 2DS 시나리오에 따르면 전 세계 1차 에너지 공급 부문에서 화석연료 비중은 2011년 80퍼센트에서 2050년 40퍼센트로 떨어진다. 그러나 여전히 화석연료 사용이 상당하기 때문에 이산화탄소 포집 및 저장은 발전 부문의 배출량을 제한하는 데 중대한 역할을 한다. 운송과 산업 역시 2050년 이후에도 탈탄소화가 필요하다.
- 비용 효율적이면서도 배출 감축에 기여할 에너지 절감의 큰 잠재력은 건축 부문에 있으며, 이는 경제에 큰 자산이 될 수 있다. 어려운 시장 여건과 비기술적 장벽은 다소 거북한 장애물이다. 이를 극복하려면 정책 입안자들의 투철한 의지와 자금이 필요하다. 그 이후에 이러한 절감을 달성한다면 정책적 색깔이 다소 옅을 것이다.
- 연료 경제의 향상, 발전된 운송 수단 및 연료, 수요 관리 전략은 운송 부문 배출 완화에 필수적이다. 연료 경제의 향상에도 경차 및 전기 차의 활용 속도가 너무 느려서 2DS를 달성하기 어려운 실정이다.

에너지 체계를 탈탄소화하는 데 드는 추가 비용 44조 달러는 115조 달러의 연료 절감에 의해 상쇄된다. 이는 절감이 10퍼센트로 낮아지더라도 마찬가지다. IEA는 저탄

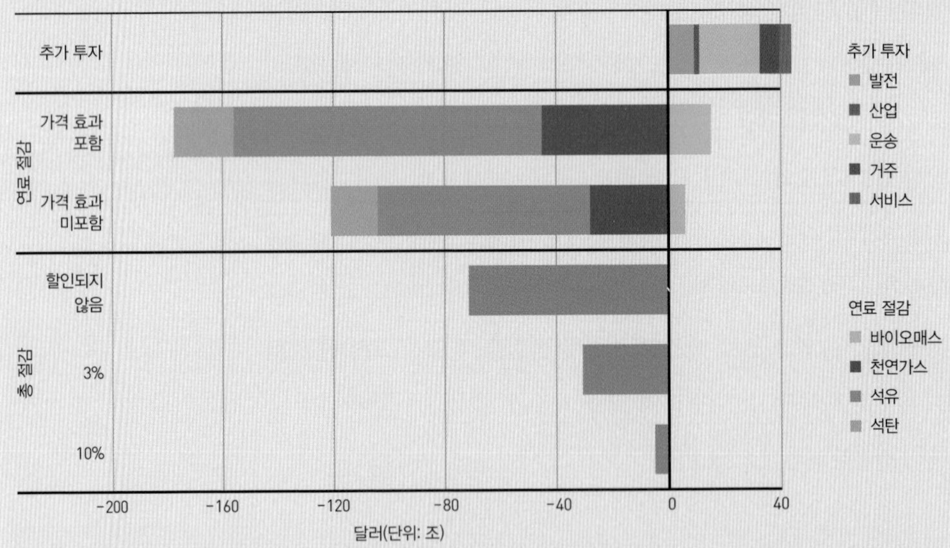

그림 11.22 2011~2050년의 6DS 대비 2DS의 추가 투자 및 연료 절감. 맨 아래 그래프는 할인 계수 3퍼센트 또는 10퍼센트 적용 시 총 절감액을 나타낸다.

소 체제로의 이동이 비용 이익 외에도 보건 향상, 환경오염 감소, 고용 기회 같은 이득을 가져올 것이라고 지적한다. 더욱이 에너지 수요 감소와 화석연료에 대한 낮은 의존도는 안보 이익과 더불어 에너지 효율성을 높인다. 소비되지 않은 에너지는 생산, 재개선, 운송, 수입할 필요가 없다.

내용 정리

11장에서 현재 인간의 삶에 필요한 에너지가 어떻게 공급되는지, 산업은 어떻게 돌아가는지에 대해 살펴보았다. 미래의 세계 에너지 수요를 충족시키기 위한 기존 에너지원의 증대는 엄청난 기후 변화를 초래하는 온실가스를 배출할 것이다.

1992년 6월 리우에서 세계 각 나라 대표들이 모여 에너지와 환경문제 해결을 위한 조치를 하기로 결의했는데, 위의 사실은 UNCED에서 도출한 합의 내용과 일치하지 않는 셈이다. 기후 협약의 목표는 21세기 후반까지 대기 중 이산화탄소가 안정되도록 배출량을 급격히 줄이는 것이다. IEA가 〈세계 에너지 전망 2008(World Energy Outlook 2008)〉에 진술한 것처럼 "지금 필요한 것은 전 지구 차원의 에너지 혁명이다". 이를 위해 아래와 같은 실행이 요구된다.

- 대부분의 선진국에서 30~50퍼센트 에너지 효율성 향상은 전반적인 절감 조치로 달성될 수 있다. 한편 그러한 절감이 실현되려면 단지 개인 및 산업계를 격려하는 차원이 아닌 인센티브가 필요하다.
- 환경, 사회과학, 경제적 측면, 에너지 안보를 위한 중앙 에너지원 및 지역 에너지원 개발 모두를 고려하려면 국내외로 장기 에너지 전략이 성립되어야 한다.
- 어떠한 기술도 특효약이 될 수 없기 때문에 가능한 모든 저탄소 에너지원을 개발하고 신속히 효과적인 기여를 유도해야 한다. 이를 위해서는 연구개발에 대한 투자 증대가 본질적이다.

- 화력, 가스 발전의 이산화탄소 배출을 제지하려면 신규 발전소나 기존 발전소에 CCS 기술을 적극적으로 도입해야 한다.
- 화석연료를 대체하기 위한 재생 가능한 에너지원을 개발하는 기술은 아주 많다. 적절한 규모에서 이를 실행하려면 경제적 틀이 마련되어야 한다. 보조금 폐지, 탄소 및 에너지세, 배출권 거래제 등의 정책 또한 따라와야 한다.
- 전 지구 평균 섭씨 2도 이하 상승, 이산화탄소 농도 450ppm의 안정화 목표를 달성하려면 에너지 생산 모든 부문에서 탈탄소화를 신속히 추진해야 한다. 2050년까지 전 세계 전기 공급과 운송 부문의 탄소 제로를 목표로 해야 한다. 미래의 탄소 제로 목표는 하루 빨리 실현되어야 한다.
- 모든 국가 차원의 고효율 에너지 계획 및 신재생에너지의 폭넓은 활용 기술을 확실시하는 정책이 긴급하게 필요하다.
- 2050년까지 IEA 2DS 시나리오를 달성하기 위한 발전, 건물, 산업, 운송에 대한 전 세계의 투자는 160조 달러를 넘어선다(6DS 시나리오는 120조 달러). 에너지 부문을 탈탄소화하기 위한 추가 투자 비용은 44조 달러에 달하며, 6DS보다 37퍼센트 늘어난 금액이다. 6DS 대비 2DS의 경우 115조 달러를 절약할 수 있으며 에너지 효율성이 큰 이득이다.

이 장은 지금까지 세계가 경험한 그 어떤 규모와 속도보다 거대하고 빠른 기술 혁신을 내포한다. 이러한 혁신은 전 세계 집단이 이례적인 협력을 도모해야 이룰 수 있다. 정부, 산업, 개인 소비자 차원의 명확한 정책과 결의가 필요하다. 에너지 인프라 구축에 드는 오랜 시간과 변화의 속도를 고려할 때 실행해야 할 긴급함이 있다. 20년 전, 세계에너지협의회(World Energy Council)는 다음과 같이 지적한 바 있다. "진정한 도전은 대안으로 전환하는 데 수십 년이 소요된다는 사실을 알리는 것이다. 그렇기에 필요에 대한 인식과 실행의 시작은 바로 지금이어야 한다."[54] 이것이 1993년에 옳은 견해였다면 오늘날에는 더욱 맞는 내용일 것이다.

생각해볼 문제

1. 자신의 가정에서 한 해 동안 얼마나 많은 에너지를 사용하는지 측정해보

자. 대부분의 에너지원이 화석연료인가? 이산화탄소 배출에 기여하는 요소는?

2. 한 해 동안 자신의 승용차가 소비하는 에너지양은? 이산화탄소 배출에 기여하는 요소는?
3. 세계 석탄, 석유, 가스 보유고에 대한 지난 30년간의 추정치를 비교해보자. 이러한 추이에서 무엇을 추론할 수 있나?
4. (1) 가정에서 불필요한 조명 끄기, (2) 모든 가정의 전기 조명을 LED로 전환, (3) 겨울에 모든 가정에서 섭씨 1도 낮게 유지. 이 세 가지를 실행할 경우, 국가 전체의 연간 에너지 절감량은?
5. 자신의 국가에서 전기 공급에 기여하는 연료원을 찾아보자. 겨울에 일반 가정의 전기 난방을 가스 난방으로 전환한다고 가정해보자. 연간 이산화탄소 배출량의 차이는 어떠할까?
6. 열 펌프와 건물 단열 관련 비용을 살펴보자. 일반 건물의 경우, 열 펌프 설치와 단열 처리에 의해 에너지 75퍼센트 감축에서 오는 비용 차이를 비교해보라.
7. 전기 제품 매장을 방문해 에너지 소비량 및 가전제품(냉장고, 조리 기구, 전자레인지, 오븐, 세탁기)의 성능을 알아보자. 고효율, 저효율 제품은 무엇인가? 제품에 에너지 소비 및 효율성이 잘 표시되어 있는가?
8. 따뜻한 나라에서 50밀리미터의 두께로 지붕에 단열 처리한 집을 가정해보자. 지붕 색이 하얀색이 아니라 검은색이라면 냉방으로 줄여야 할 에너지양은 얼마나 될까? 150밀리미터로 두께를 높인다면 얼마나 에너지가 감소될 수 있을까?
9. 벽과 지붕에 250밀리미터의 두께로 단열 처리를 할 경우 표 11.1에 나온 건물에 필요한 열의 총량은?
10. 대규모 댐의 환경적, 사회적 영향에 대한 기사를 찾아보자. 수력발전의 혜택이 이러한 폐해보다 더 크다고 생각하는가?
11. 바이오매스, 태양광 전지, 풍력발전기와 같은 재생에너지원 활용을 위해 10제곱킬로미터의 토지를 이용 가능하다고 가정하자. 가장 효율적인 활용 방안을 결정하는 기준은 무엇인가? 자신의 국가 한 지역에서 각각

의 효율성을 비교해보자.

12. 원자력 사용을 막는 가장 중요한 요인은 무엇이라고 생각하나? 그 원인의 심각한 수준을 다른 에너지 생산에서 파생되는 피해나 비용과 비교한다면?
13. 자신이 탄소세를 지지한다면 지구 온난화가 야기하는 피해 비용과 관련지을 것인가 아니면 신재생에너지원이 적정 수준에서 경쟁하도록 하는 방법과 관련지을 것인가? 다양한 재생에너지원 비용에 대한 최근 자료를 찾아보고, 신재생에너지원의 활용을 가능케 하는 탄소세의 수준을 생각해보자(현재와 2020년 기준).
14. 정책을 논의하는 과정에서 윈윈(win-win) 전략이나 이중 혜택의 사안들이 이목을 끈다. 온실가스 배출 감축을 위해 특정 조치를 취할 때, 추가 혜택이 보너스로 생기는 상황이 그러한 경우다. 구체적인 사례를 생각해보자.
15. 본문에서 나온 정책 수단 가운데 자신의 나라에서 가장 효율적인 수단은 무엇이라고 생각하나?
16. 바이오매스, 풍력, PV, 조류, 파력 에너지 같은 재생에너지원의 환경적 영향을 나열해보자. 이들이 온실가스 감축에 기여하는 정도와 비교해 그 환경적 영향의 심각성을 어떻게 평가할 것인가?
17. 대규모 그리드를 통한 중앙 에너지 공급 대비 지역 에너지원의 장점과 단점을 논의해보자. 지역 및 중앙 에너지 공급이 가장 적절히 이뤄지고 있다고 생각되는 세계의 지역을 찾아보자.
18. 카야 아이덴티티(에너지 집약도, 탄소 집약도, 1인당 GDP, 인구)의 각 요소가 지난 20년 동안 동일한 국가 그룹에서 어떻게 변해왔는지 비교해보자. 각 국가 사이에 나타나는 차이의 원인에 대해서도 논의해보자.
19. 2008년 7월 17일 워싱턴 D.C., 앨 고어는 그의 에너지 관련 연설에서 과거 미국 대통령들이 취했던 신중하면서도 신속한 조치를 예로 들어 강한 인상을 남겼다. 하나는 프랭클린 루스벨트의 무기 대여법(1941년), 또 다른 하나는 존 F. 케네디의 아폴로 계획이다. 앨 고어는 미국이 기후 변화 문제를 해결하기 위해 신중한 행동을 취해야 한다고 제안했다.

예를 들어 미국이 향후 10년 안에 탄소 제로 전력을 목표로 정하는 것이다. 미국이나 세계가 취한 조치의 긍정적 효과에 대해 생각해보고 이를 현재 기후 변화의 도전과도 비교해보자.

주

1. 1toe=11.7MWh=4.19×10^{10}J
   1Gtoe=41.9×10^{18}J=41.9EJ
   1toe per day=485kW
   1toe per year=1.33kW
2. Report of G8 Renewable Energy Task Force, July 2001.
3. IEA. 2014. *World Energy Outlook 2014*. Paris: International Energy Agency.
4. Ibid.
5. IEA, 2014. *Energy Technology Perspectives*. Paris: International Energy Agency.
6. 9장 참조.
7. IEA, 2006. *World Energy Outlook 2006*. Paris: International Energy Agency, Table 14.6.
8. WEC, 1993. *Energy for Tomorrow's World: The Realities, the Real Options and the Agenda for Achievement*. New York: World Energy Council, p. 113.
9. From National Academy of Science. 1992. *Policy Implications of Greenhouse Warming*. Washington, DC: National Academy Press, Chapter 21.
10. Smith, P. F. 2007. *Sustainability at the Cutting Edge*, second edition, Amsterdam: Elsevier.
11. Smith, P. F. 2001. *Architecture in a Climate of Change*. London: Architectural Press.
12. www.zedfactory.com/bedzed/bedzed.html.
13. 고층운의 영향 때문에 항공 운송 부문이 적어도 두 배 증가할 것임.

14. Mobility Report of World Business Council on Sustainable Development: www.wbcsd.ch.
15. Summary for policymakers, in Penner, J., Lister D., Griggs, D. J., Dokken, D. J., Mcfarland, M. (eds.) 1999. *Aviation and the Global Atmosphere: A Special Report of the IPCC*. Cambridge: Cambridge University Press.
16. 산업 배출과 잠재적 감축에 관한 자료는 다음을 참조. *Energy Technology Perspectives,* IEA, Chapter 12.
17. Speech by Load Browne, BP Chief Executive to the Institutional Investors Group, London, 26 November 2003.
18. OECD/IEA, 2013. *World Energy Outlook*. OECD, pp. 80-1.
19. International Energy Agency, *Capturing* CO_2: www.ieagreen.org.uk; Furnival S. 2006. Carbon capture and storage, *Physics World*, 19, 24-7. *IPCC Special Report*. Metz, B. et al. (eds.) 2005. *Carbon Dioxide Capture and Storage*. Cambridge: Cambridge University Press. www.ipcc.ch.
20. 탄소질 연료는 연소되면 일산화탄소를 형성하며 이는 증기와 반응함. $CO+H_2O=$이산화탄소$+H_2$
21. IEA, 2008. *Energy Technology Perspectives 2008*. Paris: International Energy Agency, pp. 134-5.
22. IPCC WGIII 2014, Chapter 7.
23. 영국의 경우, 군사 프로그램에 원자력발전소에 사용할 수 있는 플루토늄의 잉여가 상당하다. 핵 확산 문제를 가중시키지 않고 온실가스 감축을 돕는 방향. Wilkinson, W. L. 2001. Management of the UK plutonium stockpile: the economic case for burning as MOX in new PWRs. *Interdisciplinary Science Reviews*, 26, 303-6.
24. '대규모' 수력발전은 10MW보다 큰 계획, '소규모' 수력발전은 10MW보다 작은 계획.
25. IEA, 2008. *Energy Technology Perspectives*, Chapter 12.

26. Moomaw, W. R., Moreira, J. R. et al. in Metz et al. (eds.) *Climate Change 2001: Mitigation*, Section 3.8.4.3.2.
27. *Report of the Renewable Energy advisory Group*, Energy Paper No. 60. 1992. London: UK Department of Trade and Industry.
28. *Incineration of Waste*. 1993. 17th Report of the Royal Commission on Environmental Pollution. London: HMSO, pp. 43-7.
29. 이 프로젝트는 셸 재단(Shell Foundation, www.shellfoundation.org)의 지원을 받음. 이 재단은 제3세계에 지속 가능한 에너지 장려를 위해 세워진 기관.
30. *Sustainable Biofuels: Prospects and Challenges*, Report by Royal Society of London, 2008: www.royalsoc.org.
31. Infield, D., Rowley, P. 2003. Renewable Energy: technology considerations and electricity integration. *Issues in Environmental Science and Technology*, No. 19. Cambridge: Royal Society of Chemistry, pp. 49-68.
32. Twidell, J., Weir, T., 1986. *Renewable Energy Resources*. London: E and F Spon, p. 252.
33. Smith, P. F. 2001. *Architecture in a Climate of Change*. London: Architectural Press.
34. www.treehugger.com/renewable-energy/.
35. *Energy Technology Perspectives 2014*, p. 11.
36. www.grameen-info.org/grameen/gshakti/index.html.
37. IEA, 2007. *Renewables for Heating and Cooling*. Paris: International Energy Agency. http://www.iea.org/Textbase/publications/free_new_desc.asp/?PUBS_ID=1975.
38. www.tidalelectric.com.
39. Summary for policymakers, Section 4.4, in Watson, R.T., Zinyowera, M.C., Moss, R. H. (eds.) 1996. *Climate Change 1995: Impacts, Adaptations and Mitigations of Climate Change: Scientific-Technical*

Analyses. Contribution of Working Group II to the Second Assessment Report of the Intergovernmental Panel on Climate Change. Cambridge: Cambridge University Press.

40. Mullins, F. 2003. Emissions trading schemes: are they a licence to pollute? *Issues in Environmental Science and Technology* No. 19. Cambridge: Royal Society of Chemistry, pp. 89-103.
41. *Energy: The Changing Climate*. 2000. 22nd Report of the Royal Commissionon Environment Pollution. London: Stationery Office, p. 81.
42. Speech by Load Browne, BP Chief Executive, to the Institutional Investors Group, London, 26 November 2003.
43. Metz et al. (eds.) *Climate Change 2007: Mitigation*, Chapter 11, Section 11.3.
44. 최근 내용에 대해서는 다음을 참조. Eikerling, M. et al. 2007. *Physics World*, 20, 32-6.
45. 석탄에서 나온 수소에 대해서는 다음을 참조. Liang-Shih Fan. 2007, *Physics World*, 20, 37-41.
46. 천연가스가 증기와 재반응. $2H_2O+CH_4=CO_2+4H_2$
47. McCraken, G., Stott, P. 2004. *Fusion, the Energy of the Universe*. New York: Elsevier/Academic Press.
48. Swarup, R. 2007. *Physics World*, 20, 42-5.
49. www.defra.gov.uk.
50. The Committee on Climate Change. www.theccc.org.uk/reports, Inaugural Report December 2008, *Building a Low-Carbon Economy-The UK's Contribution to Tackling Climate Change, Part 1, the 2050 Target*.
51. James Hansen, Bjerknes Lecture at American Geophysical Union, 17 December 2008, www.columbia.edu/~jeh1/2008/AGUBjerknes_20081217.pdf.

52. 영국대체기술센터(Centre for Alternative Technology)는 2030년까지 영국이 탄소 제로를 어떻게 달성할지 '탄소 제로 영국(Zero Carbon Britain)'을 보여주었다.
53. www.climatesafety.org; www.zerocarbonbritain.
54. *Energy for Tomorrow's World-the Realities, the Real Options and Agenda for Achievement*. WEC Commission Report. New York: World Energy Council, 1993, p. 88.

참고문헌

IPCC WGIII 2014. *Climate Change 2014: Mitigation of Climate Change. Contribution of Working Group III to the Fifth Assessment Report of the Intergovernmental Panel on Climate Change* [Edenhofer, O., Pichs-Madruga, R., Sokona, Y., Farahani, E., Kadner, S., Seyboth, K., Adler, A., Baum, I., Brunner, S., Eickemeier, P., Kriemann, B., Savolainen, J., Schlömer, S., von Stechow, C., Zwickel, T. and Minx, J. C. (eds.)]. Cambridge: Cambridge University Press.

Technical summary.

Chapter 7 Energy systems.

Chapter 8 Transport.

Chapter 9 Buildings.

Chapter 10 Industry.

IEA, 2014. World Energy Outlook 2014. Paris: International Energy Agency.

IEA, 2014. Energy Technology Perspectives. Paris: International Energy Agency.

Monbiot, G. 2007. *Heat: How to Stop the Planet from Burning*. London: Allen Lane. A lively presentation of some of the technical, political and personal dilemmas.

Stern, N. 2009. *A Blueprint for a Safer Planet*. London: The Bodley Head.

지구촌 12

1903년, 더스크에 있는 워털루교 주변의 스모그 현상을 그린 클로드 모네(Claude Monet).

앞서 지구 온난화에 관한 여러 가지 이야기와 해야 할 조치에 대해 살펴보았다. 마지막 장에서는 지구 온난화와 관련해 직면한 몇 가지 도전, 특히 국제적 문제이기 때문에 파생되는 부분을 기술하고자 한다. 나는 인류가 직면한 주요 국제 문제 가운데 지구 온난화를 거론하고 싶다.

지구 온난화: '국제적' 오염

100년 전, 프랑스 화가 클로드 모네는 런던에서 시간을 보내며 스모그를 통과하는 빛이 담긴 명작들을 그렸다. 런던은 지역 내의 가정 및 공장 굴뚝에서 파생된 심각한 **지역 오염**으로 시달렸다. 1950년대에 시작한 청정공기법(Clean Air Acts) 덕분에 끔찍했던 스모그 현상은 과거로 사라졌다. 물론 런던의 공기 정화는 여전히 필요하지만 말이다.

그러나 오늘날 문제는 **지역** 차원이 아니라 **전 지구** 차원의 오염이라는 점이다. 모두가 약간씩 기여하는 오염이 전 세계에 영향을 미치고 있는 셈이다. 표면화된 첫 사례는 1970년대와 1980년대 초반에 냉장고, 에어로졸 캔, 산업 공정에서 대기로 새어 나온 염화불화탄소가 오존층 파괴를 초래한 사건이다. 1985년 **오존홀**이 발견되면서 문제는 가시화되었다. 1987년을 기점으로, 이 문제를 해결하기 위한 국제 체제가 몬트리올 의정서를 통해 설립되어 모든 국가가 이 해로운 물질 사용을 단계적으로 중단하기로 합의했다. 부유한 국가들은 재정과 기술 이전으로 개발도상국들을 지원하기로 동의했다. 전 지구적 환경문제를 해결하기 위한 방안이 추진되었다.

국제적 오염의 두 번째 사례는 이 책에서 다루는 지구 온난화 문제다. 화석연료 즉 석탄, 석유, 가스의 사용이나 산림 벌채 같은 인간 활동으로 대기에 방출된 온실가스가 위협적인 기후 변화를 일으키고 있다. 이는 오존 파괴보다 더 거대하고 심각하다. 왜냐하면 삶의 질을 좌지우지하는 에너지나 운송 같은 자원과 인간 활동의 핵심을 찌르는 문제이기 때문이다. 하지만 화석연료의 사용을 줄인다고 우리 삶의 질이 저하되지는 않는다는 깨달음이 필요하며 오히려 삶의 수준을 향상시킬 수 있을 것이다!

국제적 오염은 **국제적** 차원의 해결이 필요하다. 자원 활용, 생활양식, 부와 빈곤 같은 인간의 태도를 폭넓게 다루어야 한다. 더불어 국제기관, 국가 및 지역 정부, 대기업 및 중소기업, 산업, NGO 단체나 교회, 개인 등 총체적 차원에서 인간 사회를 바라보는 관점이 요구된다.

지속 가능성: '국제적' 도전

전 지구적 해결을 위한 넓은 의미의 **지속 가능한 발전**이 8장과 9장에서 소개되었다. 지속 가능성이란 환경과 지구의 자원을 아끼는 인간의 생각을 고려한 현대 용어다.[1] 여기서 지속 가능성이란 무엇을 의미할까?

자신이 먼 행성을 탐험하는 큰 우주선의 승무원이라고 상상해보자. 여정은 수년이 걸릴 것이다. 고품질의 적정 에너지는 태양 복사열로 쉽게 구할 수 있다. 그렇지 않으면 탐험 중 자원은 극히 제한적이다. 승무원은 대부분의 시간을 자원을 관리하는 데 사용하게 된다. 식용식물이 자라고, 모든 것이 재활용되는 지역 생물군이 형성된다. 대체할 수 없는 자원에 초점을 맞추고 모든 자원을 철저히 기록한다. 이런 상황에서 탐험 기간 동안 **지속 가능한** 자원을 확보하는 것은 너무도 중요하다.

지구 행성은 여기에서 말하는 우주선보다 훨씬 더 거대한 규모다. 지속 가능성의 원리는 행성 탐험용 우주선에 적용한 것처럼 지구라는 우주선에도 엄히 적용해야만 한다. 미국의 저명한 경제학자인 케네스

볼딩(Kenneth Boulding) 교수가 최초로 지구를 우주선 이미지에 비유했다. 그는 1966년 논문에서 '열린' 또는 '카우보이' 경제〔볼딩 교수는 이를 '구속받지 않는 경제(unconstrained economy)'라고 불렀다〕[2]와 지속 가능성이 핵심인 '우주선 경제(spaceship economy)'를 대비했다.[3]

지속 가능성의 정의는 다양하다. 가장 간결한 정의는 '자녀에게 부정행위를 하지 않는 것'이다. '우리 이웃에게 부정행위를 하지 않는 것'과 '피조물 전체에 부정행위를 하지 않는 것'으로 부연할 수 있다. 다시 말해서 우리가 물려받은 상태보다 악화된 지구를 미래 세대와 자녀들에게 물려주지 않는 것, 그리고 세계의 이웃과 같은 자원을 공유하고 다른 피조물을 적절히 돌보는 것이다.

현대 사회에서는 지속 가능하지 않은 수많은 일이 발생한다.[4] 사실 우리 모두 앞 단락에서 언급한 세 가지 측면의 부정행위를 범하고 있는 셈이다. 표 12.1은 지속 가능성의 핵심 영역을 나열하는데, 각 영역이 서로 어떻게 연결되고 인간의 핵심 활동과 연관 있는지 보여준다. 이 모든 영역은 어마어마한 도전을 시사한다.

이러한 연결 고리를 설명하기 위해 열대 산림 벌채를 예로 들어보자. 열대 산림은 매년 아일랜드의 섬 크기만큼 베어진다. 일부는 비지속 가능한 방식으로 유용한 목재를 획득하고, 다른 일부는 세계의 부유국에서 식량이 될 가축을 기를 목초지로 사용하며, 부유국들의 가축 사료가 될 콩을 기르는 토지로 이용한다. 이 정도의 산림 벌채는 대기 중 온실가스, 이산화탄소와 메탄을 방출해 인류가 초래하는 기후 변화의 속도를 부추긴다. 게다가 산림 벌채가 진행되는 지역 근처의 기후를 변화시키기도 한다. 예를 들어 아마존에서 현재 수준의 산림 벌채가 지속된다면 이번 세기에 걸쳐 아마존의 일부 지역은 더욱

표 12.1 지속 가능성의 문제들.	
문제	관련된 요인
지구 온난화와 기후 변화	에너지, 교통, 생물 다양성 손실, 산림 벌채
토지 용도 변화	생물 다양성 손실, 산림 벌채, 기후 변화, 토양 손실, 농업, 용수
소비	쓰레기, 물고기, 음식, 에너지, 교통, 산림 벌채, 용수
쓰레기	소비, 에너지, 농업, 음식
어업	소비, 음식

건조해지거나 반사막으로 변모할 것이다. 또한 나무를 베면 침식으로 토지가 유실된다. 아마존의 많은 지대가 약해진 상태이며 쉽게 쓸려 내려갈 위기에 있다. 열대 산림은 생물 다양성이 풍부한 지대다. 산림의 손실은 대체할 수 없는 종을 잃게 한다.

지속 가능성은 생태발자국(Ecological Footprint)의 개념으로 측정할 수 있다. 인간 집단의 생태발자국이 자원과 토지를 어느 정도까지 넘어서는지 가늠하는 것이다. 지구의 모든 인구가 부유한 국가의 생활양식을 영위하는 데 필요한 생태발자국은 세 개의 행성에 달할 것이라는 추정도 있다.[5]

유일한 국제 문제?

지구 온난화는 유일한 국제 문제가 아니다. 전 지구 차원의 다른 문제들도 있다. 우리는 이러한 배경을 바탕으로 지구 온난화를 바라보아야 한다. 지구 온난화에 영향을 미치는 중대한 다른 문제는 다음과 같다.

첫째는 인구 성장이다. 내가 태어났을 때 20억 인구가 지구에 살고

브라질 아마존 열대우림에서의 산림 벌채.

있었다. 21세기 초반, 총 인구는 60억으로 증가했다. 내 손주들이 사는 동안 90억에서 100억으로 늘어날 수 있다.[6] 대부분의 인구 성장은 개발도상국에서 두드러질 것이다. 2020년까지 개발도상국 인구는 전 세계 총 인구의 80퍼센트를 넘어설 것이다. 증가한 인구는 식량, 에너지, 생계유지를 위한 일에 대한 수요를 창출할 것이다. 이 모든 현상은 지구 온난화에 시사하는 바가 크다.

둘째는 빈곤과 선진국과 개발도상국 사이에 벌어지는 격차 문제다. 세계의 부는 가난한 나라에서 부유한 나라로 흐른다. 이 격차를 넓히는 원인은 **자유무역**(Free Trade)이며, 줄이는 노력이 바로 **공정무역**(Fair Trade)이다.

셋째는 자원의 소비다. 지구 온난화에 기여하는 문제이기도 하다. 지금 사용 중인 많은 자원은 대체할 수 없지만, 우리는 비지속 가능한 속도로 소모하고 있다. 즉 자원을 고갈시키는 속도 때문에 우리는 미래 세대의 자원 활용에 심각한 영향을 미치고 있다. 더군다나 세계 인구의 20퍼센트가 80퍼센트 이상의 자원을 소비하고 있는데, 개발도상국 사람들에게 서구의 소비 패턴을 선전하는 것은 현실적이지 않다. 그러므로 지속 가능한 발전의 핵심 요소는 모든 자원의 **지속 가능한 소비**라고 말할 수 있다.

재화 생산을 위한 자원 소비는 지구 온난화에 기여한다. 오염은 소비 행위의 한 측면이다.

넷째, 세계 안보 문제다. 안보에 대한 기존의 이해는 주권국이 바깥 세계에 대해 확실한 국경선이 있느냐에 기반을 두었다. 그러나 의사소통, 산업, 상업 분야는 국경을 넘어서고 있으며, 지구 온난화 같은 국제 문제도 국가 경계선을 넘는다. 그러므로 안보 문제도 국제적 차원에서 접근할 필요가 있다.

기후 변화 영향은 안보를 위협할 것이다. 가장 최근에 발생했던 전쟁은 석유 때문이었다. 미래의 전쟁은 물을 둘러싸고 발생할 것이라는 의견도 있다.[7] 국가가 기후 변화의 영향으로 물 공급과 생계 수단을 상실한다면 충돌의 위험은 더욱 증폭될 것이다. 위험 수준의 긴장감이 쉽게 조성될 수 있으며, 이미 7장에서 수많은 환경 난민을 언급한 바 있다. 영국 국방 정책에 대해 깊이 우려를 표명한 줄리언 오즈월드(Julian Oswald) 제독은 충돌의 잠재 원인으로 **특히** 환경적 위협을 고려해 보다 총체적인 안보 전략을 세워야 한다고 지적했다.[8] 환경적 위협에 맞서기 위한 적절한 대책을 강구할 때 안보 문제 자체를 직접 다루기 위한 군사 조치에만 자원을 배분하는 것보다는 환경적 위협의 제거 및 완화에 자원을 할당하는 것이 훨씬 비용 면에서 효과적일 것이다.

모든 영역의 집단이 당면한 도전

문제를 직면하는 과정에서 지구 온난화가 국제적일 뿐만 아니라 장기적이라는 점을 인식하는 것이 중요하다. 기후 변화의 시간대, 에너지 생산 및 운송의 주요 기반 시설 변화, 산림 사업 같은 프로그램 변화는 모두 몇십 년에 걸친 작업이다. 그러므로 실행 프로그램은 과학적, 기술적, 경제적 평가를 기반으로 긴박하면서도 점진적인 성격을 띠어야 한다. 1995년 IPCC 보고서는 "우리가 직면한 도전은 향후 100년을 위한 최선의 정책을 강구하는 것이 아니라 새로운 정보에 비추어 신속한 전략을 세우고 시간에 따라 조절하는 것이다"라고 진술한다.[9]

이러한 도전에 맞서, 나는 여기에 국가 경계선을 넘는 다양한 전문 집단들이 감당해야 할 책임을 몇 가지 명시하고자 한다.

- 세계의 **과학자들**은 기후 변화의 과학의 불확실성을 좁혀야 하며, 지역 차원에서 미래의 이상기후에 관한 정보를 제공해야 한다. 정치인과 정책 입안자들, 모든 국가 및 사회 각 영역의 평범한 사람들도 정확한 정보를 필요로 한다. 과학자들은 기후 적응 및 완화 전략에서 요구되는 에너지, 운송, 산림, 농업 분야의 기술 개발 연구에 기여할 중대한 책임이 있다.
- 세계 **정치계**에서 크리스핀 티켈이 기후 변화에 관한 국제적 행동으로 이목을 끈 지 거의 30년이 지났다.[10] 1992년 리우에서 기후변화협약을 체결하고 유엔이 지속 가능한 협의회(Sustainable Development Commission)를 설립하면서 엄청난 진보를 이뤄냈다. FCCC에서 국내외 정치인과 정책 입안자들에게 제시한 도전은 우선 환경과 개발의 균형을 달성하는 것이다. 즉 지속 가능한 발전을 성취하는 것이다. 둘째, 협약의 고상한 말들을 적절하고도 진실하며 절실한 행동(적응과 완화)으로 실행에 옮기는 것이다.
- 기후 적응과 완화 정책을 추진하는 데 **기술**의 역할은 너무도 중요하다. 적절한 기술이 필요하다. 기초연구 및 기술자 양성을 위한 정부와 산업의 투자가 절실히 요구된다. 중요한 전략 가운데 하나는 국가 간의 에너지 부문 적정 기술 이전이다. 이는 기후 협약 4조에 다음과 같이 진술된 바 있다.

지구 온난화를 완화하기 위해 개인이 할 수 있는 작은 행동은 수도 없이 많다. 숲에서 종이를 직접 얻는 것과 비교해 종이 재활용은 물 소비를 약 60퍼센트, 에너지 사용을 40퍼센트 줄일 수 있다. 또한 공기 및 물 오염을 각각 74퍼센트, 35퍼센트 줄일 수 있다.

선진국 당사국은 (…) 특히 개발도상국들도 협약을 실행에 옮길 수 있도록 환경 친화적인 기술 및 방법 이전과 재정 지원을 위한 실제적인 조치를 취해야 한다.

- **산업계**의 책임 역시 국제적 차원에서 바라보아야 한다. 문제를 해결할 당사자는 산업계의 혁신과 의지, 활동에 달려 있다. 국제적 시야를 지닌 산업계는 정부와 적절히 협력하면서 기술적, 재정적, 정책 전략을 개발해야 한다. 지구 온난화라는 도전은 산업계의 위협이 아닌 절호의 기회로 보아야 한다. 크고 작은 수많은 기업이 지속 가능성과 환경문제를 심각하게 고려하는 추세다.[11]
- **경제학자**와 **사회과학자**들에게도 새로운 도전이 있다. 환경적 비용과 '자연

개인이 할 수 있는 노력

나는 과학자, 경제학자, 기술자, 정치가, 산업계, 의사소통자, 교육가들의 책임을 나열했다. 지구 온난화를 완화하기 위해 각 개인이 기여할 수 있는 부분도 물론 있는데, 아래와 같다.[12]

- 가정에서 에너지 효율성을 최대한 높이자: 겨울철 단열(397쪽 상자 참조) 및 여름 난방, 지나친 난방 자제 및 조명 낭비 제한.
- 소비자로서 에너지 사용을 염두에 두자: 지역 에너지원 및 에너지 고효율 제품 구입.
- 비화석연료 에너지원을 지원하자: 재생에너지원 '그린' 전기 사용.
- 연료 효율적인 승용차와 교통수단을 이용하자: 에너지 사용 최소화 및 도보, 자전거 이용. 항공편 이용 전에 한 번 더 생각하기.
- 목재 제품 구입 시 재생 가능한 에너지원인지 확인하라.
- 이산화탄소 배출을 줄일 수 있는 프로젝트에 기여하라: 항공 여행에서 발생하는 배출을 대체할 수 있는 방법을 모색하라.[13]
- 민주적 절차를 통해 지역 및 국가 정책가들이 환경문제를 고려할 수 있는 정책을 추진하도록 장려하라.

적' 자본의 가치를 적절히 표현하는 것이다. 물론 모든 국가에 형평성 있게 적용해야 하는 문제가 남아 있다. 지구 온난화의 책임이 다른 국가들보다 더 크다고 해서 경제적 불이익을 보고 싶어 하는 나라는 없다. 정부 및 개인이 실행에 옮길 수 있는 경제적 조치(세금, 보조금, 총량 제한 및 거래, 규제 및 다양한 조치)가 고안되었는데, 이는 모든 국가에 효율적이면서도 공평하게 적용해야 한다. 정치가나 정책 입안자와 함께 일하는 경제학자들은 환경문제뿐만 아니라 정치적 현실을 인식하는 해결안을 모색해야 한다.

- **의사소통자** 및 **교육가**들에게도 책임이 있다. 기후 변화와 관련된 세계의 모든 사람들은 적절한 교육이 필요하며 원인, 증거, 영향, 완화 조치를 제대로 이해해야 한다. 기후 변화는 복잡한 양상을 띤 문제다. 교육가(교회 및 교육 기관) 또는 **미디어**의 임무는 총체적이면서 이해 가능하고, 정직하며

균형 잡힌 정보를 제공하는 것이다.

- 모든 국가는 지역 차원에서 일어나는 기후 변화에 적응해야 할 것이다. 개발도상국의 경우 잦은 홍수, 가뭄, 해수면 상승 문제 때문에 쉽지 않을 것이다. 재난 위기 감소는 적응 전략에서 핵심이다. **원조 기관**들도 더욱 잦고 강도 높은 재난에 노출된 국가들을 위해 대비해야 한다. 국제적십자사(International Red Cross) 역시 이러한 노력에 앞장서고 있다.[14]
- 마지막으로 모든 개개인의 책임이 남아 있다(461쪽 상자 참조). 우리가 할 수 있는 일이 없다고 누구도 주장할 수 없다. 200년 전, 영국 국회의원 에드먼드 버크(Edmund Burke)는 다음과 같이 말했다. **"할 수 있는 일이 별로 없다고 해서 아무것도 하지 않는 것보다 더 큰 실수는 없다."**

환경 청지기 정신의 목표

앞서 나는 지구 우주선(Spaceship Earth) 항해를 상상해보라고 했다. 지속 가능성에 관한 몇 가지 관점을 제안하고자 부유한 선진국의 입장에서 보이는 두 가지 비유를 살펴보려고 한다.

첫 번째 비유는 비지속 가능성을 상징한다. 이는 암스테르담 자유대학(Free University)의 밥 하웃즈바르트(Bob Goudzwaard) 교수가 착안한 관점이다.[15] 그는 전국 곳곳을 누비는 **초고속 열차**(TGV)의 편안한 좌석에 앉아 있는 승객을 상상해보라고 제안했다. **열차 안에서 창밖을 바라보는 우리의 시각**은 안정되고, 원활하며, 평화롭다. 우리에게 외부 풍경은 뒤처지는 것처럼 보인다. 물론 이는 환상일 뿐이다. 열차의 속도 때문에 우리는 상이하면서도 고정된 관념의 틀을 갖게 된다. TGV

와 대조해서 다른 입장을 생각해보자. 우리는 이제 지나가는 열차를 바라보며 서 있다. **밖에서 열차를 보는 시야**는 사뭇 다르다. 열차는 지나치게 빠르게 느껴진다. 우리는 아이들이 선로로 나갈까 봐 염려하며 바라볼 것이다.

현대를 살아가는 우리는 역동적인 성장, 소비, 진보가 너무도 당연한 내부의 시각을 가지고 있다. 기술 및 시장의 역동성과 속도를 끊임없이 부추기며 산다. 내부자의 시각에서 우리는 저개발국이 뒤처졌다고 본다. 또한 자연 세계와 환경이 충분히 속도를 내지 못한다고 여기며, 우리의 길에 방해가 안 되기를 바란다. 바깥 풍경이 아예 존재하지 않는 것처럼, 진보라는 우리의 생각에 더욱 속도를 내고 싶어 한다.

긍정적인 지속 가능성에 관한 두 번째 비유는 나무 같은 자연 세계에서 비롯된다. 나무는 모든 힘을 다해 성장한다. 숲 꼭대기에 도달해 더 많은 빛을 흡수해서 빨리 성장하려고 가능한 한 위로 자란다. 나무는 계속 자라 곧 최대로 성장한다. 더 이상 더 크게, 더 넓게 자랄 동기가 없다. 나무의 모든 자원과 노력은 이제 열매를 맺는 작업에 집중한다. 모든 종의 다음 세대, 미래를 보장해주고 동식물의 여러 종을 지탱하는 것이 바로 열매다. 이로써 생태계 전체에서 나무가 자라는 존재 목적을 달성하게 해준다.

청지기 정신에 관한 한 가지 요점은 지구 온난화를 막으려는 행동이 지속 가능성으로 이어진다는 점이다. 지속 가능성은 행복과 정의가 번영하는 세계를 이룩하기 위한 본질적인 부분이다. 기후 변화를 막기 위한 행위를 다른 변화를 위한 촉진제로 본다면 이는 좀더 즉각적이고 적극적인 행동을 촉진할 것이다.

2014년 11월 이 책의 출판을 준비하는 마지막 단계에 IPCC는 과거에 발행한 세 권을 요약하는 종합 보고서(Synthesis Report)를 내놓았다. 이 보고서를 처음 발표하는 자리에서 반기문 유엔 전 사무총장이 연설한 부분을 인용하고자 한다.

- IPCC 5차 평가의 종합 보고서를 출간하는 역사적인 자리에서 연설하게 되어 매우 영광스럽게 생각한다. 오늘날 출간하는 이 보고서는 세계 수백 명의 과학자가 집대성한 내용이다. 또한 그동안 착수했던 기후 변화 평가 중 가장 종합적이다.
- 이 보고서는 세 가지 핵심을 전달한다.

  첫째, 기후에 미치는 인간의 영향은 분명하며, 점점 더 분명해지고 있다.

  둘째, 파괴적인 결과를 피하려면 우리는 신속히 그리고 단호히 행동해야 한다.

  셋째, 우리는 기후 변화를 제한하고 좀더 나은 미래를 설계할 수 있는 수단을 가졌다.
- 보고서에 따르면 전 세계, 특히 문제에 가장 적게 기여한 가난하고 취약한 인구가 변화하는 기후의 위험에 준비되어 있지 않다.
- 우리가 평상시와 동일하게 행동한다면 섭씨 2도 이하로 온도 상승을 제한하려는 기회는 향후 몇십 년 안에 한계점에 도달해 사라질 것이다.
- 당장 내일 배출을 멈춘다고 해도 우리는 어느 정도의 기간 동안 기후 변화를 경험할 것이다. 좋은 소식을 말하자면 우리가 신속히, 단호히 실행한다면 더 지속 가능하고 더 나은 세계를 이룩할 수단을 갖게 된다는 점이다.
- 기후 변화에 대응하는 비용이 엄청날 것이라는 비과학적이고도 비경제적

인 근거 없는 이야기가 있다. 그러나 행동을 취하지 않을 경우 대가가 훨씬 클 것이라고 나는 강조하고 싶다. 기후 행동(climate action)과 경제성장은 동전의 양면이다.

- 과학은 이미 말하고 있다. 그 메시지에 애매모호함은 없다. 지도자들은 이제 행동해야 한다. 시간은 우리 편이 아니다.
- 다음 세대를 위해 우리의 유일한 행성 지구를 경제적, 사회적, 환경적으로 보다 지속 가능하도록 만들고자 협력하자. 지속 가능한 방법으로 우리가 가진 단 하나의 행성인 지구를 보존하자.

생각해볼 문제

1. 자신의 국가에서 가장 심각한 환경문제를 기술해보라. 지구 온난화로 인한 기후 변화로 각각의 문제가 어떻게 악화될 수 있는지 평가해보자.
2. 일반적으로 '나로 인한 오염이나 내 나라로 인한 오염은 전체를 보았을 때 비교적 적어서 나 또는 내 나라가 문제를 해결하기에는 역부족이다'라고 진술하는 이들도 있다. 이러한 입장에 어떤 논리로 반박하겠는가?
3. 산업에 종사하는 사람들과 대화를 나눠보고 지역 및 국제적 환경문제를 향한 그들의 입장을 파악하자. 산업계가 환경문제를 진지하게 고려하도록 설득할 가장 중요한 논리는 무엇일까?
4. 정부가 환경을 위한 전략적 목표를 추진하는 방법과 관련해 자신의 견해는? 세금을 더 부과하는 등의 희생을 감수해야 할 경우, 정부의 정책을 따르도록 시민들을 어떻게 설득해야 하는가?
5. 본문 가운데 '개인이 할 수 있는 노력'에 자신이 보충할 수 있는 영역은?
6. 주빌리(Jubilee) 2000 캠페인은 적절한 환경 조치의 보답으로 제3세계의 빚을 청산하도록 추진했다. 이 캠페인이 좋은 생각인지 토론해보자. 더욱

성공적으로 운영하기 위한 다른 방안은?

7. 전 세계 빈국에서 수백만 명의 사람들, 특히 아이들이 깨끗한 물이 부족해 죽어간다. 비요른 롬버그(Bjorn Lomborg) 교수는 이산화탄소 배출 저감에 사용되는 자원을 모든 이가 깨끗한 물을 얻도록 하는 데 더 효율적으로 이용할 수 있다고 주장한다.[16] 이에 동의하는가? 실제로 이를 어떻게 실현할 수 있는가?
8. 인류가 초래한 기후 변화를 대량 살상 무기로 간주해야 한다는 제안도 있다. 이러한 비유의 타당성에 대해 논하라.
9. 본문에 나오는 지구 우주선, TGV, 나무 같은 비유를 분석해보자. 이러한 비유는 비전과 관점을 마련하기 위해 유익한가? 또한 어떤 오해의 여지가 있는지도 규명해보자.
10. 2000년 밀레니엄 정상 회의에서 유엔은 2015년까지 여덟 가지 새천년 목표를 달성하도록 합의했다. 이 목표들을 살펴보자.[17] 각 목표가 기후 변화 문제와 어떻게 연결되어 있는지 논하라. 2002년 요하네스버그에서 열린 지구정상회담에서 합의된 환경 및 기후 변화 관련 약속들도 살펴보자.[18] 기후 변화의 도전을 극복하기 위해 이 목표와 약속은 어느 정도 적절한가? 앞으로의 전망은?

주

1. 지속 가능성은 물리적 자원에만 국한된 것이 아니라 활동이나 집단과도 관련이 있다. 환경적 지속 가능성은 사회적 지속 가능성과 긴밀히 연관된다. '지속 가능한 발전'은 모든 부분을 아우르는 용어다. 브룬틀란위원회의 보고서 〈우리 공동의 미래〉(1987년)는 지속 가능한 발전에 대한 중요한 기록이다.
2. 마이클 노스코트는 《윤리적인 기후 문제(The Moral Climate)》(London: Dorton, Longman and Todd, 2007) 4장에서 이를 프론티어 경제학(Frontier economics)이라고 부른다.
3. 콜로라도 대학교 경제학 교수, 케네스 볼딩의 논문 참조. The economics of the coming Spaceship Earth. 1966. *Environmental Quality in a Growing Economy*. pp. 77-82.

4. UNEP, 2002. *Global Environmental Outlook 3*, London: Earthscan; Berry, R. J. (ed.) 2007. *When Enough is Enough: A Christian Framework for Environmental Sustainability*. London: Apollos.
5. World Wildlife Fund, 2006. *Living Planet Report*: www.panda.org/livingplanet.
6. 유엔은 2050년까지 9~10조의 증가를 예상함.
7. 유엔 전 사무총장 부트로스 부트로스 갈리는 "중동의 다음 전쟁은 정치 때문이 아니라 물 때문에 발발할 것이다"라고 말했다.
8. Oswald, J. 1993. Defence and environmental security, in Prins, G. (ed.), *Threats without Enemies*. London: Earthscan.
9. *Synthesis of Scientific-Technical Information Relevant to Interpreting Article 2 of the UN Framework Convention on Climate Change*. 1995. Geneva: IPCC, p. 17.
10. Tickell, C. 1986. *Climatic Change and World Affairs*, second edition. Boston, MA: Harvard University Press.
11. BP의 CEO, 존 브라운은 BP의 이산화탄소 배출 감축을 실행하고 재생 가능한 에너지에 투자하기로 했다. 1997년 베를린 연설에서 그는 "한 기업이나 국가가 기후 변화 문제를 해결할 수 없다. 그런 척 한다면 아마도 어리석고 오만한 행동일 것이다. 그러나 나는 건설적인 행동을 실행함으로써 차이를 만들어낼 수 있기를 희망한다"고 말했다.
12. 참고할 만한 유용한 웹사이트. Sierra Club USA, www.sierraclub.org/sustainable.consumption/; Union of Concerned Scientists, www.ucsusa.org; Energy Saving Trust, www. Est.org.uk; Ecocongregation, www.encams.org; Christian Ecology Link, www. Christian-ecology.org.uk; John Ray Initiative, www.jri.org.uk.
13. Climate Care: www.climatecare.org.uk.
14. 국제적십자사는 기후 변화와 재난 대비를 잇고자 네덜란드에 기후 센터를 설립했다. 센터의 주요 활동은 의식(정보와 교육), 행동(재난 대비를 위한 기후 적응 개발), 지지(정치적 개발이 기후 변화의 영향을 인지하고

기후 적응 및 재난 대비와 더불어 기존 경험을 이용하도록)로 나뉜다.

15. www.allofliferedeemed.co.uk/goudzwaard/BG111.pdf.
16. Lomborg, B. (ed.) 2004. *Global Crises, Global Solutions*. Cambridge: Cambridge University Press.
17. UN Millennium Goals: www.un.org/millenniumgoals.
18. Earth Summit 2002: www.earthsummit2002.org.

참고문헌

Intergovernmental Panel on Climate Change (IPCC), Fifth Assessment Report, published in 2013/2014 in three volumes: *Climate Change 2013: The Physical Science Basis*, from Working Group I; *Climate Change 2014: Impacts, Adaptation and Vulnerability*, from Working Group II; *Climate Change 2014: Mitigation of Climate Change*, from Working Group III. All volumes are very substantial in size. All begin with a relatively short 'Summary for policymakers'.

Gore, A. 2013. *The Future*. New York: Random House.

Lynas, M. 2011. *The God Species*. New York: Fourth Estate.

Hayhoe, K., Farley, A. 2009. *A Climate for Change*. New York: Faith Words.

용어 설명

가이아 이론　제임스 러브록이 고안한 가설로, **생물권**은 물리적, 화학적 환경을 제어함으로써 행성을 제대로 유지시키는 독립체다.

건조지대　강수량이 낮고 강우량이 불규칙적이며 집중호우로 나타난다.

고대기후학　빙하 코어 측정으로 고대 **기후**를 재구성하는 학문. 구름에서 눈이 응결되는 **대기** 중 온도를 측정하기 위해 서로 다른 빙하 중심에서 추출한 다양한 산소 **동위원소**의 비율을 이용한다. 샘플의 진원이 깊을수록, 얼음 형성이 더 오래되었다는 의미다.

광학깊이　대기 상층의 특정 광선 분율.

광합성　식물이 성장하고 산소를 방출하기 위해 태양 에너지, **이산화탄소**, 수증기에서 취하는 화학적 반응. 무산소성 광합성은 산소 부재 시 발생한다.

기압　행성 표면 대기의 압력. 고기압은 안정된 날씨로 이어지지만 저기압은 사이클론과 같은 폭풍우 초래한다.

기후 민감도　일정한 조건 아래 **대기** 중 **이산화탄소** 농도 두 배 증가로 인한 전 지구의 평균 온도 상승.

기후　특정 지역에서의 평균 날씨.

녹색 혁명　1960년대에 식량 생산량을 극적으로 증가시킨 다품종 작물 개발.

대기　지구나 행성 표면을 둘러싼 기체 막.

대류　온도 차이로 발생하는 액체 안의 열 전환.

대류권　고도에 따라 온도가 점점 떨어지며 대류가 나타나는 약 10킬로미터까지의 **대기** 하층 영역.

WMO(World Meteorological Organization)　세계기상기구. IPCC를 설립한 기관 중 하나다.

WEC(World Energy Council)　세계에너지총회. 에너지 사용자와 에너지 관련 산업계를 포함한 국제기관이다.

데이지 세계 제임스 러브록이 고안한 생물학적 피드백 메커니즘 모델(**가이아 이론**도 참조).

동물성 플랑크톤 해양에 사는 미세한 동물성 생물.

동위원소 다른 원자 질량을 가진 한 원소의 다양한 형태. 원소는 **양성자** 수로 결정되고 **중성자** 수는 다양한 동위원소를 나타낸다. 탄소 원자의 핵은 6개의 양성자를 포함한다. 탄소의 가장 일반적인 동위원소는 ^{12}C이며, 6개의 중성자는 12의 원자 질량을 구성한다. 또한 다른 동위원소인 ^{14}C도 존재하는데, 이는 8개의 중성자로 14의 원자 질량을 구성한다. **이산화탄소**와 같은 탄소 화합물은 ^{12}C와 ^{14}C 동위원소의 혼합으로 이뤄진다(**중수소**, **트리튬**도 참조).

DC(developing country) 개발도상국(제3세계).

매개변수화 기후 모델에서 알고리즘과 적정 양으로 과정을 나타내는 기술.

몬순 특정 시기의 집중호우와 연결되어 있는 아열대 지역의 계절적 날씨 추이.

몰분율 전체 성분의 총 분자 수 대비 한 성분의 분자 수 비율. 이 개념은 온실가스 측정에 중요한 혼합비와는 다르다.

물순환 **대기**, 육지, 해양 사이에 일어나는 물의 순환.

MINK 미국 에너지부가 기후 연구 지역으로 지정한 미국의 주인 미주리, 아이오와, 네브래스카, 캔자스를 이른다.

밀란코비치 강제력 **태양 복사열**의 분포에서 일어난 규칙적인 변화로 야기되는 기후의 변동성(**밀란코비치 이론**도 참조).

밀란코비치 이론 태양을 도는 지구 공전 궤도의 규칙적 변동이 생기고 이는 지구에 유입되는 태양 복사열의 분포에 변화를 주는데 이것이 과거 빙하기와 관련 있다는 이론.

mb(Milibar) 밀리바. **헥토파스칼**과 동일한 기압 단위. 지표면의 보통 기압은 1000mb.

바이오매스 주어진 지역에서 발견되는 유기체의 총량.

복사 강제력 **온실가스** 농도나 기후 체계의 변화로 **대류권** 상층(**대기** 하층)에서 일어나는 평균 순 복사량의 변화. 구름 복사 강제력은 구름의 형성 때문에 대류권에서 생기는 순 복사량의 변화다.

복사 수지 지구 **대기**를 오고 가는 복사열의 불균형. 우주에서 대기로 들어오는 **태양 복사열**의 양은 평균적으로 지표면과 대기를 떠나는 **지구 복사열**과 균형을 이룬다.

분자 고정된 비율로 화학적으로 결합된 원소가 2개 이상인 **원자**들. 예를 들어 탄소(C)와 산소(O)의 원자는 1 대 2의 비율로 화학적 결합을 이루어 **이산화탄소**(CO_2)가 된다. 오존(O_3)처럼 단일 원소로 구성된 분자도 있다.

BAU(business-as-usual) 배출전망치. 태도나 우선순위에 큰 변화가 없다는 가정 아래 에너지 소비 및 **온실가스 배출**에 대한 미래의 추이 시나리오.

빙권 눈, 빙하, 지표면과 해양 표면 아래 영구동토층을 포함하는 기후 체계의 구성 요소.

산림 벌채 숲을 베어 내는 활동. **온실효과** 증대는 나무가 분해되고 연소될 때뿐 아니라 나무가 **광합성 과정**으로 **대기** 중 **이산화탄소**를 흡수하기 때문에 산림 벌채 시에도 발생한다.

생물 다양성 특정 지역에서 발견되는 여러 생물학적 종의 수를 측정한 것.

생물군계 초목의 특징에 따라 구분되는 특정 환경 생태계.

생물권 유기체들이 거주하는 육지, 해양, **대기**의 영역.

생물학적 펌프 **대기** 중 이산화탄소가 바닷물에 용해되는 과정. 이산화탄소는 **동물성 플랑크톤**이 먹는 **식물성 플랑크톤**의 **광합성**에 활용됨. 미생물의 잔재는 해저에 가라앉아 수백 년, 수천 년 동안 **탄소순환** 과정에서 사라지기도 한다.

생태계 물리적 환경과 더불어 상호 의존적인 동식물의 독특한 체계.

섭씨 온도의 단위. 섭씨온도로 알려짐. 물의 어는점은 섭씨 0도, 끓는점은 섭씨 100도다.

성층권 고도에 따라 온도가 증가하고 오존층이 있는 **대기** 중 약 10~50킬로미터의 영역.

수력발전 전기를 일으키는 데 물의 힘을 사용한다.

C3, C4 식물 **광합성**으로 **이산화탄소**를 차지하는 식물군으로, 대기 중 이산화탄소 증가의 영향을 받는다. 밀, 쌀, 콩은 C3 식물이며 옥수수, 사탕수수, 수수는 C4 식물이다.

CIS(Commonwealth of Independent States) 독립국가연합(이전의 USSR).

CHP(Combined Heat and Power) 열병합 발전. 발전소에서 나오는 열을 버리지 않고 특정 난방에 활용한다.

CFCs 염화불화탄소. 냉장고나 에어로졸 분무에 널리 사용하는 합성 화합물이다. 이는 오존을 파괴하고 **대기** 중 생존 기간이 길다. 1987년 몬트리올 의정서는 선진국의 CFCs 사용을 단계적으로 줄이도록 이끌었다.

CO_2e 이산화탄소 등가치. 복사 강제력의 전체적인 수치를 계산하기 위해서 이산화탄소 외의 온실가스를 이산화탄소의 양과 동등한 가치로 환산하는 것.

식물성 플랑크톤 해양 식물계의 미세한 형태.

IEA(International Energy Agency) 국제에너지기구. OECD에 속하는 27개국의 에너지 자문 기관이다. 에너지 정책 3Es, 에너지 안보, 경제 발전, 환경보호를 주로 다룬다.

IPCC(Intergovernmental Panel on Climate Change) 기후 변화에 관한 정부 간 협의체. **지구 온난화**를 측정하는 세계 과학 기관이다.

알베도 표면에 반사된 빛의 양으로, 보통 퍼센트로 표시한다. 눈 덮인 표면은 높은 알베도 수치, 초목으로 덮인 표면은 **광합성**으로 흡수되는 빛 때문에 낮은 알베도 수치를 나타낸다.

양성자 원자핵에서 양전하를 띠는 요소.

어젠다21 21세기의 다양한 환경 및 개발 관련 쟁점에 대해 UNCED 참여국이 합의한 문서.

에어로졸 대기 중에 몇 시간 또는 며칠, 몇 달 동안 떠 있는 0.01~10μm 크기의 고체 및 액체 입자. 자연적 또는 인위적으로 발생할 수 있다. 구름 응결 핵으로 기능하거나 복사열을 흡수하고 확산시켜 기후에 영향을 미친다.

AOGCM(Atmosphere-ocean coupled general circulation model) 대기-해양 상호작용 일반 순환 모델.

FSU(former Soviet Union) 구소련 국가.

FAO(United Nations Food and Agriculture Organization) 유엔식량농업기구.

엘니뇨 남아메리카 해안 근처 태평양의 해양 표면 온도 추이로, 세계 **기후**에 큰 영향을 준다.

열대성 사이클론 열대지방의 저기압 지대에서 회전하는 폭풍. 엄청난 세기로 발전하면서 허리케인이나 태풍이 된다. 토네이도는 훨씬 작은 세기의 폭풍이다.

열역학 열역학 제1법칙은 어떠한 물리·화학적 과정에서도 에너지가 보존된다는 것이다. 제2법칙에 따르면 열에너지만 취해서 다른 형태의 에너지로 바꾸는 장치나 열에너지를 다른 온도의 저장고로 보내는 장치를 만드는 것은 불가능하다. 이 법칙은 차가운 물질에서 뜨거운 물질로 열을 이동시키는 엔진의 최대 효율을 위한 공식을 제공한다.

열용량 물질의 온도를 섭씨 1도 변화시키는 데 필요한 열 유입량. 물의 경우, 온도를 약간 상승시키려면 많은 열이 필요하다.

영거 드리아스 약 1500년 동안 지속된 추운 시기[북극담자리꽃나무(*Dryas Octopetala*)가 확산되었던 때다]. 마지막 빙하기 이후 지구의 온난화를 방해했다. 고대 기후 자료 연구에서 발견된다.

예방의 원칙 환경오염을 미리 방지하려는 차원의 원칙이다.

OECD(Organization for Economic Cooperation and Development) 경제협력개발기구. 민주적 정부와 시장 경제를 따르기로 약속한 유럽연합, 호주, 캐나다, 일본, 미국을 포함한 30개국 협력 기관.

오존홀 남반구의 봄 동안 **대기** 중 오존이 절반가량 사라진 현상.

온실가스 지구 표면에서 방출된 **복사열**의 일부를 흡수해서 **대기**를 데우는 **이산화탄소**, 메탄, 프레온가스 등의 대기 중 분자(**온실효과**도 참조).

온실가스 배출 대기 중 **온실가스**의 방출은 **지구 온난화**를 야기한다.

온실효과 **지구 온난화**의 원인. **태양 복사열**은 **대기**를 통과해 지구 표면에 닿으며, 이로 인해 지구는 따뜻해진다. 다시 방출되는 에너지는 **지구 복사열**이다. 일부는 우주로 방출되지 않고 **온실가스** 분자에 흡수되어 대기를 데운다. 이 용어는 유입되는 태양 복사량 일부에서 방출되는 복사열을 가둬 내부를 데우는 온실 유리의 효과에서 비롯되었다. '자연적' 온실효과는 자연적 이유로 나타나는 온실가스 때문이며 태양계의 다른 행성에서도 발견된다. '강화된' 온실효과는 **화석연료**나 **산림 벌채** 같은 인간의 활동이 야기하는 대기 중 온실가스의 영향이다.

와트 전력의 단위.

요소 화학적 수단을 통해 2개, 그 이상으로 분리할 수 없는 물질.

원자 화학반응에 관여하는 **요소**의 가장 작은 단위. **양성자**와 **중성자**를 포함한 핵으로 구성된다. **전자**로 둘러싸여 있다.

원자량 **원자핵**에서 **양성자**와 **중성자**의 수를 모두 더한 값.

UV(ultraviolet radiation) 자외선.

UNCED(United Nations Conference on Environment and Development) 유엔환경개발회의. 1992년 리우데자네이루에서 열린 회의다. 이후 160여 개국이 UNFCCC를 체결했다.

UNFCCC(United Nations Framework Convention on Climate Change) 유엔기후변화협약. 1992년 **UNCED**에서 192여 개 회원국이 체결했다.

UNEP(United Nations Environmental Programme) 유엔환경계획. **IPCC**를 설립한 기관 중 하나다.

응결 기체가 액체로 상태를 전환하는 과정.

이산화탄소 주요 온실가스 중 하나로 인류가 초래하는 이산화탄소는 주로 화석연료 연소와 산림 벌채로 발생한다.

이산화탄소 비료 효과 대기 중 이산화탄소 농도의 증가로 식물이 급속히 성장하는 과정. **C4 식물**보다 **C3 식물**에 영향을 미친다.

EU(European Union) 유럽연합.

인간 원칙 우주의 존재를 인간의 존재와 연관 짓는 원리.

인류가 초래한 영향 **화석연료**나 **산림 벌채**와 같이 인간의 활동이 원인인 영향.

1차 에너지 에너지로 직접 사용되지 않고 빛, 열, 전동으로 전환되는 **화석연료**, 원자력, 풍력 같은 에너지원. 화력발전소는 석탄을 1차 에너지로 사용한다.

자연형 태양열 설계 태양 복사열을 최대한 활용하는 건물 설계. 패시브 솔라 집열기로 설계된 벽을 태양열 벽이라고 한다.

잠재 열 물질이 액체에서 기체로 변할 때(**증발**) 흡수되는 열(해수면에서 태양 에너지에 의해 물이 증발하는 경우), 물질이 기체에서 액체로 변할 때(**응결**) 발생하는 열(구름이 대기에서 형성될 때가 이에 해당함) 등을 말한다.

재생 가능한 에너지 **수력**, 태양광 전지, 풍력, **저목림 작업**처럼 고갈되지 않는 에너지원.

재조림 예전에 숲이었으나 다른 용도로 변경된 토지에 다시 산림을 조성하는 것.

저목림 작업 나무를 완전히 베지 않고 다시 자랄 수 있도록 적절히 가지를 치는 방법.

전자 음전하를 가진 **원자**의 구성 요소.

조림 숲이 아니었던 토지에 새로이 산림을 조성하는 것.

존데 온도와 **기압** 등의 정보를 얻기 위해 풍선을 이용해 **대기**에 띄운 장치.

중성자 전하를 띠지 않는 원자핵의 요소. **양성자**와 질량이 비슷하다.

중수소 수소의 동위원소.

증발 액체에서 기체로 전환되는 과정.

증산 식물에서 대기로의 물의 이동.

지구 복사열 온도에 따라 모든 영역에서 방출되는 복사열. 뜨거운 물질은 차가운 물질보다 더 많은 복사열을 방출한다.

지구 온난화 **온실가스**의 증가가 지구 평균 온도를 높인다는 개념(**온실효과**도 참조).

지구공학 **지구 온난화**를 막기 위해 환경을 인위적으로 제어하는 학문.

GWP(Global Warming Potential) 지구온난화지수. **이산화탄소** 대비 다른 기체의 강화된 **온실효과** 비율을 나타낸다.

지속 가능한 발전 필요를 채우려는 미래 세대의 능력을 방해하지 않고 현재의 필요를 채우는 개발.

지열 에너지 지각 깊은 층에서 지구 표면으로 열이 이동하면서 생기는 에너지.

GtC 기가톤(Gigatonne)의 탄소(1gigatonne＝10^9tonnes, 1GtC＝3.7Gt이산화탄소).

청지기 정신 인류가 지구를 마치 정원처럼 돌봐야 한다는 태도(**지속 가능한 발전**도 참조).

카오스 초기 상태의 아주 민감한 체계를 묘사하는 수학 이론. 시스템이 작동하면서 초기의 작은 차이가 아주 다른 결과를 초래할 수 있다. 진자는 매단 위치에 진동이 가해진다면 특정 패턴으로 움직일 것이다. 시작점을 약간 바꾸면 초반에 예측한 것과는 매우 다른 패턴을 보인다. 날씨 역시 다소 카오스 체계를 보이는데, 아무리 정확한 기술이라도 앞서 예측하는 데 시간적 한계가 항상 존재할 것이다.

탄소 격리 대기 중 이산화탄소를 광합성을 통해 식물로 제거하거나 저장하는 것. 예를 들면 식물은 광합성을 해 이산화탄소를 제거하며, 오래된 유정이나 가스정에 이산화탄소를 저장할 수 있다.

탄소순환 대기, 육지, 해양 사이에서 일어나는 다양한 화학적 형태의 탄소 교환.

태양 복사열 태양으로부터 오는 에너지.

트리튬 수소 **동위원소**. 원자폭탄 실험 이후 해양에서 방사능 확산을 추적하는 데 활용한다.

THC(thermohaline circulation) 열염분순환. 온도와 염분의 차이로 해양에 나타나는 대규모 밀도 순환.

풍력발전 단지 발전을 위한 풍력 터빈이 모여 있는 단지.

피드백 어떤 진행을 가속화하는 요인(양성 및 음성)으로, 과정을 계속 진행시키는 방향으로 서로 영향을 준다. 양의 피드백의 예로 지구 표면에 떨어지는 눈이 있다. 눈은 **알베도** 수치가 높다. 태양 복사열을 흡수하기보다 반사하기 때문에 지구 표면을 냉각시킬 것이다. 이는 눈이 더 많이 내리도록 부추기며 이 과정은 반복될 것이다.

PV(photovoltaic) 태양광발전. **태양 복사열**을 전기로 전환하는 실리콘 재질의 태양 전지.

ppb(parts per billion) 혼합 비율(**몰분율**도 참조)과 농도를 측정하는 단위.

ppm(parts per million) 혼합 비율(**몰분율**도 참조)과 농도를 측정하는 단위.

hPa(Hectopascal) 헥토파스칼. **밀리바**와 동등한 기압 단위다. 표면의 기압은 1000hPa.

호흡 동식물이 산소를 활용해 저장된 식량을 소화하여 에너지, **이산화탄소**, 수증기를 생산하는 화학적 반응 과정.

화석연료 고대 동식물 잔여물이 분해되며 생성된 석탄, 석유, 가스 등의 연료로, 연소 시 **이산화탄소**를 배출한다.

화합물 두 가지 이상의 요소가 화학적으로 결합된 물질.

환경 난민 가뭄, 홍수, 해수면 상승과 같은 환경적 요인 때문에 집을 떠나야 하는 사람들.

흡수원 **온실가스**와 **에어로졸**을 제거하는 과정 및 활동이나 메커니즘.

유용한 웹사이트

IPCC, 2013. *Climate Change 2013: The Physical Science Basis. Contribution of Working Group I to the Fifth Assessment Report of the Intergovernmental Panel on Climate Change*. Available online at: www.ipcc.ch/report/ar5/wg1

3장

World Resources Institute: www.wri.org

4장

Allison, I., Bindoff, N. L., Bindschadler, R. A. et al., 2009. *The Copenhagen Diagnosis, 2009: Updating the World on the Latest Climate Science*. Sydney: The University of New South Wales Climate Change Research Centre (CCRC): www.copenhagendiagnosis.com/

James Hansen, Bjerknes Lecture at American Geophysical Union, 17 December 2008. Available online at: www.columbia.edu/njeh1/2008/AGUBjerknes_2008/217.pdf

5장

CMIP5 (Coupled Model Intercomparison Project 5): http://cmip-pcmdi.llnl.gov/cmip5/availability.html

James Hansen, Bjerknes Lecture at American Geophysical Union, 17 December 2008. Available online at: www.columbia.edu/njeh1/2008/AGUBjerknes_2008/217.pdf

6장

RCP Concentration Calculations and Data (final version, background data, acknowledgements and further info): www.pik-potsdam.de/~mmalte/rcps/

7장

UNCCD: www.unccd.int

UN Food and Agriculture Organization: www.fao.org/news/story/en/item/216137/icode/

World Resources Institute: www.wri.org/wri/marine

8장

IPCC: www.ipcc.ch

UNFCCC: www.unfccc.int

Green Development Rights: http://gdrights.org/

9장

The Academies of Science 2005 statement: http://royalsociety.org/policy/publications/2005/global-response-climate-change/

H-J. Luhmann 2002, MSG's GERB Instrument. *ESA Bulletin*, 111. Available online at: www.esa.int/esapub/bulletin/bullet111/chapter5_bul111.pdf

Margaret Thatcher's speech at the opening of the Hadley Centre for Climate Prediction and Research, UK: www.margaretthatcher.org/document/108102

10장

IPCC: www.ipcc.ch

Watson, R. T., Noble, I. R., Bolin, B., Ravindranath, N. H., Verardo, D. J., Dokken, D. J. (eds.) 2000. *Land Use, Land-Use Change and Forestry. A Special Report of the IPCC.* Cambridge: Cambridge University Press. Also available online at: www.unfccc.int/resource/convkp.html

Energy Technology Perspectives 2008, International Energy Agency, Paris, Chapter 14.

Available online at: www.iea.org

Potsdam Institute for Climate Impact Research and Climate Analytics, 2013. *Turn Down the Heat: Why a 4℃ Warmer World Must be Avoided*. Washington, DC: World Bank. Available online at: www.worldbank.org/en/topic/climatechange

United Nations Environment Programme, 2012. *Emissions Gap Report*. Nairobi, Kenya: UNEP. Available online at: www.unep.org/pdf/ 2012gapreport.pdf

World Economic Forum, 2013. *Global Risks 2013*. Geneva: World Economic Forum. Available online at: www3.weforum.org/docs/WEF_GlobalRisks_Report_2013.pdf

GCI website: www.gci.org.uk

11장

Zero Energy Development, BedZED: www.zedfactory.com/bedzed/bedzed.html

Mobility Report of World Business Council on Sustainable Development: www.wbcsd.ch

International Energy Agency, *Capturing CO_2*: www.ieagreen.org.uk

Sustainable Biofuels: Prospects and Challenges, report by Royal Society of London, 2008: www.royalsoc.org

Treehugger news and information website: www.treehugger.com/renewable-energy/

Grameen: www.grameen-info.org/grameen/gshakti/index.html

IEA, 2007. *Renewables for Heating and Cooling*. Paris: International Energy Agency. Available online at: http://www.iea.org/Textbase/publications/free_new_desc.asp/?PUBS_ID=1975

Tidal Electric: www.tidalelectric.com

DEFRA: www.defra.gov.uk

The Committee on Climate Change, Inaugural Report December 2008, *Building a Low-Carbon Economy—The UK's Contribution to Tackling Climate Change, Part 1, the 2050 Target*. available online at: www.theccc.org.uk/reports

James Hansen, Bjerknes Lecture at American Geophysical Union, 17 December 2008. Available online at: www.columbia.edu/~jeh1/2008/AGUBjerknes_20081217.pdf

Zero Carbon Britain. Machynlleth: Centre for Alternative Technology. Available online at:

www.zerocarbonbritain.org

Climate Safety: www.climatesafety.org

12장

World Wildlife Fund, 2006. *Living Planet Report*: www.panda.org/livingplanet

Union of Concerned Scientists: www.ucsusa.org

Energy Saving Trust: www.est.org.uk

Ecocongregation: www.encams.org

Christian Ecology Link: www.christian-ecology.org.uk

John Ray Initiative: www.jri.org.uk

Climate Care website: www.climatecare.org.uk

Paths to Hope in Troubled Times, books by Bob Goudzwaard and Mark Vander Venen: www.allofliferedeemed.co.uk/goudzwaard/BG111.pdf

UN Millennium Goals: www.un.org/millenniumgoals

Earth Summit 2002: www.earthsummit2002.org

그림 및 사진 출처

1장

Chapter 1 opener Ken Cedeno/Corbis

1.1 From *World Climate News*, no. 16, July 1999. Geneva: World Meteorological Organization. A similar map is prepared and published each year. Data from Climate Prediction Center, NOAA, USA.

Unnumbered page 19 NASA/Goddard Space Flight Center Scientific Visualization Studio.

1.2 Adapted from Fig. 2.7 From Watson, R. et al. (eds.) 2001. *Climate Change 2001: Synthesis Report. Contribution of Working Groups I, II and III to the Third Assessment Report of the Intergovernmental Panel on Climate Change*. Cambridge: Cambridge University Press. GW4 with edits.

Unnumbered page 21 Federal Emergency Management Agency.

Unnumbered page 22 NASA/Goddard Space Flight Center Scientific Visualization Studio.

Unnumbered page 23 NASA/Goddard Space Flight Center Scientific Visualization Studio.

1.3 World Meteorological Organization 1990. From The Role of the World Meteorological Organization in the International Decade for Natural Disaster Reduction, World Meteorological Organization report no., 745. Geneva: World Meteorological Organization.

1.4 After Fig. 1.1 from IPCC 2007. *Climate Change 2007: Synthesis Report. Contribution of Working Groups I, II and III to the Fourth Assessment Report of the Intergovernmental Panel on Climate Change*. Geneva: IPCC.

Unnumbered Page 29 NASA.

1.5 Fig. SPM1 from IPCC WGIII 2014. *Climate Change 2014: Mitigation of Climate Change. Contribution of Working Group III to the Fifth Assessment Report of the Intergovernmental Panel on Climate Change* [Edenhofer, O., Pichs-Madruga, R., Sokona, Y., Farahani, E., Kadner, S., Seyboth, K., Adler, A., Baum, I., Brunner, S., Eickemeier, P., Kriemann, B., Savolainen, J., Schlömer, S., von Stechow, C., Zwickel, T. and Minx, J. C. (eds.)]. Cambridge United Kingdom and New York, NY, USA: Cambridge, University Press.

2장

Chapter 2 opener Marcel Clemens/Shutterstock

2.2 After FAQ 1.3, Fig. 1 from Le Treut, H., Somerville, R., Cubasch, U., Ding, Y., Mauritzen, C., Mokssit, A., Peterson, T., Prather, M., 2007. Historical overview of climate change, in Solomon, S., Qin, D., Manning, M., Chen, Z., Marquis, M., Averyt, K. B., Tignor, M. and Miller, H. L., (ed.) *Climate Change 2007: The Physical Science Basis. Contribution of Working Group I to the Fourth Assessment Report of the Intergovernmental Panel on Climate Change*. Cambridge: Cambridge University Press, p. 115.

2.5 Spectrum taken with the infrared interferometer spectrometer flown on the satellite Nimbus 4 in 1971 and described by Hanel, R. A. et al. 1971. *Applied Optics*, 10, 1376-82.

Unnumbered page 42 Shutterstock/Stephen Lew.

2.7 Adapted from Wild et al., in IPCC WGI 2013. *Climate Change 2013: The Physical Science Basis. Contribution of Working Group I to the Fifth Assessment Report of the Intergovernmental Panel on Climate Change* [Stocker, T. F., Qin, D., Plattner, G.-K., Tignor, M., Allen, S. K., Boschung, J., Nauels, A., Xia, Y., Bex, V. and Midgley, P. M. (eds.)]. Cambridge: Cambridge University Press, p. 181.

Unnumbered page 45 Lunar and Planetary Institute/NASA.

2.8 From Houghton, J. T. 2002. *The Physics of Atmospheres*, third edition. Cambridge: Cambridge University Press.

3장

Chapter 3 opener Hung Chung Chih/Shutterstock

3.1 Fig. 6.1, Chapter 6, IPCC WGI 2013. *Climate Change 2013: The Physical Science Basis*. Cambridge: Cambridge University Press.

3.2 Adapted from Fig. SPM1 from Summary for policymakers, in Solomon et al. (eds.) *Climate Change 2007: The Physical Science Basis*.

3.3 Fig. 6.8, Chapter 6, IPCC WGI 2013. *Climate Change 2013: The Physical Science Basis*.

3.4 Fig. 6.3, Chapter 6, IPCC WGI 2013. *Climate Change 2013: The Physical Science Basis*.

Unnumbered page 63 ESA.

3.5 Fig. 3.4 from Prentice, I. C. et al. 2001. The carbon cycle and atmospheric carbon dioxide. Chapter 3 in Houghton, J. T., Ding, Y., Griggs, D. J., Noguer, M., van der Linden, P. J., Dai, X., Maskell, K., Johnson, C. A. (eds.). *Climate Change 2001: The Scientific Basis. Contribution of Working Group I to the Third Assessment Report of the Intergovernmental Panel on Climate Change*. Cambridge: Cambridge University Press.

3.6 Fig. 6.26, Chapter 6, IPCC WGI 2013. *Climate Change 2013: The Physical Science Basis*.

3.7 After Fig. SPM1 from Summary for policymakers. In Solomon et al. (eds.) *Climate Change 2007: The Physical Science Basis*.

3.8 Fig. 6.2, Chapter 6, IPCC WGI 2013. *Climate Change 2013: The Physical Science Basis*.

Unnumbered page 74 Shutterstock/John Bill.

Unnumbered page 76 NASA.

3.9 Fig. 7.14, Chapter 7, IPCC WGI 2013. *Climate Change 2013: The Physical Science Basis*.

3.10 Fig. 7.24 from Denman, K. L., Brasseur, G., Chidthaisong, A., Ciais, P., Cox, P. M., Dickinson, R. E., Hauglustaine, D., Heinze, C., Holland, E., Jacob, D., Lohman, U., Ramachandran, S., da Silva Dias, P. L., Wofsy, S. C., Zhang, X. 2007. Couplings between changes in the climate system and biogeochemistry, in Solomon et al. (eds.) *Climate Change 2007: The Physical Science Basis*.

3.11 After Fig. 7.20 from Denman et al., in Solomon et al. (eds.) *Climate Change 2007: The Physical Science Basis*.

3.12 After Cloud droplet radii in micrometers for ship track clouds, in King, M. D., Parkinson, C. L., Partington, K. C. and Williams, R. G. (eds.) 2007. *Our Changing Planet*. Cambridge: Cambridge University Press, p. 70.

3.13 Fig. SPM5 from Summary for policymakers, IPCC WGI 2013. *Climate Change 2013: The Physical Science Basis*.

Unnumbered page 86 NASA.

3.14 After Global surface albedo, in King et al. (eds.). *Our Changing Planet*, p. 129.

4장

Chapter 4 opener Santi Rodriguez/Shutterstock.

4.1 Fig. SPM1 from Summary for policymakers, IPCC WGI 2013. *Climate Change 2013: The Physical Science Basis*.

4.2 From Allison, I., Bindoff, N. L., Bindschadler, R. A. et al. 2009. *The Copenhagen Diagnosis, 2009: Updating the World on the Latest Climate Science*. Sydney: The University of New South Wales Climate Change Research Centre (CCRC). www.copenhagendiagnosis.com/.

4.3 After Fig. 3.17 from Trenberth et al., in Solomon et al. (eds.) *Climate Change 2007: The Physical Science Basis*.

4.4 From FAQ 5.1, Chapter 5, IPCC WGI 2013. *Climate Change 2013: The Physical Science Basis*.

4.5 From Box 3.1, Fig. 1, Chapter 3, IPCC WGI 2013. *Climate Change 2013: The Physical Science Basis*, p. 264.

4.6 From Fig. SPM6, Summary for policymakers, IPCC WGI 2013. *Climate Change 2013: The Physical Science Basis*, p. 18.

4.7 From FAQ Fig. 1, Chapter 5, IPCC WGI 2013. *Climate Change 2013: The Physical Science Basis*, p.431.

4.8 From Fig. 6.10 from Jansen, E., Overpeck, J., Briffa, K. R., Duplessy, J. C., Joos, F., Masson-Delmotte, V., Olago, D., Otto-Bliesner, B., Peltier, W. R., Rahmstorf, S., Ramesh, R., Raynaud, D., Rind, D., Solomina, O., Villalba, R., Zhang, D. 2007. Paleoclimate, in Solomon et al. (eds.) *Climate Change 2007: The Physical Science Basis*.

Unnumbered page 107 British Antarctic Survey/Science Photo Library.

4.9 (a) Adapted from Raynaud, D. et al. 1993. The ice core record of greenhouse gases. Science, 259, 926-34. (b) After Fig. 6.3 from Jansen, et al., in Solomon et al. (eds.) *Climate Change 2007: The Physical Science Basis*.

4.10 Adapted from Broecker, W. S., Denton, G. H. 1990. What drives glacial cycles. *Scientific American*, 262, 43-50.

4.11 Adapted from Professor Dansgaard and colleagues, Greenland ice core (GRIP) members. 1990. Climate instability during the last interglacial period in the GRIP ice core. *Nature*, 364, 203-7.

4.12 Adapted from Dansgaard, W., White, J. W. C., Johnsen, S. J. 1989. The abrupt termination of the Younger Dryas climate event. Nature, 339, 532-3.

5장

Chapter 5 opener Minerva Studio/iStock.

Unnumbered page 122 UK Meteorological Office.

5.1 Adapted from UK Meteorological Office.

5.3 Fig. 1.14, Chapter 1, IPCC WGI 2013. *Climate Change 2013: The Physical Science Basis*.

5.4 Fig. 1.13, Chapter 1, IPCC WGI 2013. *Climate Change 2013: The Physical Science Basis*, p. 144.

5.5 From UK Meteorological Office.

5.7 After Milton, S., Meteorological Office, quoted in Houghton, J. T. 1991. *The Bakerian Lecture 1991: The predictability of weather and climate. Philosophical Transactions of the Royal Society A*, 337, 521-71.

5.8 After Lighthill, J. 1986. The recently recognized failure in Newtonian dynamics. Proceedings of the Royal Society A, 407, 35-50.

5.9 After Fig. 1.9 from Palmer, T., Hagedorn, R., 2006. *Predictability of Weather and Climate*. Cambridge: Cambridge University Press. p. 18.

Unnumbered page 133 NASA/Goddard Space Flight Center Scientific Visualization Studio.

5.10 From Houghton, 1991. *The Bakerian Lecture*. London: Royal Society.

Unnumbered page 135 NASA/Goddard Space Flight Center Scientific Visualization Studio.

5.12 After Plate 19.3 from Palmer and Hagedorn, *Predictability of Weather and Climate*.

5.13 After FAQ 1.2 Fig. 1 from Le Treut et al., in Solomon et al. (eds.) *Climate Change 2007: The Physical Science Basis*. p. 104.

5.14 After Fig. 9.19 from Hegerl, G. C., Zwiers, F. W., Braconnot, P., Gillet, N. P., Luo, Y., Marengo Orsini, J. A., Nicholls, N., Penner, J. E., Stott, P. A. 2007. Understanding and attributing climate change, in Solomon et al. (eds.) *Climate Change 2007: The Physical Science Basis*.

Unnumbered page 140 NASA image created by Jesse Allen, Earth Observatory, using data provided courtesy of the MODIS Rapid Response Team.

5.16 (a) After Net cloud radiative forcing, in King et al. (eds.), *Our Changing Planet*, p. 23. (b) After Comparison of observed longwave, shortwave and net radiation at the top of the atmosphere for the tropics, in King, et al. (eds.), *Our Changing Planet*, p. 24.

Unnumbered page 150 Shutterstock/Creative Travel Projects.

5.19 FAQ Fig. 3.1, Chapter 3. IPCC WGI 2013. *Climate Change 2013: The Physical Science Basis*, p. 267.

5.20 This diagram and information about modelling past climates is from Kutzbach, J. E. 1992, in Trenberth, K. E. (ed.) *Climate System Modelling*. Cambridge: Cambridge University Press.

Unnumbered page 155 USGS/Cascades Volcano Observatory/Dave Harlow.

5.21 From Hansen, J. et al. 1992. Potential impact of Mt Pinatubo eruption. *Geophysics Research Letters*, 19, 215-18. Also quoted in Technical summary, in Houghton, J. T., Meira Filho, L. G., Callander, B. A., Harris, N., Kattenberg, A. and Maskell, K. (eds.) 1996. *Climate Change 1995: The Science of Climate Change*. Cambridge: Cambridge University Press.

5.22 Adapted from Sarmiento, J. L. 1983. *Journal of Physics and Oceanography*, 13, 1924-39.

5.23 Adapted from Box 10.1, Fig. 1, IPCC WGI 2013. *Climate Change 2013: The Physical Science Basis*, p. 876.

5.24 5.24 From the Hadley Centre Report 2002. *Regional Climate Modelling System*. Exeter: UK Met Office, p. 4.

6장

Chapter 6 opener Thierry Berrold, Mona Lisa Production/Science Photo Library.

6.1 Myles Allen.

6.2 Myles Allen.

6.4 Reprinted by permission from Macmillan Publishers Ltd: *Nature Geoscience*, 6, 243-4(2013).

6.5 Fig. SPM10, Summary for policymakers, IPCC WGI 2013. *Climate Change 2013: The Physical Science Basis*, p. 28.

6.6 (a) From Fig. TS15, IPCC WGI 2013. *Climate Change 2013: The Physical Science Basis*, p. 89. (b) From Fig. 1, FAQ 12.1, IPCC WGI 2013. *Climate Change 2013: The Physical Science Basis*, p. 1037.

6.7 Fig. SPM8, Summary for policymakers, IPCC WGI 2013. *Climate Change 2013: The Physical Science Basis*, p. 20.

Unnumbered page 188 Shutterstock/Silken Photography.

6.8 Fig. 3, TFE.1, Technical summary, IPCC WGI 2013. *Climate Change 2013: The Physical Science Basis*, p. 45.

6.9 Fig. TS16, Technical summary, IPCC WGI 2013. *Climate Change 2013: The Physical Science Basis*, p. 91.

6.10 After Fig. 2.32 from Folland C. K., Karl T. R. et al. 2001. Observed climate variability and change, Chapter 2 in Houghton et al. (eds.) *Climate Change 2001: The Scientific Basis*, p. 155.

Unnumbered page 194 Shutterstock/scenery2.

Unnumbered page 195 NASA/Goddard Space Flight Center Scientific Visualization Studio.

6.11 Fig. TFE 9.1a, b, c, d, Technical summary, IPCC WGI 2013. *Climate Change 2013: The Physical Science Basis*, p. 111.

6.12 Fig. TFE 9.1e and f, Technical summary, IPCC WGI 2013. *Climate Change 2013: The Physical Science Basis*, p. 111.

6.13 Fig. 12.35, Chapter 12, IPCC WGI 2013. *Climate Change 2013: The Physical Science Basis*.

6.14 After Fig. 2.17 from Foster et al., in Solomon et al. (eds.) *Climate Change 2007: The Physical Science Basis*.

7장

Chapter 7 opener Gideon Mendel For Action Aid/In Pictures/Corbis.

7.1 Technical summary, TS TFE.2, Fig. 2. IPCC WGI 2013. *Climate Change 2013: The Physical Science Basis*.

Unnumbered page 218 NASA.

7.2 Technical summary, TS21. IPCC WGI 2013. *Climate Change 2013: The Physical Science Basis*, p. 99.

7.3 After Fig. TS8 from Technical Summary, in Solomon et al. (eds.) *Climate Change 2007: The Physical Science Basis*, p. 41.

Unnumbered page 221 Stockbyte/Getty.

7.4 From Broadus, J. M. 1993. Possible impacts of, and adjustments to, sea-level rise: the case of Bangladesh and Egypt, in Warrick, R. A., Barrow, E. M. and Wigley, T. M. L. (des.) 1993. *Climate and Sea-Level Change: Observations, Projections and Implications*. Cambridge: Cambridge University Press, pp. 263-75; adapted from Milliman, J. D. 1989. Environmental and economic implications of rising sea level and subsiding deltas: the Nile and Bangladeshi examples. *Ambio*, 18, 340-5.

Unnumbered page 224 De Jongh Photopraphy/Shutterstock.

7.5 From Maurits la Rivière, J. W. 1989. Threats to the world's water. *Scientific American*, 261, 48-55.

7.6 Figure 11.4(a) from Shiklomanov, I. A. and Rodda, J. C. (eds.) 2003. *World Water Resources at the Beginning of the Twenty-First Century*. Cambridge: Cambridge University Press.

7.7 After Fig. 3.2 from Kundzewicz, Z. W., Mata, L. J., Arnell, N. W., Doll, P., Kabat, P., Jimenez, B., Miller, K. A., Oki, T., Sen, Z., Shiklomanov, I. A., 2007. Freshwater resources and their management, in Parry, M., Canziani, O., Palutikof, J., van der Linden, P. and Hansen, C. (eds.) *Climate Change 2007: Impacts, Adaptation and Vulnerability. Contribution of Working Group II to the Fourth Assessment Report of the Intergovernmental Panel on Climate Change*. Cambridge: Cambridge University Press, p. 178.

7.8 After Fig. 3.8 from Kundzewicz et al., in Parry et al. (eds.) *Climate Change 2007: Impacts, Adaptation and Vulnerability*.

Unnumbered page 234 US Department of the Interior US Geological Survey.

7.9 From Tolba, M. K. and El-Kholy, O. A. (eds.) 1992. *The World Environment 1972-1992*. London: Chapman and Hall, p. 135.

7.10 (a) and (b) After Fig. 5.2 from Easterling, W. E., Aggarwal, P. K., Batima, P., Brander, K. M., Erda, L., Howden, S. M., Kirilenko, A., Morton, J., Soussana, J. F.,

Schmidhuber, J., Tubiello, F. N. 2007. Food, fibre and forest products, in Parry et al. (eds.) *Climate Change 2007: Impacts, Adaptation and Vulnerability*.

7.11 Illustrating key elements of a study of crop yield and food trade under a changed climate. From Parry, M. et al. 1999. Climate change and world food security: a new assessment. *Global Environmental Change*, 9, S51-S67.

7.12 After Fig. 4.1 from Fischlin, A., Midgley, G. F., Price, J. T., Leemans, R., Gopal, B., Turley, C., Rounsevell, M. D. A., Dube, O. P., Tarazona, J., Velichko, A. A. 2007. Ecosystems, their properties, goods and services, in Parry et al. (eds.) *Climate Change 2007: Impacts, Adaptation and Vulnerability*.

7.13 Adapted from Gates, D. M. 1993. *Climate Change and its Biological Conseqences*. Sunderland, MA: Sinauer Associates, p. 63. The original source is Delcourt, P. A., Delcourt, H. R. 1981, in Romans, R. C. (ed.) *Geobotany II*, New York: Plenum Press, pp. 123-65.

7.14 From Gates, *Climate Change and its Biological Consequences*, p. 63.

7.15 Data from Bugmann, H. quoted in Miko U. F. et al. 1996. Climate change impacts on forests, in Watson, R. T., Zinyowera, M. C. and Moss, R. H. (eds.) 1996. *Climate Change 1995: Impacts, Adaptation and Mitigation of Climate Change: Scientific-Technical Analyses. Contribution of Working Group II to the Second Assessment Report of the Intergovernmental Panel on Climate Change*. Cambridge: Cambridge University Press, Chapter 1.

Unnumbered page 251 Karol Kozlowski/Shutterstock.

7.16 After Fig. TS16 from Technical summary, in Parry et al. (eds.) *Climate Change 2007: Impacts, Adaptation and Vulnerability*.

7.17 After Fig. 8.2 from Turley, C., Blackford, J. C., Widdecombe, S., Lowe, D., Nightingale, P. D., Rees, A. P. 2006, in Schellnhuber, H. J. (ed.) *Avoiding Dangerous Climate Change*. Cambridge: Cambridge University Press, Chapter 8.

7.18 After Fig. TS13 from Technical summary, in Parry et al. (eds.) *Climate Change 2007: Impacts, Adaptation and Vulnerability*.

8장

Chapter 8 opener Shutterstock/Vladimir Melnik.

Unnumbered page 284 Shutterstock/BMJ.

8.1 After Lovelock, J. E. 1988. *The Ages of Gaia*. Oxford: Oxford University Press, p. 203.

8.2 From Lovelock, *The Ages of Gaia*, p. 82.

Unnumbered page 296 Shutterstock/Natali Glado.

Unnumbered page 299 UN Photo/Michos Tzovaras.

9장

Chapter 9 opener Meryll/Shutterstock.

Unnumbered page 317 IPCC, Geneva.

9.2 ESA-D. Ducros 2002.

Unnumbered page 321 ESA.

9.3 Fig. 4.3, IPCC WGⅢ 2014. *Climate Change 2014: Mitigation of Climate Change. Contribution of Working Group III to the Fifth Assessment Report of the Intergovernmental Panel on Climate Change* [Edenhofer, O., R. Pichs-Madruga, Y. Sokona, E. Farahani, S. Kadner, K. Seyboth, A. Adler, I. Baum, S. Brunner, P. Eickemeier, B. Kriemann, J. Savolainen, S. Schlömer, C. von Stechow, T. Zwickel and J. C. Minx (eds.)]. Cambridge: Cambridge University Press.

9.4 Fig. 4.2, IPCC WGⅢ 2014. *Climate Change 2014: Mitigation of Climate Change*.

10장

Chapter 10 opener XiXinXing/Shutterstock.

10.1 After Fig. SPM3 from IPCC *Climate Change 2007: Synthesis Report*.

Unnumbered page 356 NASA/Goddard Space Flight Center Scientific Visualization Studio.

Unnumbered page 357 NASA/Goddard Space Flight Center Scientific Visualization Studio.

Unnumbered page 360 kanvag/Shutterstock.

10.2 Modified from Fig. SPM10, Summary for policymakers, IPCC WGI 2013. *Climate Change 2013: The Physical Science Basis*, p. 28.

10.3 Courtesy of Thomas Stocker.

10.4 UNEP 2012. *The Emissions Gap Report 2012*. Nairobi: United Nations Environment Programme (UNEP), p. 20.

10.5 Courtesy of Aubrey Meyer.

11장

Chapter 11 opener esbobeldijk/Shutterstock.

11.1 Source for data up to 2000: Report of G8 Renewable Energy Task Force, July 2001; from 2000 to 2005 Fig. TS13, IPCC WGI 2013. *Climate Change 2013: The Physical Science Basis*.

11.2 *Energy Technology Perspectives 2014* ©OECD/IEA, Fig. 1.2, p. 29.

11.3 *Energy Technology Perspectives 2014* ©OECD/IEA, Fig. 1.4, p. 31.

11.4 Includes data from *World Energy Outlook 2013* ©OECD/IEA, Fig. 2.2, p. 57.

11.5 *Energy Technology Perspectives 2014* ©OECD/IEA, Fig. 1.1, p. 27.

Unnumbered page 389 Harald Pettersen-Statoil ASA.

Unnumbered page 390 NASA/Goddard Space Flight Center Scientific Visualization Studio.

11.6 *Energy Technology Perspectives 2014* ©OECD/IEA, Fig. 1.3, p. 30.

11.7 *Energy Technology Perspectives 2014* ©OECD/IEA, Fig. 1.14, p. 46.

11.8 Aberdeen City Council.

11.9 After Fig. 5.3 from Kahn Ribero et al., in Metz et al. (eds.) *Climate Change 2007: Mitigation*.

11.10 (a) and (b) *Energy Technology Perspective 2014* ©OECD/IEA, Figs. 1.9 and 1.10, p. 42.

11.11 After Fig. 5.6, *World Energy Outlook 2007*. Paris: International Energy Agency.

11.13 Dr John Clifton-Brown, Aberystwyth University.

11.14 Adapted from Twidell, J., Weir, T. 1986. *Renewable Energy Resources*. London: E. and F. Spon, p. 100.

11.15 From Smith, P. F. 2001. *Architecture in a Climate of Change*. London: Architectural Press.

11.16 Adapted from *Scientific American*, 295, 64.

11.17 From Williams, N., Jacobson, K., Burris, H. 1993. Sunshine for light in the night. *Nature*, 362, 691-2. For more recent information on solar home systems see Martinot, E. et al. 2002. Renewable energy markets in developing countries. *Annual Review of Energy and the Environment*, 27, 309-48.

11.18 From the 22nd *Report of the Royal Commission on Environmental Pollution*. London: Stationery Office.

11.19 Adapted from Twidell and Weir, *Renewable Energy Resources*, p. 399.

11.20 Gardiner, A. I., Pilbrow E. N., Broome S. R., McPherson A. E., 2008. HyLink-a renewable distributed energy application for hydrogen. *Proc., 3rd Asia Pacific Regional International Solar Energy Society (ISES) Conference, and 46th Australia and New Zealand Solar Energy Society (ANZSES) Annual Conference*, 25-28 November, Sydney. http://isesap08.com.

11.22 *World Energy Outlook 2013* ©OECD/IEA, Fig. 1.21, p. 53.

12장

Chapter 12 opener Study of Waterloo Bridge at Dusk, 1903, Monet, Claude (1840-1926)/Private Collection/Bridgeman Images.

Unnumbered page 456 Shutterstock/guentermanaus.

Unnumbered page 457 Shutterstock/kanvag.

Unnumbered page 460 Shutterstock/Moreno Soppelsa.

옮긴이의 글

15년 전, 우연히 영국에서 이 책의 저자 존 호턴을 만날 기회가 있었고, 그에게 기후 변화에 관한 이야기를 처음 듣게 되었다. 기후 변화는 당시 영국에서 중요시되는 문제였고, 존 호턴은 이 분야에 대한 경각심을 일깨우는 선구자적인 인물이었다. 그를 만난 지 15년이 흐른 지금, 나는 기후 변화를 연구하고 있다.

기후 변화 문제와 대응은 과학, 정치, 경제, 사회 등 모든 분야와 관련이 있기 때문에 개인을 넘어 전 인류에게 큰 도전이 아닐 수 없다. 그렇기에 숲이 아닌 나무만 보는 관점으로는 이 문제를 이해할 수 없고, 해결할 실마리조차 찾을 수가 없다. 숲 전체를 보는 총체적인 시각과 더불어 세부적인 사항까지 놓치지 않는 세밀함, 나아가 각 문제의 상호작용을 해석하는 능력, 즉 융복합적인 접근만이 기후 변화 문제를 다루는 열쇠가 될 것이다. 대기물리학자였던 존 호턴은 일찍부터 이러한 사실을 깨닫고, 융복합적인 사고와 태도로 기후 변화를 조명하려고 노력해왔다. 그러한 결실이 《지구 온난화의 이해》라고 생각한다. 과학을 넘어 정치·경제·사회 분야까지 논하는 저자의 포용력에 독자들은 감탄할 것이다.

일평생 대기물리학과 기상, 기후 변화에 몰두해온 한 과학자의 종합 연구를 집대성한 이 책을 번역하는 내내 우리의 가슴은 벅찼다. 끝없는 학문의 깊이 앞에 마음이 숙연해지는 한편 기후 변화 분야의 신진 연구자로서 더욱 학문에 정진하리라 다짐하는 시간이었다. 또한 기후 변화라는 거대한 전 지구적 도전 앞에 우리가 무엇을 할 수 있을까 진지하게 고민하게 되었다. 요즈음 기후 변화라는 이슈를 둘러싸고 의견이 분분하지만 차분하고, 꼼꼼하게, 그리고 종합적으로 정리된 이 책을 읽으며 생각을 다듬을 수 있었다.

워낙 무게감 있는 학술 서적이라 번역을 진행하면서 연구도 병행해야 했다. 그래서 상당한 집중력과 시간이 필요했다. 작업을 마치며 개인적으로는 기후 변화 연구를 시작할 수 있는 중요한 초석을 마련한 기분이 든다. 나아가 기후 변화에 관심 있는 독자들에게도 이 책과의 만남이 더욱 깊은 배움으로 나아갈 수 있는 큰 전환점이 되길 바란다.

끝으로 번역 작업에 집중할 수 있도록 물심양면으로 지지해준 부모님, 일상의 연구 과정에서 격려해준 경북대학교 기후변화학과 학과장 및 동료들에게 진심으로 고마움을 전하고 싶다.

2018년 11월

경북대학교 기후변화학과 연구실에서

정지영·최성호

찾아보기